SERVIÇO SOCIAL DO COMÉRCIO
Administração Regional no Estado de São Paulo

Presidente do Conselho Regional
Abram Szajman
Diretor Regional
Danilo Santos de Miranda

Conselho Editorial
Ivan Giannini
Joel Naimayer Padula
Luiz Deoclécio Massaro Galina
Sérgio José Battistelli

Edições Sesc São Paulo
Gerente Iã Paulo Ribeiro
Gerente adjunta Isabel M. M. Alexandre
Coordenação editorial Francis Manzoni, Clívia Ramiro, Cristianne Lameirinha
Produção editorial Thiago Lins
Coordenação gráfica Katia Verissimo
Produção gráfica Fabio Pinotti
Coordenação de comunicação Bruna Zarnoviec Daniel

PAULO SÉRGIO DO CARMO

PRAZERES E PECADOS DO SEXO NA HISTÓRIA DO BRASIL

© Paulo Sérgio do Carmo, 2019
© Edições Sesc São Paulo, 2019
1ª reimpressão, 2021
Todos os direitos reservados

Preparação Silvana Cobucci

Revisão Elba Elisa de Souza Oliveira, Ísis De Vitta

Capa, projeto gráfico e diagramação Gustavo Piqueira e Samia Jacintho | Casa Rex

Ilustração da capa Montagem sobre *Abacaxis, melancias e outras frutas*, *Melão, repolho e outros vegetais*, *Castanhas-do-pará* e *Bananas, goiaba e outras frutas*, de Albert Eckhout

---

DADOS INTERNACIONAIS DE CATALOGAÇÃO NA PUBLICAÇÃO (CIP)

C213p   Carmo, Paulo Sérgio do

Prazeres e pecados do sexo na história do Brasil / Paulo Sérgio do Carmo. – São Paulo: Edições Sesc São Paulo, 2019. –

420 p.

Bibliografia
ISBN 978-85-9493-158-0

1. História. 2. Brasil. 3. Sexo. I. Título.

CDD 981

Edições Sesc São Paulo
Rua Serra da Bocaina, 570 – 11º andar
03174-000 – São Paulo SP Brasil
Tel. 55 11 2607-9400
edicoes@sescsp.org.br
sescsp.org.br/edicoes
/edicoessescsp

APRESENTAÇÃO 7

INTRODUÇÃO 9

NAVEGADORES, NÁUFRAGOS E POVOS DA TERRA 15

INDÍGENAS NO CAMINHO DOS BANDEIRANTES 30

PECADOS SEXUAIS, RELIGIOSIDADE E INQUISIÇÃO 46

INQUIETAÇÕES ESCRAVISTAS E QUILOMBOLAS 60

INTIMIDADES NAS FAMÍLIAS: COLÔNIA E IMPÉRIO 78

O ÍNDIO E A CRESCENTE BARBÁRIE CIVILIZATÓRIA 92

VIVANDEIRAS NA GUERRA DO PARAGUAI 107

ÍNDIOS DA AMAZÔNIA E A MALDIÇÃO DA BORRACHA 123

A SEXUALIDADE VIGIADA DAS FAMÍLIAS IMIGRANTES 135

MULHERES NA MARCHA DA COLUNA PRESTES 151

MULHERES NAS TRILHAS DE LAMPIÃO 159

A ALDEIA BRASILIANA DA DIVERSIDADE SEXUAL 172

SABERES, IGNORÂNCIA, NAMORO E RECATO 185

PROSTITUTAS E CAFETÕES NAS ZONAS DO PECADO 212

PROFISSÕES DUVIDOSAS E OUTRAS DIVERSÕES 235

SEXO PAGO: TABUS, RISCOS E TRANSFORMAÇÕES 255

MULHERES REVELAM SUAS INTIMIDADES 276

A (IN)VISÍVEL HOMOSSEXUALIDADE MASCULINA 299

DESVELANDO A HOMOSSEXUALIDADE FEMININA 319

REVOLUÇÃO SEXUAL: MAIS PRAZERES, MENOS PECADOS 334

A REVOLUÇÃO SEXUAL NÃO FOI PARA TODOS 352

DESFRUTANDO A SENSUALIDADE NA PRAIA 363

A DESCONSTRUÇÃO DA NORMA E COISAS DO GÊNERO 377

NOTAS 388

BIBLIOGRAFIA 400

ÍNDICE REMISSIVO 410

SOBRE O AUTOR 419

APRESENTAÇÃO
Danilo Santos de Miranda
Diretor do Sesc São Paulo

DAQUILO QUE NOS INSTITUI

Assumindo a sexualidade como uma questão central para a experiência humana, e reconhecida sua complexidade, poderíamos também assumir que onde falta conhecimento sobram ilusões canalizadas por formas de poder, o que explicaria que as imagens que se ligam aos desejos e práticas sexuais normalmente transitam em uma espécie de circularidade entre volúpia e repressão. É assim que essas representações manifestariam um caráter social impositivo, o que supostamente poderia se resolver com um conhecimento adequado dos fatos.

Mas a densa passagem do século XIX para o século XX nos legou, além da noção da centralidade dos desejos, tal como formulada por Freud, importantes questionamentos sobre a natureza do conhecimento de modo geral, que passou a ser compreendido como um ato não definitivo, de cunho histórico e impregnado de elementos valorativos. Portanto, tratava-se não mais de opor, mas exatamente de compreender e buscar a força integrativa entre imaginação e conhecimento.

Nesse sentido, em sua "História da sexualidade", Michel Foucault indaga se o povoamento dos discursos ao longo do século XX com noções críticas sobre a repressão sexual, longe de resolver as tensões declaradas entre desejos e práticas sexuais, não indicaria algo mais profundo sobre a natureza atual da sociedade: a transformação dos mecanismos de poder de formas diretas de repressão para formas mais discretas de subjugação.

Talvez seja exatamente esse movimento contínuo entre as representações e o jogo de valores revelados a chave que justificaria, em alguma medida, o nosso interesse pela história em geral. Como não poderia ser diferente, esse exercício de compreensão dos discursos e das práticas tem no campo da sexualidade material abundante, o que torna ainda mais notável e eloquente que os estudos desse tema no Brasil sejam tão recentes e ainda relativamente escassos.

Esse contexto nos serve para indicar que o presente livro constitui mais do que um panorama da sexualidade no Brasil, pois além de explorar a relação intrínseca das práticas sexuais com as noções de prazer e de pecado, ele possibilita pensarmos sobre os mecanismos sociais de poder ao longo da história moderna e contemporânea do país, permitindo indagar sobre a natureza daquilo que nos constitui como sujeitos sociais.

A natureza e as implicações das questões apresentadas por Paulo Sérgio do Carmo no livro agora trazido a público, produzidas em estilo muito claro e envolvente, corroboram valores essenciais do trabalho social realizado pelo Sesc ao longo das últimas décadas, apostando na autonomia por meio do trabalho socioeducativo como chave para a construção de uma sociedade mais justa e igualitária, onde as pessoas possam conhecer profundamente ao mundo e a si mesmas.

INTRODUÇÃO

"Seu maior mérito talvez seja menos defender uma tese do que comunicar aos leitores a alegria de sua descoberta, torná-los sensíveis – como ele próprio o foi – às cores e aos odores das coisas desconhecidas." Essa frase do historiador francês Philippe Ariès, referente ao resultado a que chegou em uma de suas pesquisas, talvez também descreva adequadamente as intenções do autor deste livro.

A variedade de temas aqui abordados a propósito da sexualidade brasileira e a vastidão do período histórico narrado tornam impossível encontrar um único fio condutor dos fatos. Sobre um tema tão instigante e sedutor como a vivência da sexualidade, procurou-se manter um equilíbrio, ainda que instável, entre a sensação e a razão intelectual.

Este é um trabalho mais factual, descritivo, do que reflexivo, e as interpretações por ele suscitadas ficam abertas à imaginação do leitor. Como não poderia deixar de ser, o livro contém lacunas. Alguns temas já foram objeto de estudo em *Entre a luxúria e o pudor: a história do sexo no Brasil*, e não serão abordados aqui. Mesmo assim, em ambas as obras, não se pretendeu esgotar o assunto; apenas se busca observar novos ângulos que possibilitem um entendimento mais abrangente e quiçá mais profundo sobre a sexualidade em nosso país.

Além dos prazeres que o acompanham, o sexo também pode estar carregado de culpa, tabus, dissabores ou "pecados", este último termo na acepção mais abrangente da palavra, ou seja, para além dos dogmas de uma religião específica. Se, levados pelo prazer sexual, os indivíduos transgridem seus preceitos morais e religiosos, fazem-no com peso na consciência. Isso não foi diferente ao longo da história do Brasil.

Inicialmente, focalizamos os fatores responsáveis pelo imaginário paradisíaco que se configuraria na descoberta das Novas Terras, a ponto de influenciar, a partir dos relatos de Américo Vespúcio, todo o Velho Mundo europeu até a Revolução Francesa. Nos trópicos, essa visão do paraíso arrefeceu à medida que bandeirantes e outros desbravadores se embrenhavam na mata inóspita e se deparavam com o ataque defensivo ou vingativo dos índios, o que logo se tornaria empecilho ao projeto expansionista colonial. Com a alegada falta de mulheres brancas, o intercurso sexual com as índias ensejou a formação de uma enorme camada de mamelucos. Daí nosso interesse em desvendar como era a vida familiar na Colônia: intimidade, privacidade, casamentos, concubinatos, valores morais etc.

Toda a trajetória da formação colonial foi acompanhada pela presença da Igreja católica, com seu olhar ora doce e lírico, ora inquisitorial. Pode-se mesmo considerar que a cidadania se exerce pela aceitação dos rituais católicos.

Mais adiante, veremos que o indígena brasileiro sofreu um processo de dizimação sem precedentes. Muito cedo os colonizadores entraram em conflito de interesses no tocante à ocupação das terras e suas riquezas. Novas formas de submissão foram empregadas, inclusive práticas abusivas para manter relações sexuais; os colonizadores tiravam partido da docilidade das índias, cujos pais seguiam a tradição cultural de oferecê-las a um forasteiro em troca de objetos ou aguardente.

Além disso, os mais de três séculos de escravatura também deixaram marcas na vida social. Senhores de engenho e fazendeiros serviam-se das negras em função da alegada falta de mulheres brancas ou abusavam delas por mera luxúria. Mas os escravos não constituíam um grupo amorfo e passivo. Por meio de vários canais de ação e expressão, procuravam contornar a sujeição que lhes era imposta.

O cativo atuou, na medida do possível, como agente histórico. Sabe-se que sua presença na sociedade não se limitava apenas a trabalhar, comer e dormir acorrentado a grilhões. Uma das mais importantes modalidades de resistência ao cativeiro foram os quilombos. O rapto de mulheres foi um dos caminhos empregados para a formação de uma vida familiar e sexual por parte dos escravos foragidos.

A partir de meados do século XIX, novamente o indígena é assediado por interesses econômicos na Amazônia durante a febre da borracha. No interior da selva, rio acima, as índias foram abusadas sexualmente pelos ávidos seringueiros, enquanto em Manaus e Belém brilhava toda a luxúria das casas de prostituição chique sustentadas pelos barões da borracha.

Não se pense, porém, que a mulher brasileira, mantida numa redoma, protegida no lar, considerada um ser frágil, como se acreditava, não tinha dado mostras de vigor. Isso ocorreu em pelo menos três momentos: Guerra do Paraguai, Coluna Prestes e a vida no Cangaço. As mulheres desafiaram as prescrições de fragilidade a elas imputadas pela sociedade patriarcal em que viviam.

A Guerra do Paraguai (1864-1870) se constituiu como um espaço não exclusivo dos homens. As mulheres que acompanhavam a tropa, chamadas de "vivandeiras", tiveram sua participação menosprezada nos livros de História. Algumas vezes eram tratadas como corajosas, aguerridas, companheiras de batalha; outras, enfatizadas negativamente como prostitutas, desordeiras, desviantes etc. Elas sofreram todo tipo de violências que se possa imaginar em uma guerra, entre as quais os estupros.

Durante a marcha da Coluna Prestes (1925-1927), movimento que se deslocou pelo interior do Brasil pregando reformas políticas e sociais, algumas dezenas de mulheres romperam as interdições morais e acompanharam os rebelados, superando os estereótipos de seres naturalmente frágeis e incapazes nas lides fora do lar. Elas marcharam em pé de igualdade ao lado dos cerca de mil e quinhentos homens, sofrendo todo tipo de dificuldades e, ainda, parindo filhos. Isso não impedia, contudo, que a Coluna fosse acusada de violência e estupro por onde passava.

O cangaço, atuante desde o final do século XIX, também sofria acusação semelhante. O grupo de Lampião, diferentemente dos demais cangaceiros, era acompanhado de algumas mulheres, mas, mesmo assim, não foi isentado de práticas de estupros. Igualmente aqui, muitas mulheres romperam com os papéis de reclusas: preferiram deixar de lado a atividade rotineira de donas de casa e da vida miserável do sertão e partiram para um mundo de aventuras e de transgressão.

Com a iminência do fim da escravidão, acelerou-se o incentivo para a vinda de imigrantes ao país com o propósito de suprir a alegada falta de mão de obra. Os discursos desse período referiam-se à dificuldade de adaptação de homens solteiros recém-chegados, que sofriam com a carência de mulheres europeias para formar famílias, além de enfrentar a barreira da língua e os rigores religiosos no tocante à sexualidade. No rastro da imigração, um contingente enorme de mulheres veio trabalhar na prostituição, muitas vezes desbancando em número a presença da mulher nativa.

A temática sexual relacionada aos indígenas será objeto de novas considerações, tendo como parâmetro as modificações ocorridas na relação entre índios e brancos a partir do século XX. As políticas governamentais com a intenção de tutelar os índios incentivaram a "ida ao sertão", nas regiões centrais do país.

As expedições compostas por funcionários do Estado e antropólogos resultaram em novas descobertas, entre as quais a de que não existe unidade comportamental no que diz respeito à atividade sexual. Diante de tal complexidade, podemos falar em "sexualidades indígenas".

Numa época de extrema moralidade com respeito ao comportamento sexual, a meretriz, como se dizia então, servia como válvula de escape para os desejos reprimidos. Nem sempre escondidos, cabarés, *dancings*, casas de diversões, boates e inferninhos se mantinham nos chamados *lugares perniciosos*, para o exercício profissional sobretudo das mulheres.

No século XX, se alguns podiam levar uma vida de devassidão sexual, a maioria não tinha essa possibilidade, pois essa gente vivia controlada por normas rígidas de comportamento, o que limitava a vida ao recato, ainda que apenas aparente. A sociedade fiscalizava. Diferentemente dos homens, raros foram os depoimentos de mulheres sobre seu desempenho sexual. A mulher teve sua vida íntima encerrada numa redoma. Aquelas que se expuseram publicamente receberam a pecha de ninfomaníacas, escandalosas, doidivanas. Destacamos a trajetória sexual de algumas delas.

A homossexualidade masculina, outrora tão clandestina e reprimida, foi observada a partir de segmentos mais visíveis: os chamados "afeminados" e as travestis. Quanto às mulheres, ao longo da história do país destacamos algumas discretas manifestações lésbicas, cujos traços foram marcantes para futuras conquistas da causa feminina.

O barulho causado pela chamada "revolução sexual" dos anos 1960 e 1970 em nosso país também foi objeto de reflexões. Ela realmente existiu em sua plenitude ou foi um mero rótulo para tudo ficar como estava? Analisam-se os desdobramentos dessas mudanças comportamentais e seu impacto, tanto em setores de elite quanto em setores menos favorecidos da sociedade.

Finaliza-se o livro tratando do modo como os estrangeiros veem nossa vida sexual e do avanço da revolução feminina no Brasil, bem como das polêmicas discussões sobre as identidades de gênero.

NAVEGADORES, NÁUFRAGOS E POVOS DA TERRA

Nas naus que conduziam os tripulantes sob o comando de Vasco da Gama não consta a presença de mulheres. Nesse tipo de embarcação, há relatos de numerosos conflitos entre os passageiros, justificados pelo fato de numa viagem tão longa, com tanta gente comprimida num espaço tão pequeno, qualquer coisa ser capaz de aborrecê-los e qualquer incidente se tornar motivo de brigas e discórdias.

No pequeno cubículo das caravelas, o transcorrer dos dias parecia monótono. Pode-se deduzir, no entanto, uma excepcionalidade da vida sexual a bordo, apesar do quase silêncio das fontes. A sodomia estava listada como uma das mais sérias violações dos dogmas. Provavelmente, a intolerância em relação à prática homossexual camuflou a grande licenciosidade no interior dos navios, o que explica o permanente silêncio dos relatos acerca desses fatos.

Chamados de sodomitas, àquela época já havia em Portugal um contingente expressivo de homossexuais. Marginalizados, tendiam a procurar convívio nos mesmos grupos sociais onde eram recrutados os integrantes das caravelas. Deve-se levar em conta que muitos meninos órfãos faziam parte da tripulação e eram eles, provavelmente, os mais cobiçados e assediados pelos mais experientes:

> Há referências a escravas, porém não há, nos relatos de naufrágio, como era de se esperar, referência a prostitutas ou concubinas, mesmo que se saiba, pelas cartas jesuítas, que havia viajantes clandestinas. Pode-se conjecturar que, como uma área sob contínua vigilância, a sexualidade, quando ultrapassava os limites da sua invisibilidade, era sujeita a restrições e controlada por regras morais e religiosas rígidas[1].

ASSÉDIOS NO CONFINAMENTO

Os primeiros povoadores do Brasil foram os degredados, em virtude de condenações sofridas na pátria de origem e, em menor escala, os náufragos. A prática de despejá-los na costa brasileira foi iniciada já na viagem pioneira de Pedro Álvares Cabral, que deixou dois degredados e dois tripulantes à beira-mar. Posteriormente, os novos moradores também poderiam ser marinheiros que fugiam para escapar da vida estafante dos navios, onde o trabalho intenso e os perigos se somavam aos maus-tratos. Isso os predispunha a fugir, pela ilusão de que a nova terra acenava com uma existência livre, aparentemente sem patrão e sem pecado.

Embora oficiais e alguns integrantes da alta nobreza tivessem sempre direito a um espaço maior, no dia a dia das embarcações, tripulantes e passageiros viviam confinados a um minúsculo espaço, que impedia qualquer tipo de privacidade. Os hábitos de higiene a bordo eram precários. A rotina nos navios, repleta de privações, incluía uma alimentação restrita, quase sempre limitada a biscoitos duros e roídos por ratos e baratas. A dieta pobre causava constantes doenças, principalmente o escorbuto, pela falta de vitamina C, quadro agravado pela total ausência de higiene. Proliferavam pelos corpos os insetos parasitas: pulgas, piolhos e percevejos.

A distração predileta dos marinheiros era o jogo de cartas, tolerado pelos oficiais, embora condenado pela maior parte dos religiosos e proibido pela Coroa. O assédio às poucas mulheres a bordo também constituía uma forma de lazer dos homens do mar. Em geral, a proporção entre homens e mulheres embarcados era de cinquenta para um. E as mulheres levadas a bordo pelos marujos, possivelmente por serem prostitutas em hospedarias em Lisboa, próximas ao porto, que mais se assemelhavam a bordéis, muitas vezes tornavam-se vítimas de frequentes estupros coletivos.

Em meio a esse ambiente conturbado, cheio de privações, a sexualidade a bordo das naus portuguesas era considerada um tabu, embora gozasse de uma liberdade quase nunca observada no reino. Em terra, havia um interdito à nudez do corpo, o que não ocorria entre os marujos, habituados à nudez dos nativos dos continentes visitados. Sua forma de considerar e praticar o sexo era mais libertina. "Nos navios, o ato sexual era quase sempre prática coletiva, com a ausência de parceiros fixos e o compartilhamento de objetos sexuais. Práticas consideradas mesmo em nossos dias promíscuas eram corriqueiras nas embarcações", aponta o historiador Fábio P. Ramos.

A maioria dos tripulantes saciava seus desejos sexuais com outros homens. Tais relações muitas vezes realizavam-se pela força bruta sobre os mais fracos ou pela imposição das hierarquias, que obrigava os mais humildes a satisfazer as vontades dos seus superiores. Abaixo dos marinheiros estavam os grumetes, órfãos, muito assediados, embora fossem ainda crianças ou adolescentes de 9 a 16 anos.

> Dada a fragilidade infantil, incapaz de conter os assédios, ou em troca da proteção de um adulto ou de um grupo de adultos, os grumetes eram obrigados a abandonar, precocemente, a inocência infantil, entregando-se à sodomia. Quando tentavam resistir, eram estuprados com violência, e, por medo ou vergonha, dificilmente se queixavam aos oficiais, até porque, muitas vezes, eram os

próprios oficiais que permitiam ou praticavam tal violência. Em suma, imperava a lei e a moral do mais forte[2].

Gente rude, brutalizada, de má índole, os marujos tinham a fama de adúlteros, alcoviteiros, ladrões, amantes de prostitutas, capazes de ferir e matar por dinheiro. O próprio cotidiano modorrento impelia os tripulantes e passageiros de má reputação à caça de parceiros sexuais como um meio de dissipar o tempo mais rapidamente. A prática sexual do estupro coletivo, com mulheres ou com garotos, por grupos de marinheiros ou soldados, não era tão condenável na época, e dificilmente era punida pelas autoridades de dentro e mesmo de fora dos navios. Devido à falta de mulheres, a Inquisição era um tanto leniente com a homossexualidade a bordo.

> Era comum os marinheiros embarcarem prostitutas clandestinamente, enganando-as ou forçando-as a subir a bordo com ameaças e violência. A presença de meretrizes nos navios muitas vezes servia para acalmar os ânimos dos homens. Sabendo disso, alguns capitães optavam por fazer com que essas clandestinas pagassem sua passagem com trabalho sexual. [...] O contato com essas mulheres representava um grande perigo, já que raramente deixava de premiar os incautos com "lembranças de Vênus", suficientes para amargurar e causar forte arrependimento[3].

Órfãs, esposas e noivas a bordo provocavam focos de tensão. O desejo insaciável pelo corpo feminino não poupava nem mesmo as religiosas embarcadas. Certa ocasião, uma freira precisou vestir-se de homem para não atrair atenções indesejáveis. As meninas órfãs eram vítimas constantes de tentativas de violações coletivas nos navios. Garotas entre 14 e 17 anos atraíam a atenção dos homens do mar pelo frescor de sua tenra idade.

Acusada de judaísmo pela Inquisição, uma moça solteira, de 33 anos, condenada ao degredo, declarava não poder embarcar por "ser mulher donzela, muito pobre e desamparada, e que na viagem podia ser desonrada por soldados e marinheiros". Como os estupros eram coletivos, ficava difícil identificar o agressor. Além disso, imperava a cumplicidade através da "lei do silêncio", aumentando a certeza da impunidade.

Com a libido insaciável dos marinheiros de qualquer embarcação, quando uma nau era atacada por navios piratas, os homens e os meninos podiam ser sodomizados, e as mulheres, estupradas pelos inimigos.

RELATOS PARADISÍACOS DE VESPÚCIO

A fim de obter uma avaliação da nova descoberta portuguesa, no mesmo ano em que escreveu aos reis de Espanha, o rei lusitano D. Manuel mandou ao Brasil o jovem florentino Américo Vespúcio (1454-1512). Inicialmente a realeza não teve grande entusiasmo pela possessão, mas vislumbrava possibilidades e mantinha esperanças. Entre 1501 e 1502, Vespúcio navegou pela orla litorânea que vai dos atuais estados do Rio Grande do Norte ao Rio Grande do Sul e, ao final, redigiu um relatório desalentador: "Nesta costa, não vimos coisa de proveito, exceto uma infinidade de árvores de pau-brasil".

Logo depois do regresso de Cabral, em 2 de maio de 1500, começaram a se espalhar pela Europa as primeiras narrativas escritas sobre a vida aventurosa do índio brasileiro. Em 1501, o veneziano Giovanni Cretino, por exemplo, dá notícia do Brasil, então chamado "Terra dos Papagaios", e das pessoas felizes que o habitavam, atentando para o fato de elas estarem "nuas e serem formosas".

Entre os que escreveram sobre as novas terras, Américo Vespúcio é o mais importante. No entanto, as cartas que se tornaram famosas, *Novo mundo* e *Quatro navegações*, são de fato apócrifas. É impossível saber quem as escreveu – embora entre os suspeitos figure o próprio Vespúcio que, num jogo de espelhos tão a seu gosto, bem pode ter sido o falsário de si mesmo. Segundo o jornalista e historiador Eduardo Bueno, em apresentação a essas narrativas atribuídas a Vespúcio, elas "estão coalhadas de erros, exageros, imprecisões e lacunas, meias verdades e mentiras sinceras, leviandade e charlatanismo". Talvez por isso mesmo, por satisfazer a crenças da época e prognosticar uma nova era, é que tenham tido tanto sucesso.

Em *Novo mundo*, a carta publicada em 1503 parece ter sido escrita especialmente para despertar o interesse e a curiosidade dos europeus com relação a tudo que dissesse respeito ao índio brasileiro. Essa carta gozou de enorme sucesso e alcançou grande popularidade. Logo após a primeira publicação, teve dezenas de edições em italiano, francês, alemão, flamengo e latim. No relato, Vespúcio afirma que os índios eram de grande perfeição física. Sobretudo as mulheres, bem-feitas, sólidas, carnudas e com seios duros.

> Todos, de ambos os sexos, andam nus, sem cobrir nenhuma parte do corpo; como saem do ventre materno, assim vão até a morte [...]. Na realidade, as mulheres deles, como são libidinosas, fazem intumescer as virilhas dos maridos com tanta crassidão que parecem disformes e torpes; isto por algum artifício e mordedura de alguns animais venenosos. Por causa disso, muitos deles perdem as virilhas – que apodrecem por falta de cuidado – e se tornam eunucos[4].

Segundo Eduardo Bueno, embora o sucesso editorial das cartas se deva às alusões à antropofagia e ao forte apelo sexual das narrativas, o impacto delas vai muito além. Vespúcio acabou por impor a Portugal a interdição da divulgação das notícias sobre suas descobertas, seguindo uma "política de sigilo" que transformava seus grandes feitos marítimos em segredo de Estado.

Vespúcio revelou-se minucioso e picante, especialmente na descrição dos apetites dos indígenas, tanto sexuais quanto antropofágicos. Ele louvou um Novo Mundo, envolvendo-o em ambiguidade, e deu ensejo à crença de que seus habitantes não tinham "nem fé, nem lei, nem rei". Essa equivocada suposição de que os indígenas não respeitavam nenhuma forma de autoridade se manteria ao longo de todo o século XVI. Pero Magalhães de Gandavo (1540-1579), que escreveu um tratado sobre o Brasil, também nota com espanto que a língua dos índios "carece de três letras, F, L, R", ou seja, Fé, Lei e Rei. Tal crença foi repetida por outros viajantes, como André Thevet (1502-1590): "Esta região era e ainda é habitada por estranhíssimos povos selvagens, sem fé, lei, religião e nem civilização alguma, vivendo antes como animais irracionais".

Assim como na carta de Caminha, a nudez despertou o interesse de Vespúcio: "E, ainda que andem nuas, as partes pudendas são tão decorosamente colocadas entre as pernas que não se pode vê-las". Prossegue na descrição do corpo feminino e considera que a anatomia sexual revela a perfeição da natureza. Constata, ainda, que as índias "mostram-se muito desejosas de unir-se a nós. A vida que levam, de todo voluptuosa, considero epicurista".

Na *Carta de Sevilha*, de 18 de julho de 1500, enviada ao seu patrono Lorenzo de Médici, e considerada verdadeira, assim Vespúcio se expressa sobre a nova terra:

> E, quando chegamos a ela, vimos gente na praia que nos estava olhando admirada. Surgimos perto da terra cerca de uma milha, arriamos os batéis, e foram a terra 22 homens bem armados, e, logo que desembarcaram, viram que era gente diferente da nossa porque não tem nenhuma barba, não se veste de roupa alguma, assim os homens como as mulheres. Andam como saíram dos ventres de suas mães, não cobrem nenhuma vergonha, são diferentes de cor, são de cor parda ou leonina, e não brancos, de modo que, tendo medo de nós, todos se meteram no mato, e com grande trabalho por meio de sinais os atraímos e praticamos com eles, e achamos que eram de uma tribo chamada canibais [...][5].

Nessa carta, Vespúcio detalha menos os "pecados", deixando em suspenso o que de exótico havia constatado, "pois, se tudo tivesse de contar das suas poucas vergonhas, seria tratar de coisa desonesta. O melhor é calar".

Na *Carta de Lisboa*, de julho de 1502, também considerada verdadeira, Vespúcio relata o que viu durante os 27 dias que passou na Bahia entre os nativos que viviam segundo a natureza e desconheciam a imortalidade da alma.

> Os seus casamentos não são com uma só mulher, mas com as que querem, e sem muita cerimônia. Conhecemos um homem que tem 10 mulheres. São ciumentos delas; se acontecer que uma mulher lhe seja infiel, castiga-a, espancando-a, e manda-a embora, afastando-a. São gente muito fecunda. Não têm herdeiros porque não possuem bens próprios. Quando os filhos, isto é, as mulheres, estão em idade de procriar, o primeiro que as corrompe deve ser, exceto o pai, o parente mais próximo que tenham. Depois, assim corrompidas, as casam[6].

Embora nem sempre correspondendo aos fatos, as cartas de *Quatro navegações* conquistaram o imaginário europeu. Seu impacto sobre algumas das mentes mais privilegiadas do século XVI comprova que, ao transplantar as visões de paraíso e inferno para o Novo Mundo, Vespúcio produziu a leitura perfeita para o purgatório europeu e prenunciou que, se o paraíso terrestre existisse em alguma parte, ele não deveria estar longe dessas novas terras.

NÁUFRAGOS E DEGREDADOS

O intenso tráfego marítimo a partir do final do século XVI na rota do Brasil frequentemente possibilitava o resgate de náufragos nas costas brasileiras. Esse fato, entre outros que tornavam mais suave a penetração portuguesa no novo continente, facilitou o cotidiano dos sobreviventes de catástrofes navais em seu litoral. No Brasil, diversos náufragos serviram de alimento a tribos canibais, mas aqui, os que escaparam da morte tinham também a possibilidade de encontrar tribos aliadas dos portugueses e obter guarida entre elas.

Nos primeiros tempos, o governo português mandou à nova terra apenas prostitutas e condenados à cadeia com penas comutadas para degredo. Não havia interesse efetivo em incentivar colonos a habitar as terras descobertas. Os navios que traziam os degredados, ao voltarem à Europa, levavam unicamente papagaios, macacos e pau-brasil para tinturaria. Para os que acreditavam na visão de um purgatório, a nova terra era considerada um lugar em que os homens poderiam ter uma nova oportunidade para se redimir de seus pecados e se livrar da tirania do demônio. Esse raciocínio permitiu que a Coroa, plenamente justificada, enviasse levas e mais levas de degredados ao Brasil.

A Coroa portuguesa adotou o envio dessas pessoas como estratégia de penetração na nova terra e de reconhecimento das potencialidades do território.

Caso elas viessem a sobreviver por conta própria e travassem contato com os nativos, poderiam futuramente servir como guias e intérpretes. E se porventura fossem encontradas por navegadores portugueses, poderiam contar o que haviam visto e vivido. Os degredados mostravam-se úteis como mediadores dos interesses da Coroa em terras brasileiras, como foi o caso de João Ramalho na criação da capitania de São Vicente.

Diogo Álvares Correa (1475-1557), o Caramuru, por exemplo, naufragado na Bahia nos primeiros anos da descoberta do novo território, foi lançado à praia com provisões limitadas e parcos equipamentos de defesa. Diante das condições precárias de translado, ao chegar aqui, assim como seus companheiros, provavelmente sentiu imensa sensação de alívio e liberdade. Não fosse abandonado em terra, talvez tivesse desertado, como faziam muitos marujos e grumetes. A visão paradisíaca, não de todo verdadeira, das indígenas andando nuas no meio da mata carregada de frutas ao alcance das mãos, dos rios cheios de peixes e água fresca era irresistível para os europeus oriundos dos setores mais pobres.

Martim Afonso de Sousa (1500-1571), o primeiro governador-geral, quando aportou na Bahia, em 1549, trouxe em sua comitiva quatrocentos degredados – e nenhuma mulher. A partir dessa data, novos párias da sociedade portuguesa passaram a chegar em contingentes cada vez maiores. Na época, a maior parte dos imigrantes era constituída de fugitivos, criminosos, desertores e réus de polícia, que eram lançados às praias. À sua chegada, esses homens aliavam-se às mulheres indígenas, resultando desse cruzamento o acréscimo da linhagem dos mamelucos. Logo, porém, os índios foram se dando conta de que seriam a parte mais prejudicada. No século XVI, um chefe tupinambá diz a um francês, a respeito dos *perós*, ou seja, dos portugueses:

> Vi o estabelecimento dos *perós* em Pernambuco e Potiiú, e o seu princípio foi como o vosso agora. No princípio, os *perós* só queriam negociar, e não morar aí; dormiam então à vontade com as raparigas, o que os nossos companheiros de Pernambuco e de Potiiú reputavam grande honra[7].

Com os intercursos sexuais, nasceram meninos miscigenados que foram criados livres pelo mato; alguns tão ruivos e de pele tão clara que, quando descobertos mais tarde entre os gentios, foram facilmente identificados pelos colonos como tendo sangue de normandos e bretões, "dos quais há hoje muitos seus descendentes, que são louros, alvos e sardos, e havidos por índios tupinambás, e são mais barbados que eles", segundo palavras de Gabriel Soares de Sousa.

Ao se deparar com um povo nu e belo, governado unicamente por instintos naturais, os colonizadores eram movidos à fantasia de um mundo de sonhos repleto de luxúria, onde mulheres dóceis e afáveis gozavam da mais completa liberdade sexual. O italiano Antonio Pigafetta (1491-1534), em viagem realizada em 1519, em esquadra dirigida pelo português Fernão de Magalhães (1480-1521), descreveu como as índias, com sua costumeira inocência, subiam a bordo das embarcações. Pigafetta viu uma delas se apossar de um prego de ferro e o enfiar sutilmente na vagina.

> As jovens vinham com frequência a bordo do navio para oferecerem-se aos marinheiros, para obter algum presente. Um dia, uma das mais bonitas subiu com esse objetivo, porém, tendo visto um cravo do tamanho de um dedo e acreditando que não a viam, agarrou-o e o introduziu rapidamente entre os dois lábios de suas partes naturais. Quis escondê-lo? Quis adornar-se? Não conseguimos adivinhar[8].

Diz ainda o franciscano francês André Thevet: "As mulheres são tão voluptuosas quanto as *femmes du monde*. São também astutas e extremamente experientes em relação a tudo que possa atrair os homens para dormir com elas".

Os portugueses, já afeiçoados à poligamia pelo contato com os mouros, encontraram na moral sexual dessas tribos o campo fértil onde se expandiu aquela sua tendência moçárabe de viver com muitas mulheres.

Com uma vasta terra tão mal povoada, apenas salpicada de gente branca, convinha à Coroa portuguesa que houvesse uma atividade reprodutora acima do comum. Atraídos pelas possibilidades de uma vida livre, inteiramente solta, no meio de grande quantidade de mulheres nuas, muitos aqui se estabeleceram por gosto ou vontade própria – e não por terem sido condenados ao degredo.

Os critérios da Justiça portuguesa para incriminar alguém ao degredo nem sempre se coadunavam com o nosso atual padrão de delito e gravidade. Vejamos o caso do degredado Antônio de Proença:

> Português, moço da câmara do infante D. Luiz, natural de Belmonte. Foi degredado para todo o tempo no Brasil, por ter no reino raptado de certo mosteiro, por questões de amores, certa religiosa. Casou-se em Santos, em 1564, com Maria Castanho, filha do fidalgo português Antônio Rodrigues de Almeida. Passou depois a residir na vila de São Paulo, onde foi nomeado meirinho do campo de 1581 a 1587. Em 1582, eleito juiz ordinário, não quis tomar posse, alegando ser um degredado[9].

A recusa não foi aceita, e Antônio de Proença foi reeleito meirinho; lutou em Cabo Frio contra os franceses, foi vereador duas vezes em São Paulo, além de ter sido ouvidor e auditor dessa capitania. Morreu em 1605 em sua fazenda.

NOVA VISÃO DO PARAÍSO

Em *Visão do paraíso*, como indica o próprio título, o historiador Sérgio Buarque de Holanda faz uma análise das narrativas edênicas que nortearam os descobridores e a posterior colonização da América. Repleto de elementos fantásticos, o imaginário acerca do Novo Mundo falava de eldorados, amazonas, serras de prata, lagoas mágicas, fontes da juventude etc.

Esse ideário utópico incluía também seus habitantes. Segundo o diplomata, político e escritor Afonso Arinos de Melo Franco (1905-1990), os seres fantásticos que a imaginação europeia acreditava habitarem as terras desconhecidas foram localizados no Brasil, depois do descobrimento. É verdade que o habitante da América do Sul nem sempre era chamado de índio, sendo eventualmente tratado de canibal, selvagem, negro, bárbaro e outras denominações. Para essas terras desconhecidas convergiam os mitos que não podiam ter existência em locais comprovados pela observação direta. Aqui, a imaginação tinha livre campo. A prevalência mitológica pelo Brasil se explica pela vastidão de seu território e pela maior frequência da navegação para cá do que para outros locais.

Para os cronistas mais bem formados, o índio já não era um monstro, e sim gente bem constituída física e moralmente, que desfrutava de uma existência paradisíaca e liberta, sem deveres nem obrigações, no meio da natureza acolhedora, próspera e feliz.

A carta de Caminha marca a primeira descrição elogiosa, pois não somente a terra lhe pareceu formosa e rica, como também as pessoas que a habitavam foram consideradas ingênuas, inocentes, prestativas. O navegante, que vinha de semanas de mar, teve a impressão de que as mulheres eram mais belas que suas patrícias, e a exposição espontânea de certos encantos, sempre ocultados na Europa, não deixou de lhe provocar observações extasiadas. Mulheres tão belas que, como depois diria Pero Lopes de Sousa (1497-1539), "não há nenhuma inveja às da rua Nova de Lisboa", que se entregavam docilmente a todos os excessos amorosos.

A comparação dos selvagens com os civilizados pautava-se na ideia de que aquele ser que vivia segundo a lei da natureza era sempre mais perfeito que o corrompido pela civilização. A exaltação do índio bom, registrada por Jean de Léry (1534-1611) em livro de viagem de 1578, é de suma importância para essa ideia. Sobretudo porque exercerá grande influência nos *Ensaios*, escritos em 1580, do filósofo francês Michel de Montaigne (1533-1592), bem como, quase dois séculos mais tarde, na obra do filósofo Jean-Jacques Rousseau (1712-1778).

Quando esteve no Maranhão, em 1612, o padre capuchinho Claude d'Abbeville (?-1632) disse que os corpos nus das mulheres selvagens excitavam menos e eram menos pecaminosos para as almas cristãs do que "certos manejos lúbricos e indecentes das damas de Paris", porque, nas índias, a nudez era ingênua. Como se depreende, a noção do índio cruel e monstruoso, atribuída aos depoimentos de certos viajantes, tinha sido completamente superada pela ideia do bom selvagem. Segundo Afonso Arinos:

> O nosso índio, e o da América Central, despertavam maior curiosidade na Europa do que os de outra procedência, por causa do fato de andarem nus na sua grande maioria. Os que provinham da América do Norte ou das planícies meridionais da América do Sul eram obrigados a se cobrirem de peles e tecidos, por causa do clima. Davam assim uma impressão de maior adiantamento, gozavam de rudimentos de civilização, que se chocavam com a ideia romântica de existência puramente natural, que era cara aos europeus. Quanto aos habitantes do Peru e do México, o grau elevado de sua cultura foi logo constatado pelos primeiros invasores. Não poderiam também, assim, dar ao mundo a lição de inocência que os intelectuais humanistas estavam reclamando[10].

Convém ressaltar que as viagens relativamente frequentes dos índios do Brasil aos diversos países europeus se deveram à extrema curiosidade que despertavam e ao sucesso, por vezes triunfal, com que eram recebidos. Os nativos se ofereciam para o translado com sofreguidão.

No ano de 1550 ocorreu o mais extraordinário espetáculo a que até então se assistira na Europa: a chamada "festa brasileira", em que nossos selvagens figuraram como atores. Francisco I preparou uma luxuosa "entrada" para o rei da França Henrique II e sua esposa Catarina de Médicis, que estavam percorrendo a região de Rouen, no interior do país. Aquela corte corrompida e fatigada por todos os requintes da civilização luxuosa aceitava qualquer motivo para obter uma lição de felicidade.

A verdadeira finalidade dessa gloriosa festa indígena preparada pelos comerciantes e armadores de Rouen para recepcionar o rei francês e sua esposa em visita à cidade era despertar o interesse do soberano para a exploração e a colonização do Novo Mundo. A festa realizada à beira do rio Sena, onde foi montada a réplica de uma aldeia indígena, chegou a contar com índios autênticos (tamoios), levados da região da Bahia especialmente para a ocasião.

Os figurantes da cena brasileira eram mais de trezentos, mas os selvagens verdadeiros eram cerca de cinquenta. Os falsos soldados recrutados entre marinheiros bretões e normandos, habituados com as viagens ao Brasil, apresentaram-se completamente nus, inclusive as mulheres, como se pode ver num desenho detalhado que acompanha a descrição do evento. Os figurantes não se preocuparam em cobrir as partes íntimas, como acentua, algo escandalizado, o autor da narrativa, Ferdinand Denis (1798-1890).

O filósofo Michel de Montaigne, que possuía vários objetos fabricados pelos índios, mostra-nos quanto dessas obras se espalhou pelos castelos e residências daquele tempo. Os adornos chegavam a influenciar as modas europeias. É o caso de um penteado que as mulheres da França teriam copiado das índias do Brasil, segundo as indicações de Léry.

Além dos objetos, o que despertou o interesse dos estudiosos foi sobretudo a descrição da vida indígena. Segundo Afonso Arinos, *Utopia*, a obra-prima de Thomas Morus (1478-1535), deve algo de seu teor à leitura de documentos dos navegantes, além de incorporar no livro um herói português:

> A *Utopia* tem ligações especiais com o Brasil. Todos os leitores sabem que o livro de Thomas Morus foi decisivamente influenciado, na parte geográfica, pelas célebres cartas de Américo Vespúcio, de espantoso sucesso na época. [...] Já o fato de ser luso o herói mostra o maior interesse do autor do livro pelas terras de conquista lusitana do novo continente. Mas pelas páginas da *Utopia* se verifica, ainda, que Rafael foi um dos 24 cristãos que Vespúcio, na sua quarta viagem, deixou guarnecendo um fortim (na verdade uma espécie de feitoria), construído numa das terras descobertas[11].

Embora em *Utopia*, escrita entre 1515 e 1516, eventualmente haja alguma confusão, corrente no século, entre a América e a Índia, Morus declara expressamente que a *Utopia* é "um país deste novo mundo", portanto, da América. Fernando de Noronha, repleta de pássaros, de matas, de águas cristalinas, mas deserta de gente, foi aproveitada pelo sonho do filósofo inglês, que em sua obra a povoou com homens perfeitos, cuja vida tanto interessaria à opinião pública do Velho Mundo.

Como a Europa vivia uma crise com a iminência de expulsão de camponeses das pequenas propriedades rurais, guerras religiosas, pestes, fome, era natural que as atenções se voltassem para a paradisíaca América. Na *Utopia* já está escrito que "a virtude consiste em se viver segundo a natureza". Nesse sentido, também se observa o contraponto entre os costumes europeus e os dos povos selvagens. O hábito cotidiano dos banhos escasseara na Europa em virtude da crença de que a abertura dos poros trazia doenças. Montaigne se refere várias vezes ao asseio dos índios, lamentando a falta de tão salutar costume entre os civilizados. Léry também descreve a frequência com que os nativos se banhavam.

Léry observa ainda que os índios não faziam guerra de conquista por ganância, porque as terras e riquezas lhes sobravam. As batalhas entre as tribos, segundo eles próprios confessavam, obedeciam unicamente à tradição de vingar os parentes e amigos mortos e devorados pelos adversários.

Em "Dos canibais" (1580), do livro *Ensaios*, Montaigne adverte o leitor de que a sua fonte de informações se baseava no testemunho fidedigno de um homem simples e rude que estivera na América, sem a intenção de adulterar a verdade. Compara os selvagens aos verdejantes frutos silvestres, e os civilizados aos já passados frutos maduros. Acrescenta que estes últimos é que devem ser chamados bárbaros, porque suas verdadeiras qualidades naturais foram corrompidas pelas acomodações exigidas pelo gosto adulterado.

A figura do índio influenciou o pensamento de Montaigne durante toda sua vida, e o filósofo, ao ler os escritos de Jean de Léry, acentua o seu amor pelo nativo brasileiro, dizendo ao leitor: "Se eu estivesse no meio dessas nações que se diz viverem ainda sob a doce liberdade das primeiras leis da natureza, asseguro-te que me retrataria de bom grado de corpo inteiro e todo nu".

Aliás, o século XVII foi abundante em escritos sobre utopias. O próprio Maurício de Nassau (1604-1679), ao chegar ao Brasil em 1637, proclamou-o "o país mais belo do mundo", e, segundo relatório do humanista e teólogo holandês Gaspar Barleus (1584-1648), as capitanias "são extremamente saudáveis, gozando de um clima onde não predomina nem o calor nem o frio". Na selva tropical, a "eterna primavera" era muito comentada pelos primeiros cronistas.

Nassau interessou-se pela amizade dos índios tanto quanto outros europeus. A aproximação, além de corresponder a razões políticas, tinha raízes também no seu espírito de homem curioso por coisas exóticas, comum no seu tempo. Sabe-se que foi um grande entusiasta da vida selvagem e que levou índios consigo quando retornou à Holanda, apresentando-os aos seus amigos. Também realizou uma "festa brasileira" na sua casa em Haia.

Outra manifestação de admiração com referência aos nossos índios ocorreu em Paris, em 1613, quando Claude d'Abbeville chegou àquela cidade trazendo consigo seis índios tupinambás provenientes do Maranhão, vestidos a caráter. Uma multidão queria vê-los, tocá-los e examiná-los. Da nobreza ao populacho: "Foi tal o número de visitas ao nosso convento, que viu-se Sua Majestade na necessidade de colocar soldados na porta do convento para conter o povo já imprudente e inoportuno".

VIDAS ÍNTIMAS

O sociólogo Florestan Fernandes (1920-1995) elaborou um estudo interpretativo de como se processava o intercurso sexual na tribo dos Tupinambá na Bahia. Segundo ele, as oportunidades sexuais dos jovens nessa sociedade indígena eram, em geral, muito limitadas. Graças à prioridade dada aos mais velhos, estes podiam reservar para si um número maior de mulheres. Sustentados pelo poder obtido através de seu prestígio de guerreiros, de médicos-feiticeiros ou de grandes chefes de extensas parentelas, eles desfrutavam de privilégios especiais a esse respeito. O missionário Yves d'Evreux, em *Viagem ao norte do Brasil feita nos anos 1613 a 1614*, por exemplo, informa que as jovens de 15 a 16 anos, casadas com os velhos morubixabas, prezavam bastante aqueles enlaces. As conquistas dependiam do prestígio guerreiro dos maridos.

> Assim que apareciam as primeiras regras, as meninas púberes submetiam-se aos ritos de iniciação, sendo-lhes permitido adquirir cônjuge ou manter relações sexuais livres. A mulher impúbere era tabu. Mesmo quando um cacique recebia uma menina de seus pais, criava-a e aguardava a puberdade para a prática do coito[12].

As mulheres idosas geralmente perdiam o papel de parceira sexual para as mais jovens, mas preservavam o *status* de esposa e prestavam serviços ao marido. Algumas contraíam novas núpcias. Era reconhecida na cultura a ideia de que a mulher velha não precisava manter relações sexuais. Por isso, o abandono delas pelos maridos era muito frequente.

Os jovens, por sua vez, não permaneciam virgens. Aqueles considerados aptos para a união sexual casavam-se, na maioria, com as velhas em disponibilidade. Os homens tinham grande necessidade de uma mulher que provesse o lar, que preparasse as refeições e mantivesse aceso o fogo durante a noite. Devido à falta de parceiras jovens, os rapazes contentavam-se com as mulheres mais maduras, apesar de as saberem estéreis.

Essa situação forçava os jovens e as velhas a buscarem a satisfação de suas necessidades sexuais sem estabelecer uniões formais. As moças resistiam às pretensões daqueles jovens considerados inaptos para o casamento. Aventuras com tais pretendentes poderiam ter consequências danosas, uma vez que a tribo marginalizava as crianças geradas dessas uniões. Transgressões menos graves, como a rejeição do rapaz escolhido pelo grupo da mãe, afetavam o prestígio e a segurança das jovens núbeis, tornando-as conhecidas como impudicas.

Os tupinambás foram descritos pelos brancos como um povo luxurioso. As questões sexuais eram tidas como relevantes, constituindo um dos principais temas de suas conversações diárias.

Nos casos de iniciação sexual dos filhos, intermediada pelos pais, as mulheres que serviam como parceiras sexuais sempre recebiam algumas retribuições pelos serviços prestados. Quando o indivíduo se tornava capacitado para o compromisso de casamento, a "noite de prova" desempenhava um papel importante na satisfação das suas necessidades sexuais e na avaliação recíproca dos futuros cônjuges. Essas noites também visavam reduzir as tensões amorosas e eróticas dos jovens, concedendo-lhes algumas aventuras desejáveis. Nessas condições, a união constituía uma solução tardia para a satisfação da vida sexual do homem.

As uniões dependiam, entretanto, da aprovação da mãe e do acordo dos anciãos quanto à conveniência de aceitar o pretendente à mão da moça. Se houvesse consenso favorável, a noiva dizia a seu pretendente que, se ele fosse pernoitar com ela, sua mãe não se oporia. Então, o noivo, ia à noite à maloca de sua futura companheira, tomando precauções para que tudo ocorresse com discrição. Eram noites de provas. Se houvesse afinidade entre o casal, a união estava selada, podendo durar por toda a vida.

> A instituição das noites de prova evidencia a pouca importância atribuída à virgindade. A expectativa era mesmo o casamento com uma mulher deflorada. O defloramento ocorria enquanto a rapariga era considerada uma *kugnatim* [jovens entre 7 e 15 anos], logo depois do aparecimento das regras e dos ritos da puberdade. [...] Parece pois bastante provável que a perda da virgindade da mulher precedia às noites de prova, já que ela sobrevinha pouco tempo depois das cerimônias de iniciação e em aventuras circunstanciais[13].

Os tupinambás davam pouco valor à ocorrência do desvirginamento: "O pai não se enoja com isso; porque não falta quem lha peça com essa falta"[14]. Em algumas ocasiões, os próprios pais cediam as filhas a qualquer varão em troca de recompensas pessoais. Tudo indica que isso passou a ocorrer com maior intensidade depois dos contatos com os colonizadores e por causa do assédio sexual deles. Ao chegar ao Brasil em 1555, André Thevet deixou registrado que os pais entregavam as filhas ao "primeiro que aparece, em troca de ninharias, sobretudo aos europeus".

Deve-se ressaltar que o referido estado de liberdade pré-nupcial não pode ser confundido com vida sexual desregrada. As normas do comportamento sexual revelavam-se através da fiscalização dos atos da filha por parte da mãe ou por meio da intervenção dos parentes masculinos na escolha do seu "futuro marido".

É verdade que as moças tinham meios para burlar a vigilância familiar. Podiam praticar as relações ocultamente, no mato ou em "certas cabanazinhas" erguidas no bosque pelos casais amorosos. A existência de regras definidas de comportamento sexual no século XVII, porém, é sugerida no seguinte trecho de Léry: "nem os mancebos nem as donzelas núbeis da terra se entregam à devassidão como fora supor". No entanto, como em qualquer sociedade, havia aqueles que transgrediam essas normas, o que causava escândalos aos olhos dos estrangeiros.

> Como em outras sociedades, a conduta de alguns indivíduos afastava-se das normas estabelecidas socialmente. Evreux indica a ocorrência de relações incestuosas entre irmãos e irmãs, enquanto Montoya as estende também às pessoas classificadas como mães. Gabriel Soares observou que as relações sexuais entre indivíduos pertencentes ao grupo de incesto abrangiam: irmãos e irmãs, sobrinhos e tias paralelas, pais e filhas[15].

Cabe ressaltar que as práticas transgressoras condenadas pela tribo eram realizadas fora do grupo local. As relações sexuais entre casais unidos oficialmente, ao contrário, ocorriam livremente e com relativo conhecimento de todos. Segundo Florestan: "Os homens conduziam suas companheiras para o bosque, e lá pernoitavam com elas". O intercurso sexual tornava-se mais frequente quando o homem tinha várias mulheres. Os maridos polígamos dormiam cada noite em redes separadas e precisavam acomodar-se no leito da esposa escolhida. Esse comportamento não implicava, porém, nenhuma espécie de desregramento. O intercurso sexual somente era praticado à noite, diz Thevet. Do mesmo modo, não se realizavam intimidades amorosas "em lugares públicos". Ambos, "marido e mulher portam-se com decoro", e suas relações eram praticadas ocultamente.

A ideia de que o nascimento de uma criança devia ser atribuída ao homem impunha à mulher uma responsabilidade muito grande. Por isso, suas infidelidades eram punidas com severidade. O marido, ao contrário, gozava de privilégios especiais.

As proibições sexuais relacionadas com o período de gestação e a fase posterior ao parto deram aos homens certas liberdades absolutamente inacessíveis às mulheres. De acordo com André Thevet,

> Os homens nunca coabitam com elas quando estão grávidas, e nem depois do parto, até que a criança já esteja desmamada e caminhe sozinha ou tenha um ano pelo menos, pois acham que seria ter relação sexual com as filhas quando

ainda estão no ventre da mãe, e isso seria libidinoso; e, no caso de macho, o transformariam em sodomita, que chamam em sua língua de *Tevir* [Tebira], e tudo isso lhes é extremamente detestável e abominável até mesmo de pensar. Eis aí o motivo principal por que têm diversas mulheres[16].

Entre os tupinambás, o homem ou a mulher que mantivessem aventuras amorosas informais, "ainda que não tivesse com ele ou com ela mais que um só congresso", só deveriam fazê-lo às escondidas. Se o homem tinha certeza de que a "amante" se entregava exclusivamente a ele, então passava a dar-lhe tratamento de esposa.

Na falta de mulher, as tensões amorosas e eróticas dos jovens eram atenuadas por aventuras com mulheres rejeitadas pelos adultos ou com mulheres trazidas por seus próprios pais, ou, em alguns casos, pela prática de relações homossexuais.

Quando se estabeleceu um efetivo e íntimo contato com os colonizadores portugueses, alterou-se significativamente a imagem difundida na Europa sobre um povo remanescente de uma terra sem males e pecados. Com a entrada dos bandeirantes paulistas nos sertões, ocorrerá o embate entre duas culturas diametralmente opostas. Em busca desenfreada por riquezas e mão de obra escrava, os bandeirantes, sem leis ou regras, seguirão em frente, forjando não só os limites do país, mas também miscigenando parte da população brasileira.

INDÍGENAS NO CAMINHO DOS BANDEIRANTES

A visão do paraíso que se construiu nas primeiras décadas da colonização arrefeceu à medida que os colonizadores se embrenhavam pela mata inóspita e enfrentavam ataques defensivos ou vingativos dos índios, o que logo se tornaria empecilho ao projeto expansionista colonial.

Mesmo assim, as relações de intimidade entre portugueses e índias permaneceram e foram objeto de alguns dos mais interessantes relatos da vida social da Colônia, sendo interpretadas como fator relevante na formação da cultura brasileira. É bom lembrar que, em todos os cantos do Império português, o casamento interétnico mostrou-se importante como forma de consolidar o controle colonial, pelo menos aos olhos da política da Coroa. De acordo com o historiador Charles R. Boxer, "no planalto de Piratininga os colonos uniram-se às mulheres ameríndias em maior extensão do que em qualquer outra zona do país"[17].

A existência de mamelucos – mistura de brancos com índios – iniciou-se com o náufrago João Ramalho (1493-1580), que teve numerosos filhos com suas mulheres, a principal das quais foi Bartira, filha de Tibiriçá, conhecida na história depois de ser batizada com o nome de Izabel. Viveram livremente em grupos nos campos do planalto paulista, sem obediência ao governo, e mantiveram-se à semelhança dos nativos.

Segundo o padre José de Anchieta (1534-1597), João Ramalho e seus filhos viviam como os índios, o que escandalizava. Não obedeciam a princípios religiosos; sua lei era a da vida selvagem. Seus filhos se relacionavam com as índias sem se importar com a possibilidade de serem irmãos, e tinham filhos com elas tanto quanto o pai. Iam à guerra com os índios, e suas festas eram de índios. Não se constrangiam em andar nus como os nativos. Eram ousados e rústicos. Um deles, ameaçado por um dos padres de ser processado pelo Santo Ofício pela vida que levava, respondeu: "Acabarei com as Inquisições a flechas". Outro foi flagrado num ritual em que, pintado de vermelho nas pernas, matou um índio inimigo e se apropriou do nome do morto, como notável honraria.

Entre os costumes indígenas, é importante assinalar que os nativos davam prova máxima de sua amizade ao oferecer as próprias esposas e filhas aos forasteiros para que as possuíssem à vontade. Ficavam imensamente honrados quando alguém aceitava tomar uma filha, ainda que virgem, para com ela se deitar, por se estabelecer com isso profunda amizade.

Trata-se do sistema que o historiador português Jaime Cortesão denominou de "cunhadismo", costume indígena de incorporar estranhos à sua comunidade. Essa instituição social contribuiu para a formação do povo brasileiro. Assim que o recém-chegado aceitasse a moça ofertada como esposa, estabelecia de imediato inúmeros laços familiares que o ligavam a todos os membros do grupo. Dessa forma cresceu a massa dos mamelucos oriundos da mestiçagem desenfreada.

Gente prolífica, os brancos não só se uniram com as índias como também estabeleceram ligações amorosas sem nenhuma preocupação matrimonial, daí resultando a geração mameluca que predominaria nos povoados. Bastardos, filhos de pais incógnitos, sem o menor amparo, misturavam-se com índias através de ligações fortuitas e acidentais que geravam muitas famílias, ainda que ilegítimas. Esporadicamente, filhos ilegítimos eram mencionados nos testamentos da época.

Não faltaram encontros sexuais rápidos, fugazes e violentos, mas é certo também que, ao lado deles, muitas vezes havia uniões estáveis e duradouras entre portugueses e índias. O caso mais conhecido, além do de João Ramalho, foi o de Diogo Álvares, o Caramuru, na Bahia.

O historiador Alcântara Machado (1875-1941) aponta a liberdade sexual vivida pelo português na América. Ao deixarem a esposa além-mar, muitos tinham diante de si a índia "robusta e faceira" a tentá-los. No caso dos bandeirantes, "são poucos os que não têm no rebanho humilde das escravas algumas cunhãs para desafogo de seus instintos poligâmicos"[18]. Viviam os portugueses de então num meio desgovernado, em que a ação da justiça era ilusória e todos eram "culpados da mesma fraqueza". Era uma época em que a opinião geral não conseguia impor freio aos demais e nem mesmo o "temor a Deus" continha os instintos.

> Aliviado de escrúpulos e preconceitos que deixou na pátria distante, como bagagem incômoda, à hora da partida, com a sensualidade fustigada pelas solicitações da natureza tropical, pisando a terra da colônia como terra conquistada e consciente da sua superioridade sobre o íncola e o africano, o branco não encontra embaraços à atração que o impele para a índia robusta e faceira e para a negra impudente[19].

De acordo com o parecer do padre jesuíta Antônio Ruiz de Montoya (1585-1652), os portugueses permaneciam tanto tempo no sertão, ausentes de suas casas, que, "julgados já por mortos nas mãos dos índios, suas mulheres casam-se". Quando retornam, esses sertanejos encontram filhos estranhos, além de trazerem consigo outros filhos de suas relações com as índias pelos matos.

Assim ocorreu com um casal de Araçariguama delatado por adultério. A união de João Marques de Araújo, solteiro, com a bastarda Catarina Leme não poderia ocorrer, pois Catarina era casada, embora seu marido estivesse ausente. Em abril de 1757, solicitou-se um "mandado de segredo para o reverendo pároco se informar a respeito da denunciada". O pároco ficou sabendo que o marido de Catarina Leme estava ausente da freguesia havia cerca de dezessete anos, andando pelas minas de Cuiabá e Mato Grosso, "de sorte que alguns o supõem falecido, por cuja razão lhe parece que cá não tornará, nem tomará a vingança da dita sua mulher".

A forte atuação dos jesuítas, legitimada entre os colonos pelo ensino, provocava também atrito com os bandeirantes, especialmente pelo fato de esses religiosos combaterem a escravidão do indígena. No colégio de São Paulo, o confronto radicalizou-se em 1592, quando a população da vila levantou-se contra uma ordem que mandava entregar as aldeias indígenas aos jesuítas. Logo depois, isso piorou ainda mais. Portugal já estava sob domínio espanhol desde 1580, quando o rei da Espanha Filipe III, induzido pelos jesuítas, criou, em 1609, uma lei declarando livres todos os índios do Brasil. A promulgação dessa lei provocou tal discordância e protestos em toda a Colônia que o rei se viu obrigado a revogá-la em 1611.

Na disputa, vários interesses colidiam: o missionário precisava da alma do índio para a catequese; o lavrador precisava do braço dele para suas roças; e o bandeirante precisava de suas pernas para as caminhadas. À medida que a vila de São Paulo crescia, aumentava a resistência dos carijós e tamoios à ocupação de suas terras, o que dava aos paulistas o pretexto para enquadrá-los num ambíguo decreto da Coroa: esta, para agradar aos colonos, "proibia" a escravização dos indígenas, a não ser em "guerras justas", isto é, contra índios que se recusassem a aceitar a fé em Cristo e o poder colonial. Um testamento, registrado pela historiadora Maria Nizza da Silva, explicita o fato em que uma pessoa afirma que os dez índios escravizados "são livres pelas leis do Reino", mas "de serviços obrigatórios" pelo "uso e costume da terra, razão pela qual os deixam, na mesma condição, aos herdeiros".

Era tal a crença de que os colonos faziam bem aos índios que, na campanha contra o quilombo dos Palmares, o bandeirante Domingos Jorge Velho (1641-1705) declarou:

> [...] e se depois de nos servirmos deles para as nossas lavouras; nenhuma injustiça lhes fazemos; pois tanto é para os sustentarmos a eles e a seus filhos como a nós e aos nossos; e isto bem longe de os cativar, antes se lhes faz um irremunerável serviço em os ensinar a saberem lavrar, plantar, colher e trabalhar para seu sustento, coisa que, antes que os brancos lho ensinem, eles não sabem fazer[20].

FILHOS E TESTAMENTOS

O português, influenciado pelo passado muçulmano, imigrado solteiro, livre de preconceitos, longe das mulheres brancas, em meio rude, agreste e licencioso, acabou por abusar das índias no planalto paulista. A beleza de algumas delas, de que dão testemunho os mais antigos cronistas, teria sido um importante convite a essas ligações. Essas mancebias, porém, passaram incógnitas pelos registros de documentos.

Segundo o historiador John Monteiro, em São Vicente o concubinato atingiu proporções alarmantes aos olhos de jesuítas, como afirma, desgostoso, Pedro

Correia: "Há muito pouco tempo que me lembro que se perguntava a uma mameluca que índias e escravas são estas que traz com você; respondia ela dizendo que eram mulheres de seu marido"[21].

Era muito raro o testamento que não mencionasse a existência de filhos ilegítimos, tidos na solteirice, originados de várias índias. O moribundo, antes de morrer, determinava à sua esposa, que a ele obedecia, que trouxesse esses filhos para criação no convívio da família. Nos documentos, nota-se que as zelosas mulheres paulistas faziam vistas grossas para a vida dos maridos, anterior e posterior ao casamento. Também Maria Nizza da Silva registra que, nos testamentos, não eram esquecidas as descendentes ilegítimas, como fez Maria da Cunha, em 1667: "Declaro que tenho uma neta bastarda, filha do defunto meu filho Gaspar Lourenço, deixo que se lhe dê de esmola 10 varas de pano"[22].

Nesse período surgem algumas referências a filhos "naturais" (em contraposição aos "legais"), tidos fora do casamento, os quais podiam herdar tal como os legítimos, desde que fossem reconhecidos em testamento. Mas, por vezes, esses filhos bastardos não recebiam a sua parte da herança, e sim, quando muito, apenas uma fração dos bens deixados. Em alguns casos, a criança podia ser reconhecida mesmo sem a certeza da paternidade: "Em minha casa está uma bastarda que a deram por minha filha, e eu não sei se é"[23].

Em 1603, Martim Rodrigues declarou em seu testamento que, além das quatro filhas de seu casamento, tivera uma "bastarda" chamada Joana Rodrigues, a quem dera "certa cópia de fazenda" com a concordância da mulher legítima. Mencionou, ainda, dois meninos: "são bastardos que os houve no sertão". Preocupando-se com o futuro deles, deixava-os aos cuidados de sua mulher.

No mesmo ano de 1603, Brás Gonçalves mencionou os dois filhos adulterinos que tivera com uma escrava índia de sua propriedade e determinou que apenas parte de seus bens seria para eles, "por não serem herdeiros". Como filhos adulterinos não podiam herdar, a menos que houvesse autorização régia, Brás Gonçalves limitou-se a lhes conceder alforria. Passados alguns dias da redação do testamento, contudo, voltou atrás em relação a um dos filhos por não ter certeza da paternidade e manteve-o em cativeiro, segundo as pesquisas de Maria Nizza da Silva.

O jornalista Roberto Pompeu de Toledo afirma que nos testamentos multiplicavam-se os casos de reconhecimento de filhos tidos fora do casamento. "Tenho um filho adulterino feito em uma negra nova tabajara", diz um testador. Outro confessa que, quando solteiro, tivera uma filha "de uma índia da casa de seu pai" e, depois que enviuvou, outra filha, desta vez "de uma negra de seu filho". Nessa época, os índios também eram chamados de "negros da terra"[24].

A viúva Maria Pompeu deixa "à filha bastarda de meu marido" certos bens, como "um vestido de tafetá, umas cabaças de ouro e uns ramais de corais". Há maridos que, por sua vez, pedem às mulheres que cuidem dos filhos que haviam gerado: "está em casa de Ascenso de Quadros uma mulher pejada", registra Pascoal Neto, em seu testamento; "nascendo a criança, peço à minha mulher que a crie, pelo amor de Deus". A facilidade com que, ao registrar o testamento, confessavam os adultérios pode decorrer do medo de prestar contas do deslize cometido, mas também da naturalidade com que se aceitava a prática do adultério por parte do homem, quando lhe aprouvesse.

Nos testamentos, constatava-se que era maior o cuidado com as filhas do que com os filhos, notando-se sempre preocupação com seus dotes. Em 1651, na vila de São Paulo, Matias Lopes registrou no leito da morte que, mesmo casado, tivera "crias bastardas" com índias e, como já tinha netas de duas dessas filhas adulterinas, deixava-lhes como dote quatro cabeças de gado para seus casamentos.

Nos casos em que a paternidade era reconhecida, as crianças sempre foram consideradas livres, a despeito do dispositivo legal que rezava: "o filho segue o foro da mãe" (*partus sequibus ventrum*). "Libertei um moço, pelo amor de Deus, só por me dizer que era meu filho e ter ele esse pensamento." Por via das dúvidas, alguns desses pais oriundos das camadas mais elevadas concediam liberdade às mães, às vezes deixando-lhes terras e escravos. Exemplo notável foi o do grande fazendeiro Pedro Vaz de Barros, fundador da capela de São Roque, que teve catorze filhos bastardos com seis índias diferentes, sendo que, antes de sua morte, libertou todas e lhes deixou dote de generosas concessões de terras e índios.

O bandeirante, além de povoador pela mobilidade geográfica, era também o disseminador da prole, pela sua miscibilidade e pendor para a grande família matrimonial ou extramatrimonial. Um deles teve 25 filhos; outro paulista, como Antônio Pedroso de Barros, nem chegou a saber quantos filhos tinha com as índias. Ao ditar seu testamento, deixou registrado: "ficam alguns bastardos, que não sei a verdade de quantos são meus".

Longe de casa, entregues a um ambiente tão diverso que facilmente lhes concedia uma porção de índias disponíveis ao contato sexual, muitos sertanistas esqueceram seus deveres conjugais, certos de que seriam perdoados pelas esposas quando da volta ao lar. Como escreveu o historiador e literato paulista Cassiano Ricardo (1895-1974), "os bandeirantes encontram na procriação com a bugra seu caminho sexual inevitável. A progênie dos mamelucos aumenta nessas viagens à caça de silvícolas e das Evas do mato"[25].

A naturalidade de relacionamento com as índias fez com que a Câmara de Vereadores de São Paulo defendesse, sem meias palavras, o direito de os sertanistas manterem relações sexuais com as índias quando em campanha pelo sertão. Em ata de 1646, os vereadores protestaram contra a pressão dos religiosos que condenavam tais condutas e "que se intrometiam a avexar e oprimir os leigos, tomando por motivo que iam ao sertão e lá tinham cópula com as pagãs".

Embora os paulistas não levassem as esposas em suas expedições, muitas vezes faziam-se acompanhar de mulheres índias, como cozinheiras e concubinas. Afastados por longo tempo do lar, na volta traziam seus bens conquistados: "Preada em combate entre os despojos dos vencidos, a índia passa por direito de conquista a concubina do vencedor. Em sua origem, o concubinato doméstico é então, como sempre em toda a parte, a apropriação conjugal dos prisioneiros de guerra", finaliza Alcântara Machado.

UFANISMO ATRIBUÍDO ÀS BANDEIRAS

O historiador paulista Alfredo Ellis Júnior (1896-1974), em *Raça de gigantes*, de 1926, contrapõe-se à visão derrotista então dominante no Brasil do seu tempo. Nas primeiras décadas do século XX, algumas de suas conclusões foram extremamente pessimistas quanto à organização nacional; em contraposição, avaliou com otimismo a formação do povo da São Paulo de outrora.

Na visão ufanista de Alfredo Ellis Júnior, "só emigram os fortes, os aventureiros, os audazes, os ambiciosos, de espírito varonil, de alma robustamente empreendedora, toda saturada de coragem"[26]. Só eles poderiam enfrentar as perspectivas de uma vida rude, no interior de um continente selvagem. Esses povoadores ousaram afrontar os perigos desconhecidos de uma difícil travessia oceânica, que durava longos meses nas minúsculas naus, colhendo tempestades e vendavais.

> Chegada à nova pátria, essa gente sofreu ainda os embates dolorosos de novas seleções, que a depurara ainda mais, adaptando-a ao meio americano, cuja benéfica mesologia a aperfeiçoou. O cruzamento com o índio foi de grande felicidade, dele resultando uma sub-raça fecunda, longeva, varonil, virtudes essas que se projetaram nos capítulos da nossa história[27].

Consolidou-se a percepção dos bandeirantes paulistas como uma "raça de gigantes" (expressão cunhada pelo viajante francês Auguste de Saint-Hilaire no início do século XIX). Os estudos sobre figuras como Antônio Raposo Tavares (1598-1659) e Fernão Dias Paes (1608-1681) muito contribuíram para reforçar, até hoje, a imagem heroicizante que marcou as representações dos bandeirantes paulistas que enfrentavam o sertão bravio.

O sociólogo paulista Paulo Prado traça o vínculo entre o isolamento do povo de outrora da vila de São Paulo e a formação, pelo intercurso sexual, de uma nova raça dotada de ótimas qualidades. Assim, ele exalta:

> Do cruzamento desse índio nômade, habituado ao sertão como um animal à sua mata, e do branco aventureiro, audacioso e forte, surgiu uma raça nova, criada na aspereza de um clima duro, no limiar de uma terra desconhecida. No desenvolvimento fatal dos elementos étnicos num meio propício, mais do que em outras regiões do país, em São Paulo medrou forte, rude e frondosa a planta-homem[28].

Os historiadores Afonso de Taunay (1876-1958), Jaime Cortesão (1884-1960) e, sobretudo, Alfredo Ellis Júnior foram os principais expoentes dessa tendência ufanista e se deixaram fascinar por tal epopeia. Mas em Alcântara Machado o bandeirante é apresentado como um homem rústico e limitado pela dureza da vida no planalto paulista.

As diferentes bandeiras, tão decantadas, podem ser subdivididas em diversos ciclos: o do apresamento dos indígenas; o do sertanismo contratado pelo governo para combater índios ou quilombolas em outras regiões do país; o grande ciclo do ouro; e os de povoamento, com enorme contingente de paulistas que, em épocas diferentes, foram habitar regiões litorâneas ou no interior do país.

A vida nas bandeiras era difícil. O toque de despertar ocorria às quatro da manhã. Caminhavam até o meio-dia ou duas da tarde, quase sempre descalços, em fila indiana, ao longo das trilhas do sertão. Ao contrário dos colonizadores espanhóis, os mamelucos paulistas preferiram preservar "a tradição indígena, alheia ao uso de quaisquer animais de transporte". Essa opção provavelmente deveu-se ao obstáculo que a mata nativa representava à locomoção de animais, bem como à acidentalidade dos terrenos, uma vez que as regiões serranas só podiam ser escaladas por homens marchando a pé.

Apesar das crueldades e dificuldades vividas pelos bandeirantes, a Coroa portuguesa não podia abrir mão dos paulistas, tidos como leais e afamados vassalos quando a expansão da colonização portuguesa na América estava em perigo. Além disso, escravizar índios e descobrir minas não eram atividades excludentes.

No início, os bandeirantes souberam aproveitar as rivalidades entre diferentes tribos indígenas (tupiniquins, carijós e tupinambás) para ampliar o tráfico com os prisioneiros feitos nessas guerras. O objetivo era sempre ou apresar índios em "guerra justa" ou resgatá-los de seus rivais inimigos.

Registros dão conta de abusos sexuais dos bandeirantes paulistas ao se apossarem das índias quando destruíam uma aldeia ou até mesmo quando atacavam reduções jesuíticas. A condenação dessa prática encontra-se nos relatos do padre Montoya, catequizador dos povos guaranis. Assim o missionário denunciou o ato de violação sexual ocorrido em 1636, em uma das bandeiras integradas por Antônio Raposo Tavares e outros:

> Às mulheres deste povo e de outros destruídos, quando de boa aparência, fossem elas casadas, solteiras ou pagãs, encerrava-as o dono consigo num aposento, passando com elas as noites como o faz um bode num curral de cabras[29].

Quando não atacavam de surpresa, muitas vezes os paulistas erguiam uma espécie de feitoria nas redondezas, armando "sua barraca e mesa de câmbio, para comprar índios, mulheres e crianças". Índios de tribos rivais ou até mesmo parentes e vizinhos eram trocados por machados, facões, facas, bem como por vestidos velhos, chapéus, jaquetas e outros apetrechos. Além de os homens estarem embriagados, "as 'casas' têm-nas cheias de mulheres pagãs, compradas para a satisfação de seus instintos torpes", condena Montoya.

Os ataques contra as reduções jesuíticas eram particularmente rentáveis, pois nelas os bandeirantes podiam capturar grande quantidade de nativos já habituados ao trabalho e civilizados pelos religiosos, o que resultava na obtenção de um preço muito maior quando da venda deles. Os braços de que não se necessitava eram vendidos para as capitanias do Nordeste para trabalho nos engenhos de cana-de-açúcar.

Com as constantes investidas dos bandeirantes, tornava-se impossível aos jesuítas manterem-se na região. A retirada deles possibilitou a Portugal a incorporação de extensas terras antes tidas como pertencentes à Coroa espanhola. Um jesuíta afirma que Raposo Tavares, antes de atacar uma das missões do Guairá, em 1629, disse: "Viemos aqui para expeli-los desta região inteira. Porque esta terra é nossa, e não do rei da Espanha". Na verdade, porém, diz o historiador John Monteiro, os paulistas regiam-se antes de tudo pelos interesses econômicos, e não pela fidelidade à Coroa ou pela conquista de terras para o rei.

CONDIÇÕES DE VIDA

Para o pioneiro, tudo era obstáculo, vivo ou inerte. Perigos de cobras, de onça, de inimigos, travessias em rios caudalosos com água pelo peito, calor, frio, noites maldormidas ao relento, nos matos, dificultadas pela falta de fogo e de roupa adequada. Assim "andavam as pernas queimadas das geadas e muitas chuvas grossas e contínuas". Incontáveis as noites de insônia no sertão dedicadas ao combate dos insetos ou de morcegos, "de sorte que acordávamos banhados todos em sangue", relatou um sertanista.

Cada bandeira deveria levar o seu guia espiritual para orientá-la. A figura do capelão arrefecia o peso na consciência, o medo da morte, e encaminhava a alma para a salvação.

Além das esteiras para se deitar no chão duro, o utensílio mais empregado como cama no sertão era a rede de dormir, sempre pronta e fácil de carregar. A rede, porém, não bastava para livrar os bandeirantes das muitas chuvas, além de não barrar a imensidão de mosquitos e formigas. Para se afastar desses insetos, cobriam-se com o véu mosquiteiro. Quando alguém ficava doente ou impedido de andar, a rede transformava-se em padiola nos ombros de dois índios.

Segundo Cassiano Ricardo, o bandeirante ia morrendo pelo sertão, ora devido a flechadas, como Manuel Preto, ora desamparado e sem conquistar riquezas, como Anhanguera, ora, ainda, espoliado e assassinado, como os irmãos Leme. Como decorrência, esses homens achavam a morte muito natural. Dizia-se: quem se metia no sertão, que deixasse o testamento pronto:

> Este cai de bruços, desfalecido de fadiga. Aquele, flechado à traição, chama o sacerdote e dispõe sobre as providências que deverão ser tomadas depois de sua morte. Aquele outro, num lugar até então nunca visto, dita seu testamento entre cantos de pássaros e gritos de desespero. Um deles pede ao companheiro que entregue à esposa distante uns grânulos amarelos, descobertos no sertão mais ínvio do mundo. Outro recomenda que sejam entregues ao legítimo dono os dois negros, emprestados, com que viera buscar a vida naquele cafundó do judas. Outro recomenda que se digam duzentas missas ao anjo de sua guarda. E mais outro, ao despedir-se da "vida presente", não se esquece de mencionar as suas dívidas pessoais, de pedir a libertação de seus escravos, de confessar as suas faltas e rogar à família que não despreze os seus filhos bastardos. Outro luta enterrado na lama com os paiaguás. Outro, já trôpego, fica pelo caminho para não ser o empecilho da caminhada trágica. Plantam-se algumas cruzes no chão e, no outro dia, a bandeira caminha de novo[30].

O PROCESSO DE INDIANIZAÇÃO

O historiador Sérgio Buarque de Holanda, em *Caminhos e fronteiras*, aponta que os portugueses, sempre em movimento, se valeram de elementos culturais indígenas. O sertão já era explorado pelos nômades gentios e, assim, os bandeirantes, em muitas entradas na mata, apenas seguiram trilhas já existentes, pelas quais se comunicavam com tribos próximas. Dotado de conhecimentos topográficos, visão aguçada, "extraordinária memória visual" e "notáveis qualidades de orientação", o indígena foi capaz de transmitir ao explorador europeu e a seus descendentes parte dessas qualidades de orientação e parte desses conhecimentos. Os nativos, como os guias no sertão, tinham apurada memória geográfica, recordando os nomes de serras, montanhas, lagoas e rios.

Embora o índio entrasse na bandeira com papel coadjuvante, não reconhecido, nota-se com facilidade a sua importância. Os colonos se queixavam de que "não iam às minas por não lhes darem índios":

> Sem índio não se descobrem os caminhos que atravessam o continente, sem índio não se explica a mobilidade do grupo conquistador, sem índio todas as bandeiras teriam a mesma sorte dos oitenta homens europeus de Pero Lobo, sem índio não se teria destruído o domínio jesuítico-espanhol do Sul, sem índio não se forma o "horizonte cultural" indispensável para a realização da bandeira, sem índio o inimigo holandês não é expulso do litoral, sem índio não se descobre o ouro sonhado por Miguel Sutil em Bom Jesus de Cuiabá, sem índio não se destrói o reduto dos Palmares, sem índio não há bandeira; tudo porque sem índio não se invade o sertão[31].

Enfim, sem índio não há bandeira e, posteriormente, sem pretos, "as minas não funcionam". Por isso afirmou-se: a bandeira começou mameluca e terminou africana. De início, os povoadores paulistas alegavam que a caça ao índio era o "remédio" para sua pobreza, pois não tinham recursos para comprar escravos africanos.

Mesmo os portugueses aqui fixados estavam sujeitos a sofrer um processo de "indianização". A situação era tão intensa na vila de São Paulo do século XVII que a Câmara estabeleceu punições para os "cristãos brancos" que fossem encontrados "bebendo e bailando ao modo do gentio". Muitas casas de paulistas pareciam uma verdadeira oca, com inúmeras pessoas vivendo sob o mesmo teto.

Já em 1623, a Câmara Municipal dedicou uma sessão para discutir "o gentio que nesta vila fazem bailes de noite e de dia porquanto nos ditos bailes sucediam muitos pecados mortais e insolências contra o serviço de Deus e do bem comum", além de "outras cousas que não declaravam por não serem decentes".

Em 1685, a Câmara afixou uma ordem proibindo a venda de aguardente aos índios na Semana Santa, "para evitar alguns danos e desaforos que os tais obram nos tais dias". Os vereadores editaram uma norma que impunha castigos corporais aos "rapazes carijós e negros" que tumultuavam as procissões religiosas devido ao comportamento não condizente com a situação.

O domínio da língua tupi-guarani deixado pela ascendência materna dava aos mamelucos papéis de relevo nas bandeiras. Tornavam-se intérpretes e estrategistas nas guerras contra as tribos inimigas do sertão e nas bandeiras de apresamento. Porém, uma ordem régia de 1760, do marquês de Pombal (1699-1782), impõe aos índios o uso da língua portuguesa, porque, diz ele, "é um dos meios mais eficazes para desterrar dos povos rústicos a barbaridade dos seus antigos costumes [...] e introduz neles o uso da língua do Príncipe que os conquistou".

Foi só em meados do século XVIII, portanto, que o tupi cedeu lugar à língua portuguesa e, nas áreas rurais, ao dialeto caipira. Cita-se com frequência o comentário do bispo de Pernambuco em referência ao bandeirante Domingos Jorge Velho (1641-1705): "Este homem é um dos maiores selvagens com que tenho topado". Mameluco, filho de mãe índia e de pai português, cresceu entre tribos. Quando se encontrou com o jesuíta, trouxe consigo intérprete, "porque nem falar sabe, [...] nem se diferencia do mais bárbaro tapuia e ainda ousa dizer que é cristão", finaliza o bispo.

Outra contradição apontada pelo missionário quanto a Domingos Jorge Velho foi ele ter dito ser cristão, embora tivesse inúmeras mulheres: "e não obstante o haver se casado de pouco lhe assistem sete índias concubinas, e daqui se pode inferir como procede no mais". Outro episódio sobre a rudeza desse povo ocorreu bem mais tarde, quando cerca de quarenta bandoleiros, já desgarrados da bandeira de Domingos Jorge Velho, invadiram Porto Seguro, onde, além de saquear e matar, ainda praticaram estupros.

O historiador John Monteiro observou que o emprego do termo *mameluco* foi sendo aos poucos substituído por *bastardo*, termo que uniu o significado de ilegítimo com a conotação étnica de mestiço, com intenção desqualificadora. No século XVIII, a expressão *bastardo* designava qualquer um que tivesse ascendência indígena. "Tal mudança poderia estar reforçando o sentido da ilegitimidade e a consequente exclusão social desses indivíduos", conclui Monteiro.

Posteriormente, a elite paulista, alicerçada numa melhora econômica, rompeu com os padrões culturais do mundo indígena e incorporou os ideais ibéricos de "limpeza de cor" e de "sangue".

RAPOSO TAVARES E FERNÃO DIAS

Eis-nos diante da figura do destemido bandeirante Raposo Tavares que, em 1648, aos 40 anos, empreendeu sua ambiciosa aventura. Tido como carrasco dos jesuítas e terror dos índios de Guairá, quando partiu para novas aventuras à frente de uma tropa de duzentos brancos e mamelucos e mil índios, mais uma vez embrenhou-se no mato rumo ao sudoeste, no encalço das missões que os padres da Companhia administravam na província do Itatim, no Paraguai. Era o início de uma longa e desarrazoada jornada.

No Itatim, os bandeirantes enfrentaram a resistência dos jesuítas, dos índios e das autoridades de Assunção, que enviaram uma coluna para rechaçá-los. Sofreram o ataque de outros índios, e muitos morreram de fome e adoeceram das diversas pestes do sertão. Na grande aventura fracassada e sem rumo, estiveram no Peru e talvez, segundo alguns relatos, em Quito. De lá, desceram pelo Amazonas até Belém. Àquela altura, o único plano de viagem era encontrar o caminho de volta para São Paulo. Na empreitada, iniciada em 1648, em busca de prata, Raposo Tavares percorreu cerca de dez mil quilômetros de mata, a pé e descalço, por três anos.

Segundo o historiador Jaime Cortesão, constituiu-se na "mais prodigiosa devassa de terras ignotas em qualquer tempo e qualquer continente". Ao final da errância, a bandeira estava reduzida a um grupo desconexo de 56 brancos e mamelucos e alguns índios. Ao voltar para São Paulo em 1651, Raposo Tavares estava tão depauperado e desfigurado que não foi reconhecido pelos familiares.

Quanto a Fernão Dias, o genealogista Pedro Taques dedica longas páginas a justificar a nobreza do bandeirante. Filho de aristocratas, nasceu em posição abastada, pois sua família era uma das que mais se destacava financeiramente no âmbito da vila paulistana. Casara-se, já velho, com uma moça 34 anos mais nova que ele, filha de um renomado paulista.

Quando recebeu uma carta do governador do Brasil na Bahia, incitando-o à busca de ouro, Fernão Dias já tinha idade avançada: 66 anos. Vivia numa fazenda em São Paulo na companhia de sua jovem esposa, de seus oito filhos legítimos e de um sem-número de filhos bastardos. A fase preparatória da bandeira demoraria quase dois anos. Foram concedidos amplos poderes a ele. Em julho de 1674, Fernão Dias partiu de São Paulo. Estava finalmente pronto para sair em busca das pedras do Sabarabuçu, futura Sabará, em Minas Gerais.

Passados alguns anos, a expedição de Fernão Dias encontrava-se à beira do colapso. Famintos, doentes e rodeados de índios bravios, os seguidores da comitiva estavam em trapos. Muitos companheiros já haviam abandonado o Senhor das Esmeraldas. Até os dois capelães desertaram. E a situação convergiu para um desfecho dramático. Insatisfeito, um pequeno grupo começou a tramar o retorno da bandeira.

No comando do motim estava o próprio filho de Fernão, José Dias, que, segundo Pedro Taques, era mameluco, "filho bastardo dos delírios da mocidade". José Dias sabia que o pai jamais aceitaria passivamente o fim da expedição.

Por isso, passou a tramar a morte do velho. O bandeirante ficou sabendo da traição antes que o matassem. Uma índia "velha e casada" tomou conhecimento da trama dos conspiradores e, mostrando fidelidade ao seu benfeitor, contou-lhe o que ouvira das "diabólicas assembleias". Fernão Dias, então, reuniu os sertanistas leais que lhe restaram, fez interrogatórios e, após identificar os traidores, puniu todos eles. A seu filho reservou a maior penalidade: a forca.

Em março de 1681, o bandeirante tinha 73 anos e iniciara sua alucinada expedição havia sete anos. Entretanto, antes de chegar ao local de repouso, ardendo em febres, tombou morto, no mesmo ano do "feliz descobrimento" de ouro no arraial do Sumidouro.

Outra demonstração de rudeza no sertão é o que se conta da comitiva de Sebastião Pinheiro Raposo, que começou a sofrer sede e fome, na extensão do terreno íngreme que percorria o árduo sertão da Bahia. Num morro, ressequidas pelo calor, duas índias estatelaram exaustas. Sebastião Pinheiro, que tinha inúmeros filhos com essas e outras índias, mandou então que prosseguissem – e como as mulheres não se movessem, arrancou uma faca e cravou-a no peito de uma delas, matando-a; agarrando a outra, atirou-a penhasco abaixo, onde ela rolou despedaçando-se. Justificou seu inaudito gesto: "Eu que as deixasse vivas e elas iriam servir a outrem". A bandeira prosseguiu.

A descoberta de ouro atraía todo tipo de gente, embora a Coroa se esforçasse bastante para não divulgar o ocorrido. Esse segredo, contudo, nasceu perdido. Como era natural, a notícia da descoberta das minas de Goiás, por exemplo, logo atraiu para lá bandos de aventureiros que, ao mesmo tempo, as lavravam e erguiam numerosos arraiais. A notícia contribuiu até mesmo para o despovoamento de Portugal, o desmantelamento da indústria açucareira no Nordeste, além da perturbação social e econômica. Muitos morriam pelo caminho – de fome, de doenças, devorados por animais ou mordidos por cobras –, sem ao menos ter visto as minas.

Além de Minas Gerais, Cuiabá tornou-se o escoadouro onde se reunia a "escumalha lodosa" do Brasil, no dizer do escritor Paulo Setúbal. Era o desaguadouro de todos os aventureiros: estupradores, jogadores, bandidos, foragidos da justiça, matadores sanguinários, ladrões, salteadores. Em Ata da Câmara paulista, por volta de 1730, "já se fala claramente de prostituição" de mulheres suspeitas na direção das minas.

O historiador Charles R. Boxer menciona a constante mobilidade dos colonos que, ao ouvir rumores de "lugar melhor" para a busca do ouro, largavam tudo, até mesmo os filhos:

Miscigenação, e mais do que isso, era a prática geral daquelas regiões remotas. Poucas mulheres brancas penetraram nas profundezas de Goiás e Mato Grosso, onde os colonos, inevitavelmente, viviam em concubinato com as mulheres de cor, em escala ainda maior do que nas demais regiões do Brasil. Os homens abandonavam com frequência essas mulheres, com a mesma facilidade com que deixavam suas habitações improvisadas ao ouvir boatos de descobertas de ouro em outros pontos dos matagais[32].

Penetrando mais além, rumo às regiões Norte e Nordeste, mamelucos e outros mestiços aterrorizavam a população durante as expedições exploratórias, como atesta um documento de 1729. A esse respeito, diz Boxer: "Os homens, fossem brancos ou de cor, tomavam as mulheres que queriam, nas aldeias índias, procriando filhos de raças mescladas que, na maior parte das vezes, não eram melhores do que seus pais".

Típicos aventureiros, os irmãos Leme – João Leme da Silva e Lourenço Leme da Silva – foram alguns dos principais paulistas aos quais se deve o desbravamento dos sertões de Mato Grosso, por volta de 1719. Naturais de Itu, em São Paulo, e criados na vida errante de sertanistas, praticaram alguns crimes, o que naqueles tempos não constituía nenhuma novidade.

Considerados gente perigosa, os irmãos Leme aterrorizavam a freguesia. Os dois caboclos abusados eram famosos pelos horrores e proezas que tinham praticado nas minas, onde tiveram a sorte de encontrar bastante ouro. Enriquecidos, já poderosos, andavam com grande cortejo de capangas quando retornaram a Itu, em 1722.

No rol dos seus delitos constavam os estupros de três filhas de João Cabral de Távora, todos na vila de Itu. Não se tratava de delitos que mereciam muita condescendência, mas, no meio em que viviam, os irmãos saíram incólumes. Segundo o escritor Paulo Setúbal, os dois irmãos foram combatidos pelo governador, em seu esforço de impor o controle da Coroa sobre a tão distante Cuiabá.

Com as índias, os Leme adaptaram-se a uma vida desbragada e solta. Pouco se importaram com as três moças que haviam deflorado em Itu. Abandonaram-nas à própria sorte, com o estigma da desonra. Para suas longas jornadas, tiveram como companheiras duas índias criadas por eles mesmos. A esposa de João Leme era uma cobiçada índia carijó de "feitiços selvagens e graças picantes". João Leme gostava dela com toda a rudeza do seu caráter. E foi exatamente por causa dessa carijó que, numa madrugada, desenrolou-se em seu rancho o trágico drama. João Leme viu sua companheira traindo-o com um rapaz em um capão de aroeira.

O casal traidor, para acobertar o delito, levou para o mato um indiozinho como olheiro. Ele ficou de fora, vigiando, para dar o alarme. Ao tomar conhecimento da traição, João Leme mandou seu capanga liquidar a esposa e o índio que ficara de vigia. Antes de ser justiçado pelo próprio João Leme, o rapaz traidor foi castrado. Segundo Pedro Taques, João Leme, preso em São Paulo, foi logo depois enviado a Salvador, onde "foi degolado em alto cadafalso no mesmo ano de 1723".

CONDIÇÕES DESBRAVADORAS

As difíceis condições de vida levavam a uma alta taxa de mortalidade. No *Diário da navegação dos rios Tietê, Grande Paraná e Guatemi*, registrado pelo sertanista sargento-mor Teotônio José Juzarte em *Relatos Monçoeiros: coletâneas e notas*, de Afonso de Taunay, há dramáticos relatos que dão ideia da formação do povo brasileiro. Durante a viagem, iniciada em 10 de março de 1769, quando não se podia acender o fogo, comia-se no jantar o feijão frio cozido no dia anterior. Em determinadas épocas, o frio era tão intenso que levava à morte alguns passageiros. Numa das viagens fluviais, as mulheres reclamavam de "dores de barriga, outras grávidas provocando partos durante a travessia".

O sertanista menciona a sobrevinda de uma diarreia que atacou homens, mulheres e crianças. Em determinado dia, "amanhecemos como quem passou uma noite tão tenebrosa, e perigosa, e achamos uma criança morta à qual se deu sepultura no mato, amanhecendo uns com fome, e todos molhados de chuva". Na manhã seguinte, ao acordar, Juzarte conta que encontrou um pé de meia todo comido por formigas. Elas incomodaram tanto as pessoas "que ninguém dormiu, uns trepados em árvores, outros metidos na água do rio", permanecendo dentro das embarcações até que o dia amanhecesse. Ainda enfrentaram mais dissabores:

> Aberta esta picada pelo mato e indo a passar toda a gente, se levantou uma nuvem de marimbondos de dentro do mato, que mordendo a toda gente causou lástima; e fugindo cada um para sua parte cobrindo as cabeças e as mãos com o que puderam e as mulheres gritavam, as crianças choravam e os homens fugiam, que motivou esta desordem a abrir-se picada por outra parte [...][33]

Certa vez, nessa viagem fluvial, depois de uma chuvarada durante toda a noite, com relâmpagos e trovões, todos amedrontados, ao amanhecer, "entoaram a ladainha de Nossa Senhora". Tudo estava molhado e quase todos haviam se despido das roupas encharcadas, saindo nus para continuar a viagem. Ao cair do dia, não podendo acender o fogo com a madeira molhada, ficaram tremendo de frio, à espera do amanhecer para partirem. Ao meio-dia, o céu limpou, o sol apareceu, "foram todos enxugando a sua roupa". Finalmente, desembarcou a gente toda, homens, mulheres e crianças. Nesse dia, amputou-se a perna de um homem que tinha sido mordido por uma cobra, o que, porém, não impediu sua morte. Em outro dia, morreram mais dois homens. E, mesmo estabelecidos, sofreram constantes ataques de índios. Dessa forma é que se forjou grande parte da população brasileira.

Além dos habitantes naturais da terra (cuja trajetória será retomada mais adiante), outras camadas sociais viviam "em pecado" na Colônia. A religião católica era o catalisador do cotidiano de todos os estratos sociais. É o que veremos em seguida.

PECADOS SEXUAIS, RELIGIOSIDADE E INQUISIÇÃO

No Brasil, a religião não se constituía como um sistema rígido, tal como predominava entre outros povos; tratava-se, antes, de uma liturgia que, além de mística, tinha decisivo papel de interação social. Excetuando alguns períodos inquisitoriais, havia aqui um cristianismo doce e lírico, com muitas reminiscências animistas e fálicas das doutrinas pagãs. Santos e anjos quase se materializavam e desciam dos altares nos dias de festa para se divertir entre o povo; os bois entravam pelas igrejas para ser benzidos pelos padres; as mães ninavam as crianças com as mesmas cantigas de louvor ao Menino Deus; e, como aponta Gilberto Freyre, havia "mulheres estéreis indo esfregar-se, de saia levantada, nas pernas de São Gonçalo do Amarante".

Quase todas as etapas dos momentos rituais da sociedade – batizado, casamento, viuvez e morte – passavam pelo olhar e controle do catolicismo. Pode-se até mesmo considerar que a cidadania se exerce pela aceitação dos rituais católicos.

DIAS "FESTIVOS"
Quando se aproximava um dia de procissão, os moradores eram convocados a ceder os escravos para a limpeza das ruas, além de serem obrigados a enfeitar suas

casas, sob pena de multa. Nessas ocasiões, qualquer vila ficava apinhada de fiéis. Dos humildes aos mais ilustres dos moradores, quase todos deixavam os sítios e fazendas dos arredores para se reunir aos demais. Muitos mantinham casa na vila apenas para esses dias santos.

Acontecimento único, fervorosamente aguardado, os dias de festas religiosas eram momentos para o encontro de parentes e amigos. No entanto, os membros da Igreja também os consideravam "dias mais para a ofensa a Deus", ou então "dias em que a escravatura, ignorante da religião e sem temor de Deus, dada a vícios, guardava para gastar em bebidas, jogos e bailes".

Aumentavam, ainda, as críticas sobre "o abominável uso de batuques e as danças desonestas", os quais tornavam "indecentes" as festas de São Gonçalo, a ponto de resultarem em graves ofensas ao Senhor Jesus. Ainda mais, "e depois destas mesmas danças se passa a outras indecências que a modéstia cala mas ninguém ignora". Era também a ocasião para tomar cachaça nas tabernas e marcar encontros com prostitutas que rondavam o entorno das igrejas.

Em São Paulo, em 1768, em determinada Pastoral, as festas noturnas foram proibidas, uma vez que as pessoas assistiam a elas "para se cometer nas igrejas toda a sorte de irreverências". Diante disso, os enterros passaram a ser feitos durante o dia. Também em outra Pastoral, em 1773, certos comportamentos foram condenados, como homens que buscavam mulheres nas portas das igrejas, e advertências foram feitas, como "que nenhuma mulher vá às mesmas de saia tão alta que lhe apareçam os artelhos dos pés"[34].

Ao findar do dia, acreditava-se que a chegada da escuridão instalava os domínios do demônio; por isso, nenhuma solenidade deveria realizar-se depois das seis horas da tarde. As próprias normas eclesiásticas mencionavam essa proibição, sabendo-se que "nas procissões de noite pode haver, e há, muitas ofensas a Deus Nosso Senhor". Esses desmandos eram considerados obras das trevas trazidas pelas forças malignas. Sendo assim, ordenou-se a pena máxima de excomunhão a quem não cumprisse a regra de que nenhuma procissão "se possa fazer à noite das Aves-Marias por diante e que nenhuma comece tão tarde que seja preciso recolher-se de noite", excetuando-se a procissão por uso antigo.

Os viajantes estrangeiros que aqui chegavam espantavam-se com a simultânea convivência entre o sagrado e o profano. O oficial francês M. de La Flotte, que desembarcou em agosto de 1757 no Rio de Janeiro, onde permaneceu por dois meses, conta que, ao assistir a uma missa, constatou que "os fiéis de ambos os sexos estão mais interessados em marcar um encontro do que ouvir o sermão". Mas o que mais o espantou foi a exibição de uma peça teatral:

Tive oportunidade de assistir a uma comédia burguesa, plena de obscenidades, onde muitos monges e amáveis penitentes apareciam de mãos dadas. Isso não chegou a causar-me espanto, já que estava de acordo com o comportamento geral da colônia. Contudo, quando, no meio de um dos atos, entraram duas menininhas vestidas de anjo e cantando as *Ladainhas de Santa Ana*, confesso que fiquei surpreendido. Essa bizarria, sem dúvida, tem sua origem na ideia de que todo o mal pode ser remediado desde que se reze um rosário ou se cante uma ladainha[35].

Bastante comuns no mundo português do século XVIII, as cenas da Paixão de Cristo e outras foram o alvo principal da devoção das pessoas da época. A teatralidade acentuada para causar a comoção e a piedade cristãs podia chegar a um toque de sensualidade, presente nos gestos e nas expressões faciais das imagens envolvidas, como se pode constatar na célebre figura de São Sebastião, preso ao tronco com o seu torso nu. Apesar disso, a ausência de algum fiel nas procissões reais era punida com multa e prisão. Os religiosos que não comparecessem às cerimônias, especialmente de *Corpus Christi*, estavam sujeitos à excomunhão.

Mesmo em cidades como Salvador, dotada de maiores possibilidades de diversão, o sagrado e o profano mesclavam-se, o que causava perplexidade nos viajantes estrangeiros. Os divertimentos públicos eram poucos, e as procissões religiosas, alegremente paramentadas com esmero, com seus músicos, mascarados e dançarinos, ofereciam a única oportunidade em que todas as classes se misturavam, embora tais festas às vezes terminassem em desordens e conflitos. Um viajante ficou espantado ao ver o vice-rei, já velho, ter que dançar ao ser carregado pela multidão. Ali estava o comerciante francês Gentil de la Barbinais, que assim se expressou em 1718:

> Fizeram-nos, bem ou mal, dançar também; era realmente muito engraçado ver, no interior de uma igreja, padres, mulheres, monges, cavaleiros e escravos, todos misturados, pularem, dançarem e gritarem a plena voz "Viva São Gonçalo do Amarante". Em seguida, pegaram uma pequena estátua do santo que estava sobre o altar e começaram a atirá-la um para o outro[36].

O cristão tinha tanta liberdade com os santos que era a eles que confiava a vedação de doces e melados contra as formigas. Quando se perdia algo, como tesoura, dedal ou moedinha, por exemplo, Santo Antônio era invocado para que achasse o objeto perdido. Essa extrema intimidade com o sagrado fazia com que "o Menino Jesus só faltasse engatinhar com os meninos da casa", diz Freyre em *Casa-grande & senzala*.

No culto à Virgem Maria, ao Menino Jesus e aos Santos, aparece sempre no cristianismo português a nota idílica e até sensual, a ponto de São João Batista ser festejado no seu dia como se fosse um rapaz bonito e namorador, convivendo solto entre moças que, desejosas de casar, até lhe dirigem pilhérias. Os rapazes ameaçavam-no de pancadas, por não cumprir a função de proteger namoros ou por pedidos não realizados.

Era grande a intimidade entre o devoto e Santo Antônio, chegando a haver cerimônias quase obscenas. Sendo o principal santo casamenteiro, ao seu culto ligam-se práticas e cantigas sensuais. Outros interesses de amor encontravam proteção nesse popular santo, um dos mais associados às práticas de feitiçaria afrodisíaca no Brasil. Era a sua imagem que quase sempre se pendurava de cabeça para baixo dentro do poço para que atendesse às promessas o mais breve possível. Os fiéis mais impacientes chegavam a colocar a imagem dentro de urinóis velhos.

Apesar disso, porém, segundo *Um só corpo, uma só carne*, estudo do historiador Gian Carlo de Melo Silva, o respeito por parte da população durante o período da Quaresma revelava o cuidado de procurar seguir a regra de evitar relações sexuais, tanto por livre vontade dos nubentes quanto por exigência da Igreja. Em alguns anos, não houve casamentos no mês da Quaresma. Maio, atualmente considerado o mês das noivas, representava a segunda posição no número de uniões realizadas. As restrições sexuais impostas na Quaresma explicam a realização de poucos casamentos em abril, com um grande aumento de uniões no mês seguinte. Além desse período, outros momentos eram restritivos à prática sexual: domingos, dias santos, menstruação, gravidez, amamentação (o sêmen poderia "misturar-se" ao leite materno) etc., resultando em 273 dias de abstenções ao ano.

RECLUSÃO E VIDA RELIGIOSA

A Igreja católica restringia o número de filhas que poderiam entrar no convento, mas muitas famílias de elite não se conformavam com a regra, pois a reclusão era símbolo de nobreza e um sinal de prestígio social que aguçava a vaidade familiar. Em 1777, certo Paulo de Argolo solicitava de uma só vez a reclusão de quatro das dez filhas que tivera. É preciso lembrar que as moças só eram aceitas mediante um elevado dote para sua manutenção no claustro. Algumas chegavam a trazer consigo até cinco escravas para auxiliá-las nos afazeres diários. Muitas mulheres, principalmente as viúvas, entravam para esses conventos ou recolhimentos por iniciativa própria, pagando sua manutenção.

O viajante prussiano Theodor von Leithold, em passagem pelo Rio de Janeiro em 1819, menciona um convento para mulheres onde os maridos podiam trancafiá-las por capricho e por outras razões, já que, pela lei portuguesa, o homem tinha o direito, em certas circunstâncias, de prender a mulher por certo período ou mesmo por toda a vida.

> Na cidade da Bahia, Ana Rita de Araújo, casada com Lino Pereira de Almeida, encaminhou em 1809 um requerimento para sair do recolhimento dos Perdões, onde se achava recolhida desde o ano de 1789. Só conseguiu autorização para deixar o recolhimento passados 20 anos, muito embora "sem ela ter cometido delito algum, nem dado a mínima sombra de infidelidade para com seu marido". Ele ali a deixara quando se dirigira para Lisboa e a mulher, ao fim do longo período de confinamento, conseguiu autorização para sair do recolhimento[37].

As paredes do convento ou recolhimento, no entanto, não protegiam as mulheres do assédio sexual, conforme documento de 26 de setembro de 1801, em que a sóror Francisca de Assis, religiosa no convento de Nossa Senhora da Ajuda do Rio de Janeiro, escreveu sua denúncia contra o frade João Antônio, missionário do hospício daquela cidade. O religioso queria que ela levantasse a saia para açoitá-la como penitência: "Me queria dar como disciplina no mesmo lugar do meu corpo onde é costume açoitar os meninos e me dizia que eu havia de descobrir este lugar para ele com sua própria mão me fazer este castigo".

Outra depoente foi Maria Angélica, que denunciou o frade Antônio, da província de Santo Antônio do Rio de Janeiro, tendo se confessado com ele por um período de dois anos. Mas o frade Antônio tornou-se mais ousado nas suas palavras, segundo o relato da recolhida:

> Um dia me disse no mesmo confessionário que a noite antecedente tinha passado sempre comigo na sua fantasia e que, tomando um banho e estando despido nele, se estava deleitando com lembrança nas minhas partes[38].

A ousadia do frade Antônio chegara a ponto de pedir que lhe mostrasse os peitos, dizendo que não se preocupasse com a Inquisição do Santo Ofício, pois tudo não passava de "pataratas de fanáticos".

Assim como qualquer leigo, os padres também cometiam pecados e, para "se estar em paz com a consciência" na hora da morte, indicavam missas em favor de sua alma. Incomodava-os a consciência de terem prejudicado terceiros.

Padres podiam ter propriedades, escravos e dinheiro. O padre Paiva, por exemplo, deixou vários objetos em poder de um casal de confiança, mas com a obrigação de mandar rezar algumas missas por sua alma no período de dois anos, além de pedir, "pelo amor de Deus", que acolhesse em casa a filha de sua escrava Teresa, alforriada em testamento, e que a ensinasse "como esta fosse filha sua". É quase certo que a menina Paula fosse filha do padre Paiva. Não foi incomum, por parte de religiosos, o reconhecimento de paternidade de muitos filhos tidos com escravas, embora tal prática fosse altamente condenada pela Igreja católica.

Eram poucos os eclesiásticos que se conservavam virgens. Como a carreira destinava-se aos que geralmente eram na família os mais inteligentes e com dotes intelectuais, ao aumentarem em grande número a população, produziam filhos e netos de "qualidades superiores" que despontaram na política, nas letras e na diplomacia, como imaginavam os estudiosos deterministas.

Sobre esse assunto, o senhor de engenho Júlio Bello, nascido em 1873, no município de Barreiros, em Pernambuco, conta que sua avó paterna, de espírito vigoroso a ponto de suplantar o seu avô na administração da fazenda, praticamente obrigou que o filho mais velho se ordenasse padre. Como católica fervorosa, o retorno do filho já sacerdote foi recebido com uma retumbante festa no povoado, motivo de *status* tanto para a família quanto para a província. Sebastião José de Moraes Bello tornou-se vigário do Porto das Pedras, senhor de dois engenhos e deputado provincial em várias legislaturas por Alagoas. Atendendo às ordens da matriarca à revelia de seu temperamento e vocação, ele não deixou de cometer alguns deslizes, apesar de suas virtudes sacerdotais:

> Meu tio vigário foi um padre também moralmente desviado da castidade sacerdotal. Perdoe-me a sua memória essa confissão por amor da verdade: deixou toda uma teoria de filhos bastardos, de várias cores, desde a cor de sua pele até quase a da sua batina. [...] Quanto ao desprezo de certas virtudes sacerdotais, ele era corrente no passado dentro do clero. Naquela época não causavam mesmo reparo público as numerosas proles dos vigários colados. Eram comuns e eles mantinham e educavam os filhos como bons patriarcas[39].

Devido à falta de eclesiásticos na região, a punição possível para os clérigos amancebados era simplesmente a remoção para outras freguesias. Muitas vezes, sequer essa punição era aplicada. A falta de sacerdotes que pudessem ocupar regiões mais remotas e menos povoadas e, portanto, menos rentáveis, levou o bispo do Rio de Janeiro, na sua visita pastoral de 1819, a manter em suas paróquias padres cuja conduta tinha sido considerada escandalosa.

Religiosos caíam em tentação, como se destaca no seguinte depoimento do padre Manoel Pereira de Andrade, ocorrido em 21 de setembro de 1754: numa manhã, estando em sua casa rezando, bateu-lhe à porta uma crioula por nome Luzia que lhe disse querer se confessar. O motivo era que o vigário mantivera com ela "dois atos carnais" por ter sido tentado "da miséria humana". Assim, "ela se me pôs aos pés", mas o vigário respondeu que "não a podia confessar e se fosse embora pois era o diabo que me andava tentando e ela me entrou a solicitar para ofensa de Deus". Na verdade, o padre sabia que a "solicitação", pecado gravíssimo de assédio no confessionário, era motivo de severa punição por parte do Santo Ofício.

Num outro caso, de 1792, o padre pecador José Correia de Queiroz transferia a culpa para a mulher. Foi surpreendido pelas pessoas que o viram "atracado na moça com tão cega fúria que lhe rasgou a saia"; elas acudiram, tendo em vista os gritos da mulher. O reverendo explicou-se:

> Sendo vigário na freguesia do Rio das Velhas e pela distância de alguns moradores fui desobrigar em sua casa e onde se achava uma mulher casada a qual vivia com bastante lassidão nos costumes contra a castidade, e pela fragilidade humana, e com alguma inadvertência, sucedeu fazer eu na ação desonesta tocando nas suas partes pudendas tendo-a confessado, de que logo caindo em mim tive sumo pesar [...][40]

Como conhecedor dos segredos íntimos dos seus paroquianos, o sacerdote reunia na sua pessoa um poder moral e espiritual, além de prestígio político e social, sobretudo nas pequenas vilas. Muitas vezes, usava dessas prerrogativas para realizar suas conquistas amorosas.

> Na documentação inquisitorial não faltam exemplos de homens – que de padres só tinham a batina – useiros em apalpar os seios das mulheres, meter suas mãos por debaixo das saias, beijá-las, agarrá-las. Costumavam fazê-lo ao ouvirem confissões sobre pecados de luxúria, o que pelo visto excitava-os, estimulando-os a perguntar sobre o que ouviam pondo a mão, sem grande cerimônia, no corpo da mulher.

> No tocante à linguagem, prevalecia, ao que parece, a invectiva direta: aconselhavam às mulheres que se masturbassem, perguntava-lhes se queriam pecar com eles; se tinham elas "comoção nas partes pudendas" e se porventura as "poluíam"; se tinham "vaso grande ou pequeno" e, por vezes, ouvindo confissões

de mulheres casadas, perguntavam até sobre o tamanho do pênis dos maridos. Houve um que, ouvindo confissão de uma menina de doze anos, não hesitou em perguntar se ela "ainda tinha o seu cabaço". E outro que, desejoso de uma penitente, e, passando das palavras aos gestos, "meteu-lhe a língua na boca" e pediu que "lhe desse a língua para chupar"[41].

Em relação a mulheres negras e mulatas e, sobretudo, às escravas, a ousadia de certos padres no confessionário ia além das palavras, tanto mais que, na maior parte das vezes, as vítimas nem sequer sabiam que o assédio no confessionário era crime passível de ser denunciado ao Santo Ofício.

Em 16 de julho de 1801, o capelão da fazenda de Santa Ana, no distrito de Cabo Frio, denunciou ao comissário do Rio de Janeiro o padre Manuel de Amorim Pereira, por ter ele "solicitado" a escrava Efigênia. O assédio ocorrera cinco ou seis anos antes e não fora denunciado "porque a solicitada sempre ignorou a sua obrigação". Segundo a historiadora Maria Nizza da Silva, em "Mulheres na Inquisição", o comissário do Rio de Janeiro, contudo, não levou a sério a denúncia. A mulher foi duplamente discriminada na condição de escrava e na do trabalho ultrajante, isso porque "Efigênia é uma negrinha insignificante, sem trato nem estimação alguma, trapilha, escrava de todo o serviço, tanto de casa como de fora dela, e já se vê que uma criatura destas é impossível procurá-la no ato da confissão".

Muitas mulheres reagiram às pressões masculinas, desafiando maridos, rompendo uniões insuportáveis e tomando várias iniciativas no campo amoroso e sexual. Vejamos um caso desse tipo, ocorrido em Minas Gerais: em 7 de maio de 1776, Quitéria Antônia de Souza, com a ajuda de sua mãe, dona Ana de Costa Nunis, entrou no Juízo Eclesiástico com um auto de querela contra o reverendo Francisco Pereira da Silva. Alega dona Ana de Costa Nunis que

> sua filha era uma moça donzela, honesta, e bem procedida, estando na espera de um casamento administrado pela mãe [...] no mês de janeiro próximo passado do corrente ano a filha começou a afagar com carícias com o reverendo padre na catedral da cidade de Mariana, que a induziu a perder a virgindade com afagos, carícias e promessas dela casar com um bom dote. A levou de sua honra e virgindade no dito mês de janeiro e com ela continuou o trato ilícito em uma casa que alugou dividindo parede e meia de onde morava a suplicante com sua mãe, e a levou contra sua vontade para a sua própria casa onde morava desonestando com ela[42].

Ao conseguir de volta a filha raptada, a mãe denunciou o reverendo ao Juízo Eclesiástico. Foi feito o exame de corpo de delito na moça, convocando-se dois cirurgiões e também duas parteiras. Constataram que a moça estava deflorada e "pejada", ou seja, grávida. O padre foi condenado a pagar um dote para a jovem como meio de retificar a injúria e o crime "gravíssimo" que cometeu na pessoa queixosa. No entanto, não foi possível localizar, nesse caso, se o padre foi punido pelo ato infracional.

Em passagem pelo Rio Grande do Sul, o viajante Thomas Ewbank registra, em *Vida no Brasil*, publicado em 1846, o alvoroço causado pelo repentino e inexplicável desaparecimento de uma jovem senhora, casada com um negociante. A polícia foi acionada, mas ninguém descobriu qualquer indício do paradeiro da jovem. Desorientado, o pai tentou suicidar-se, mas logo chegou à cidade uma informação que confirmou seus piores receios: "O antigo padre da igreja da Glória, tendo sido nomeado para outra província, foi encontrado quando para lá se dirigia levando em sua companhia a jovem desaparecida".

O mesmo Thomas Ewbank, recolhendo o depoimento de um antigo habitante do Rio de Janeiro, acrescentou ter ouvido de outras pessoas que certos religiosos agiam de modo desabonador. "Entre os padres do interior a concubinagem é universal e são ainda piores" que os da cidade. Ainda observou o viajante: "As exceções são realmente raras. Sendo o celibato um de seus dogmas, verifica-se que quase todos possuem famílias. Além disso, é fato indiscutível que em seus amores preferem sempre as mulheres de cor, pretas ou mulatas".

INQUISIÇÃO E DEVASSA

A filosofia ocidental moderna pontificava a Razão como a guardiã de toda a verdade, atribuindo ao corpo ou à manifestação dos sentidos a fonte de erros e de enganos. Em quase todas as religiões há tabus com o corpo, visto como fonte da queda, a porta de entrada para todos os pecados. Nessa concepção, cabe à mente sadia atuar como um freio aos desejos pecaminosos, de maneira a atingir um ideal de vida mais elevado. A Igreja antevia o perigo de o espírito sucumbir à tentação carnal:

> Existe um mal, um mal acima de todos os males, que tenho consciência de que está sempre comigo, que dolorosa e penosamente dilacera e aflige minha alma. Esteve comigo desde o berço, cresceu comigo na infância, na adolescência, na minha juventude e sempre permaneceu comigo, e não me abandonará mesmo agora que meus membros estão fraquejando por causa da minha velhice. Este mal é o desejo sexual, o deleite carnal, a tempestade

de luxúria que esmagou e demoliu minha alma infeliz, sugando dela toda a sua força e deixando-a fraca e vazia[43].

Esse lamento é de Santo Anselmo (1033-1109), arcebispo de Cantuária, obrigado a se manter casto e a lutar para vencer a grande tentação.

O casamento era a única saída para aqueles que não faziam votos de castidade. Dizia o apóstolo Paulo: "é melhor casar do que abrasar". Ou seja, é melhor casar do que arder em desejos pecaminosos. Paulo se vangloriava de não ter desejos e se sentia um privilegiado pela vocação celibatária: "Quisera que todos os homens fossem como sou; mas cada um recebe de Deus o seu dom particular".

Para combater uma dessas fontes de pecados é que foram criados também aqui os tribunais itinerantes das visitações do Santo Ofício, em fins do século XVI e começo do XVII. Houve inquéritos, julgamento de casos considerados leves e até a cerimônia de leitura das sentenças. Os casos mais graves eram julgados em Lisboa. Os agentes da Inquisição exerciam o papel de espiões e espalhavam-se por todo o Império português. No Brasil, apesar das perseguições e do controle exercido pelos funcionários da Inquisição e da Igreja local, o sentimento de liberdade foi maior que no Reino.

Quando a Santa Inquisição chegou ao Brasil, no final do século XVI, a missão era perseguir os judeus que não estavam seguindo os preceitos impostos aos cristãos novos. A prática em segredo da religião judaica era o principal crime de que os acusavam. A eles foram aplicadas as sentenças mais severas. A ordem de prisão vinha sempre acompanhada de sequestro de todos os bens para o Fisco e a Câmara Real.

O inquisidor indicado para o Brasil foi Heitor Furtado de Mendonça, ex-capelão do rei de Portugal, de comprovada "limpeza de sangue" e, obviamente, um autêntico cristão velho.

Ao contrário do que houve em regiões da América espanhola, o tribunal nunca chegou a ser instalado por aqui, onde houve só "visitações". A frouxidão que caracterizou a ação inquisitorial no país pode ser atribuída às circunstâncias com as quais o tribunal se deparou: a terra era vasta e inculta; a população analfabeta, mestiça e pobre, com poucos bens a serem confiscados. Enquanto na Europa os sodomitas eram enterrados vivos, no Brasil tinham de usar vestes de herege, orar, jejuar ou pagar uma quantia em dinheiro. A maior parte das penas foram os degredos, os trabalhos forçados nas galés, açoites e penas espirituais.

A visita da devassa normalmente se iniciava com o anúncio na porta da Igreja, com o objetivo de alertar os fiéis, de modo que a ninguém fosse dado motivo para alegar ignorância, quer pela finalidade da visita, quer pelo dever de se submeter às prescrições contidas no edital.

Chegando aqui, para espanto do inquisidor, no tocante à sexualidade, constatou-se a prática de pedofilia, bigamia, sodomia e tribadismo (homossexualidade feminina).

Importante para o processo inquisitorial, o segredo da confissão aguçava o temor e intimidava a população. A partir do momento em que o réu era preso, isolava-se de tudo e de todos. Incomunicável no cárcere, não sabia de que era acusado, não tinha conhecimento do desenrolar do seu processo e do conteúdo dos autos, e até mesmo as testemunhas desconheciam a razão de sua convocatória. O Santo Ofício punha o réu diante de sua consciência e ele, por medo, delatava membros de sua família, amigos ou vizinhos.

A vigilância do Santo Ofício sobre a Colônia foi constante e ininterrupta. O historiador Ronaldo Vainfas diz que outras visitações (além das de 1591/1595 e 1618) parecem ter sido enviadas ao Brasil: uma a Pernambuco, outra às capitanias do sul, ambas em 1627. O próprio visitador, em depoimento à mesa do Santo Ofício em 1631, explica que, ao menos no tocante à visita relativa ao Rio de Janeiro, a documentação foi perdida em naufrágio do navio.

Um tipo de inquérito consistia em visitas feitas pelo bispo, de tempos em tempos, aos diversos locais de sua diocese. As punições resultantes dessas visitas pastorais geralmente eram mais brandas que as do Santo Ofício. Nessas ocasiões, o bispo ouvia certos membros da comunidade (os mais idosos, os mais virtuosos, os sábios, os notáveis) sobre o que ocorrera durante sua ausência. Caso fosse constatada a ocorrência de delitos, passava-se para o estágio seguinte, que era o de apurar as culpas e seus autores.

O Arquivo da Cúria Metropolitana de São Paulo, por exemplo, possibilita apreender algo da intimidade da vida cotidiana daquela cidade, bem como do sul de Minas e Paraná, entre 1632 e 1856. Segundo um historiador, chefe do arquivo, há ali milhares de processos cíveis e criminais à disposição para serem ainda analisados.

> Há processos de adultérios, concubinatos, sacrilégios, sodomia, sexo com animais e até mesmo promessas de casamento não cumpridas. Preso em 1765, um certo Manuel Rodrigues Jordão justificou a dispensa de Joana Machado de Siqueira alegando que a moça não tinha dentes, dinheiro ou formosura. Um fiel da paróquia de Guarulhos foi acusado de ter ouvido missa "vestido de mulher" em 1744. No decorrer do processo, descobriu-se que "o menor" Joaquim José não tivera a intenção de se passar por travesti. Tão pobre que não tinha o que vestir, ele improvisou com roupas de suas irmãs. Acabou absolvido[44].

SODOMIA MASCULINA

No século IV, assim se expressou Santo Agostinho sobre o gravíssimo pecado da sodomia: "só o fato de nomear este vício é já a pior das torpezas, pois seu nome polui os lábios daquele que o pronuncia e os ouvidos daquele que o ouve". Por essa inefável ofensa a Deus, violava-se também a sociedade, "poluindo-a pela perversão do desejo".

Comprovou-se a prática da sodomia masculina no Brasil desde a primeira visitação em fins do século XVI. No século XVII, foram recebidas no Rio de Janeiro, por exemplo, além das denúncias contra cristãos novos, denúncias contra um negro de Angola e outro do Brasil, ambos acusados de sodomitas. E mais, contra um castelhano, Diogo Tamarão, acusado de ter cometido o pecado da sodomia como ativo e passivo com mais de cinquenta pessoas, quase todas estudantes. Outro foi um cristão velho, Antônio da Costa, casado, que foi acusado de cometer o referido pecado com quatro ou cinco negros de Angola.

Pelos relatos inquisitoriais, alguns amantes foram surpreendidos em pleno ato sexual, seja por se unirem em lugares quase públicos, seja pelo fato de a precariedade das casas no período colonial permitir olhares e ouvidos bisbilhoteiros. Por mais que esses sodomitas procurassem esconder seus atos, geralmente lhes faltavam as condições de privacidade para tanto. Nem sempre a casa era o melhor local para as relações sexuais, sobretudo se se tratasse de atos ilícitos.

Nos processos de sodomia masculina prevalecem narrativas fortemente apegadas ao número de cópulas e de parceiros, à genitalidade e à ocorrência ou não da ejaculação. A razão disso estava nos interesses da Inquisição que, para provar a culpa convicta de um sodomita, precisava saber o quanto o acusado estava habituado a tais práticas e, sobretudo, se havia penetração anal com ejaculação, ato que, conforme rezava a moral religiosa, caracterizava a sodomia como "perfeitíssima". Segundo estudos de Ronaldo Vainfas, alguns sodomitas muitas vezes negavam ter ejaculado por saber ser esse ato um agravante da culpa.

Um caso intrincado ocorreu no comando eclesiástico do Rio de Janeiro, durante o domínio espanhol. O religioso em questão era D. Lourenço Mendonça, um cinquentão rigoroso, com experiência em missões na Índia e no Peru, famoso por criar inimigos com facilidade. Chegou a ser excomungado pelo ouvidor da cidade. Com tantos inimigos, tentaram acusá-lo de praticar atos contra a natureza, ou seja, o delito da sodomia. Supostamente foi arquitetado um plano macabro contra ele. Trabalhava com D. Lourenço um garoto chamado Tomé, de 14 anos. No dia 2 de janeiro de 1637, "prenderam o dito criado, carregaram-no de ferro e cadeias e o deitaram em um cepo e já com ameaças de tratos e tormentos, já com mimos e persuasões [...], diziam ao dito criado que consentisse nos falsos testemunhos que eles queriam". O prelado era acusado de ter praticado no garoto "atos contra a natureza". O menor Tomé foi embarcado para Lisboa, onde, perante o tribunal do Santo Ofício, repetiu as acusações de sodomia. Com o clima pesado no Rio de Janeiro, D. Lourenço fugiu de volta para Lisboa para se defender perante os superiores:

> Na capital do Reino teve necessidade de defender-se do nefando pecado e fê-lo da maneira mais eloquente, mostrando materialmente a impossibilidade de figurar como agente de tais proezas. Convocados os médicos e cirurgiões do tribunal do Santo Ofício mostrou-lhes Lourenço de Mendonça que, em virtude de um achaque, que havia tido em menor idade, sofrera uma amputação[45].

O prelado foi absolvido, pois era castrado desde jovem e, numa visão limitada de sexualidade, acreditou-se que ele não podia ter praticado tais atos pecaminosos.

CONDUTA FEMININA

A Inquisição portuguesa julgou poucos casos de sodomia feminina nos quase trezentos anos de sua existência. Ao contrário dos homens, entre os processos contra as mulheres faltam narrativas sexuais mais detalhadas; há menos diversidade e cuidado no registro de atos sexuais femininos.

O desinteresse do visitador em aprofundar a arguição das mulheres provavelmente se devia ao desconhecimento da sexualidade feminina na época. No caso da Inquisição, a sodomia era pensada, antes de tudo, como um ato sexual em que ocorria a penetração fálica no ânus, seguida de ejaculação. Motivada pela dúvida, em meados do século XVII, a Inquisição portuguesa retirou a sodomia feminina de seu foro, permanecendo insolúvel a questão sobre se as mulheres podiam cometer sodomia "umas com as outras" por serem desprovidas de pênis.

Mesmo com essas dificuldades, alguns comportamentos femininos não deixavam margem a dúvidas, pois o universo da sexualidade era bem menos privado do que se poderia supor. Verificou-se que até os gemidos de amantes mais ardorosos não raro podiam ser escutados por ouvidos indiscretos, sem contar que todos sabiam "quem andava com quem" e conheciam os encontros amorosos, as mancebias. A historiadora Sonia Siqueira dá um exemplo de indiscrição encontrado em relatos das *Denunciações de Pernambuco*: "Ana, filha de Manuel Rey e Maria Rodrigues, porque sentiu barulho na casa vizinha, foi espreitar pelo buraco da porta, e viu Maria Rodrigues praticando o nefando com Ana, moça parda de 11 para 12 anos".

Tendo desconhecimento da complexidade da sexualidade humana, os inquisidores não davam grande atenção às preliminares nos atos femininos, o que não significa que tais atos fossem irrelevantes nas intimidades vivenciadas.

Guiadas por tal "questionário", e certamente constrangidas ao confessarem suas intimidades a homens estranhos e temíveis, as mulheres acabavam cúmplices de uma representação e narravam atos que começavam com vagos "beijos e abraços" e logo terminavam com uma sobre a outra – "como se fossem homens com mulheres". Mas não exageremos o constrangimento das mulheres: assim como os homens sodomitas – que muitas vezes negavam terem ejaculado por saber ser esse um agravante da culpa – também as mulheres caricaturavam suas relações, minimizando os atos, limitando-se a responder o que a Inquisição "queria ouvir". Pareciam saber os limites do nefando feminino e sempre negavam, por exemplo, o uso de quaisquer instrumentos ou toques, reduzindo o ato à "união dos próprios corpos" pelos "vasos naturais"[46].

Mesmo por constrangimento ou esperteza, as mulheres distorciam os atos praticados; o inquisidor também não se esforçava em aprofundá-los, fosse por desconhecimento da sexualidade feminina, fosse pelo pouco interesse que lhe despertava o nefando feminino.

Os processos do nefando entre as mulheres não esclarecem muito, portanto, sobre a sexualidade feminina. Trazem apenas relatos de meninas, romances de mulheres curiosas e desejos de umas poucas lésbicas esclarecidas. Os inquisidores não puderam incluir as mulheres na sua já precária, empírica e vaga noção acerca da homossexualidade.

Conhecimento limitado do sexo, desinteresse algo misógino pelos prazeres femininos: a isso se resumem os processos do nefando feminino do século XVI. Enfim, "a Inquisição não pôde conceber mulheres fazendo sexo sem homens", conclui o historiador Ronaldo Vainfas.

Durante mais de três séculos viveu-se numa sociedade escravocrata, e suas marcas indeléveis permaneceram. A grande quantidade de escravos dava à paisagem urbana, e mesmo rural, um aspecto peculiar, muito diverso das cidades europeias. A primeira impressão do viajante chegado de além-mar era de que estava num país de negros e mestiços. Como seria a convivência e a vida sexual desses trabalhadores com os demais membros da população? Veremos em seguida alguns aspectos do cotidiano dos cativos, principalmente no período colonial.

INQUIETAÇÕES ESCRAVISTAS E QUILOMBOLAS

O escravo não foi somente passividade, "coisificação"; também atuou, na medida do possível, como agente histórico. Na análise da relação senhor *versus* escravos, cativeiro *versus* liberdade, há que manter um equilíbrio entre esses dois polos historiográficos antagônicos, procurando diferentes focos de um mesmo processo. Houve grande maioria de cativos que, na passividade, não se revoltou contra o sistema, mas buscou uma "adaptação" para sobreviver à escravidão, da qual fazia parte a resistência à coação diária, à violência e à própria condição servil. A instituição da escravidão exclusivamente com base na violência não poderia ter mantido indivíduos escravizados por tantos séculos. Em alguns momentos, os senhores foram obrigados a fazer concessões àquelas pessoas mantidas em cativeiro. Pôr em questão a condição de ser escravo possibilita tecer algumas considerações sobre sua vida na Colônia:

> O que era ser escravo? Difícil responder. Após esta nova historiografia, entretanto, sabe-se que não era apenas trabalhar, comer e dormir acorrentado a grilhões silenciosos. Em termos figurativos, é a ponta de um véu que, já levantada, deixa entrever uma comunidade não fechada em si mesma, que em seu dia a dia trabalhava, comia, amava, odiava, convivia intimamente com os livres, comercializava, andava por caminhos e ruas, conversava, tramava etc. Vivia, em suma. Mas vivia escrava! E esse dado é fundamental. [...] Ninguém achava bom ser escravo; achavam bom ter escravos. Mas nem por isso cativos deixaram de se relacionar com livres e libertos, fossem brancos, pardos, mulatos, índios ou negros, nos mais variados graus de contato, embora resguardando hierarquias de valor nessas relações[47].

Os donos de escravos viam no catolicismo um instrumento de controle social sem, no entanto, abrir mão de permitir rituais africanos, embora criticados pelo clero. Em muitas fazendas, os negros recebiam permissão para fazer batuques e calundus, que aos olhos dos senhores pareciam nada além de inofensivas músicas e danças primitivas. Os donos de escravos lançavam mão de múltipos artifícios de cooptação, "permitindo-lhes participar de festas da Igreja, procissões e irmandades, e que mostrassem seus talentos na música, na dança e nas representações teatrais em ocasiões especiais", diz a historiadora Emilia Viotti da Costa.

É sob esses múltiplos aspectos que vamos tratar da escravidão, sem, no entanto, deixar de considerar a violência como uma das questões básicas do cativeiro no Brasil. Ao agir e tentar modificar situações que não condiziam com suas expectativas, os escravos utilizaram os mais variados artifícios, sendo que em alguns casos conseguiram seus intentos. No regime da escravidão, portanto, o negro não se tornou um mero joguete nas mãos de seus senhores. Defendendo, no que lhes foi possível, o seu modo de vida como resposta ao cativeiro, os escravos resistiram e criaram situações que permitiram compor uma identidade social à revelia dos seus donos, embora isso não ultrapassasse certo limite.

Desde a África, a escravidão destruiu relações de sangue e de convivência entre familiares. No Brasil, estudos a respeito da história dos negros (escravos ou não) vêm demonstrando experiências de relacionamento em meio às dores e separações dos vínculos parentais, frutos da fria lógica mercantil do escravismo.

O desequilíbrio entre sexos e a própria instituição escravista foram responsáveis pela "ação destruidora do lar" negro. O próprio sistema escravista contribuiu para a formação e a manutenção da devassidão entre os escravos. Dos filhos gerados no interior do cativeiro partia-se da premissa *pater incertus, mater certa*. As relações parentais eram efêmeras, sem nenhuma estabilidade e com a predominância da promiscuidade entre o reduzido plantel de mulheres e os muitos homens que residiam nas propriedades rurais.

Relatos de viajantes que percorreram o Brasil mostraram que esses estrangeiros deixaram um "silêncio significativo" sobre a família escrava. Isso se deve às dificuldades que os senhores antepunham à regularização dos matrimônios, intervindo ora na separação de casais, ora na sua união. Um minerador alemão radicado em Minas Gerais entre os anos 1809 e 1821 assim pensava:

> A reduzida fecundidade dos escravos negros tem diversas razões. Em primeiro lugar, há uma tal desproporção entre homens e mulheres: o número de mulheres é mais de vinte mil menos que o de homens. Além disso, vigora entre as mulheres o bárbaro costume de matar os filhos ainda no ventre, em parte para se pouparem à assistência e ao cuidado com o filho quando já têm também obrigações, em parte porque as casadas vivem a incerteza sobre a cor que o filho terá, pois nunca são fiéis aos maridos. E, ainda, as mulheres abortam frequentemente, devido aos maus-tratos que recebem e ao trabalho pesado que lhes cabe. O motivo principal, porém, é a satisfação demasiada do impulso sexual, que diminui a fertilidade[48].

Tudo leva a crer que as relações parentais dos escravos eram frágeis, desorganizadas e sem privacidade em sua vida conjugal, muito embora estudos ainda estejam presos ao tipo de família estabelecido pela classe dominante, na qual o casal, filhos e agregados coabitavam um mesmo espaço e a figura masculina era central.

Do ponto de vista dos senhores, as uniões estáveis de negros não eram bem-vistas. Eles consideravam que não compensava a renovação do plantel através do nascimento de futuros cativos. Desencorajava-os alimentar os adultos e cuidar das crianças até certa idade, até porque era alta a taxa de mortalidade infantil. Em 1821, no Rio de Janeiro, tecendo considerações sobre o tema, assim se expressou na Câmara dos Deputados o parlamentar José Clemente Pereira: "Calculavam os fazendeiros que lhes fazia mais conta comprar os negros da costa da África do que criar os crioulos", e muitas fazendas chegavam a não ter sequer uma única negra.

Com base principalmente em fontes eclesiásticas e cartoriais, tem-se avançado na descoberta de informações acerca da capacidade de os escravizados lançarem mão de possibilidades, mesmo que mínimas, de realizar mudanças em suas vidas ou na de seus descendentes. Agindo nas brechas da sociedade, estabeleciam casamentos formais, consensuais ou outros tipos de convívios, ampliando as relações sociais.

A escravidão sempre conviveu com a promiscuidade sexual. Apesar dos interditos, porém, os escravos conseguiram constituir famílias e formar redes de parentesco com razoável grau de estabilidade. Embora o sistema limitasse a organização familiar, destaca-se o fato de que tais uniões ocorreram principalmente nas áreas paulistas e fluminenses, no século XIX, quando passaram por um período de expansão da economia cafeeira, possibilitando o vínculo familiar. O mesmo pode não ter ocorrido em outras regiões em que os escravos tendiam a levar uma vida conjugal sem nenhuma estabilidade em razão das constantes separações de seus membros.

É assim que, em escrito de 1817, um bem-sucedido charqueador de Pelotas, no Rio Grande do Sul, deixava bem clara a razão por que seus pares não incentivavam a formação de casais:

> O senhor não quer que escravo case porque o incomoda com isso e acontece, também, não ter fundos para comprar-lhes mulher, ao mesmo tempo que é inconciliável casá-lo fora de casa. Os senhores de grandes fazendas, como lhes é fácil obter escravos robustos por pouco dinheiro, não tratam da tardia procriação, que não vale (segundo a frase de muitos) a pena cuidar de crianças; e se chegam a consentir alguns casais, não lhes prestam às ditas crianças os necessários socorros, pelo que morrem à míngua[49].

A partir de meados do século XIX, porém, o incentivo à procriação passou a ser vantajoso devido à introdução de leis restritivas ao ingresso de novos escravos, que provocaram escassez e elevação do preço dessa mão de obra. Em inventários, há registros de escravas alforriadas por terem sido "muito produtivas", ou seja, terem tido muitos filhos.

VIDA MANCEBA

A trajetória da escrava, parda, Chica da Silva (1732-1796) pode ser analisada como mito pelo avesso. Nas Minas do século XVIII, Francisca da Silva não era única, como se acreditava; Chicas eram as muitas mulatas e negras que estabeleciam relacionamentos considerados ilícitos com o sexo oposto.

Ao examinar o censo de 1738, relativo à Comarca do Serro do Frio como um todo, da qual o Distrito Diamantino fazia parte, depreende-se que, do total de 9.689 habitantes, 83,5% eram homens e 16,5%, mulheres. As mulheres escravas representavam apenas 3,1%, pois eram os homens os que prioritariamente se destinavam ao pesado trabalho da mineração.

Segundo a historiadora Junia Ferreira Furtado, Chica nada tinha de heroica ou excepcional. Vivendo num mundo onde o escravo era discriminado, soube tirar partido das poucas possibilidades que o sistema lhe oferecia. O concubinato com os brancos era a principal oportunidade de ascensão social disponível para as mulheres escravas, e uma grande parcela soube se aproveitar disso.

João Fernandes iniciou um envolvimento amoroso com Chica da Silva, comprada a preço elevado, e a ela foi fiel até a morte, ainda que vivessem separados nos últimos anos: ela no Tejuco; ele em Lisboa. Chica procurou agir como qualquer senhora da sociedade. Oito das suas nove filhas foram educadas no Recolhimento das Macaúbas, o melhor educandário das Minas, destinado apenas às filhas da elite.

O relacionamento entre Chica e João Fernandes só não foi totalmente convencional, segundo Junia Furtado, porque a sociedade hierárquica da época impedia a legalização de um matrimônio entre pessoas de origens e condições desiguais.

Quando algum homem bem posicionado na sociedade tentava formalizar o enlace com mulher mestiça, era visto com pesar pelos familiares. Foi o ocorrido em São Paulo, no testamento ditado por Manuel Fernandes de Morais, em 1646. Nele, põe-se em dúvida se sua filha "natural" tinha capacidade de herdar: "Declaro que em solteiro tive uma filha natural por nome Valeriana a qual por leis do Reino, visto os cargos honrosos que servi e pela nobreza que adquiri e meu filho legítimo, acho que não pode ser herdeira". Muitas vezes, se a pele fosse um pouco mais clara, o pecado cometido era atenuado, podendo dizer-se que tais bastardos foram tidos com "mulatas alvas". Por paixão, porém, nem todos seguiam os conselhos familiares. Foi o que ocorreu, nas palavras do genealogista Pedro Taques, com um certo João Pires de Campos:

> [...] levado só do indesculpável apetite e infeliz destino de sua sorte, esquecido das obrigações do nobre sangue, desposara uma mulata, causando um geral luto de sentimento aos seus parentes que, lamentando a injúria, lhe não puderam atalhar o dano[50].

Nesse caso, entre outros, a falta cometida recaía sobre a mulher, a quem os familiares do rapaz ordenavam se afastar do pretendente, quando não se tomavam medidas mais drásticas.

Por vezes, a família recorria à autoridade do governador para impedir um casamento considerado desigual:

> Ao ter conhecimento da "desordem" que pretendia cometer um indivíduo da vila de Jacareí, na Capitania de São Paulo, casando com uma mulata, o governador não só mandou prender esta, como enviou ordens para que a obrigassem a assinar um termo de que não casaria com o dito indivíduo, devendo sair para fora da Capitania no prazo de 10 dias. Quanto ao noivo, foi-lhe intimado que não casasse com a mulata nem com qualquer outra pessoa que desacreditasse os seus parentes[51].

Esses episódios de recusa ao casamento entre os que se consideram desiguais podem resultar em histórias dignas de folhetins novelescos. Em Minas Gerais, com testemunhos de vários conhecidos, Cipriana de Jesus Batista deixou registrado junto ao pároco de Ouro Preto que, na verdade, ela não era filha da escrava Joana de Videira, preta mina, tida como sua mãe. Segundo relato de Cipriana, sua "mãe" sempre a tratara diferente das outras "irmãs"; e ela teria sido a única a quem Joana negara ajuda para a compra da alforria. Tudo começou quando a escrava Joana se casara (amasiara) com seu próprio senhor, Amaro Antônio de Videira. Com a união, ela queria ter dele uma filha:

> A certa altura ficara grávida e, quando a criança nasceu, viu que parira um menino crioulo. Como queria "conservar a amizade com o dito seu senhor", decidiu afogar o filho e criar em seu lugar uma enjeitada branca, também recém-nascida, que estava em poder da parteira Mônica da Guarda, à espera de uma família disposta a criá-la[52].

A criança, que se chamaria Cipriana, era "filha de mulher branca e honrada que a enjeitou por não padecer infâmia na sua honra". A menina viveu como uma escrava durante anos, sendo invariavelmente humilhada pela "mãe", e teve até de pagar por conta própria para obter a liberdade.

A escrava Joana teria dito em alto e bom som que Cipriana não era sua filha. Na verdade, dizia Joana, era ela quem merecia algum tipo de retribuição da verdadeira mãe de Cipriana, pelo muito que tinha gasto em criá-la. A preta Joana, no fim da vida, por orientação de seu confessor, resolvera tornar pública a história. Ao que tudo indica, depois da morte de Joana, Cipriana conseguiu reunir testemunhas que esclareceram seu passado:

> Embora o documento não revele se Cipriana tinha filhos, naquele ano de 1755 seu desejo era claro: desvincular-se da memória de Joana, fazendo questão de que estivesse explícito na sua retificação não "ter parte de mulata ou negro", "ser filha de gente branca", "exposta e enjeitada por seus pais", o que, na verdade, era óbvio, segundo uma das testemunhas, "pelos sintomas de seu corpo, alvura, cabelo e feições com que a natureza a revestiu"[53].

EM TORNO DAS FLORES NEGRAS

Algumas negras e mulatas oriundas de certas regiões da África eram muito assediadas. As devassas realizadas pela Igreja denunciavam o grave problema do desajustamento social e religioso dessas pretas que obtinham a liberdade em condições peculiares. É que o trabalho nas lavras do ouro fez do escravo um técnico, um especialista, motivo pelo qual muitos deles conseguiram recursos para que alforriassem a si e aos parentes. O surgimento do personagem lendário da tradição oral Chico Rei somente poderia ocorrer no ciclo do ouro mineiro. Trazido do Congo como escravo em 1740, com seu trabalho conseguiu comprar sua alforria e a de outros conterrâneos e passou a ser chamado de "rei" por seus companheiros em Ouro Preto.

No entanto, havia muitas negras ou pardas forras denunciadas nas devassas.

> Mas a liberdade só irá concorrer para o desajustamento delas, num ambiente em que o seu lugar não existe, a não ser como o *remedium concupiscentiae* do senhor branco. Eis por que é tão alto o índice das mancebas pretas forras no amasio; porque livres, caem todas as barreiras em torno delas e os brancos se lhes achegam sem qualquer dificuldade. Porque livres, enjeitam casar-se com os negros escravos, principalmente as pardas, que, já nascidas na terra,

desprezam os negros africanos e, por sua vez, só são aceitas pelos brancos para companheiras de cama[54].

O poder dos senhores sobre seus cativos era tamanho que eles chegavam a impedir a escolha das parceiras deles e até dos momentos para os encontros amorosos, forçando uma escrava a "servir" vários homens, com ou sem disposição afetiva, e incentivando a relação sexual como mero alívio da carne. Em passagem por Minas Gerais em 1818, o viajante francês Auguste de Saint-Hilaire colheu histórias sobre a vida sexual desregrada de certos habitantes:

> Um colono dos arredores de São João, em cuja casa me hospedei, tinha por escrava uma mulata que, sem ser casada, se tornara mãe de vários filhos. Um deles tinha por pai o próprio senhor; os demais pertenciam a vários pais e eram escravos do senhor. Toda essa gente vivia em promiscuidade, e costumes tais são tão generalizados que não espantam a ninguém[55].

Era prova de concubinato o fato de um homem manter em casa alguma mulher que dele engravidasse, não sendo com ela casado "e desde que a mesma fosse livre", acrescentava o princípio religioso. Nessas condições, reconhecia-se veladamente o direito de os senhores engravidarem, com plena liberdade, as escravas da casa. O médico e naturalista russo Georg Langsdorff (1774-1852), em passagem por uma região aurífera do Mato Grosso, em 1828, anotou em seu diário de viagem, sobre os portugueses e brasileiros solteiros: "Se não encontram uma moça que lhes satisfaça os prazeres carnais, compram ou alugam uma escrava e fazem filhos com elas".

Um caso exemplar de liberdade sexual de senhor de terra foi o do patriarca Inocêncio Pinheiro Canguçu, no sertão da Bahia. Ele teve vinte filhos, além dos que morreram, sendo dez com sua senhora branca, Prudência Rosa, e dez com outras mulheres. Alguns nasceram antes do falecimento da esposa, ocorrido em 1848, outros posteriormente, com amásias. Segundo o historiador Lycurgo Santos Filho, a fecundidade de Inocêncio deveu-se aos seus ardores sexuais incontidos, bem como às consequências de suas longas estadias em outras fazendas, sem a esposa. Após a prematura morte da esposa, amargurada pelo assassinato de um filho em virtude da disputa de terras entre famílias, Inocêncio deixou um dos filhos administrando a principal propriedade.

> Desde então, percorreu ele as várias fazendas e terras de sua propriedade, acompanhado por agregados escravos e alguns dos filhos, demorando-se em cada

sítio o tempo que lhe aprazia, ocupando-se com a criação e o plantio, servindo-se das mulheres que lhe agradavam, semeando, de pouso em pouso, filhos de vários matizes, baianos e mineiros. Levou, assim, uma vida colorida, vária, cheia de peripécias, tropelias, disputas e até fugas.

Em certos pontos, sua aventurosa existência assemelhou-se à vivida por muitos senhores rurais da época, igualmente andejos, os quais, sob o pretexto de dirigirem as fazendas que possuíam, largavam a esposa numa delas, e deixavam-se ficar longo tempo nas demais, borboleteando em torno das flores negras das senzalas, dividindo o tempo entre o amor das pretas e mulatas e os negócios do pastoreio e da agricultura[56].

Segundo Gilberto Freyre, os senhores das casas-grandes, por ciúme das amantes, chegavam a mandar matar os próprios filhos. Um desses patriarcas, Pedro Vieira, já avô, ao descobrir que o filho mantinha relações com a mucama de sua predileção, mandou o irmão mais velho matá-lo. Em Sabará, Minas Gerais, no fundo do quintal de uma velha casa-grande dos tempos coloniais, mostraram ao historiador Manuel Bonfim o local em que teria sido morto um escravo ao ser surpreendido mantendo relações com uma moça branca da casa senhorial.

As negras libertas eram também assediadas por escravos, embora a condição de cativo limitasse bastante as pretensões de ter um envolvimento afetivo. Foi o que ocorreu com o escravo de nome Fidêncio, que insistia em manter um relacionamento com a liberta Ana Eufrosina Deles, chegando a ponto de irritá-la. Ela o insultava pela condição de escravo e de sujeição aos castigos físicos. Ana reclamava que "o acusado vivia cercando-a e em uma vez que ela também perdera a paciência, lhe disse que não era da qualidade dele que tratasse-a melhor porque ela não era cu de bacalhau como ele".

Em livro de 1850, o viajante Hermann Burmeister constatou que muitas mulatas cediam aos assédios daqueles que podiam lhes oferecer um padrão de vida melhor:

Muitas mulatas têm ar e modos assaz delicados, sendo tão amáveis quão bonitas. São muito procuradas pelos europeus e, sabendo que estes não consentirão em casar-se com elas, contentam-se com uma posição inferior. A facilidade de entabular tais relações contribui para baixar a moralidade do povo brasileiro, dando, assim, à raça de cor uma expansão cada vez maior[57].

Como recurso de sobrevivência, algumas forras dedicavam-se à prostituição e aos favores sexuais. Para muitas delas, o aluguel do corpo possibilitou a libertação do cativeiro; para as libertas, significou a própria sobrevivência. Gilberto Freyre afirma que, no século XIX, certas ruas do Rio de Janeiro podiam revelar cenas ainda piores do que ocorria no baixo meretrício carioca: escravas de 10, 12, 15 anos, seminuas, exibindo-se às janelas; negras e mulatas cujos senhores e senhoras obrigavam-nas a comerciarem seus corpos, tirando desse ofício os meios de subsistência. Esse comércio sexual passou a ser combatido pelas autoridades públicas, que chegaram até a conceder liberdade às escravas como forma de punição àqueles senhores e senhoras que atuavam como proxenetas. Para ficarmos apenas em um exemplo, assim aponta uma historiadora:

> A jovem escrava Honorata, em março de 1871, foi à polícia, no Rio de Janeiro, na freguesia do Sacramento, para dar queixa formal contra sua senhora, por tê-la forçado a se prostituir desde a idade de 12 anos. Em seu depoimento, ela disse ter sido mandada, em várias ocasiões, para casas notoriamente mal-afamadas "para ficar na janela, recebendo visitantes". Em outras ocasiões, sua senhora planejava, ela própria, os encontros, instruindo Honorata a se vestir e sair com um cliente. Entre as temporadas de trabalho em bordéis e, às vezes, ao mesmo tempo, ela era alugada como doméstica, geralmente como lavadeira ou cozinheira[58].

Nas cidades, algumas senhoras, para ostentar luxo, cobriam suas escravas de joias, enquanto os negros da lavoura, e às vezes até domésticos, andavam maltrapilhos ou quase nus – principalmente depois que o Tratado de Methuen com a Inglaterra tornou caríssimos os tecidos no Brasil. O engenheiro francês François Frézier, ao passar por Salvador em 1714, observou que "Dezenove entre vinte pessoas do lugar são negros ou negras seminus – que trazem cobertas somente as partes que o pudor obriga –, de modo que a cidade parece uma nova Guiné".

Em passagem por São Luís, no Maranhão, em 1811, Henry Koster ficou incomodado com a frequente falta de decência: "Homens e mulheres são despidos da cintura para cima, excetuando os domingos e dias santos". Em 1843, o príncipe Adalberto da Prússia escreveu: "No caminho para os arrabaldes do Rio vi num riacho muitas negras lavadeiras seminuas". O bispo de Pernambuco, frei José Fialho, passou a recomendar aos vigários que proibissem negras seminuas de entrar nas igrejas, censurando-as por andarem em estado de "deplorável indecência".

PASSIONALIDADE NO PAMPA

As lutas pela posse de território entre as Coroas portuguesa e espanhola, incluindo os índios, bem como a ocupação do campo com a atividade pastoril, caracterizaram a região sulina como "um mundo de homens", com pequena presença feminina. Por isso eram constantes e acirradas as disputas por mulheres. Os dados comprovam que 91% dos escravos-réus viviam sozinhos.

Poucos foram os crimes premeditados cometidos pelos escravos ou forros. Prevaleceram os delitos ocorridos em circunstâncias de total espontaneidade, em momentos de explosão de raiva e cólera. Levantamento efetivado nos processos, até 1860, constata um só caso que alude a crime relacionado à prática homossexual masculina:

> A rigor, tratava-se de um caso de pedofilia. Um soldado da Guarda Nacional, acusado de estuprar um menino, um bebê, teve sua defesa apoiada na assertiva de que as deformações na mucosa anal identificadas na criança foram provocadas por um acidente: o menino caíra da cama, ferindo-se em um pedaço de madeira[59].

O historiador Solimar Oliveira Lima, em *Triste Pampa*, realizou um levantamento dos crimes praticados na Região Sul da Colônia entre os anos 1818 e 1833. Referiu-se a casos de relacionamento e assédio sexual de cativas por homens livres pobres que não resistiam aos encantos das negras, bem como por clérigos e senhores abastados.

Esse foi o caso de Tereza Maria Pereira. Depois de alguns anos casada com o estancieiro José Gomes, ela se recusava, por repulsa e nojo, a manter relações sexuais com o marido. Mas não se conformava e tampouco se abstinha sexualmente. Para saciar seus desejos, mantinha como amante o escravo João, sendo que toda a Santo Antônio da Patrulha tinha conhecimento do romance. O casal vivia sempre brigando e o referido escravo de Tereza já aplicara no marido "várias pancadas com um pau". O motivo era atribuído ao fato de essa mulher "não querer nunca fazer a vida" com o esposo.

No dia 11 de novembro de 1779, o escravo João, a pedido de Tereza, enforcou o estancieiro Gomes enquanto dormia, com a ajuda da amada e de um preto forro, de nome João Rodrigues. Detido pelo crime, em 23 de abril de 1780, o escravo João foi enviado à cadeia da Vila de Rio Grande, seguindo, depois, para o Rio de Janeiro. Não há referência aos demais réus, que, como ele, foram presos.

Existiram também as "virtuosas senhoras" que, com suas rendas e perfumes, atraíam para a cama negros adolescentes e os iniciavam nos encantos do amor. Exigiam deles prazer, discrição, fidelidade e subserviência. Entre muitas, a mais ousada foi Brígida Joaquina Lopes, de São Sebastião do Caí; manteria um verdadeiro "harém de negros", em torno de si. Casada com o estancieiro José Cordeiro, tinha como amantes os irmãos Salesiano, de 16 anos, e Justiniano, de 18, o liberto Balduíno, bem como o capataz da estância, o preto forro João, demitido pelo estancieiro.

> Brígida, "por não viver bem" no casamento, tramou a morte do marido. Para tal, recorreu aos serviços da negrada apaixonada. Entretanto, nem tudo era amor: apesar dos favores sexuais, os amantes necessitaram de um incentivo a mais, ou seja, a promessa de uma boa recompensa em dinheiro. O homicídio foi praticado em 28 de dezembro de 1820, quando José Cordeiro voltava para casa, ao final da tarde. Os negros o atacaram sobre o cavalo, provocando a queda. Deram-lhe oito facadas e esmagaram sua cabeça com pedras. Presos, foram julgados em 30 de abril de 1822[60].

Os irmãos castigados a açoites tiveram de assistir à execução pela forca do liberto Balduíno e depois foram enviados ao degredo definitivo para as galés. Brígida foi condenada, entre outras penas, a assistir à execução do amante e ao degredo de dez anos para a colônia de Angola, depois comutado para o Ceará.

As relações de cativos com libertos também podiam ser tumultuadas. Homens livres, libertos e escravos disputavam alguns prazeres nos leitos das forras ou a conquista de seus corações. Foi o caso, ocorrido em Rio Pardo, do escravo chamado Paulo e do forro Manoel, que competiam pelo amor da negra Rita. Paulo não admitia a amizade da negra com Manoel: "não queria que ela falasse com outro preto". Portanto, começou a "ralhar" com ela, e o liberto Manoel, alegando que a negra não era propriedade de Paulo, prontificou-se a resolver a disputa pela força. Tudo indica que, após maus-tratos, Paulo teria desistido da amante, mas não do dinheiro que lhe entregara e não recebera de volta. Por volta de abril de 1821, ao procurar Rita, "ele ficou com raiva e cego e, com seu facão, lhe fez alguns ferimentos dos quais veio a morrer". Paulo foi preso pelo filho de seu senhor, capitão do mato, e sentenciado a mil açoites e posterior degredo para as galés.

Severino, cativo do padre Paulo Xavier, disputava a afeição da negra Maria Francisca, em Pelotas. Na noite de sábado de 1820, quando Severino bebia na venda do português Julião, estava entre os fregueses Maria Francisca, "que com ele tinha tratos". Ela, muito alegre e solícita, distribuía simpatia, sobretudo para Julião. Imediatamente, Severino desabafou: "Eu não tratei vir ficar com você?". Irritada, a negra teria replicado que era "capaz de comprar" Severino. A lembrança, por parte de uma liberta, da situação humilhante de cativo fez com que Severino, já "incitado com as desfeitas", lhe desse "uma facada". Maria caiu morta.

Ainda no Sul, na casa do vigário Antônio Pacheco de Miranda Santos, de General Câmara, ocorreu um curioso romance. Amigados, os envolvidos tinham o consentimento do religioso. Parecia ainda que o pároco utilizava a bela mulata para obter, em torno de si, gratuitamente, os serviços de dois vigorosos crioulos. A escrava doméstica do vigário, chamada Maria, tinha "tratos" com José Joaquim, escravo de outro padre, e com Miguel, cativo do capitão Evaristo Pinto Bandeira. Na cozinha, os negros iam "bolinar" o corpo de Maria, enquanto ela preparava a alimentação do vigário. No dia 16 de maio de 1809, a mulata estava na cozinha quando chegou José para as habituais "brincadeiras". Entre afagos e risos, iniciou-se uma discussão, e o ciúme levou José a espancar a amada. Ao ouvir os gritos, Miguel acudiu, entrando afoito na cozinha. O prestativo defensor foi surpreendido com uma "facada na barriga" que o levou à morte. José foi preso. Na documentação, nada consta sobre o julgamento, apenas que, logo após o crime, Maria foi vendida à província de São Paulo.

REVOLTOSOS RAPTORES

Em outras localidades do Brasil também ocorria a violência praticada por cativos revoltosos. O escravo Lucas da Feira, negro fugido, nascido em uma fazenda próxima de Feira de Santana, Bahia, em 18 de outubro de 1807, revoltou-se contra o cativeiro e o preconceito. A partir de 1828, formou um pequeno bando de negros e mulatos, com o qual aterrorizava muito mais as famílias de posse do que as dos mais pobres.

Lucas nunca foi um quilombola, tampouco quis participar de qualquer rebelião escrava. Em outras palavras, nunca questionou o sistema escravista, mas apenas sua condição pessoal no regime vigente no Brasil da época. Assim, optou pela vida de crimes, sendo responsável por algo em torno de 150 assassinatos. Lucas da Feira ateava fogo na casa de quem fosse. Dava às mulheres brancas o mesmo tratamento que os senhores davam às escravas: seu bando estuprava as filhas dos fazendeiros, descontando as humilhações e o ódio racial sofridos. A crueldade de Lucas da Feira era grande e se estendeu até mesmo a uma mulata grávida: ele a feriu para que a moça não pudesse aumentar ainda mais o "rebanho escuro" dos cativos.

> Sua crueldade com as mulheres era notória. Costumava abusar de jovens, fossem negras, mulatas ou brancas, ricas ou de origem humilde e, se fosse o caso, também não se importava em tirar a vida até mesmo de escravos. Se fosse

preciso, assassinava os maridos ou pais das moças e, em seguida, estuprava-
-as, para depois abandoná-las ou executá-las, dependendo da situação. Para se
vingar de Adélia, uma moça de 15 anos de idade, "delicada", de pele "branca e
suave", por quem se apaixonara e havia sido rejeitado, crucificou a jovem num
pé de mandacaru, repleto de espinhos. Desse crime, em especial, Lucas se arrependeu amargamente[61].

Ainda que, supostamente, Lucas tivesse raiva dos senhores brancos, recebia a proteção de alguns poderosos e de autoridades judiciárias. Muitas vezes respeitava os moradores, policiais e negociantes de Feira de Santana, encontrando afinidades com eles. Em geral atacava gente de outras áreas. Provavelmente, Lucas se relacionava com figuras políticas locais de prestígio, para as quais prestava serviços, e trocava favores com negociantes criminosos, que o informavam com antecedência sobre onde e quando passariam tropas transportando cargas diversas.

Distante da Bahia, fato semelhante ocorreu no Rio de Janeiro, na localidade de Rio Pardo. Muitos foragidos não procuravam um quilombo, preferindo vagar pelos matos e beiras de rios. Um bando de cinco escravos fugidos das fazendas resolveu roubar um rancho e raptar três filhas donzelas da família que ali morava. Uma das moças, Anna, informa, mais tarde, que caminharam muitas léguas amarradas com tiras de couro, descansando de vez em quando em algum acampamento. Foi numa dessas paradas que o grupo violentou duas das moças raptadas, não fazendo o mesmo com a terceira por se tratar de uma criança.

Com a força policial no encalço dos salteadores, eles fugiram deixando para trás as três moças que, em seguida, foram resgatadas. Em 7 de janeiro de 1846, Anna contou ao delegado que ela foi agarrada pelo pardo Antônio e

> Na presença do negro Adão principiou o mesmo pardo a forçar e violentar a mesma informante a qual pretendendo resistir, o mesmo pardo a ameaçou com a morte de maneira que ela informante viu-se na necessidade de ceder à brutal violência que com ela praticava o mesmo pardo Antônio, levando-a nessa ocasião fora de sua honra e honestidade, e que praticou por diferentes vezes em toda aquela noite [...][62]

O escravo Domingos disse que, depois da posse das três moças, precisavam de mais duas, já prometidas pelo chefe do bando, uma para ele e outra para o escravo Polidoro, os únicos do grupo que ficaram sem mulheres.

Do ocorrido, percebe-se que teria sido muito mais fácil para o bando ter raptado escravas, pois a repressão provavelmente não seria tão violenta quanto foi com o rapto das mulheres brancas. O mais provável é que queriam afrontar "a sociedade branca no que ela tinha de mais valoroso: a honra das famílias".

Para não serem vendidos ou trocarem de proprietários, os escravos muitas vezes recorriam a estratégias persuasivas. Demonstravam seu descontentamento com atitudes bruscas, como tentativas de suicídio, fuga ou formação de quilombos. Os cativos estavam dispostos a tomar medidas drásticas quando sua margem de negociação não era respeitada.

A fuga dos escravos nem sempre os levava muito longe. Muitas vezes, ela se dava por um curto período de tempo, apenas para sentirem pelo menos uma vez na vida o gosto da liberdade, e logo se entregavam ou eram caçados pelos capitães do mato.

VIDA CONJUGAL NOS QUILOMBOS

Os quilombos foram importantes formas de resistência, com liderança negra e normas de convívio que ameaçavam a sociedade branca pela violência. Esses refúgios tornaram-se tão comuns a partir do século XVIII, em número e em dispersão geográfica, que isso nos obriga a considerá-los parte integrante da nossa sociedade colonial. Representavam uma das portas de saída da escravidão.

Senhores de engenho e fazendeiros se queixavam de não poder tocar direito a vida nas suas propriedades, tal o número de fugitivos que rondavam o local. A população em geral tinha muito medo, talvez por fantasias de que haveria invasão de quintais, roubo de criação, assaltos nos caminhos ou desonra de uma filha.

O quilombo dos Palmares, em Alagoas, datado do século XVII, foi considerado o maior, o mais importante e duradouro mocambo da América. Mas não era o modelo padrão, pois

> [...] predomina uma visão do quilombo que o coloca isolado no alto da serra, formado por centenas de escravos fugidos que se uniam para reconstruir uma vida africana em liberdade, ou seja, prevalece uma concepção "palmarina" do quilombo enquanto sociedade alternativa. Um grande número de quilombos, talvez a maioria, não foi assim[63].

A população dessas comunidades podia atingir um contingente significativo, chegando a centenas de quilombolas. No quilombo do Ambrósio, em Minas Gerais, destruído em 1746, estima-se que havia mais de seiscentos e até mais de mil habitantes.

Sobre a carência de mulheres no quilombo dos Palmares, reduto de negros, assim escreve o historiador Décio Freitas:

Os primeiros palmarinos eram demasiado poucos para que pudessem constituir uma comunidade econômica e social realmente viável. Para começar, faltavam mulheres. O que os obrigou a descerem periodicamente às plantações a fim de raptar as suas sabinas: não apenas negras, mas também índias, mulatas e até mesmo brancas. A necessidade de raptar mulheres de outras raças se impôs devido à escassez de negras nas plantações e nos engenhos, pois os colonos davam preferência absoluta à aquisição de homens[64].

Palmares foi, sem dúvida, a maior rebelião e a manifestação mais emblemática dos quilombos coloniais. Calcula-se o número de negros quilombolas em Palmares em 12 mil. Resistiu por cerca de cem anos aos combates repressivos, praticou assaltos aos engenhos e povoações coloniais e estimulou fugas em massa de escravos na capitania.

No Arquivo Histórico Ultramarino há a narrativa de um escravo espião enviado ao quilombo dos Palmares, que ali permaneceu por seis meses com a missão de observar tudo o que se passava no mocambo. Era um cativo a quem se prometia a alforria em caso de sucesso. Queria-se saber se o mocambo era frágil o suficiente para se fazer a guerra contra ele. O escravo contou que, fingindo ter escapado do cativeiro, foi a Palmares pedir asilo e também saber como se vivia lá, ganhando a confiança dos quilombolas. Do que foi observado sobre a vida conjugal, contou que foi ouvido por conselheiros de justiça:

> [...] que tanto se certificam das boas intenções do negro que chega lhe dão mulher a qual a possuem junto com outros negros, dois, três, quatro e cinco negros, pois sendo poucas as mulheres adotam esse estilo para evitar contendas; que todos os maridos da mesma mulher habitam com ela o mesmo mocambo, todos em boa paz e harmonia, em arremedo de família[65].

Como as mulheres eram minoria nos mocambos, isso justificava a adoção da poliandria. Pode ser que o equilíbrio entre os sexos se estabilizasse com o tempo, mas na documentação encontrada a respeito de outras regiões é constante a menção à falta de mulheres e seu rapto.

Outra visão acerca da formação dos casais é assim apontada pelo historiador Richard Price:

> Os documentos coloniais retratam um Palmares severamente carente de mulheres (um escravo espião relatou ser comum a poliandria) e que os quilombolas frequentemente atacavam de surpresa engenhos e fazendas para levá-las à

força. [...] Embora a taxa de masculinidade – proporção homem/mulher – fosse, no início, indubitavelmente alta em Palmares (como o era nos engenhos da época), em duas ou três décadas proporções equilibradas entre os sexos provavelmente se tornaram a norma, na medida em que novas gerações de crianças se tornavam adultas, mulheres casavam logo após a menarca e os homens adultos morriam nos ataques de surpresa e na frente de batalha[66].

RESISTÊNCIA E RAPTO DE MULHERES

Em meados do século XVIII, a fama aterrorizante do negro foragido também serviu para os pais amedrontarem as crianças, reforçando o estigma de violência negra. "Durma, senão vem o quilombola!" seria uma ameaça constante, segundo o historiador Edmundo Amaral, em *Rótulas e mantilhas*, em evocação a um passado paulista.

No distrito Diamantino, a preocupação era com a crescente quantidade de forros e pardos, considerados em conjunto como elementos indesejáveis, vivendo legalmente livres numa sociedade escravocrata. Sobre eles recaíam a pecha de vadiagem, furtos e a desconfiança de protegerem e esconderem escravos foragidos. O mesmo acontecia com as pretas forras acusadas de abrigar negros do mato em suas casas.

> Em quase todos os arraiais e vilas havia casas de prostituição, formadas por negras e mulatas, escravas ou forras, muitas vezes exploradas por brancos. Eram considerados esses estabelecimentos os abrigos dos negros fugidos e quilombolas, mas, apesar de tudo, não deixavam de existir, pois contavam certamente com bons protetores. Não encontramos notícias de que qualquer delas tenha sido fechada por abrigar fugitivos[67].

O incitamento à fuga praticado pelos quilombolas não se limitava a escravos. Havia também o rapto de mulheres brancas. Em 1736, integrantes do quilombo do Baependi, em Minas Gerais, atacaram a casa de um morador da redondeza "e não só lhe tiraram a vida" como também "lhe levaram duas filhas moças donzelas e um menino, e o mais de casa, tirando-lhe ao mesmo tempo vida, honra e fazenda".

Em 1760, o capitão-mor de Mariana deu ordens para que fossem organizadas expedições para ir ao encalço dos quilombolas que haviam arrebatado uma "moça branca que poderá ter 13 anos". O resultado das expedições foi a recuperação da menina e o aniquilamento de dois quilombos, nos quais cinco negros foram mortos e quinze, presos.

Escravos fugiam aos bandos na época da mineração e não perdiam tempo; logo se transformavam nos temíveis quilombolas que iam raptar índias para o cruzamento forçado, de que resultariam outros tantos cafuzos, isto é, mestiços de negro e índio. Não era incomum que saciassem seu ardor sexual com índias que tomavam banho inocentemente.

Surpreende na documentação mineira do século XVIII a referência à imensa quantidade de quadrilhas e bandos formados por negros fugidos e mulatos vadios. Muitas vezes, o que se chamava de "quadrilha" poderia estar ligado ou não à formação de quilombos. Pela insegurança generalizada, o grupo trazia pânico e grande medo às pessoas nas estradas e caminhos da capitania. Muitos atacavam famílias brancas pobres que ofereciam menor resistência, "amarrando-lhes suas mulheres e filhas, levando umas e desflorando outras, à sua vista".

Em meados do século XVIII, a população de Minas Gerais vivia aterrorizada. Vilas saqueadas, mulheres violentadas, corpos esfaqueados pelas estradas eram acontecimentos rotineiros. "Na casinha de taipa e palha encontravam, amarrada a um moirão, nua, arranhada, violentada, cheia de equimoses, uma rapariga branca. Quem violou? Foi o quilombola", escreve o historiador de *Rótulas e mantilhas*.

Onde quer que fosse importante a presença de escravos na mineração, havia comunidades de negros garimpeiros fugidos. Os portugueses consideravam esses agrupamentos de rebelados uma ameaça real ao regime escravista, ou ainda, mais especificamente, um risco a suas vidas e propriedades:

> Para que se tenha uma ideia de sua participação na dinâmica social, basta lembrar que, para o período compreendido entre os anos de 1710 e 1798, o acervo documental pesquisado permite afirmar da descoberta e destruição de, pelo menos, 160 quilombos na área de Minas Gerais. Tal dado é suficiente para recusar as surradas teses da escravidão suave; da relação harmônica entre senhores e escravos; e da aceitação, por parte dos escravos, de sua condição[68].

Em Minas Gerais, na região aurífera de Mariana, o medo de uma revolta escrava chegava às raias da insanidade. Os capitães do mato eram orientados a caçarem os rebeldes "sem a mínima piedade". Um documento de 1768 assim expressava:

> Quantas vezes aos nossos ouvidos chegaram os tristes clamores da donzela branca, cujas enternecidas lágrimas e atendíveis rogos nenhuma piedade encontraram nos inexoráveis feitos daqueles negros, lobos vorazes da sua virgindade! Que queixas despede ao léu a casada, porque aqueles monstros da

crueldade e lascívia, nunca clementes a tão justos gemidos, prostituída a puseram, deixando-a inculpável ofensora ao seu tálamo![69]

O tálamo, ou seja, o leito conjugal, estava sendo conspurcado pela ferocidade dos escravos foragidos. Diante de tais atos violentos, parte dos negros capturados era mantida viva para servir de exemplo, e os demais, degolados. Numa dessas caçadas pelos matos, um colono branco registrou que "os ditos capitães do mato vieram à minha presença com as cabeças dos negros mortos". Embora a barbárie ocorresse em ambos os lados, deve-se salientar que a própria escravatura, na sua essência, é uma instituição calcada na violência, e os escravos, na realidade, reagiam à bestialidade praticada pelos senhores daquela sociedade.

Registram-se, no Norte, os raptos praticados pelos escravos que, fugindo do litoral para se aquilombar na longínqua selva, roubavam índias, ocorrendo aí a origem dos caburés. Caburé, do tupi, significa "aquele que vive no mato". O médico e antropólogo Edgard Roquette-Pinto (1884-1954) destaca o fato de muitos escravos terem deixado a zona açucareira ou o litoral para se aquilombar nas matas do sertão, nas vizinhanças de tribos indígenas. Assim teriam espalhado o seu sangue por muitas regiões consideradas virgens de influência negra.

Segundo a historiadora Mary Karash, os índios da região de Goiás podiam se aliar aos negros foragidos, mas atuavam com mais frequência do lado da repressão, à qual se uniam ora para obter recompensas, ora para se vingar dos frequentes assaltos dos quilombolas a suas aldeias, de onde levavam suas mulheres.

Até poucos anos atrás, a historiografia quase não se referia à resistência e à rebeldia escrava no Rio Grande do Sul. Pouco se sabia sobre os quilombos gaúchos. Segundo o historiador Mário Maestri, em "Pampa negro", há registros da quase obsessão dos quilombolas por "crioulas" e "pretas".

Um eventual relacionamento homossexual é apontado por Maestri no quilombo de Manoel Padeiro. Na documentação, quatro quilombolas são apresentados como companheiros: João "Juiz de Paz" é citado como sendo companheiro de outro africano, também de nome João. Os dois pertenciam ao mesmo senhor. Alexandre "Capitão", moçambicano, por sua vez, seria companheiro de Francisco, da mesma nacionalidade. O historiador gaúcho Euzébio Assumpção foi quem pela primeira vez se referiu a essa documentação, sugerindo, como hipótese de trabalho, o relacionamento homossexual entre as duas duplas de companheiros.

Tanto no período colonial quanto no Império, os escravos continuavam presentes no dia a dia da sociedade brasileira, interagindo com outros segmentos sociais. No próximo capítulo ainda trataremos desse convívio.

INTIMIDADES NAS FAMÍLIAS: COLÔNIA E IMPÉRIO

No período colonial, ainda não existia na população brasileira a separação nítida entre vida privada e vida pública. Ambas se entrecruzavam. As pessoas chegavam a praticar certos atos de foro íntimo não longe dos olhares de outros, incluindo necessidades fisiológicas e até mesmo sexuais. Era comum nadar e banhar-se nu nos rios. Noções como "individualidade" e "intimidade" não existiam ou se encontravam em formação. As casas não tinham vedação suficiente para abafar os sons. O local de morar e de produzir ficava próximo ou até mesmo no próprio lugar onde se dormia. Por isso, a casa nem sempre constituía o melhor espaço para os colóquios sexuais, sobretudo se fossem relações ilícitas.

Sobre o cotidiano das pessoas no Brasil Colônia, afirma o historiador Ronaldo Vainfas: "[...] não tive como escapar à evidência de que o lugar mais privado e secreto para a prática do sexo era o mato, a ribeira, um canto qualquer", pois nas casas havia a "vizinhança de parede-meia, frestas nas portas, quando as havia, gente na casa, o que era regra, tudo se via e se guardava na memória"[70], podendo os infratores posteriormente caírem nas malhas da Inquisição. Seria lento o processo de mudança de costumes, o que dificulta estabelecer um momento preciso em que ela ocorre. No entanto, a historiadora Laura de Mello e Souza, ao se referir à história da vida privada no Brasil em entrevista à *Folha de S.Paulo*, observa: "No domínio das civilidades, a virada é total com a vinda da Corte. As pessoas mudam de hábitos de higiene, maneira de se vestir [...]"[71].

Apesar de os relacionamentos serem, em sua maioria, amancebamentos, havia laços de afetividade. Isso era indicado não apenas pela presença de filhos, mas também pelas uniões duradouras, baseadas no companheirismo, muitas vezes caloroso. Assim, é preciso questionar as abordagens que analisavam a prática do concubinato como desregramento moral, devido à ilegitimidade do estado conjugal. Isso porque boa parte desses estudos reproduziu o olhar europeu e cristão como se fosse o único possível.

As visitas diocesanas registravam que, em vários casos, os casais "viviam de portas adentro", "como se fossem casados", e criavam filhos sem receber a bênção sacerdotal à união. A Igreja instituía o matrimônio como um exercício de sexualidade lícita e sadia, dando à mulher o papel de progenitora.

Exemplo de controle religioso ocorreu na devassa de 1733, na freguesia de Vila Nova da Rainha, em Minas Gerais. Um certo Manoel foi repreendido por viver em concubinato com Francisca Nunes, crioula forra. Como era de costume, o visitador ordenou-lhe que, no prazo de dois dias, se retirasse da casa de Francisca, sob pena de excomunhão. Os pares foram obrigados a desfazer a coabitação e, provavelmente, a manter o relacionamento em domicílios diferentes.

Já em 1734, Feliciana e Manoel Rabelo foram repreendidos pela terceira vez por viverem em concubinato. Esses dois moradores da freguesia de Nossa Senhora da Roça Grande, por habitarem juntos de "portas adentro", foram obrigados pelo visitador a se separarem, sendo Feliciana expulsa da casa em que convivia com Manoel. Tudo leva a crer que, mesmo desobedecendo à norma religiosa, o relacionamento estável e afetivo que Feliciana tinha com Manoel durou até a sua morte.

O convívio a dois era ainda mais dificultado quando se tratava de escravos e ex-escravos.

NEGRAS E MULATAS CONCUBINAS

Os visitadores costumavam dirigir-se às freguesias, onde ouviam cerca de trinta testemunhas, "pessoas graves, honestas e sem suspeita" e, em decorrência do que constatavam, acabavam denunciando os pecadores. Nas devassas mineiras de 1733 e 1734, a grande incidência de "culpas" recaiu na prática do concubinato, além de algumas outras denúncias referentes à prática de jogos, prostituição, usura e feitiçaria, ao não cumprimento dos preceitos religiosos e, por fim, às uniões ilícitas.

> A falta de mulheres brancas é aguda; os aventureiros da mineração acham difícil conjugar a vida andeja e aleatória da procura de alúvios auríferos com o regime estável, ancorado no casamento; as Minas Gerais estão cheias de pretas escravas ou mulatas forras, solteiras, concorrendo com os homens nas minas, nas vendas, nas estradas, em casa, nas igrejas, a ponto de escandalizarem, as mais audaciosas, os próprios governadores, com o seu convite ao pecado e à coabitação, sem responsabilidades nem consequências – eis os motivos da elevada porcentagem dos concubinatos, que enchem todas as páginas dos livros de devassas, na proporção de quase cinco para cada uma das outras culpas castigadas[72].

A ideia de uma população devassa foi embasada sobretudo na visão etnocêntrica, fundada em valores culturais europeus e cristãos. Justificava-se pelo pressuposto tácito da desordem sexual e moral dos indivíduos que compuseram a sociedade colonial portuguesa. Os processos inquisitoriais, os códigos de leis e os relatos de padres, cronistas e viajantes, registrados no período colonial e imperial, tiveram papel fundamental na criação de um imaginário de licenciosidade.

Sem passar por qualquer tipo de julgamento isento, foram aceitos como relatos verdadeiros e absolutos da realidade da época.

O costume da concubinagem ocorria, na maioria das vezes, entre indivíduos de classes sociais distintas. Já os casamentos eram mais frequentes entre os iguais. Os filhos, frutos de relações adulterinas, sofriam com o distanciamento dos pais biológicos em virtude dos rigores da moralidade católica na imposição de leis e costumes.

As brancas, mais vigiadas, encontravam maiores dificuldades do que as pardas para conviver com suas transgressões sociais. A exploração sexual e a violação das normas eram comuns para as mulheres desprotegidas de todas as camadas sociais, embora as escravas fossem mais vulneráveis aos assédios dos seus senhores. Num caso excepcional, documentado num requerimento do pardo Lino Manoel Lopes Chagas, ele exigia direito à herança do seu pai branco, o coronel Manuel Lopes Chagas. O coronel tivera relação incestuosa com a própria filha, a crioula Micaela, que se tornou a mãe do pardo. Lino Manoel Lopes Chagas, "filho natural", teve negada a herança "porque a lei do Reino proibia herdarem os filhos incestuosos", diz a historiadora Mary Karasch.

Tratando da devassa de 1733 e 1734 em freguesias de Minas Gerais, assim escreveu o historiador José Ferreira Carrato sobre a preferência dos amantes pelas pretas de certas regiões da África:

> Por falar em pretas minas, estas merecem uma referência especial: a negra mina é a amásia mais procurada pelos brancos. Se os negros da mesma raça têm a tradição de serem "mais resolutos, fortes e temerários" – os minas serão, as mais das vezes, os vindicadores dos seus direitos espezinhados e os fundadores dos quilombos mais aguerridos –, as mulheres são altas, de porte gentil e ardentes no amor, inteligentes, habilidosas, "e pela mesma razão não há mineiro que possa viver sem nenhuma negra mina, dizendo que com elas têm fortuna"[73].

As infidelidades cometidas pelos maridos com mulheres escravas eram motivo de ciúme para as esposas legítimas. A maior parte das mulheres brancas cujos maridos mantinham escravas como amantes tinha que suportar essas infidelidades, a menos que se separassem e obtivessem o divórcio. O sadismo de certas sinhás fazia com que descarregassem sobre as mucamas e as molecas todo ódio e ciúme em rompantes histéricos.

Havia situações, porém, em que as escravas suplantavam as sinhás no comando do lar. Esse foi o caso de solicitação de divórcio de Maria Ana Rita de

Menezes, menina branca, que foi desprezada pelo marido, "surdo a rogos e insensível a lágrimas". No mesmo dia em que se mudou para a casa do suplicado, "passou este a dormir no próprio aposento com duas escravas" e estas "se fizeram tão insolentes que passaram a fazer da suplicante objeto dos seus desprezos", chegando a ponto de avançar sobre ela com violência. A historiadora Adriana Dantas Reis, que registrou fatos sobre mulheres afrodescendentes na Bahia, esclarece que a solicitante obteve o divórcio em 1806, marcando o rompimento matrimonial dessa menina que "se casou com 12 ou 13 anos de idade com seu primo/tio".

FAMÍLIAS INCESTUOSAS

Muitas mulheres do período colonial, enclausuradas e espancadas, não se limitavam a sofrer passivamente o crescente mandonismo viril dos costumes e das leis. Nos casos de deflorações, elas tinham o "direito" de casar com os violadores. A própria legislação ordenava o ato, impondo "que o homem que dormir com mulher virgem por sua vontade, case com ela, se ela quiser, e se for conveniente, e de condição para com ela casar". Como recompensa ao dano causado (caso não ocorresse o casamento), havia o pagamento do dote. Este serviria como consolo; adicionado a outros valores, formar-se-ia um conjunto de *bens dotais* atraentes para que outro pretendente viesse a desejar a mulher conspurcada de seu maior bem, a virgindade.

Uma pesquisa da historiadora Eni de Mesquita Samara sobre as famílias paulistas do século XIX encontrou alta incidência seja de casamentos consanguíneos, seja de celibatários nos meios sociais de maiores posses. Tudo leva a crer que o grande número de solteiros era decorrente da falta de pretendentes à altura entre a elite branca, que, além da preocupação de não dispersar a fortuna, levava em conta as condições socioeconômicas e o aspecto racial para o enlace matrimonial. Para dar continuidade aos valores matrimoniais, acontecia de um viúvo casar com a irmã da falecida, ou uma viúva casar com o irmão do marido morto. Também ocorria de uma família reforçar os laços ao se unir a outra por via do casamento. Na genealogia paulistana há registros do "casamento de quatro filhas de Pero Vaz de Barros com quatro filhos de Francisco Rodrigues Penteado".

Mesmo assim, em seu diário durante sua segunda viagem ao Brasil, em 1823, a inglesa Maria Graham (1785-1842) descrevia a família que se formava na época como um clã:

> As ligações de famílias são aqui uma beleza; são tão estreitas como as de um clã da Escócia. Mas têm o seu lado mau nos constantes casamentos entre parentes

próximos como tios com sobrinhas, tias com sobrinhos etc., de modo que os casamentos, em vez de alargar as ligações, difundir a propriedade e produzir maiores relações gerais no país, parecem estreitá-las, acumular fortunas e concentrar todas as afeições num círculo fechado e egoísta[74].

Quem levantou voz indignada ao se referir à frequência dos casamentos consanguíneos no Brasil, voltando-se contra a Igreja e os padres, foi o capitão Richard Burton (1821-1890), cônsul inglês em Santos. Segundo ele, as dispensas que os religiosos concediam para realizar o casamento eram "licenças para cometer incesto". Burton analisava-as não do ponto de vista moral, e sim do da eugenia.

Uma memorialista de São Paulo também relata situação similar, ocorrida em meados da segunda metade do século XIX. Dando continuidade a essa tradição de laços consanguíneos, assim se deu o primeiro casamento do barão de Arary e sua prima, com a qual teve nove filhos, bem como as segundas núpcias com a sua sobrinha, tendo com ela cinco filhos:

Parece que o casamento foi assim: o barão de Arary foi à casa do irmão pedir a mão da filha Dalmácia para o filho. Na hora se arrependeu e resolveu pedir para si. Que horror! Coitada da mocinha, nem foi consultada[75].

Não era só na Região Sul que ocorriam esses casamentos entre famílias. O senhor de engenho Júlio Bello, pernambucano, escreveu em suas memórias que seus avós paternos eram primos entre si, seguindo a tradição comum nas famílias rurais. Não eram vistos com bons olhos matrimônios distantes da consanguinidade na família: "Se os jovens se desviavam buscando noiva fora dela, dificilmente a queriam estranha às casas-grandes dos engenhos".

As restrições que se impunham às moças faziam com que elas convivessem apenas com rapazes próximos da família, como os primos. Esses, no entanto, podiam representar também um perigo. O *Correio de Pernambuco* de 5 de janeiro de 1872 alertava: "Há uma sedução mais terrível e menos suportável que o teatro, o baile e o romance: é o primo". A proximidade com ele "é o que há de mais assustador para a tranquilidade da família".

Constatamos que a baixa densidade populacional por extensão de terra caracterizava certas vilas no país. Portanto, eram restritas as possibilidades de arranjos matrimoniais entre iguais. Apesar de se tratar de tradição, porém, nem sempre a escolha do cônjuge agradava. Em seu diário de 22 de setembro de 1895, uma menina inglesa em Diamantina, Minas Gerais, anota a triste história de sua tia Dindinha que, vejam só, sonhava casar-se com um primo!

> Meu avô aceitava para as filhas o marido que lhe agradasse e as casava sem consultá-las. Ele tinha dez filhas. Os pretendentes pediam às vezes uma das filhas e ele respondia: "Esta, não; está muito moça. Vá àquela que é mais velha". Todos pediam Dindinha e ele guardou-a para o fazendeiro mais rico da redondeza. Ela gostava de um primo, e quando soube que estava prometida em casamento a outro, chorava sem parar dia e noite[76].

Nesse sentido, é notável o depoimento de Carlos Drummond de Andrade, ao se referir ao passado de seu meio familiar fechado, em Minas Gerais:

> Eram questões que vinham, digamos, de gerações anteriores, de casamentos de tios com sobrinhas, de primos com primas, tudo isso se acumulando na mente, criando problemas de adaptação ao meio, de dúvida, de perplexidade etc.[77]

Nas primeiras décadas do século XX, a prática endogâmica ainda perdurava. A escritora mineira Rachel Jardim narra um episódio em que sua prima, desejando ser diferente das outras moças da família, afirmava categoricamente que jamais se casaria com primo. "E casou!" Era difícil romper uma tradição familiar.

> Família mineira tão típica – a contenção, o quase ascetismo, a sobriedade. A sensualidade e a luxúria encobertas. Às vezes pensava – todos se casam com parentes para conservar os bens ou por causa dessa sensualidade latente, quase incontrolável no contato dos primos (tantos!...) e até de parentes mais próximos? Um dia pensei – a família típica mineira é sempre incestuosa. Era um pensamento precoce para os meus inocentes dezesseis anos[78].

O PODER PATRIARCAL

Sobre essa imposição do patriarca, o viajante inglês Thomas Ewbank relata, em 1855, o que lhe haviam contado: certo dia, um negociante levara sua única filha para um passeio; no entanto, a carruagem parou no convento da Ajuda, no Rio de Janeiro. A jovem subiu alguns degraus externos sem se dar conta do claustro:

> Em seguida, as portas fecharam-se às suas costas e seu pai afastou-se. A jovem, que havia recusado um marido escolhido por seu pai, ficou enclausurada durante dois anos até ceder e dar seu consentimento, quando pôde sair do convento[79].

Esses casamentos forçados e sem envolvimento afetivo muitas vezes levavam ao afastamento do marido depois de um período de casados, e em seguida ele criava meios para se desfazer da esposa:

> Eis que não serão raros, nas Minas, os casos curiosos de mulheres "hospedadas" pelos maridos ou amantes em recolhimentos de religiosas, principalmente no de Macaúbas, enquanto os maganões enfastiados e inquietos somem pelo mundo: é uma espécie de divórcio branco, a que se dão os sujeitos mais importantes [...][80]

Quanto aos filhos, as prolíficas famílias de outrora possuíam normalmente um vasto número de herdeiros. Ter muitos filhos também era sinal de virilidade do patriarca. A média de filhos nos lares era em torno de dez, isso sem contar a enorme taxa de mortalidade infantil. A falta de métodos anticoncepcionais eficazes não era o único fator determinante da existência de grandes famílias. Segundo o genealogista e historiador Luiz Alberto Franco Junqueira:

> Os varões machistas sabiam que o nascimento de filhas era uma fatalidade, quando não um castigo. E, à medida que nasciam mulheres, buscavam com sofreguidão o nascimento de mais filhos varões. E, assim, nessa luta, nesse vigoroso corpo a corpo, os azares e suas consequências pertenciam às mulheres. Tinham de ficar de "barriga cheia", todos os anos, oferecendo aos maridos a suprema felicidade de aguardar a chegada de outro macho, igualzinho a ele. As grandes famílias, na sua maioria, foram estabelecidas ao acaso da sina das infelizes criaturas. Os chefes não queriam as Marias de Jesus, e, sim, os Joaquins, os Antônios, os Franciscos e Manoéis. Tanto isso é certo que, quando nasciam mulheres, recebiam o nome geralmente escolhido pela parteira. A obsessão dos maridos pelo nascimento de filhos homens era tanta que elas, "coitadinhas", só esperavam robustos rebentos do sexo masculino[81].

Segundo Gilberto Freyre, as parteiras rezadeiras, sempre prestativas e cheias de superstição, sugeriam, após o "desastre" do nascimento de uma mulher, qualquer nome de santo, sem que se tratasse de qualquer devoção específica. Chegava-se ao extremo das superstições, do medo e da maldição, porque, sendo "um ser inferior", chamado também de "sexo frágil" conforme os conceitos da época, a mulher recém-nascida precisava das bênçãos celestiais e da proteção permanente de um santo católico.

Nas antigas zonas rurais conserva-se ainda hoje o folclore da reminiscência dos casamentos precoces para a mulher. A ideia era a de que "a virgindade só tem gosto quando colhida verde". Segundo Freyre, no interior de Pernambuco as moças faziam o seguinte apelo:

> Meu São João, casai-me cedo,
> Enquanto sou rapariga,
> Que o milho rachado tarde
> Não dá palha nem espiga.

Em outros pontos do Brasil, a quadra variou:

> Minha mãe, nos casa logo
> Quando somos raparigas:
> O milho plantado tarde
> Nunca dá boas espigas[82].

Segundo a historiadora Leila Mezan Algranti, a valoração moral e social do casamento não era idêntica para todas as camadas da sociedade. Isso não impedia, contudo, que fosse transmitida pelas elites brasileiras para os representantes dos grupos menos privilegiados, nem que moças pobres e humildes aspirassem a ele. No entanto, os matrimônios legítimos, contraídos na observância das leis da Igreja, foram considerados quase um privilégio da elite branca. A relação conjugal não sacramentada era a forma predominante de conjugalidade entre as camadas populares.

Deve-se assinalar que, até o século XIX, os procedimentos para o casamento não eram simples. Isso porque, devido ao grande movimento migratório, podia faltar documento atestando determinados fatos do passado da pessoa. Já o nascimento era comprovado apenas pelo batismo religioso. Alforriados não portavam documentos que atestavam a condição de livre, nem viúvos tinham atestados de óbito do cônjuge falecido. Muitas vezes apelava-se para testemunhas, tidas como idôneas, e residentes do lugar, bem como para fianças monetárias, no caso dos mais ricos. No entanto, procurava-se contornar certos impedimentos legais. Liberavam-se os casamentos através de dispensas, bastando que os consortes pagassem penitência, além de custos pecuniários, ou, no caso dos mais pobres, com prestação de serviço. Eles deviam "varrer a matriz", assistir a "40 missas", rezar "60 rosários", participar da cerimônia da "Paixão e Morte do Senhor" ou, nos dias festivos, permanecer nas cerimônias religiosas "com velas acesas nas mãos", como se atesta em documentos.

EFEITO MORAL

Quanto aos filhos homens, a tradição rural machista de querer evitar que eles se tornassem afeminados, observa Gilberto Freyre, fazia com que até mesmo mães empurrassem para os braços de garotos em fase de se tornar rapazes, "e ainda donzelos, meninas negras ou mulatas capazes de despertá-los da aparente frieza ou indiferença sexual". Nos casos dos senhores, eles tinham orgulho do filho varão e desejavam que as filhas lhes dessem "vastas crias". Permanecer solteiro, não ter filho ou ter apenas um ou dois no casamento podia ser visto com reservas no que toca à virilidade.

> Descendente de opulento senhor de engenho pernambucano do meado do século XIX nos informa que seu bisavô quando algum rapaz se candidatava a esposar alguma de suas filhas mandava pessoa de sua confiança surpreendê-lo em banho de rio, a fim de verificar se tinha os supostos sinais de bom procriador. O critério da avaliação sem ser científico era sociologicamente significativo[83].

Ao contrário das residências das famílias abastadas, as casas dos lavradores da roça e dos trabalhadores urbanos eram mais devassadas. Numa dessas residências, observada em um vilarejo de Minas Gerais, habitavam cerca de 30 pessoas, homens, mulheres e crianças, à moda indígena. Muitos desses moradores eram tratados pelas autoridades coloniais como desclassificados ou vadios.

Fica evidente que o território da sexualidade era bem menos privado do que se poderia supor nos dias de hoje. Houve casos em que até os gemidos de amantes ardorosos podiam ser escutados por ouvidos atentos, sem contar os encontros amorosos, as mancebias. Há fortes indícios de que não era incomum as pessoas se conservarem semivestidas enquanto mantinham relações sexuais.

Em 1850, Hermann Burmeister comentou o que ele considerou desregramento sexual dos brasileiros, principalmente com relação às doenças venéreas:

> É quase incrível a propagação deste mal pelo Brasil todo, sendo difícil encontrar-se uma pessoa da classe média que não seja afetada de uma ou outra doença de caráter sifilítico. Deve-se notar que não existe nenhuma localidade de tamanho regular onde não haja uma casa de tolerância, onde as mulheres exercem sua profissão sem constrangimento algum e mesmo sob a aprovação geral, chegando à afronta de se apresentarem aos viajantes que passam pela localidade[84].

Em contrapartida, na vida familiar tradicional as regras eram rígidas. O inglês Richard Burton, tendo viajado pelo interior de Minas e de São Paulo no século XIX, surpreendeu-se com várias reminiscências de costumes mouros: o hábito de as mulheres irem à missa de mantilha, o rosto parcialmente coberto, como o das mulheres árabes; o assemelhado isolamento árabe vivido pelas sinhás, principalmente nas casas-grandes de engenho, tendo por companhia quase exclusivamente escravas passivas. Na sua submissão muçulmana diante dos maridos, dirigiam-se a eles sempre com medo, tratando-os de "Senhor".

Como vimos, o pai escolhia o noivo para a filha e ela, escondida em casa, não aparecia aos hóspedes senão excepcionalmente; só ia à missa desde que envolta no "manto que lhe escondia o rosto". Por ocasião de uma visita inesperada ou em convites oficiais, Burmeister constatou que a dona da casa ou as filhas nunca se mostravam; ficavam alheias ao círculo masculino, olhando furtivamente pelas portas ou pelas frestas das janelas para ver quando o hóspede se retirava; se acontecesse que um olhar do estranho as atingisse, escondiam-se com a máxima rapidez. Para o viajante que chegou aqui em 1850, o brasileiro é

> [...] tão devasso fora de casa quão severo e desconfiado é dentro da mesma. Nisso, brancos, mulatos e pretos são iguais; cada um trata de fechar sua mulher a sete chaves, a fim de poder gozar mais livremente suas paixões. Contam-se casos como o de um que internou a esposa num convento por alguns anos a fim de poder viver com a amante na própria casa[85].

Assim como em todo o Brasil, o convívio diário nas famílias rurais no sertão da Bahia do século XIX geralmente era repressivo. Os senhores rurais habitavam esses ambientes de quase segregação, uma vez que nesse sentido nada mudara desde os tempos coloniais, quando, isolados em seus latifúndios, viviam praticamente sem comunicação com os vizinhos. Os filhos temiam os pais e procuravam obedecer a eles sem discussão.

Excetuando as temporadas de férias passadas no sítio, mas onde o modo de viver não se alterava, a vida decorria numa calma e monotonia sem fim; sempre o mesmo ramerrão, ano após ano. As filhas do fazendeiro Exupério Pinheiro Canguçu, por exemplo, foram criadas à moda antiga, num ambiente de severidade e respeitabilidade, destituído de distrações e até de alegria, dadas as condições do meio e da região em que viviam.

> Enquanto os rapazes ainda encontravam meios para alguma distração – correrias pelos arredores, perseguição ao mulherio das senzalas –, as moças suportavam um modo de viver que, se foi natural para mães e avós, já não se compreendia na segunda metade do século XIX. O pai criou-as, ou guardou-as,

com as maiores precauções, afastando-as da mundanalidade. Não lhes permitiu passeios ou pequenas digressões pelos sítios e casas dos parentes vizinhos; exigiu que se conservassem trancadas nos quartos e dependências interiores do Sobrado quando havia visitantes masculinos, e, se sentavam à mesa para as refeições, era para fazê-lo enfileiradas, do lado esquerdo, uma ao lado da outra, caladas, de olhos baixos. A mesma atitude deviam observar no Oratório, onde se sentavam na frente, junto ao altar, separadas dos homens por uma espécie de biombo de madeira, de tábuas entrelaçadas[86].

Depois de receberem instruções na sala de aula criada pelo senhor de engenho Exupério, as moças também se ocupavam dos afazeres de costura, crochê, confecção. Segundo registra Lycurgo Santos Filho, o fazendeiro "secarrão e sisudo" casou apenas duas das suas cinco filhas. Não eram bonitas nem muito vistosas. Exupério, apesar do temperamento seco e áspero, dedicava à esposa uma especial ternura. Chamavam-se, como era moda à época, e apenas entre os dois, de "Ioiô" e "Iaiá".

A vida triste e reclusa de grande parte das mulheres brancas foi observada também pela bióloga norte-americana Elizabeth Cary Agassiz (1822--1907) quando passou pela Amazônia e pelo Rio de Janeiro entre os anos de 1865 e 1866. Segundo ela, a vida das índias parecia invejável pela ampla liberdade de ação ao ar livre, em comparação com a reclusão monótona das mulheres brancas brasileiras. Ao tratar das províncias do Norte onde essas mulheres viviam, afirma:

> Seus dias decorrem tão descoloridos como os das freiras dum convento e sem o elemento entusiasta e religioso que sustenta estas últimas. Muitas senhoras brasileiras passam meses e meses sem sair de suas quatro paredes, sem se mostrar, senão raramente, à porta ou à janela; pois, a menos que esperem alguém, estão sempre tão pouco vestidas que vão além da negligência. É triste verem-se essas existências fanadas, sem contato algum com o mundo exterior, sem nenhum dos encantos da vida doméstica, sem livros, sem cultura de qualquer espécie[87].

No Rio de Janeiro, a bióloga encontrou quase a mesma existência estreita e confinada daquelas mulheres. A educação escolar era sofrível, só se tornando um pouco melhor quando o pai exercia uma profissão liberal. Às mulheres eram reservados alguns tratados de moral repletos de banalidades, visando protegê-las dos perigos do mundo exterior.

Estávamos um dia numa fazenda, quando avistei um livro em cima de um piano. Um livro é coisa tão rara nos aposentos ocupados pelas famílias que fiquei curiosa em saber qual seria o conteúdo dele. Era um romance, e, ao virar eu as suas páginas, surgiu o dono da casa que disse em alta voz que aquela não era uma leitura conveniente para senhoras[88].

Outro que ficou espantado com o confinamento das mulheres foi o cirurgião francês François Vivez (1744-1828) quando de passagem pelo Rio de Janeiro. Observou que as mulheres brancas raramente saíam durante o dia e, quando isso acontecia, ninguém podia lhes dirigir a palavra. Entretanto, quando o sol se punha, era possível encontrar algumas delas assediando os estrangeiros e indo a encontros marcados por seus intermediários. Em 1767, assim escreveu o viajante em tom de reprovação:

> Os portugueses são tão ciumentos que suas mulheres têm dificuldade de obter autorização até mesmo para ir à missa. Malgrado, no entanto, todos os seus cuidados, as mulheres são quase todas libertinas e sempre encontram um meio de enganar os seus maridos, os quais, quando tomam conhecimento da intriga, não tardam em assassiná-las a golpes de punhal – casos desse tipo são comuns na cidade. Os pais punem mais humanamente as suas filhas: quando não podem reparar o erro pelo casamento, abandonam as moças. As mães geralmente ajudam as filhas a enganarem os pais, seja por consideração, seja por subordinação àquela lei que nos ordena a fazer pelos outros aquilo que gostaríamos que fizessem por nós[89].

FESTA PARA DAR O QUE FALAR

Devido a uma vida austera e tediosa, quando se realizava um casamento, a cerimônia era tida como um grande acontecimento e uma oportunidade de sociabilidade e diversão. Tratava-se de uma festa para ficar marcada para o resto da vida.

Em *Longos serões no campo*, Anna Bittencourt (1843-1930), memorialista da Bahia, deixou registradas as peripécias do casamento de seu avô, realizado em 1815. Para começar, alguns dos atrativos da festividade eram comida e bebida fartas. Os parentes e amigos ficaram hospedados nos inúmeros quartos do engenho. "Para o povo, foram feitas muitas barracas de palha" e, se o tempo ajudasse, muitos pernoitavam sob uma frondosa árvore.

No dia marcado para o evento, porém, o noivo não apareceu. Pedro Ribeiro, "já velho" com seus 46 anos, se casaria com Joana de Souza Leite, "já passada" aos 23 anos. "Passou-se outro dia e mais outros, nada. A ansiedade era grande." Surgiram os comentários maldosos. O padre que iria realizar a cerimônia afirmou ao pai da moça: "Aquele homem quer pregar-lhe uma peça, vingando-se do que você fez demorando o casamento. Dê isso por acabado". Argumentava que não faltavam pretendentes conceituados para casar com uma moça bela e rica.

Finalmente, quando estavam todos impacientes, chegou uma carta justificando o não comparecimento do noivo: ele não tinha sido informado com antecedência sobre a data precisa do casamento. "O caso é que o escravo portador do aviso, cachaceiro e relaxado, em todas as povoações por onde passava ia às vendas beber e depois metia-se em sambas", diz Anna Bittencourt.

Os convidados ficaram aliviados e felizes com a confirmação do casamento, adiado para a semana seguinte. O senhor de engenho fez um pedido para que seus hóspedes não partissem. Haveria comida farta durante a espera. Como a maioria chegou com uma semana de antecedência, teria ainda que aguardar mais uma semana.

> Mas, perguntar-me-ão, de que constava a festa naquele tempo, para que os numerosos convivas ficassem entretidos e satisfeitos deixando os seus afazeres? [...] É preciso observar que, enquanto nas terras próximas da cidade o progresso marchava mais ou menos rápido, tentando igualar os usos e costumes, nas terras sertanejas ele andava lenta e quase imperceptivelmente[90].

Segundo a memorialista, enquanto aguardavam o dia marcado para o casamento, os homens conversavam e discutiam sobre criação de gado, trabalhos rurais e, em menor escala, política. As senhoras casadas auxiliavam a mãe da noiva nos afazeres domésticos, dando ordens às peritas cozinheiras que haviam trazido. Nas horas vagas, essas senhoras e suas filhas conversavam sobre trabalhos caseiros e outros assuntos, como costuras, bordados, enfeites e arrumação de flores. As festas eram muito proveitosas para as moças: "Vistas mais de perto, embora de passagem, pelos moços, despertavam não raro sérios sentimentos, em breve traduzidos em pedido de casamento".

A animação ficava por conta do povo miúdo e dos escravos. Estes batucavam e sambavam na varanda da casa, e os demais convidados, "das janelas, apreciavam os requebros da dança alegre e um tanto sensual, em que as crioulas e mulatas moças exibiam suas graças naturais, excitando fervorosos aplausos no auditório".

Finalmente chegou o noivo, acompanhado de alguns amigos, para realizar o casamento marcado para o dia 1º de março de 1815 e adiado para o dia 16. "A jovem noiva não conhecia o noivo, coisa hoje indispensável, mas então de mínima importância. Ele, por sua parte, podia dizer outro tanto."

Anna Bittencourt não menciona o número de pessoas presentes, mas deve ter sido alto, se nos basearmos em recordações de outro evento, na fazenda São José, no sul de Minas, onde era também bastante elevado o número de convivas, que começaram a chegar uns oito dias antes da festa:

> Todos se hospedaram em nossa fazenda, comendo e dormindo em São José. Deviam ser umas trezentas pessoas. Nessas ocasiões era costume pederem-se roupas de cama emprestadas aos parentes. As tulhas de cereais e os porões altos da casa eram transformados em quartos improvisados, divididos por cortinas de chita. Não se separavam os casais. Tudo não deixava de ser bastante difícil, o banho para muitos tinha que ser tomado em bacias, pois só existia um chuveiro junto da casa[91].

Enquanto a vida transcorria nesse Brasil rural dos séculos XVIII e XIX, a população indígena era cada vez mais empurrada (ou dizimada) para os distantes rincões da mata. Os primeiros habitantes da terra são quase sempre lembrados nos livros didáticos apenas no descobrimento; sua história posterior no decorrer dos séculos é, muitas vezes, silenciada. Na sequência, daremos algumas indicações sobre seu modo de vida nas regiões centrais do país, assim como na Amazônia, entre os séculos XVIII e XIX.

O ÍNDIO E A CRESCENTE BARBÁRIE CIVILIZATÓRIA

O indígena brasileiro sofreu um processo de dizimação sem precedentes. Nos dois primeiros capítulos, vimos que, passado o período de encantamento com o nativo nas décadas iniciais do descobrimento, logo os colonizadores portugueses entraram em conflito de interesses no tocante à ocupação das terras e à posse de suas riquezas. O choque cultural provocado pela invasão europeia foi de grandes proporções.

A maioria das tribos passava por um ciclo de socialização com resultados semelhantes: a boa acolhida inicial e o encantamento pelos novos artefatos trazidos pelos portugueses revolucionavam as tarefas tribais; em seguida, porém, a desilusão crescia à medida que os invasores se tornavam mais agressivos, violando todos os códigos de conduta aceitos, especialmente quando o trabalho exigido dos índios não obtinha a produtividade esperada.

Para os jesuítas, apenas batizar os índios não era o suficiente para eles se tornarem cristãos. Era preciso proceder a uma aculturação profunda, ou seja, modificar seus costumes conforme programa formulado pelo padre Manuel da Nóbrega, no século XVI. Segundo Maria Nizza da Silva, em *Bahia, a corte da América*, a meta incluía os seguintes passos:

- proibir a antropofagia;
- proibir as guerras intertribais;
- sujeitá-los à monogamia;
- obrigá-los a vestirem-se;
- afastar ou dominar seus feiticeiros;
- sedentarizar as comunidades indígenas.[92]

De modo geral, os portugueses que ocuparam o Brasil não eram piores do que os outros colonizadores europeus de sua época. Combateram ferozmente nas guerras de fronteira, e nenhum dos dois lados tinha compaixão pelo outro. O explorador canadense John Hemming afirma que "os colonos estavam convictos da superioridade de sua religião e tecnologia e tratavam os índios com desprezo e, na melhor das hipóteses, com condescendência". Na selva, para ambos os povos, o inimigo estava sempre à espreita.

Ao não conseguirem se adaptar à dinâmica do estrangeiro que ocupava suas terras, os índios viram-se condenados, pelo olhar do colonizador, ao estigma de inflexibilidade no trato com o invasor. É difícil, porém, julgar o que os índios deveriam ter feito. "Os paiaguás resistiram bravamente e foram abatidos, ao passo que os parecis eram demasiado cordatos e maleáveis e foram escravizados", lamenta Hemming. Os dois povos mostraram que tinham objetivos e atitudes completamente diferentes com relação à vida.

Diferentemente dos franceses, alemães e holandeses, os portugueses jamais registraram diálogos entre os índios ou os descreveram como personalidades interessantes, e não se importavam com seus costumes ou etnologia.

COMEÇANDO PELA NUDEZ

O embate cultural com referência à nudez ocorreu já na primeira missa rezada na nova terra descoberta. Foram providenciadas roupas, principalmente para as índias. Um religioso dizia que, por descuido, as mulheres deixavam à mostra suas partes íntimas. Já no século XX, Oswald de Andrade criou um poema-piada sobre a colonização:

> Quando o português chegou
> Debaixo de uma bruta chuva
> Vestiu o índio
> Que pena!
> Fosse uma manhã de sol
> O índio tinha despido
> O português[93]

Segundo o historiador Oiliam José, escapava ao antigo habitante desta terra o conhecimento de que o vestuário desempenhava para o cristão decoro moral e função protetora do corpo. Ainda que nas vilas o nativo vivesse com esses princípios morais e religiosos (ou apenas à margem deles), ao retornar à tribo, mesmo após a catequese, costumava despir-se completamente e regressar alegre ao meio edênico da selva. Via essa atitude como a libertação de um encargo para o qual não fora suficientemente preparado e cujas razões lhe pareciam frágeis. Os índios não estavam interessados nas complicações do problema moral, já que para eles a nudez era apenas um fato natural.

Hemming relata toda a inconveniência do uso da roupa imposta pelos religiosos, principalmente no clima amazônico, embora extensivo a todo o Brasil, como se vê nos relatos dos descobridores:

> O vestir-se não constituía uma necessidade normal para os índios da floresta no clima tropical da Amazônia. Era, sob certos aspectos, um grande inconveniente:

as roupas se rasgavam nas matas e precisavam ser remendadas constantemente; era mais difícil lavar roupa do que pele humana; a roupa podia significar uma ameaça à saúde, pois os índios banhavam-se frequentemente e, além do mais, vestidos, após o que deixavam a roupa molhada secar no corpo. Os índios cristãos, porém, foram forçados a vestir-se. Eram punidos caso se apresentassem despudorada e indecentemente nus. Impondo essa exigência artificial aos índios, os colonos em seguida usaram a roupa como moeda corrente para pagar a mão de obra indígena![94]

Ainda no início do século XX, prevalecia hábito diverso entre os botocudos, que até então povoavam a margem esquerda do rio Doce, em Minas Gerais: "os homens faziam atar por um cordel e à altura da região genital uma pequena tanga que lhes encobria os órgãos respectivos; as mulheres, porém, nada usavam sobre essa região ou outra do corpo: eram completamente nuas". Alguns deles concordavam, no entanto, em vestir calça ou saia, quando atravessavam para a outra margem do rio e apareciam nas localidades frequentadas pelos brancos.

Esses hábitos não significavam que, desde séculos anteriores, as mulheres botocudas não se esforçassem por esconder seus órgãos genitais quando lhes era possível. Para se resguardarem, ao se defrontar com estranhos, "andavam normalmente com os pés para dentro e unindo o mais possível as coxas umas contra as outras". Assim observou o tenente José de Souza Brandão, em relatório de 21 de fevereiro de 1799, enviado ao governador:

> Nota-se contudo moverem sempre os pés para dentro [...]. Julgo ser [...] nas mulheres o constante cuidado de resguardarem a oca vaginal, pois que andando totalmente nuas, nem ocultando parte alguma do corpo, aquelas em todos os seus movimentos se portam de modo que nunca se percebe ou distingue[95].

O viajante francês Henri Coudreau, em passagem pelas aldeias apiacás, no Tapajós, em 1896, percebeu um curioso contraste cultural na questão da nudez, não de todo incomum. O fato fora gerado pelo contato entre povos de hábitos diferentes:

> Os homens andam tão completamente vestidos quanto os civilizados do interior, e as mulheres inteiramente despidas, sem a mais simples peça de vestuário ou ornamento. Essas mulheres e moças em trajes de Eva parecem de fato tão decentes quanto qualquer jovem herdeira exibindo suas graças em um salão. Essas mesmas mulheres e moças quando têm de ir à casa do patrão, põem uma roupinha qualquer, que se apressam em tirar tão logo retornam, de vez

que tais "enfeites" constituem, no seu modo de pensar, uma "coisa incômoda". Em contrapartida, o homem não se desfaz jamais das três peças de vestuário que consagram como civilizado o índio selvagem: calça, camisa e chapéu. O homem vestido, a mulher nua; a poligamia generalizada, mas cuidadosamente dissimulada, e, acima de tudo isso, bons costumes, uma relativa integridade, espírito de labor, de iniciativa e de progresso[96].

Parece que as noções de pudor e vergonha começaram a se entranhar entre os indígenas. Coudreau narra um encontro inesperado dele e seus ajudantes com as índias. Não imaginando encontrar pessoas pelo caminho de descida de um rio, cerca de oito ou dez índias não tinham trazido consigo roupa alguma. Vendo os homens irem ao seu encontro, "remam com mais disposição e, trocando algumas palavras conosco, deslizam, rápidas, sobre as águas que descem". Ao visitar uma aldeia, Coudreau conta: "Cinco minutos depois de nossa chegada e já não havia sequer uma mulher em 'trajes' nacionais! Cobriram-se todas com vestidos indígenas amarfanhados, que não lhes caem bem". Mas o viajante francês concluiu que isso "já denota progresso".

O chamado progresso civilizatório foi enaltecido pelo padre Manuel Aires de Casal (1754-1821) em seu *Corografia brasílica*: "E apesar de tudo, não obstante andarem totalmente nuas, evitam cuidadosamente as posições indecentes, a tal ponto que ninguém pode notar os períodos que são peculiares de seu sexo"[97].

Segundo constatação do antropólogo alemão Karl von Steinen (1855-1929), o impacto inicial provocado pela nudez em contraste com a vestimenta acaba sendo dissipado em poucas horas de convívio. Em 1884, escrevendo sobre a tribo dos bakaris, em Mato Grosso, diz que essa nudez tão "maliciada" pelo estrangeiro e a falta de pudor tratada com naturalidade pelo nativo levam a perguntar se eles deveriam ser "condenados ou merecem a nossa compaixão". Diante da pele clara, olhos e cabelos de coloração diferente, além da espessa barba do antropólogo alemão, os índios esperavam que sob a roupa pudesse haver mais surpresas. Não foi o que ocorreu.

O contato mais íntimo entre diferentes culturas pode causar situações embaraçosas e algumas vezes até cômicas:

> Do ponto de vista estético esta falta de roupas tinha os seus inconvenientes; a juventude e o vigor manifestam-se, muitas vezes, com enlevo e graça pelo desembaraço dos movimentos, ao passo que a velhice e a doença, frequentemente, incutem horror pela sua decadência. Aquela boa gente estranhava tanto as nossas roupas quanto nós estranhávamos a sua nudez. Homens e

mulheres acompanhavam-me, quando eu ia tomar banho, e eu devia permitir que todas as minhas vestes fossem minuciosamente examinadas. Não podiam de forma alguma compreender como a sua curiosidade me era desagradável em virtude da educação que tive. Contemplavam extasiados a minha tatuagem polinésia [...] mas mostraram, para satisfação minha, uma indisfarçável desilusão pelo fato de eu não trazer ocultos milagres ainda maiores debaixo dum acondicionamento tão cuidadoso e estranho[98].

A ARRAIGADA POLIGAMIA

Os missionários, na sua política de aldeamentos, desconsideraram também os valores culturais dos nativos. Houve casos em que os índios se revoltavam contra a imposição da monogamia, costume totalmente alheio à sua vida social. Na missão de San Ignácio (hoje Missiones), por exemplo, o chefe guarani Miguel Atiguaye formou uma congregação com cerca de trezentos guerreiros, exigindo o fim do casamento monogâmico imposto pelos jesuítas. Para os líderes tribais, a poligamia era um elemento importante na sociedade guarani. As tentativas dos jesuítas no sentido de suprimi-la provocaram profundos ressentimentos e resistência. Diz o chefe guarani:

> Meus irmãos e filhos, chegou a hora de acabar com todos os males e calamidades que aqueles a quem chamamos padres nos trouxeram. Eles nos trancam numa casa e lá gritam conosco; dizem-nos o contrário do que nos disseram e ensinaram nossos ancestrais; estes tinham várias mulheres, e aqueles querem que nos contentemos apenas com uma. Vamos! É preciso mudar tudo isso![99]

Segundo Oiliam José, a poligamia, um dos hábitos mais arraigados entre os povos, era considerada normal entre os índios e persistia na maioria das tribos mineiras. Quando o civilizador francês Guido Thomas Marlière (1767-1836) foi nomeado diretor geral dos índios em Minas Gerais, pôde dar-se conta das realizações da catequese dos sacerdotes. Os índios coroados, dizia Marlière em 1826, "estão se cristianizando há 60 anos, e ainda achei a poligamia entre eles".

A única concessão feita pelos religiosos quanto à poligamia foi aceitar que a primeira mulher de um indígena fosse considerada a legítima e que tivesse certa ascendência sobre as outras. Mesmo assim, não se conseguiu impedir o chamado "desregramento moral". Diante disso, ainda de acordo com Oiliam José, o homem não escapava das consequências e dissabores da posse de várias mulheres, como: "cansaço físico, indolência, explosões de ciúme, agressividade anormal, hábito de furtar para satisfazer o sustento de diversas concubinas".

Os missionários que trabalhavam com essas tribos não se conformavam com seus vícios e algumas vezes conseguiam, após enormes e cansativos esforços, modificar parcialmente costumes arraigados. Todavia, o "pecado" da poligamia persistiu até o aniquilamento das próprias tribos, evidenciando-se que esse foi de fato um dos comportamentos mais entranhados entre os homens, porque atendia à mais sedutora das paixões, a do sexo.

Pais e filhos, irmãos e irmãs, dominados por natural pudor, respeitavam-se, não se acasalando. Mas o desejo carnal apressava as manifestações de vida sexual dos jovens, impondo aos pais da maioria das tribos, para o bom funcionamento da comunidade indígena, o dever de buscar a união conjugal dos filhos, tão logo eles estivessem aptos para gerar um ser vivo com alguma robustez. Para os catequizadores, porém, a situação sexual interna aos grupos era objeto de reprovação, o que se agravou com o contato de pessoas externas à tribo:

> Com a chegada dos brancos e negros ao meio das tribos, as mulheres indígenas modificavam sensivelmente seu comportamento sexual, preferindo os contatos com os homens que vinham de outras paragens. Era não só meio de satisfazerem elas a natural curiosidade de conhecer e conviver com estranhos, como também processo de hostilizar os maridos, de adquirir posição social melhor, o que poderiam conseguir tornando-se amantes ou esposas de brancos, e de conquistar maior dose de prazer. Resultava essa do fato de os negros serem geralmente mais corpulentos que os homens indígenas e, assim, possuírem os órgãos do coito mais desenvolvidos ou volumosos, determinando, em consequência, reações maiores no elemento feminino indígena. De sua parte, os homens brancos e pretos tinham interesse em satisfazer seus instintos com a utilização das filhas dos selvagens: os brancos, porque essas mulheres não lhes criavam maiores responsabilidades materiais, pois eram, quase sempre, apenas episódios fugazes em sua existência; e os pretos, porque gozariam da vaidade de, embora escravos, poderem considerar-se queridos por mulheres claras![100]

Nessa mesma linha escreveu o francês Auguste de Saint-Hilaire, em passagem pelo Rio Grande do Sul: "as índias dizem que se entregam aos homens de sua raça por dever, aos brancos por interesse e aos negros por prazer".

Para se vingar de suas mulheres acusadas de infidelidade, os botocudos tinham o hábito de lhes fazer um corte profundo nas nádegas. Sobre esses índios que habitavam a região mineira do vale do rio Mucuri, assim escreveu, em 1858, o político e empresário Teófilo Otoni (1807-1869):

> O adultério é punido pelo marido retalhando as nádegas das mulheres, e no entanto o adúltero não é inquietado. Há meretrizes entre as tribos, mas são olhadas com desprezo[101].

Na interpretação de Oiliam José, os botocudos acreditavam que as cicatrizes resultantes desse castigo "expunham a mulher a permanente ridículo e as faziam desprezadas pelos homens da tribo". Entretanto, caso a infidelidade ocorresse devido ao assédio dos brancos,

> [...] o castigo focalizado deixava, quase sempre, de ser imposto, porque o marido via na atração do estranho por sua mulher uma confirmação de que ele, botocudo, escolhera bem a esposa e que sua beleza era tal que a desejavam até os estrangeiros! Daí a surpresa com que o desbravador via comumente o botocudo oferecer-lhe para relações íntimas uma de suas mulheres[102].

Algumas vezes, diante da resistência feminina, era o marido quem chegava a usar a força para que a mulher estabelecesse o intercurso sexual com o forasteiro.

Quanto à jovem núbil, geralmente ela caía sob o poder de quem a pudesse manter sob sua autoridade. Os botocudos permitiam que o homem mantivesse quantas mulheres quisesse, desde que pudesse sustentá-las e dominá-las. O tradicional predomínio masculino nas escolhas conjugais era questão de *status* na tribo.

Em 1819, o antropólogo alemão Carl von Martius (1794-1868) conta que em algumas tribos da Amazônia o ciúme dos homens fazia com que muitos deles, sob a menor suspeita, acreditassem ter o direito de punir a mulher com severos castigos ou até mesmo executá-la sem levar em conta o pedido de clemência de um chefe ou da comunidade:

> Dá-se isso principalmente entre as tribos ferozes dos muras, puris, coroados, pataxós, aimorés etc. As mulheres destes últimos dizem ter permissão, na ausência dos maridos, de unir-se a outros homens que tenham feito uma grande caçada. Sendo, porém, apanhadas em flagrante, pagam isso com pancadas ou feridas que se lhes praticam nos braços e nas pernas. Vimos uma índia da tribo dos botocudos que, por adultério, tinha sido amarrada a uma árvore por seu marido que a feria a flechadas[103].

A relação sexual entre os casais, seja para fins reprodutivos, seja para a busca do prazer, ocorria sem a preocupação de se distanciar dos olhares da comunidade adulta, principalmente entre os botocudos, que reuniam sob o mesmo teto diversas famílias sem nenhuma preocupação de privacidade, até porque o fogo incessantemente aceso afastava a escuridão noturna. "Para não excitar, contudo, as crianças e os jovens, os casais que se uniam aguardavam, para o ato próprio, que esses menores mergulhassem no sono", diz Oiliam José.

Já a atitude nambiquara, tribo de Mato Grosso, com relação às questões amorosas pode se resumir em sua fórmula "fazer amor é bom". O antropólogo franco-belga Claude Lévi-Strauss (1908-2009) já observara o clima erótico que se entranhava na vida cotidiana daquele povo. Os temas amorosos despertavam no mais alto grau o interesse e a curiosidades indígenas e eles se mostravam ardentemente interessados por conversas sobre esses assuntos. Os comentários trocados na aldeia estavam repletos de alusões e subentendidos. Como em outras tribos, o coito geralmente ocorria à noite, às vezes perto das fogueiras da cabana, e na maioria dos casos o casal se afastava uma centena de metros para o entorno da selva.

> Essa saída é notada de imediato, e deixa a plateia exultante; fazem comentários, soltam gracejos, e até as crianças pequenas compartilham de uma excitação cuja causa conhecem muito bem. Às vezes, um grupinho de homens, de moças e de crianças lançam-se à cata do casal e espiam pelos galhos os pormenores da ação, cochichando entre si e abafando as risadas. Os protagonistas não apreciam nem um pouco essa manobra [...][104]

Não havendo como contornar a situação, o casal preferia, no entanto, tolerar as brincadeiras e as zombarias que ocorriam em sua volta ao acampamento.

GRAVIDEZ E PARTOS

Os homens botocudos dedicavam pouca estima às suas companheiras. Eles podiam manter-se nessa cômoda posição porque, ao contrário do que acontecia com os guaicurus, do sul de Mato Grosso, as tribos mineiras tinham maior quantidade de mulheres.

Havia tribos em que os homens, exprimindo seu distanciamento com qualquer espécie de compromisso religioso, moral, social ou afetivo, abandonavam as mulheres logo que as percebiam grávidas.

Quanto às condições da mulher quando do momento do parto, diferentemente de ser considerado um problema,

[...] era aceito com naturalidade e ocorria de modo comum no meio da floresta e sobre folhagem estendida no chão. Não havia sequer mulheres parteiras, cabendo à própria parturiente a delicada missão de seccionar o cordão umbilical do recém-nascido e solucionar os problemas advindos das complicações patológicas então surgidas. Fatais eram os casos em que a mãe não podia, pela estreiteza da bacia ou outra razão patológica, expulsar a criança[105].

Logo após o nascimento, as parturientes iam se banhar na água fria, sem necessitar de qualquer cuidado.

Entre os botocudos, além do desamparo em que se deixavam as mulheres, elas eram obrigadas a renunciar a qualquer cuidado pós-parto e a retornar ao trabalho normal logo em seguida, enquanto os maridos permaneciam em resguardo por elas. Era a *couvade*, "uma demonstração masculina do direito à paternidade da criança, portanto mais um depoimento da vaidade com que o gentio masculino gostava de proclamar sua virilidade".

Segundo Hemming, os guaicurus eram muito peculiares em seus costumes. As mulheres, por exemplo, se recusavam a ter filhos antes da aproximação da menopausa. Sentindo-se incumbidas de agradar aos maridos, matavam imediatamente o feto com tantas violentas pauladas quantas fossem as gravidezes. Hemming afirma ainda que a prática do aborto "desconcertou e enfureceu todos os missionários e administradores" que tiveram contato com os guaicurus.

Houve diversas interpretações para tal atitude. Uma delas era a de que a gravidez impedia a mulher de agradar ao marido com devotado zelo. Elas temiam ser abandonadas por seus homens se tivessem filhos. Para um frade, a ausência de filhos dava à mulher maior liberdade para se divorciar. Também se dizia que a vida nômade fazia com que as crianças fossem um estorvo, o que obrigava as mães a exterminarem até mesmo aquelas que amavam. Em pouco tempo, os sucessivos abortos levavam essas índias a aparentar mais idade do que tinham e elas se tornavam estéreis precocemente, a partir dos 30 anos, que era quando se dispunham a conceber, o que poucas vezes conseguiam.

Em viagem pela região, em 1800, o oficial espanhol Félix de Azara censurou os homens guaicurus por tolerarem a prática do infanticídio. Eles apenas sorriram e disseram que aquilo era assunto de mulher. Diz o oficial:

Então fui até as mulheres e reprovei-as tão energicamente quanto possível. Após minha arenga, a que prestaram escassa atenção, uma delas disse-me: "Quando damos à luz, no final de uma gravidez, isso nos mutila, nos deforma, nos envelhece – e vocês, homens, não nos querem nesse estado. Além disso, para nós não existe nada mais tedioso do que criar filhos e levá-los em nossas várias viagens, quando frequentemente nos falta comida. É o que nos decide a providenciar um aborto assim que nos sentimos grávidas, pois então nosso feto é pequeno e sai mais facilmente"[106].

O resultado dessa prática foi a existência de poucas crianças nas aldeias dos guaicurus, o que provocou despovoamento. Os guaicurus se reduziram a um pequeno grupo denominado caduveu ou cadiuéu. Tendo poucos filhos, esses índios precisavam roubar crianças já crescidas de outras tribos, além de mulheres. Isso se tornou um dos principais motivos de seus ataques. A crueldade com que davam fim a sua própria prole por meio do aborto contrastava com a enorme ternura e amor com que tratavam as crianças que roubavam ou compravam das tribos vizinhas.

Quanto às normas comportamentais dos guaicurus, as mulheres "são muito cuidadosas em preservar sua castidade e honra, até que alguém de igual posição as solicite como esposas". Eventualmente, perdiam a virgindade de maneira não condizente com o esperado, ou em algumas bebedeiras ou festas. O fim das bebedeiras terminava sempre com cada um buscando um companheiro, sem que o homem se lembrasse da mulher, nem ela do marido.

Em suas jornadas, entre 1783 e 1792, o naturalista português Alexandre Rodrigues Ferreira (1756-1815) observou que os homens guaicurus mantinham relações sexuais com as mulheres por trás, à maneira dos animais:

> Ajuntam-se em matrimônio como os animais, voltando a mulher as costas ao seu marido. Todos são polígamos; se bem que comumente cada homem não tem mais de três até quatro mulheres[107].

Embora os casais convivessem com grande afeto, se a união fracassasse, o divórcio era fácil para ambos. Quando uma ou outra esposa tinha um filho, ela cuidava da criança durante cinco ou seis anos, período no qual mulher e marido podiam dormir com diferentes parceiros. Ela, porém, trazia uma cicatriz no corpo, sinal de ser esposa de determinado homem.

Ainda sobre parto, em seu já citado *Diário da navegação dos rios Tietê, Grande Paraná e Guatemi*, de 1769, Teotônio José Juzarte menciona uma índia que, durante o translado, se achava grávida e, chegado o momento, assim deu à luz:

> Achava-se entre outros índios, que acompanhavam esta expedição, um índio de nação bororo casado com uma índia da mesma nação, e porque se achasse

pejada e lhe apertassem as dores do parto, retirando-se um pouco do tumulto da gente, e ao pé de um matinho que tem uma prainha aí pariu, e depois do parto ela nua pegou na criança sem mais ajuda de outra pessoa entrou pelo rio dentro dando-lhe a água por cima dos peitos, aí se lavou ela, e à criança, e saiu para fora e no dia sucessivo andava sem moléstia alguma [...][108]

As condições de sobrevivência na mata eram precárias, principalmente para as mulheres grávidas. Na viagem, o Sargento-Mor menciona surto de diarreia, ataques de mosquitos e mutucas. Por fim, com chuvas torrenciais, a única luz na escuridão eram os clarões dos relâmpagos.

Gilberto Freyre aponta que, em condições tão precárias vividas em quase toda a parte do Brasil, a morte de crianças passou a ser recebida quase com alegria ou, pelo menos, sem tanto horror, pois o enterro de criancinha, ou de anjo, como geralmente se dizia, contrastava com a profunda tristeza dos enterros de adultos.

Nos tempos da catequese, os jesuítas, talvez para atenuar entre os índios o mau efeito do aumento da mortalidade infantil que se seguiu ao contato ou intercurso em condições disgênicas, entre as duas raças, tudo fizeram para enfeitar ou embelezar a morte da criança. Não era nenhum pecador que morria, mas um anjo inocente que Nosso Senhor chamava para junto de si[109].

A verdade é que, até mesmo para a família de melhor padrão de vida, perder um filho pequeno não produzia a mesma dor profunda que para uma família de hoje. "Viria outro. O anjo ia para o céu", constatou Freyre. Da mesma forma concluiu o jesuíta Antônio Ruiz de Montoya: "A vida das crianças não era duradoura, morriam muito facilmente; algumas morrem até no ventre de suas mães, outras apenas eram nascidas, sem serem batizadas".

A própria concepção da paternidade era bastante diversa do que se poderia considerar, hoje, um padrão respeitável. A propósito, o médico alemão naturalizado russo Georg Langsdorff, em expedição pelo distrito diamantino, no Mato Grosso, em 1828, registrou seu espanto com a atitude dos homens que tinham filhos indiscriminadamente, fosse com índias, negras, mulatas ou brancas e, muitas vezes, os abandonavam. Um deles, que havia tido 28 filhos em dois casamentos, perdera 18 deles, e essas mortes não pareciam tê-lo comovido. Em seu diário de viagem, Langsdorff também lamenta a falta de reconhecimento de um rico morador da região pelo fato de o médico ter salvado a vida de um de seus filhos: "Também teria sido bom se ele tivesse morrido; crianças só dão trabalho, e eu já tenho filhos suficientes".

PROSTITUIÇÃO, ABUSOS E AGUARDENTE

No mundo dos botocudos, registravam-se casos assemelhados ao da prostituição. "A decaída passava então a ser o objeto de prazer de qualquer componente da tribo, sendo, porém, desprezada ou repelida pelas esposas e jovens", destaca o historiador Oiliam José.

Na verdade, não se tratava de prostituição como a definimos atualmente, pois "o nivelamento econômico das tribos afastava o fator pobreza"; já o "fator vaidade" de ser cobiçada, além de ter seus desejos atendidos por vários homens, incitava algumas jovens a se entregarem ao coito. Além disso, dizia-se que certas mulheres indígenas eram bastante voluptuosas sexualmente. Talvez seja essa a resposta para tal fato.

Um episódio envolvendo abusos de indígenas praticados pelos homens que percorriam o país afora pode ser encontrado nos *Apontamentos de viagem*, de Joaquim de Almeida Leite Moraes (1835-1895). Ao realizar viagem de ida e volta de São Paulo a Goiás, ora em lombo de cavalo, ora a bordo de um vapor, Leite Moraes registrou um episódio ocorrido durante seu contato com os índios carajás.

Em 29 de dezembro de 1881, estavam próximos da grande aldeia carajá de mais de dois mil índios. Uma das unidades era comandada pelo chefe de nome Roco, um índio já velho, de feições bárbaras e ferozes. Ele se levantou e, batendo no peito, saudou: "Eu, o capitão Roco, amigo bom de *taury*". Segundo Leite Moraes, a palavra *taury* designa o cristão, ou o homem civilizado.

Na aldeia, não se viu um só índio vestido, e eles pediam roupas como se delas desejassem fazer uso. Admiraram a barba e o bigode do viajante, e alguns mais ousados, julgando-os postiços, os puxavam, para se certificar de sua autenticidade.

Leite Moraes conta que, tempos antes, numa praia próxima, o capitão Rufino, soldados e tripulantes do bote, enquanto dormiam, foram todos mortos pelos índios daquela tribo. Quanto à mulher do capitão, fizeram-na prisioneira em poder do chefe Roco, e ela resistiu "sempre e heroicamente aos seus instintos brutais". Essa mulher foi vista nua na tribo e por fim o chefe indígena a matou.

Num diálogo áspero com o líder tribal, fica evidente que os brancos costumavam abusar sexualmente das índias. Leite Moraes, sentado ao lado do líder da tribo, ao perguntar sobre o paradeiro da mulher do capitão Rufino, obteve de Roco a resposta de que ela estava morta:

> Repliquei-lhe então: – Você a matou! – Estremeceu e disse-me: – *Taury* também mata nossas mulheres e nossas filhas.

A família *carajá* observa rigorosamente as leis do pudor; um ataque ao pudor é um atentado provocador de atroz vingança. Entretanto o *carajá* oferece as suas prisioneiras aos seus hóspedes, e julga proceder bem. Nesta aldeia havia algumas *carajás* como prisioneiras, e o capitão Roco as oferecia aos tripulantes... Fiz-lhe sentir a enormidade de sua ação e a baixeza de seus sentimentos. Não sei se se envergonhou com a pronta reprovação[110].

Outra forma de se apossar de indígenas para o abuso sexual era por meio da troca dessas mulheres por aguardente. Para obter a desejadíssima bebida, os homens tudo faziam e a tudo se submetiam, inclusive trocar raízes medicinais muito procuradas ou ceder mulheres e filhas. Nas bacias dos rios Pomba e Muriaé, em Minas Gerais, a oferta de uma erva de nome ipeca (*Psychotria ipecacuanha*) tornou-se até a moeda do ruinoso comércio para o nativo. O padre Manoel de Jesus Maria, catequizador das tribos dos croatas, cropós e puris, e o diretor-geral desses índios, Guido Marlière, como testemunhas presenciais, assim caracterizaram os abusos praticados em dois mercados e fronteiras tidos como

> Sodomas que vivem de rapinar os índios. Para satisfazer aos requisitos da religião, [os selvagens] aparecem bem vestidos nos dias de festa e vão embora nus, espoliados pelos donos de botequins. Sempre há nas tabernas um homem para atirá-los à rua quando estão bêbados, e lá eles morrem de apoplexia ou esmagados por cavalos e carroças. [A cachaça é] a praga das aldeias, um modo infalível de incitar os índios a toda sorte de excessos. Há exemplos gritantes dos efeitos mortais dessa droga perniciosa. Para obtê-la, os índios entregam suas mulheres e filhos a contratadores abjetos. [...] A bebida mata-os mais que a peste. O principal ofício dos taberneiros é arrancar-lhes tudo quando estão bêbados, depois de tomar-lhes até a última moeda que ganharam com seu trabalho, e deixá-los sem roupa na rua[111].

O governador do Grão-Pará e Maranhão, Mendonça Furtado (1700-1779), irmão do marquês de Pombal (1699-1782), homem devoto e moralista, ficou chocado com a frouxidão moral dos colonos e também do clero. Numa missão, ele viu meninas lavando-se nuas, em plena vista dos padres e de outros passantes pelo local, "em escandalosa indecência".

Documentos oficiais e relatos de viajantes contêm inúmeras acusações aos administradores do governo que tomaram o lugar dos padres expulsos por determinação de Pombal:

Em sua maioria, eram pessoas brutais, que exploravam incessantemente seus tutelados, homens e mulheres, castigando-os de forma impiedosa, caso estes não conseguissem produzir o suficiente. Alguns eram bêbados brigões, outros déspotas licenciosos que mantinham haréns de mulheres nativas. Um diretor violentou uma garota enquanto o bispo João de São José estava hospedado em sua aldeia[112].

O bispo João relatou o caso de uma indiazinha que saiu da morada do violador "coberta de lágrimas e sangue, chorando e se queixando de ferimentos que sua dor e inocência deixavam evidentes". O fato aconteceu por volta de 1762-1763. O bispo prometeu denunciar à justiça o "lobo" entre as suas "ovelhas"; não há, porém, registro de punição alguma.

Na região amazônica havia incontáveis tribos indígenas antes da chegada dos estrangeiros. Em parte foram exploradas pelos missionários que, além de auferirem renda do trabalho indígena, implicavam com os seus costumes tidos como bárbaros. No entanto, os comerciantes exploradores tinham interesse em desacreditar o trabalho dos missionários, embora muitos religiosos tivessem sua bagagem de culpa.

Cientistas e viajantes descreveram a espontaneidade e a total falta de pudor com que os índios se referiam à atividade sexual. Dez anos depois de sua expedição, iniciada em 1884, o antropólogo Karl von Steinen escreveu que os nativos brincam com as partes íntimas do corpo "em palavras e gestos com tanta franqueza que seria idiota considerar indecência".

Em outro momento, o antropólogo conta que três índias suiás e seus homens chegaram ao acampamento da expedição manifestando, segundo ele, toda sua indecência por irem além das palavras e gestos:

> As mulheres vieram na simplicidade do paraíso e não menos inocentes. Elas queriam ter relações íntimas conosco – algo que não estava de acordo com nossa rigorosa disciplina! Seus companheiros demonstraram esse desejo em língua de sinais que poderiam ser facilmente compreendidos por todos os povos, de todas as épocas[113].

Mas abuso maior vinha dos colonizadores. Um imenso volume de informações chegava à Corte denunciando-os. Famílias portuguesas usavam as índias para serviços domésticos e como amas de leite, mantendo-as à força em suas casas, onde sofriam todo tipo de excesso. Em carta de 16 de novembro de 1753, assim escreveu o missionário Lourenço Kaulen, sobre as índias:

Abusa-se delas para vícios em que nunca teriam pensado se tivessem ficado nos seus sertões e que os índios selvagens têm meios para, nas suas florestas, conservarem puros os lírios da virgindade, e não os podem conservar nos jardins destas comunidades cristãs[114].

Para se ter ideia do descaso com que os índios eram tratados, Hemming retoma o episódio observado pelo naturalista britânico Alfred Russel Wallace (1823-1913). Ao passar pela região amazônica, em 1851, soube, com espanto, que o chefe de polícia de Manaus e outro cidadão proeminente daquela mesma cidade haviam cada qual encomendado a um mercador uma indiazinha para serviços domésticos em suas residências:

O mercador tentou convencer Wallace de que, se não houvesse capturado as duas indiazinhas, elas provavelmente seriam mortas em guerras intertribais; uma vez instaladas nas casas de cidadãos amazonenses, acabariam de certa maneira por civilizar-se e, "embora maltratadas de vez em quando", seriam legalmente livres, pois de há muito a escravidão indígena fora abolida. Elas "podiam deixar seus patrões quando quisessem, o que, no entanto, raramente acontecia quando eram apanhadas muito novas"[115].

Em 1853, o naturalista britânico Richard Spruce (1817-1893) constatou a presença de duas bonitas jovens índias macus "aprisionadas numa expedição de pilhagem", provavelmente para serem adestradas para o trabalho doméstico na cidade.

As mulheres gestantes eram empregadas como amas de leite, e não escapavam dos abusos cometidos nos lares dos colonos em pequenos povoados:

Tais mulheres eram muitas vezes mantidas durante anos a fio nas residências dos moradores, e quando, finalmente, consentiam que voltassem para junto de seus maridos, traziam consigo, quase sempre, filhos tidos dos homens da casa onde haviam estado empregadas[116].

Guido Marlière, Johann Baptist von Spix e Carl von Martius, bem como médicos e naturalistas, mencionam a presença da sífilis entre os nativos. Os dois últimos, ao passarem por Goiás, deixaram registrado que, "como clínicos, espantávamo-nos particularmente com a incrível disseminação da sífilis com suas consequências fatais para a saúde e a moral dos habitantes". Também achavam incomum o fato de a moléstia ser comentada publicamente com a maior franqueza.

Traçamos aqui aspectos da trajetória do indígena, principalmente nos séculos XVIII e XIX, nas regiões Sudeste, Centro-Oeste e Norte amazônica. A penetração portuguesa prosseguirá menos no sentido de povoar e mais no de aprisionar e subjugar o nativo ao trabalho semiescravo. Na Amazônia, a intensa extração da borracha, a partir da segunda metade do século XIX, levará à ocupação de vasto território indígena.

É nesse momento que, no Sudoeste do país, eclode a Guerra do Paraguai (1864-1870), quando os índios também tiveram seu território invadido. Os terenas e cadiuéus colaboraram com as tropas brasileiras como informantes, além de ajudarem a repelir a invasão paraguaia no Mato Grosso. Como reconhecimento, houve promessa formal do imperador Pedro II de demarcar suas terras. Isso, porém, não ocorreu.

A seguir, analisaremos esse acontecimento histórico. Na barbárie da Guerra do Paraguai, escolhemos a questão sexual feminina como principal eixo de nossa abordagem. Faremos essa breve pausa sobre a trajetória indígena, pois o tema da borracha, mais extenso, será retomado posteriormente e sua exploração se estenderá até as primeiras décadas do século XX. Vejamos como as mulheres foram tratadas durante o desenrolar da Guerra do Paraguai.

VIVANDEIRAS NA GUERRA DO PARAGUAI

Ao longo de quase todas as guerras, considerou-se normal que o vencedor violentasse as mulheres. O estupro como arma de guerra contra as mulheres consolida-se como um padrão e se repete em muitos conflitos bélicos. Na Guerra do Paraguai (1864-1870) não foi diferente. Abusar sexualmente de uma mulher era também um meio de humilhar, aterrorizar e rebaixar o país inimigo, uma vez que a imagem das mulheres está associada à honra de sua nação.

Na Guerra do Paraguai, a luta se estendeu por cinco anos. Foi o conflito externo de maior repercussão para os países envolvidos (Brasil, Argentina e Uruguai), quer quanto à mobilização e à perda humana, quer quanto aos aspectos políticos e financeiros.

Nessa guerra, não houve "bandidos" ou "mocinhos", mas sim interesses. Para Francisco Solano López (1827-1870), a guerra constituía uma oportunidade de transformar o Paraguai em potência regional com acesso ao mar pelo porto de Montevidéu. O Brasil, envolvido por uma invasão inesperada, foi surpreendido com seu Exército despreparado.

Mato Grosso, uma província isolada e indefesa do Brasil, tornou-se alvo fácil para a invasão paraguaia. Em janeiro de 1865, a força paraguaia desembarcou a cerca de doze quilômetros de Corumbá. Na época, a vila contava com pouco mais de mil habitantes, cerca de oitenta casas, 149 ranchos cobertos de palha, capela, quartel, depósito do Exército e da Marinha e uma igreja em construção.

Em Corumbá, os habitantes que estavam no caminho da coluna agressora fugiram para o mato, mas foram caçados pelos soldados paraguaios e obrigados a retornar à vila, onde encontraram suas casas e fazendas completamente saqueadas. As infelizes mulheres, quando descobertas ou quando, sem conseguir resistir à fome nos matos, voltaram para a vila, sofreram violências sexuais; o próprio coronel paraguaio Vicente Barrios ficou com uma moça, após lançar fora do seu barco o pai, sob ameaça de fuzilamento, caso resistisse. Os maiores excessos foram cometidos sem o menor pudor e escrúpulo pelos próprios oficiais, desde o chefe até o último alferes. Houve matança de idosos e crianças e as mulheres encontradas nas cidades invadidas foram sequestradas e se tornaram escravas das famílias ricas de Assunção.

A decretação da guerra contra o Paraguai inicialmente despertou o entusiasmo da população brasileira, desejosa de derrotar um ataque considerado traiçoeiro e injustificável. A indignação com a invasão paraguaia ao Mato Grosso fez com que, no início de 1865, houvesse um grande número de voluntários dispostos a ir para a guerra. No Piauí, a adolescente Jovita Alves Feitosa (1848-1867) chegou a se alistar, disfarçada de homem. Descoberta, acabou aceita, sendo encaminhada para um hospital militar. No entanto, com a longa duração da guerra e as condições penosas em que o exército aliado lutava, o número de voluntários diminuiu. Com isso, as autoridades do interior do Brasil agarravam homens à força para enviá-los ao Paraguai.

Em 1865, a maior parte dos soldados brasileiros que foi para o campo de batalha vinha das províncias do Norte e do Nordeste do país. Esses recrutas sofreram com a mudança brusca de temperatura. Sem roupas adequadas, quase todos os quatrocentos soldados de um batalhão chegado do Pará morreram de frio.

O ministro da Guerra, João José de Oliveira Junqueira, afirmou que muitos jovens, para não serem enviados para o campo de batalha, se casaram com mulheres com o dobro de sua idade, pois homens solteiros e que não fossem arrimo de família eram os primeiros a ser convocados. A minúscula vila de São José do

Rio Preto, no interior de São Paulo, por exemplo, foi abandonada por todos os habitantes, que fugiram para o mato a fim de evitar o recrutamento. Para livrar seus filhos da guerra, muitas famílias abastadas cediam em troca seus escravos, com a condição de lhes oferecer alforria.

Em passagem pela Amazônia, o cientista Luís Agassiz constatou que, numa aldeia perto de Manaus, os homens eram recrutados de forma ilegal: "Se os infelizes resistiam, levavam-nos à força, muitas vezes com algemas e pesados ferros nos pés". Diante de uma guerra iminente, é comum a dificuldade de qualquer nação para recrutar soldados combatentes. As deserções também ocorriam no campo de batalha: "Deus é grande, mas o mato é ainda maior", esse era o ditado muito em voga. Mesmo assim, seria difícil enumerar os que foram obrigados a lutar.

> A participação de negros, pardos, mulatos e caboclos, embora impossível de calcular, era naturalmente muito maior, fato que deu origem à campanha racista dos paraguaios contra os "macacos brasileiros". Os poucos escravos que foram à guerra o fizeram por terem enganado os oficiais de recrutamento apresentando-se como libertos ou livres. Foram esses que alguns proprietários tentaram reaver após a guerra[117].

DEFINIÇÃO DE VIVANDEIRAS

Quando se imaginam os cenários da Guerra do Paraguai, inevitavelmente se pensa num palco exclusivo de homens. No entanto, apesar de esquecida, a presença feminina nessa guerra foi estimulada e aceita tanto pelos países aliados quanto pelos paraguaios. Além de as mulheres marcharem ao lado dos combatentes, ajudavam na confecção de uniformes e nas plantações. Ressaltava-se também sua participação como corajosas guerreiras.

A enciclopédia Larousse define o termo vivandeira como "pessoa que negocia víveres nas feiras, nos arraiais ou acampamentos militares". No contexto da guerra, usava-se o termo especialmente para designar mulheres que acompanhavam as tropas em marcha.

Como na maior parte dos grandes conflitos, as mulheres, vítimas da guerra, não foram objeto de estudos que possibilitariam retirá-las de sua invisibilidade. Embora na Guerra do Paraguai o envolvimento feminino fosse numericamente considerável, sem dúvida dos mais elevados em conflitos bélicos na América Latina, a historiografia tradicional mantém certo silêncio sobre a participação delas no conflito. Apenas se propaga a imagem das prostitutas que acompanhavam as tropas, presentes na memória social e na da corporação militar.

As vivandeiras, porém, integravam os pelotões atuando de diversas maneiras: como enfermeiras, cozinheiras, guerreiras, esposas, espiãs, amantes, prostitutas, mascotes, foragidas. Mulheres cujas imagens se dividem entre o silêncio, a heroicização, a valorização e a desclassificação, diz a historiadora Maria Meire de Carvalho em *Vivendo a verdadeira vida: vivandeiras, mulheres em outras frentes de combate*.

Dependendo do ponto de vista de quem relata, o termo "vivandeira" é empregado ora de modo indistinto, como "mulheres que acompanhavam as tropas", ora com o sentido positivo, isto é, mulheres corajosas, aguerridas, companheiras de batalha, anônimas, ora negativamente, como desordeiras, desviantes, objeto do estigma de prostitutas.

Nem todos, porém, empregam o termo "vivandeira" para aludir à presença feminina na Guerra do Paraguai. Os memorialistas diferenciam as mulheres em três grupos: vivandeiras, chinas e damas respeitáveis. Para muitos, as vivandeiras quase sempre eram consideradas prostitutas, no sentido pleno do termo. Já as "chinas" eram definidas algumas vezes como prostitutas ou mulheres pobres, índias e mestiças, casadas ou não, que acompanhavam as tropas. Acima de ambas, estavam as "damas respeitáveis" de oficiais de alta patente ou as ditas "viúvas honradas", como a enfermeira Ana Néri.

Em seu artigo "O corpo feminino no imaginário da Guerra do Paraguai"[118], que analisa os integrantes da expedição do Mato Grosso, a pesquisadora Alai Garcia Diniz afirma que o olhar de um oficial obedecia à ordem hierárquico-militar: após os batalhões, vinham as bagagens, gente do comércio e, lá no fim, as numerosas "mulheres dos soldados". O corpo feminino é isolado, separado após os objetos, mercadorias e maletas. Não é estranho que, no vocabulário corrente da região do Mato Grosso, chamassem "mala" à mulher. "Estranha guerra esta, Senhor, em que mulheres, vacas e bois marcham salientes, lado a lado, no mesmo grau de serventia e importância para os homens", disse um observador.

Um primeiro relato de Afonso de Taunay, no início da guerra, revela que as mulheres, consideradas parte da "bagagem do soldado", ao final subiram de posto, pois apareciam como "comodidade" do oficialato. E algumas delas tinham direito a certas "regalias". Ganhavam também algum *status*, muito embora fossem vistas como estorvo para uma concepção estratégica do ato bélico.

Apesar da negativa do governo, havia mulheres lutando no exército paraguaio, fato constatado por Taunay. No início da guerra, as camponesas paraguaias vinculavam-se às divisões do exército como "mulheres de acampamentos". Tratava-se de esposas, concubinas, companheiras, prostitutas ou irmãs de soldados. O jornalista Leandro Fortes[119] cita a idosa Ana Júlia, ao comentar que, quando os soldados saíam para as batalhas, muitas vezes as mulheres queriam ir junto:

"Preferiam isso a ficar se angustiando em casa, esperando a volta que não acontecia". Caso voltassem, "vinham retalhados, pior que a morte".

Presentes na literatura oral e ocultadas na documentação oficial como combatentes, as *residentas* figuram como familiares ou mães que acompanhavam seus parentes, por vezes filhos adolescentes, quando convocados para o serviço militar.

> No final da marcha apareciam as vivandeiras, infelizes mulheres que vieram para a guerra acompanhando seus maridos, amantes ou filhos. Com a morte ou separação desses, muitas não tiveram condições de retornar às terras de origem, continuando ao lado das tropas, arranjando trabalho e ocupações para conseguir o próprio sustento e de seus filhos menores, quando não se tornavam prostitutas[120].

Segundo o historiador Francisco Doratioto, em território brasileiro o número de mulheres às vezes chegava a ultrapassar o de soldados; só se reduziu durante a marcha rumo a Corrientes, devido às privações que elas tiveram que enfrentar. Do lado argentino, as mulheres ficaram também "ocultas na penumbra da história" e é impossível calcular o número daquelas que seguiram maridos e companheiros alistados no exército. Do campo de batalha, em 1866, o argentino Francisco Seeber escreveu com admiração sobre a presença feminina no exército aliado:

> Essas infelizes seguem nossos movimentos, se vestem pobremente, se alimentam com o que sobra, vivem sob os galhos, lavam e cozinham para os soldados e lhes dedicam os maiores cuidados quando ficam doentes ou caem feridos. Seus maridos ou amigos muitas vezes as tratam mal e elas morrerão no esquecimento. Ninguém se lembrará delas, exceto para menosprezá-las[121].

Era comum dizer que os gaúchos só iriam para a guerra se pudessem levar suas "chinas". Tratava-se de uma verdadeira tradição por aquelas paragens. No entanto, vários generais brasileiros condenavam o costume, pois consideravam inconveniente a presença feminina, alegando que as mulheres trariam muitos problemas à mobilidade das tropas, além de causarem confusões e brigas entre os soldados.

Para os historiadores Joseph Eskenazi e Maurício Eskenazi Pernidji, o general Osório tinha pleno conhecimento da situação: o exército brasileiro não marchava, não lutava, não avançava sem o mulherio atrás. Caxias tolerava as chinas, mulatas e brancas. Embora tidas como inúteis por alguns estrategistas, as mulheres eram indispensáveis, já que sem elas o embate seria muito mais penoso.

Causou surpresa desagradável ao conde D'Eu (1842-1922), por exemplo, encontrar quatro mulheres miseravelmente vestidas, acocoradas no canto mais escuro de um alojamento, e um soldado que parecia estar de guarda. Quando soube que eram mulheres de soldados, a atitude pareceu-lhe um grande abuso, muito prejudicial à mobilidade das tropas e à disciplina.

> Todavia os comandantes dos batalhões, longe de se queixarem dessa concessão, asseguram que essas mulheres prestam muitos serviços, que andam muito bem a pé, com os filhos às costas, e que, sobretudo, quando os maridos estão no hospital, só elas sabem desempenhar com dedicação o serviço de enfermeiro[122].

Nesse mesmo episódio, um soldado estava em convalescença, e de pé, à cabeceira, permanecia uma mulatinha que, com lágrimas nos olhos, suplicou ao conde que concedesse ao seu marido uma licença. "A mulher estava suja e esfarrapada e era feiíssima. Mas era muito comovente a sua expressão quando explicava que não tinha pai nem mãe, nem irmão, nem pessoa nenhuma neste mundo senão o seu marido e que seu filho tinha morrido." Estava grávida de oito meses, o que a impossibilitava de seguir o marido, quando estivesse restabelecido, durante a campanha. Segundo o general Cerqueira:

> Não era muito raro ouvir à noite depois do toque de silêncio um vagido de criança, que nascia. Na manhã seguinte, fazia sua primeira marcha amarrada às costas de alguma china caridosa ou da própria mãe, que, com a cabeça envolvida num lenço vermelho, cavalgava magro matungo, cuja sela era uma barraca dobrada, presa no lombo por uma guasca[123].

Sem direito a abrigo, comida, patente e cavalo, elas sofreram os rigores da batalha e de seus desatinos. Quase nada se sabe acerca dessas personagens que serviram de troféus aos inimigos, protegidas ou violentadas sexualmente pelos vitoriosos no combate.

PROSTITUIÇÃO NO COMÉRCIO DAS ILUSÕES

Desde o massacre de Curupaiti, em terras paraguaias, ocorrido em setembro de 1866, mais de vinte mil combatentes, a maioria brasileiros, viram-se lançados numa rotina de tédio e morte, aguardando instruções para novos combates. Um bando de mascates de todas as regiões da guerra veio mercadejar na tropa imóvel, trazendo consigo alimentos, roupas, bebidas, tabaco e prostitutas. Por quase um ano, até que Duque de Caxias assumisse de fato o comando do exército aliado, a vida daqueles soldados se resumiria a treinamentos esporádicos, à parca e regrada alimentação e a pausas para orações para não serem acometidos por doenças venéreas ou contaminados pelo vibrião colérico.

O acampamento civil no Passo da Pátria, na fronteira entre Brasil e Paraguai, era uma indescritível cidade frequentada pelos soldados durante a longa espera para a retomada do palco da guerra. O fluxo de ouro do Império para bancar a manutenção da guerra atraiu gente de todo tipo. Chegaram mascates de Buenos Aires, Montevidéu e interior. O Banco Mauá também abriu uma filial na região.

O comércio era um inacreditável amontoado de barracas ao lado dos exércitos aliados, onde se vendia todo tipo de objetos, bem como serviços de barbeiros, dentistas, banho, bares, bilhares, bordéis. Havia também um teatro, uma igreja, além de médicos, farmácias e casas de jogos. Prostitutas e seus respectivos cafetões percorriam tranquilamente as ruelas da cidade provisória nascida em meio às chamas do grande conflito bélico e que de suas entranhas se alimentavam.

Os soldados que vinham se incorporar às tropas faziam escala no comércio. Ali passavam seus derradeiros momentos de calmaria antes da imersão na dura realidade de um conflito que parecia não ter fim. E, como vinham com a vida posta em risco, entregavam-se febrilmente a ofertas e solicitações da pequena Sodoma, com romântico desdém por viver ou morrer.

O comércio em volta do acampamento de Tuiuti conviveu com o mulherio da tropa: vivandeiras, amásias, aventureiras profissionais, servas e escravas. Ao lado do acampamento das tropas aliadas havia tantas mulheres, boa parte prostitutas, que os mais maldosos diziam tratar-se do 6º exército aliado.

> Muitas moças, adolescentes, serviam aos oficiais, depois aos subalternos, e, quando precocemente envelhecidas, ofereciam-se à tropa. Envelhecidas, segundo Taunay, eram muito feias mas, dada a necessidade do sexo, a soldadesca não se preocupava com estéticas[124].

De acordo com Francisco Doratioto, o frei capuchinho Salvador Maria de Nápoles, que acompanhava o exército brasileiro, classificou as vivandeiras de "perdidas". E "não eram poucas". Na sua correspondência para o Rio de Janeiro, demonstrava que uma das lutas consistia em salvá-las. Frei Salvador tentava convencê-las a mudar de vida, voltando para a terra de origem, ou esforçava-se para que se casassem, ou, ainda, que ganhassem o pão cotidiano com o próprio esforço do trabalho. Para isso, o frei impedia-as de pisar nos hospitais ou de armar suas barracas nos arredores do acampamento. Segundo o religioso, os soldados transgrediam seus deveres, chegavam a roubar e matar por essas mulheres, e o frei acalentava "a esperança de conversão dessa gente miserável".

Segundo Leandro Fortes, em *Fragmentos da Grande Guerra*, outro religioso, o padre Józef Nalecz, também tentou dar um basta à fornicação tolerada que acontecia, quase toda noite, diante do exército imperial. "Há prostitutas ao largo do acampamento", disse o capelão ao general Fernão, certo, contudo, de que não notificava nenhuma novidade. "É possível", respondeu o general com cinismo. "Os homens precisam de diversão", disse despreocupado. O padre exasperou-se: "Os homens precisam de disciplina e de um objetivo que não seja o de trocar a expectativa da morte por uma noite de torpeza nos braços de vagabundas, general". Embora o sacerdote tenha se irritado com o desregramento moral, na verdade parte do oficialato participava desse comércio de sexo. Era assim que ocorria com

> [...] as hetairas de alto coturno, de origem platina ou europeia, acessíveis apenas aos argentários, aos elevados chefes de gola bordada, calça de galão e chapéu de penacho. [...] Osório determinou o regresso das mulheres de vida alegre, inclusive viúvas, que à sorrelfa saltaram no Passo da Pátria. Tal celeuma e charivari levantaram que ele mandou revogar a ordem, deixando o "pessoal" em liberdade ampla de ação[125].

Rodrigues da Silva, brasileiro, ratifica o que o argentino Francisco Seeber escreveu, ao lembrar que, no Passo da Pátria, havia mulheres "de vida alegre" que, no entanto, nos momentos mais perigosos da frente de batalha, socorriam feridos e permaneciam ao lado dos soldados até o final do combate. Uma dessas mulheres, Florbela, foi ignorada, esquecida, embora merecesse honrarias. "Todo o 2º Corpo de Exército, às ordens do conde de Porto Alegre, viu-a, admirou-a, invejou-a. A Pátria esqueceu-a." Como escreveu o general Azevedo Pimentel, Florbela "tinha a desventura de ser uma *transviada*, sem nome, nem família". Das mulheres brasileiras que estiveram no palco dos conflitos, apenas a enfermeira Ana Néri (1814-1880) foi devidamente lembrada, mesmo porque seus filhos eram oficiais, parte integrante da elite brasileira.

Conta-se que, nas noites de bailes no acampamento brasileiro, os jovens oficiais iam deitar-se com rameiras em suas barracas, compartilhando os piolhos e os germes das piores doenças. Eram combatentes que conviviam com a iminência da morte e, consequentemente, julgavam ter direito aos carinhos das mulheres da tropa. Não eram raros os bailes e, neles, não se primava pela etiqueta e compostura, "muito menos pela excelência das damas".

Ao enviar correspondência à sua esposa no Brasil, em fevereiro de 1867, em Tuiuti, Benjamin Constant (1833-1891) também comenta a conduta dessas mulheres, embora não deixe de afirmar a bravura de muitas delas ao sobreviverem em condições tão desumanas:

Quanto às mulheres perdidas, é real. Têm vindo para aqui nos últimos tempos muitas argentinas. Há por aqui muitos oficiais amasiados com algumas delas (casados). É raro o batalhão que não tem uma aldeia – chama-se aqui aldeia o lugar em que estão [...] as mulheres perdidas e chama-se china a qualquer dessas bandalhas, brancas, pretas, mulatas ou caboclas [...]. Quanto aos bailes (orgias) com mulheres infames, não desço a dizer a seu respeito[126].

Enfeitadas com roupas multicoloridas e toda espécie de bugigangas, as mulheres se esforçavam para se tornar mais atraentes nesses breves momentos festivos. No fim de sua carreira, no entanto, quase ninguém mais as queria.

Maria Busca-Pé, filha de regimento, parida na tropa, não tivera sorte de nascer macho. A vida da vivandeira de carreira era curta e triste: das saias da mãe, ainda menina, aos braços de algum oficial. Não havia preconceito de idade: meninas de treze anos se entregavam a oficiais sexagenários, limpavam galões de bronzes do oficialato, como também a ferrugem das baionetas[127].

Outros infortúnios foram as epidemias que começaram a aparecer, principalmente após a invasão do território paraguaio. Além das doenças venéreas, a cólera foi uma delas. Algum visitante ou comerciante que teria chegado do Rio de Janeiro, vindo de Buenos Aires ou de Montevidéu, onde a doença grassava, provavelmente contribuiu para empestar a área.

AS SETE PRAGAS BÍBLICAS

O percurso da coluna brasileira deu-se por terreno pantanoso, pestilento, onde os soldados caminhavam dias inteiros com água pela cintura, mordidos por sanguessugas. Muitos se afogaram, bem como as mulheres que seguiam a coluna, tragados pelo lodo do fundo do pântano. As mulheres ficavam exaustas e algumas andavam esfarrapadas, com crianças ao colo, esquálidas como cadáveres, mendigando migalhas de alimentos.

O exército brasileiro desconhecia o interior do Paraguai, devido à falta de mapas daquele país. As décadas de isolamento do Paraguai transformaram o país numa espécie de esfinge. Também eram desconhecidos o contingente militar de que o inimigo dispunha e o número real de seus habitantes.

Ao falar do surto das mais variadas doenças, o historiador Moacir Assunção denomina o que se abateu sobre a guerra como "as sete pragas bíblicas na campanha do Paraguai".

A cólera, a mais letal de todas as doenças do período, a fome, a febre terçã, a febre quartã, a disenteria, a varíola, o sarampo, o tifo, a pneumonia, as doenças venéreas, os piolhos, os hospitais e médicos totalmente inadequados, a falta de adaptação ao clima e à comida mataram mais soldados e civis do que os combates propriamente ditos[128].

Em 1865, a gonorreia era um fantasma aterrorizante e, em 1867, devido à miséria, a cólera atingiu os dois lados do campo de batalha; somente entre os brasileiros a doença matou quatro mil soldados.

Junto com o comércio e as vivandeiras que acompanhavam os exércitos aliados, brotavam mulheres prontas a se deitar com os oficiais e soldados por módicos tostões ou, em alguns casos, até por migalhas de comida. Elas eram conhecidas como "maquininhas", pelo intenso movimento que davam às coxas de manhã à noite, escreve Carlos de Oliveira Gomes. Muitas delas "viviam engalicadas" – como diziam os soldados –, transmitindo com facilidade "esquentamentos", "gonas" (nome popular da blenorragia), "cancros duros", "cancros moles", "cavalos" e, de resto, generosas "cargas de chatos".

O tributo que Vênus cobrava era chamado de "doenças de mulher"; tratava-se dos males venéreos que os incautos indivíduos contraíam nas descuidadas relações sexuais.

Durante a guerra e posteriormente, o alarme da doença venérea se fizera ouvir nos meios militares brasileiros. Segundo afirmava um médico militar,

> […] entre os anos de 1869 e 1870, o cirurgião-mor das forças brasileiras na Guerra do Paraguai teria escrito do *front* para a *Gazeta Médica da Bahia*: "as úlceras de caráter sifilítico têm tido considerável desenvolvimento depois do aprisionamento em grande escala de mulheres paraguaias, as quais, cobertas de sífilis, vão contaminar o nosso exército"[129].

A partir dos anos 1870, finda a guerra, a grande incidência de sífilis e de outros males venéreos entre os soldados nos quartéis brasileiros também começou a ser objeto de preocupação. Em parte, isso talvez tenha ocorrido devido ao impacto da Guerra do Paraguai na disseminação do mal nas tropas ou, pelo menos, à maior ênfase dada pelos médicos militares às doenças.

TOMADA E SAQUE EM ASSUNÇÃO

Como bem diz o cientista social Moacir Assunção, a guerra, por sua própria natureza, é um espaço privilegiado para vilanias de todo tipo. A do Paraguai não poderia ter sido diferente. Tanto do lado da Tríplice Aliança quanto do lado dos paraguaios, foram praticados atos que chegam a envergonhar a espécie humana.

Pouco se esclareceu sobre a forma cruel como nossos soldados, desprovidos de quase tudo, eram lançados aos campos paraguaios. A historiografia oficial ignorou a rotina de saque, estupros e intolerância étnica que se seguiu à ocupação militar brasileira ao final do conflito.

Relatos de soldados brasileiros deram conta de diversas atrocidades cometidas pelas tropas da Tríplice Aliança em cidades e vilarejos paraguaios onde, na maioria das vezes, só havia mulheres. Muitas foram maltratadas impiedosamente para, em seguida, serem despojadas de sua honra e de seus bens. Isso talvez explique o ódio com que os guaranis se atiravam sobre os soldados aliados, matando-os a cortes de facões, como registra Leandro Fortes. Mas não é uma opinião unânime. Outro historiador aponta:

> Não se justifica o saque de Assunção, se é que houve. Não se justificam, da mesma forma, o saque e a depredação levados a efeito pelos guaranis a mando do coronel Estigarríbia em Uruguaiana, Itaqui, São Borja e Santa Maria, tudo no Rio Grande do Sul, quando da invasão das forças de Solano López ao solo brasileiro. Igualmente não têm justificativa o saque, a depredação, o incêndio, a talagem dos campos, o estupro das mulheres e a captura de civis brasileiros, logo enviados ao Paraguai, onde, prisioneiros, logo morreram vítimas dos piores maus-tratos[130].

Quando o exército paraguaio invadiu São Borja e, em seguida, Uruguaiana, os habitantes da vila, apavorados, tentaram fugir de qualquer modo, a maior parte descalços e sem rumo; famílias se separaram e mães perderam os filhos. Propriedades urbanas e rurais foram sistematicamente pilhadas pela tropa invasora em seu percurso. Há ainda informações de violência sexual contra mulheres que não tinham sido escondidas por suas famílias. Contudo, alguns moradores que ficaram em São Borja aproveitaram a presença dos invasores para também pilhar.

Os brasileiros em terras paraguaias também praticaram excessos; no entanto, não foram incentivados por seus oficiais, como os paraguaios, principalmente os de comando superior, agindo a mando de Solano López.

Em diversos momentos, a população feminina paraguaia, com seus filhos e os idosos, deslocada das áreas de guerra, foi jogada à própria sorte. Caminhavam com os pés machucados, muitas vezes expostos a chuvas torrenciais. Retirando-se sem rumo e sem destino entre selvas, desertos e outros locais insalubres, punham-se à caça de sapos, ratazanas e formigas para comer. Famílias inteiras alimentavam-se de cascas de árvores. A fome paraguaia, mais trágica, tinha origem diversa: não havia provisão de víveres na fuga desesperada diante do avanço brasileiro.

No final da batalha, principalmente do lado paraguaio, havia poucos homens capacitados; sobravam, em sua maioria, mulheres, crianças e velhos que utilizaram de tudo – pedras, tijolos, pedaços de pau e o que tivessem em mãos – para enfrentar o exército aliado. Dominados depois de horas de intenso combate, os sobreviventes foram aprisionados e muitos, degolados.

Outro momento de verdadeira crueldade ocorreu durante a batalha de Campo Grande. Os brasileiros enfrentaram adolescentes paraguaios trajados como adultos, com barbas postiças para disfarçar a idade, uma vez que López quase não dispunha de homens em idade de combate para enfrentar os aliados. Logo no início da batalha, os soldados imperiais se deram conta de que não lutavam contra adultos. Mesmo assim, o violento conflito continuou. Segundo o combatente argentino José Ignácio Garmendia, as mulheres foram vítimas sexuais dos soldados e "sofreram os ultrajes da luxúria na noite mais negra de suas penas". Quanto aos adolescentes que compunham a tropa paraguaia, não tiveram suas vidas poupadas.

Ao ocuparem Assunção, as tropas brasileiras, já exaustas após anos de luta, saquearam-na. Na vila de Caraguataí, em território paraguaio, foram acolhidas muitas mulheres paraguaias que haviam escapado de Solano López e vagavam pelas matas. Chegaram famintas a um povoado cerca de oitenta dessas mulheres e crianças, entre elas integrantes de famílias tradicionais do Paraguai. Somente sobreviveram porque, com os poucos recursos que não lhes foram arrancados por Solano López, compraram dos índios, a preços exorbitantes, cães, burros magros, sapos e rãs para se alimentar.

No Espadín, o coronel Moura encontrou cerca de 1.200 mulheres e crianças em completo estado de indigência. Divididas em diversos grupos, marcharam então para Caraguataí mas, exaustas, mais da metade morreu pelo caminho. Mais adiante, mulheres, crianças e velhos foram encontrados degolados por tropas brasileiras, e apenas 350 chegaram àquele povoado.

Na perseguição a Solano López, frequentemente as tropas se deparavam com mulheres magras e carcomidas, vestindo trapos, às vezes portando brincos e anéis de ouro, o que demonstrava pertencerem às famílias da elite. Elas estendiam as mãos, a mendigar aos soldados qualquer migalha para saciar a fome. Mais além, as tropas encontravam "criancinhas esqueléticas sugando sem força os seios murchos e secos das mães agonizantes. Adiante, meninos nus, amarelos, barrigudos, com as costelinhas à mostra, olhando-nos espantados", afirma o general Dionísio Cerqueira.

Em carta de 19 de junho de 1869, enviada à sua esposa, o marechal Câmara menciona que, embarcando para Assunção, seguiam com ele três mil mulheres paraguaias em estado deplorável:

> Acho-me rodeado por uma multidão de paraguaias famintas e nuas, a quem não posso vestir e dando-lhes apenas milho podre para se alimentarem; este milho é o que os corpos de cavalaria rejeitam por não o acharem bom para dar aos cavalos![131]

Cinco anos de campanhas, longe dos confortos da cidade, transformaram os soldados em feras. As violações por parte das tropas enfurecidas se dirigiam principalmente contra as "residentas" e sargentas que integravam a tropa inimiga, porém nunca contra as "destinadas", isto é, aquelas mulheres perseguidas, consideradas "traidoras da pátria" paraguaia, simplesmente por terem um marido ou parente condenado.

Durante a guerra, as "destinadas" foram enviadas a uma espécie de "campo de concentração" e obrigadas a cultivar roças para a tropa paraguaia. Algumas foram estupradas, outras mortas e, no final, abandonadas à própria sorte para morrer de fome. Quanto às senhoras das famílias tradicionais e dos notáveis, o oficialato brasileiro fazia o possível para protegê-las.

FINAL DA GUERRA

À medida que as mulheres paraguaias iam saindo dos matos, os soldados, desde que elas não aparentassem ser de nível superior, iam satisfazendo sua luxúria com aqueles esqueletos condescendentes.

Desoladas, essas mulheres, algumas ainda meninas impúberes, outras idosas, cumpriram o destino rotineiro que lhes foi reservado ao se tornarem presas de guerra. Depois de terem as roupas despidas com violência, passavam a saciar a volúpia sexual dos invasores. "Após a cópula, que suportavam em sessões múltiplas e debaixo de variantes impostas pela brutal fantasia dos que as desfrutavam, tentavam fugir", diz Carlos de Oliveira Gomes. Apanhadas nas ruas no ato da fuga, eram geralmente abatidas a golpes de lança e faca. A matança das mulheres iniciava-se depois que os combatentes se saciavam em seus corpos. Divertiam-se degolando as vítimas desnudas, que fugiam assustadas por todos os lados. Segundo Carlos de Oliveira Gomes, cujo romance finaliza com dados históricos da Guerra do Paraguai,

Dolores Mendoza, alta, branca, seios opulentos e coxas grossas, foi muito utilizada. Os homens, no que lhes parecia grandes ondas trêmulas, visitaram-na sem intervalos. A violência da carne não seria de molde a abater-lhe o ânimo, como acontecia com outras que se punham a gritar, histéricas e horrorizadas. Ela era dama deste grande mundo apodrecido – acostumada aos jogos do entrecoxas e acessível a outras práticas que muitas mulheres consideravam promíscuas ou repulsivas. Um, 10, 20 homens: que importa? Ceder sua gruta à sucessiva liquefação de machos enlouquecidos, ser possuída *à française*, ou ainda exercitar aptidões de consumada felatriz – nada disso teria condição para lhe criar marcas emocionais profundas[132].

Durante toda a guerra, o que mais horrorizava era a violência sem objetivo. Às mulheres, assustava e repugnava serem possuídas em meio a cadáveres e aos que agonizavam lavados em sangue. Atingia-se o cansaço físico após horas seguidas de intercurso carnal, dores nas virilhas, início de hemorragia no ânus, suor, medo, calor, tudo ao mesmo tempo.

Mulheres que retornavam sujas, magras, nuas, pele sobre osso (mas ainda assim mulheres), há muito estão habituadas à busca constante dos machos nessa imensa e soturna tribo de deserdados; entregavam-se com gosto ou indiferença – mas cediam à menor solicitação –, alheias às circunstâncias: a cópula de pé, horizontal, à luz do dia, em meio aos demais, tudo é mero exercício instintivo e rotineiro. Um gesto, nada. Parceiros se enlaçavam em qualquer local e hora; os pobres corpos excitados pela compulsão famélica oscilavam na breve ginástica de Eros[133].

Assunção do Paraguai, no final do conflito, dá seus últimos suspiros. O referido romancista recorre às reminiscências históricas de Andrés Mongelos:

Para as mulheres é mais fácil. Embora feias, velhas ou ainda muito crianças, mesmo estando sujas, magras, infestadas de piolhos, com escamas e feridas no corpo, todas carregam seu cofre de carne. Capital. Cobiçado tesouro. Os compradores são incontáveis, pouco exigentes, a mercadoria valiosa – ainda que deteriorada[134].

No violento mercado do sexo, elas cedem o corpo. Brancos, negros, velhos, jovens, os homens aspiram ao prazer do contato físico do atrito genital. Diante da fome, as mulheres vão à luta pela sobrevivência. Finda a guerra, o leilão vaginal reacende nas mulheres o gosto pelos enfeites. Muito embora não possuam roupas além da bata suja, enfeitam seus cabelos com flores naturais e à noite exibem pela cidade em desordem seus colares cintilantes. Nas reminiscências de Andrés Mongelos, esse quadro é assim descrito:

> Seus risos, gritos e lamentos, a voz ácida das barganhas – esse rumor do mulherio a pedir mais preço pelo aluguel da rosa secreta –, eis o que se escuta no imenso e trevoso alcouce de cada crepúsculo. Meninas de apenas 10 anos de idade ganham lugar na intensa feira noturna. Aprendem seu ofício, tornam-se duras mercadoras. Pais, amantes, maridos – esses aguardam o retorno das feirantes, sua colheita[135].

Na Assunção arruinada, praticamente não havia homens. Passado o conflito, eram constantes os ajuntamentos de dez mulheres com um varão, jovem ou velho, "numa retomada inconsciente da passagem bíblica em que as donzelas de Israel se entregavam aos anciãos para que a semente do povo não perecesse", escreve Joseph Pernidji.

Com tão reduzido capital humano, a primeira instituição social paraguaia a ruir foi a família. Ela não mais existia e não existiria por muitos anos futuros. Foi substituída instintivamente pelas *associações*, em que um agrupamento de mulheres se acasalava com um único homem, geralmente adolescente ainda. Elas dividiam as sementes do varão; ávida e inconscientemente, procuravam impregnar o útero com o disponível, porque do sêmen surgiriam novos homens para a sobrevivência da nação. As mulheres criariam os filhos sozinhas.

O lar matrifocal no Paraguai ainda hoje se revela em número bastante elevado, devido a essas raízes historicamente determinadas. Nesse contexto, quase sem homens, a mulher, como de costume e com muita naturalidade, viu-se obrigada a assumir o sustento do lar, cita a pesquisadora Alai Garcia Diniz.

A guerra aumentou o desequilíbrio demográfico do Paraguai: 75% da população masculina morreu devido às batalhas, às doenças e à fome. Para permitir a sobrevivência da nação, a poligamia feminina era, assim, autorizada ou pelo menos tolerada pelo governo. Esse sistema durou no mínimo duas décadas, tempo que garantiu a sobrevivência da população. Mas, além disso, a fome e as doenças ainda permaneceram por um longo período como marca do país.

Numa espécie de turismo sexual, aventureiros de toda parte acorreram a Assunção em busca de sexo barato. Quando a situação melhorou, para lá afluíram prostitutas de luxo, as *putas finas*, que chegavam de Corrientes, Buenos Aires, Porto Alegre. Em breve a cidade estava repleta de cabarés, zona de mulheres, teatros, circos, cassinos de jogos.

Pela falta de homem, muitas mulheres paraguaias emigraram para o quase despovoado sul da província de Mato Grosso, onde se casavam com brasileiros. Para aquelas que não ficaram no país, muitos dissabores ainda as esperavam. Em pesquisa a ofícios sobre a cidade de Desterro, em Santa Catarina, acerca da prostituição naquela cidade, consta na década de 1870 a presença de numerosas mulheres paraguaias. Ao que parece, foram trazidas pelos soldados após a guerra. Havia muita queixa na polícia de paraguaias agredidas pelos soldados.

> É possível que essas mulheres tivessem sido conduzidas à prostituição por esses mesmos soldados, e que essas brigas e violências constituíssem formas de cobrança, por parte deles, do rendimento do trabalho como meretrizes. Para termos uma ideia disso, convém destacar que, em 1877, a paraguaia Maria Dolores Silva foi ferida com uma foice pelo soldado Luís José; neste mesmo ano, Maria do Socorro foi agredida pelo soldado Matheus de Tal; em 1878, Juliana Luís Dias foi ferida gravemente pelo soldado de nome Mateus; em 1880, Rosa Cândida Gallina foi morta a facadas pelo soldado Adão da Silva; enfim, várias paraguaias foram objeto de violências, registradas pela polícia[136].

Num livro de História do Brasil do ensino fundamental, o autor Mario Schmidt aponta mais descalabros no tocante ao triste destino reservado até mesmo às adolescentes, embora não mencione a fonte de sua pesquisa:

> As tropas brasileiras torturaram prisioneiros e violentaram mocinhas. [...] Meninas paraguaias de 12 ou 14 anos eram presas e enviadas como prostitutas aos bordéis do Rio de Janeiro. Sua virgindade era comprada a ouro pelos barões do Império![137]

Enfim, transcorridos quase 150 anos do final da guerra, ainda se polemiza sobre seu custo humano e suas consequências. O Brasil levou à guerra em torno de 139 mil homens, de um total de pouco mais de 9 milhões de habitantes, ou seja, cerca de 1,5% da população. Quanto à população do Paraguai, os números variam de 285 mil, 318 mil a 450 mil. Cerca de 70% foram dizimados, menos pela guerra, e mais pela fome e pelas doenças. Outra consequência da guerra foi que o Paraguai deixou de representar uma ameaça para o Brasil e, ao ser derrotado, teve que aceitar os limites de fronteira que o Império pleiteava, bem como garantir a livre navegação de seus rios internacionais pelas embarcações brasileiras.

A alegre reação popular motivada pelo término do conflito foi logo apagada por um espesso véu de tristeza. O número de mortos, desaparecidos, incapacitados fisicamente e portadores de doenças transmissíveis era muito maior do que informavam os órgãos oficiais. Em capitais como o Rio de Janeiro, houve ainda a fase da ocupação das ruas e praças principais por ex-combatentes abandonados, aleijados, doentes e famintos. Sobre as mulheres, nada mais se falou.

Concomitante com o findar da guerra, inicia-se a exploração da borracha na Amazônia a partir da segunda metade do século XIX. Apesar de ser uma fonte de riqueza para a nação, o látex será um pesadelo para os povos indígenas da região. A seguir, veremos como se processou essa longa trajetória de exploração humana que se estendeu até as primeiras décadas do século XX.

ÍNDIOS DA AMAZÔNIA E A MALDIÇÃO DA BORRACHA

Nas últimas décadas do século XIX, por todo o caminho da Amazônia, rio acima, dos seringais abertos havia pouco, erguia-se a fumaça oriunda do processo de defumação da borracha. Em toda a região, o elevado preço alcançado pelo látex finalmente despertava o povo da selva de sua quase letargia. A extração da borracha intensificou-se a partir de 1850, atingindo seu breve apogeu no início do século XX. Após décadas de exploração, mais tarde se verificou que o colapso da febre da borracha na Amazônia foi o que salvou índios e seringueiros da crueldade da escravidão por dívidas.

RIO DE TRÁFEGO INTENSO

Com a crescente extração da borracha, toda espécie de calamidade aconteceu naquela vasta região da selva: escravidão indígena, exploração sexual, chacina indiscriminada de aldeias e ataques vingativos dos índios. Só para ficarmos num exemplo, eis a veemente defesa de um missionário, em carta enviada ao presidente do Pará, em 1876, ao denunciar o que os comerciantes haviam feito com os munducurus em sua ausência:

> Embriagaram primeiro os índios com cachaça, e estando eles privados do uso da razão lhes tiraram tudo que puderam, farinha, criação de pato e galinhas etc., dando-lhes apenas em troco a cachaça que bebiam. Levantaram prostituição pública de dia e de noite, no porto e nas casas, e, oh! Sr., nesse ponto foram verdadeiramente excessivos! Não houve família dos pobres índios de cuja honra e decoro mais caro não abusassem de um modo horrível, e choraram até as pedras a tanta calamidade! A desmoralização foi tanto além que os mesmos índios, no estado de embriaguez, esquecendo todas as boas instruções, imitaram os regatões na devassidão e assim tornou-se naqueles dias a missão um verdadeiro lupanar![138]

Diante de tal denúncia, o presidente do Pará visitou o vilarejo de Bacabal e espantou-se com o que viu e ficou sabendo. Os comerciantes, porém, ganharam a disputa.

Mais uma vez, o impacto da exploração da borracha, uma espécie de corrida ao ouro, recaiu principalmente sobre os índios aculturados e os mestiços da Amazônia. Guardas armados impediam que os nativos e seringueiros endividados fugissem. Além disso, com tantos homens desterrados, a exploração do meretrício se tornou rentável. Os contratadores passaram a importar homens, principalmente os nordestinos, que tentavam escapar da maior seca que houvera até então.

> As mulheres solteiras que apareciam nos seringais ribeirinhos eram objeto de cobiça e contenda. Por isso alguns comerciantes instalavam prostitutas em seus barracões: os serviços das mulheres da vida eram lançados na conta do seringueiro como qualquer outra mercadoria [...]. Com tão aguda escassez de mulheres, as tribos indígenas viram-se atormentadas tanto por causa de suas índias jovens como pelo trabalho de seus homens[139].

Por volta de 1892, Roger Casement, um protestante da Irlanda do Norte, e seus colegas constataram pessoalmente fartas evidências de crueldade e escravidão de índios. Nos vários locais por onde passaram, viram "haréns de delicadas meninas". Décadas antes, em 1871, em Santarém, há o registro de uma menina maué que, rebelando-se contra a violência sofrida por um seringueiro do baixo Tapajós, matou-o.

A mercadoria que os solitários e isolados seringueiros mais desejavam dos povos indígenas eram suas mulheres. Algumas mulheres indígenas se mostravam bastante condescendentes, mas outras eram capturadas em ataques, estupradas ou adquiridas por permuta. Chefes seringalistas ostentavam seu poder com haréns de mulheres nativas[140].

Um oficial chegou a impedir a execução de uma índia caripuna que tentava escapar das garras da escravidão sexual.

Em seu livro *Gente dos seringais*, o escritor Álvaro Maia (1893-1969), amazonense nascido num seringal, deixou registrado como era a vida no período de extração da borracha. Numa política de boa vizinhança, os seringueiros de Humaitá, no Amazonas, trocavam machados, tecidos e redes com os índios parintintins. Mesmo assim, os desentendimentos eram frequentes e os nativos não avisavam quando queriam atacar: apareciam de repente. Queimavam barracas, afugentavam os intrusos. Como represália, os seringueiros se arregimentavam e, conduzidos por mateiros, iam incendiar a maloca que ficava distante dias de viagem.

Certa vez, abrindo um descampado, viram dois indiozinhos entre 8 e 10 anos banhando-se no rio. Raptaram os curumins. Não seriam maltratados e, segundo era a crença, teriam vida melhor trabalhando nos seringais do que vivendo nas malocas. Também ocorriam raptos de brancas pelos índios: anos antes, os selvagens já haviam raptado uma adolescente, que acabou se casando com o filho do chefe da tribo e vivia harmoniosamente bem na aldeia. Quando foi resgatada, não se adaptou mais à vida civilizada.

Quanto ao rapto dos meninos, passados oito anos, eles foram resgatados pelos índios que, aproveitando o descuido, ainda levaram duas adolescentes filhas de um coronel da borracha. Decorridos longos meses, as meninas retornaram grávidas. Para o coronel o recado era claro: os índios "devolviam, nos corpos de suas filhas, dois futuros seres, gerados na taba, que poderiam substituir os príncipes parintintins, furtados nas malocas paternas".

Quando o ambiente ficava mais calmo, para aplacar a solidão na floresta, os forrós representavam um atenuante; os seringueiros, segregados entre caudalosos rios, juntavam-se para rezar, ouvir ladainhas, namorar viúvas e mulheres esquecidas pelos maridos que partiam. Os mais jovens rondavam trilhas e roças, farejando mulheres.

> Viúvas e largadas provocam o assanhamento dos rapazes, na reclusão das barracas. A abstinência infernal, mais rigorosa que a dos mosteiros, exalta os instintos, num meio em que o homem vive às soltas, sem freios, numa natureza selvagem, cheirando a flores agrestes e folhas esmagadas[141].

Rondando o perigo, os rapazes sempre encontravam desculpas para "visitar as barracas dos casados e amancebados, aproveitando a ausência dos donos". O conselho era: "Quem tiver mulher, vigie bem, pois não eram poucas as que perdiam a cabeça". Isso, porém, poderia provocar consequências, aceitas pelo grupo. Há registro de um estupro coletivo a mando de um coronel, como reprimenda a uma traição. O coronel apaziguava os desajustes causadores de perturbações e crimes, evitando viagens dispendiosas de seringueiros no fim do fabrico, bem como gastos excessivos com diversões que os levavam a perder o que haviam ganhado. Para tanto, importava mulheres de Belém, Santarém e Manaus. Por outro lado, seringueiro devedor, malandro ou enfermo era condenado à castidade forçada.

Nas décadas seguintes, mesmo com a queda na comercialização da borracha, perdurou a exploração humana na Amazônia. Ao visitar a tribo dos uaupés, em 1927, no alto rio Negro, na divisa com a Colômbia, o antropólogo alemão naturalizado brasileiro Curt Nimuendajú (1883-1945) constatou que comerciantes e seringueiros infernizavam a vida dos nativos. Um chefe tribal tuxaua apontou para o antropólogo certo indivíduo "como um dos piores estupradores de meninas". Ele também contou que sua filha de 10 anos fora estuprada por um daqueles forasteiros que mandavam e desmandavam na região.

> As fêmeas desde a menina impúbere até a mulher casada lhes pertencem, e com a arma em punho sufocam qualquer protesto do pai ou do marido. Roubam o que lhes parece aproveitável e embarcam nas canoas debaixo de pancadas aqueles homens que lhes devem trabalho. Às vezes carregam meninas e mulheres, também enfastiados delas, abandonam-nas depois em qualquer ponto da margem[142].

A GANÂNCIA RIO ACIMA

A ambição de adquirir fortuna rápida através da exploração da borracha levou o irmão mais velho do paraibano Alfredo Lustosa Cabral a se dirigir às profundezas da selva do Acre. Em 1897, com 14 anos, Cabral participou de todas as atividades na selva: da mais simples, como canoeiro, a comerciante, extrator de borracha, inspetor de quarteirão, até a de matador de índios em expedições. Sobreviveu, apesar dos muitos momentos de fome e pouca fartura, do frio pelas intensas chuvaradas, da varíola e das picadas de mosquitos; numa noite, levou cinco mordidas de morcegos.

Seu irmão estabeleceu-se como seringalista num ponto da selva acreana chamada por eles de Redenção. No auge, esse agrupamento chegou a ter 48 homens e 4 mulheres casadas ou amasiadas.

Alfredo Cabral afirma que, para se defender dos constantes ataques dos índios, ele e seu grupo partiram em expedições, chamadas de "correrias", com a intenção de matar os "selvagens" da tribo catuquina e raptar mulheres. Conta que, numa dessas incursões pela mata, ao invadir a aldeia, houve correria de índios por todos os lados. Aqueles que não conseguiram fugir a tempo foram mortos à bala e as crianças, sequestradas. No caminho de volta, trouxeram alguns guris, mas logo eles foram abandonados, pois gritavam sem parar de forma ensurdecedora. Alguns meninos e meninas levaram um balaço na cabeça. Apesar disso, elogia a condição física dos índios: "São bastante sadios. Desconhecem moléstias venéreas".

Cabral conta ainda que um dos seringueiros foi sequestrado pelos índios e ficou dois anos em cativeiro. Foi bem tratado: "Puseram-lhe à disposição umas três cunhantãs das mais formosas da taba". Apesar de constantemente vigiado, esse seringueiro conseguiu fugir. Quando chegou ao agrupamento, quase foi recebido à bala por estar irreconhecível: "Parecia um monstro, despido, barbudo, cabelo aos ombros, sem feitio de gente. Chegara morto de fome e começou a contar sua história quase chorando...".

Os seringueiros passavam semanas e até meses isolados no interior da floresta, portando rifle dia e noite para se defender de ataques inesperados de índios ou de animais. Quando podiam, iam ao agrupamento para vender o produto, prestar contas, informar-se e divertir-se. Os raros bailes em dias santos contavam com "fortes salvas de tiros de rifles, danças, cachaça e... brigas, às vezes". Para dançar, contavam com quatro mulheres que se revezavam, mais alguns homens que, para se passarem por *damas*, amarravam "um pedaço de pano na cabeça e, assim, a festa ia ao dia clarear".

Parece que as mulheres dançavam para se divertir e, ao mesmo tempo, satisfazer os demais homens pela falta de parceira. Mas nem tudo ocorria com tranquilidade naquele meio. Um tocador de harmônica, "encontrando sua mulherzinha em flagrante adultério com um daqueles rapazes que, habitualmente, dançavam, desfechou-lhe no peito um tiro de rifle, tendo a pobrezinha morte imediata".

Na enorme extensão territorial de exploração do látex, os homens, na maioria das vezes, não contavam com mulher que pudesse lhes servir de esposa e cuidar dos afazeres do acampamento.

> A aquisição de uma donzela da selva era tarefa temerária, porque raramente a índia se sujeitava ao regime doméstico. Isso ainda podia acarretar o perigo de ser a moça levada pelos da tribo ou haver choques violentos, de parte a parte, transformando-se em intriga que não acabaria mais. Sob esse aspecto, as uniões de seringueiros com selvagens eram quase nulas.

Foi por isso, atendendo a tamanha irregularidade de vida, que, certa ocasião, a polícia de Manaus, de ordem do Governador do Estado, fez requisição nos hotéis e cabarés dali de umas cento e cinquenta rameiras. Com tão estranha carga, encheu-se um navio cuja missão foi a de soltar, de distribuir as mulheres em Cruzeiro do Sul, no Alto Juruá. Houve, dessarte, um dia de festa – a de maior pompa, que se tinha visto. Amigaram-se todas, não faltou pretendente[143].

Diferentemente dos colonos do Brasil do primeiro século da descoberta, os seringueiros amazonenses não encontraram mulheres indígenas dóceis. A maioria das tribos não cedeu as suas "cunhãs". Diante disso, após os apresamentos, era necessário "amansar a cabocla", dando preferência às de menor idade. Com práticas pouco civilizadas, tais medidas consistiam em amarrá-las e amordaçá-las até ficarem relativamente mansas, como animais adestrados.

Vistas como objeto de luxo, as mulheres se transformaram em "mercadoria cobiçada", e isso se tornou uma realidade igualmente marcante, sobretudo nos seringais do Alto Juruá no Acre. Elas passaram a fazer parte das listas de bens encomendados pelos seringueiros e "entravam nas contas, escrituradas pelos guarda-livros como quaisquer outros objetos de uso diário". Apenas mais tarde, com a consolidação da ocupação nas áreas de seringais, é que tal situação começou a ser alterada, até mesmo no sentido de maior respeito ao sexo feminino. Em 1904, a título de exemplo, quando do primeiro recenseamento realizado por ordem do recém-chegado prefeito do departamento do Alto Juruá, em 112 seringais foram contados 5.087 homens e 1.887 mulheres.

Práticas brutais, crueldades e abusos foram impostos às indígenas da região. A ausência de mulheres brancas e "honradas" nos seringais fez com que, nas "correrias", muitas índias fossem aprisionadas, torturadas, escravizadas e depois distribuídas entre os seringueiros mais pobres. Estudos da historiadora Cristina Wolff, em *Mulheres da floresta*[144], registram que as índias resistiam até o último instante para não ser capturadas, correndo velozes mata adentro, escondendo-se atrás de arbustos, subindo em árvores, mergulhando nos rios. Quando capturadas, eram quase indomáveis, ariscas, levando tempo para aceitar a nova condição de vida imposta a elas. Isso quando não desobedeciam às regras, armavam fugas e burlavam o sistema.

Muitas índias foram capturadas apenas para satisfazer aos desejos sexuais dos seringueiros; outras serviam para a realização de tarefas domésticas; por fim, outras interessavam apenas para ser trocadas por um rifle, espingarda ou alguns quilos de borracha.

A falta de mulher era tão premente que um seringueiro mais abastado praticamente "comprou" a esposa (já com dois filhos) de outro colega muito doente e endividado com o patrão. Alfredo Cabral conta que a proposta foi feita pelo patrão seringalista interessado em receber o dinheiro: "Se quiser pagar a conta daquele sujeito eu vou arranjar a mulher (dele) para você". No final da delicada negociação, o marido aceitou, e o novo casamento foi realizado com festa na noite de São João. Só que os recém-casados não contavam com o ciúme do rival: "De frente um para o outro receberam de chofre um formidável tiro de bacamarte pelas costas, que os deitou por terra". Felizmente não morreram, e o ex-marido ressentido foi levado para a prisão na capital.

A ausência de "fêmeas" fazia com que os sertanejos fossem empurrados pelos instintos a atos extremados de pedofilia, zoofilia e crimes passionais, mencionados com frequência na literatura sobre os seringais. Os momentos de descontração proporcionados pelas festas regadas a cachaça faziam com que os pares masculinos, em contato no calor da dança, sentissem atração sexual. Assim resume um escritor e ensaísta amazonense:

> Numa sociedade carente de mulheres, também o sexo seria um privilégio. A presença feminina no seringal era rara e quase sempre em sua mais lastimável versão. Para os seringueiros isolados na floresta e presos a um trabalho rotineiro, geralmente homens entre vinte e trinta anos, portanto premidos pelas exigências de seu vigor, a contrapartida feminina chegava sob a forma degradante da prostituição. Mulheres velhas, doentes, em número tão pequeno que mal chegavam para todos os homens, eram comercializadas a preço aviltante. Enquanto o coronel podia contar com as perfumadas *cocottes*, além de suas esposas, o seringueiro resvalava para o onanismo, para a bestialidade e práticas homossexuais[145].

Comercializava-se de tudo: certa vez, uma embarcação oriunda de Manaus trouxe para um coronel que vivia na mata um valioso presente vindo de Paris: "aquela revista ilustrada, cheia de retratos de mulheres nuas e nas posições mais provocantes". Alguns comerciantes inescrupulosos subiam os rios "menos em busca do lucro comercial que dos pequenos prazeres da viagem". Ao chegar em Taraquá, no Amazonas, Coudreau ficou chocado com o comportamento de um mercador bêbado numa festa nativa regada a cachaça:

> Ele já abusou de todas as mulheres do lugar, que agora o seguem cambaleando e tropeçando, com os seios à mostra, os vestidos arriados e os cabelos revoltos como os das bacanais[146].

PARIS NOS TRÓPICOS

O autor das memórias *Dez anos no Amazonas*, Alfredo Lustosa Cabral, conta que, depois de amealhar algum rendimento entre 1897 e 1907, então com 24 anos, resolveu partir para Manaus e vender a borracha comprada com o que acumulara. O destino final era sua cidade natal, Patos, na Paraíba. Na capital amazonense, pôde usufruir de seu dinheiro ao se hospedar no melhor hotel da cidade, ir ao Teatro de Manaus e frequentar o Café Itatiaia, ponto de encontro da elite manauense. Ficou encantado com a iluminação elétrica, bonde e telégrafo sem fio. Mas o que mais gostou, de fato, foi o cabaré El-Dorado:

> Sim, o El-Dorado. Que era esse ambicionado tesouro que vim a conhecer em janeiro de 1907 tão somente em Manaus? A mais luxuosa pensão, o mais empolgante cabaré da América do Sul. Fortemente iluminado, com todas as sortes de jogos, com teatro, era lugar de lindos rostos de todas as partes do mundo – polonesas, francesas, portuguesas, peruanas, brasileiras dos vinte e um Estados, todas, enfim, ali se exibiam numa libertinagem desordenada, doida.
>
> Escravizado oito ou dez anos na selva, sem relações com o sexo oposto, o seringueiro que chegava à cidade não o deixava de frequentar. A exploração era roxa. Muitos ali deixavam todo o dinheiro que haviam arranjado com enormes sacrifícios. "Lisos" – restava-lhes ir ao escritório do patrão implorar uma passagem no gaiola e retornar ao seringal de onde saíram[147].

Na virada do século XIX para o XX, em Belém e Manaus, os magnatas da borracha desfrutavam de todo luxo possível. Seus palacetes possuíam salões de baile com candelabros, pianos de cauda, gramofones, mobílias e roupas de cama e mesa importadas. Quando os navios que transportavam borracha retornavam da Europa, a carga mais esperada era a de iguarias para os novos-ricos. As absurdas extravagâncias iam da compra de grandes iates a animais exóticos para serem acomodados em casa. Houve o caso de um milionário que deu "banhos de champanhe em seu cavalo".

> Em todas as festas, champanhe era a bebida preferida. Certa vez, convidados ajoelharam-se para beber, como cães, a champanhe da banheira da beleza nua, Sarah Lubousk, de Trieste. Essa banhista de champanhe era a amante de Waldemar Ernst Scholtz, um caixeiro-viajante de Stuttgart, de óculos pincenê e bigode encerado, que fez fortuna como importador e tornou-se cônsul honorário da Áustria em Manaus[148].

O palacete de Scholtz transformou-se num dos cartões-postais de Manaus. Prostitutas francesas, polonesas e de outras nacionalidades chegavam para o deleite dos homens da cidade. Mulheres aventureiras "e *grandes damas* da sociedade afluíam para esse oásis de riqueza". Segundo boatos, as mulheres mais endinheiradas mandavam lavar suas roupas na Europa.

Dizia-se que grande parte das casas de Manaus teriam sido bordéis. Uma das principais era um palacete flutuante, que oferecia as mais atraentes garotas e passeios diários pelos rios, regados com champanhe e boa música tocada pelos gramofones. Mas havia diversão para todos os níveis de renda:

> Menos dispendiosa era a Pensão das Mulatas. Estas atendiam a todos os gostos e bolsos, de milionários cansados a seringueiros que tinham passado meses sem mulheres em suas solitárias trilhas. A cidade pulsava com bares, cabarés e casas noturnas – com nomes tentadores como *The Phoenix* ou *High Life*[149].

Nas mansões, realizavam-se festas "babilônicas", e a vida noturna era regada com bebidas importadas servidas em casas como o Café dos Terríveis, que fechava as portas somente ao raiar do dia, e o Chalet Garden, "frequentado por homens e mulheres devassos".

Manaus, com mais cinemas que o Rio de Janeiro e mais salas de espetáculos do que Lisboa, diz o historiador Greg Grandin, foi a segunda cidade a ser iluminada por eletricidade, e quem chegava a ela de barco pelo rio via o espetáculo de luminosidade em meio à escuridão. Com tal avanço civilizatório, Manaus e Belém tinham também seus homossexuais, que atuavam nas brumas dos portos.

> Seus muitos espaços escuros ofereciam locais para prazeres essencialmente urbanos. Roger Casement, cônsul da Grã-Bretanha no Rio, [...] escreveu em seu diário em 1911 a respeito de passar pelas docas de Manaus, escolhendo jovens homens para fazer sexo anônimo. Segundo um correspondente do *Los Angeles Times* em 1899, Belém tinha um "volume de vício" que chocaria os "reformadores de Nova York". A maior parte do qual podia ser encontrado nos seus muitos cafés e cabarés, bem como em seu melhor bordel, o *High Life Hotel*, "dedicado à vida da mais baixa ordem"[150].

O missionário Kenneth Grubb, com vasta experiência entre os índios brasileiros, constatou melancolicamente, já em 1930, que a Amazônia estava despovoada de índios autenticamente tribais. Afirmou que a imensa selva aflora "os piores instintos do homem, brutaliza os afetos, endurece as emoções e põe de manifesto com malévola e terrível intenção todo tipo de perversidade e sórdida luxúria". Um dos responsáveis por esse quadro lamentável foi o ciclo da borracha.

FORDLÂNDIA: A INOCÊNCIA PERDIDA

O patrono norte-americano da indústria automobilística, Henry Ford (1863-1947), ao implantar seu audacioso empreendimento de produção de borracha às margens do rio Tapajós, no Pará, na década de 1930, impôs rígidas normas de higiene, saúde, alimentação e vestuário. A cidade por ele instalada na selva recebeu o nome de Fordlândia. Houve, no entanto, enormes diferenças e atritos culturais no lidar com os índios aculturados e os mestiços da Amazônia. No fim, a cidade recém-criada enfrentou greves e rebeliões.

A mando de Ford, a administração tentou proibir o álcool, a prostituição e o jogo entre seus milhares de empregados. Mas, ao ignorar os mais elementares desejos da natureza humana, teve de se conformar com a instalação de um centro de diversões mundanas chamado ironicamente de "Ilha da Inocência".

> Quando conseguiu fechar alguns bordéis e bares, os proprietários simplesmente se instalaram numa ilha fora das margens de Ford, construindo seus bordéis sobre palafitas porque a ilha era sujeita a inundações. Ela era ironicamente apelidada de "Ilha da Inocência"[151].

No recém-instalado campo de trabalho na Fordlândia, migrantes assolados pela seca e pela fome chegavam em massa, atraídos por boatos de emprego. Traziam consigo esposas, filhos, pais, primos, tias e tios, erguendo cabanas improvisadas com caixas e restos de lonas. Espalhavam-se ao longo da margem do rio, montando acampamentos, acendendo fogueiras para cozinhar e pendurando redes. Em pouco tempo havia uma favela na selva, como afirma o historiador Greg Grandin.

Durante 1929 e até 1930, mais de cinco mil pessoas viviam na plantação e em torno dela, cerca do dobro da população de Santarém, a cidade mais próxima. A infraestrutura era insuficiente para suportar uma comunidade cujo crescimento era tão rápido. Com isso, um diversificado comércio brotou nessas aldeias, servindo de atrativo para todos os indesejados e até mesmo criminosos. Os "desordeiros buscavam qualquer maneira concebível de viver à custa dos homens que trabalhavam para a empresa", afirma Greg Grandin.

O crescente fluxo de dinheiro deu origem a pequenos bares, restaurantes e comércios de carnes e frutas, todos imundos. No rastro, brotaram "casas de jogos e bordéis cobertos de palhas montados por comerciantes locais e servidos principalmente por mulheres nordestinas". Embarcações atracavam diariamente na doca provisória de Fordlândia, e os trabalhadores chegavam em multidões para comprar cerveja e cachaça. Na verdade, a administração americana era impotente para deter a boêmia.

Nem sempre os que conseguiam emprego eram saudáveis. Mais de 85% dos recrutados tinham sofrido no passado de pelo menos uma doença: sífilis, beribéri, malária, disenteria, parasitas, micoses ou úlceras causadas por bactérias.

A administração também precisava lidar com os empregados que haviam contraído doenças venéreas nos bordéis da região. Cerca de nove homens por mês apareciam no ambulatório médico. Como se considerava grave contrair doenças venéreas, ordenou-se a divulgação do seguinte aviso nos locais de trabalho e nas aldeias:

> Qualquer funcionário que tiver contraído uma doença venérea deve comunicar imediatamente ao Departamento Médico. Caso seja decidido hospitalizá-lo, a empresa se reserva o direito de cobrar uma quantia razoável para cobrir o serviço. Periodicamente poderá haver uma Inspeção Médica dos funcionários para verificar a existência de casos não comunicados[152].

Certa vez, um médico de Fordlândia visitou um dos bordéis e constatou que, das nove prostitutas assistidas, sete tinham infecções ginecológicas ativas. Com respeito a essas mulheres, o administrador disse que não iria tentar curá-las: "Não queremos ter nada a ver com elas e temos recusado seu tratamento, qualquer que seja a maneira. Esperamos que assim fazendo elas serão forçadas a sair".

Em 1930, Fordlândia ficou pronta. Após o expediente de trabalho, os solteiros não tinham muito o que fazer, "a não ser ir até os bares e bordéis que cercavam a plantação". Aos domingos, pequenos comerciantes de comunidades próximas chegavam em embarcações para montar um agitado mercado na margem do rio, vendendo de bebidas a livros.

Depois da revolta de dezembro de 1930, ocorrida no refeitório, a recreação "sadia" para os funcionários tornou-se uma questão premente. Além da distribuição de bolas de futebol para mantê-los ocupados, foi providenciada uma sala de cinema.

Quanto aos americanos, a preocupação da empresa era a de que eles "praticamente não tinham divertimento e ficavam muito cansados de ver as mesmas caras todas as vezes e em todos os lugares". Foi aberta uma piscina e um campo de golfe, mas, mesmo assim, uns poucos se renderam ao pecado da prostituição e do álcool.

Depois de algum tempo, os gerentes conseguiram estabelecer certo controle sobre o lugar e realizaram algo mais próximo da visão de Henry Ford. Mas então, foi a vez da natureza de se rebelar com as plantações, arrasando-as com uma praga. Após mais de uma década sem lucro algum, o projeto foi abandonado em 1945, com enorme prejuízo. Restaram as ruínas de uma cidade fantasma.

No final das contas, o declínio da indústria da borracha trouxe resultados positivos para os povos indígenas que sobreviveram ou fugiram para o interior das florestas, desfrutando uma pausa de meio século, antes da chegada do avião, do trator, da motosserra e do gado.

Além dos conflitos apontados, as disputas por terras (indígenas) se intensificaram com a chegada dos imigrantes no Sul e no Sudeste. Em 1857, Teófilo Otoni escreve que parte das terras antes ocupadas pelos botocudos, em Minas Gerais, foi arrendada inicialmente para os imigrantes italianos, numa experiência pioneira. Os moradores invadiam de madrugada as aldeias dos índios com cães de caça. Matavam os adultos e levavam as crianças para ajudar nos serviços das fazendas. Os índios que não aceitavam trabalhar na lavoura eram tidos como vadios e violentos. Tudo era feito em nome do progresso e da civilização. Nas expedições de extermínio, havia certo prazer na luta e na dizimação. Antes de tratarmos novamente da vida íntima dos índios, vamos nos deter na vida sexual e familiar de diversos imigrantes que entraram em nosso país a partir do século XIX, o que deixará marcas em todos nós.

Os conflitos por terras também se intensificaram no Sul do país. Havia os caçadores de índios, chamados de "bugreiros". Alguns, antes de matar, estupravam as mulheres.

Os pioneiros eram *colonos* na verdadeira acepção da palavra, ou seja, vieram colonizar. Em meados do século XIX, o sonho de todo imigrante era ser dono de uma gleba de terra num país despovoado e com vasta extensão territorial.

A SEXUALIDADE VIGIADA DAS FAMÍLIAS IMIGRANTES

A chegada de imigrantes no Brasil se deu no contexto de leis mais restritivas para a aquisição de escravos e na iminência do fim do regime escravocrata. O governo brasileiro e setores da sociedade civil preocupavam-se com a falta de mão de obra. A alegada carência de braços para a lavoura e a necessidade de desenvolver a pequena propriedade ao lado do latifúndio levaram a política oficial a incentivar a vinda em massa de estrangeiros. Os imigrantes foram chegando em cifras cada vez maiores, formando uma camada média de colonos agricultores, o que também contribuía para o desejado processo de branqueamento da população.

Para que se tenha ideia da magnitude do número de imigrantes recebido pelo Brasil entre 1884 e 1933, lembremos que foram aproximadamente 1,4 milhão de italianos; 1,15 milhão de portugueses; 580 mil espanhóis; 240 mil alemães; 110 mil russos; e, por fim, 520 mil de outras nacionalidades, como austríacos, poloneses, franceses, iugoslavos e suíços. A partir de 1908, chegaram os japoneses.

Em 1851, o governo imperial de D. Pedro II contratou o capitão alemão Joseph Hörmeyer para participar de um conflito na região fronteiriça do Prata. Ao se desligar do exército, Hörmeyer escreveu um livro propagandístico, objetivando atrair para o Brasil o contingente migratório alemão, que na época se dirigia principalmente para os Estados Unidos.

O capitão alertava que um migrante do campo tinha dificuldade em conseguir uma boa esposa brasileira devido à barreira da língua e ao contato complicado com as mulheres. Ele dizia a seus patrícios que o sucesso empreendedor precisava contar com uma mulher honesta, sadia e laboriosa.

> Mas, para um imigrante é difícil conseguir uma boa esposa no Brasil. Uma de cor ele não quer, e com razão. Uma branca é difícil conseguir e, se a consegue, ela o auxiliará tão pouco nos trabalhos de campo quanto a de cor, porque isso é contra os costumes do país. E só poderia obter a sua brasileira quando pudesse falar com ela, isto é, depois de ter aprendido o português. Nas cidades o aprendizado é rápido e há nelas bastantes operários e estalajadeiros alemães casados com brasileiras; mas nas colônias (e só delas posso falar) há pouca oportunidade e podem passar-se anos antes que o imigrante possa falar o essencial na língua do país[153].

Foi com base nessa constatação que posteriormente os órgãos brasileiros de incentivo à imigração passaram a dar prioridade à vinda de famílias, de preferência com muitos filhos, e a evitar o recrutamento de homens solteiros. Hörmeyer afirma que, justamente nos primeiros momentos de adaptação do jovem colono ao novo país, a mulher faz falta na formação inicial de um lar. Segundo ele: "Emigram muito mais homens do que mulheres, de modo que em muitas colônias se encontram três homens por uma mulher. Por isso, mesmo avós e mulheres desleixadas ainda encontram bons partidos".

Os rapazes solteiros arranjavam-se da melhor maneira possível, alojando-se em casas de família ou, segundo Hörmeyer, casando-se sem muita cautela, com a primeira que aparecia, fosse qual fosse a sua aparência, idade ou conduta moral. Disso resultavam casamentos fracassados. Seu conselho era o de que cada imigrante fizesse o possível para se casar na sua pátria de origem, onde não faltavam moças.

Ainda segundo ele, as mulheres brasileiras brancas eram as que mais usufruíam do conforto cortês dos gaúchos, visto não terem nenhum afazer. Já de manhã, o marido ou um escravo ia ao mercado para as compras domésticas. Isso porque raras vezes se viam as brasileiras saindo de casa. O costume do país as proibia de se mostrarem na rua sem acompanhante. Era muito difícil encontrar empregadas domésticas que não fossem escravas.

Outro aspecto notado por Hörmeyer é que o brasileiro branco era complacente com negros livres, "embora em muitos lugares uma moça branca não dançaria com um homem de cor, mesmo que fosse um general". Tal recusa, porém, somente acontecia quando o negro tinha uma tonalidade de pele bem escura, visto que relativamente poucas famílias brasileiras eram "privilegiadas", segundo ele, a ponto de se conservarem brancas sem mistura.

A ambiguidade com que os brasileiros tratavam as pessoas, associando a tonalidade de pele à hierarquia social ou ao padrão econômico, é revelada com certo humor por um viajante inglês que posteriormente se estabeleceu no Nordeste no início do século XIX:

> Conversando numa ocasião com um homem de cor que estava ao meu serviço, perguntei-lhe se certo capitão-mor era mulato. Respondeu-me: "Era, porém já não é!" E como lhe pedisse eu uma explicação, concluiu: "Pois, senhor, um capitão-mor pode ser mulato?"[154].

Hörmeyer dividia as brasileiras em três classes: primeiramente as brancas de pouca mescla, pertencentes à elite da sociedade; em seguida, o imenso número das morenas livres que, dotadas de pouca ou nenhuma formação, "fazem de seus encantos" uma forma de conquista mais ou menos decente; e, finalmente, as escravas de todos os matizes. Hörmeyer conhece apenas as brancas e as considera bonitas, inteligentes, amáveis e fiéis donas de casa, mas percebe que não se deve exigir delas conhecimentos dos afazeres domésticos, já que, em respeito a seu sexo, o brasileiro desobriga a esposa de tais serviços. Ressalta, porém, que as moças mais bonitas descendem de matrimônios mistos com a raça germânica, representada por alemães, ingleses ou suecos, conforme aponta em seu outro livro, *O Rio Grande do Sul de 1850*.

A ACULTURAÇÃO DOS ALEMÃES

O antropólogo alemão Emilio Willems publicou, em 1946, *A aculturação dos alemães e seus descendentes no Brasil*, sobre o processo de assimilação de imigrantes de seu país por aqui. Tratava-se da família rural no Sul do Brasil.

O número insuficiente de mulheres oriundas da Alemanha obrigou o grupo recém-chegado a realizar casamentos com as moças nativas. Todavia, passada a primeira fase de carência de mulheres, os alemães voltaram a preferir aquelas da sua própria nacionalidade.

Na vinda ao Brasil, os imigrantes geralmente traziam sua família. Quando isso não acontecia, a falta de mulheres era dramática para o grupo, como ocorreu bem no início da formação e expansão da colônia de Blumenau, em Santa Catarina, a partir de 1850. Excepcionalmente, a escassez de mulheres chegou à proporção de uma para cada dez homens. De acordo com o cartógrafo José Deeke:

> A que ponto a falta foi sensível pode-se ver no fato de que os solteiros, lotando embarcações alugadas, iam de encontro aos anunciados navios de imigrantes para, ainda em alto-mar, pedir em casamento as mulheres solteiras; estas geralmente aceitavam tais pedidos[155].

Como se vê, a união apenas por amor estava longe de ser o principal fator para o casamento. Um precisava do outro para sobreviver nos pesados trabalhos no campo. Para a manutenção de uma nova existência, os imigrantes tinham que ser pragmáticos até na organização do sorteio das mulheres recém-chegadas, arroladas numa lista. Não tinham muitas opções:

> Homens e mulheres eram sorteados. Acontecia às vezes que um velho sorteava uma mulher nova e vice-versa, mas isso não constituía motivo de reclamações... Somente em caso de recusa da parte das mulheres, estas podiam ser trocadas[156].

Apesar da inferioridade numérica das mulheres alemãs verificada na primeira fase da colônia em Blumenau, praticamente não houve casamento com pessoas de outra nacionalidade, devido ao isolamento quase completo em que ali viviam. Eram raríssimos os contatos com mulheres nativas.

Na nova terra, os jovens teuto-brasileiros almejavam contrair matrimônio o mais cedo possível, para que pudessem entrar na sociedade dos adultos. Os colonos mais antigos, naturalmente, não impediam que seus filhos se casassem com pessoas de fora da comunidade, mas não viam essas uniões com bons olhos.

A opinião pública também não aprovava os chamados casamentos mistos entre protestantes e católicos. As restrições só foram atenuadas mais tarde, com a urbanização e a assimilação cultural. A união sacramentada no religioso tinha mais valor que o casamento civil.

Com a redução da idade do casamento, a questão dos intercursos sexuais pré-nupciais perdera grande parte da importância. Ainda no início do século XX, havia comunidades em que praticamente inexistiam relações sexuais de rapazes solteiros com outras mulheres que não fossem namoradas.

Escrevendo sobre a colonização alemã no Espírito Santo, o pesquisador econômico Ernst Wagemann diz que

> [...] as relações pré-nupciais são possivelmente muito frequentes. Verdade é que os nascimentos ilegítimos raramente ocorrem mais de uma ou duas vezes ao ano, sendo que em alguns anos não se registra caso algum nas diversas comunidades; em compensação, as relações pré-nupciais seguidas de casamento em caso de gravidez são muito frequentes segundo uma antiga tradição camponesa.
>
> Todavia, a sociedade procura estigmatizar essas relações. Assim, o estatuto da comunidade de Jequitibá pune com uma multa de 30 mil-réis a noiva desonesta que casa com coroa e dá à luz dentro de *sete* meses a contar do dia do casamento. Desonesta é a noiva que silenciou as relações pré-nupciais "obtendo por astúcia", para o casamento, o predicado honorífico de virgem. No caso de confessar a falta contra os bons costumes, ela não pode aparecer de grinalda nem o cúmplice de ramalhete, e, assim como ela não é chamada virgem, ele não merece o título de donzel[157].

Também no vale do Capivari, em Santa Catarina, a comunidade manteve esses arraigados costumes até as primeiras décadas do século XX. Eram comuns denúncias feitas ao vigário até mesmo pelo irmão da moça grávida, que pretendia se casar escondendo seu deslize. A comunidade exercia uma força muito grande no sentido de desaprovar tal conduta moral. Segundo Willems, "o símbolo da noiva virgem, por ocasião do casamento, é a grinalda de mirtos, e toda menina se empenha por vir ao altar com esse ornato".

O amor não era o centro das atenções para a formação dos casais. O rapaz falava com os pais da moça por mero protocolo. O casal era que decidia formalizar a união.

Para o colono, um grande número de filhos era uma fortuna, pois eles trabalhariam como auxiliares na propriedade. Formavam-se famílias numerosas, sendo poucas aquelas com menos de oito a dez filhos, e havia algumas com quinze ou mais.

Numa comunidade em que a moral sexual era regulada por princípios rígidos, naturalmente não existia prostituição. Casar muito cedo resolvia o problema da abstinência sexual.

> Nas comunidades teuto-brasileiras puramente rurais não há prostituição. Nesse ponto a intolerância é unânime e completa. Mesmo em muitas vilas e pequenas cidades, cuja população se compõe preponderantemente de teuto-brasileiros, não se encontram lupanares. Casos de infidelidade conjugal são raros em comunidades rurais. "Delitos contra o matrimônio não há. Os cônjuges observam fidelidade mútua." A dupla moral sexual, uma para os homens e outra para as mulheres, resíduo da cultura árabe e do regime escravocrata, procurar-se-ia em vão na zona rural homogeneamente colonizada por teutos[158].

Os casos de infidelidade conjugal eram raríssimos e conheceram-se apenas dois num período de 50 anos. Num deles, o colono teve diversos filhos com a criada da casa. No outro, o homem abandonou a localidade com uma moça.

Salienta-se que em determinada cidade de Santa Catarina, com cerca de cinco mil habitantes, não havia prostíbulo até 1935. Segundo Willems, o mesmo se podia afirmar de quase todos os pequenos centros urbanos teuto-brasileiros.

> Sabe-se que nas cidadezinhas e vilas do interior brasileiro, por menores que sejam, quase nunca faltam prostíbulos. A opinião pública brasileira é tolerante nesse ponto, mas extremamente intolerante no que se refere aos menores deslizes praticados por "moças de boa família", ao passo que a opinião pública das cidadezinhas teuto-brasileiras é mais transigente nesse particular, mas de uma intolerância absoluta quanto à prostituição. [...] no vale do Itajaí, algumas mulheres abriram um lupanar e começaram a contaminar os rapazes da cidade.

Não tardou, porém, a reação que sobreveio violentamente, ameaçando as prostitutas de expulsão à viva força. Desde então "a cidade está limpa", como afirmou o cidadão que relatou o sucesso[159].

É verdade que a opinião pública não tinha meios de impedir a prostituição camuflada, que parece ter se difundido cada vez mais explicitamente no meio operário.

A industrialização foi fator importante para o crescimento da miscigenação. Era quase certo que casamentos com pessoas de outra nacionalidade fossem raros entre camponeses e cada vez mais frequentes entre operários urbanos. A assimilação cultural, parcial ou total, no entanto, abriu caminho para o casamento entre pessoas de outra nacionalidade.

Na sociedade urbana, a moça teuto-brasileira gozava de liberdades geralmente interditadas às filhas solteiras das famílias brasileiras. As mães da comunidade alemã não vigiavam todos os passos da filha e, mesmo nas famílias burguesas, frequentemente toleravam-se passeios à noitinha, visitas e bailes sem a presença das mães ou de outros parentes mais próximos. Assim, finaliza Willems, "numa das cidades do vale do Itajaí, o velho vigário católico declarou, em um sermão, que 60% das moças que contratavam casamento na igreja não eram mais virgens".

Esse e outros julgamentos sobre o comportamento das moças de famílias de outras nacionalidades devem ser vistos com reservas, pois podem estar carregados de preconceitos morais e raciais. Em publicação de 1850, um oficial alemão a serviço de D. Pedro I teceu, sem maiores detalhes, a seguinte consideração sobre os imigrantes suíços radicados no interior do Rio de Janeiro:

> ainda observo que em geral as suíças na colônia de Nova Friburgo têm fama de imoralidade. Entre as moças encontram-se muitas caras bem bonitas, o que raramente se vê entre as brasileiras da província do Rio de Janeiro, razão por que também são muito requestadas. Mas a grande pobreza que reina na colônia de certo contribui não pouco para que aqui as mulheres não sejam castas e virtuosas e a geração mais nova, como já disse, infiel à sua origem suíça, tem nas veias sangue brasileiro de escravos[160].

UMA COLÔNIA EXPERIMENTAL ITALIANA

Ao tratar da realidade do Rio Grande do Sul, o capitão Hörmeyer afirma que muitos colonos não se acostumavam com o trabalho no campo e se desencantavam. A seu ver, isso se devia ao fato de a maioria ser gente recrutada nas cidades europeias, trabalhadores de fábricas de tecelagem, bem como atores, barbeiros, mestres-escolas e até prostitutas. Quase nenhum agricultor. Eram pessoas que nunca haviam manuseado uma picareta ou pá e tinham ideias fantasiosas sobre o Brasil.

Talvez também tenha sido esse um dos motivos para o insucesso dos italianos na Colônia Cecília, idealizada por Giovanni Rossi (1856-1943), em 1890, no Paraná.

Zélia Gattai (1916-2008), esposa do escritor Jorge Amado (1912-2001), conta que seu pai, com palavras simples e acessíveis, explicou-lhe quem era Giovanni Rossi, mais conhecido por Cárdias. Tratava-se do italiano que idealizara todo o projeto da colônia experimental em terras brasileiras. Rossi gostava de música e conhecera na Itália o compositor e maestro Carlos Gomes (1836-1896), que lhe falou das belezas do Brasil. Rossi resolveu escrever uma carta para D. Pedro II. O imperador, por acaso, lera a publicação *Un comune socialista* [Uma comunidade socialista] de Rossi e, encantado com a proposta, ofereceu-lhe a terra solicitada para a colônia experimental.

Entre os primeiros passageiros que se apresentaram para o translado estava Francisco Arnaldo Gattai, avô de Zélia, que havia tempos entrara em contato com Rossi. A avó de Zélia, na época com 30 anos e cinco filhos, não teve medo de enfrentar o desconhecido.

Entre 150 a 200 pioneiros integravam o grupo, havendo imigrantes de várias profissões e classes sociais: camponeses, médicos, engenheiros, professores, artistas e operários.

Em fevereiro de 1890, o grupo de idealistas embarcou com destino ao Paraná; porém, nesse ínterim, o regime monárquico no Brasil havia sido derrubado, em 15 de novembro de 1889. O imperador fora deposto e expatriado, e a República, proclamada. Os fundadores da "Colônia Socialista Experimental" já não podiam contar com a ajuda e o apoio prometidos por D. Pedro II. Mesmo assim:

> Ao alto de uma colina, por entre os pinheirais, divisava-se, hasteada ao alto de uma palmeira, enorme bandeira vermelha e preta. Era a bandeira da "Colônia Cecília" saudando a chegada dos novos pioneiros[161].

O acampamento compunha-se de um grande galpão construído junto a um córrego e pequenas barracas em construção. As condições de sobrevivência eram péssimas. A situação piorou com a intimação das autoridades republicanas que, em desacordo com a doação feita pelo imperador deposto, exigiam dos colonos que pagassem pelas terras, inclusive os impostos atrasados, ou as abandonassem. Havia ainda a resistência clerical, narrada por um tio de Zélia: bem próximo à colônia, fora erguida uma igreja católica com a exclusiva finalidade de hostilizar e boicotar a experiência anarquista. Os Gattai permaneceram na colônia por cerca de dois anos. Em pouco tempo, muitos chegavam, o que levou a população da colônia a acreditar na vida comunitária.

Em novembro de 1892, chegou à colônia, com seu companheiro Annibale, a jovem Adéle, que Rossi conhecera numa conferência realizada em Curitiba. Entre Rossi e essa jovem, sempre lembrada em termos muito elogiosos, nasceu de imediato grande simpatia recíproca. O marido Annibale, após ser consultado, aceitou que Adéle se juntasse a Rossi na sua cabana de madeira. Não foi sem sofrimentos nem choros que se estabeleceu essa "família poliândrica". Posteriormente, a pedido de Rossi, Adéle também manteve relações sexuais com um rapaz da Bretanha.

Se Rossi encantou-se com esse episódio, tão útil para a experiência socialista, Annibale só conseguia superar seu ciúme e seus preconceitos à custa dos maiores sofrimentos. Nas respostas a um questionário muito detalhado elaborado por Rossi, o ciúme de Annibale aparece pouco e com delicadeza. Nas palavras de Rossi:

> O que nos atormenta mais é que o amor livre não penetrou ainda no coração de nossas companheiras, o que produz muito aborrecimento aos que estão sós, e apesar disso ninguém faltou com o respeito com as mulheres. Nós estimamos muito que algumas mulheres convictas venham logo se juntar a nós[162].

O experimento, porém, não vingou. Ao final da colônia, Rossi enumerou as razões que levaram os camponeses a deixarem o local: ciúme, miséria, alcoolismo, desconhecimento do trabalho no campo e ressentimento de parte das famílias, que partiram para outras paragens.

RECENTES SOCIEDADES CAMPONESAS

O historiador Ismael Antônio Vannini, em *O sexo, o vinho e o diabo*, realizou interessante estudo sobre a vida íntima nas sociedades camponesas de Caxias, Farroupilha e Bento Gonçalves, na região colonial italiana no Rio Grande do Sul, no período de 1906 a 1970. Para ele, essas sociedades camponesas apresentavam costumes de relativa liberdade sexual, bem mais ampla do que comumente aparentavam.

O historiador também levantou dados referentes à situação crítica que se constituiu por causa dos filhos nascidos de relacionamentos incestuosos entre irmãos. Isso se deveu, em boa parte, à desinformação sexual, uma vez que os jovens eram mantidos ignorantes sobre o assunto.

Para o historiador belga Jos Van Ussel, autor de *Repressão sexual*, não há relacionamento sexual refinado entre os habitantes do campo devido a determinações culturais e socioeconômicas. O coito é realizado com brevidade; pouco romantismo, pouca fantasia, raros jogos eróticos. O ato estaria guiado mais pela satisfação de pulsão fisiológica do que pela procura da extensão do prazer. No campo, os adultos não se importam muito de ocultar a crueza do coito entre os animais, até mesmo na presença de crianças. No entanto, essa visão certamente necessita ser relativizada. Contextualizando tal ocorrência na região colonial do Sul, assim se expressou o historiador Vannini:

> A princípio, acreditávamos que a prática do bestialismo fosse restrita aos homens. De forma inesperada, os depoimentos registram também casos menos numerosos de mulheres envolvidas sexualmente com animais. Portanto, os impulsos sexuais das camponesas também podiam ser saciados com o uso de animais domésticos. Registre-se que as práticas bestialistas não constituíram apenas casos de iniciação sexual naturalista de jovens do sexo masculino, mas também estratégias de adultos de ambos os sexos para superar e mitigar tensões e frustrações sexuais. No relativo aos homens, os animais mais utilizados seriam as terneiras e as porcas. Temos apenas relatos, menos numerosos, de mulheres servindo-se sexualmente de cachorros[163].

Na comunidade italiana, no início do século XX, como ocorreu com os alemães em meados do século XIX, ter um grande número de filhos era imprescindível ao êxito na exploração de terras relativamente abundantes. Uma grande prole também era necessária para garantir o amparo dos pais na velhice, num momento em que o Estado e a Igreja incentivavam e favoreciam a procriação. Por isso, eram comuns famílias de dez, quinze e mais filhos; em alguns casos, até vinte filhos não eram raros nas colônias italianas do Sul. Casar grávida não constituía algo socialmente excepcional e desqualificador para a moça. Foram numerosos os indícios de que, muitas vezes, o casamento com uma noiva já grávida era uma forma de assegurar a capacidade reprodutiva da futura esposa.

O sociólogo e crítico literário Antonio Candido (1918-2017) aponta a estranheza no meio caipira paulista quanto ao fato de alguém permanecer solteiro, o que poderia ser visto como indício de "alguma doença"; o mesmo ocorria no Sul, onde a falta de filhos se alinhava às dificuldades econômicas e de prestígio social. Jos Van Ussel diz algo semelhante sobre o passado europeu: "Quem não tem filhos é suspeito de esterilidade e quem declaradamente não quer ter filhos é considerado como associal e egoísta, alguém que se utiliza da sociedade e nada faz pelo seu desenvolvimento".

Ter poucos filhos ou nenhum era considerado um comportamento antinatural. Caso a mulher confessasse ter tentado evitar a gravidez através de qualquer método, o padre lembrava-lhe que um dia prestaria contas por esse terrível ato: "Se passasse um ano e meio sem engravidar, a mulher era alertada pelo padre, durante a confissão, que Deus não estava se agradando da vida conjugal *maliciosa* que ela estava levando". Os religiosos se apegavam, ainda, aos princípios do casamento e ao papel da mulher dentro da família cristã, tal como ressaltados por Santo Agostinho: "Mesmo com a mulher legítima, o ato matrimonial é ilícito e desonesto quando se evita a concepção da prole".

O namoro, apesar de vigiado, era incentivado a partir dos 13 anos, para as moças, e dos 16, para os rapazes. Na região, era comum constituir-se família por volta dos 18 aos 20 anos.

Por questões morais e mesmo econômicas, na região de colônias de imigrantes não havia possibilidade para o estabelecimento das tradicionais casas de tolerância que proliferavam nas pequenas cidades e capitais. Como ocorreu nas comunidades alemãs, por muito tempo os bordéis não foram aceitos na região estudada.

Como conta emocionada uma velha senhora, expondo a realidade das mulheres de colônias de imigrantes, havia válvula de escape camuflada: "Destas vagabundas sempre existiu aqui, e como que te digo não tinha um lugar assim de puta, mas mulher puta sempre existiu, e não pensa que era uma só".

DEFLORAMENTOS PRECOCES

As experiências sexuais antes do matrimônio e a gravidez inesperada eram algo comum na comunidade italiana. Segundo Ismael Vannini, em *História, sexualidade e crime*, estudo sobre os imigrantes italianos no período de 1938 a 1958, a falta de educação sexual efetiva e permanente na família, na escola e na Igreja não inibia as práticas sexuais. Não saber de sexo, concebê-lo como pecado, ter medo dele não significavam, no entanto, não fazer sexo. Assim, certamente existia prazer, mas não sem culpa, medo, dolorosa precariedade.

O historiador Vannini coletou dados importantes a respeito do comportamento desses jovens. Em 1950, uma adolescente, Zélia, de 14 anos, envolveu-se amorosamente com o rapaz Mário. No inquérito, três depoimentos confirmavam a boa conduta de Zélia; no entanto, o desenrolar das investigações policiais revelaria que a jovem tinha um passado comprometedor. Os registros atestam certo tom vulgar nas palavras com que Mário se referiu ao defloramento:

> Que fora por iniciativa de Zélia, ela o convidou para ir até o potreiro, e, chegando lá, ela mesma tomou a iniciativa, baixando suas calças e entregando-se. Que ao

introduzir o membro, o qual entrou com grande facilidade, pois a fritola (termo vulgar na língua dialetal usado para definir o órgão genital feminino) de Zélia era larga e aguada. Que o declarante esteve por mais três vezes no potreiro mantendo relações sexuais com Zélia, sabia por intermédio de outras pessoas que a mesma não era mais virgem e costumava convidar rapazes para copular[164].

Não se sabe ao certo quais foram os motivos que levaram Zélia a se envolver com os jovens integrantes da vila: desejo, inocência ou ignorância. Seu destino, porém, foi selado pelo julgamento desabonador diante da família e da comunidade.

Em 1950, um rapaz de nome Hilário, após ser indiciado sob a acusação de desvirginar uma menor, de nome Irma, de 16 anos, fez sua defesa alegando que conhecia o corpo feminino e que, quando manteve relação sexual com a adolescente, notou que ela não era mais virgem, porque estava muito "esburacada". Outro caso com o mesmo teor foi narrado em 1939. O acusado Joaquim havia namorado Hermelinda, embora soubesse que ela já era "trabalhada" e que já tinha feito o "serviço" com outro moço. Diante disso, deixou de namorá-la.

Em queixa registrada em 1941, o jovem Virgílio alegou em sua defesa que era Hilda quem o procurava na saída da missa e o assediava com propostas amorosas e olhares insinuantes. Com palavras indecorosas e transparecendo arrogância, Virgílio afirmou que se rendeu, já "que o declarante é homem e gosta de fazer suas 'cavações' e que, diante das provocações de Hilda, viu-se obrigado a ter relações carnais com ela". Mesmo não dispondo de nenhum dado que confirmasse sua crença de a jovem não ser mais virgem, "diz ter certeza disso; que o declarante já andou com outras mulheres e que a mesma também já não era mais virgem".

Na versão de Hilda, porém, foram outros os acontecimentos. Em sua defesa, a jovem afirmou que era Virgílio quem a perseguia, chegando a assediá-la em seu trabalho na roça: "que ficou tão impressionada com a insistência e declarações de Virgílio que resolveu assentir". Alegou que na saída da missa foi procurada pelo rapaz e "que foram até um pequeno mato a caminho de casa e que estando lá, levada com os carinhos e promessas de amor, resolveu se deixar deflorar". Disse que posteriormente, no mesmo lugar, "praticou atos carnais com seu conquistador por mais cinco vezes".

A precariedade do local do defloramento não impedia a descarga do prazer, podendo até aguçá-lo, como ocorreu num potreiro próximo à casa da moça. Os jovens foram surpreendidos em seus encontros amorosos por um casal de vizinhos que estava a caminho da lavoura. De imediato, trataram de divulgar o escândalo, que rapidamente chegou aos ouvidos do pai da moça.

Eulália, jovem de família humilde, não se sabe se por rebeldia ou prazer, com apenas 15 anos, em 1942, rompeu com os rígidos padrões morais da cultura cristã predominante na época. A amiga da moça, ao depor, contou ter presenciado o envolvimento sexual de Eulália quando descansava do serviço em uma cooperativa. A amiga, ao se dirigir ao sobrado da casa, defrontou-se com Giacomo Sbardelotto mantendo relações sexuais com Eulália, que "estava com o vestido levantado até a cintura e as calças abaixadas até o joelho, que quando eles viram a declarante separaram-se rapidamente".

Ao entregar o corpo mediante a promessa de casamento, a mulher entendia que o deflorador assumia um verdadeiro compromisso de se casar após o intercurso sexual. Isso era corroborado pela Justiça. "A forma mais comum de sedução, no sentido jurídico para a época, era a promessa de casamento", diz a historiadora Martha Esteves, em *Meninas perdidas*, obra sobre a realidade do Rio de Janeiro no início do século XX.

Elemento aglutinador da sociedade, a capela da comunidade era o lugar em que todos os membros se conheciam e sabiam da história de cada família, permitindo, assim, o compartilhamento cotidiano dos acontecimentos. Pelas conversas entre os jovens da comunidade, o acusado poderia ficar sabendo do passado da vítima, o que lhe facilitava defender-se das acusações. Ao tomarem conhecimento de que determinada moça não era mais virgem, os rapazes a assediavam para satisfazer seus desejos, e logo a honra da moça se tornava assunto de comentários gerais.

Para muitas famílias, diante do escândalo sexual, seria desonroso manter em casa uma filha deflorada e grávida, exposta aos olhos e comentários da sociedade. Preferiam casá-la com alguém, mesmo que indesejado. Um casamento arranjado apressadamente era visto com bons olhos. Difamada perante a sociedade, a moça que perdera a virgindade punha em xeque a virtude e a honradez da própria família.

No conjunto dos relatos, chama atenção a grande importância atribuída ao hímen. O historiador Boris Fausto enfatiza a idolatria do hímen predominante na sociedade brasileira, como se a honra ficasse materializada nessa peça anatômica. Com o namoro proibido pelos pais, e obviamente impedidos de se unirem, muitos casais tomavam a honra e a virgindade como aliadas e investiam contra seus familiares. O deflorHe muitas vezes se dava para criar um fato consumado e forçar um casamento.

Em queixa de 1957, o pai de Vitalina, de 15 anos, acusa o jovem Aldérico de invadir sua casa pela madrugada e deflorar sua filha. A mãe da moça surpreendeu-se ao encontrar, pela manhã, um par de sapatos de homem embaixo da janela do quarto da filha. "Desconfiada, foi averiguar e encontrou o Aldérico escondido debaixo da cama de sua filha. Que o mesmo fugiu tomando o caminho de casa." A filha "consentira e facilitara a entrada do deflorador abrindo-lhe a janela de seu quarto". Os pais não imaginavam que a ousadia de Vitalina pudesse ir tão longe, muito menos desconfiavam de que ela soubesse tantos detalhes sobre os atos sexuais: "Que nas primeiras noites, Aldérico concluía o ato nas coxas da declarante e que depois o mesmo praticou o ato dentro; e que mantinha essas relações todas as noites, que posteriormente, de madrugada, o rapaz pulava a janela e ia embora, fato que não ocorreu na última vez pois ambos dormiram até o amanhecer, não podendo fugir".

Na comunidade, a consequência do exame dos peritos sobre uma moça, ao constatar sinais clínicos de desvirginamento, significava o comprometimento da moral da jovem. A medicina brasileira especializara-se na anatomia sexual feminina, e peritos médicos analisavam detalhadamente o hímen das moças ofendidas para dar o veredicto: "rompimento antigo ou recente". Em meados do século XX, predominava todo um aparato minucioso voltado para as exigências valorativas da sociedade himenólatra. Mas, nos depoimentos, as versões dos envolvidos poderiam facilmente ser relativizadas; isto é: o acusado poderia alegar que a vítima já não era virgem quando mantivera relações com ela, fato que limitava a contribuição da medicina legal.

Relatado em 1957, outro caso demonstra a passividade na realização do ato sexual. O deflorador pede para que a moça ceda e lhe diz que "não iria se arrepender", pois ele tinha condições materiais de manter um casamento. Diante da insistência, a queixosa concordou: "Que ali então, João em pé mesmo, teve início a cópula; que João de início ergueu a saia da declarante e depois disso tirou-lhe as calças, e que as calças com facilidade cederam, pois eram presas por elástico, e puxando cediam". Afirma que, depois dessa ocasião, manteve ainda relações com João por mais umas cinco ou seis vezes.

Com data de 1956, há outro registro de uma adolescente que compareceu à delegacia para dar sua versão sobre seu desvirginamento:

> Que seu namorado, de nome Pedro, levantou o vestido da declarante e deu um jeito de tirar as calças; que segurava a declarante com força e que Pedro baixou suas calças até a altura do joelho; que Pedro pegou o membro na mão para colocá-lo na vagina da declarante e que esta chorou por doer pois era a primeira vez que tal fazia; que Pedro vendo o choro contínuo da declarante tirou o membro da vagina e continuou o ato colocando o membro no meio das pernas, onde concluiu o ato e a declarante viu o esperma cair no chão; que depois deste ato a declarante diz ter tido relações e praticar o ato com Pedro por mais umas 8 ou 9 vezes[165].

No entender da justiça, para que o ato se configurasse como crime de deflorамento, era necessário que ele ocorresse por meio de sedução ou que tivesse sido contra a vontade da vítima. Houve casos em que o teor do inquérito apresentava fortes argumentos para uma futura defesa do rapaz. Um deles foi o de uma jovem que, além de se entregar ao seu sedutor logo na primeira noite de namoro, numa atitude considerada não muito honrosa, teve sua situação agravada quando não se lembrou, por exemplo, da data, nem muito menos da hora do rompimento do "precioso lacre". Nos emaranhados detalhes dos depoimentos, espreitava o atento ouvido dos advogados e juízes, buscando contradições e argumentos nas entrelinhas do que era dito.

Observamos como a versão da passividade feminina se fazia presente nas justificativas da ofendida; nas descrições do coito, porém, a jovem acabava revelando que fora levada pelo próprio desejo. Segundo uma queixosa, Barbieri a convidou para irem conversar. No princípio, a declarante insistiu em não acompanhá-lo até um matinho próximo da estrada, mas, dada a insistência do acusado e a promessa de ele não lhe fazer mal, ela cedeu. Como a queixosa continuasse a insistir em se recusar a manter relações sexuais, mesmo com promessa de casamento, Barbieri sacou do bolso uma navalha e ameaçou-a, caso não consentisse em sua proposta. Tal fato ocorreu em 1950:

> Que logo em seguida deitou-a no chão e ergueu-lhe as roupas, tirou o membro viril para fora e trepou por cima da declarante, procurando introduzir o membro na vagina da mesma. Que a declarante, ao sentir o contato do membro em suas partes, não pôde mais resistir e ajeitou-se para que o membro lhe fosse introduzido. Que este ato provocou o seu desvirginamento[166].

Para Vannini, em função dos vários depoimentos coletados em seu trabalho, pode-se afirmar que os crimes sexuais das comunidades italianas estudadas "atingiram, ou até por vezes superaram, os índices criminais da sexualidade registrados em outras regiões e comunidades".

PERÍMETRO URBANO

Além dos assédios e abusos sexuais no perímetro rural, no setor urbano as ocorrências parecem ser semelhantes. Abusar da empregada doméstica era um ato praticado ao longo da história do país, fruto da herança escravista. Muitos memorialistas fazem questão de deixar registrado esse assédio, considerado natural no meio em que viviam. O futuro empresário da noite, o gaúcho Carlos Machado (1908-1992), conta que, quando morava com sua avó, devido à morte da mãe em seu parto, sua primeira relação sexual se deu em meados da década de 1920 com uma empregada:

> Trabalhava na casa de minha avó uma alemãzinha que sempre me despertou um grande entusiasmo. Em nossas conversas de esquina, já éramos todos diplomados teoricamente em sexo, mas faltava a prática. Uma manhã acordei estranhamente excitado [...] quando entrou a alemãzinha para arrumar meu quarto. Pedi-lhe que chegasse perto da cama e atirei-me sobre minha vítima que gritou – baixo –, chorou – pouco – e, ante tudo o que foi dito e por ela visto – gostou. Vivemos uma época de muita felicidade e nada era mais importante do que o momento da arrumação de meu quarto[167].

Narra o autor que tudo estava indo muito bem, até que sua avó descobriu o motivo de seu grande interesse pela limpeza doméstica; a essa altura, ele sempre ajudava a jovem a fazer sua cama, limpar a cozinha, e esperava ansiosamente pelos dias de faxina no sótão. Descoberto, lamentou ter perdido sua primeira amante, mas já estava pronto para muitas outras.

Segundo a historiadora Núncia S. Constantino, em pesquisa referente aos anos 1920 sobre as adolescentes numa cidade gaúcha, nos processos relativos a abusos não só das empregadas, havia, além do laudo do exame de corpo de delito, peça importante nos processos, os depoimentos que descreviam a conduta das adolescentes pobres. Olga, de 15 anos, por exemplo, segundo o advogado do acusado, "deixou-se desfolhar por outrem na sua murchíssima flor de laranjeira", acrescentando em seguida que "é mulher de costumes fáceis, anda na perdição da vida airada". Ana, também com 15 anos, segundo o acusado do desvirginamento, "já era uma mulher desonrada" e, na sentença, aparece como "depravada que com facilidade se entregou ao réu em lugar quase público". No caso de Maria, de 13 anos, segundo o advogado do acusado, "era rapariga namoradeira". Danielina, de 16 anos, "moça solta", costumava "chamar o namorado no portão, com atitude indecorosa, como uma meretriz". Tratava-se de meninas que nada tinham a perder, segundo seus acusadores, e que não tinham ninguém que as defendesse.

A historiadora encontrou seis denúncias de incesto, todas atribuídas aos pais. A maioria dos delitos ocorreu na casa das ofendidas. Algumas meninas pobres buscavam assistência hospitalar ou recorriam à Justiça. Eram meninas órfãs ou filhas de criação, que viviam nos arrabaldes ou moravam de favor em casas de outras famílias; trabalhavam como domésticas ou exerciam outras atividades desprestigiadas para prover o próprio sustento. Sua sociabilidade era a da rua, em passeios e visitas com amigas, encontros furtivos com namorados, em bailes populares nos salões suburbanos.

> Por desejo, medo ou ignorância perdem a virgindade e buscam, de alguma forma, *reparação à honra*, no casamento. Quando empregadas domésticas, nunca obterão sentença que lhes seja favorável, pois a sexualidade expressa o binômio inferioridade-poder. Muitas das adolescentes serão negras, apesar de não ter sido possível trabalhar a categoria *cor*, e aí teríamos constatado mais uma permanência cultural do sistema escravista[168].

Mesmo quando se trata de um grande centro urbano como o Rio de Janeiro das primeiras décadas do século XX, observa-se que o discurso é semelhante ao das vítimas da colônia italiana ou dos pequenos centros urbanos:

> As mulheres ofendidas precisavam provar terem sido seduzidas, e não sedutoras. Para isso, muitas se colocavam na posição de passivas frente à ação dos homens sedutores, declarando que foram seduzidas para um determinado local, forçadas a deitar, as vestes lhes foram levantadas, sem sua vontade, o membro introduzido[169].

Nos casos de defloramento ou de ocorrência de estupro seguidos de negociações familiares e judiciais para reparar o dano com casamento, não era o agressor o julgado, mas a moça, sempre acompanhada dos qualificativos: honesta, recatada etc. Trabalhar fora, chegar tarde em casa, ser "moderna", residir em habitações coletivas, frequentar bailes ou usar maquiagem depunham contra o comportamento da vítima, e justificavam os atos dos agressores e dos defloradores.

Nas primeiras décadas do século XX, enquanto no Sul e Sudeste do país se debatia e se consolidava o encontro de diversas nacionalidades com suas culturas peculiares, no Nordeste, na aspereza da realidade sertaneja, dois acontecimentos deixaram marcas na história: a marcha da Coluna Prestes e o Cangaço. Nesse Brasil agreste, camadas mais pobres da população conviviam com todo tipo de opressão: patriarcalismo, miséria, seca, fome, o que trazia como consequência inúmeras formas brutas de exploração sexual. Nos dois próximos capítulos, abordaremos o desenrolar desses episódios.

MULHERES NA MARCHA DA COLUNA PRESTES

A Coluna Prestes foi um movimento encabeçado por líderes tenentistas, ocorrido de 1924 a 1927. O movimento deslocou-se pelo interior do Brasil, pregando reformas políticas e sociais e combatendo o governo federal de Arthur Bernardes (1922-1926), que comandou o Brasil sob constante estado de sítio, e as antigas oligarquias políticas. Reivindicava também o voto secreto e denunciava as fraudes nas eleições. Em sua marcha pelo país, os integrantes da Coluna comandada pelo futuro líder comunista Luís Carlos Prestes (1898-1990) denunciavam a exploração das camadas mais pobres pelos líderes políticos. Seu principal objetivo era manter aceso o ideal revolucionário e conscientizar a população rural acerca do domínio exploratório exercido pelas elites.

O exército revolucionário reunido na lendária Coluna percorreu 24 mil quilômetros pelo interior do Brasil. Os registros históricos indicam que, em dezembro de 1924, os rebeldes tinham cerca de 1.500 homens, precariamente armados e quase desprovidos de munição. De início, acampados em torno da cidade gaúcha de São Luiz Gonzaga, não contavam com uma retaguarda que assegurasse o abastecimento da tropa. A Coluna pôs em prática a "guerra de movimento", à semelhança da luta de guerrilha, que consiste em estar sempre em marcha e só travar combate quando não há alternativa. A grande mobilidade do deslocamento, trilhando caminhos inacessíveis, dificultava a atuação dos pesados equipamentos transportados pelas forças governistas.

MULHERES SEGUEM AS TROPAS

Estudos revelam que cerca de cinquenta mulheres, entre gaúchas e paulistas, participaram diretamente da Coluna. Elas provinham, em sua maioria, de setores das camadas populares. Essas mulheres seguiam seus maridos e companheiros, como amantes, confidentes, enfermeiras ou combatentes. Tomaram chuva, sofreram os rigores da seca nordestina, passaram fome e pariram nos logradouros mais hostis da terra brasileira.

Segundo a historiadora Maria Meire de Carvalho, que, entre outras fontes, pesquisou em jornais notícias sobre as mulheres da Coluna Prestes, elas apareciam como "bandoleiras", "destemidas amazonas", "*la garçonne*", "*detraquées*", ou seja, "desmioladas", "meras espiãs", "criminosas rebeldes", "piedosas enfermeiras". Quase todos esses termos remetiam a sentidos negativos, pejorativos, carregados de machismo, típico do imaginário social das primeiras décadas do século XX. O termo mais empregado foi o de "vivandeira".

A incorporação das mulheres à marcha da Coluna se fez em desacordo com o comando superior e violou as regras estabelecidas, que as proibiam de acompanhar as tropas em combates. Segundo Prestes, os acampamentos da tropa rebelde distribuída em torno de São Luiz Gonzaga eram uma atração para muitas moças da região, todas de origem humilde. Ao longo da viagem, mais mulheres se engajaram na Coluna. Em sua maioria, as jovens lançavam-se a um futuro incerto, acompanhando os homens até o fim do mundo se fosse preciso. Siqueira Campos, um dos comandantes, "não as suportava, nem mesmo de passagem pelo seu destacamento. Tomava-lhes os animais e as deixava no meio das estradas, sem contemplação, razão pela qual era por elas temido e odiado", escreve o historiador Daniel Aarão Reis[170].

Algumas vezes, chegaram a lutar como soldados, revelando grande dedicação, desprendimento e heroísmo ao ir à linha de fogo para socorrer companheiros feridos. Para o comandante Osvaldo Cordeiro de Farias, as mulheres que seguiam a Coluna a pé ou a cavalo eram consideradas soldados. Mas, entre elas, destacava-se Hermínia, de origem alemã, uma excelente enfermeira. Todos os soldados depositavam a maior confiança nela:

> Hermínia era enfermeira diplomada e vivia com um soldado de São Paulo, também de origem alemã. Mas dizem que concedia seus favores a outros soldados. Nós não tomávamos conhecimento desse tipo de problema, a não ser que as disputas por mulheres ocasionassem conflitos maiores[171].

No relato do comandante Lins de Barros, feito décadas depois, nota-se certa estranheza quanto à presença de mulheres na marcha, mesmo quando se destaca a "rusticidade e bravura" da vivandeira de nome Santa Rosa. O comandante conta que numa madrugada, justamente na hora de levantar acampamento, recebeu a notícia de que Santa Rosa estava em trabalho de parto. Segundo ele, não se podia parar a marcha por causa do parto. Qual não foi seu espanto quando três horas depois, quilômetros adiante, Santa Rosa, trajada de homem, apareceu com a criança no colo, montada de lado em seu cavalo.

Outra vivandeira, de nome Albertina e sobrenome desconhecido, foi lembrada por Lourenço Moreira Lima, secretário da Coluna. Quando o quartel-general entrou em Minas do Rio de Contas, na Bahia, em abril de 1926, ficou em companhia de Albertina seu irmão de nome Alibe, de 17 anos, também do Rio Grande:

Albertina era uma linda rapariga de seus vinte e dois anos, a mais bonita das nossas vivandeiras. Condoída da sorte de Agenor, ofereceu-se para tratá-lo, nos seus últimos dias. Depois de nossa saída, chegou a essa cidade um batalhão patriótico. Um miserável que era tenente desses mercenários quis se apoderar de Albertina e, como ela se recusasse a satisfazer a sua concupiscência, degolou-a brutalmente, bem como a Alibe[172].

A violenta morte de Albertina ficou registrada na memória popular. O escritor baiano Jorge Amado incorporou esse acontecimento a seu livro *Cavaleiro da esperança*, onde narra que o tenente que a matou desfilou com sua cabeça decepada, mostrando-a aos soldados legalistas.

O historiador Hernâni Donato[173] ressalta que entre os revoltosos havia mais do que as cinquenta mulheres mencionadas pelo secretário da Coluna. Para ele, "os críticos da Coluna Prestes contabilizaram centenas de mulheres, o que emprestaria à tropa contestadora a caricatura de orgia em desfile". Segundo Donato, foi para se desfazer dessa imagem e desse sentido desqualificador que o secretário da marcha, Lourenço Moreira Lima, declarou que muitos revoltosos eram imberbes, o que fazia com que fossem confundidos com mulheres, criando assim a impressão de maior presença feminina na marcha. Dessa falsa impressão nasceu a lenda de que a Coluna "conduzia centenas de raparigas".

Mesmo que em contingentes menores, porém, elas estavam lá. Uma delas, Alzira, foi assunto na imprensa, que se empenhou em desqualificar sua atuação e expor o perigo e a ameaça que ela representava à ordem social. Ao destacar o incidente que levou à prisão de Alzira, o jornal *Diário de Notícias*, de 1926, menciona uma relação de ciúme possivelmente ocorrida entre Luís Carlos Prestes e Miguel Costa devido à beleza e à exuberância física da jovem.

> O ciúme [...] estraga a situação dos revoltosos. A "generala" prisioneira, [...] por sinal que é uma bela mulher [...], teria declarado ter abandonado o acampamento revolucionário em virtude do desabrido ciúme de Miguel Costa pelo seu camarada Prestes. Por isso, e receando um desastre entre eles, preferiu abandonar o campo dos revoltosos[174].

O general Miguel Costa, porém, refutou a reportagem e declarou a um correspondente do *Diário de Notícias* de Salvador sua indignação com a matéria do jornal concorrente *A Tarde*, de 1926, que insinuava um romance entre ele e a companheira Alzira:

> Fiquei muitíssimo contrariado quando li na imprensa que a revoltosa Alzira aprisionada pelos bernardistas, perto de Bonfim, era minha amante. Contesto formalmente isso. Alzira, aliás uma mulher educada, regularmente instruída e inteligente, é apenas uma rapariga de vida livre que acompanha a tropa desde o Rio Grande do Sul, ligada eventualmente a oficiais de pequeno posto, e que estava ultimamente em companhia do tenente Hermínio. Como homem casado e de responsabilidades, não posso me conformar com essa "promoção" da revoltosa Alzira a "generala"[175].

O protesto do general invoca dois valores caros à sociedade da época: a responsabilidade do cargo de comandante de tropas, mesmo que se tratasse de tropas rebeldes; e a condição de casado, que lhe sobrepõe responsabilidades ético-sociais. Ao enfatizar suas "responsabilidades", ressalta a falta de responsabilidade de Alzira: "rapariga de vida livre", conclui a historiadora Maria Meire de Carvalho.

Ser considerada amante do general era do interesse de Alzira. Ela se aproveitou dessa condição para se manter segura em poder dos inimigos. Como prisioneira, Alzira ficou sob vigilância de um oficial governista e frequentemente era transferida junto com a tropa, acompanhando de perto a perseguição aos revoltosos da Coluna.

A revoltosa Alzira rompeu com todos os pré-juízos de debilidade associada à natureza da mulher: ela portou arma, lutou corpo a corpo com o inimigo, não demonstrou medo ou fragilidade diante dos soldados, posicionou-se em igualdade de condição com os homens.

Por fim, entre todas as mulheres que participaram da marcha da Coluna Prestes, a única que deixou registro de sua fala foi a revolucionária Elza Schmidk. Em 1927, ao ser indagada pelo jornalista Luís Amaral, correspondente de *O Jornal*, se estava arrependida de ter seguido a tropa, Elza lhe respondeu, em seu nome e das demais mulheres, que não se arrependiam de nada. Embora sacrificadas e exaustas pela longa marcha, elas não se mostravam derrotadas.

A imprensa legalista empreendeu uma campanha de desmoralização das mulheres que participaram da Coluna, ao usar e abusar do episódio da prisão das revoltosas na Bahia. Assim, o *Diário da Bahia*, em 13 de maio de 1926, publicou matéria acerca da ousadia das "bandoleiras", adjetivo dado às mulheres que acompanhavam a marcha: "As bandoleiras têm fôlego de sete gatos. As guerreiras, como são chamadas as bandoleiras, montam à americana e quase não diferem dos homens senão pelas formas e feitio do rosto, suportando marchas das mais violentas".

Tratava-se de mulheres corajosas, apaixonadas pela causa ou por alguém, que viveram a vida com autenticidade, como a jovem Alzira, que completou 18 anos durante a marcha. Havia, também, mulheres maduras e experientes, com idade acima de 50 anos, como a velha negra "Tia Maria", a "Tia Joana", a "Tia Manoela Gorda", e também aquelas de origem estrangeira, como as enfermeiras Hermínia, austríaca, e a já citada Elza Schmidk, alemã, finaliza a historiadora Maria Meire de Carvalho. Havia, ainda, "as que se mantinham fiéis aos seus amásios e havia também as que borboleteavam" entre os agrupamentos, "levando uma vida de boêmia alegre".

OS SERTANEJOS: NEM REBELDES NEM LEGALISTAS

Em *Coluna Prestes: o avesso da lenda*, a jornalista Eliane Brum dedicou-se a escrever uma reportagem sobre a campanha, refazendo, sete décadas depois, a marcha do exército revolucionário pelo Brasil e entrevistando dezenas de testemunhas. Brum encontrou uma história diferente do que imaginava. Os relatos desmentiam a lenda da fama da Coluna; mesmo hoje em dia, com a divulgação dos meios de comunicação, muitos moradores ainda desconhecem o que aconteceu.

Segundo fontes ouvidas, em vários lugares por onde passaram, os integrantes da Coluna espalharam terror entre a população, praticando saques e violências. Adotou-se a chamada "potreada": método gaúcho em que pequenos grupos de soldados apartados da tropa tinham como missão arrebanhar à força, no campo do inimigo, gado para o alimento e cavalos para a montaria, bem como colher informações para serem repassadas para o comando. Segundo Prestes, as potreadas foram "os verdadeiros olhos da Coluna". Diante da dificuldade de sustentar diariamente um exército faminto quando se chegava a um pequeno vilarejo carcomido pela seca, era necessário, contra a vontade, dilapidar os parcos recursos da população pobre.

Um morador afirmou: "Quando encontravam gado, pegavam sem perguntar de quem era". Mas o camponês de nome Amadeu disse ao comandante das tropas invasoras que precisava da sua única vaca "para que a minha filha não morra de fome". Prestes aceitou o pedido e mandou um soldado guardar a casa da expropriação. Em geral, porém, os paióis de milho armazenados para a chegada da seca eram requisitados para servir de comida aos animais de montaria.

O agricultor João Sabino Barbosa, de Jaraguari, incorporou-se à Coluna por motivos não revolucionários. Um dia antes, ele se esconder no mato para não correr o risco de ser levado à força.

> Em casa, deixou a mulher e a filha recém-nascida, crente de que os revoltosos eram homens de causa errada mas com honra. Mal o sol amanheceu, voltou para a família. Encontrou a mulher com o sexo rasgado, sangue nas roupas arrebatadas e os olhos parados vazios. A menina já estrebuchando de berrar sem ser ouvida[176].

Com espírito de vingança, João Sabino Barbosa seguiu a marcha até Goiás com a finalidade de identificar e matar os violadores de sua mulher. Tornou-se o cozinheiro da tropa nas noites de acampamento e realizou seu intento. Retornou, então, à cidade natal.

Muitos outros relatos foram ouvidos e registrados por Eliane Brum. Quando os soldados chegaram a um lugarejo ao norte de Mato Grosso do Sul, a família de Candor entregou toda a criação sem resistência, em troca de garantia de vida. Em outra família, a história foi diferente:

> A esposa de João Sabino Barbosa não foi a única mulher violentada durante a permanência dos revoltosos durante 24 horas em Jaraguari. "Os rebeldes estupraram outras moças sem resultado. De família, só a do João", explica. "Um deles pegou uma daquelas pretas maloqueiras, feia, de família que trabalhava em fazenda. Ela engravidou e, como o homem era um ébrio, o filho não vingou. Morreu logo. A preta virou mulher da vida"[177].

O sertanejo Domingos José Valente, 91 anos, que diante de mais de mil revoltosos defendeu suas terras à bala, ao relatar sua experiência, procurou estabelecer as diferenças de comportamento entre os membros da Coluna: "O povo do Estado-maior da Coluna era educado, não fazia nada de mal. Mas tinha o pessoal da rabeira, que fazia o serviço sujo pra eles".

Muitas vezes, os soldados atravessavam o sertão, famintos, em busca desesperada por alimento. Arrasavam canaviais e dilapidavam rebanhos. Dois revoltosos, que haviam escapado da marcha, logo depois encontraram os soldados dormindo, "carregados com duas raparigas que arrastaram do sertão".

Em Arraias, a recepção aos revoltosos com banda, foguetório e muita saudação passou para a história como uma retumbante aclamação da causa libertária. Mas, na verdade, diz o filho de um antigo morador, "o pai achou foi um jeito de escapar daquela encrenca sem destroçar a cidade". Embora não tenha sobrado nenhum cavalo nas redondezas e tenha havido, a contragosto, a doação do rebanho, tudo ocorreu apenas com pequenas escaramuças.

Já os habitantes de Natividade, ao ouvirem o tropel da Coluna Prestes, esconderam-se numa serra. Simone Araújo, 27 anos, ouviu de sua avó, morta aos 107 anos, que os revoltosos "abusavam das mulheres". Sobre essa mesma acusação, outro morador disse que

> Enquanto a oficialidade fazia bonito nos lares das boas famílias, os soldados aprontavam nos arredores. Um sargento do 2º destacamento invadiu a casa do

sertanejo Justiniano Noleto e, com um safanão nas crianças que se abraçavam aos berros nas pernas da mãe, violou a mulher com requintes de crueldade. Justiniano contou o ocorrido a Juarez Távora chorando de ódio. O sargento foi executado. Morreu em pé, sem tremer nem se curvar[178].

Quando havia "mulher da vida" disponível para a atividade sexual, ela era requisitada. Entre elas, "Maria Taffarel, uma costureira de sinuosas curvas, emprestou o corpo jovem aos rudes soldados". Outra moradora que não teve tanta sorte foi a prostituta Benedita do Rosário: "Foi currada por seis revoltosos. Quando acabaram, já não sobrava muito da pobre Benedita", escreve Eliane Brum. "Acabou adoecendo e morrendo", lembra o velho morador de nome Possidônio.

Em 3 de fevereiro de 1926, na cidade de Luís Gomes, no Rio Grande do Norte, os homens saquearam a farmácia, conforme recorda um morador de 94 anos: "Ih, foi um prejuízo danado. Não tinha mais remédio pra sífilis na cidade. Os revoltosos tavam doente e espalharam a peste por aqui".

Segundo o historiador Daniel Aarão Reis, "irritava a Coluna ver o vazio formado à sua frente. Era constante encontrar vilas e pequenas cidades abandonadas pelos habitantes, que fugiam apavorados com a chegada dos rebeldes". Muitos, mesmo concordando com a causa, preferiram ficar do lado dos coronéis ou do governo.

No município de Rio das Contas, Prestes conclamou os gatos-pingados que tinham permanecido no povoado a trazerem os conterrâneos de volta. "Não corram para o mato. Nesta Coluna tem muita gente ruim. Eu necessito deles para atirar, mas tragam o povo de vocês para a cidade que é mais seguro", discursou. Essa conclamação de Prestes sobre certos indivíduos bandoleiros pode ser comprovada pelo seguinte depoimento:

> Quando Benedito Barradas morreu, suas histórias já tinham ocupado a região. "Ele contava como tomavam as fazendas, matavam os donos e roubavam o gado. Dizia que era por ordem do Prestes e não se arrependia. Contava que matou muitas mulheres porque resistiram em ser violentadas e também matou muitas crianças", recorda Roberto. "Ele era ignorante, não sabia qual era a causa da revolução. Só dizia que o pegaram no Rio Grande e o obrigaram. Mas tinha orgulho de ter lutado"[179].

Em 21 de outubro de 1925, uma carta remetida pelo frei José Audrin, da cidade de Porto Maior, em Goiás, dirigida ao Estado-maior da Coluna, denuncia:

> A passagem da Coluna revolucionária através de nossos sertões e por nossa cidade tem sido um lamentável desastre que ficará por alguns anos irreparável.

> Em poucos dias, nosso povo, na maioria pobre, viu-se reduzido à quase completa miséria. Isto é, sobretudo, deplorável, porque esse humilde povo nenhuma culpa teve nos acontecimentos passados, ignorando até, em sua quase totalidade, os distúrbios de 1924 em São Paulo e Rio Grande do Sul[180].

CORRIGINDO EXCESSOS

Diante dos acontecimentos e do terror que gerava a Coluna, seu comando chegou a admitir os excessos. Numa resposta a uma carta recebida de um padre, Prestes, Costa e Távora tentaram justificar os saques: "Afiançamos-lhe que só temos retirado do patrimônio do povo aquilo que é indispensável às necessidades imprescindíveis da tropa". Em outra correspondência, contudo, o general Costa revela-se envergonhado com a violência e os excessos dos homens comandados por ele.

Segundo Anita Leocádia, filha de Prestes, apesar da precariedade, Luís Carlos transformou a tropa rebelde num exército em que vigorava a disciplina militar; ao mesmo tempo, era estimulada a iniciativa dos soldados. Não havia pagamento de espécie alguma ou vantagens de qualquer tipo; e exigia-se, para permanecer nas fileiras da Coluna, grande espírito de sacrifício e muita disposição de luta.

> A Coluna não se poderia transformar num exército revolucionário, movido por um ideal libertário, se não incutisse em seus combatentes uma atitude de respeito e solidariedade em relação ao povo com quem mantinha contato. Qualquer arbitrariedade era punida com grande rigor; em alguns casos de maior gravidade, chegou-se ao fuzilamento dos culpados, principalmente quando houve desrespeito a famílias e, em particular, a mulheres. Da mesma forma, não se admitiam saques ou atentados gratuitos à propriedade[181].

Segundo alguns estudiosos da Coluna, porém, os relatos de ufanismo e de heroísmo ficam arranhados pelo conhecimento dos eventos cruéis. A literatura sobre o assunto os ignorou ou silenciou sobre eles. Os arquivos do segundo homem na hierarquia da Coluna, o general e ex-ministro Juarez Távora (1898-1975), abertos ao público pelo Centro de Pesquisa e Documentação da Fundação Getúlio Vargas, revelaram excessos praticados por muitos dos integrantes da Coluna. Na matéria intitulada "Marcha de horrores", a revista *Veja* afirma:

> É a primeira vez que documentos comprovam algo que antes havia sido atestado somente pela memória oral dos habitantes das cidades percorridas pela

Coluna. Os relatos das atrocidades cometidas por parte da tropa estão em diversas cartas enviadas ao comando do movimento sobretudo por moradores, padres e autoridades dos lugares por onde marcharam. Até mesmo integrantes do exército revolucionário denunciaram por escrito os abusos – incluindo-se aí estupros de "senhoras indefesas"[182].

Indagado na matéria da revista *Veja*, o historiador Edgar Carone afirmou: "Tínhamos alguma desconfiança de que foram praticados alguns atos violentos contra a população. Mas essas são as primeiras provas de que isso realmente aconteceu"[183]. Na opinião do historiador, contudo, esses episódios em nada minimizam a bravura e a importância da Coluna Prestes. Há quem diga que ela inspirou Mao Tsé-Tung na Grande Marcha de 1936.

A Coluna Prestes marchou por dois anos e três meses. Transformou-se num exército com características populares. Durante a marcha, realmente foi possível constatar a miséria em que vegetava a maior parte da população brasileira. Ao fim, já praticamente desarmada, com apenas 620 homens e algumas mulheres, a Coluna guardou o impacto causado pela situação miserável em que viviam as populações do interior do país. Nas camadas da população urbana, insatisfeitas com a elite dirigente do Brasil, provocou forte efeito simbólico.

Além da Coluna Prestes, veremos a seguir outro acontecimento histórico simultâneo de errância pelo sertão: o Cangaço, principalmente na figura de Lampião.

MULHERES NAS TRILHAS DE LAMPIÃO

Quis a história que as trajetórias da Coluna Prestes e de Lampião quase se cruzassem, embora seus objetivos fossem diferentes. Um encontro entre Lampião e o deputado coronel Floro Bartolomeu foi intermediado por padre Cícero (1844-1934), com a intenção de obter o apoio do cangaceiro na luta contra a Coluna Prestes, que já se encontrava no Nordeste. Como recompensa, foi prometida a Lampião a patente de capitão do exército.

Na origem do cangaço, importa lembrar que vários bandos independentes de salteadores podiam ser encontrados no Brasil pelo menos desde a década de 1850. Foi somente a partir dos anos 1890, porém, que esses bandoleiros começaram a se destacar. Contra a população indefesa, não foram poucos os casos de ataques, torturas, estupros e roubos efetuados por eles. O povo muitas vezes sentia verdadeiro pavor de cangaceiros e dos volantes, isto é, os policiais.

É sabido que alguns cangaceiros distribuíam parcos tostões de esmolas para os sertanejos humildes. Indiretamente, isso se transformava num "escudo ético" que melhorava sua imagem nas ações marginais.

Também por essas razões, as biografias de Lampião têm diferentes versões. Uns justificam seus atos destacando sua origem humilde e especialmente sua motivação para ter entrado no cangaço: fazer justiça. Outros o atacavam por ter sido talvez o mais cruel dos bandidos do Nordeste. Esta última versão vem sendo a mais reiterada em pesquisas acadêmicas.

A maior parte dos cangaceiros vinha de famílias tradicionais e de relativas posses, respeitadas em suas regiões. Lampião intensificou sua participação no banditismo quando a polícia matou seu pai, em decorrência de frequentes atritos com uma família vizinha. Em algumas instâncias, as questões de honra muitas vezes predominavam sobre as questões fundiárias.

A CAMINHO DO SERTÃO

Em 1920, Virgulino Ferreira (1898-1938), aos 22 anos, aderiu ao cangaço, tornando-se um dos vilões mais conhecidos e pesquisados. A transformação de Virgulino em Lampião é narrada pelo imaginário sertanejo sob o signo do sagrado ou do fantástico. A mudança de seu nome se deu em ambiente de transe: numa noite escura, ao detonar o rifle, fez-se um clarão, como um lampião.

Aqueles que despertavam a inimizade de Lampião eram saqueados, queimados, torturados e mortos. Os cangaceiros agiam tanto em seu estado natal, Pernambuco, quanto em outros seis estados nordestinos. O tamanho do bando variou de cinco elementos a mais de cem, conforme a necessidade do momento. Os acordos entre Lampião e os membros da sociedade sertaneja chegaram ao auge entre 1923 e 1926, período em que diminuiu a perseguição da polícia e Virgulino Ferreira viveu mais abertamente em coexistência com os chefes políticos locais.

As notícias sobre estupros de mulheres e assassinatos de soldados e delegados, sem nenhum motivo aparente, tornaram-se cada vez mais frequentes no período que se seguiu à triste experiência de Lampião com o padre Cícero: em 1926, foi aconselhado a abandonar o cangaço e mais tarde descobriu que era falsa a patente de capitão recebida por intercessão do sacerdote. No entanto, é difícil estabelecer uma conexão direta entre esses acontecimentos e o aumento da violência, visto que Lampião e seu bando já tinham violentado moças e senhoras, bem como assassinado soldados e sertanejos considerados traidores.

A jornalista Adriana Negreiros conta que, junto com o bando, Virgulino praticava estupros coletivos, embora não os reconhecesse como tais, ao afirmar que "as mulheres queriam". Lampião, em particular, "tinha prazer intenso [...] de estuprar uma mulher enquanto ela chorava".

Quando os cangaceiros ocuparam a povoação baiana de Abóboras nos anos 1920, Lampião teve a fantasia de exigir que trouxessem para ele e seus camaradas onze mulheres "amigadas". A localidade não contava com tal número de concubinas. "Ele satisfez-se com as três ou quatro que lhe foram levadas." A partir daí, organizou uma festa, com todos os participantes nus. Virgulino exigia que dançassem colados uns aos outros. Pode-se imaginar o que eles fizeram com as jovens posteriormente.

O pior ataque, porém, parece ter sido a Algodões, um pequeno e pobre povoado perto da estrada de rodagem de Recife, em 1925. Ali chegando, os homens saquearam as poucas casas de comércio local, "e, segundo dizem, estupraram diversas mocinhas e senhoras". Num outro povoado próximo, mataram um delegado, cujo corpo foi mutilado em seguida; contam que também houve alguns estupros.

No entanto, embora não sejam poucas as histórias dignas de confiança que afirmam que Lampião violentou mulheres ou assistiu a estupros perpetrados por alguns de seus "cabras", não será surpresa se essas narrativas não forem verdadeiras, visto que nem as mulheres nem os cangaceiros gostavam de falar sobre o assunto. Como é de esperar, os ex-cangaceiros geralmente negam qualquer menção de estupro por parte de alguém do grupo.

> Apesar destes desmentidos, é evidente que houve estupros, e quase sempre eram de mulheres que tinham qualquer associação com a polícia – uma diferença que os cangaceiros, com sua visão distorcida da sociedade, achavam válida. Uma das histórias mais fidedignas de casos em que Lampião estava envolvido refere-se a um acontecimento em Paraíba, no ano de 1923. Lá, na comarca de Bonito de Santa Fé, situada perto da fronteira com o Ceará, Lampião e seu bando violentaram a jovem mulher de um delegado. Lampião foi o primeiro, seguido pelos 25 homens do grupo. O próprio delegado estava amarrado e foi forçado a presenciar. Foi ele mesmo quem contou a história. [...] Um outro caso, envolvendo os homens de Lampião, sucedeu quando invadiram Várzea da Ema, na Bahia, em 1931, e estupraram a mulher de um soldado. Esse caso, dentro do contexto então vigente,

era sem importância, pois, para os cangaceiros, ela era a mulher de um soldado, e, para a sociedade em geral, não era virgem nem esposa legítima[184].

As violações e estupros ocorridos ao longo da trajetória do bando podem ser compreendidos sob a lógica da honra e da vingança inerentes à cultura sertaneja. Além disso, é possível considerar o estupro como "tática guerreira" do bando: violar era uma forma de se vingar quando o inimigo fugia, fazendo com que sua prole pagasse por seus crimes. No entanto, é preciso apontar que se tratava de um fenômeno imitativo, contaminação das práticas exercidas pelos poderosos locais, donos do corpo e da consciência de outrem, e nesse sentido indicava a reprodução da perversidade. Os crimes, a violência e os estupros atribuídos a Lampião poderiam ser compreendidos, e mesmo "perdoados", pela lógica perversa de considerar tais fatos "naturais" no sistema da violência reinante.

Eis um caso de estupro de uma menor, na cidade de Algodões, em Pernambuco, em 1925, por cangaceiros que, no entanto, não eram do grupo de Lampião:

> Essa infeliz mocinha não teve como escapar às garras indefensáveis das sinistras aves de rapina, que a violentaram de uma maneira bárbara. Procederam com a pobre vítima da forma mais infame e desumana, submetendo a infortunada criatura às maiores humilhações que imaginar se possa. Fizeram-na servir de pasto à concupiscente bestialidade de dez ou doze miseráveis inescrupulosos bandidos![185]

Os motivos para a prática da curra eram os mais variados. O ex-cangaceiro Ângelo Roque, que se juntou ao bando depois da mudança para a Bahia, afirmou que numa ocasião, ao final de 1929 ou começo de 1930, Lampião e seu grupo "violentaram uma jovem senhora, aparentemente sob o pretexto de estarem escandalizados com o fato de ter ela se casado com um homem de 80 anos. Surraram o velho".

Os estupros, porém, nem sempre ocorriam de forma totalmente indiscriminada. Na verdade, os cangaceiros estavam terminantemente proibidos de seduzir as moças das famílias respeitáveis com as quais o grupo mantinha amizade. A morte como punição para quem desobedecia a essa norma era rápida e indiscutível. Havia, no entanto, exceções. Quando a violação era realizada por "motivos táticos", o malfeitor poderia ser perdoado.

As normas de conduta dos cangaceiros também revelavam que a exigência de decoro e o estímulo ao sadismo poderiam estar muito próximos:

É necessário notar um aspecto bizarro do comportamento dos cangaceiros para com o sexo feminino. Durante a década de 1930, Lampião e alguns de seus homens tentaram impor, nas áreas sob sua influência, modos pudicos às mulheres. Contam que, no início de 1930, o Capitão surrava as mulheres que usavam cabelos cortados, ou cujos vestidos eram considerados muito curtos. Pouco depois, o castigo, para quem infringia os padrões de decência estabelecidos pelos cangaceiros, foi confiado a José Baiano. [...] Seu método de castigo era marcar com ferro, o que nos leva a suspeitar que, sadicamente, gostava de torturar. Com seu ferro, que tinha as iniciais "JB", deixou sua marca no corpo de muitas mulheres do sertão. Algumas foram ferradas no rosto, outras nas coxas, nádegas e acima da vagina[186].

Há autores que consideram José Baiano o maior dos estupradores do bando. Ele teria abusado de centenas de mulheres, solteiras e casadas, e foi o mais famoso "ferrador" de mulheres do grupo de Lampião. Também chegou a cortar a língua de moças que usassem maquiagem e vestidos curtos.

Ocorriam também casos de castração. Certa vez, os cangaceiros chegaram a uma fazenda para punir o dono da propriedade por tê-los delatado à polícia. Mataram o pai e castraram o filho que, mesmo tendo perdido muito sangue, conseguiu sobreviver.

Essa não foi a única castração; houve pelo menos três outras. Numa ocasião, durante uma festa numa fazenda em Porto da Folha, em Sergipe, Lampião, "aparentemente obedecendo a um capricho, castrou um mulato, dizendo que era para que ele pudesse engordar". O cangaceiro Corisco tinha até um castrador "oficial" em seu grupo. Outros casos aconteceram:

> Um fazendeiro de Sergipe contou a Lampião os problemas que sua filha estava tendo com o marido devasso, que seduzira sua irmã. Embora o fazendeiro não quisesse que o matassem, gostaria que fosse castigado. Lampião encontrou-se com ele algum tempo depois e castrou-o, ele próprio. Cortou também um pedaço de uma de suas orelhas. E, finalmente, um rapaz de 22 anos foi castrado por Virgulino, perto de Buíque, em Pernambuco, em 1936[187].

Os motivos que levavam grande parte dos cangaceiros a entrar no bando não se relacionavam com vingança ou com a luta contra a injustiça das autoridades. Alguns procuravam Virgulino simplesmente porque tinham complicações com a família; outros entraram no cangaço por razões diversas. O cangaceiro Azulão fugiu de casa ao perceber que sua vida estava em risco. "Tinha seduzido uma de suas irmãs e ficou com medo de que o pai o matasse. Boa Vista saiu de casa pela mesma razão, embora, em seu caso, o pomo de discórdia fosse a amante do pai."

Antes da entrada das mulheres no bando, as chamadas "rameiras" às vezes eram requisitadas pelos "cabras" ou eram levadas para se encontrar com eles, em pleno sertão, por motivos de segurança.

> Se os cangaceiros muitas vezes se abstinham de estuprar, a razão, além do medo do castigo do Capitão, era o fato de que tinham meios de satisfazer seus desejos sexuais. Em cada cidade do sertão, havia casas destinadas à mais antiga profissão, e, além da proibição de seduzir as jovens senhoras e as moças ainda virgens, o código moral reconhecia as fraquezas da carne. Como figura romântica dos sertões, o cangaceiro era muito cobiçado[188].

Da parte dos perseguidores de Lampião, o tratamento violento não era diferente. Eles não eram mais civilizados com as cangaceiras presas e com esposas e filhas de sertanejos. Quando ficou presa em Geremoabo, na Bahia, Otília, a companheira do cangaceiro Mariano, era retirada à noite da cadeia e tinha que "servir" aos companheiros dos seus captores. Depois de violentada e espancada, retornava para a cela, abandonada no chão, como um bicho espantado. O destino das cangaceiras capturadas era tão cruel quanto o das vítimas nas garras dos cangaceiros; no entanto, ao contrário dos homens do cangaço, a polícia "não respeitava nem os cadáveres".

Segundo tradição oral, em 1929, Lampião atacou uma fazenda em Porto da Folha, em Sergipe, no instante em que se realizava um casamento. O avô da noiva tratou de esconder as moças e proteger sua neta. Após uma acalorada discussão, Virgulino exigiu dinheiro do velho sob ameaça de morte. A noiva propôs, então, uma boa quantia como recompensa, para impedir que houvesse uma tragédia. Lampião aceitou a oferta, mas não honrou seu compromisso.

> Tendo simpatizado com a jovem noiva, levou-a para o quarto e, na frente da avó, estuprou-a. Não satisfeito, depois do "arrombamento", segurou a velha pelos cabelos, obrigando-a a limpar seu pênis, coberto de sangue da neta. Uma vez terminada a cerimônia entregou a moça para cinco cangaceiros que a "devoraram", comendo-a com ganância. Enlouquecida, a vítima "vagou anos e anos" pelas estradas solitárias do sertão[189].

No sertão, os personagens desviantes muitas vezes eram admirados, respeitados e até prestigiados. Isso equivale a dizer que, nesse caso, o estupro seria, naquela cultura, quase um componente primordial e considerado natural do erotismo masculino.

Acusar a mulher de ser responsável por sua própria violação significava criticá-la por não ter internalizado as regras estabelecidas do domínio masculino, ou de não querer se submeter à situação. Observado de outro modo, dizia-se que "os homens são violentos por natureza" e estão à procura de "safadezas", como se expressa um informante. "Por que elas se metiam nos caminhos deles? Elas bem sabiam que não podiam enfrentá-los; mulher parece que nasceu para sofrer!", pergunta-se um sertanejo de 67 anos.

> Uma vez estuprada, a mulher estava acabada. Restava-lhe a prostituição – longe, de preferência, para que ninguém tivesse notícias dela. "Quando uma mulher é 'possuída à força' por um bandido, ela não serve mais para nada, ela não é boa para o casamento"[190].

Sendo assim, não havia perdão nem compreensão para com a vítima violada. Muitos não consideravam o cangaceiro "mau elemento" ou "degenerado"; seu ato seria inerente à sua exuberante virilidade a toda prova: machos, e não violadores. A vítima nada mais era do que uma mulher, alguém que estava no lugar e na hora errados. Segundo o código de honra sertanejo, a vingança não era apenas um direito, mas um dever, uma obrigação.

No caso de relação sexual violenta antes do casamento, em circunstâncias diferentes das do cangaço, quase sempre era possível reparar o erro mediante o casamento da mulher com o agressor. Desse modo, o fato caía no esquecimento e perdoava-se a brutalidade cometida.

ENCANTAMENTO FEMININO

Nos estudos gerais sobre o cangaço, a inclusão da mulher está presente apenas nas entrelinhas, como acidente ou objeto de transgressão. Havia algo de fascinante na figura dos cangaceiros, o que levava as jovens sertanejas a se apaixonar por eles a ponto de deixar noivos e maridos para acompanhá-los. Os depoimentos de ex-cangaceiros e também de suas antigas admiradoras revelam que os motivos para isso variavam de uma mulher para outra.

Muitas, geralmente de origem humilde, entravam no cangaço por conta própria, vendo no bando a possibilidade, mesmo que idealizada, de uma vida repleta de aventuras e de liberdade. É claro, porém, que algumas jovens, até mesmo meninas de 12 anos, foram raptadas e forçadas a seguir os "cabras-machos".

A vida rotineira e miserável da dona de casa sertaneja era completamente diferente daquela que levavam nos grupos, onde dinheiro, joias, ouro eram obtidos com relativa facilidade.

A aparência guerreira, que desde os primórdios do mundo sempre fez o coração feminino balançar, o temor que o simples anúncio de sua aproximação causava. Isso mexia com a sensibilidade das moças interioranas cujos "heróis" eram medidos pelo padrão vigente. Cantadores, vaqueiros de fama, valentões[191].

Conhecidos e louvados por muitos como jovens heróis regionais que enfrentavam a ferro e a fogo alguns coronéis e latifundiários endinheirados, enfeitados dos pés à cabeça, os signos de riqueza colados ao corpo como uma tatuagem, os homens do bando, na maioria das vezes, não precisavam praticar o rapto de moças. Muitas mulheres tinham uma sensação estranha, irresistível e primitiva que as arrastava para o impacto das emoções violentas, rudes e perigosas daquele amor com cheiro de suor, sangue e morte, disfarçado pelos perfumes que os cangaceiros usavam em abundância. Era algo sem as rédeas dos rígidos regulamentos da Igreja e livre dos preconceitos da sociedade.

No entanto, por muito tempo, o sucesso do cangaço esteve intimamente ligado à renúncia física do corpo da mulher, vista como causadora da desvirilização e da dessacralização do cangaceiro. Antes, Lampião buscava respaldo nas respeitadas palavras do ex-cangaceiro Sinhô Pereira, seu mestre e amigo: "Meu filho, afaste-se das mulheres, elas deixam o guerreiro mole, os duros não precisam de fêmeas; deixe isso para os fracos". Para esse antigo cangaceiro, a única mulher a ser realmente respeitada e amada sem limites era a santificada mãe. Por isso, Sinhô Pereira, modelo para Lampião, reagiu com apreensão quando o líder mudou as regras e passou a acolher mulheres no grupo:

> No meu tempo não havia mulheres no bando. Mulher só podia trazer más consequências, dividindo o homem, fazendo o grupo brigar por ciúme ou por outro motivo qualquer. Eu fiquei muito admirado quando soube que Lampião havia consentido que mulheres ingressassem no cangaço. Eu nunca permiti, nem permitiria[192].

O padre Cícero Romão, que protegia e sobretudo era acatado e respeitado por Lampião, também se mostrou contrariado com a regra de aceitar mulheres: "Lampião será invencível enquanto não houver mulher no bando". De início, Virgulino resistia a aceitar essas palavras, não apenas como conselho, mas também como uma ordem: amar uma mulher seria desvirilizar simbolicamente um cangaceiro. Tudo leva a crer, no entanto, que seu grupo foi o único a admitir que a mulher compartilhasse a vida nômade do cangaço.

Maria Déa (Maria Bonita), aos 19 anos, deixou tudo – marido, família, casa – para acompanhar Virgulino. A chegada das mulheres iria mudar o destino do cangaço, assim como o de Lampião:

> A entrada de Maria Bonita no cangaço abriu a vida para outras mulheres. Sertaneja, ela conhecia a condição social das camponesas. Prisioneiras, na sua grande maioria, do sofrimento e da solidão, muitas eram escravas de senhores perversos. Abrindo o cangaço às mulheres, ela abriu igualmente as portas da prisão vivida como um destino, numa existência insípida na qual a miséria provocava a morte lenta de um corpo envelope, numa "espera" que não aguenta mais por esperar[193].

Pouco antes da entrada de Maria Bonita, a menina Dadá encontrou o cangaceiro Corisco, quando tinha pouco mais de 12 anos. Na realidade, Dadá foi raptada e seu desvirginamento foi mais um ato de violência, entre tantos. Segundo Adriana Negreiros, Corisco "jogou-a no chão. Imobilizando-a, levantou-lhe o vestido, abriu-lhe as pernas, se debruçou sobre seu corpo. 'Feito um animal', como ela viria a descrever no futuro, penetrou-a com força, repetidas vezes". Saciado, deixou a menina "inerte, quase desfalecida, com a região genital em carne viva, esvaindo-se em sangue".

Como consequência, Dadá teve delírios, febre alta, hemorragia e corrimento por vários dias.

No início assustada, amedrontada, ficou durante três anos morando com um tio, "pois naquela época nenhuma mulher era aceita no cangaço, um mundo de homens", dizia-se. A cangaceira Sila entrou nessa aventura aos 14 anos de idade, levada da casa dos pais por Zé Sereno, e ficou com ele pelo resto da vida.

Era raro que um cangaceiro ficasse sozinho. Em casos de extremo perigo, suas mulheres eram protegidas geralmente pelos amigos do grupo e coiteiros, isto é, pessoas que davam guarida aos cangaceiros, escondendo-os e despistando-os da polícia, quando necessário.

Antídoto contra a falta de perspectivas sociais, num tempo em que o sertão era assolado pela seca e a população camponesa definhava na mais profunda miséria, o cangaço tornava-se para os jovens e para algumas mulheres um espaço de liberdade, de sonho ou de aventura.

Nos períodos de grandes secas, os camponeses vendiam suas filhas, como também suas irmãs mais jovens, aos volantes, esfomeadas de pão, de Deus e de sexo. A história oral – confirmada pela narração escrita – conta o calvário de meninas-moças, miseráveis, analfabetas, mal pagas, mal amadas, vendidas aos homens "por um vintém"[194].

Em geral, a menina vendida pelos pais tornava-se presa do comprador ou da sorte, podendo sofrer por sujeição e humilhação. Já o imaginário sobre a mulher no interior do cangaço apresentou, sem dúvida, um quadro menos desolador. Entregues aos cangaceiros ou abandonadas como mercadorias a serem consumidas, elas encontravam no bando o sexo viril e ardente de homens tidos como vigorosos, decididos, que amavam as festas e o prazer de viver sem amarras.

Embora Lampião já convivesse com Maria Bonita, não deixou de participar de muitos estupros praticados por seus companheiros. Mas o fato é que o ingresso de mulheres no bando, em torno de 1930, de certa forma domesticou muitos daqueles homens. A presença feminina fez com que, de maneira geral, se tornassem menos violentos. Algumas vezes, Maria Bonita intercedia para que não se praticassem atos violentos gratuitamente.

As mulheres eram a minoria do contingente; não passaram de cerca de quarenta. A permanência delas decerto só fez crescer a imagem mitológica do bando nas comunidades sertanejas, ainda que alguns, como o cangaceiro Balão, acreditassem (talvez por machismo) que as mulheres tinham sido as responsáveis pelo fim do cangaço.

Ao exigir que a mulher fosse antes de tudo cangaceira, Lampião tentava escapar à advertência do padre Cícero Romão: o bando só se manteria invencível enquanto nenhuma mulher participasse dele. Segundo Frederico Maciel, biógrafo de Virgulino:

> Inteligente, compreendeu Lampião o sentido da advertência: mulher no cangaço só para sexo seria um transtorno e desastre. [...] Ela deveria ser mais do que simples amante. Teria de ser cangaceira [...]. Para isso, deveria ser adestrada no manejo das armas, treinada nas posições de luta, testada sobre destimidez[195].

MULHERES ENCONTRAM O PRAZER

Católico fervoroso, e supersticioso na crença de manter o "corpo fechado", Lampião declarava o jejum rigoroso para o bando às sextas-feiras, em respeito à crucificação de Jesus, e proibia as relações sexuais até o sábado pela manhã, pelo mesmo motivo. A mesma precaução acontecia às vésperas de combates, para que não se esmorecesse a agressividade, o ímpeto guerreiro. As mulheres "comedoras de homens" eram igualmente devoradoras de energia.

No caso de traição, como ocorreu com Carrasco que, ao voltar ao abrigo, surpreendeu a esposa em flagrante adultério com Pó Corante, a pena foi a morte. "Lili recebeu, na mesma hora, seis tiros. Pagou com a vida o ludíbrio ao afeto", destaca Daniel Lins.

Nas memórias do cangaço, há a história de Maria Jovina e suas satisfações eróticas vividas com Balão. Fama de garanhão, o jovem fogoso era pai de 23 filhos com cinco mulheres diferentes; dizia-se capaz de "cobrir uma fêmea" quatro ou cinco vezes sem "baixar o fogo!". Com outra cangaceira, de nome Maria Pancada, a história foi diferente: "Ela me provocou", acrescenta Balão. Nesse caso, não tinha escolha:

> Aceitei de cobrir ela uma vez. Mas uma vez não era bastante… para provar que eu era um guerreiro e um macho de verdade, ela me obrigou a tirar as provas dos nove… Eu cobri ela mais duas vezes[196].

A "provocação" de Maria Pancada aguçou ainda mais a virilidade de Balão. Esse episódio parece igualmente querer destacar o fato de que as mulheres, uma vez libertadas, descobriam o prazer e aproveitavam a ocasião para satisfazer seus desejos.

Os filhos dessas uniões não podiam ficar na companhia dos pais. A segurança do bando estava em primeiro lugar, e um bebê chorando ecoava nos ouvidos do inimigo. Eles eram entregues a padres, juízes, promotores e outras pessoas de responsabilidade, sempre com a recomendação de que fossem criados para ser "alguém" na vida. Quando não paria, a cangaceira abortava.

A mortalidade infantil era enorme, e isso acontecia logo após o parto. As gestantes davam à luz onde podiam: num leito improvisado, numa caverna, em meio à vegetação ressequida, debaixo de uma árvore, sob um sol escaldante ou, ainda, em meio a um tiroteio e a uma saraivada de balas mortíferas. Maria Bonita, mesmo contando com a ajuda de uma exímia parteira, perdeu quatro filhos.

DESFAZENDO UM MITO

Preocupado com sua imagem, Lampião respeitava e admirava os jornalistas; gostava de ler o que era escrito a seu respeito. A imprensa foi importante na criação mítica de um guerreiro todo-poderoso. Suas façanhas e sua morte foram matérias no jornal *The New York Times*.

Segundo o historiador Lorenzo Aldé, em "Fascinantes facínoras", Virgulino Ferreira, vulgo Lampião, é hoje um mito nacional. No entanto, sua ficha criminal é enorme e contém o relato de diversos crimes hediondos. "Arrasavam vilas e propriedades rurais. Estupravam mulheres. Castravam rapazes. Enterravam gente viva. Cortavam cabeças", afirma o historiador.

Nos bastidores, os poderosos faziam acordos com o chefe do cangaço para proteção e outros tipos de crimes. Para a professora de História Luitgarde Barros, em *A derradeira gesta: Lampião e Nazarenos guerreando no sertão*, a mitificação de Lampião é um absurdo histórico a ser corrigido urgentemente: "Ele só conseguiu permanecer 22 anos praticando seus crimes porque servia à classe dominante"[197]. Enquanto estava vivo, não era mitificado pelo povo.

Havia interesses entre os que participaram ou se beneficiaram do cangaço, gente que ajudava os bandoleiros a se esconderem e recebia benefícios pela prestação de serviços variados. Para esses indivíduos, era melhor serem vistos como apoiadores dos "justiceiros" do que serem considerados protetores de bandidos.

A versão de que Lampião simbolizava certo ideal de justiça social atendia a vários interesses. Nos embates políticos dos anos 1930, a mitificação a seu respeito servia como luva para a propaganda comunista no Brasil, como exemplo de herói camponês. Quando sobreveio a ditadura militar, em 1964, a esquerda se aferrou a símbolos da libertação popular, sendo os vilões a polícia corrupta dos coronéis, e os heróis, os cangaceiros. Mais tarde, a liberdade poética de cordelistas e cantadores os exaltou sem fundamento factual. Por fim, o pesquisador Lorenzo Aldé aponta que, para o historiador inglês Eric Hobsbawm (1917-2012), Lampião entra no rol dos "bandidos sociais", embora com a ressalva de que era um personagem ambíguo, meio "nobre", meio "monstro".

REVISIONISMO SEXUAL

Segundo o pesquisador Antônio Amaury Corrêa de Araújo, não existe nenhuma informação, nem a mais leve suspeita, de casos de homossexualidade, feminina ou masculina, nos bandos. A ocorrência do ato homossexual nunca foi mencionada, muito menos registrada pela história oral nem pelos inimigos do cangaço – mesmo que o desejo homossexual inerente à vida nômade ou ao sistema de caserna estivesse naturalmente presente. Sobre esse assunto, o jornalista Felipe Sáles questiona a falta de comprovação dos dados:

> Depois de Hitler, Zumbi dos Palmares e a imperatriz Leopoldina, o, digamos, revisionismo sexual de grandes personalidades da história atingiu o cangaceiro Virgulino Ferreira da Silva. O problema é que a "descoberta" do juiz aposentado

Pedro de Morais, autor do livro *Lampião, o mata sete* – no qual afirma que o líder do cangaço era homossexual –, nem novidade é, mas se alastrou feito rastilho de pólvora nos *megabytes* do mundo moderno[198].

O livro de Pedro de Morais foi proibido pela justiça a pedido da filha de Lampião e posteriormente liberado. O pesquisador Luiz Mott, que levantou suspeitas sobre a sexualidade do cangaceiro, também afirma que não se dispõe de nenhum dado sobre o assunto. As suspeitas quanto à sexualidade de Lampião decorrem do fato de ele gostar de perfume francês, usar lenço de seda, muitos anéis nos dedos, saber costurar e bordar. Além disso, nas festas, na falta de mulheres, os homens dançavam juntos. Mas, segundo Antônio Amaury Corrêa de Araújo, "informou-nos Dadá que jamais ouvira falar sobre tal procedimento, e que só tivera conhecimento dessa prática quando passou a residir em Salvador. A ex-cangaceira Sila, por sua vez, testemunhou: "Não sabia nem o que era isso. Ouvi essa palavra ao chegar em São Paulo"[199].

Não se pode desconsiderar, porém, que os atos de jogar e de brincar, enquanto trocas simbólicas amorosas, derrubam as barreiras morais, diluem a radicalidade da linguagem que identifica comportamentos e atenuam a força do desejo, sem não obstante negá-lo.

Mesmo sem encontrar cenas de homoerotismo explícito no bando, a fantasia podia rondar, contudo, nas noites de lua cheia alimentadas pela solidão de homens sonhando com sexo e com mulheres. As suspeitas partem do pressuposto de que não é preciso ter experiência homossexual para que a pessoa o seja. Tratando desse tema de forma geral, assim afirma a psicanalista Regina Navarro Lins: "Muitas vezes, o desejo homossexual existe no inconsciente, mas a pessoa não sabe disso porque o desejo está reprimido"[200].

Enquanto ocorriam esses episódios de violência no sertão, consolidava-se a ocupação humana em territórios próximos à costa brasileira. No século XX, houve iniciativas governamentais para avançar essa ocupação em regiões centrais do país, na tentativa de assimilar os povos indígenas ao sistema econômico. Em 1910, foi criado o Serviço de Proteção aos Índios (SPI), com a intenção de tutelá-los, e, posteriormente, em 1967, no período militar, a Fundação Nacional para o Índio (Funai). Na segunda metade do século XX, o número de funcionários do Estado e de antropólogos aumentou, possibilitando o contato com novas tribos e novos estudos sobre esses povos. Durante a ditadura militar, com a política de segurança nacional, adotou-se o lema "Integrar para não entregar". Na esteira de estudos de antigas tribos e recentes descobertas, veremos como se processava a diversidade da vida sexual dos indígenas, culminando no século XXI.

A ALDEIA BRASILIANA DA DIVERSIDADE SEXUAL

A conduta humana é bastante diversificada. Não é diferente com a sexualidade e a sensualidade que, em qualquer cultura, apresentam enorme complexidade e plasticidade. Se não fosse assim, o antropólogo polonês Bronislaw Malinowski (1884-1942) não gastaria quase 500 páginas para abordar *A vida sexual dos selvagens* das ilhas Trobriand no Pacífico Ocidental.

À primeira vista, o comportamento sexual de nossos índios parece transcorrer sem muita complexidade. No entanto, veremos que cada tribo tem sua própria maneira de conviver com a sexualidade. Assim, o mais adequado é falar em "sexualidades indígenas". Estudos feitos pelo antropólogo norte-americano Thomas Gregor sobre os índios da tribo meinaco (ou mehináku), por exemplo, revelam uma série de complexidades de um povo que tem o prazer da carne como principal fonte de vida.

O antropólogo salienta que, para os meinacos, "o sexo realmente traz uma ambiguidade suprema para as vidas dos moradores". Em seus elaborados rituais, eles dão expressão a um sistema de símbolos que lembra medos e tensões sexuais identificados por Freud: ansiedade de castração, conflito edipiano, fantasias de perda de força física através do sexo e uma série de outros temores. "Se olharmos com cuidado, veremos reflexos de nossa própria natureza sexual nos modos de vida de um povo amazônico", escreve o autor de *Anxious Pleasures: The Sexual Lives of an Amazonian People*.

ÍNTIMA SEXUALIDADE

Uma informação interessante sobre o comportamento afetivo e íntimo de uma tribo indígena, já no século XX, foi apresentada pelo antropólogo norte-americano Charles Wagley (1913-1991). Ele estudou os tapirapés, de Mato Grosso, por um longo período. Nos anos 1939 e 1940, ficou quinze meses vivendo entre eles.

Wagley notou que as mulheres andavam nuas. Já os homens usavam uma espécie de estojo peniano; ser surpreendido sem ele era motivo de vergonha. As mulheres tinham senso de pudor ao sentar ou se agachar, de modo que ficassem ocultos os lábios da vulva.

Os tapirapés asseguraram a Wagley "nunca terem ouvido falar de masturbação". Um índio que frequentou o dormitório de uma escola nos meses que passou em Conceição do Araguaia com os padres dominicanos contou ao antropólogo "ter aprendido a se masturbar com os rapazes ali residentes". Na tribo, o jovem tem muito menos estímulos eróticos.

O primeiro casamento entre jovens geralmente era frágil, quase um casamento-teste. Consideravam-se as moças um tanto promíscuas e facilmente seduzíveis. Havia jovens de 20 anos casando-se com mulheres de 50, e vários homens maduros tomavam como "noivas" meninas de 6 a 7 anos. Justificavam tais uniões dizendo estarem "criando suas próprias esposas", conta Wagley.

Uma observação sobressai nas notas de campo do antropólogo: era comum ver casais passeando pela praça da aldeia, com o braço do homem sobre os ombros da esposa. Mas, embora os casais fossem afetuosos, pareciam desconhecer o beijo. Comentando o assunto com os índios, eles manifestaram ignorar essa forma de expressar atração física. Pareceu-lhes um costume nojento, próprio da tribo adversária, os toris.

Os tapirapés, ao que parece, gostavam de variar suas posições no ato sexual; pelo menos, não se limitavam à "posição do missionário". Esta posição, que chamamos de "papai-mamãe", fora imposta pelos religiosos cristãos entre diversos povos primitivos. O intercurso sexual era realizado geralmente no chão, na privacidade da floresta, ou, tarde da noite, na oca, protegido pela escuridão. O casal devia manter silêncio dentro de casa. A rede era considerada inadequada para o ato sexual por balançar e não permitir movimentos amplos. Mesmo com esses cuidados, diz Wagley, não era raro ver os meninos brincarem de casinha "tratando as meninas como esposas"; também relata ter presenciado "meninos e meninas imitando cópula sem serem reprimidos pelos adultos".

Contaram a Wagley que muitas vezes, durante o intercurso, a mulher emitia exclamações. Impossibilitado de presenciar uma cópula em circunstâncias normais, Wagley pôde assistir "a uma violentação grupal de uma jovem que estava sendo punida dessa forma, por se recusar a trabalhar ao lado de suas parentas". Naquela ocasião, o antropólogo pôde observar várias posições durante o intercurso, que difeririam à medida que a moça cooperava.

> Um homem deitava sobre a mulher, face a face, repousando seu peso sobre ela; outro ficava de cócoras encarando a mulher, levantando as nádegas dela para encontrar seu pênis; outro, ainda, apoiava-se sobre seus joelhos e cotovelos com seu peso fora da mulher, enquanto ela enroscava suas pernas ao redor de sua cintura. Contaram-me que, em circunstâncias normais, a mulher algumas vezes tomava a posição superior, montando sobre o homem que se deitava de costas. Isso se dava, particularmente quando ele tinha alguma dificuldade em conseguir uma ereção completa. Champukwi assegurou-me que a mulher tapirapé algumas vezes

praticava o *fellatio* em seu marido, mas declarou desconhecer o *cunnilingus* [língua na vagina] e duvidou que a prática acontecesse mesmo entre os tori. Nunca saberei se isso era ou não verdade, ou se era causado pelo chauvinismo masculino de Champukwi. Do mesmo modo, nunca saberei se a mulher tapirapé alguma vez alcançou o orgasmo. Penso que elas o atingiam, mas não pude encontrar na linguagem tapirapé uma palavra para o clímax feminino, e Champukwi, meu amigo mais íntimo, quando tentei explicar-lhe, afirmou não saber o que significava[201].

O antropólogo observou também um ritual de escarificação, ou seja, a realização de dolorosos cortes no rosto da moça com desenhos ornamentais. Muitas, por não aguentarem a dor, interrompiam o ritual e, assim, parte do rosto ficava sem completar os ornamentos. Com isso, perdiam prestígio entre os demais. As que fugiam passavam por um processo de humilhação ainda maior: além dos gracejos e risos das pessoas, ocorriam também violências. Um membro da tribo "contou o caso de cinco mulheres violentadas por terem fugido da escarificação. Disse-me que, algumas vezes, os homens violentavam uma mulher a despeito da vontade do marido".

Segundo o etnólogo alemão naturalizado brasileiro Herbert Baldus (1899-1970), entre os tapirapés geralmente os casais vivem bem e não se registram muitos divórcios. "Mas, algumas vezes, aparece um Don Juan e tem suas aventuras. E há também mulheres que tomam a iniciativa de uma escapada."

Sobre a tribo dos kaingangs, de Palmas, no sul do Paraná, divisa com Santa Catarina, Baldus menciona algumas curiosidades. Em estudo de 1933, constatou que os casais, antes de se unirem, deveriam manter abstinência sexual. Eram monogâmicos e os homens geralmente eram fiéis. Mas, em contato com os brancos, eles vinham alterando seus comportamentos. Pelo que Baldus pôde assinalar a respeito da posição no intercurso sexual, sobressai a passividade feminina no coito:

> Dizem que para o coito a mulher se deita de costas e o homem por cima e que, na cópula, a mulher é sempre indiferente, não tomando a iniciativa sequer da mínima carícia, sujeitando-se, porém, a tudo quanto o homem deseje. O marido não se queixa quando a mulher dorme com branco, exigindo apenas que este goze da simpatia do casal[202].

Segundo o antropólogo, os casais viviam harmoniosamente bem e a mulher era tratada com igualdade. Como foi dito, os costumes vêm sendo alterados e "a fidelidade conjugal de algumas mulheres tornou-se frouxa". Cada vez mais independentes, elas chegam a manter relações sexuais com os brancos sob a alegação de eles "terem o pênis maior".

Já entre os bororos do Planalto Central de Mato Grosso, em 1934, Baldus travou uma conversa com um índio da tribo sobre a posição do casal durante o coito. Não fica bem claro para o antropólogo o que significa a fala de que "o homem e a mulher sempre se deitam de lado, a saber, um frente ao outro". Quando confrontado com a informação de que em nossa civilização, em geral, o homem se deita sobre a mulher, a reação de um foi: "que desaforo contra aquele que está embaixo!". E outro exclamou: "Mas que peso!".

Nota-se que entre esses indígenas há um processo de erotização crescente à medida que aumenta o contato com os brancos. Era norma tribal não manter relações sexuais dias antes da caça para evitar a debilidade física e mental: "O homem é mais forte quando copula raras vezes", diz um índio. Acreditava-se que a habilidade da caça vinha enfraquecendo porque "hoje copulam tanto que não podem mais fazer isto". No passado, as relações sexuais aconteciam uma ou duas vezes por mês; já em 1934, praticavam-nas de uma a duas vezes por semana, e as mulheres passaram a procurar mais os homens. Baldus aponta como carícias sexuais típicas desses indígenas "fazer cócegas um no outro, especialmente nos sovacos e nas partes pudendas". Desconheciam a masturbação e a homossexualidade.

Retomando o tema da igualdade de gênero entre eles, o antropólogo questiona a interferência dos cristãos no comportamento dos bororos. Os padres salesianos obrigavam-nos a manter a indissolubilidade do casamento mesmo quando o convívio conjugal não ia bem. Com isso, o marido, insatisfeito, passava a espancar a mulher. O homem tornou-se o mandante do lar, no entanto, teria que dividir as tarefas com a mulher. Na visão do antropólogo, nas raras vezes que isso ocorria, haveria indícios de servidão ou desvio homossexual: "Nas poucas tribos de índios, nas quais certos homens fazem trabalho de mulher, são estes ou escravos ou mentalmente anormais". Mas, aos olhos dos religiosos, as interferências culturais eram consideradas avanço civilizatório, principalmente para as mulheres. Baldus discute se essa transformação introduzida de fora como modelo de fato trouxera alguma vantagem para as índias, como apregoavam os religiosos:

> Até que ponto a posição socialmente inferior da mulher na nossa civilização se manifesta na vida sexual demonstram as expressões: "possuir" ou "usar" ou "desonrar" uma mulher. Nossa moral coletiva não tolera que a mulher use tais expressões a respeito do homem. Ela não pode "possuí-lo", mas deve "pertencer-lhe"; não pode "usá-lo", mas "entregar-se", e nunca pode "desonrá-lo", porque deve seduzi-lo, de tal maneira que ele se considere como sedutor[203].

OUSADA VIDA SEXUAL

O sertanista João Américo Peret, que conviveu com diversas tribos indígenas antes mesmo de participar do antigo SPI, de 1950 a 1970, escreve o que observou acerca da intimidade desses povos.

Conta ele que a vida dos índios não é tão isenta de normas como se pensa. Para a formação de casais, há todo um complexo sistema de rituais a serem seguidos. Quando o sertanista chegou à ilha do Bananal, em Goiás, em 1947, constatou que, para a união conjugal entre os karajás, a moça e o rapaz deveriam ser virgens. As mães realizavam rituais para promover a aproximação entre os jovens. A vida conjugal prosseguia normalmente, salvo alguns tropeços, como a ocorrência do adultério:

> Em épocas remotas, segundo contaram alguns karajá, o adultério era punido com rigor, e a punição de natureza sexual. A mulher adúltera era levada para a Aruanã Hetô [Casa dos Homens], onde todos os homens a possuíam quantas vezes quisessem. Depois ela era abandonada numa praia qualquer, entregue à própria sorte. Estava expulsa da comunidade.
>
> Hoje, a punição se faz de maneira diferente: o marido comunica o fato aos parentes da mulher, cabendo a eles a aplicação do castigo. Dão-lhe uma tremenda surra, na presença do marido ultrajado. O Don Juan também apanha. A satisfação foi dada à sociedade, e o marido vingado[204].

Segundo o sertanista, cabe ao marido perdoar ou não a mulher adúltera, podendo viver com ela ou deixá-la e se considerar novamente solteiro. Ainda sobre adultério, certa feita, em 1952, Peret se deparou com o índio de nome Kotiri, numa noite escura, mantendo relações sexuais às escondidas com uma das três esposas do pajé: "Os amantes lançaram-se nos braços um do outro e, com voluptuosa ternura, consumaram o ato sexual ali mesmo, em pé, certamente porque a relva estava úmida de orvalho". No dia seguinte, Peret disse a Kotiri que saíra à noite à procura de uma suposta onça que o índio alegara ter visto. Entendera, então, que a intenção mentirosa de Kotiri era amedrontar os demais moradores, levando-os a se recolher mais cedo. Peret conta ainda que, na madrugada seguinte, a adúltera do pajé "vinha se oferecer, para que, também amando-a, não revelasse seu segredo. Embora a contragosto, tive que mandá-la embora", lamenta o sertanista.

Em 1959, subindo o rio Madeira, ao chegar à aldeia parintintim, o sertanista ouviu lembranças e relatos sobre a vida íntima desses povos, cujas práticas pouco comuns o autor salienta merecerem estudo mais apurado, a fim de comprovar se se tratava de fenômeno da própria cultura deles ou se teria havido influência dos exploradores franceses que lá estiveram no século XVII. Observou-os colocando formigas para picar o pênis para, com isso, enrijecê-lo. Utilizavam também algumas plantas que acreditavam ser afrodisíacas.

> Pelo que ouvi, praticam igualmente o onanismo, o tribadismo, a sodomia e a irrumação, além de usarem peças artificiais. Quanto à pederastia, observei que um garoto, acostumado a presenciar casais na intimidade, foi seviciado por um adulto.

> Há uma cabana isolada só para mulheres. Para lá se dirigem as mulheres, casadas ou não, que em determinada época abandonam a aldeia e entregam-se a um erotismo exacerbado, atacando os homens que passam pelas imediações da cabana, e só os deixam escapar quando estão saciadas ou eles depauperados, havendo ainda suspeita de andromania[205].

Em duas viagens efetuadas posteriormente, o autor pôde ratificar tais relatos. A homossexualidade masculina foi mencionada pelos integrantes da tribo, no relato de uma lenda em que tal prática era condenada.

O sertanista também menciona o comportamento dos membros de outra tribo, a dos kaiapós. Contrastam com outros grupos indígenas com relação ao tratamento dado a certas mulheres.

> O kaiapó é considerado sexualmente agressivo. Dois ou três homens, casados ou solteiros, agarram a mocinha durante uma temporada de caça, pesca ou coleta de frutos e castanhas. Tais encontros são realizados fora da aldeia, em lugares discretos. Isso só acontece quando a menina-moça não é comprometida[206].

O comprometimento da moça se dá muito cedo, aos 7 ou 8 anos, e o homem já passa a morar na casa da noiva, sem ainda manter relações sexuais. A proximidade serve para ajudar a criá-la e protegê-la e para que ambos se acostumem um com o outro. Realizado o casamento após a puberdade, o jovem tem que provar ao pajé e aos demais membros o sucesso da primeira noite de núpcias: "O jovem tem que exibir, mostrando o corpo, o sangue da virgem. Se não tem provas para mostrar é alvo de chacotas por parte da assembleia", esclarece João Américo Peret.

KAMAIURÁS E CINTAS-LARGAS

Segundo a antropóloga Carmen Junqueira, poucos povos modernos conseguem garantir tão amplo domínio sobre o próprio corpo como a mulher kamaiurá. Nessa tribo, localizada em Mato Grosso, a estabilidade na vida conjugal não ocorre mediante a realização do casamento. Em estudos de meados do século XX, constatou-se que uniões são estabelecidas, rompidas, refeitas, até que o casal ganhe segurança para ter e criar filhos.

O *status* de casada não obriga a mulher a ter relações sexuais não desejadas, já que o sexo deve ser praticado como algo prazeroso e compartilhado. Muito cedo a mulher aprende que ela tem o controle do uso de seu corpo, não havendo razão alguma que a obrigue a consentir com as propostas masculinas.

> Enquanto solteiras, as mulheres gozam de considerável liberdade sexual e podem envolver-se em várias uniões passageiras, mesmo porque são cortejadas e pretendidas por muitos, num misto de entusiasmo, interesse político e amor. A relação sexual entre homem e mulher só se concretiza com a anuência de ambos. Dificilmente passaria na cabeça de um homem forçar a mulher a um ato não desejado, pois seria acometido de profundo sentimento de vergonha[207].

Como há valores morais estabelecidos, o homem sente vergonha de insistir ou mesmo de forçar a mulher a ter relação sexual com ele. Mas pode procurar seduzi-la, empregando diversos meios.

De modo geral, a vida sexual na tribo kamaiurá é bastante livre, ativa e praticamente todos têm parceiros extraconjugais. Espera-se que essas relações sejam discretas a fim de não despertar o ciúme, que pode trazer consequências danosas. Caso seja descoberta a infidelidade, o marido pune a esposa adúltera com uma surra; já a mulher traída se vinga e extravasa sua ira atacando a outra mulher a mordidas e puxões de cabelo.

No caso dos cintas-largas, no processo de fecundação, a mulher é vista como um recipiente que, quanto mais mantém relações sexuais, mais acumula o sêmen que dará forma ao novo ser e, assim, maior a segurança de que o bebê será bem constituído. À primeira desatenção do marido, a mulher permite que outro homem contribua para a formação da criança que está em seu ventre. Em nome da reprodução, os amantes se entregam à satisfação sexual. Acrescenta-se a isso o desejo de sair da rotina e viver uma pequena aventura.

Disseminadas por todo o grupo, as relações sexuais fora da união consensual são conduzidas com discrição. Tudo indica que essa conduta é generalizada e aceita, desde que praticada de modo reservado para, assim, por meio de um acordo tácito, poder ser ignorada pelo parceiro. O envolvimento sexual e amoroso fora do casamento tem algo de lúdico, ao entrelaçar fantasias masculinas e femininas num jogo que a comunidade sabiamente mantém secreto. Publicamente, todos fingem ignorá-lo.

MEINACOS: SEXO É SEMPRE GOSTOSO

Entre os anos de 1967 e 1977, durante um período que totalizou dezoito meses de convívio, o antropólogo norte-americano Thomas Gregor estudou a vida íntima dos índios meinacos, de Mato Grosso.

Para os nativos dessa tribo, o ato sexual é considerado algo natural e determinante da vida comunitária da aldeia. Ao permear as relações sociais, ele é tema frequente em conversas francas com diferentes membros da comunidade. As crianças, desde a mais tenra idade, ouvem seus pais conversarem sobre o assunto e frequentemente se tornam o alvo das piadas feitas pelos adultos. Os adolescentes manifestam várias formas de experiências sexuais, embora seus pais os desencorajem sem muita convicção. As crianças crescem envolvidas em alta carga erótica. O resultado dessa liberdade relativa é que elas são francas em suas conversas e chegam a encenar brincadeiras sobre o ato sexual.

Entre os meinacos, a forma mais comum de mexerico é a que se refere a escapadas amorosas. O sexo é um assunto muito aberto, embora haja limitações. Nunca se deve contar ao marido traído sobre a infidelidade da esposa; uma conspiração de silêncio deve protegê-lo da verdade. O ciúme masculino deve ser contido e o homem não deve demonstrá-lo abertamente.

Os homens têm altos níveis de interesse sexual e pagam os favores sexuais femininos com presentes e serviços. Isso gera uma cultura de ciúmes, intrigas e comicidade.

> A julgar pelo sucesso de alguns homens fisicamente menos desejáveis da aldeia, parece que a maioria das mulheres está desejosa de empenhar-se em relações sexuais ocasionais se, em troca, lhe oferecerem pagamento sob forma de peixe, miçangas ou sabão. Este padrão não é prostituição, conforme nós a conhecemos, porque um simples ato sexual não está investido do mesmo significado emocional e social que tem na sociedade brasileira[208].

Esse tipo de relação sugere que o interesse feminino pelo sexo é diferente daquele dos homens. Estes se queixam do baixo desejo sexual das mulheres, mas a maioria delas tem prazer. As mulheres valorizam o contato social e os presentes ofertados. Além de mostrar que o número de relações sexuais é grande, o estudo também revela que a quantidade de casos extraconjugais, praticados por diferentes pessoas, varia bastante.

Seja qual for sua idade ou aparência física, todos os homens podem ter um relacionamento sexual oferecendo um presente, ao contrário de algumas mulheres sem muitos atrativos. Uma jovem sexualmente mais atraente da aldeia tinha catorze amantes; e um homem sem nenhum atrativo tinha seis amantes.

Dada essa atitude tão libertária, pode parecer estranho que a atividade sexual para essa tribo exija privacidade; ser flagrado mantendo relações sexuais é vergonhoso. Mas isso não significa que o sexo em si mesmo seja inconveniente. Uma moça solteira poderá retornar de um encontro sexual sem se preocupar com os mexericos, e até mesmo sentir-se orgulhosa.

As tentativas de dissimular os casos amorosos estão destinadas ao fracasso, uma vez que não visam esconder totalmente uma ligação amorosa, mas apenas fazer com que seja ignorada.

Um nativo fez uma esclarecedora descrição de como realizava seus encontros. Ele pacientemente aguardava o marido de sua amante ir à "casa dos homens" para fazer trabalhos manuais ou para lutar. Saía, então, de sua própria casa pela porta dos fundos e enveredava pelo labirinto de caminhos que contornavam a aldeia, atingindo o quintal da casa da amante:

> Ela vai ao seu encontro e a relação sexual é realizada com a maior rapidez possível, havendo total consciência de que o marido dela está a alguns metros de distância. Eles a realizam em pé, com a moça levantando um joelho e colocando os braços em torno de seu amante[209].

A posição mais comum durante o ato sexual é o casal sentar-se no chão frente a frente, com as pernas da mulher no traseiro do homem. O que agrada mais à mulher, no entanto, é o sexo à noite, na rede, com seu amante. Nesta situação, o casal faz o mínimo de ruído possível com receio de acordar os que dormem ali por perto.

Mesmo assim, é difícil acontecer algo que não possa ser visto, ouvido, detectado e discutido. Como num teatro, cada personagem exerce um papel de "faz de conta". Essa abertura da comunidade facilita as relações sociais, pois a notícia importante é eficientemente difundida a partir do centro da aldeia.

Segundo os meinacos, um feto é gerado no curso de repetidos atos sexuais. Durante a cópula, o homem "planta" a semente no corpo da mulher. Vários homens que têm relações sexuais com a mesma mulher fecundarão uma criança conjuntamente: "Uma mãe instrui cuidadosamente seus filhos para chamar de *papá* os amantes dela, apenas quando seu marido estiver fora de alcance para poder ouvir", constatou o antropólogo. Um marido não gosta que seus próprios filhos lhe recordem as infidelidades de sua esposa.

Os meinacos estabelecem regras de pudor de acordo com o adorno do corpo, e não pela nudez. As mulheres devem manter uma postura que coloque fora do alcance da visão seu clitóris e lábios internos; os homens devem evitar ereções e também não mostrar a glande.

Uma espécie de biquíni "fio dental", chamado de "uluri", é usado pelas moças nos rituais. Um uluri vai além de uma marca de maturidade feminina. Do ponto de vista masculino, é também um excitante símbolo da sexualidade, ao tornar a mulher mais bonita e provocante sexualmente. O fio que passa entre as pernas comprime o clitóris e ao mesmo tempo focaliza a atenção na vagina de maneira que os homens acham irresistível.

Meninos e meninas são socializados de maneira diferente, embora os membros da tribo não considerem os papéis de homem e de mulher com rigidez. Apesar de ocorrência rara, mesmo assim encontramos evidências da mutabilidade de gênero:

> Os habitantes da aldeia, por exemplo, toleram desvios sexuais. Meninas que têm experiências em casos lésbicos ou homens que participam de encontros homossexuais são considerados como extremamente tolos, mas ninguém interferia diretamente. Há alguns quarenta anos um dos homens da aldeia adotou adornos e pintura femininos, realizou tarefas de mulher e tomou um amante masculino ocasional. Chamado de "mulher habilidosa" pelos habitantes da aldeia, devido à sua prodigiosa capacidade para tarefas femininas, ele viveu como mulher até sua morte, por causas naturais, ocorrida por volta de 1940. Apenas brincadeiras e alusões ligeiras marcaram o fato de que sua conduta era bizarra para os padrões mehináku normais[210].

A inversão de papéis de gênero sugere que os membros da aldeia julgam que a conduta dos sexos é potencialmente modificável. As relações homossexuais efetivas, no entanto, são vistas com estranheza. Consideram-nas uma espécie de característica dos homens brancos e dos índios de tribos distantes, mas não dos meinacos e seus vizinhos. "Por que alguém deveria desejar esse tipo de relação?", pergunta um nativo. Se o faz, é por interesse material.

O antropólogo Thomas Gregor relata que, há muitos anos, um visitante branco começou a seduzir índios para relações homossexuais. A notícia se espalhou e os jovens passaram a praticar o intercurso em troca de cobiçados presentes, como rádios e bicicletas. Na ausência da palavra "homossexual", eles dizem "ter sexo com homem".

Para essa tribo, estão excluídos o incesto, a masturbação e as relações com animais.

O sexo dá o toque apimentado à vida na aldeia, embora estejam convictos de que praticá-lo em demasia pode debilitar o homem e trazer espíritos malévolos. É perigoso, mas desejável. Veem o sangue menstrual, por exemplo, com temor. Apesar de cercado de tabus e culpas, "o sexo é sempre gostoso", afirmam.

ARAWETÉS: TROCA DE CASAIS

Entre 1981 e 1983, num período de onze meses de estudos, o antropólogo Eduardo Viveiros de Castro permaneceu na tribo araweté, no Pará. Na aldeia, constatou que o assunto e a prática do sexo os absorviam sobremaneira.

As moças mais velhas costumam iniciar sexualmente os meninos. É acentuada a liberdade sexual das meninas antes de atingir a puberdade, bem como a capacidade de iniciativa delas nesses assuntos. Mas, à medida que se aproximam da puberdade, o controle dos pais sobre seu comportamento aumenta. As moças muito "andadeiras", aquelas que circulam em grupos alegres à noite, em busca de diversão, não são bem-vistas pelos futuros sogros. O antropólogo faz uma única menção às crianças, afirmando que "os jogos homossexuais entre os garotos na faixa dos seis-nove anos parecem ser comuns, mas não se os leva a sério".

A lua de mel dos araweté envolve dois casais, formados por laços de amizade. Ter amigos é prova de maturidade, generosidade e também de prestígio. A formação do "quarteto" resulta na troca de cônjuges temporariamente. Essas relações envolvem apenas dois casais a cada vez. Os jovens maridos são muito ciumentos de qualquer relação extraconjugal fora do quarteto da amizade. Viveiros de Castro adverte que a troca de parceiros "não é um sistema de sexo grupal, mas sempre, e apenas, uma alternância". Numa breve passagem, o autor afirma que "há uma intensa e íntima amizade entre os dois homens, com forte matiz homossexual", mas não dá continuidade a essa menção. Companheiros assíduos de trabalho, usam livremente dos bens um do outro. Os casais trocados costumam sair à caça.

O marido vai à noite para a casa da esposa de seu companheiro, ocupa a rede do parceiro e, na manhã seguinte, retorna à situação conjugal. Em vários momentos, o quarteto é sempre visto junto nas imediações de suas casas.

Quando não há desentendimento, os casais são muito carinhosos. O ciúme, até certo ponto, deveria estar excluído dessa relação, pois há a "cessão benevolente" e entusiasmada do cônjuge ao parceiro. Pode haver, no entanto, margem para sentimentos reprimidos.

> É possível uma ruptura de uma relação devido a abusos de uma das partes. Exemplo de que testemunhei foi atribuído a uma "expropriação indébita": um dos homens depilou completamente o púbis da sua *apt'hi* [esposa], provocando indignação de seu parceiro, que declarou que tal prática não estava prevista no "contrato", e que, afinal, os pelos da menina ainda estavam "verdes" – pois ela era bem jovem[211].

Como a maioria dos povos indígenas brasileiros, os arawetés acreditam que apenas um ato sexual não é suficiente para uma boa gestação. Uma criança saudável pode ser formada pelo sêmen de mais de um inseminador, que coopera ou se reveza na formação da criança. A diversidade de parceiros é considerada positiva para a gestação, mas o número ideal deles parece ser de dois ou no máximo três.

OLHAR REVERSO EM DVD

Se a vida sexual das tribos de outrora sofria influência de exploradores externos e de religiosos, imagine-se então o que ocorre agora, com meios de transporte rápidos e a presença das novas tecnologias de informação, que vêm modificando ou derrubando fronteiras culturais. Foi o que constatou a antropóloga Barbara Arisi ao realizar estudos na tribo dos matis do vale do Javari, Amazonas, em 2009. Os membros dessa aldeia tinham acesso a filmes pornográficos exibidos através de DVDs acoplados a uma televisão cuja energia provinha de um gerador. Os nativos a bombardearam de perguntas sobre a vida sexual dos brancos: "Como fazemos sexo? É verdade que as mulheres chupam o pênis de seus companheiros? A mulher fica em cima durante o ato sexual?". Essas e outras perguntas foram formuladas durante a permanência da pesquisadora na aldeia.

Não nos deteremos na explicação dada pela antropóloga que, tendo o cuidado de não interferir na cultura do outro, deu respostas sensatas. Como ela bem diz: "Raríssimos são os pesquisadores que se atrevem a compartilhar experiências sexuais vividas ou desejadas em campo".

Além de a antropóloga receber e recusar convites para sexo, também foi questionada quanto ao conteúdo do filme. Quando ela "negava ter experienciado alguma prática, alguns Matis balançavam a cabeça como aqueles antropólogos que não se convencem quando os nativos negam algo". Outra pergunta dos jovens foi se ela "conhecia filmes pornôs, onde os brancos faziam sexo em grupo".

Sobre a possibilidade de crianças verem ou não os filmes, ela deixou a critério da tribo, mas apontou que no invólucro do disco mencionava-se a proibição para menores de 18 anos. Sobre o beijo na boca, a antropóloga lembrou uma conversa tida em 2006 com o índio de nome Tëpi Wassá, que contou estar ensinando sua mulher a fazê-lo: "Antes, Matis não beijava não, mas eu aprendi em Atalaia no Norte e agora ensinei a minha mulher a beijar e ela gosta". Aproveitando a deixa, meio sem jeito, a antropóloga mencionou às mulheres que os homens "também podem beijar a gente na vagina". Todas começaram a rir em cima de suas redes. As mulheres a incitaram a mostrar como era ficar por cima do homem e "algumas então contaram que já haviam provado fazer sexo assim". A transformação e as descobertas às quais a tribo estava sendo submetida podem ser exemplificadas pela atuação de um certo Don Juan:

> Um adulto recentemente separado era conhecido das mulheres por ser aquele que havia aprendido a "transar como branco". Graças a essa habilidade adquirida em suas experiências com parceiras (e talvez parceiros?) não indígenas, ele ficara famoso na aldeia. Alguns rapazes ciumentos acusavam-no de haver feito sexo com praticamente todas as mulheres de uma das comunidades. As mulheres contaram-me que ele realmente fazia sexo bem diferente dos demais matis. "Por quê?", quis saber. "Ele beija o pescoço, desce para os seios, beija, demora mais para penetrar com o pênis", "é, ele sabe fazer como branco"[212].

Embora as mulheres da tribo nunca tivessem feito sexo com um branco, imaginavam que era assim, baseando-se na *performance* do referido Don Juan. A chegada dos filmes pornográficos, ao contrário de ser estigmatizada, ofereceu uma nova visão do sexo à tribo, trazendo maior erotização, principalmente para as mulheres. Os inocentes nativos, acostumados ao contato da brevidade do coito visto no mundo animal, sempre tiveram menos estímulos eróticos. No processo ocorreu o que foi observado pelo escritor peruano Mario Vargas Llosa: "A civilização e a cultura refinaram o ato sexual, lhe revestiram de uma teatralidade. O erotismo é a desanimalização do sexo"[213].

Quanto à virgindade, a pergunta à antropóloga foi feita com naturalidade: "Quem te abriu?" Tal pergunta se deve ao fato de que as mulheres da tribo têm a vagina

> Aberta bem devagar, num processo que se desenrola ao longo de alguns anos, quando um homem com quem ela poderia casar no futuro colocará o dedo em sua vagina. [...] Aos poucos, o homem penetraria a pontinha e depois um pouco

mais do mesmo dedo, até que depois de alguns anos possa colocar dois dedos, a vagina vai sendo alargada[214].

Causou espanto à índia da tribo mati saber que a antropóloga teve a vagina "alargada" pela primeira vez com a penetração do pênis, e que sangrara e causara dor. O que pode ser violência para um pode não ser para o outro, conclui a autora. Assim a índia tentou reconfortá-la: "Pobre Barbara, ninguém te abriu com a mão, por isso você sangrou".

Diante de tudo isso, podemos nos perguntar como lidamos com nossa sexualidade. Durante todo o desenrolar dos séculos XIX e XX, havia um ambiente de repressão e de ignorância sobre as coisas relativas ao sexo. No próximo capítulo, abordaremos os estudos em busca de um *saber* sobre a sexualidade brasileira, em que pela primeira vez se tratava desse tema como fonte de tensões, tanto para a mulher quanto para o homem. O olhar social acompanhava os passos de cada cidadão no seu dia a dia. Se alguns tinham a possibilidade de levar uma vida devassa, a maioria devia se submeter a rígidas normas de recato.

SABERES, IGNORÂNCIA, NAMORO E RECATO

Entre os séculos XVI e XVIII, ainda que paulatinamente, a luxúria pouco a pouco ultrapassa as garras da Igreja, onde é vista como um pecado, para cair nas mãos da ciência médica. Segundo o filósofo francês Michel Foucault (1926-1984), a partir do século XIX houve verdadeira explosão discursiva sobre a sexualidade, que permitiu regulá-la, governá-la, administrá-la. O processo se intensificou com o desenvolvimento das ciências humanas.

Embora com certo atraso, no Brasil não foi diferente. Aqui, recebíamos essas influências estrangeiras, principalmente francesas. Fazíamos importação maciça de teorias, adaptando-as à nossa realidade. Entre nós, na virada do século XIX, o sexo foi estudado menos pelo viés da devassidão moral e mais pelos perigos da doença (física e mental). Aumentam os temores a respeito da masturbação, da homossexualidade, da prostituição, da histeria e desenvolvem-se pesquisas mais apuradas sobre a morfologia do hímen, na defesa da honra feminina. Decerto nesses estudos dominam os componentes ideológicos da defesa da organização familiar patriarcal, moldada no meio rural e na sociedade escravocrata, cujas marcas na família brasileira permaneceram até meados do século XX.

DO SEXO À SEXUALIDADE

O discurso médico constituía a matriz das interpretações cientificistas a respeito de assuntos considerados tabus, como a sexualidade. Ao lado dos médicos, juristas como José Viveiros de Castro (1862-1906) perscrutavam os segredos de onanistas, pedófilos, homossexuais e pervertidos sexuais por quase todos os recantos da cidade. A masturbação, masculina e feminina, era considerada caminho certo para a loucura.

A ameaça da masturbação foi estampada na tese *Higiene escolar, suas aplicações na cidade do Rio de Janeiro*, do médico Carlos Rodrigues de Vasconcellos, de 1888. No discurso médico da época, esse grande mal "reina como senhor entre a mocidade dos colégios e casas de educação". Segundo o doutor Ferraz de Macedo, "os internatos, salvo honrosas exceções, são verdadeiros focos de onanistas, sodomitas ativos e passivos".

O aumento da concentração populacional a partir do século XIX contribuiu para a disseminação de doenças venéreas. Entre as mais temidas, a sífilis. A medicina social atuava como instrumento para a medicalização da sociedade. E, decerto, visava-se orientar para a prática do "sexo sadio", que gerasse filhos saudáveis.

José Viveiros de Castro, em *Atentados ao pudor*, de 1894, estuda as chamadas aberrações do instinto sexual. Outro estudioso, Pires de Almeida, escreveu, em 1906, *Homossexualismo (Libertinagem no Rio de Janeiro)*, cujo título antecipa as restrições do autor ao tema.

Teses de medicina desenvolvidas a partir da metade do século XIX expressavam preocupação com o crescimento da prostituição, fato observado pelo aumento dos registros policiais. A santidade da família, no entanto, dependia da continuidade da prostituição, contanto que fosse regulamentada e higienizada, sujeita ao poder policial e médico.

Embora necessária para aplacar os desejos masculinos, a prostituição era vista como doença. Em 1845, o médico Lassance Cunha publicou *A prostituição em particular na cidade do Rio de Janeiro*, em que examina minuciosamente o comportamento das profissionais do sexo.

Foi para esclarecer dúvidas sobre a virgindade que a medicina e o sistema jurídico brasileiro se esforçaram para desenvolver uma série de conhecimentos sobre a ruptura do hímen. Durante as três primeiras décadas do século XX, os especialistas brasileiros em medicina legal produziram grande quantidade de estudos sobre a morfologia dessa membrana, que passaram a integrar a literatura mundial sobre o assunto. Segundo Afrânio Peixoto, em *Sexologia forense*, enquanto os europeus seriam indiferentes a ele, "os latinos têm o fetichismo do hímen: morrem e matam por ele", e isso era prova do atraso nacional. Como se depreende, a moral entra como domínio da medicina.

ROMPENDO O "PRECIOSO LACRE"

A angústia da "primeira vez", por exemplo, era motivo de tensão para as mulheres. A primeira noite nupcial tornava-se crucial, pois, sem nenhum conhecimento, temiam o que as esperava. A ignorância sobre a sexualidade humana perpassava quase todos os estratos sociais.

Um caso ocorrido em Salvador, em 1878, suscitou grande comoção pública, sendo amplamente noticiado pelos jornais com todos os detalhes, incluindo a polêmica médica ocasionada. O escândalo intitulado "questão Braga" entrou para a história da medicina legal no Brasil, conforme pesquisa do cientista social José Leopoldo Ferreira Antunes.

Naquele ano, casaram D. C., uma jovem de família abastada, e o doutor Souza Braga, 33 anos, da Faculdade de Medicina da Bahia. Na manhã seguinte, o médico chamou os pais da moça e denunciou o que constatara na noite anterior, demonstrando atitude que hoje seria incompatível com sua formação profissional.

> Afirmou ter desconfiado da não virgindade da esposa mediante sinais absolutamente exteriores: a flacidez dos seios em uma moça de apenas 18 anos e a conformidade da vulva. Procurou praticar o toque vaginal com o dedo, mas não conseguiu, segundo afirmou, efetuar uma exploração completa. Mesmo assim, sua suspeita aumentou, pois teria encontrado "abundante corrimento leucorreico". Para completar seu juízo, consumou o ato sexual, não sentindo nada que obstasse a entrada da vagina. Afirmou ainda que, após a repulsa, teria obtido da jovem uma confissão completa de sua vida pregressa[215].

Naquele mesmo dia, às 10h da noite, a pedido do pai, a jovem foi examinada por dois médicos, ambos de grande projeção em Salvador. No segundo dia, em novo exame, esses profissionais confirmaram a observação da véspera: o defloramento era recente. Diante da constatação, o pai, naquela mesma tarde, requereu também exame médico-legal ao chefe de polícia. Além dos dois médicos citados, foram nomeados mais três doutores bastante reconhecidos e com projeção nacional. Conclusão unânime: houvera defloramento recente.

O marido, doutor Braga, não satisfeito com o laudo emitido, que o apontava como autor do defloramento, submeteu-o à apreciação de dois eminentes especialistas do Rio de Janeiro e a três do exterior: um da Universidade de Coimbra e dois da Universidade de Paris, um dos quais fora parteiro da princesa Isabel. "As críticas, unânimes, foram lesivas a todos os pontos da perícia efetuada pelos médicos da Bahia, os quais teriam pesquisado pouco e concluído muito."

Na verdade, os médicos fluminenses não opinaram de forma isenta, mas atendendo a pedido de parte interessada – o próprio doutor Braga. Os médicos de Paris e Coimbra (todos brasileiros), por sua vez, lamentaram que tivessem deixado envolver o seu prestígio em questão polêmica, sobretudo porque conheciam apenas superficialmente a questão.

As partes não conseguiram desclassificar as versões opostas e, meses depois, o caso ainda não se resolvera. Apenas comprovava o corporativismo na medicina brasileira. Quanto à jovem esposa, tratada como joguete nas mãos de homens, nada se soube e nada se falou a seu respeito.

Outro caso de insensibilidade humana e de ignorância mostra o quanto se desconhecia a conformação física feminina. Tratava-se de uma "senhora" de 35 anos de idade, costureira, que contraíra matrimônio com um oficial de barbeiro, em maio de 1915. O fato foi abordado pela *Gazeta Clínica* de São Paulo no mesmo ano.

> À meia-noite, os recém-casados retiraram-se para os seus aposentos, deixando na sala contígua os convidados que tomavam parte na festa nupcial. Meia hora depois, ouvem-se gritos no quarto destinado aos nubentes. Os pais da noiva, ao ouvirem os primeiros gritos, olham desapontados para os convivas, que mal puderam conter o riso. Os gritos de dor persistem, com acentuado desespero, que pôs em rebuliço os convivas. Os espectadores dessa cena misteriosa se vão impacientando e, alarmados, resolvem bater à porta do quarto do novel casal. A noiva esvaía-se em sangue e perdera os sentidos. O esposo se mostrava sensivelmente contrariado com o que vinha se suceder. Houve quem suspeitasse de um crime[216].

Em face do ocorrido, chamaram a polícia e esta constatou não ter havido crime; tratava-se "tão somente de ossos do casamento". Um médico compareceu às 2h da madrugada e diagnosticou o caso clínico como raríssimo: "dilaceramento vaginal consecutivo à ruptura da membrana vaginal". Felizmente, feitos os curativos de praxe, em poucos dias iniciou-se a cicatrização da recém-casada.

A ATORMENTADA PRIMEIRA VEZ MASCULINA

Os homens do século passado invariavelmente sofriam com a insegurança do primeiro contato com prostitutas, que quase sempre os tratavam com indiferença ou deboche. Mas também tinham curiosidade pela nudez feminina. Em seu livro de memórias *A menina sem estrela*, o dramaturgo e escritor Nelson Rodrigues (1912-1980) confessou que falar de nudez era uma de suas obsessões. Conta que a filha da lavadeira foi a primeira mulher nua que viu na infância: "Aos seis anos de idade, vi uma doida nua". E como a moça não falava, era louca e muda, ela não trairia o segredo.

Um ano depois, Nelson viu a segunda mulher nua de sua vida. Para o padrão de recato da época, o Carnaval de outrora era um grande acontecimento erótico. Segundo ele, havia uma abertura na fantasia da odalisca, por onde sobressaía o umbigo. Um exagero, nesse caso, falar em nudez. "Era uma modesta nesga de carne, insinuada no decote abdominal. Mas esse umbigo revelado era pior do que a nudez absoluta." E esse fragmento de carne, visto num segundo fulminante, marcou toda a infância do dramaturgo e escritor.

Para Nelson Rodrigues, nunca as mulheres haviam se despido tanto como no Carnaval de 1967. "Muitas usavam menos que a folha da parreira. Foi essa nudez difusa, multiplicada, oferecida, que matou todo o erotismo dos bailes e das ruas."

Mas o que de fato interessava ao autor era contar a sua primeira experiência sexual, ocorrida por volta de 1926. Crescendo, convivendo com amigos e irmãos que diziam palavrões, o menino Nelson horrorizava-se. Foi então que um moleque da rua falou-lhe de coisas fantásticas do prostíbulo Mangue.

Nelson Rodrigues iria pela primeira vez ao Mangue aos 14 anos de idade, quando trabalhava no jornal *A Manhã*, de propriedade de seu pai. Não tinha desejo algum. Procurava amor sem erotismo e a nudez impossível na vida cotidiana. Ao atravessar a avenida do Mangue, olhava tudo, tomado de angústia e de curiosidade. Na redação, falavam muito das mais bonitas mulheres da rua Benedito Hipólito. "Elas te chamam", diziam.

Essa rua do amor era cheia de janelas deslumbrantes. Nelson Rodrigues conta que ia de uma esquina a outra, e voltava observando aqueles pontos iluminados. "E era como se, em cada casa, ardesse a chama dos velórios." Viu uma prostituta velha lendo na janela um romance da "Coleção das Moças". Viu um português entrar numa porta, como um suicida, e se trancar com uma mulata gorda à Di Cavalcanti.

Parado no meio da calçada, uma sorridente mulher de vinte e poucos anos abriu-lhe a porta. Entrou com o coração pulsante. Devia ter preferido a velha, pensava, que provavelmente o trataria como um menino; teria pena dele, o chamaria de "meu filho", o sentaria no colo e, depois, tiraria os seus sapatos.

Pensou em dizer a todo mundo, quando voltasse à redação: "Fui ao Mangue". Quando ele quis tirar o paletó, a mulher ralhou: "Não tira a roupa". Sentiu um cheiro parecido com o de sabonete. "Ah, quando ela me impediu de tirar o paletó, vi que não era Sônia", a personagem de *Crime e castigo*, de Dostoiévski. Na fantasia do escritor, Sônia era seu grande amor. "Não era cheiro de sabonete, nem de Lysol, nem de nada." No quarto ao lado, ouviu um homem dando uns tabefes numa mulher. Retirou o dinheiro do bolso: "Está aqui. Não estou me sentindo bem". A mulher apanhou a cédula e ele fugiu.

Retornou depressa à rua, a passos largos e quase gritando numa desesperada alegria. "Não volto mais", eis o que pensou. Não encontrara ninguém parecido com Sônia, a menina prostituta, personagem da literatura. Como a mulher não o tocara, não lhe passara nenhuma doença; assim, considerou seu corpo ainda puro, limpo, sem mácula.

De repente, porém, renasceu o desejo tardio, desesperado. E veio também, com a volúpia fora de hora, a humilhação de ter falhado. Ninguém na redação poderia saber o que acontecera, no entanto, baixou a voz e falou: "Fui ao Mangue". Foi cercado por uns quatro ou cinco colegas. Mentiu dizendo ter estado com uma bela francesa de corpo deslumbrante. Já não pensava em Sônia. Voltaria no dia seguinte.

Teve, porém, a súbita e inescapável certeza de que falharia todas as vezes em que fosse lá. Bateu-lhe o medo. E, de fato, o desejo ia morrendo sempre que se aproximava do Mangue. Sua angústia aumentava. Eis que descobriu, então, "a prostituta vocacional". "Primeiro, tive de passar por uma série de experiências, de tentativas, de agonias, de espantos. Queria encontrar Sônia."

Três vezes por semana, ele ia à rua Benedito Hipólito. Via um entrar e, depois, outro, mais outro. Só ele não tinha coragem. Odiou quando um repórter convidou-o a ir ao Mangue, pois, das outras vezes, ele era o único espectador da sua própria humilhação. Ninguém o vira fugir acovardado e, agora, teria uma testemunha. Eis que tomou coragem e consumou o ato sem muitos detalhes:

> Caminho por entre os que passavam. A morena abre a meia porta. Não há palavras. Vai na frente. Pequenas divisões de madeira. Sigo atrás. Não direi que é a primeira vez, porque ela contaria ao repórter. Entro no pequeno quarto. Ela cantarola de costas para mim. Desfaz um laço. Ouço a minha própria voz: "Te dou dez mil"[217].

Em outra passagem, o autor foi mais explícito: "Eu perdi a inocência, no princípio dos meus 14 anos, na rua Benedito Hipólito, que então era a Broadway do Mangue". Num misto de prazer e decepção, ele retornaria àquele lugar outras vezes, dizendo que saía desses *rendez-vous* sentindo-se como o "último dos cães". Entrava lá com euforia de anjo e ia embora se considerando "o último dos pulhas".

A EXIGÊNCIA DO RECATO

É numa atmosfera repressiva em termos de sexualidade que os prostíbulos proliferaram no século XX. Os valores morais eram rígidos; a castidade feminina, guardada pelas famílias como preciosidade. Em muitas capitais e cidades do interior, os cinemas criaram a "sessão das moças", ou seja, um dia na semana em que elas pudessem frequentar um "ambiente sadio", sem as investidas dos rapazes. Muitos salões de beleza reservavam a segunda-feira para tratar do cabelo das prostitutas, evitando assim o contato delas com as "moças da sociedade".

Diferentemente das moças, os jovens rapazes se dirigem aos bordéis à procura de uma aventura amorosa ou apenas para atender a impulsos puramente fisiológicos, como se entendia a prática sexual.

Conta o poeta Carlos Drummond de Andrade (1902-1987) que, ainda rapaz em Belo Horizonte, ao pegar o bonde, sentava-se estrategicamente perto da porta. Queria observar as moças que, para alcançarem o degrau, tinham que levantar as saias, bem acima do calcanhar. Isso era o que havia de mais excitante em matéria de mostrar o corpo.

Indagado, em 1984, pela pesquisadora Maria Lúcia do Prado, se a fixação em sua poesia por pernas e coxas femininas começara em Belo Horizonte, quando adolescente, Drummond respondeu:

> Começou em Itabira, porque não havia a menor informação sobre o corpo feminino. Os vestidos alongavam-se a ponto de esconder até os sapatos, e as pessoas, no máximo, arregaçavam um pouco o vestido para não se sujarem na lama da rua, nas poças d'água. O máximo que se podia ver de uma mulher era o bico do sapato. Indo para Belo Horizonte já rapazola, com essa imagem precária da mulher, e encontrando ali um veículo muito útil para se recolher informação um pouco maior, que era o bonde, onde as mulheres, para subir, tinham de, contra a vontade, mostrar um pouco da perna, aquilo era uma delícia, pelo menos para pessoas do interior, como eu. Já para os rapazes nascidos em Belo Horizonte, não seria tanto assim[218].

O poeta prossegue, contando que a falta do cinema na sua cidade na infância restringiu suas possibilidades de ampliar o conhecimento do comportamento humano fora do local de origem:

A gente se espantava diante da perna, já não direi da coxa, que essa não se via de maneira nenhuma. A palavra coxa, eu a considerava altamente erótica. A gente se consolava com a perna, notadamente com a barriga da perna, talvez também porque essa expressão – barriga da perna – já fazia suspeitar alguma coisa mais além. Eram suspeitas, indícios, conjecturas, que formulávamos em torno do corpo feminino[219].

Em relação a esses pudores do passado, a senhora Mathilde de Carvalho Dias, nascida em 1888, relata para a filha, em 1968, suas recordações numa fazenda do sul de Minas Gerais. Já octogenária, afirmou:

Lembrando o passado, vejo-me sentada, em uma cadeira baixa, bordando meu enxoval. Papai lendo e mamãe costurando. Papai, erguendo os olhos e vendo meu vestido um pouco levantado, disse: "Mathilde, abaixa a saia, estou vendo seu tornozelo". Vendo minhas netas de biquíni, observo como o tempo passou![220]

Havia um rigoroso código de conduta para a mulher tida como honrada. No entanto, nem todos se pautavam pela rígida etiqueta do comedimento. Em suas memórias, o militante comunista Gregório Bezerra (1900-1983) conta ter censurado a postura prepotente de seu filho, nos idos anos 1940, na cidade de Recife:

Um dia, ele brigou com a irmã porque ela cruzou as pernas diante de uns jovens que foram pedir-me esclarecimento sobre o Partido. Eu o censurei, dizendo-lhe que não fazia mal uma moça cruzar as pernas diante de qualquer pessoa. E perguntei-lhe:
– Você não cruza as suas?
Respondeu-me:
– Eu sou homem...[221]

CARÍCIAS CINEMATOGRÁFICAS

Segundo o escritor Luis Fernando Verissimo, na década de 1950, os rapazes que saíam da sessão da meia-noite dos cinemas em Porto Alegre aos sábados tinham que correr para não perder o último bonde. Muitas vezes, exibiam-se "filmes científicos" que, na leitura dos frequentadores, eram considerados "filmes de sacanagem". Tratava-se de sessões separadas para homens e mulheres.

Não me lembro bem do que tratavam os "filmes científicos", mas acho que eram alertas contra as doenças venéreas, com demonstrações gráficas das suas consequências, e portanto mais brochantes que qualquer outra coisa. Mas quem brochava naquela época? Me lembro da adolescência como uma ereção ininterrupta. Bom, nada. Era um martírio[222].

Se na década de 1980 os adolescentes com menos de 18 anos podiam escolher em qualquer cinema entre *Taradas que dão de quatro* e *Te lambo toda*, aponta Luis Fernando Verissimo, as cenas dos anos 1950 eram muito sutis na exploração de imagens de mulheres nuas. "Aparecia um seio da Martinne Carol no Ópera e nós estávamos fazendo fila na primeira sessão da tarde. As coxas da Silvana Mangano no Rex e corríamos para lá", comenta o escritor, referindo-se aos filmes e cinemas da época.

Nos anos dourados – a década de 1950 –, muitos lembram como eram boas as matinês de cinema em Porto Alegre. Segundo o memorialista Rosito Coiro, a luz iluminava a sala do cine Imperial de maneira parcimoniosa, mas suficiente para que os rapazes pudessem encontrar as garotas que lhes interessavam. Pediam licença para se sentar e aos poucos iniciavam uma conversa qualquer sobre as condições climáticas da sala de exibição ou qualquer outra tolice:

> Quando apagava a luz, era o momento de mostrar coragem, de tomar uma decisão. Aos poucos, lentamente, se encostava a perna bem suavemente na perna dela. Se não houvesse nenhuma reação contrária, já tínhamos meio caminho andado.
>
> Depois vinha a parte mais difícil, quase um suplício. Era o momento de tentar segurar a mão da moça. Aos poucos, se fazia uma inclinação leve com o corpo para o lado dela e, ao mesmo tempo, colocávamos a mão suada sobre a dela. Caso ela virasse a mão e permitisse o entrelaçamento dos dedos, o sinal estava verde. Daquele momento em diante, estávamos namorando. Essa era a parte romântica, bonita, do início do conhecimento. Era quase como se estivéssemos praticando sexo[223].

Cinema era uma diversão barata numa época sem motéis e com poucos automóveis, tornando-se o melhor local para namorar e travar contato mais íntimo entre os casais. Presente até nas pequenas cidades e nos bairros das capitais, era a causa mais comum da falta à aula. Com amplas salas, durante a semana sua renda era complementada com a presença de desocupados e de estudantes gazeteiros, como, por exemplo, ocorria no cine Paratodos na cidade de Araraquara, interior de São Paulo, frequentado na adolescência pelo escritor Ignácio de Loyola Brandão:

> O balcão era vazio durante a semana. Namorados usavam o território para dar amassos. Via-se muita mulher com a mão no pau do namorado ou noivo ou o que seja. Homens chupando peito de mulher. Meninas que, de repente, a gente via no recreio do ginásio e ficava surpreendido, mas não dava bandeira, na esperança de conseguir vir ali, uma noite. Mulheres solitárias entravam e sentavam-se, esperando. A gente se aproximava, elas avaliavam se deixavam ou não sentar ao lado para passar a mão nos peitos, nas coxas, acariciar a xoxota. Tudo era feito em silêncio, em geral não se dizia uma palavra, não se perguntava nada, principalmente o nome[224].

Na juventude de Luis Fernando Verissimo, nos anos 1950, namorar era, em suas próprias palavras, como um lento avanço na desconhecida conquista de territórios hostis, como se cada rapaz fosse o desbravador de um novo continente. Centímetro a centímetro, mentira a mentira. "Negociava-se cada palmo. —Pode, mas só até aqui. — Está bem. — Jura? — Juro. — Você passou! Você mentiu! — Me distraí. Na verdade, não mentíamos para vocês, mentíamos por vocês."

Segundo os historiadores Rejane Penna e Luiz Carneiro, o namoro nos anos 1950 era negócio complicado: havia uma série de rituais, com hora certa, dia da semana, lugar fixo, do portão ao sofá da sala, sempre sob o olhar vigilante de alguém da casa. Antes do casamento, o casal ficava noivo. Com festa e tudo. Usavam alianças na mão direita. Nesse período, então, podiam ir ao cinema, à matinê, sozinhos. Depois, tinham que contar o filme tintim por tintim.

Havia, no entanto, um acordo tácito de que, sendo o noivado um caminho sem volta, certas moças permitiriam ao futuro esposo algumas liberdades. Anteriormente à revolução sexual, uma moça deveria manter o recato até o casamento. Levava-se isso tão a sério que se dizia haver dois tipos de virgindade: a física e a moral. A perda da virgindade física era crucial. Por outro lado, moça que havia sido noiva e terminara o noivado era vista com desconfiança, pois provavelmente permitira certas liberdades ao noivo e, com isso, perdera a "virgindade moral".

Havia um acordo tácito de que o noivo poderia avançar um pouco mais nas carícias íntimas, mas isso provavelmente causaria problemas para a moça caso esse namoro não culminasse no casamento. A revista *O Cruzeiro* de 30 de julho de 1960 assim se expressava: "Recebemos cartas de rapazes que se dizem receosos de que a namorada ou noiva tenha concedido ao seu antecessor os mesmos carinhos excessivos que agora lhes dispensa".

Vejamos a esse respeito as intimidades de um casal de namorados do bairro Azenha, na bucólica Porto Alegre da década de 1950:

> Júlia, a noiva, tinha um esplendoroso par de seios volumosos, brancos, com mamilos violeta, que fariam inveja à Jayne Mansfield, símbolo sexual da época. Namoro no sofá, luz acesa e os pais na outra peça da casa ouvindo provavelmente as radionovelas da Farroupilha ou da Gaúcha. O noivo não era da turma da Esquina, até porque era uns cinco ou seis anos mais velho que nós. Era fogoso e ousado, porém descuidado, pois não se dava conta de que, pela fresta da janela, no canto da cortina, nos revezávamos como *voyeurs* de um espetáculo inusitado. O ritual era sempre o mesmo. Beijos ardentes, mãos entrelaçadas, os botões da blusa abrindo um por um, sutiã puxado para baixo e o espetáculo: seios luminosos e sofregamente sugados pelo noivo indócil. Do lado de fora da casa nós ficávamos como duendes no revezamento. O noivo só mamava, mas nunca comeu a noiva. Nós, em compensação, dedicamos muitos momentos solitários no banheiro àqueles seios brancos e duros[225].

O cantor da Jovem Guarda Erasmo Carlos conta que em sua juventude, no final da década de 1950, uma simples foto de vedete ou de *miss* o excitava imediatamente. As namoradinhas que tinha eram virgens, e ele e seus amigos disputavam com sofreguidão as revistinhas de sacanagem de Carlos Zéfiro. Foi nessa época que Erasmo descobriu a literatura erótica, na intimidade chamada de "livro de sacanagem". O "pega" entre Lenita e Manuel em *A carne*, de Júlio Ribeiro, foi o primeiro romance a sensibilizá-lo. Proporcionava-lhe um prazer solitário que durou até o dia em que perdeu o livro.

Após um período sem "inspiração", Erasmo achou um tesouro quando leu *Éramos três*, da escritora Brigitte Bijou. "Não saía mais do banheiro." A história de um triângulo amoroso envolvendo um homem e duas mulheres revirou sua cabeça. Além do conteúdo erótico da narrativa, o que o deixava muito excitado era o fato de saber que quem escrevia aquilo era uma mulher. Não era possível que a escritora não fosse devassa. Sua alegria, porém, duraria pouco: recebeu um balde de água fria ao saber que o autor era um homem, seu amigo Paulo Silvino.

No tocante à imagem impressa, ouvia-se também falar das caras revistas dinamarquesas que "mostravam *Tudo*". "Mas onde encontrá-las?," indagava Luis Fernando Verissimo.

LAMPEJOS DE VOLÚPIA

Seja em que época for, todo adolescente é curioso em matéria de sexo. Antigamente, muitos lamentavam por sofrer as frustrações da idade, entre as quais a ignorância sobre tal assunto. O escritor Pedro Nava (1903-1984) afirma que os amigos viviam contando uns aos outros "histórias de safadezas". Sabiam de algo parcialmente ao entreouvir as conversas obscenas dos mais velhos. O ideal supremo era ver uma mulher nua, nem que fosse pelo buraco da fechadura. Na impossibilidade disso, contentavam-se com esperar um momento proporcionado pelo acaso para ter um relance do segredo que qualquer menina escondia entre as belas coxas.

Como não se praticava sexo, a masturbação era muito comum. Mas havia o medo de que ela causasse perda da memória e outros danos, ou de que se incorresse no pecado da luxúria condenado pela religião. Conversar safadezas era uma forma de se "instruir" e descarregar as tensões. Muitos tinham sua curiosidade aguçada pelos anúncios de mulheres em trajes de *lingerie* que proporcionavam inspiração para o prazer solitário. Ia-se, quando muito, à leitura dos livrinhos de sacanagem. O tão aguardado baile nos fins de semana possibilitava o contato mais íntimo, com toques entre mãos, roçar de quadris, seios e rosto colado. Muitos sentiam arrepios e descargas eróticas. Se a moça permitisse a troca de carícias, havia toques nos seios por debaixo da blusa, o deslize da mão por debaixo da saia; só as mais ousadas pegavam no pênis do namorado.

Ao invejarem a liberdade dos adultos, os jovens ansiavam pela emancipação, o que tinha uma razão de ser na visão juvenil de outrora. Como ironiza a consultora de moda Glória Kalil, naquela época "os adultos, sim, sabiam viver. Chegavam em casa à hora que queriam, fumavam, bebiam, saíam à noite com amigos, viajavam nos fins de semana. Tudo lhes era permitido, até sexo!".

Nessa época, no jogo das conquistas, não se queimavam etapas. Muitas mulheres sentiam os momentos de namoro como longa preliminar que atiçava o corpo a ponto de ser melhor do que a realização, de fato, do ato sexual após o casamento. A esse respeito, a atriz Maria Cláudia conta que, com 13 anos, bem crescidinha, já sentia ardentes desejos sexuais, mas era rigidamente controlada pela mãe e pela religião, já que tinha que se confessar uma vez por semana. O tema do pecado era sempre o de ter "desejado um homem". O tormento aumentou quando passou a namorar um másculo garoto de 16 anos. Na sala, sempre com o olhar vigilante da mãe, mal podiam se tocar. Quando sua mãe saía da presença deles por algum motivo, imediatamente começavam a se apalpar e roçar.

Um dia, ela demorou um pouco mais, nós fomos para trás de uma estante. Eu estava tão empolgada, tão excitada, que não sei bem como aconteceu o chamado irremediável, naquelas condições precárias e naquela posição imprópria. Sei que, de repente, entrou tudo. De um golpe só. A virgindade foi-se num ápice. Nós nos olhamos, num susto. Que fazer? Ajeitei o vestido, corremos de volta pro nosso canto. E ficamos nos olhando naquele espanto. Depois, quando fui dormir, não posso descrever o meu desgosto e sentimento de culpa. Eu não era mais virgem. Perdera meu lugar entre as mulheres honradas da minha família[226].

Contrariando a onda de recato, a atriz Odete Lara (1929-2015) dá mostras, em sua autobiografia, de ter sido muito mais ousada que a maioria das moças de sua época. Ainda menor de idade, seu namorado a convidou para conhecer a casa dos pais dele. Quando chegou, Odete percebeu que se tratava de uma "pensão" em que uma senhora alugava quartos para encontros de casais. Odete relutou, mas foi convencida pelo namorado a entrar mesmo assim, pois queriam apenas ficar a sós. Na verdade, ela também tinha desejos; no entanto, já deitada na cama, relutava:

Eu me debatia, mas mesmo assim ele conseguiu levantar minha saia para beijar minhas pernas. Empurrei sua cabeça e ele veio esfregando-a pelo meu corpo até chegar à minha boca. Quando senti seu sexo entre minhas coxas me vi à beira de um abismo[227].

Quase aos gritos e choros, Lara mostrou-se forte o suficiente para resistir e sair daquela situação. Lembrou-se do pedido de seu pai, que ela tanto admirava, da promessa de "preservar a sua *pureza*" até o casamento. Mesmo sem ceder completamente, ela ia à loucura, e também o namorado. Não se contendo, um dia, às escondidas, ela pulou a janela do quarto de seu namorado. Deitada, após uma luta para evitar que a saia fosse levantada com mãos percorrendo todo o seu corpo, finalmente "Flávio se consumou de gozo entre minhas coxas".

Com outro namorado, seguiu o mesmo *script*. Consentindo avanços um pouco mais ousados nas carícias, aconteceu que, "com a continuidade de nossas relações, engravidei ainda virgem". Confirmada a virgindade, estranhamente queria abortar pela barriga, pois permaneceria intacta. Depois de extrema relutância, com 17 anos, em 1946, uma semana antes do aborto, finalmente deixou que seu namorado a desvirginasse fisicamente.

No Rio de Janeiro, com a fase áurea das boates nos anos 1940 a 1960, muitas moças ficavam encantadas com o ambiente intimista, romântico e sedutor dessas casas noturnas. Muitas cediam aos encantos de algum cantor de plantão. Este foi o caso de Tito Madi (1929-2018), que, enquanto cantava, exercia um jogo de sedução a ponto de levar certas garotas a trair o namorado ou outro acompanhante qualquer.

> Nem todas as moças que o cantor levava para seu apartamento chegavam às últimas consequências. Podiam ser sedutoras e irresistíveis, mas a meta da maioria continuava a ser o casamento. E à falta de sólido funcionário do Banco do Brasil ou de um cadete da Academia Militar das Agulhas Negras como noivo, um cantor de boate podia ser uma alternativa fascinante. Para as que iam até o fim – *all the way* –, gravidez, nem pensar. A camisinha era obrigatória, e só umas poucas, mais informadas, já usavam o diafragma. Em caso de acidente, rumava-se para certas clínicas clandestinas na rua Álvaro Alvim, na Cinelândia, ou na rua São Clemente, em Botafogo, ao lado da Sears[228].

COMPORTAMENTO RESTRITIVO

Segundo Luis Fernando Verissimo, só quem viveu antes da revolução sexual sabe o lado bom da repressão aos costumes, com a "doce aflição de tentar desengatar um sutiã com dedos trêmulos e finalmente conseguir, quando já se começava a pensar num maçarico, só para ter que engatá-lo de novo às pressas porque a mãe dela vinha vindo".

O cineasta Cacá Diegues, em entrevista à revista *Playboy* em julho de 1999, ao falar sobre sua primeira vez com uma "profissional" do sexo, ocorrida num quarto e sala em Copacabana, também se estendeu sobre os namoros: "Fui da última geração antes da pílula. A minha ainda é uma juventude em que as meninas faziam todas as sacanagens, mas não podiam dar".

Ao ser entrevistado anos antes, o famoso *playboy* Jorge Guinle (1916-2004) assim respondeu a como era sair com as garotas que não eram do *show business*:

> *Playboy* – E com as meninas da chamada sociedade?
> *Guinle* – Bom, se era uma moça de família, não se podia ir muito longe. No máximo, se punha nas coxas, como se dizia. Não havia penetração de jeito nenhum. Elas tinham de se casar virgens.
> *Playboy* – Nem sexo anal?
> *Guinle* – Raríssimo. As que topavam ficavam desmoralizadas até mesmo entre os rapazes: "Poxa, aquela ali toma na bunda, que horror". Não se passava de umas carícias mais ousadas[229].

Outra restrição para as mulheres era a ida aos estádios de futebol. Pouquíssimas o faziam. Mesmo assim, era comum alguém olhar em volta antes de soltar um palavrão, para ver se não tinha família por perto. Ou, quando se ouvia um palavrão, alguém advertia, preocupado: "Olha a família!".

Considerava-se o casamento uma instituição sólida. Na Igreja, a noiva vestida de branco tinha que ser virgem. A infeliz que sofrera o "mal", ou, no linguajar comum, "se perdera", se não se casasse com o "deflorador", estava em maus lençóis. Caía na boca da vizinhança e dificilmente conseguiria um bom partido; na melhor hipótese, casava-se com um "bananão" ou "trouxa" desinformado.

Casais de namorados não se beijavam nem se abraçavam em público aproximando os quadris. À mesa de jantar das famílias, havia uma discussão interminável: como as atrizes ousavam beijar um estranho? Que truques utilizavam? Como ficariam seus namorados ou maridos, se os tivessem? Nesse sentido, conta o psicanalista Flávio Gikovate (1943-2016):

> Em 1957 eu fui pela primeira vez à Europa. Dizia-se, naquela época, que na França os homens e as mulheres se beijavam na boca, nos jardins públicos. A gente ouvia isso com espanto, por aqui. Dizia-se também que existiam em Paris boates onde as mulheres dançavam peladas [...][230]

No Carnaval de 1966, o jornal *Folha de S.Paulo* noticiava que foliões foram retirados de alguns salões por não respeitarem a proibição do beijo.

O jornalista e escritor Gilberto Braga relata que, no início da década de 1960, ele e os demais colegas não entendiam absolutamente nada de sexo, embora se julgassem experientes no assunto. Com sua namoradinha na época, às escondidas, "o beijo na boca a duras penas conseguido era o último degrau com uma menina de família, em 1961". Os namorados não tocavam no assunto sexo.

Havia aqueles que, com insistência, conseguiam tirar a virgindade da moça. Quando o objetivo era alcançado, o sedutor espalhava sua proeza entre os amigos, como conta Rosito Coiro. Na linguagem rude da época, dizia-se que a moça não prestava mais, além de não ser mais "cabaço", podia até estar "arrombada". A propósito, o historiador Boris Fausto aponta a atitude de um exaltado advogado sobre um laudo pericial: "A constatação de que a queixosa tem canal vaginal dilatado equivale a um verdadeiro atestado de prostituição".

Segundo o colunista social Ricardo Amaral, nos anos 1960 "não era chique trepar com a namorada". Ela precisava ser respeitada. Mesmo assim, se o indivíduo o fizesse, mas com a intenção de casar, "não contava para os amigos, para não sujar a barra dela".

Numa das delegacias distritais da capital paulista, na década de 1950, uma moça de 19 anos foi prestar queixa contra o rapaz que a deflorara. Ao constatar que a justiça nada podia fazer e que o moço se negava terminantemente a se casar com ela, a jovem deu com os ombros e declarou: "É melhor assim, pois agora, já que isto aconteceu, vou levar a vida melhor". Ou seja, viveria livremente sua sexualidade.

Sobre a mentalidade vigente nos anos 1950, assim acontecia:

> A jovem, muitas vezes, após ter sido seduzida, se vê abandonada, e no desespero, ante a repulsa da sua própria família, que muitas vezes a coloca no desamparo, é conduzida ao meretrício, como solução normal. Muitas vezes (e isso acontece no Brasil em famílias de baixo nível cultural) é o próprio pai, irmão, padrasto etc. que a encaminha àquele meio de vida, pois para a mentalidade daqueles indivíduos não restava outro caminho. O brasileiro, como bem dizia o saudoso mestre Afrânio Peixoto, é "himenólatra", e para uma jovem contrair casamento, o homem exige que ela possua aquele atributo físico, e a falta dele é um passaporte para a prostituição[231].

Nos meios artísticos e de pessoas mais esclarecidas, havia menos rigor com a conduta moral da mulher. Era comum na sociedade da época, homens, principalmente casados, sustentarem amantes. Chegava a dar *status*.

A atriz Odete Lara conta que, ainda menor de idade, trabalhando como secretária numa empresa, eram constantes as cantadas com propostas de circunspectos senhores. Para uma bonita moça pobre que detestava morar num quarto de pensão que dividia com o pai no bairro operário do Brás, na São Paulo da década de 1940, as propostas eram tentadoras. O que atraía Odete não era ter dinheiro, mas sair com homens bonitos, elegantes, refinados, ricos e que podiam proporcionar-lhe, além desse prazer, outros confortos antes inacessíveis, como viagens, finos restaurantes, cultura, presentes caros etc. Esses casos proporcionavam a fuga da vida sem graça num meio embotado que ela queria deixar para trás. Mesmo depois de uma carreira estabelecida, a atriz continuou com sua conduta libertária com os homens:

> Em minha juventude, fora duas grandes amigas, eu era bastante discriminada pelas mulheres, pelo fato de não seguir a regra usual que era a do casamento legal ou a de ter um mantenedor ou "coronel", como se dizia. As que se encaixavam dentro da primeira regra viam-me como uma ameaça à sua estabilidade conjugal, principalmente depois que me tornei atriz; as que se encaixavam na segunda, me viam como otária por não assegurar meu futuro através de um mantenedor[232].

LIVRAR-SE DO OLHAR ALHEIO

A falta de um local apropriado para práticas amorosas, sem que trouxesse risco ou sobressalto para os casais, foi um problema de longa data numa época em que os hotéis serviam apenas de pousos para viajantes e familiares. Já nos idos de 1853, o médico e ensaísta baiano Mello de Moraes Filho conta que, na rua do Ouvidor, no Rio de Janeiro, havia um negro chamado Clemente que sublocava alguns cômodos de dois portugueses. Chamado de zungu, essa espécie de cortiço malvisto pelas autoridades era alugado para encontros amorosos:

> Popularmente sabidas pelo *zungu do papai Clemente*, a libertinagem que aí se asilava feria impávida o senso moral dos habitantes circunvizinhos, que debalde reclamavam das autoridades competentes um paradeiro àquela abjeção, o aniquilamento daqueles altares do despudor e do vício[233].

Atendendo aos reclamos dos vizinhos, o novo chefe de polícia fechou o estabelecimento no dia 10 de dezembro de 1853 em que, de tocaia, presenciara apear de uma charrete uma "elegante mulher, jovem ainda", que entrara rapidamente no zungu, logo seguida por um rapaz. Era um caso de adultério. Fechado o estabelecimento, o negro Clemente foi preso, mas logo solto, com a exoneração do chefe da polícia. Contando com proteção, Clemente abriu novo estabelecimento nos mesmos moldes do anterior.

Um século depois, em meados dos anos 1950, mesmo em seu próprio apartamento, um homem não entrava acompanhado de uma mulher com a qual não fosse casado ou com quem não tivesse laços de parentesco próximos. Tinha que dar explicações muito convincentes ao porteiro do edifício e driblar o olhar inquisitorial dos moradores. O problema, então, era *onde* levar a mulher para o colóquio sexual. O único recurso para quem estava à procura de sexo era o bordel.

> Mas a glória era conseguir mulher sem pagar. Quem tinha automóvel "garceava", lembra? O sonho era ter um *chateau*, um apartamento só para levar as mina, com luz indireta, eletrola e rum para cuba-libre. O que mais havia na vida?[234]

"Abatedouro de lebres" — era assim que o cantor Carlos Imperial (1935-1992) chamava o seu apartamento térreo na travessa Cristiano Lacorte, em Copacabana, mantido no início da década de 1960 exclusivamente para praticar relações sexuais. Naquela época os melhores hotéis pediam certidão de casamento para permitir a entrada de casais. Fora eles, não havia outro espaço a não ser as espeluncas, pouco sedutoras e muito visadas pela polícia. Mas, finalmente, um decreto estadual de 25 de abril de 1969 estabeleceu: "Não cabe ao hospedeiro a obrigação de investigar o estado civil ou a intenção dos casais ou pares que procuram hospedagens". Estava facilitado o adultério, pois tal medida dava um pouco mais de tranquilidade aos usuários desses espaços.

Quando o cantor Erasmo Carlos estava namorando uma moça do clube Renascença, pediu a Imperial que lhe cedesse o apartamento. O amigo checou para saber se o ninho do amor estaria vazio, pois o rodízio entre os frequentadores era grande.

Tratava-se de uma quitinete simples, sem a mínima sofisticação ou requinte, adquirida exatamente para encontros fortuitos. "Além da cama, o máximo de conforto que existia era um sofá, duas poltronas e uma garrafa d'água com alguns copos", diz Erasmo.

O cantor já tinha bastante intimidade com a namorada, embora ela se mostrasse tensa e insegura para o primeiro encontro amoroso. Aos poucos, depois de muita lábia, ela se descontraiu e finalmente ele teve a felicidade de contemplar sua nudez. No auge dos carinhos, eis que se ouve o barulho da porta se abrindo e se dá a entrada súbita do cantor Wilson Simonal (1938-2000).

Em outra ocasião, Erasmo e sua namorada foram importunados novamente, dessa vez pelo dançarino Ary Tell. Em ambas as ocasiões, os intrusos, dando uma de malandros e desinformados, foram ao local para se certificar se tudo estava bem. Segundo Imperial: "Não mandei ninguém lá, meu jovem. O Simonal e o Ary sempre fazem isso para ver se sobra alguma coisa para eles".

A discreta *garçonnière* era mantida por Imperial e pelo compositor João Roberto Kelly. Quando Simonal ainda não despontara para o sucesso, ele ali morava de favor ou como "caseiro". O acordo não deu certo, pois, quando aparecia algum casal para transar, Simonal tinha que deixar a casa.

> A circulação de mulheres era tanta que os vizinhos deram parte na polícia, suspeitando do negro que, ao que tudo indicava, usava a casa como ponto de prostituição. Os três foram chamados para "esclarecimentos" e descobriram que havia até relatório de um investigador, que observara Simonal por 24 horas e achara muito estranho que aquele negro saísse e ficasse 40 minutos encostado no poste da esquina toda vez que um casal entrava na casa[235].

Havia também o "chatô" na travessa Santo Expedito, onde Imperial hospedava as garotas suburbanas, chamadas de "lebres", que vez ou outra trabalhavam artisticamente para ele, além de preencherem seu harém. Em 1966, Imperial e um de seus amigos se viram envolvidos com duas adolescentes a ponto de o *affaire* chegar ao conhecimento do Juizado de Menores. Apesar de muitas dores de cabeça, o caso foi tratado como prostituição precoce, e não como corrupção de menores. Imperial e Ary Tell disputavam quem havia desvirginado mais moças. Mantinham uma caderneta em que cada um contabilizava o número das que tinham "tirado o cabaço": passavam de vinte.

Segundo o colunista social Zózimo do Amaral (1941-1997), foi bom os motéis terem acabado com as *garçonnières*, os quarto e salas para encontros: "A *garçonnière* tinha todos os inconvenientes. Você tinha que pagar condomínio, o lugar ficava num ponto conhecido e era muito mais fácil o sujeito ser descoberto. Já o motel tem todas as vantagens", principalmente a manutenção do anonimato de pessoas conhecidas no meio artístico.

Também para Jorge Guinle, um problema naquela época era onde levar as moças:

> Todo mundo ia para o célebre Hotel Leblon, que foi o primeiro motel do Rio, mais ou menos onde hoje é o restaurante Antiquários. Ou então você pegava o carro e ia para a Barra ou para a Floresta da Tijuca, onde não era incomodado por ninguém, mas relações sexuais de verdade só mesmo nos *rendez-vous*[236].

O escritor Carlos Heitor Cony (1926-2018) passou pelas mesmas peripécias quando teve um caso com uma estagiária de uma empresa onde trabalhava. Como não possuía apartamento próprio, a solução era alugar quarto "em casa de ex-cafetinas, de homossexuais aposentados ou em vias disso", que mantinham pequenos cômodos no centro da cidade, no Flamengo ou no Catete. Segundo Cony, "eram quartos sórdidos, em ruas manjadas à distância, que cheiravam a esperma, a vaginas besuntadas com cremes que pretendiam evitar a gravidez".

As condições materiais do local onde se faria amor eram infamantes, a ponto de diminuir em parte o tesão, que só se manifestava nos minutos finais da transa, justamente quando findava o prazo fatal e, do lado de fora, a ex-cafetina chacoalhava o molho de chaves ou quase esmurrava a porta. A prorrogação de tempo equivalia a um aumento proporcional no preço da estadia.

Conseguir um apartamento, porém, não resolvia totalmente o problema, diz Cony:

> Ainda por cima, desgraça das desgraças, havia os porteiros. Ah! Os porteiros! Bastariam para desequilibrar o prazer com o exame descarado que eles faziam das acompanhantes, como se registrassem as características físicas e as possibilidades sexuais de cada uma. Muitas mulheres aceitavam tudo, menos enfrentar os porteiros, o que me obrigava a um custo suplementar. Ia na frente,

me entendia com eles, pedia que deixassem a portaria livre por meio minuto, pagava-lhes uma cerveja. E embora soubesse que de algum canto eles não se recusavam a fazer o exame de praxe, garantia para elas que a barra estava limpa[237].

O melhor recurso para convencer a garota a desconsiderar tantos infortúnios, como a pobreza da paisagem e o desolador cenário, era apelar para a compreensão da namorada ante a radiante presença do desejo, murmúrios e sussurros do amor. E assim o arranjo funcionava, porque, se a namorada receava, havia, além do desejo, curiosidade dela para "ver como é que era". No final, tudo transcorria bem para ambas as partes.

Quando se perguntou ao compositor Tom Jobim (1927-1994) como a rapaziada fazia para conseguir encontros sexuais quando não havia motéis, ele respondeu:

> Bem, havia a trepada de pé, na escada de serviço do edifício, nos fundos da casa, na garagem... Mas, de pé, a gente ficava com a perna bamba. Havia também a chamada trepada à milanesa, na praia. No inverno, então, era um paraíso: não tinha polícia, não tinha bandido. [...] Havia também as *garçonnières* dos amigos. E não havia motéis, mas havia os hotéis – hotéis mesmo – no começo da avenida Niemeyer, pertinho do Leblon. Aliás, o Leblon era tão desabitado que, quando alguém era visto lá, só podia ser por alguma sacanagem... [risos][238].

Um guarda de Porto Alegre narra o que acontecia à noite no parque da Redenção. Além de a autoridade pública ficar de olho nos homossexuais que faziam do local ponto de encontros, "às vezes, também, tinham namorados fazendo sacanagem nos escuros. Se eu via, focava a lanterna e o 'fuque-fuque' parava, assim, de repente". Mas os casais só ficavam no susto. Muitas vezes, isso não era o suficiente e, ao apagar-se a lanterna e retirar-se o guarda, o desejo falava mais alto e a esfregação continuava. Alguns policiais não toleravam tal libertinagem: "Iam em cima e prendiam por atentado ao pudor". Havia outros que gostavam de mandar o casal para a Delegacia de Costumes; outros, às vezes, davam conselho e mandavam o par embora.

Nesse quadro tão repressivo, a saída confortável seria achar um local discreto para encontros. Foi o que fez parte da turma da Jovem Guarda, como conta Erasmo Carlos. Ao conseguir alugar uma casa no Brooklin, em São Paulo, em 1966, acabaram alguns de seus maiores problemas, pois a turma teria um lugar para desfrutar suas conquistas amorosas, revezando-se em noitadas memoráveis com as mais belas acompanhantes. A rotina era a mesma: com quem e onde estivesse o jovem, sua noite acabava lá. A boate Cave, com mulheres deslumbrantes e "boazudas", servia como *point* oficial da madrugada, conta Erasmo.

Já o Rio de Janeiro era tido como uma cidade mais liberal. O final dos anos 1950 consagrou Ipanema como o paraíso do prazer. Mas nos idos de 1947, quando Tom Jobim tinha 20 anos, as coisas aconteciam de outra forma: "naquele tempo as moças eram virgens, né? Evidentemente, como todo mundo, as minhas primeiras transas foram com as empregadas". Aos poucos, algumas moças de família foram ficando mais soltas ou "dadas". Só que as moças que namoravam para casar não saíam nem com os soldados americanos que por lá passavam.

> Eu vivia muito ocupado com a música. Quando era mais garoto, antes de me casar, quem me comia eram algumas mulheres muito bonitas, que me elegiam, me pegavam na praia. "Vem cá, rapaz. Como é o seu nome?" – aquelas conversas. Todas eram mulheres mais velhas – quer dizer, eu tinha 18 anos, elas deviam ter uns 25... [risos]. O problema é que, às vezes, essas moças eram amantes de um sujeito importante, como um político ou um milionário [...][239]

A libertinagem incluía surpresas, como conta Erasmo Carlos, que realizou o sonho do sexo a três, imaginado desde os tempos de leitura de Brigitte Bijou. Já na euforia do sucesso, combinou com Juca Chaves, a quem acabara de conhecer na TV Record, de saírem para dar uma "agitada" na noite paulistana: "Você já comeu mãe e filha?", perguntou Juca Chaves. Diante da resposta negativa de Erasmo, Juca acrescentou: "Então vai comer hoje...".

MENOS TORMENTO

Ao contrário do escritor Nelson Rodrigues, que perambulou à deriva, nos bordéis, à procura da sua amada e idealizada Sônia, alguns não se atormentavam com pruridos de amor e paixão e tiveram melhor sorte no sexo comprado. Mas se apaixonaram de imediato. Sergius Gonzaga, memorialista de Porto Alegre, conta como encontrou sua paixão:

> Subi as escadas sombrias da casa de cômodo na Sete de Setembro. No quarto havia um abajur recoberto de papel celofane lilás, uma pia, a cama e o rolo de papel higiênico. Enfim, eu conseguia pecar. Talvez não tenha sido lá essas coisas, mesmo assim me apaixonei pela jovem puta que passou a me receber, de quinze em quinze dias, com indulgência e desconto de 50%. Apenas nunca se deixava beijar na boca. Era o seu espaço de pureza. Declarou-me com solenidade afetada que só permitiria o beijo proibido quando largasse da prostituição.

Então resolvi tirá-la daquele mundo sofrido. Jogava parte da mesada no bicho e na loteria. Com um pouco de sorte, a resgataria e casar-me-ia com ela[240].

Naquela ocasião, no início da década de 1960, um amigo do autor garantiu-lhe que, no socialismo, a prostituição seria erradicada de vez. E que, como ocorrera na Rússia, na China e em Cuba, as mulheres decaídas se regenerariam alegremente, trabalhando com ardor revolucionário nas fábricas ou fazendas coletivas. Ele (secretamente) preferiria que sua amada permanecesse no aconchego do lar; em todo o caso, era melhor uma operária na indústria do que uma mulher-dama nas ruas. Sergius Gonzaga aguardava a chegada do socialismo para que tivesse acesso ao beijo na boca que só a revolução asseguraria. Era o início de 1964 e, de alguma maneira, já muitos acreditavam que brevemente tomariam o poder. "O beijo parecia muito próximo", conclui o autor.

Para alguns homens, a descoberta sexual começava tarde. Foi o caso do escritor Carlos Heitor Cony, que passou toda a adolescência num seminário. Segundo Cony, os padres tinham um conhecimento secular sobre a continência da sexualidade dos garotos. "O sexo é um subproduto da vitalidade. E vitalidade é uma energia física." Por isso, obrigavam os garotos a tantas atividades que eles iam dormir exaustos, a ponto de não haver lugar para devaneios masturbatórios. Mesmo assim, isso não era suficiente para evitar que alguns garotos os praticassem. "Caso explícito de pederastia não vi nenhum", conta Cony em entrevista à *Playboy*. Ele manteve sua castidade enquanto permaneceu no seminário, até os 19 anos. Mas também não havia muito apelo. Cony alega ter tido uma capacidade muito grande de se concentrar nos estudos. "Claro, tinha sonhos eróticos e, às vezes, poluções noturnas."

O escritor conta que perdeu a virgindade num puteiro do alto meretrício da avenida Oswaldo Cruz, no bairro do Flamengo, em 1946. Esse bordel atendia a algumas autoridades, como secretários de Estado, senadores e também o prefeito da época. Estando a trabalho como jornalista, foi levado por uns amigos, no dia em que se inaugurava a duplicação do Túnel Novo, que liga o bairro de Botafogo a Copacabana e Leme. Depois da inauguração, por volta do meio-dia, um grupo disse assim: "Vamos lá!". E ele foi. Mas a experiência não o agradou: "Sinceramente, não me deixou lembrança". Depois desse episódio, sentiu-se mais seguro para o trato com o mulherio, a ponto de querer recuperar o tempo perdido: "No dia em que fiz 35 anos, trepei com cinco mulheres diferentes, que aliás tiveram muito orgulho disso. E eu também", diz no livro *A primeira vez... à brasileira*.

Quando perguntado com quem perdera a virgindade, o cartunista Herbert de Souza, o Henfil (1944-1988), respondeu que isso ocorreu tarde, com 21 anos.

"A virgindade que eu perdi nessa idade foi a virgindade tradicional, porque com um ano, ou dois, eu já me masturbava." Apesar de ter ido várias vezes para a cama com a namorada, ele não chegava até o fim: "só sacanagem". O condicionamento de considerar o sexo como pecado causou-lhe trauma e a incapacidade de demonstrar afeto em público. A seu ver, isso foi decorrente de sua educação religiosa, e não do fato de ele ter ficado virgem até os 21 anos. Essa educação restritiva levava à masturbação como válvula de escape e à vergonha do corpo, conta Henfil:

> Perdi a virgindade aos 21 anos. Me encostava nas mulheres nos ônibus. Um dia me encostei em uma negra maravilhosa e foi uma loucura! Tem duas coisas que me amarram: pés e negras. Ela me deu o telefone, saltou, eu telefonei e aí foi tudo tranquilo. Tive uma sorte incrível. Fomos para a zona de prostituição e eu tive uma transa tão tranquila que nem percebi como foi[241].

Em décadas anteriores, ônibus e trens lotados e o consequente assédio masculino constrangiam muito mais as mulheres do que atualmente, uma vez que elas eram educadas a não reagir por vergonha, a ser contidas em seus comportamentos e a suportar a íntima proximidade do passageiro. O evento, tão corriqueiro, foi explorado na literatura, no conto de Nelson Rodrigues, *A dama do lotação*. Só que, no conto, a mulher é a agente da sedução. O enredo: uma mulher casada sai todas as tardes com a finalidade de manter relações sexuais com todo tipo de homem encontrado no coletivo. Clarice Lispector, em *A hora da estrela*, também explorou a busca culposa do prazer feminino: Macabéa, pobre, sem atrativos físicos, solitária, carente afetivamente, espreme-se com prazer no metrô (na versão filmada) entre dois homens e se apraz com o cheiro de seus corpos, enquanto tem o corpo roçado involuntariamente pelos dois num vagão.

Essa esfregação, que já foi o sonho de quase todo adolescente e adulto de décadas atrás, vem diminuindo com a maior desaprovação da sociedade e dos movimentos feministas quanto a comportamentos invasivos. O refinamento cultural exige que pessoas estranhas convivam respeitosamente num espaço exíguo, com civilidade. O sociólogo Norbert Elias (1897-1990) afirma que a civilização começou a se desenvolver quando transformou a circulação de estranhos num espaço relativamente pequeno em algo relativamente suportável para todos.

Em reminiscências de memorialistas, bordéis e prostitutas compõem um tema constante nas lembranças de muitos homens que viveram nos chamados anos dourados. Esse é um sinal nada desprezível de quanto era corriqueira essa vivência social.

É interessante observar que, para muitos memorialistas, as prostitutas, os cabarés e os gigolôs assumem valor nostálgico, equiparados a outros acontecimentos cotidianos. O passado vivido integra um mesmo quadro, que transforma as farras e os delitos praticados naquele espaço em lembranças de pequenos deslizes que a complacência do olhar retrospectivo releva como fatos naturais da mocidade. As recordações de histórias de polícia, de cabarés perigosos e mal-afamados envolvendo os rapazes dos anos 1950 e 1960 são tratadas como coisa natural do passado, que nada têm a ver com práticas hoje condenáveis observadas nos grandes centros.

A TRAJETÓRIA DAS MULHERES

Com relação à mulher, o Código Civil de 1916 foi bem longe nas discriminações, tratando-a como ser inferior, necessitada de proteção, orientação e aprovação masculina. Os Códigos (Civil e Penal) mencionavam o termo "mulher honesta", sem explicitar a que valores corresponderia o adjetivo. Em nenhum momento, porém, usou-se a expressão "homem honesto", como se isso já fosse um pressuposto. Compreendia-se que a mulher era considerada "honesta" em razão de sua pureza, discrição, vida sexual restrita ao casamento; ou seja, ela era avaliada por sua vida privada. Isso perdurou até os anos 1960: as mulheres eram educadas numa redoma, sob o olhar vigilante dos familiares mais próximos.

Dizia-se que a mulher deveria se preocupar com a imagem que poderiam fazer dela. Os rapazes não gostavam de moças "saidinhas", e sim das "sossegadas". Enquanto aos moços permitiam-se os excessos, as farras, a elas, sempre vigiadas por zelosas mães, era vetada qualquer iniciativa de liberdade. Numa pequena cidade do interior mineiro, assim se expressou uma garota de classe média:

> Imagens de nossas vidas adolescentes: nós tínhamos saído de carro, com a Flávia. A irmã de Flávia não era casada. "Que gente!" Flávia jogava tênis conosco. No caminho, surgiu o sítio da irmã. Entramos – café, banho de cachoeira, pleno verão, fim de tarde. Ao regressar, contamos a verdade. "Vocês perderam o senso?", dizia o tio Mário. "O importante não é só *ser* direita, é *parecer* direita…" Parecer direita. Era a frase chave. Todas aquelas vidas plasmadas por ela[242].

Quando foi promulgado o Estatuto da Mulher Casada, em 1962, ela deixou de ser considerada "relativamente incapaz" de gerir autonomamente sua vida. Outra nítida evidência de machismo era o tratamento que a lei dava àquela que se casava sem ser virgem e não informava previamente o noivo sobre já ter sido "deflorada" – esse ato era considerado crime, por induzir o marido *a erro essencial* e por ocultar algo grave que impediria o casamento. O marido, então, estava autorizado a pedir a sua anulação.

Em novembro de 1959, a censura estadual proibiu a projeção do filme francês *Os amantes*, de Louis Malle (1932-1995), em Porto Alegre. A interdição compõe as memórias da jornalista Tânia Carvalho: "A coisa fervia e na nossa cabeça Marx, Sartre e Simone de Beauvoir exerciam o mesmo fascínio do proibidíssimo *Les Amants*, de Louis Malle".

O filme foi liberado apenas para o Rio de Janeiro e São Paulo, onde, segundo os censores federais, o índice cultural do país era maior e, portanto, a trama poderia ser mais bem compreendida. Mas, nas missas de domingo, os sacerdotes aproveitavam o sermão para conclamar os fiéis a não assistirem a determinados filmes, sob pena de excomunhão.

Como não poderia deixar de ser, o tema central era o adultério de uma bonita francesa, mãe de uma menina. Desprezada pelo marido que ela não ama, passa o tempo absorvida com um amante em Paris. Não satisfeita, arranja um segundo amante e leva-o para sua casa em Dijon. O resumo do enredo, da autoria de um espectador indignado com a exibição do filme, é esclarecedor a respeito das preocupações presentes naquele momento em alguns setores da sociedade porto-alegrense:

> E ali dentro do seu próprio lar, começam as tais cenas que, a pedido da empresa exibidora, devem ser olhadas com respeito! [...] E para requinte da imoralidade sórdida, imunda, é a mulher que, já sem roupa, despe o homem, aos poucos, lentamente, para tornar a cena ainda mais indecente!... E a outra, a que dá fim ao sem-vergonhismo daquele quadro de luxúria apodrecida, é, sem dúvida, o suprassumo da ofensa à plateia: vê-se a mulher numa banheira comum, gozando a delícia de um banho perfumado... O amante, ao vê-la tentadora, despe-se completamente e deita-se, ao lado dela, sem que se perceba qualquer tentativa de colorido patético àquele incrível e nauseante testemunho de bestialidade desenfreada![243]

Nota-se a indignação do leitor com o fato de a mulher tomar a iniciativa de despir o homem. A expressão "nauseante testemunho de bestialidade desenfreada" denuncia, como revela o espectador, que a moralidade dominante não autoriza a reciprocidade na relação amorosa e um nivelamento de desejos entre o casal. Duas décadas depois, já no período da ditadura militar, eis o que escreveu o censor sobre o veto ao filme *Império dos sentidos*: "A moça não é normal ao ficar por cima do amante".

ADULTÉRIO FEMININO

A infidelidade conjugal, como mote tão caro na literatura de Machado de Assis, é apresentada com discrição e leveza em *Dom Casmurro* e *Memórias póstumas de Brás Cubas*. Já no caso do carioca Nelson Rodrigues, ela é desnudada e reiterada nos folhetins diários dirigidos ao grande público. A recorrência do tema demonstra o interesse nacional.

No início dos anos 1950, o jornal *Última Hora* tinha entre suas matérias prediletas na sessão de notícias policiais as traições cometidas pelos cônjuges e, especialmente, seus desdobramentos dramáticos na vida dos envolvidos.

E não é por acaso que grande parte das situações de adultério relatadas pela imprensa tratasse do homem traído e da mulher infiel. Apesar de o Código Penal não fazer distinção de gênero para caracterizar a infração, sabe-se que as mulheres constituem o grupo mais visado na identificação da personagem ativa do delito. Tal perspectiva foi reproduzida pelo jornal e destacada através do relato de casos de mulheres adúlteras que foram assassinadas por seus maridos quando eles tomavam conhecimento da traição.

Em São Paulo, nos anos 1920, numa época em que a área da justiça, como a maioria das profissões, era dominada por homens, o veredicto de um jurado que absolveu o réu que matara a esposa refletia a opinião vigente: "Eu o absolvi porque sou homem e sou casado: se fosse ele, eu faria o mesmo". O adultério masculino, por outro lado, era considerado uma fraqueza humana lamentável, porém compreensível.

As manchetes do *Última Hora* gaúcho eram representativas dessas infrações transgressivas. Eis alguns exemplos de fatos, ocorridos em 1960, estampados pelo jornal em manchetes sensacionalistas:

- Adultério continua provocando tragédias: marido matou rival
- Adúltera: marido a pegou em flagrante
- Adúltera: ainda amo Manoel. Marido: eles merecem bala
- Flagrante: marido e polícia pilharam mulher com outro
- Facada no coração; castigo de sangue à esposa infiel
- Menino-amante revela: Maria Jocy não queria me abandonar
- Menino-amante não tem culpa. Foi Maria Jocy que o tentou[244]

No último título, referente à edição do dia 7 de agosto de 1960, o marido, Ricardo Ferreira da Rosa, de 30 anos, desferiu uma facada no coração de sua esposa Maria Jocy, de 20 anos, depois de tomar conhecimento de que ela o estava traindo com um menino de 14 anos. Casados desde 1956, Ricardo e Maria tinham dois filhos, considerados as duas maiores vítimas da tragédia. Após o assassinato da mulher, Ricardo tentou se matar, cravando a faca no próprio abdome.

O jornal *Última Hora* nasceu no Rio de Janeiro em 1951, e Nelson Rodrigues, em sua coluna *A vida como ela é...*, ao longo da década, tratava basicamente das dramáticas relações entre casais – muitas das quais envolvendo adultério. A constância no tema era vista como um indicativo da boa aceitação desse tipo de matéria pelos leitores, o que reforçava a opção editorial pelo assunto na rede dos jornais.

Diariamente, Nelson Rodrigues apresentava aos leitores cariocas os dramas urbanos de casais cujo comportamento amoroso insólito e imprevisível revelava as infidelidades de suas personagens (majoritariamente as femininas). As reações eram as mais diversas: curiosidade e aceitação de uma traição eram tão corriqueiras quanto o assassinato de um rival.

Segundo Nelson Rodrigues, no dia em que ele parou de escrever a coluna, ninguém conseguiu trabalhar na redação, tal a quantidade de telefonemas registrando o descontentamento pela supressão dela. Depois, ele levou a série para o *Diário da Noite*. A coluna era um tratado de traídos. Todo mundo adorava histórias de homem traído por mulher. Durante dez anos, dia após dia, o leitor tomava conhecimento do adultério da vez.

> Se as novas gerações me perguntassem o que era *A vida como ela é...*, diria: — "Era sempre a história de uma infiel". Apenas isso. E o leitor era um fascinado. Comprava a *Última Hora* para conhecer a adúltera do dia. Claro que, na minha coluna, também os homens traíam. Mas o que o público exigia era mesmo a infidelidade feminina. [...] Dir-se-ia que o problema do brasileiro é um só: — ser ou não ser traído[245].

Esse era o único tema que realmente não esgotava o interesse dos leitores. Até mesmo um adultério entre animais fazia um sucesso incrível, dizia Nelson. Por muito tempo, o traído teria esse mesmo sucesso. A tese que os advogados usavam para livrar o marido da cadeia quando ameaçava ou tirava a vida de sua esposa era a da "legítima defesa da honra". Na atualidade, essa tese foi praticamente derrotada. O adultério deixou de ser crime na legislação penal brasileira de 2005.

Além de a ocorrência do adultério masculino ter sido minimizada, outra liberdade desfrutada pelo homem diz respeito à prostituição. No princípio do século XX, com o Brasil recém-saído da escravidão, o senhor de engenho e a emergente aristocracia do café perderam a comodidade de ter várias mulheres para satisfazer suas necessidades sexuais e, portanto, a prostituição tornou-se indispensável e se expandiu muito.

O mercado de sexo nas grandes e médias cidades dividia-se em três grupos principais: a prostituição de luxo das francesas; o grupo intermediário das chamadas polacas, vindas da Europa oriental; e a prostituição mais barata das brancas, negras ou pardas brasileiras. Veremos nos próximos três capítulos como os bordéis faziam parte da paisagem da quase totalidade das cidades brasileiras.

PROSTITUTAS E CAFETÕES NAS ZONAS DO PECADO

O século XX ainda foi uma era de extremo moralismo com respeito ao comportamento sexual feminino antes do casamento. Para os homens, ao contrário, a prostituição servia como válvula de escape para os desejos reprimidos. O comércio do sexo estava disseminado por todo o país e causava problemas de moralidade pública. Para tratar desses casos, havia a polícia de costumes.

Segundo o historiador Cláudio Pereira Elmir, que estudou a cidade de Porto Alegre na entrada do século XX, a imprensa dedicava relevante espaço de suas páginas para denunciar as "imoralidades públicas", as "ruas de má fama" e a indecência da prostituição e da malandragem, endossando, assim, as preocupações da Guarda Civil. A conduta imoral da prostituta, em público, desqualificava sua atividade profissional.

Em Porto Alegre, o jornal *Independente*, de 17 de fevereiro de 1919, traçava um amplo quadro da explícita falta de pudor que as "perdidas", como eram chamadas, exibiam à população. Não se podia tolerar que mulheres tachadas de messalinas impudicas, depravadas, ficassem em pontos centrais da cidade, como rua Riachuelo, praça Marechal Deodoro, rua Dr. Flores e outras, como se estivessem à vontade em suas casas. Era deplorável que as meretrizes aparecessem, em pleno início da noite, "nas janelas com o colo nu, muitas vezes tendo caídas sobre o peitoril das mesmas as carnes lascivas para excitar os transeuntes", e ofendessem o decoro das famílias com palavras e ofertas de seus corpos. Isso era infame, degradante. Ofensa ao pudor.

As mulheres da vida leviana não podiam ficar sentadas na frente de seus "conventilhos", de pernas cruzadas, de modo a se verem até suas curvas, ostentando meias rendadas de seda ou outro tecido de várias cores, a chamar a atenção dos passantes, ofendendo a moral e depravando os costumes. Tampouco poderiam sair de suas casas, atravessar as ruas, "veladas apenas por um roupão, às gargalhadas, tendo no canto dos lábios um cigarro de fumo podre". Assim se expressava a imprensa.

Outro motivo de indignação para o jornal *Independente*, de 25 de fevereiro de 1919, foi a existência de um cabaré próximo de uma casa de saúde, em pleno centro da cidade. O cabaré era um lugar de barulho, enquanto a casa de saúde requeria silêncio.

> Na esquina da rua da Ponte com o beco do Fanha acha-se instalado com algum luxo o "Club Marly" onde noturnamente se reúnem a mocidade, os maduros e a velhice, que em colóquios com as hetairas e mundanas se entregam aos prazeres da orgia, que traz na efervescência do álcool, em mescla com o apogeu da loucura lasciva, o delírio do cérebro e a *débâcle* do senso. Todas as noites, neste *club* reúne-se grande assembleia e quando soam no bronze da catedral 23 horas, hora de silêncio em que tudo dorme, é que ele desperta, e então pelas janelas sai, portado pela brisa, o som de copas que se chocam, de risadas que se confundem com gritos de bêbados, de palmas que ovacionam uma cantora que vocifera uma cançoneta obscena, enfim uma algazarra, uma orgia estonteante[246].

O poder público parece ter empreendido uma campanha de moralização em conjunto com a polícia, efetuando grande limpeza de Porto Alegre, com a prisão de quarenta cafetões, serviço extensivo aos ladrões e vagabundos. Os detidos não correspondiam à metade daqueles que comercializavam o corpo das mulheres na capital. No entanto, um mês depois da prisão dos cafetões, observou-se que a atitude da autoridade encarregada de combater "o cancro horroroso, que vem corrompendo a alma da sociedade de Porto Alegre" não se mostrou eficaz.

A cada edição, a crítica do jornal *Independente* se tornava mais contundente, e os elogios cediam espaço à denúncia da ineficácia das autoridades. O redator chegou a sugerir que haveria conivência do poder público com a prostituição, o jogo e a cafetinagem: "Porto Alegre se infama, se degrada, dia a dia, pelo descaso dos poderes competentes, cegos pela sífilis política de conveniências e protecionismos". Concluía-se que as campanhas de moralização pública apresentadas pelas autoridades do Estado encontravam barreiras à sua realização devido à inoperância dos policiais. Assim, "é provável que os valores da guarda fossem mais semelhantes aos do seu meio de moradia, de vida", escreve o jornal.

BELO HORIZONTE E A ZONA DO PECADO

Em seu *A menina do sobrado*, o escritor Cyro dos Anjos (1906-1994) conta que em 1923, juntamente com os amigos, caminhava pelas ruas tranquilas e vazias após a meia-noite, descendo em direção à zona onde mulheres e homens se caçavam reciprocamente, no entra e sai das pensões, dos cabarés e dos restaurantes. Segundo o escritor, era um ambiente falsamente alegre, tanto para as ruas da zona e suas damas quanto para quem as procurava. Alegria, propriamente, não se comprava no cabaré. Contudo, a animação, a música, o vozerio às vezes expulsavam dos convivas, imersos na cerveja, as tristezas costumeiras.

Paixões, ciúmes, rivalidades despedaçavam tanto as "bonecas" quanto as "lolitas" dos bordéis. E, em vez de serem chamadas de "mulheres da vida", melhor se diriam "moças da vida", pois começavam cedo. Exemplos de desesperanças não faltavam. Certa noite, Dulcinha não apareceu: tomara formicida. De Marocas veio a notícia de que acabara no hospício, escreve Cyro.

Outro fato apontado foi a morte da argentina Conchita, que conhecera o luxo, a glória e até mantivera secretos encontros com uma alta personalidade da República. Ainda no auge da carreira, deixara-se, contudo, apaixonar por um estudante de Medicina e passara a fazer tolices, negligenciando a refinada clientela. Era bonita, espirituosa e, apesar de desmiolada, charmosa. A cortesã Olímpia Vasquez aconselhava, ralhava e brigava com ela, mas com ternura. Ao vê-la chorosa, arrependia-se, dava-lhe dinheiro. Decorridos alguns meses, o estudante formou-se, pôs no dedo o anel de doutor e nunca mais apareceu. Conchita passou a beber em demasia, a cheirar cocaína e a responder com rispidez às advertências. A espanhola madame Olímpia, com o coração apertado, despediu-a. Era preciso manter a respeitabilidade da casa e a dignidade da classe.

> A ex-vedete saiu, batendo a porta com estrondo, e foi para uma pensão de segunda ordem; não passou um mês, já estava numa de terceira; daí a pouco, numa de quinta. E, de bordel a bordel, acabou no infecto Curral das Éguas, consoante a profecia da espanhola[247].

Considerado o que havia de mais sórdido nos idos de 1922, o Curral das Éguas tinha um pátio largo para onde se abriam, diretamente, quartinhos escuros, de uma só porta. Era comum que prostitutas começassem nos cabarés mais famosos e terminassem ali, devido não apenas à própria idade, mas também a problemas de saúde, muitos deles ocasionados pelas doenças venéreas ou pelo uso intensivo de bebidas, drogas e noites maldormidas.

Em Belo Horizonte, o bairro Bonfim foi considerado a área de prostituição mais antiga do baixo meretrício. Era apontado como um espaço de boêmia e prostituição.

Em geral, os *rendez-vous* mais sofisticados eram casas discretas e requintadas, com espaço para dançar, beber, quartos para a prática sexual e ambiente para conversas íntimas. Serviam-se boas bebidas, especialmente vinho fino. Procurados pelos homens de melhor poder aquisitivo, tais locais propiciavam, além da satisfação erótica, as conversas relaxadas entre amigos e as confabulações políticas.

Havia ainda as casas de prostituição da zona de baixo meretrício, identificadas por uma luz vermelha e adaptadas para sua finalidade com simplicidade. As prostitutas ficavam à janela, convidando os passantes a entrar, ou se postavam nas salas de espera para ser escolhidas. Havia também as mulheres que, maquiadas e com roupas extravagantes para conquistar os homens, posicionavam-se nas ruas da cidade, especialmente no centro e na praça Vaz de Melo. Alugavam quartos de hotéis ou pensões das imediações para a realização dos programas.

A cafetina mantinha um relacionamento amistoso com a polícia e com o cafetão da prostituta. Dessa forma, garantia a segurança da garota na zona. Uma ex-prostituta, com 81 anos, relata como considerava a cafetina:

> Era uma verdadeira mãe: às vezes, a mulher chegava do interior sem saber nada direito, ela acolhia e arrumava roupa para a mulher, ensinava a tratar os outros bem, levava a gente no médico, para tratar de dentes, comprava maquiagem e dava conselhos quando a gente tinha problema. A mulher tinha que respeitar ela, fazer o que ela mandasse, e, se a mulher fosse escandalosa, brigona ou não respeitasse, ela punha na rua com a roupa do corpo[248].

Numa época em que a mulher não tinha quase nenhuma autonomia em sua vida costumeira, naturalmente precisava arranjar um "protetor" ao se dedicar a atividades marginais. Um informante, de 79 anos, conta como ocorria a reunião dos cafetões para conferir a "féria" da mulher em determinado restaurante:

> A gente apostava quem ganhava mais dinheiro naquele dia. Ficava ali esperando. Às vezes saía para fazer um programa, às vezes ficava ali a noite inteira bebendo, contando piada, jogando baralho e se divertindo até a mulher chegar. Ao chegar entregava para o seu homem o dinheiro e ele tinha que contar na vista de todo mundo. Até o dono do bar apostava. Ela não podia chegar cheirando a bebida, porque mulher que bebe gasta muito e não trabalha direito. Na hora das contas,

uns, quando perdiam a aposta, batiam na mulher ali mesmo, perto de todo mundo. E se perdia a aposta muitas vezes, arranjava outra mais nova e mais bonita. Se a mulher não fazia muito, os outros gozavam a gente. No fim, se a mulher quisesse, a gente pagava uma comida e deixava ela beber, mas só depois do trabalho[249].

Diferentemente do cafetão, que ganhava dinheiro em troca de oferecer proteção, o gigolô queria levar boa vida sustentada pela mulher e com sexo de graça. Os gigolôs eram mais desprezados porque, covardemente, viviam à custa do trabalho de uma mulher que, além de ter diferentes parceiros sexuais, dispensava cuidados com a casa e com a família. Uma sociedade tradicional, que via no homem o provedor do lar, não suportava essa conduta do sujeito que dependia de mulher dessa maneira, por falta de disposição para trabalhar.

Quanto à repressão, um policial aposentado que trabalhou durante quase três décadas no Bonfim explicou em entrevista: "A polícia prendia mesmo. Tinha que mostrar serviço para a gente de bem da cidade". Na época, havia o trabalho preventivo, visando desativar atividades de grupos políticos no período da ditadura; "depois era atuar: perseguir prostituta, prender travesti". Perguntado sobre o motivo desse comportamento, o policial disse que cumpria ordens e que essa era a função dos órgãos de segurança: "Prostituta é muito badenneira, o povo ficava assustado e a polícia tem que proteger o povo". Mas há outra versão dos fatos: as mulheres relataram que muitas vezes o policial também era cliente e fazia uso indevido do poder, forçando-as a lhe prestar favores sexuais gratuitamente.

Na região do "quadrilátero da zona", os cabarés tiveram seu auge nas primeiras décadas do século XX. Ao desaparecer, deram lugar a uma nova forma de prostituição, mais popular e menos requintada, com os chamados "hotéis de batalha", estabelecimentos cujos quartos são alugados pelas prostitutas para a realização do serviço sexual.

Nos hotéis, deitadas na cama, poucas prostitutas ficavam totalmente nuas. As portas dos quartos permaneciam abertas, e os homens transitavam pelos corredores olhando-as, com o objetivo de escolher uma delas. Uma vez escolhida a mulher, o homem aproximava-se, informava-se sobre as práticas sexuais oferecidas e o preço. Esse momento era bastante objetivo:

> Não tem mistério. Eles perguntam: quanto é? Eu respondo: para sexo oral é tanto, para penetrar é tanto. Aí ele dá um jeito de falar que é caro. Como já sei o que ele quer, puxo o seu braço e fecho a porta[250].

Mas a escolha não era só do homem; a mulher também escolhia, principalmente se já tinha trabalhado o suficiente para ganhar algum dinheiro e não precisava tolerar qualquer um.

> Tem uns clientes que a gente olha para a cara deles e cisma. Por exemplo, tem uns que chegam todo sujos, com mau cheiro, e a gente não gosta e não vai. Eu, por exemplo, detesto ficar com um homem que vai de chinelo de dedos, não gosto de homem com pé preto de sujeira, eu fico com nojo[251].

O recurso mais eficaz para rejeitar um cliente levando-o a desistir do programa era cobrar muito alto, principalmente se a mulher suspeitava que o homem não tinha condições de pagar. Se o cliente insistia, a prostituta dizia que "parara de trabalhar" e fechava a porta. Muitas vezes, essa estratégia criava conflitos.

Para atrair mais fregueses, muitas mulheres diziam ter uma idade que as tornasse mais desejáveis. Com aparência juvenil, recebiam um número tão excessivo de clientes que se formavam filas na porta de seus quartos. Quando indagadas, informavam ter 19 anos. Essa idade era mágica. Já outras mulheres aparentavam mais de 50 anos. Quando perguntadas, mencionavam, como no caso das mais jovens, um número mágico: 38 anos. Parece que 38 era um número representativo, porque é menos de 40 – considerada meia-idade. Porém, devido à aparência física, ficava difícil ocultar os anos vividos; daí 38 ter-se tornado, simbolicamente, a idade-limite da vida da prostituta.

Certo dia, a pesquisadora Regina Medeiros, ao entrar no quarto de uma prostituta que, segundo o gerente, era antiga na profissão, aparentando mais de 50 anos de idade, relata o que ocorreu:

> Quando entrei, perguntei-lhe: "Você tem 38 anos, não?" Ela respondeu: "Como você sabe?" "Pela sua aparência", respondi. Ela comentou: "Interessante, muita gente pensa que eu tenho 50 anos. Se eu tivesse 50 diria que tinha 35". Perguntei o motivo e ela explicou: "Todo mundo pensa que com 35 anos a mulher sabe muito, sabe das coisas, não é mais ingênua e ninguém pode enganá-la. Uma mulher de 35 não é coroa, e, se for, só pode ser enxuta"[252].

Uma dessas prostitutas maduras explicava que "saber mais" significava não fazer programa sem preservativo, não aceitar baixa remuneração e recusar ser colocada nos piores quartos.

Em Belo Horizonte, segundo Luciana Teixeira, a zona localizava-se na parte mais baixa da cidade (por isso "descer" significava ir à zona), próxima à rodoviária e à praça da Estação Ferroviária.

Antes de 1930, o principal lugar da prostituição em Belo Horizonte era o cabaré, casa que reunia várias prostitutas sob o controle de uma cafetina ou cafetão. Quanto ao termo "cabaré", há certa dubiedade em seu emprego em muitas cidades do Brasil. Ora significa uma boate ou casa de espetáculo, ora prostíbulo. Alguns cabarés ofereciam também serviços de bar e *shows* com cantoras famosas da época. Um deles, o Rádio, tinha até um diretor artístico, o francês André Durmanoir, responsável pela criação e distribuição da revista *Risos e Sorrisos* aos boêmios frequentadores do lugar.

A hierarquia dos cabarés devia-se principalmente aos preços cobrados, mas a nacionalidade das mulheres e seus dotes físicos também eram importantes. A grande atração eram as prostitutas estrangeiras. "O mais sofisticado e exclusivista dos cabarés era o Palácio, também conhecido como cabaré da Olímpia, nome de sua proprietária, uma espanhola de muitas relações com políticos e outros representantes da elite da cidade." Em outros, mais modestos, em vez de champanhe servia-se cerveja, e as prostitutas estrangeiras davam lugar às nacionais.

O período das décadas 1930-1970 corresponde à fase áurea dos bairros do Bonfim e da Lagoinha. À noite, o comércio fechava e os cabarés abriam. Como se tratava de bairros residenciais, a prostituição causava muitos constrangimentos às famílias, provocando, inclusive, mudanças para outras regiões da cidade. Por essa razão, como em todas as cidades do Brasil, nas portas das casas de prostituição colocava-se uma luz vermelha, para diferenciá-las das residências familiares.

RIO DE TODAS AS CORES

Segundo Nelson Rodrigues, em *A menina sem estrela*, em 1930 o prostíbulo do Mangue era reluzente como uma Broadway. "Em cada janelinha, uma mulata de Di Cavalcanti", além das famosas francesas e polacas. O jornalista e radialista Renato Gonçalves conheceu pela primeira vez esse prostíbulo na década de 1940. Ele conta o seu espanto diante das atitudes sem cerimônia das mulheres nos convites aos transeuntes:

> Algumas das meretrizes, de suas vitrinas, não se limitavam a mostrar parte dos seus encantos; faziam pregão, chamando os passantes. Uma gorduchinha de faces coradas dizia repetidas vezes: – *Komm, Komm,* é *zó fünf* mil-réis! [...]

Ela nem sabia falar português. Era uma alemãzinha importada pela máfia local do sexo. Apesar da suspensão do tráfico de escravas por causa da guerra, a percentagem de estrangeiras, com especialidade, polacas, francesas e alemãs, ainda chamava atenção[253].

No governo Vargas, com o objetivo de regular a prostituição e com um projeto higienista sob controle médico e policial, a partir de 1943, toda mulher tinha que se cadastrar na Delegacia de Costumes. Lá, elas preenchiam uma ficha contendo dados pessoais e os motivos que as haviam levado à prostituição como alternativa de sobrevivência. Muitas preferiam se sujeitar à prostituição a seguir o regime de servidão de um emprego doméstico, onde geralmente folgavam apenas a cada 15 dias; algumas eram vítimas dos estereótipos morais dominantes, como a perda da honra; outras tinham sido expulsas de casa e consequentemente caíram "na vida". A historiadora Juçara Luzia Leite destaca três perfis das mulheres do Mangue, que justificavam suas escolhas: dinheiro, prazer ou vergonha de não ser mais virgem. Destacaremos alguns relatos contidos nas fichas de controle policial:

> 03/10/1954 – Maria: "Viveu em companhia de seus pais até os 15 anos de idade. Foi seduzida por um seu tio materno. Não deu ciência do fato a seus pais por ter sido ameaçada por seu tio. Saiu de casa indo trabalhar como doméstica [...]".

> 13/10/1954 – Miguelina: "Aos 18 anos casou-se com Domingos Chiparbi, com o qual viveu 10 anos. Separou-se em virtude de ter seu esposo deflorado uma de suas próprias filhas do primeiro matrimônio".

> 03/11/1954 – Sueli: "Criada por seus genitores, aos 15 anos foi deflorada por Francisco de tal, que era hóspede da casa onde a fichada trabalhava. [...] Quando seus pais souberam a mandaram embora de casa [...]".

> 08/11/1954 – Angelina: "Criada por seu avô. Aos 15 anos foi deflorada por um namorado cujo nome não mais se lembra".

> 10/11/1954 – Abigail: "Aos 18 anos foi deflorada por um namorado, Manoel Teixeira, com o qual vive até o presente. Preso o seu amante, cumprindo pena no Presídio, passou a fichada a exercer o meretrício".

18/11/1954 – Zilda: "Perdeu-se aos 12 anos, isto é, foi estuprada por dois indivíduos empregados de uma fazenda, na qual trabalhava; em consequência, teve uma criança [...]".

08/03/1955 – Neide: "Aos 16 anos foi seduzida por um senhor de idade que conheceu na mesma noite em que se entregou".

16/05/1955 – Nilcea: "Foi deflorada com a idade de 14 anos, pelo seu namorado, quando ainda se encontrava em companhia dos pais. O evento se verificou quando a mesma resolveu fugir de casa com esse rapaz [...] Quando quis voltar à companhia de seus pais foi recusada pelos mesmos".

[?] / 1958 – Jane: "Foi deflorada aos oito anos pelo padrasto, ficando com sua mãe até a idade de 15 anos; deixando a casa passou a fazer o *trottoir* [...]"[254].

Entre as 269 fichas analisadas, constataram-se: 145 mulheres seduzidas pelos namorados, 4 pelo patrão, 12 defloradas por ato de violência, 49 defloradas no casamento e 50 "amigadas", isto é, vivendo maritalmente sem oficialização do casamento. Além dos dados apresentados, os motivos que levaram essas mulheres à prostituição foram: abandono do companheiro ou abandono ao companheiro, além de outras razões (morte, prisão, viagem etc.).

Em 1951, o Brasil assinou a polêmica Convenção Abolicionista da Prostituição e ratificou-a em 1958, estabelecendo oficialmente esse modelo. A partir dessa resolução, o Estado deveria se abster de controlar a vida sexual das prostitutas por meio de regulamentos institucionalizados. No entanto, não foi bem isso o que ocorreu.

Em 1955, o Mangue, saindo de uma série de repressões policiais, voltou a atingir o estágio bem próximo de seu antigo apogeu, com cerca de duas mil mulheres. A chamada "República do Mangue" tentou estabelecer uma cadeia de prostíbulos sem cafetinas, uma vez que as próprias meretrizes eram as donas das casas, entregando, porém, a administração às gerentes que, ao menos teoricamente, eram escolhidas pelo voto da comunidade. Em cada prostíbulo, sob vigilância policial, realizava-se uma eleição. As prostitutas escolhiam livremente uma gerente, por maioria de votos. Por um período variável, as mulheres administravam a casa, sendo posteriormente substituídas por outra na direção do negócio. O cargo tinha caráter rotativo, cabendo a todas o direito de exercê-lo.

Anteriormente, no tempo das cafetinas, as mulheres tinham hora certa para chegar e sair. Eram empregadas de um comércio. Não lhes era dado o direito de rejeitar um cliente, por mais repulsivo que fosse; antes, deviam a obrigação de bem servi-lo e de satisfazer os desejos dele. Nessa nova experiência, as velhas cafetinas passaram de gerentes a zeladoras. Somente algumas mulheres, porém, tinham aptidão para o cargo. O meio composto de analfabetas, pouco capacitadas para as tarefas de direção, fez com que paulatinamente essa experiência fosse definhando.

Em julho de 1967, realizou-se um minucioso censo na já agonizante "República do Mangue". Na época, havia ali trinta bordéis, distribuídos em quatro ruas, formando um quadrilátero.

> Das 834 mulheres que alugavam seu corpo, pouco menos da metade era de brancas. Outra metade, de mulatas e pretas retintas. A média de idade era de 33 anos. Havia moças de 19 anos (poucas) e fêmeas septuagenárias. A decana chamava-se Jeane Philipine Renoir, nascida na Bélgica, em 1891, embora se diga "francesa" à clientela[255].

Um exemplo de sucesso no negócio era o da adolescente que atendia por Tereza. Ela iniciou-se com 16 anos. Morena, bem-sucedida na conquista, chegava facilmente a vinte clientes por dia.

A repressão ao meretrício era intensa. Em 1958, a Delegacia de Costumes do Rio de Janeiro prendeu 14 mil mulheres apenas no *trottoir*, ou seja, prostituição de rua. Muitas seriam detidas várias vezes, e outras, nenhuma. Sabe-se que as meretrizes em cabarés, bares e inferninhos, como se dizia na época, eram menos perseguidas pela polícia.

Ainda segundo depoimento de Nelson Rodrigues, nos idos dos anos 1960, o sujeito ia ao Mangue e constatava que o *mon chéri* antes ouvido das francesas estava desaparecendo. "Até as brasileiras cearenses falavam com sotaque, porque havia essa ilusão da francesa ou então da polaca." Certas mulheres que faziam de "tudo", como se dizia na gíria, eram as polacas. As francesas eram um pouco mais reservadas. Então, a clientela chamava de polacas as senhoras mais liberais, mais versáteis.

A socióloga Aparecida Moraes registrou o depoimento de uma antiga prostituta a respeito das habilidades da madame francesa de cativar os homens. Segundo a meretriz, sua cafetina naquele tempo era bondosa, fina, rica e muito educada. O estabelecimento em que trabalhava ficava na rua Pinto de Azevedo. Como a jovem brasileira era bonita, ganhava muito dinheiro para a madame. Trabalhou naquela casa por oito anos.

> Ela exigia que usasse camisinha, mas... — ô madame, eu não sei usar isso, não senhora. — Tu sabe, minha querida. Tu faz isso... Francesa ela, né. Eu não

entendia a fala dela e explicava isso para mim. [...] E ela chamava madame Margot, e dizia: — Mi filhinha, vem cá. Pra você ganhar muito dinheiro, você faz isso, chama *chéri*, *chéri*. E eu sabia lá que diabo era aquilo, ô xente. Não sabia que diabo era isso não. Era pra eu fazer outras coisas, né; sem ser papai e mamãe[256].

Naquele tempo, a rua Conde de Lages era o ponto alto do grã-finismo do meretrício. Em entrevista, o já citado Jorge Guinle contou suas experiências no mundo da prostituição do Rio de Janeiro. Embora não frequentasse o Mangue e sim, esporadicamente, os bordéis mais chiques da Conde de Lages, ele dá uma visão geral do meretrício:

Nunca fui frequentador assíduo, por medo de pegar uma gonorreia. Mas, quando aparecia uma mulher muito bonita, faziam-se filas diante da janelinha dela. Todas as janelas davam para a rua. Era uma fila como se fosse de cinema. Saía um e entrava outro, todos para a mesma mulher [risos]. Das ruas do Mangue, a Benedito Hipólito era a mais célebre. Havia também os bordéis da rua Conde de Lages, na Lapa, e da rua do Catete. Eram relativamente mais caros do que o Mangue, mas eram casas abertas. E havia as casas especiais, mais fechadas[257].

Guinle cita a casa de madame França, no bairro do Botafogo, e a de dona Hermelinda, na rua Paulo de Frontin. Eram servidas por *cocottes* francesas e até por senhoras casadas bem ao estilo da *Belle de Jour*, ou seja, à semelhança do famoso filme de Buñuel, em que a prostituta só trabalha à tarde. Uma casa com muitas meninas bonitas era a de madame Chouchou. Conta-se que daí vem o emprego de "chuchu" para se referir a qualquer moça bonita.

Com referência à habilidade das mulheres francesas, Carlos Machado – o rei da noite do Cassino da Urca e dos musicais de revista – conta que, após a Revolução de 1930, com a invasão do Rio pelos gaúchos, vindos para trabalhar no governo de Getúlio Vargas, ele servira como guia turístico numa atividade pouco ortodoxa. Ele diz que, depois de levá-los aos pontos pitorescos da cidade, "a noite terminava no Assyrio, onde lhes apresentava uma amiga que depois me dava comissão sobre o que tinha sido cobrado do meu cliente". Na verdade, era mais do que uma amiga.

Quando Machado ganhou um bom dinheiro em jogatina, resolveu passar um tempo em Paris, em 1932. Lá reencontrou Josette, a prostituta francesa que trabalhara no Rio de Janeiro e amealhara fortuna suficiente para abrir um sofisticado bordel em seu país. Ela era uma das que Machado apresentava para os turistas gaúchos na época em que servia de guia. O bordel de madame Josette, descrito por Machado, estava a anos-luz de distância dos nossos, em termos de sofisticação:

> Sua casa era uma verdadeira indústria do sexo. Havia nela uma pequena câmara de tortura para os masoquistas, um quarto todo espelhado onde o cliente poderia acompanhar do ângulo que bem desejasse o desempenho de sua companheira, um minicinema onde apresentava seu *cine-cochon* e uma sala que era chamada de *chambre au choix*. Nesta sala, olhando através de um espelho transparente, o cliente via mulheres despidas que se alisavam, se beijavam e se colocavam em posições eróticas dando a impressão de que não sabiam estar sendo observadas. As meninas de Josette eram lindas e preparadas para a prática de todo e qualquer imaginável ato sexual erótico. No estabelecimento trabalhavam vinte e oito mulheres de raças diferentes. Era mulher para todo gosto, e todas prontas a satisfazer qualquer tara, ainda que chegasse ao sadismo[258].

O Mangue era ambiente muito distinto da sofisticação parisiense. Em meados dos anos 1950, o jornalista e cineasta Arnaldo Jabor, que devia ter uns 16 anos na época, afirma ter frequentado o local. Um dia foi sozinho, "com a cara e a coragem", segundo ele, ao maior dos perigos. Sua chegada ao antro escondido por tapumes pela prefeitura "foi um soco na cara". O Mangue era um país ao avesso. Eram ruas de casas toscas com varandas, onde a mercadoria exibida eram as mulheres, diante das quais os homens se postavam como em filas de emprego.

> O que eu vi primeiro foram as línguas e os dedos. As mulheres ficavam repetindo como bonecas mecânicas o mesmo gesto em que as línguas se batiam entre os lábios, como cobras, e os dedos indicador e polegar, unidos em "o", balançavam como num gesto trêmulo de "Parkinson", como se todas estivessem em uma dança sincronizada. Esses gestos eram um *marketing* de suas habilidades: "pela boca e por trás", significava. Eram mulheres apinhadas nas escadinhas e portais[259].

Jabor comenta que havia mulheres de todas as tonalidades de pele, cabelos e olhos: "quase todas seminuas, só de calcinha e sutiã em posições sem elegância sedutora: pernas abertas, seios para fora, cabelos espichados, bocas sem dentes, batons carmesins borrados, gritos e gargalhadas num descaramento proposital".

Em seu depoimento, diz ter tido a coragem de entrar num cubículo com quartos divididos em tapumes, como baias de cavalo. Ali, uma pequena cama suja de solteiro ficava sob um São Jorge com luzinha. "Havia baldes, cheiros de urina, ruídos de cópula, velas acesas e os eternos veados da faxina, pobres e feios, cuidando dos sanduíches e panos de chão." Por fim, descreve ainda que:

> Diante das casinhas sujas, os homens se postavam, baços, pobres, pardos, avaliando com olho morto as réstias de beleza ou juventude que houvesse por ali, enquanto as mulheres em rebanho diziam frases mecânicas tipo "vem cá, boniton", "bouché!", "bouché!" (ainda havia velhas polacas pintadas), todas fazendo os gestos de dedo e língua como num festival de mudos. Se os puteiros de classe média fingiam de casa de família, aquilo semelhava um campo de concentração. Havia um clima de guerra, de gueto de judeus, estrelas amarelas, febre no ar[260].

SÃO PAULO E O QUADRILÁTERO DO PECADO

Até meados do século XX, tanto em São Paulo quanto no resto do país, era comum que os estudos definissem a prostituta como "mulher anormal", "delinquente nata", oriunda dos segmentos mais pobres, encantada com as atrações do "dinheiro fácil", com predisposição para a transgressão.

Discursos tanto de médicos quanto de juristas e policiais estavam permeados por ambiguidades e contradições. Por um lado, eram consideradas vítimas da miséria; sem qualquer instrução, eram presas fáceis da sedução masculina e posteriormente abandonadas à própria sorte. Por outro lado, avaliava-se que "o fato de viver como prostituta também era resultado de uma personalidade psicótica e uma constituição biológica doente", como investiga a historiadora Paula Karine Rizzo. Era opinião corrente que "nenhuma mulher normal se sujeitaria a esse gênero de vida".

Em estatística de 1914, retomada em 1922 e realizada até 1936, referente à capital paulista, o número de prostitutas estrangeiras registradas na polícia era superior ao das brasileiras. As mulheres russas predominavam entre as prostitutas estrangeiras registradas naquele período, constituindo 36,5%, e restando às brasileiras 29,3%, enquanto a porcentagem de imigrantes russos no Brasil não chegava a 5%. Essa discrepância quanto ao número de prostitutas russas leva a crer que havia tráfico de mulheres daquela nacionalidade.

Com referência à rua Líbero Badaró e suas pequenas travessas, um artigo de Antônio de Almeida Prado constatava que "a rua toda era um só prostíbulo varejado pela linha de bondes que a atravessavam de ponta a ponta. Mulheres dominando a rua atrás das janelas, mulheres sentadas nos corredores das casas, mulheres às portas das ruas, era a oferta à vista, os convites licenciosos". Aquelas que ultrapassavam os limites estipulados de moralidade pública eram presas, em grande número, sob a alegação de vadiagem.

Com frequência, a imprensa denunciava o espetáculo das prostitutas, considerado deprimente, principalmente para os incautos passantes. Assim narra uma memorialista quando ainda menina, nas primeiras décadas do século XX:

> Na volta o *bond* chegava pela rua Líbero Badaró, e ficávamos embasbacadas com as mulheres muito pintadas, de *peignoirs* vistosos, sentadas na calçada ou debruçadas nas janelas. Achávamos engraçadíssimo, e nem por sombras desconfiávamos o que aquilo representava [...]²⁶¹

Em 1953, a polícia da cidade de São Paulo, através de sua seção de costumes, tinha contabilizado a presença de 1.043 mulheres no meretrício, embora esse número possa estar aquém da realidade. A cidade, naquela época, contava com uma zona existente no bairro do Bom Retiro, próximo à estação ferroviária, em que as prostitutas se distribuíam por 142 *pensões*, devidamente licenciadas. Contam os antigos frequentadores que o rádio, em geral alugado, se fazia presente como passatempo e lazer, pois as mulheres atendiam os clientes ouvindo as "radionovelas".

Se a tendência dominante era a da execração da prostituição, a advogada Esther de Figueiredo Ferraz, em 1953, proferiu uma voz dissonante. Em seu discurso, avançado para a época, criticou os que acusavam essas mulheres de serem preguiçosas e fascinadas com o luxo. Denunciava, ainda, as ilegalidades cometidas pela polícia e atacava o falso moralismo das famílias de bem:

> Essas mulheres não nasceram na "zona" nem desceram de Marte. Saíram, elas também, do sacrário dos lares. Lares pobres, talvez, mas lares povoados das eternas figuras familiares: pai, mãe, irmãos. Foram – quem sabe? – por um desses "homens de bem", tão intransigentes no defender a honra das próprias famílias, seduzidas, abandonadas e encaminhadas para os bordéis²⁶².

Note-se que, apesar da hegemonia do discurso moralizante, havia também cuidados que eram tomados em nome da moral e dos bons costumes. Assim, antes de ingressar na zona do Bom Retiro, todas as moças deveriam passar por uma entrevista com as assistentes sociais. Os registros são carregados de preconceitos, discriminações e pelo discurso patologizante, típicos dos valores da época. Havia um esforço na recuperação moral e social da mulher prostituída. As causas encontradas para o que se considerava má escolha foram: famílias desestruturadas, mães solteiras, abandonadas, pais alcoólatras, habitações promíscuas, miséria, sexualidade precoce, entre outras anomalias.

Ainda que se tratasse de generalizações sobre as mulheres, havia, porém, entrevistas com prostitutas clandestinas em busca de registro que ao menos permitem dar-lhes um rosto:

- A interessada é morena, do tipo "mignon", feições delicadas, dentes ótimos e de aspecto asseado e muito cuidado. Apresentou-se discretamente vestida e sem nenhuma pintura, parecendo ser mais uma colegial. Nem de longe poderíamos supor o que realmente era, e mais espanto tivemos, quando nos disse, com naturalidade, estar nessa vida desde 12 anos.
- A interessada é alta, magra, bonita. Cabelos pintados de vermelho. Está bem vestida, mas com mau gosto. É do tipo "comerciante". Considera a vida com certo cinismo e [...] não sente remorsos do dinheiro que tira dos "trouxas" e que talvez vá fazer falta à família dos mesmos.
- A interessada é de tipo "mignon", magra, raquítica, com falta de dentes na frente, fisionomia gasta e com ar sifilítico. Apresentou-se com vestido de cetim amarelo, muito curto, enfeitado de vidrilhos e já gasto pelo uso. Equilibrava suas pernas raquíticas em sapatos de saltos muito altos e cambetos. O seu tipo era o de uma prostituta do baixo meretrício. Foi deflorada aos 13 anos pelo patrão quando servia de pajem aos filhos.
- A interessada é mulata bem clara, com bons dentes, gorda, de aspecto simpático e limpa. Disse ter 19 anos mas aparenta ter muito menos. Manca de uma perna e tem um braço defeituoso. [...] Aos 13 anos foi deflorada quando empregada em um hotel.
- [A interessada], aos 8 anos, foi doméstica. Aos 10 anos foi deflorada pelo filho da patroa que contava com 18 anos. Procurava-a sempre. Para ela isso nada significava a não ser uma função normal. Mais tarde foi esclarecida por colegas e assim soube que "não era mais moça". [...] Já foi presa 4 vezes, ficando no Recolhimento da rua do Hipódromo[263].

Chama atenção a quantidade de menores vítimas de abuso sexual quando ainda muito novas, bem como de moças expulsas de casa quando a família descobriu que elas não eram mais virgens e/ou que estavam grávidas, o que, segundo as assistentes sociais, se caracterizava como "a primeira falta". Consideradas perdidas, não podendo mais realizar um bom casamento, deixavam suas cidades sem qualquer condição de se estabelecer em São Paulo. A única atividade que conseguiam era de empregada doméstica, profissão da qual tinham "verdadeiro pavor", dadas as condições de trabalho.

Em duas ruas, Itaboca e Aimorés, uma romaria de homens de todas as idades avaliava o mostruário de mulheres vestidas de quimonos que, algumas vezes, exibiam parte dos seios. Postadas atrás das venezianas ou diante das portas, faziam acenos, gestos lascivos e apelos: "Vem cá, benzinho, vem cá". Em entrevista à TV, o ator Lima Duarte conta como foi o seu terceiro dia da chegada a São Paulo, em meados da década de 1940, quando atendeu ao convite de alguns colegas de trabalho:

> [...] me chamaram para ir pra zona e eu falei: "Ah, eu vou! Mulher, vou". Fui lá e conheci uma judia francesa, muito inteligente, que tinha vindo tocada pela guerra, e que me ensinou tudo o que a minha mãe não pôde ou não soube me ensinar. Fiquei namorando com ela, deve ter sido uma maravilha na vida dela, ela tinha quarenta e tantos anos, e eu tinha 14 ou 15[264].

Sem muitos detalhes, o memorialista Paulo Catunda conta que, no fim da rua principal do prostíbulo do Bom Retiro, havia um posto médico para assepsia, onde "enfermeiros lavavam os órgãos genitais dos homens para evitar doenças venéreas".

Em dezembro de 1953, a pedido do prefeito Jânio Quadros, o governador Lucas Garcez decidiu lançar à rua as mais de mil prostitutas que trabalhavam na região. Como qualquer medida governamental sobre esse assunto no país, não se cogitou em saber para onde essas mulheres iriam, que desastre resultaria da criação súbita de tantas "desempregadas". Segundo um repórter de polícia, a ordem era acabar com "aquela sem-vergonhice" de qualquer maneira. O delegado argumentou que "pedindo por favor" ninguém iria largar aquela "boca". Sem ou com violência, a ordem deveria ser cumprida.

> Soldados da Força Pública invadiram o "quadrilátero do amor". Até cães pastores farejaram putas e vagabundos. Rufiões enfrentavam uma bala no meio da cara mas não queriam uma dentada de cachorro. Depois tinha uma coisa: cachorro não aceitava suborno. Queimaram casas, móveis. Quebraram apartamentos inteiros. Jogavam coisas pela janela quando não saqueavam.
>
> Uma meretriz se queixava certa vez:
> – Está certo. Arrasaram tudo: cama, armários, cadeiras, fogão, o diabo. Até bacia de lavar xoxota. Mas quero saber o que é que aqueles putos vão fazer com as minhas calcinhas!
>
> Depois houve um hiato. As mulheres debandaram. Santos, Vale do Paraíba, São Miguel, Londrina, sul de Minas. Conheci uma que arranjou emprego. Não se deu bem e tomou veneno[265].

Findo o governo Garcez, a polícia voltou a tolerar a prostituição. Compreendido como o menor dos males, o comércio sexual era aceito como algo inelutável, que a medida repressiva não fora capaz de resolver. Outros espaços de prostituição antes camuflados mantinham, a partir de 1954, proximidade com a região central da cidade; bairros como Brás, Santa Efigênia e Campos Elíseos constituíam zonas do tipo "boca do lixo".

O efeito direto do fim da zona do Bom Retiro trouxe a presença da prostituta nas ruas da cidade à espera de clientes, o chamado *trottoir*. A dispersão das mulheres foi provavelmente o detonador da volta de um esquema repressivo: a ronda policial passou a ser cotidiana e ostensiva, e as prisões em massa por "vadiagem" atingiram prostitutas e malandros.

O PREÇO A SER PAGO

Segundo estudos do sociólogo Florestan Fernandes, em São Paulo, a prostituição da mulata ou da negra nunca atingiu proporções elevadas se levarmos em consideração a desagregação social (com reflexos sexuais) reinante em seu meio nas décadas de 1940/1950. O autor aponta o mito da "democracia racial" e a dificuldade flagrante do negro para se inserir na nova ordem social desde o término da escravatura (1888). Preteridos no trabalho pelo imigrante, sem condições sociais para se estabelecer nas cidades com dignidade, os negros eram os principais moradores dos cortiços; disso decorre a falta de privacidade que levava à promiscuidade sexual. A maioria das moças "infelicitadas", ou seja, grávidas, continuava a trabalhar nos serviços domésticos e, pelo que constava, só uma ou outra mulata mais bonita chegava às esferas da "alta prostituição".

A possível explicação sóciopsíquica para a menor prostituição em relação à pobreza reinante é que os homens que sentiam atração pela "mulher negra" podiam satisfazê-la sem recorrer às prostitutas. Bastava, para isso, "darem em cima de empregadas, vizinhas ou conhecidas", então chamadas "mulheres de cor". Ademais, o mulato e o negro tinham reduzidas possibilidades financeiras de frequentar regularmente os bordéis, além de, por tradição cultural, sempre terem demonstrado resistência em "pagar pelo amor". Quanto às mulheres, parece que, depois de certo tempo, as moças "se cansavam" de viver como empregadas e passavam a manter várias aventuras sexuais a troco de alguma retribuição financeira, vista como um gesto de generosidade do parceiro.

Nem toda mulher negra que recebia dinheiro pelo ato sexual concebia essa compensação financeira como pagamento por favores prestados. Aceitavam o dinheiro com naturalidade e achavam que "não se vendiam!". Se, de fato, recebessem proposta direta de remuneração para o intercurso sexual, sentiam-se ofendidas. Como tinham vários "namorados" ou "amantes", essas retribuições constituíam ajuda significativa para enfrentar privações ou necessidades, insuperáveis de outra forma, constata Florestan Fernandes. As mulheres que de fato se encaminharam para a prostituição, em regra, caíram nas malhas das antigas "casas de tolerância", menos exigentes. Ou, caso não o conseguissem, contavam com a prostituição clandestina, realizada pelas ruas e pelos botequins. Segundo um depoimento colhido por Florestan Fernandes, até na prostituição a cor interferia na avaliação da mulher. A prostituta negra cobrava menos ou recebia oferta menor.

> Não obstante, na extrema degradação a que se viam expostas, mantinham certos pudores de dignidade. Muitos frequentadores de bordéis tinham preferências sexuais deformadas ou tentavam "enrabar uma preta" para "cortar a urucubaca" (dizia-se que isso "dava sorte"). As prostitutas brancas – mesmo as de "alto coturno" – prestavam-se sem rebeldia a essas preferências. As negras e as mulatas revoltavam-se, se isso não fosse de seu gosto. Mesmo nas ruas gritavam aos proponentes: "Vá procurar a tua mãe!", "Não sou polaca, seu F. da P.!" ou "não sou francesa, para fazer isso!"[266].

Além do baixo meretrício, também havia em São Paulo casas mais sofisticadas. Em depoimento à historiadora Margareth Rago, madame Odette, antiga costureira francesa e posteriormente dona de bordel, afirmou em 1996, aos 86 anos, que a partir dos anos 1930:

> tinha o *rendez-vous* da Suzanne Valmont, que era uma coisa especial, na rua Timbiras, uma bela casa. Ninguém ia lá sem telefonar. A Valmont só recebia por telefone e marcando hora e dia. Não era qualquer freguês. Não era como lá na zona[267].

O escritor boêmio Marcos Rey (1925-1999), autor de *Memórias de um gigolô*, costumava dizer que os anos 1950 trouxeram para ele, além de intenso trabalho, muitos prazeres e algumas loucuras. Naquela década, já estava disseminado o uso da penicilina, o que dava certo descanso quanto aos perigos venéreos. Mergulhando na noite, frequentou com assiduidade boates e inferninhos. Convivia com prostitutas, gigolôs, cafetinas, notívagos e porteiros bêbados.

Ele conta que, na ainda provinciana cidade de São Paulo, nos anos 1940 e 1950 havia uns dez estabelecimentos no estilo *taxi-girl*, onde os homens pagavam apenas para dançar com as moças sem, no entanto, poder sentar à mesa com as dançarinas. No pós-guerra, floresceu um tipo de prostituição mais refinada, discreta e elegante, que atendia nos apartamentos de *call girls*. Algumas tinham cafetinas, com agenda de telefone e álbum de fotografias das "sobrinhas" em poses de Lolitas.

O escritor se sentia seguro no convívio com as personagens, sem necessidade de dar explicações ou prestar contas a ninguém. Era muito prático arranjar companhia: bastava pagar e pronto. Em matéria de sexo ou nas crises de solidão, escolhia as profissionais. Nessa área, as facilidades tinham aumentado, conforme aponta o biógrafo de Marcos Rey:

> Até a prostituição, antes de vitrina, ganhava as vantagens do telefone, e a *call girl* substituía as escrachadas meretrizes das zonas do pecado. Bastava a qualquer homem, apto ao amor, e bem remunerado, discar o telefone para meia hora depois ter em domicílio ou em qualquer apartamento elegante uma criatura do sexo feminino, variando entre a loira brigitiana e a morena fatal, falando português ou castelhano, com a idade máxima de 25 anos e vestindo o que nossas irmãs ou esposas gostariam de poder comprar. Certamente coisas como essas hoje em dia não causam espanto nem surpresa, mas na década de 1950, além de *status*, evidenciavam os benefícios da civilização[268].

Entre 1966 e 1970, a polícia implantou entre os bairros de Santa Efigênia e Campos Elíseos o confinamento do meretrício em alguns grandes edifícios com vários andares; em todos os apartamentos havia pequenas divisórias alugadas para os encontros. Esses edifícios ficaram conhecidos como "treme-treme". Eram tolerados os hotéis chamados de "entra e sai", de alta rotatividade. Em 1968, estimava-se a presença de 10 mil mulheres nessa região conhecida como "boca do lixo", que foi se consolidando também enquanto núcleo de certa vida social, com cinemas, bares, restaurantes, salas de bilhar, inferninhos, *dancings* e cabarés.

Já a chamada "boca do luxo" consistia em ruas localizadas na Vila Buarque, na sua parte mais próxima ao centro. A rua Major Sertório constituiu o núcleo principal da prostituição mais sofisticada, com a maior concentração de boates e hotéis, que se instalaram também nas ruas Bento Freitas e General Jardim. Gradativamente, as boates "chiques", casas elegantes onde se apresentavam os cantores da música popular brasileira, foram se transformando em pontos de prostituição.

Mas a repressão agia forte. Uma matéria da revista *Realidade* de julho de 1968 dá conta de que a polícia de costumes havia prendido no subsolo da Galeria Metrópole 101 prostitutas, que ficaram dois dias encarceradas. Para aquelas moças que praticavam a prostituição clandestina, era constrangedor o sumiço de casa por 48 horas. Como explicar a longa ausência às pessoas próximas? O local compreendia também quatro andares de boates, inferninhos e bares.

O início da década de 1970 é marcado pelo surgimento de novas modalidades de estabelecimentos de prostituição camuflados, como casas de massagem, motéis e alguns *drive-ins*, em rápida ascensão e decadência. As casas noturnas passam a se instalar de forma dispersa no espaço central da cidade.

PORTO ALEGRE E A ORDEM VIGILANTE

Segundo *Os vigilantes da ordem: Guarda, cachaça e meretrizes*, estudo feito pelos historiadores Rejane Penna e Luiz Carlos da Cunha Carneiro, na capital gaúcha, em meados dos anos 1950, era principalmente nas zonas de prostituição que ocorria a maior concentração de esforços policiais da Guarda Civil e onde os incidentes aconteciam em maior número. Na rua Botafogo existia concentração de meretrício, nada parecido, porém, com a "ferveção" da rua Cabo Rocha (atual Professor Freitas e Castro). As mulheres não faziam *trottoir* na rua; o negócio era mais discreto. Trabalhavam nos vários bordéis que as velhas casas da rua abrigavam.

No Rio Grande do Sul, os bordéis eram chamados de "cabarés", mesmo que no local não acontecesse outra apresentação artística que não fossem as tradicionais, na cama. Alguns *rendez-vous* tinham, no salão, uma modesta vitrola, com discos de samba-canção, tango, música de "dor de corno", que possibilitavam aos clientes dançarem com as "moças" da casa. As garotas da rua Botafogo tinham mais nível do que as da rua Cabo Rocha. Gigolô, igualmente, não tinha vez por ali. Um guarda que fazia ronda na época relata que todo o negócio era controlado pelas cafetinas, as senhoras dos bordéis.

Na rua Botafogo havia também uns dois ou três estabelecimentos de aluguel de quarto, para quem conseguira uma mulher na rua. Um deles era coisa fina, a ponto de ter "até colchão de mola". Havia muita gente importante do governo, "gente graúda", que ia até lá de automóvel.

Alguns guardas tocavam o coração das mulheres, chegando até a namorar algumas delas. Mesmo que não tivessem interesse de namoro, eles pegavam umas "raparigas" de graça, sempre que possível. Se ocorria briga, o guarda intervinha e resolvia a querela ali mesmo. Quando um freguês não queria pagar a mulher, ou batia nela, a cafetina corria para a calçada e gritava pelo nome do guarda para socorrê-la. Tudo era resolvido no local, sem muita confusão. As prostitutas também respeitavam a Guarda.

Algumas vezes, quando vinha gente do interior, em turma, criava-se muita confusão com as mulheres. Quando a Guarda era chamada, já entrava dando borrachada nos arruaceiros. Conta-se que, certa vez, um funcionário da Caixa Econômica perdeu o controle "e mordeu com toda a força a bunda da mulher que ele tinha levado pro quarto até tirar sangue". A mulher foi devidamente medicada, levando pontos e tomando injeção contra infecção.

Um puteiro que ficou famoso pelas mulheres bonitas foi o de uma tal Miriam. Tudo guria, como se fala em Porto Alegre. Era muito frequentado por advogados e gente do tribunal. "Não era como aquelas 'porcaria' do 'cabaré' da Matilde, o 'cabaré' da Emília lá pelos lados da Ipiranga", diz um guarda.

Alguns guardas pegavam dinheiro "por fora". As donas de cabarés lhes davam espontaneamente, segundo diziam; ninguém pedia. Tratava-se da paga pelo serviço que a corporação prestava quando a coisa engrossava e o leão de chácara não dava conta.

> Dessas zonas, talvez a mais turbulenta, disputando parelho com a Sete de Setembro a discutível fama de ser a pior, fosse a Voluntários da Pátria. Grande concentração de bares, "pés-sujos" e biroscas baratas, que nunca fechavam, a não ser por ordem da polícia ou por luto... [...]. Tipos ignominiosos confundiam-se com a sujeira das calçadas esburacadas, por onde andavam lentamente, escolhendo uma das tantas prostitutas que, lado a lado, enfileiravam-se nas paredes descascadas do decadente casario. De quando em quando, uma porta aberta permitia enxergar uma escadaria de madeira, iluminada por uma prosaica lâmpada de 60 velas, que levava a quartos sórdidos. [...] Ao guarda cabia manter as coisas dentro de limites: o *trottoir* tinha que ser discreto, nada de abordagens agressivas, gritarias, brigas e ajuntamentos volumosos. Coisa difícil. Toda noite tinha briga, confusão[269].

Como lemos, o *trottoir* tinha que ser discreto. Às vezes, vinha um homem de família lá do interior para fazer uma compra qualquer, trazendo o bolso cheio de dinheiro; aproveitava para "comer uma puta" e era vítima do "suadouro". Metia-se na zona e as mulheres o aliviavam também de todo seu dinheiro. O golpe chamado "suadouro" era assim: a prostituta arrumava um programa com um homem qualquer e iam, os dois, para o quarto com apenas uma cama no chão. O único lugar para pendurar a roupa era um prego na parede. O cliente tirava a roupa e pendurava no prego. A puta exigia pagamento antecipado. Enquanto ocorria o relacionamento vinha o malandro, espiava nas frestas e confirmava se estava tudo bem. Com gemidos, a mulher dava a senha. Então, o vagabundo empurrava a tábua solta e pegava a roupa do cliente, revistava e tirava tudo que tinha valor.

Casos como esse ocorriam de três a quatro vezes por dia. O cliente, assustado, tinha medo de se tornar notícia de jornal e acabava nem prestando queixa. Ia embora. Quando a polícia ficava sabendo, "dava em cima das putas sem-vergonhas". Mas sempre sobrava uma gorjeta para a Guarda e tudo se resolvia.

Até por volta dos anos 1960, só os casos graves chegavam à delegacia. O consumo de drogas, inclusive maconha, era raro. O Pervitin, nome comercial de um medicamento psicoativo à base de metanfetamina, era legalizado e se comprava na farmácia.

Confusões frequentes se davam mais no baixo meretrício, que ia da Mesbla até a rua Almirante Tamandaré. Nessa zona, havia uma prostituição, dita "chinelagem", que dava medo. Dizia-se que não faltavam por lá vagabundos. Outro local frequentado eram os cinemas baratos.

> Vadios, malandros, maus elementos, prostitutas também elegeram as matinês do Castelo como um lazer interessante [...] e os delegados entenderam que frequentador de matinê em dia de semana só pode ser vagabundo que "deve alguma pra polícia". Então, criaram uma incrível "batida" policial, que certamente não encontra similar em tempo algum. Deslocavam um monte de guardas civis, às vezes até o "Choque", para a frente do cinema. No término da sessão, formavam um corredor duplo de guardas, unindo a única porta de saída do cinema com a delegacia, atravessando a rua Azenha. Era um vexame. Todo mundo saindo do lazer para a cana dura, atravessando a rua sob olhares divertidos das gentes honestas e trabalhadoras. Às vezes, eram até vaiados. Bem, eram tempos longínquos dos direitos humanos e do politicamente correto... Chamavam isso de "tarrafeada". Só que nunca pegavam nenhum peixe graúdo. Nem foragido perigoso, nem nada que prestasse. Só pobrerio e desempregado[270].

Segundo o memorialista Rosito Coiro, a praça da Alfândega, um dos cartões-postais da cidade, por duas décadas (1950-1960) foi servida pelos malvistos grupos de gigolôs profissionais. Faziam ponto permanente no Café Éden. Dos gigolôs, o mais respeitado era o Mário Pernada que, "numa de suas incursões noturnas, conheceu a Mônica, proprietária de uma pensão localizada bem próxima ao hipódromo do Cristal, famosa pelas mulheres bonitas que ela mandava trazer de todos os lugares do Brasil". Segundo Ruy Castro, foi lá que Jango (João Goulart, 1919-1976), com 24 anos, assíduo frequentador, pegou uma doença venérea que o atormentou por muito tempo.

Na falta de casas de *striptease* ou de *swing* como as atuais, só se conseguia assistir a uma cena de sexo explícito na base do improviso. Certa vez, Coiro e sua turma perceberam que um jovem recém-chegado do interior demonstrava firme propósito de arrumar uma mulher. Resolveram ajudá-lo e chamaram Cirilo, dono de um *rendez-vous*. Apresentaram-lhe o Itaqui, apelido que deram ao rapaz, e perguntaram sobre a possibilidade de conseguir uma mulher para ele. Cirilo falou que era só pagar a mulher e o quarto. Apesar de a mulher querer mais dinheiro para se apresentar em público, tudo foi arrumado e Cirilo preparou a "arena". Uma colcha foi colocada bem no meio da sala, com cadeiras em volta e luz de abajur. Eram mais de quinze homens. Sem qualquer inibição, a mulher já apareceu nua, deitou-se na colcha e mandou vir o varão. Itaqui aproximou-se da mulher, fez-lhe uns afagos desajeitados por uns dez minutos. De repente, levantou-se, abanou a cabeça e disse que não estava conseguindo. Um dos observadores, inconformado, gritou:

– Então cai no mato, seu merda!
O artista retrucou na sua fala bem fronteiriça:
– Viventes! Mas por que não me disseram antes? Dessa "modalidade" fui o lançador lá em Itaqui.
E caiu[271].

Na linguagem da rapaziada, "cair no mato" era praticar sexo anal.

Ainda segundo Rosito Coiro, a noite de Porto Alegre sofreu profundas transformações. Enquanto nos cabarés, no início da década de 1950, consumia-se champanhe na companhia das damas da noite, no final da década de 1960 e meados da de 1970 muitos integrantes da classe média e alta mudaram seus hábitos noturnos. Iniciava-se o consumo de drogas mais fortes, trazidas de fora do país para Porto Alegre e para as principais capitais brasileiras.

O memorialista Dilamar Machado relembra que, em matéria de cabaré, a esquina do pecado, que ficava na rua Barão do Triunfo com a rua Vinte de Setembro, não provocava queixas: "Acho que naqueles anos tinha no perímetro mais de setenta cabarés". Os mais famosos eram o da Paula, na rua Barão, e o da tia Joana, na rua Botafogo, frequentado pelo cantor Agostinho dos Santos (1932-1973) quando fazia *shows* numa emissora de rádio próxima. Paula, de origem alemã, era afável e, fora do ambiente, jamais poderia ser identificada como dona de uma casa de prostituição. Mantinha um bom relacionamento com os rapazes e também com as mulheres que trabalhavam com ela.

A rua Cabo Rocha era só de prostituição e foi palco de memoráveis batalhas campais entre frequentadores do local e marinheiros. Os entreveros só acabavam com a chegada da polícia de choque, os famosos cardeais (devido a seus capacetes vermelhos), que batiam em qualquer um que estivesse por perto.

Em *A esquina do pecado*, Dilamar Machado conta que, num certo ano, em 31 de dezembro, no início da noite, ele foi dar uma de galo no cabaré do mesmo nome. Escolheu uma baixinha, moreninha, e foi se atracando "como gringo em baile". Ele foi com o tesão de um rapaz de 18 anos. Estava ali dono de si, macho que compra o amor, tranquilo como quem está agradando, quando a menina cochichou no seu ouvido: "Vá logo, benzinho. É fim de ano e a máquina tem que faturar!" Foi a sua primeira e inesquecível brochada, lembra o autor.

A prostituição estava disseminada em todas as cidades do Brasil. Era tolerada para evitar o mal maior de rapazes assediarem e deflorarem donzelas. Fazia-se vista grossa ao que se chamava de "mal menor". Sendo assim, nem sempre a abertura de uma casa de amor era vista com reprovação. Na literatura, Josué Guimarães narra a inauguração de um sofisticado prostíbulo em Porto Alegre que, em sua aparente discrição, não incomodava a vizinhança. A polícia reprimia com violência a zona do baixo meretrício dos pobres e deixava intocados os bordéis mais sofisticados como o de dona Anja, devido à presença de seus ilustres frequentadores:

> Era um descanso saber-se que os fogosos rapazes das boas e distintas famílias tinham onde aliviar os seus ardores da idade, desabafar as suas comichões de virilha e ainda por cima com a segurança de que as mocinhas coletivas eram examinadas todas as semanas pelo médico do Posto de Saúde e que até papel oficial assinava como garantia de que o doce e perfumado rebanho de dona Anja permanecia hígido e livre daquelas vergonhosas doenças que atacavam os jovens mais afoitos e menos prevenidos. A Casa, frequentada pelas mais altas e conspícuas autoridades locais: o prefeito municipal, o delegado de polícia, os senhores vereadores de ambos os partidos, professores e profissionais liberais, grandes plantadores de arroz e de soja, representantes comerciais e membros do Rotary Club e do Lions, que ali chegavam para trocar de domadoras por algumas horas nas belas noitadas, e ainda a fauna dos turistas que eram atraídos para as festas do Centro de Tradições Gaúchas [...][272].

PROFISSÕES DUVIDOSAS E OUTRAS DIVERSÕES

Entranhada em nossa cultura, a tolerância com que os brasileiros consideravam os bordéis era notada por alguns estrangeiros. O intelectual norte-americano Roy Nash, em várias passagens pelo Brasil, por volta de 1919, constatou que em nosso país o homem tratava a mulher com indisfarçável inferioridade, no entanto, caía de amores pela *cocotte* francesa:

> Existe um tal decoro nos cabarés e nas casas de jogo das grandes cidades brasileiras, uma finura no trato para com as cortesãs, que dificilmente se encontraria em Paris. Fizemos inúmeras viagens em navios costeiros brasileiros e a bordo sempre havia horizontais[273].

Horizontais era a denominação pejorativa atribuída às mulheres cuja profissão é a de trabalhar deitadas. Segundo o autor, essas cortesãs estavam em todos os lugares e as "casas" onde elas trabalhavam gozavam de certa "dignidade". Eram bem tratadas tanto "nas grandes cidades" quanto "nos lugarejos mais afastados do sertão".

Assim também se expressou Claude Lévi-Strauss ao se referir aos arquitetos brasileiros que, quando desenhavam o traçado de uma nova cidade, não se esqueciam de dedicar um espaço para a "diversão". Foi o que ocorreu com o projeto da cidade de Marília, interior de São Paulo, por volta de 1925, onde foram construídas quase cem casas de tolerância, a maioria entregue às "francesinhas".

Casas noturnas, como os cabarés, podiam gerar dúvidas nas pessoas que as frequentavam pela primeira vez, como mostra Fernando Sabino num de seus romances. O escritor descreve um desses estabelecimentos em Belo Horizonte:

> Algumas mesas em torno da pista de danças, uma orquestra, homens bebendo cerveja, mulheres espalhadas pela sala. Não tinha nada de mais, como numa festa qualquer. Aquelas eram as mulheres, as famosas mulheres da "zona". Seriam todas prostitutas? Nenhuma delas estava nua ou sumariamente vestida[274].

Essas casas se disseminaram pelo Brasil todo. Em Campina Grande, na Paraíba, segundo a historiadora Uelba Alexandre do Nascimento, entre os anos 1930 e 1950, a noite, por volta das 22h, já tinha muito movimento, e o salão da casa chamada Pensão Moderna ficava cheio, com muitos clientes, inclusive aos domingos.

As pensões de Campina Grande eram bem frequentadas, organizadas e higiênicas. O cassino-cabaré mais famoso da cidade abrira suas portas em 1937 sob direção feminina. Posteriormente veio o Eldorado, onde não havia tanta harmonia, como disseram alguns memorialistas; Uelba do Nascimento, ao pesquisá-lo, encontrou vários processos de brigas e até de morte dentro do estabelecimento.

ALGUMAS DIVERSÕES

Segundo o escritor Cyro dos Anjos, o Capitólio e o Rádio, em Belo Horizonte, eram estabelecimentos forrados de luminárias, com orquestra, danças e cançonetistas.

A clientela do cabaré Palácio, também em Belo Horizonte, compunha-se na maior parte de maridos malandros e de solteirões convictos que, depois da meia-noite, cerradas as portas do Clube Belo Horizonte, ali iam superar o tédio. Um pequeno grupo, elegante, *blasé*, dominava o ambiente, monopolizando as *cocottes* famosas ou as vedetes de passagem pela capital de Minas Gerais.

Segundo a historiadora Regina Medeiros, alguns moradores e frequentadores relatam que o apogeu do bairro Bonfim, em Belo Horizonte, ocorreu entre os anos 1940 e 1960, como um local de "musicalidade, boêmia e prostituição". Alguns bares permaneciam abertos noite adentro, o que permitia que os boêmios frequentassem o local o tempo que quisessem ou transitassem por ali no final da noite para beber, comer ou se distrair. Os *dancings* realizavam animados bailes que iam até a madrugada. Essas particularidades davam ao Bonfim um caráter de bairro da liberdade e do prazer. No fim do espetáculo, ao cair da madrugada, esses bares eram frequentados por cantores famosos da época, como Ataulfo Alves (1907-1969), Carmen Miranda (1909-1955), Ary Barroso (1919-1964), entre outros, bem como por artistas de Belo Horizonte e de outras localidades.

Um dos pontos de diversão, o *dancing* Montanhês, ficava na rua Guaicurus. Nesse local, os fregueses, ao entrar, ganhavam um cartão a ser perfurado a cada dança. No final da noite, as dançarinas recebiam de acordo com esses registros. Não havia quartos para colóquios sexuais, que podiam ser acertados durante as danças para ser consumados em hotéis nas proximidades.

Sobre essas casas de diversão, no Rio de Janeiro, Jorge Guinle disse numa entrevista:

> Eu saía muito com as vedetes do Carlos Machado, com as "certinhas" do Stanislaw Ponte Preta e com uma ou outra artista do antigo cinema nacional, como a Fada Santoro. Tive poucos romances brasileiros porque, naquela época, eu passava a maior parte do tempo fora[275].

Segundo Guinle, os cassinos cariocas importavam espetáculos inteiros, com apresentação das *show-girls* americanas. A *tournée* se estendia por três ou quatro meses; alguns frequentadores acabavam saindo com as moças e sempre havia algum romance.

De acordo com o escritor e delegado carioca Armando Pereira, por volta do final dos anos 1950 esteve na América do Sul a grande companhia francesa

Moulin Rouge, com numeroso elenco de moças. Após uma passagem movimentada por Buenos Aires e pelo Rio de Janeiro, voltou a Paris com menos da metade de suas dançarinas. A companhia desembarcou na Argentina com cerca de 150 mulheres e chegou ao Rio com 100; a Paris não voltaram mais de 60.

O conhecido "Rei da Noite", Carlos Machado, ex-dançarino que se tornou animador de orquestra no Cassino da Urca nos anos 1940, reforça a ideia de que certas vedetes saíam com os clientes em encontros agendados por um dos *boys* que trabalhava na casa:

> Entre eles ficou famoso o Valete 11. Elaborou uma agenda – diziam que a mais completa que se conheceu no Brasil – com nome, endereço e telefone de inúmeras vedetes, cantoras e bailarinas. Era requisitadíssimo pelos homens do Estado Novo e pelos milionários, tendo ficado muito rico organizando programas para todos. Acertava encontro, marcava a hora e determinava o preço, tudo isso recebendo comissão de ambas as partes[276].

Conta ele que suas casas noturnas eram muito frequentadas por políticos, entre eles João Goulart: "Quando foi vice e, depois, presidente, muitas de minhas vedetes passaram fins de semana em Brasília". Como a nova capital ainda estava em formação, muitos dos seus políticos e burocratas deslocavam-se nos fins de semana para os encantos do Rio de Janeiro, requisitando exclusividade das "mulheres do Machado", o que chegou a comprometer a programação da noite nas suas casas de diversão:

> Algumas vezes, isto já no tempo do Fred's, tivemos de fechar o Sacha's para a realização de festas ultraíntimas, em que eu entrava com a casa e com as vedetes, vindas diretamente da boate. Os participantes vinham de Brasília e somente a segurança, devidamente colocada do lado de fora, é que não se integrava a esses momentos de elevado civismo ou, usando o termo tão em voga atualmente, de verdadeira abertura política [...][277]

A atriz carioca Norma Bengell (1935-2013) contou que seu primeiro contato com o mundo artístico ocorreu em 1954, quando tinha 19 anos. Sua beleza possibilitou-lhe atuar na temporada do *show* musicado *Fantasia e fantasias*, estreado no hotel Copacabana Palace. Disse Norma que no início a roupa *sexy* que usava não combinava em nada com uma garota ainda meio puritana como ela.

Mas, se para a sociedade daquela época, ser atriz era ser marginal e prostituta, imagine ser vedete, então? O gerente da boate Casablanca um dia foi falar comigo. Ele arrebanhava algumas mulheres para os políticos e me disse que se eu saísse com o ministro do Trabalho ganharia um bom dinheiro. Eu não sabia dessas coisas, realmente não sabia. Pensava que ali éramos apenas artistas. Fiquei tão assustada que fui falar com Machado, o que resultou numa fofoca dos diabos. Eu não era objeto de prazer[278].

Também os balés mambembes e os conjuntos de variedades eram recursos comuns para recrutar novas garotas para o meretrício camuflado. Os elencos artísticos suspeitos transportavam grupos de mulheres, que iam de cidade em cidade, atuando em boates de ínfima classe, em inferninhos em cujos fundos se escondiam bordéis. Após o espetáculo, as dançarinas atendiam à clientela às mesas e terminavam o trabalho nos quartos dos fundos. Primeiramente as meninas se exibiam nos palcos com roupas exíguas, para aguçar o apetite masculino, e em seguida se sentavam à mesa com seus admiradores.

Em *Escândalos da província*, publicado em 1959, o jornalista Edison Maschio conta a agitada vida noturna na cidade de Londrina, no Paraná, no período áureo da cultura do café. Ele registra a inesquecível passagem da bailarina Luz Del Fuego.

Também as vedetes do teatro de revista, com seus *shows* eróticos e de chanchada, apresentavam-se frequentemente nas casas da zona. Os boêmios lembram-se das artes e manhas de Luz Del Fuego e Elvira Pagã. Maschio conta que Luz, "a mais cobiçada nudista das Américas", foi leiloada após um *show* na Boite Colonial. A vedete notabilizara-se, nos anos cinquenta, por suas *performances* insólitas, dividindo o palco com cobras que enlaçavam seu corpo ao final do *striptease*. O prêmio do leilão, evidentemente, era uma noite com a dançarina, e "sem a cobra no meio", como disse Maschio[279].

No caso de Porto Alegre, os cabarés mais frequentados pelas classes média e rica eram o Marabá, o Maipu e o American Boite, com mulheres e bebidas importadas e o principal salão de convenções dos executivos de passagem pela cidade. Existiam outros cabarés, como, por exemplo, o Oriente, na rua Voluntários da Pátria, e o Galo, na rua Cabo Rocha. Este último era um cabaré de péssima reputação, com fama de perigoso devido a seus frequentadores. Os *habitués* e as mulheres, rudes, ignorantes, eram um risco para os jovens alienígenas de classe média, facilmente identificáveis pela maneira de se comportar e de se vestir e que, por isso, sofriam provocações.

O Marabá, que ficava na zona portuária, chegou a ter muito mais do que cinquenta bailarinas para dançar com os clientes da casa. O Kazebre, um bar frequentado por figuras notáveis da noite de Porto Alegre, reunia gente de todo tipo: "homens marginais, mulheres da vida, travestis, lésbicas e, por incrível que possa parecer, também frequentavam o bar homens e mulheres decentes, intelectuais e artistas. Era uma mistura que dava certo. Cada grupo tinha sua mesa predileta, tudo na maior paz e tranquilidade", relembra o memorialista Rosito Coiro.

Segundo Coiro, entre as décadas de 1950 e 1960, o porto da capital gaúcha era bastante movimentado e recebia muitos navios estrangeiros que desembarcavam sua tripulação praticamente na porta da boate Marabá:

> A casa passou a ter muito lucro e a apresentar *shows* mais apurados. O Marabá nunca teve quartos à disposição dos clientes. O faturamento estava na venda das bebidas e mais nada. Caso alguém sentasse e não pedisse uma bebida, era imediatamente convidado a se retirar. Também se apresentava no Marabá, dançando e fazendo *striptease*, uma argentina cujo nome de guerra era Chola Del Sica. Naquela época, fazer *striptease* era uma sensação. No seu horário de apresentação, o Marabá ficava lotado para vê-la[280].

Foi por essa época que a American Boite, na avenida dos Farrapos, chegou ao auge. O proprietário recrutava mulheres lindíssimas da Argentina, do Uruguai e do Chile, que se vestiam de maneira impecável, em alto estilo, para a noite. Nunca repetiam a mesma roupa. O porteiro do local, chamado de Turquinho, era muito conhecido e havia criado a sua Cabana do Turquinho. Ele era uma espécie de porteiro/cafetão, um faz-tudo da referida boate. À porta, recebia a clientela, dava "dicas" sobre as mulheres presentes naquela noite, informava quem estava com quem, levava e trazia recados. Sabia das perversões dos clientes e com quem poderiam satisfazê-las; conhecia os frequentadores do alto e do baixo meretrício. Nada lhe escapava: sabia até quem estava menstruada, informação de valia para alguns pervertidos. Tinha conhecimento de quem batia em mulher e avisava as incautas. "Sabia quem gostava de apanhar, e lá se ia – vender a informação. Jamais dava uma 'dica' furada. Se a mulher era 'mona', tem jeito não, dedava", diz Rosito Coiro. Mona, no caso, travesti.

Também perto do centro de Porto Alegre, havia o Maipu, na rua Júlio de Castilhos, boate onde se bebia e dançava com as mulheres muito bem vestidas. Pareciam princesas orientais míticas, se comparadas com as da rua. Certa vez, os escritores Luis Fernando Verissimo e Moacyr Scliar (1937-2011) discutiram, sem chegar a um acordo, sobre a existência ou não de quartos no Maipu. Para Verissimo:

Não quero reacender velhas discussões, mas havia, sim, quartos na boate "Maipu". Subia-se por aquela escada até o salão, depois tinha outra escada igual para os quartos. Onde se acabava de fazer o que se tinha começado no salão, só que sem a música. Frequentei os quartos do Maipu. E não eram quartos secretos, só para amigos da casa e clientes escolhidos. [...] Mas subir as escadas para um quarto do Maipu não era privilégio de ninguém. Era só combinar com a moça[281].

O Maipu era lugar para profissionais liberais, gente de banco, delegado de polícia, funcionário da Secretaria da Fazenda, jornalista, advogado, e não para os boêmios de baixa renda. Embora o lugar não fosse muito refinado, a qualidade das mulheres determinava o padrão da casa, bem como os preços cobrados.

Já em Campina Grande, em cabarés mais sofisticados como Eldorado, Pensão Moderna, Pensão Estrela e Pensão Madame Alice, as proprietárias procuravam glamorizar o ambiente enfeitando os recintos internos, mantendo um bom estoque de bebidas e comidas finas e requintadas, de maneira a criar uma atmosfera saudável de erotismo e fantasia, como afirma Uelba do Nascimento, em *O doce veneno da noite*. No Eldorado, por exemplo, quando da colheita de algodão, era comum festejar no cassino as safras colhidas, e o salão era todo enfeitado com flocos do "precioso ouro branco".

No Cassino Eldorado, os acordes do piano ecoavam pelo ambiente e, sentada à mesa, estava a dona da casa, escutando a suave música emitida por seu pianista. A proprietária era madame Josefa Tributino, nascida em 1900, em Pernambuco. Seu promissor casamento com o rico coronel Tributino fora arranjado pelo pai quando ela estava apenas com 12 anos. Ficara viúva aos 24 anos. Com o dinheiro, investiu "nos negócios do amor".

Na história da prostituição brasileira, até os idos anos 1950, chama atenção a presença de mulheres estrangeiras, principalmente nas capitais do país. Para alguns, nem sempre a aceitação foi imediata. Conta Freyre, em *Ordem e progresso*, que muitos brasileiros, fortemente arraigados a tradições rurais, fracassaram no ato sexual, quando obrigados "a se iniciarem no amor físico com estrangeiras de ordinário ruivas, de falar atravessado e de aroma de mulher diferente do nativo". Diante do "cabelo de fogo" de uma polaca, um informante contou a Freyre que: "sobre um corpo friamente branco, em vez de excitá-lo, deu-lhe uma repugnância que não soube vencer do ponto de vista sexual".

Com o decorrer do tempo, essas mulheres estrangeiras se espalharam por todos os rincões do interior do Brasil, seja porque já haviam decaído fisicamente, seja por terem sido contratadas quando alguma cidade prosperava economicamente. Foi o que ocorreu em Jacobina, distante 330 quilômetros de Salvador, que, no período áureo de mineração, chegou a receber mulheres do exterior. Assim conta uma ex-prostituta da cidade sobre a procedência de algumas delas:

> Vinham de Fortaleza, vinham do Crato-Ceará, vinha de Juazeiro da Bahia, Salvador, de lugar de mulher de língua diferente que eu nem sei, não me lembro nem sei chamar o nome desse povo. Fala diferente, não é todo mundo que entendia como era a fala delas. [...] Umas mulheres branca, bonita. Bonita de perna e tudo. A gente via que era de outro lugar, não era daqui do Brasil não[282].

RETRATO FALADO

As chamadas "casas de diversões" foram se consolidando a partir da inauguração do Alcazar no ano de 1857, no Rio de Janeiro. Alguns espaços voltados para o entretenimento continuavam a ser mantidos na marginalidade, profundamente associados à vadiagem e à prostituição. Além da apresentação do *cancan*, o alegre ambiente vinha acompanhado das excitantes *lorettes* (*cocottes* e horizontais) que orbitavam em seu interior e arredores.

Para parcela significativa da alta sociedade, a presença feminina nos palcos e nas pistas de dança continuava a significar perdição. Afinal, esses espaços eram considerados o paraíso das levianas, das desavergonhadas e das decaídas, que tinham a ousadia de expor seu corpo e sua sexualidade.

Ao prefaciar o livro *Memórias da rua do Ouvidor*, de 1878, do escritor Joaquim Manuel de Macedo, o crítico literário Jamil A. Haddad tece interessantes visões comportamentais sobre a mulher brasileira e a presença da francesa no Brasil. Há um mito da prostituta francesa em nosso país. Na literatura francesa, ela já fora reabilitada em *A dama das camélias,* e o romance *Lucíola*, de José de Alencar, teve função análoga ou ainda mais contundente, pois, segundo Antonio Candido, o romance brasileiro havia superado o de Dumas Filho.

No imaginário feminino, a prostituta era o polo oposto da mulher mantida na clausura patriarcal. A ambivalência de seu modo de vida "exerce ao mesmo tempo força de atração e de repulsa". Em contraposição ao ambiente reprimido em que vivia a mulher brasileira, a cortesã trilhava o contraditório caminho para a liberdade. Nela, atenuavam-se as diferenças entre mulher e homem. O estímulo para a mulher sair para a rua e o primeiro incentivo para o trabalho fora do lar, bem como a independência daí decorrente, vieram desse ideário a respeito da mulher francesa.

Ela teria ensinado o "botocudo" homem brasileiro a envergar casaca e a tomar champanhe. Com ela teria aprendido a arte da conversação, o que era impossível de praticar com as brasileiras semialfabetizadas que, mesmo sabendo francês, ignoravam certos assuntos mundanos. A mulher brasileira aprendeu a refinar seu gosto, a se vestir, a se maquiar e a comer com guardanapo, garfo e faca. Acrescentemos, ainda, a experiência e a versatilidade da mulher francesa na cama, ensinando ao rude homem brasileiro as sutilezas do amor. Exatamente por isso, sedimentou-se o preconceito contra a profissão de atriz:

> A francesa associava muitas vezes as condições de atriz às de meretriz. Vem de longe, e tradicionalmente fundada, a repulsa das nossas famílias à atividade teatral, tida na conta de desmoralizante. No Rio, o Alcazar, amaldiçoado por Macedo, foi simbólico deste sentido que o teatro, impregnado de *vaudeville* e sensualidade, ia assumindo a certa hora em nós. E no teatro, as atrizes enlouquecedoras. A mais representativa delas, Aimé. Aimé no nome, mas também literalmente amada por toda a população masculina febricitante. A ponto de haver marido que despojasse a esposa de suas joias para depô-las aos pés da cortesã[283].

Essas mesmas joias presenteadas eram leiloadas a preços altos quando a francesa, já enriquecida e decadente, retornava a Paris. Além do arremate desses bens, houve o caso de uma peça íntima que atingiu o lance de cem mil-réis, conta Haddad. Cabe acrescentar que ser "francesa" não significava necessariamente ter nascido na França.

Décadas depois dessas ocorrências, no governo Vargas (1930-1945), foram criadas instituições com a função de fiscalizar o trabalho e a produção dos artistas, bem como a atuação dos meios de comunicação. Uma delas foi a Delegacia de Costumes e Diversões Públicas, que registrava não só os artistas como também os que trabalhavam na noite com diversões. Eles precisavam providenciar uma carteirinha na delegacia de polícia, preenchendo uma ficha com dados pessoais e profissionais.

A partir de 1943, ainda no governo Vargas, com a possibilidade do registro profissional, a dançarina ou bailarina recebia carteira de identidade. Esse registro, porém, podia ser cassado quando a mulher optava pela prostituição como atividade regular, em casas de tolerância ou suspeitas, ou quando era presa fazendo *trottoir* nas ruas. Mas era impossível controlar a atividade de prostituição fora dos locais sujeitos à vigilância policial, até mesmo pela dificuldade de defini-la.

Tendo em vista a má remuneração que as profissionais recebiam dos cabarés e *dancings*, o exercício da prostituição tornou-se um complemento necessário ao salário. Isso ocorria principalmente nas casas menos luxuosas e afamadas, onde a decadência era evidente.

Um exemplo é o que ocorreu com certa Maria M., de 19 anos. Três meses depois de seu registro como dançarina e bailarina, ingressou num bordel situado à rua Taylor, nele permanecendo por cerca de um ano, quando retornou à profissão de dançar na noite. Seis meses depois, porém, desligou-se novamente da atividade, registrando-se num prostíbulo situado à rua Conde de Lage. Assumiu de vez a prostituição como meio de sobrevivência. Tinha então 21 anos.

Comumente, atrizes que conviveram naquela época, como Dulcina de Moraes (1908-1996), Dercy Gonçalves (1907-2008) e Fernanda Montenegro, para ficarmos apenas nessas três, afirmam que a carteira de artista era a mesma das prostitutas. Um estudo sobre essa questão esclarece que havia nisso um equívoco:

> Vale ressaltar que existe um discurso corrente no senso comum que visa a denunciar a degradação moral das mulheres artistas nesse período, entendendo que tanto as atrizes quanto as prostitutas seriam identificadas com o mesmo tipo de carteira. Isto é verdade, mas apenas em parte. Na realidade, todos eram registrados na mesma delegacia e poderiam até possuir carteiras iguais, mas as fichas e o que era questionado para seu preenchimento eram diferentes. Certamente a licença para trabalhar à noite era a mesma para ambas. No caso do Rio de Janeiro, não apenas os artistas profissionais eram registrados; os amadores, muitas vezes de famílias nobres, também eram fichados, assim como crianças e pessoas que atuassem em peças de comunidade, como, por exemplo, na igreja que frequentavam, na fábrica em que trabalhavam ou mesmo nas escolas. Isso tinha mais a ver com a censura e com o controle do conteúdo e da natureza da produção do que com a fiscalização do trabalho dos artistas. Outro argumento, que pode servir para endossar ou contrariar a identificação entre atrizes e prostitutas, é o fato das primeiras possuírem carteira de trabalho. As prostitutas, ao contrário, não poderiam registrar sua real ocupação, sendo possível sugerir que essas se declaravam artistas, ou mais especificamente, bailarinas ou dançarinas[284].

É certo que as circunstâncias em que se exigia a carteira eram bastante constrangedoras. O documento trazia escrito "Artista" (entre aspas mesmo) e servia principalmente para identificar as mulheres ligadas às artes, de maneira que, quando paradas à noite pela polícia, não fossem confundidas com as prostitutas. Na conjuntura dos anos 1940, ser mulher e artista significava dupla falta. Primeiro, por exercer uma atividade por si só malvista; segundo, por não corresponder ao esperado papel de mulher-mãe-esposa.

Cada época tem sua definição de prostituta, e as fronteiras de significação do termo vão desde a mulher que é desquitada, àquela que tem um amante, até a profissão que ela exerce, como até pouco tempo, no Brasil, as cantoras, atrizes, aeromoças, modelos, garçonetes e algumas mulheres que trabalhavam fora de casa. Se a palavra contém uma suposta relação mercantil, a representação da prostituta atingia todas aquelas que não se enquadravam nas normas de sua época e local.

A historiadora Lená Medeiros de Menezes encontrou num dicionário, editado em 1956, entre outras definições de prostituição, a explicação de que se tratava de "arte para o artista não morrer de fome".

As artistas, mesmo depois de casadas ou com filhos, dificilmente deixavam o teatro, o que não raro lhes trazia problemas sociais. O ator Procópio Ferreira (1898-1979), por exemplo, foi impedido de matricular sua filha, Bibi Ferreira (1922-2019), num tradicional colégio religioso do Rio de Janeiro.

Qualquer ofício feminino que não fosse aquele voltado para o lar e para o cuidado com a família era considerado tarefa complementar. Ou, pior, sobre ele recaíam suspeitas e discriminações, pois as mulheres trabalhariam ao lado de homens, ouviriam palavras obscenas e poderiam ceder às cantadas.

BORDEL DE NORMALISTAS

Normalista era a menina-moça que frequentava a Escola Normal, cujo currículo permitia à aluna tornar-se professora primária. Em 1893, Adolfo Caminha publicou o romance *A normalista*, em que narra o despertar sexual de uma moça de 15 anos e o olhar erótico de cobiça de dois homens.

Em meados do século XX, era obrigatório o uso do uniforme, que consistia numa saia azul-marinho preguada, camisa branca e a gravatinha, vestimenta que atiçava o desejo masculino. No imaginário dos homens, tratava-se de ninfetas que traziam um misto de ingenuidade e malícia. Não é por acaso que essas meninas eram chamadas, na época, de "brotinhos".

O escritor e dramaturgo Nelson Rodrigues deu vazão aos pensamentos pecaminosos sobre as normalistas em *Perdoa-me por me traíres*, de 1957. A peça tem como personagens duas ninfetas, sendo que uma delas, chamada Glorinha, de 16 anos, vestida de colegial, frequentava o bordel de madame Luba. Essa cafetina lituana oferecia aos seus ilustres clientes lolitas de 14 a 17 anos.

Sergius Gonzaga, em *Confissões de um adolescente interiorano*, indaga se de fato houve em Porto Alegre um cabaré de normalistas. Caso tenha sido verdade, pergunta, quais teriam sido os privilegiados que apanharam, "com suas mãos frementes, essas adolescentes com o uniforme das mais prestigiadas escolas normais e tão cheias de vícios que se entregam a estranhos não apenas por dinheiro, mas também por gozo e volúpia?". Seu grupo de amigos "e outros rosarienses de escol reviraram a cidade à cata de tal prostíbulo sem nunca encontrá-lo". Nas palavras do escritor Moacyr Scliar, o mistério continua:

> As fantasias. Que o bordel não as preenchia todas, comprova-o a lenda do cabaré das normalistas. Ninguém, à exceção de uns poucos chofares de praça que cobravam caro para revelar o segredo, sabia onde ficava. Mas todos juravam que existia tal estabelecimento. Lá, as comportadas jovens atiravam os livros a um canto, despiam o uniforme escolar e entregavam-se por completo à imaginação gaúcha. A última de nossas investidas rumo ao horizonte dos sonhos não realizados[285].

Há alguns anos, Moacyr Scliar, interrogado a respeito dessas normalistas, esboçou, segundo dizem, "um sorriso cheio de significados intraduzíveis" e fechou os olhos "como se tomado por lembranças memoráveis". Será que de fato ele esteve numa dessas casas?

E o imaginário popular sobre a existência de um cabaré de normalistas não morre. Reaparece em diversas partes do Brasil. Em vários lugares, conta-se a lenda de que um pai, ao ir a um desses locais, horrorizado, encontrou a própria filha. Uma antiga reportagem da revista *Veja* chegou a tratar dessas "alegres moçoilas", profissionais do sexo com uniforme de normalista, que se passavam por "amadoras" na prestação de serviços sexuais previamente agendados em apartamentos:

> As "normalistas" reúnem-se no apartamento para uma orgia com homens. Sempre existiu no país, nas pequenas cidades e nas grandes metrópoles, a lenda de que haveria, nesta ou naquela rua, uma casa cheia de moças capazes de cabular as aulas para dedicarem-se à prostituição. Alguma prostituta de imaginação resolveu, em São Paulo, aproveitar a velha lenda para montar uma casa em que as moças, de normalistas, só têm o uniforme[286].

As tentativas de criar esse tipo de bordel fizeram com que se tornasse ainda mais arraigada uma espécie de lenda, daquelas de que sempre "alguém ouviu falar". Mas isso implicava perigos, pois, caso existisse, a casa poderia ser investigada por crime de corrupção de menores. Há notícias de que no início da década de 1960, em São Paulo, um "apartamento", cujo serviço era a oferta de ninfetas, foi fechado pela polícia:

Esse apartamento, se não nos enganamos, era localizado na rua do Arouche, e somente apresentava meninas. Os indivíduos procuravam-nas com grande avidez, para a prática de atos libidinosos somente, uma vez que a grande maioria era virgem. A inescrupulosa cafetina, que corrompia e explorava as menores, foi presa e processada pela polícia[287].

MENOR PROSTITUÍDA

Ao contrário do fetiche pelas normalistas oriundas de lares supostamente bem estabelecidos de classe média, há as garotas oriundas de famílias desestruturadas, de lares onde falta até o que comer. O relato de uma prostituta adulta, sobre como ela se iniciou nessa vida numa cidade do interior de Minas Gerais nos anos de 1940-1950, dá o tom de verdade das condições precárias da prostituição nas classes baixas:

> Depois que fui vendida a um homem pela minha mãe, aos 12 anos, em Andradina, no dia seguinte da morte de meu pai, tinha que fazer os programas agendados pela minha própria mãe. Ela me disse quando o homem que me estuprou me trouxe de volta pra casa, no dia seguinte: "Agora você já é mulher e tem que trazer o dinheiro para casa para sustentar os seus irmãos menores". Chorei muito, pois tinha apenas 12 anos, e não conseguia esquecer a violência com que aquele homem me possuiu[288].

Em Recife, nas décadas de 1960-1970, um pesquisador da cultura popular, assíduo frequentador da praça do Mercado de São José, escreveu um diário relatando o que ouvia, principalmente dos homens. Registrando fatos da vida íntima, a intenção do escritor era a de captar a linguagem do povo e reproduzir suas histórias. Diz um frequentador:

> Lá no Coque tem uma menina com 9 anos que está grávida. Isso o que é? É fome. Você pega 1 quilo de charque e um vestidinho de chita e dá a uma mulher, que ela lhe entrega a filha. Você vai para o quarto com a menina e ela fica, na sala, costurando, satisfeita. Eu digo isso, porque eu já fiz muito isso. Não deflorava, porque eu nunca deflorei ninguém. Até hoje, se eu tivesse bom, eu não deflorava. Eu só fazia levar para o quarto e ficar brincando[289].

A exploração de menores foi proibida há muito tempo, mas até por volta dos anos 1980 ainda existia um comércio camuflado tratado com certa condescendência pelos órgãos de segurança mancomunados com determinados gigolôs aliciadores de meninas. Em Porto Alegre, uma ex-prostituta conta que a garantia de serviço da menor era assegurada por um poderoso cafetão chamado Buda, ex-delegado de polícia. O cafetão dela, de nome Mimoso, era o intermediário:

> Quando eu cheguei lá pela primeira vez, a faxineira do hotel me olhou da cabeça aos pés e me perguntou a idade. "Dezessete", respondi. "Ah, mas tu é velha, hein?". É que, por exemplo, a Renata começou com 13. Logo que eu cheguei, o Mimoso queria me vender pro Buda. Não deu. Nunca soube por quê[290].

A pobreza e a ignorância derivada da falta de uma melhor formação educacional, aliadas a uma sociedade que não perdoava a menina que perdera a virgindade precocemente – tudo isso empurrava várias adolescentes a sobreviverem nos prostíbulos das capitais e cidades do interior do país. Um assíduo frequentador de bordel em Uberlândia, em Minas Gerais, nos anos 1950-1960, afirmou: "O que tinha muito nas casas eram meninas de treze anos que trabalhavam a noite toda".

A condenação geral da sociedade a esse tipo de exploração sexual só se tornou mais contundente a partir da década de 1990. No entanto, isso não impediu, até hoje, a contínua oferta de menores nas regiões de garimpo no Norte, bem como nos postos de gasolina ao longo das estradas de todo o país. Entre famílias mais humildes, há também a noção de que a perda precoce da virgindade emancipa a adolescente, obrigando-a a se casar com o sedutor; caso isso não ocorra, a pressão social chega a desvalorizá-la e ela é tachada como possível prostituta.

> Não ser mais virgem para essas famílias parece ser sinônimo de ser adulta e poder se autossustentar e ao filho se for o caso. Significa não ter mais que ser protegida, guardada, pois o "bem" que possuíam (a virgindade) foi perdido. Esta perda representa possibilidade e dever de emancipação nessa família e comunidade. Parece um código não dito de transformação da menina (adolescente) em mulher responsável por seu sustento e por suas atitudes[291].

Tão logo a comunidade tomasse conhecimento do desastre, a menina ficava emancipada e responsável por seus atos, podendo cair na prostituição.

Na mesma linha da situação citada anteriormente, vemos que os casos de abusos sexuais de menor continuam ocorrendo em todo o país. Em estudo realizado na década de 1980, na cidade de Cametá, região rural do Pará, foram encontrados casos de pais que ofereciam suas filhas, muitas vezes na tentativa de arrecadar algum dinheiro para suprir a falta de comida. Há pais, no entanto, que tiram a virgindade da filha antes de oferecê-la ao comércio sexual. O depoimento da jovem é contundente:

> Sabe, é uma humilhação, a gente passa na rua e as pessoas já manjam: – Olha aquela moreninha ali se troca por comida, o pai dela sabe e nem liga! Eles não sabem que a gente é obrigada a fazer essas coisas pra não vê os irmãos da gente morrer de fome. Às vezes eu penso que o meu pai gostava que eu fizesse isso, ele não procurava fazer alguma coisa pra mudar. Se acostumou ganhar as coisas na minha desgraça[292].

Na falta de perspectiva, aos poucos a família vai aceitando a situação de emergência e, em seguida, até as mães se rendem à fatalidade, estabelecendo uma justificativa mais clara, sem rodeios, para tais desvios. O pagamento pela entrega do corpo é disfarçado pelo termo: "receber 'ajuda' de um senhor". Essa foi a declaração dada, em dezembro de 1994, por uma dona de casa de Cametá:

> O pessoal dizem aí na rua que eu vendo as minhas filhas, mas eu não vendo, não, eu apenas converso com elas e entramos em acordo. Se tem um cara que é limpo, bacana e tem dinheiro, então, converso com elas. Se não for assim, elas vão mesmo dá o cabaço pra qualquer maconheirozinho. Então em vez de ser de graça a gente leva alguma coisa em troca[293].

Muita gente confunde *abuso* sexual (intra e extrafamiliar) com *exploração* sexual (prostituição). Segundo a professora Luciana Temer, "A exploração gera indignação social, afinal, há uma vítima e um crime terrível". Já no caso do abuso, além das ameaças afetivas e ou chantagem, a criança, muitas vezes confusa, acha que está "escolhendo" determinado comportamento, e "a violência não é imediatamente percebida pela maioria das pessoas, que nem mesmo enxerga o ato como criminoso". Nessa prática tão naturalizada, "a figura da vítima some". Por isso, é necessário "jogar luz sobre a questão e contar que são cerca de 500 mil meninas e meninos explorados sexualmente no Brasil, a maioria deles entre 7 e 14 anos"[294].

QUESTÃO SEXUAL: CASO DE POLÍCIA

Segundo Uelba do Nascimento, ao longo do século XX, em qualquer parte, para haver um bom empreendimento na área do prazer, a cafetina precisava fazer "arranjos" com pessoas influentes e especialmente com a polícia. Uma certa Pauline Tabor, uma das madames mais conhecidas do sul dos Estados Unidos, mantinha seu estabelecimento em Kentucky e enumerava cinco razões básicas por que sua casa pôde sobreviver impunemente por mais de quarenta anos:

> Primeiro, a negociante ilícita tem amigos influentes em posições de poder. Segundo, esses amigos poderosos frequentemente recebem uma parcela do negócio. Terceiro, paga-se "proteção" às pessoas certas. Quarto, os homens em posição de poder acreditam piamente que a negociante ilícita tem conhecimento de coisas que não devem ser tornadas públicas, sob pena de criarem-se situações embaraçosas para as autoridades. E quinto, é melhor lidar com o diabo conhecido do que com o diabo desconhecido[295].

Para comprovar o quanto são perigosos os segredos das cafetinas, lembre-se que no Brasil, em 2007, numa Comissão Parlamentar de Inquérito da corrupção, cogitou-se a convocação da cafetina detentora de uma agenda apreendida pela polícia, cujos clientes eram políticos e um ministro de Estado. Como a oposição não teve interesse de se manifestar, o assunto logo caiu no esquecimento.

Para o sucesso do negócio, a cafetina deveria "saber o seu lugar" em muitas outras ocasiões e locais que porventura viesse a frequentar: nunca cumprimentar um freguês fora de seu ambiente de trabalho, sempre preservar o sigilo de seus clientes, tomar algumas precauções em caso de doenças venéreas e evitar brigas entre suas "meninas".

Segundo o historiador Cláudio Elmir, em Porto Alegre, na década de 1950, o vereador Célio Marques Fernandes, ao reconhecer a impotência do poder público em dar uma solução institucional para o meretrício, lembrou-se do período em que fora delegado. Organizara 75 processos contra exploradores de lenocínio, mas nenhum deles foi denunciado. Mesmo assim, em alguns casos conseguiu-se efetivar algumas medidas, como a expulsão das mulheres da rua Cabo Rocha em 1956, atendendo aos clamores da opinião pública, por meio de um padre, um pastor, um representante da umbanda e dos jornais locais. Doze casas e 150 mulheres foram deslocadas para a cidade de São Leopoldo, na grande Porto Alegre. Em registro de 9 de agosto de 1960, o delegado Fernandes relata o que ocorria na região da rua Cabo Rocha:

> O comércio em peso era prejudicado. O cinema Castelo não podia receber famílias. As moças não podiam descer dos bondes, que eram logo seguidas, porque pensavam que mulher naquela zona tinha que ser meretriz. O próprio pároco nos contou, várias vezes, que com dificuldade as moças iam à igreja, sofrendo uma série de coisas[296].

A rua Cabo Rocha havia sido invadida pelas mulheres expulsas da rua Voluntários da Pátria, na madrugada do dia 28 de março de 1960. Naquela noite houvera uma grande *blitz* da polícia, cujo resultado foram seis horas de batidas policiais, quarenta casas de tolerância fechadas, quinhentos casais pilhados em flagrante, 80 presos e cerca de duas mil mulheres expulsas, segundo noticiou o jornal *Última Hora* daquele mesmo dia.

Numa série de reportagens, o jornal desencadeara também uma campanha pública contra a prostituição em São Leopoldo e Novo Hamburgo, instigando a mobilização da polícia naquela região com o objetivo de pôr fim ao comércio considerado infame. Segundo o *Última Hora*, São Leopoldo contava, em 1960, com cerca de quatro mil prostitutas, cerca de 10% da população da cidade.

O memorialista Sérgio Jockymann ridiculariza o debate sobre a localização do meretrício, propondo, em 7 de novembro de 1969, as seguintes soluções salvadoras:

> Criação de uma cidade-satélite, digo, de uma Cidade Mariposa, em lugar aprazível e de fácil acesso, a uma boa distância de Porto Alegre, transferindo para lá todas as profissionais, semiprofissionais e amadoras, sem distinção de raça, idade e posição social;
>
> Criação de linhas de ônibus entre Porto Alegre e a Cidade Mariposa, exploradas pela municipalidade, com passagens inteiras para os passageiros comuns e meias passagens para os estudantes com carteira, destinando a brutal arrecadação daí proveniente para o saneamento definitivo das finanças municipais;
>
> Criação de uma lei especial para impedir a migração em massa da população masculina de Porto Alegre para a Cidade Mariposa[297].

Em 1978, a Delegacia de Costumes cadastrou em Porto Alegre 750 bordéis e 5.300 meretrizes, das quais 1.400 no *trottoir*, como relatou em livro Armando Pereira.

REPRESSÃO DO "PROTETOR"

Ao tratar dos cafetões e gigolôs dos anos 1950 e 1960 em São Paulo, um repórter policial traça um perfil desses homens que exploravam as mulheres. Excetuando os "pés de chinelo", que não passavam de covardes gigolôs que batiam na mulher sem nenhuma justificativa ou profissionalismo de classe, havia outros com perfil definido:

O verdadeiro rufião não faz bravata, mas justifica a sua condição de homem que apaixonou alguém, no caso a mulher que o sustenta. E ele oferecerá, em compensação, a volúpia do seu amor, sem recalques ou limitações. [Há] três tipos de rufiões: o judeu, o apache e o proxeneta sentimental. O primeiro não ama a mulher, mas o dinheiro. Não dorme com ela para possuí-la, mas para vigiá-la e controlar sua renda. O apache domina pela violência, latino por excelência. Deixa a coitada a pão e banana. O proxeneta sentimental é, antes de tudo, um amante. Não exige, aceita. Não impõe o quanto: recebe com humildade o que lhe entrega a benfazeja mão[298].

Na Porto Alegre dos anos 1980, os policiais caracterizavam como "corpos sem futuro" as mulheres que praticavam a prostituição de rua sem um homem para protegê-las. Não havendo dono, a mulher era inútil para o negócio. Só com a presença de um "marido", reconhecido pela polícia, ela poderia se manter intacta e próspera no campo de trabalho. "Apanhei muito... Dentro da delegacia... Daí eu fui lá, assinei o atestado de vadiagem e fui embora", afirma uma delas. Muitas chegavam a ser presas até três vezes num mesmo dia. "A polícia gostava de pegar as mulheres, levar, esconder, para poder aparecer o cafetão, pra eles poderem pegar o dinheiro do cafetão", diz outra.

Certa vez, na rua Voluntários da Pátria, em Porto Alegre, por volta de 1983 ou 1984, os cafetões pararam de dar dinheiro para o ex-delegado Buda. Como represália, ele mandou prender todas as prostitutas. O depoimento de uma delas é significativo: "Numa dessas, me pegaram e passei três dias em cana. A gente era menor, a gente dava nomes falsos". Conta que a tortura eram "choques na vagina, nos mamilos, jatos de água gelada".

No ano de 1989, ao serem enviadas para um corretivo na Ilha das Flores, "algumas mulheres foram amarradas aos troncos das árvores, com a vagina exposta para o inferno de formigas e outros insetos". Foram, ainda,

> [...] insultadas, golpeadas e estupradas com os cassetetes da lei. Suas roupas foram rasgadas e a pele, marcada com palmatória. Na despedida, eles jogaram de novo gás lacrimogêneo e, agora também cegas, mandaram-nas embora[299].

A repressão violenta às prostitutas nas praças e ruas centrais de Porto Alegre perdurou até o início dos anos 1990. As reclamações da opinião pública contra a presença das mulheres nas ruas arrefeceram bastante nos dias atuais. Com a redução da demanda por esse tipo de comércio e a atuação política de certas ONGs na garantia dos direitos das mulheres de exercerem seu trabalho, a repressão atenuou-se. Gabriela Leite, outrora prostituta em São Paulo, Minas e no Rio de Janeiro, ao ser perguntada sobre como estava a relação das prostitutas com a polícia, respondeu que havia melhorado muito:

> Em Porto Alegre, por exemplo, era horrível! Eles vinham com cavalo, com aqueles negócios de gás lacrimogêneo em cima das mulheres. Até pouco tempo atrás tinha uma carta na *Zero Hora*, que as meninas mandaram para mim, de um cara reclamando que saía da escola com a namorada e tinha que passar no meio das prostitutas e que isso era um absurdo, porque a namorada dele era uma mulher direita. Ele dizia que a polícia tinha que fazer alguma coisa. E aí o comandante da Brigada Militar respondeu que não podia fazer nada porque ali era o espaço onde elas trabalhavam. E pedia que [o cara] passasse ali porque as meninas eram pessoas como outras quaisquer. Então, houve uma mudança. Mas ainda se paga PP. Pagamento à Polícia[300].

A repressão às prostitutas se fazia presente em todas as cidades do país, variando apenas o grau de violência empregada. Em São Paulo, na primeira metade do século XX, para remover a "sujeira moral", era comum delegados de polícia rasparem a cabeça das mulheres tidas como arruaceiras e darem nelas banho de jatos d'água fria. Em Londrina, no Paraná, a situação chegou a tal ponto que as prostitutas, não suportando mais as agressões, fizeram uma denúncia pública. O ano era 1948. Uma passeata contra a contínua violência sofrida contou com cerca de trinta mulheres indignadas pelas prisões e cortes de cabelo:

> Todas as mulheres com as cabeças raspadas [...] iniciaram a marcha do protesto. Curiosos também participaram. O espetáculo foi dantesco. Um misto de agressão e desabafo. As meretrizes desfilavam, passos lentos. Umas sérias, outras gargalhavam. Havia as que choravam. A polícia permaneceu em seus postos. Observava apenas. O delegado não se fez presente. A avenida Paraná ficou apinhada de gente. A assistência delirava. Gritos, palmas, apupos, gargalhadas[301].

Há outra versão desse mesmo episódio em *Escândalos da província*, de Edison Maschio: cinco prostitutas carecas foram obrigadas, por determinação de um juiz, a marchar pela cidade portando um cartaz com os dizeres "Somos prostitutas, vergonha da sociedade".

Para aplacar todo o aparato repressivo, apoiado por pessoas de bem da sociedade, alguns indivíduos atuavam como mediadores, mantendo um elo entre a mulher e seus algozes. Alguns homens passaram a ser um misto de gigolô, cafetão e malandro. Assim, por exemplo, em Porto Alegre, um tal de Alemão conheceu sua mulher num baile, local ideal para iniciar um namoro. Como típico cafajeste, primeiro fez com que ela se apaixonasse, depois tirou-a do emprego e, por fim, diante do fato de ambos não terem dinheiro, propôs a ela que se prostituísse como solução. Tudo em nome do amor.

> [...] fiquei triste quando ele me pediu isso. "Mas não precisas fazer com eles o que fazes comigo..." Como assim? "Engana eles, não deixa isso, não deixa aquilo... Não tira toda a roupa, não beija na boca..." "Ai, tá, vou tentar, né?" A primeira vez eu tirei toda a roupa, fiz tudo errado... Aí ele começou a me ensinar... Não a ser prostituta, mas o que pode e o que não pode... Regras e ética. A ética da prostituição...[302]

Para a prostituição ocorrer com menos riscos, havia necessidade da proteção. "Tu vai ter que ter uma pessoa aqui do teu lado, pra te cuidar, as mulheres não são amigáveis." Era a antiga tradição da mulher que precisava dos cuidados de um homem para sobreviver na zona de prostituição. Ele a protegeria da violência de alguns clientes, da ingerência da polícia, do consumo de drogas e dos gastos excessivos. Mas, ao mesmo tempo que esse indivíduo dava proteção, ameaçava sutilmente.

Os cafetões mantinham um sistema de controle para a segurança de suas mulheres. Como parece ter sido prática comum, pelo menos até os anos 1980, um tal Mimoso controlava o tempo que suas mulheres gastavam dentro dos quartos e espiava alguns programas por pequenos buracos nas paredes. Se demoravam mais que o estipulado, ele, principalmente no início do processo formativo, dava o ar de sua presença: tossia, comentava sobre o tempo, batia na porta.

A aprendizagem de como tratar o cliente possibilitava o sucesso profissional dessas mulheres, já que conseguiam satisfazer os fregueses e, ao mesmo tempo, poupavam seu tempo, seu casamento e seu corpo do desgaste. Mas os ensinamentos, como eram uma constante, traduziam-se na maioria das vezes em interdições. Tudo o que fosse além do considerado "normal" (penetração vaginal, masturbação) estava sob suspeita e às vezes era proibido pelos "maridos". Até certo ponto, porém, elas eram indomáveis.

O marido/cafetão dedicava atenção redobrada a mulheres mais independentes, chegando a ponto de verificar *in loco* o que estava se passando com elas no quarto: "e foi me espiar e ele viu que eu estava fazendo oral no cara... E foi, contou pro meu gigolô". Essa descoberta era castigo na certa. "Ele não admitia que a gente fizesse mais do que papai e mamãe", afirmou uma delas.

Além disso, o controle não se dava apenas entre quatro paredes. Uma delas levou uma surra que lhe quebrou o braço. No caso de Mimoso, bastava desafiá-lo, como ocorreu com uma tal de Renata, que certa vez lhe apontou uma faca. Foi então que ela recebeu a ordem: "Vamos pro banheiro, Renata". Era essa a frase que sempre antecipava os castigos em lugares públicos. Segundo sua colega, "no banheiro fechado, Renata recebeu uma das piores surras de sua vida. E apanhou, isshh... a-pa-nhou!".

Mimoso, marido/cafetão, agenciava várias mulheres. Era um empreendimento familiar que chegou a dar muito lucro. Ora dormia com uma, ora dormia com outra; ora havia brigas e ciúmes, ora anuência das outras. Mimoso teve até sete mulheres sob seu comando. Era uma verdadeira "indústria do sexo", produção em série, com administração financeira profissional. Assim era o trabalho exigido de uma delas:

> Soila batalhou mais de vinte anos na rua. Todos os dias. E, durante os dez primeiros anos, no sábado, tinha de fazer o dobro de programas para descansar no domingo. Fazia quinze, vinte, trinta programas por dia, mas houve dias de quarenta, sessenta, em tempos em que a família precisava de mais dinheiro, em dias ou semanas em que alguma das mulheres estava doente ou que o Mimoso precisava pagar alguma dívida, dúvida ou dádiva. Tudo (ou quase tudo) sem camisinha. Tudo em quinze ou vinte minutos[303].

Décadas mais tarde, no rastro da emancipação feminina, as prostitutas deixaram de depender de homens para exercer sua atividade.

SEXO PAGO: TABUS, RISCOS E TRANSFORMAÇÕES

País de tradição católica não poderia deixar de incutir nas mulheres certos pruridos moralistas. Uelba do Nascimento acredita que as prostitutas, mesmo estigmatizadas e proibidas de irem à igreja, eram bastante religiosas e, quando podiam, participavam das novenas na matriz ou em outras igrejas espalhadas pelos bairros mais distantes, onde poucas pessoas as conheciam.

As próprias prostitutas revelavam pudores. No caso das brasileiras, bastante fortes. As profissionais francesas e polacas, por exemplo, presentes em quase todas as capitais do país nas primeiras décadas do século XX, eram famosas por suas práticas exóticas, pelo sexo desenvolto que faziam, sendo preferidas às brasileiras.

PRAZERES CONTIDOS

A historiadora Magali Engel afirma que, para o discurso médico do século XIX, práticas além do "papai e mamãe" eram vistas como depravação ou perversão sexual. A mulher que tivesse certo tipo de conduta no sexo era considerada "anti-higiênica", porque o sexo anal e o oral eram julgados "antinaturais e antifísicos".

Num dos processos pesquisados por Uelba Nascimento, a meretriz Judite Silva, de 25 anos, é acusada de insultar a colega Dulcineia Oliveira, conhecida por Baiana, ambas frequentadoras do cabaré Eldorado, já na sua fase de decadência. O motivo é que Judite teria pilheriado Baiana, chamando-a de "bundeira e chupadeira". Se mesmo para as prostitutas de hoje há certos pudores e resistência contra determinadas práticas sexuais, em alguns prostíbulos daquela época essas ações eram consideradas com profundo desprezo pelas próprias meretrizes e, sobretudo, pela sociedade. A acusação de praticar sexo oral ou anal era um insulto, daí o motivo da agressão.

No depoimento de Nina, outra das funcionárias do Eldorado, percebe-se que a preferência pela posição do "papai e mamãe", ou "missionário" como alguns diziam, era quase unanimidade, em detrimento de outras posições que, segundo suas memórias, eram desconhecidas por elas: "Naquele tempo, era papai-mamãe e acabou-se a história". Também afirma: "Esse negócio de mulher com mulher, como a gente vê hoje em dia, não existia naquela época não".

No depoimento de Maria Garrafada, também funcionária do Eldorado, percebe-se mais claramente o preconceito e o suposto desconhecimento de outras práticas: "Era papai e mamãe, porque naquele tempo não existia cachorrada não. Agora é que estamos na devassidão do mundo". Ou, ainda, na visão de um boêmio de nome Moacir Tié: "Olha, a transa daquela época mais procurada pela turma era o 'papai-mamãe'. Esse negócio de sexo anal e oral a gente nem ouvia falar, como também mulher com mulher. No tempo do Cassino, esse tipo de coisa não existia".

Nos registros sobre a atividade sexual no interior dos prostíbulos, quando explicitados verbalmente, o sexo quase sempre ocorria de maneira convencional, sem menção à chamada suruba, por exemplo. Um relato que foge à normalidade da época é dado por um frequentador de prostíbulos em Uberlândia, Minas Gerais, cidade que era objeto de preocupação moral por parte de determinados setores da sociedade:

Contribuía para esse verdadeiro pânico que tomava conta da sociedade e da imprensa local, além da abertura de novos prostíbulos em cada bairro, rua e esquina, as casas de prostituição que ofereciam aos seus frequentadores a opção do "sexo em grupo"[304].

Nesse sentido, o frequentador de nome Anísio relata que "essa novidade" passou a ser praticada a partir de 1950 e era extensiva a três casas da cidade. Relembra Anísio: "Ficava todo mundo nu e cada um ficava com a mulher que queria ou dois ficavam com uma mulher só".

Essa atitude das mulheres era uma exceção, pois a maioria praticava um sexo convencional, visando muito mais ao sustento familiar, e não à farra e às perversões dos clientes, salvo se pagassem muito bem. Em muitos prostíbulos, as mulheres estabeleciam um "acordo" acerca de procedimentos reprováveis entre quatro paredes. Quando uma mulher era muito requisitada, logo surgia a suspeita de que ela se submetia a práticas condenáveis e poderia ser estigmatizada pelas colegas.

Em Porto Alegre, como em muitas partes do Brasil, nos anos 1980, as próprias profissionais faziam uma diferenciação entre "prostitutas", ou seja, trabalhadoras do sexo, e "putas", as demais mulheres donas de casa. Para elas, "puta" era a namorada, esposa ou amante, que davam de graça para seus homens; e "prostituta", a profissional, aquela que cobrava e não gozava no trabalho. Ao deitarem com homens estranhos, não se buscava sentir prazer. Tratava-se de conseguir dinheiro para sobreviver, criar filhos, sustentar marido. Em casa, transformavam-se em esposas e só então permitiam-se gozar com seus maridos.

A oferta do sexo como profissão impedia o afeto entre a mulher e o cliente. O gozo era a proibição levada a sério, pois obtê-lo significava romper a fronteira entre trabalho e lar. O prazer só poderia ocorrer com o marido.

> Naquela época eu só transava com o Mimoso. Com cliente é diferente. No início eu me controlava, era muito errado sentir aquela coisa. Um dia, três anos antes de eu ir embora, a Renata me falou um segredo, me fez jurar que eu não podia contar pra ninguém. "Tu acredita que eu gozei com o alemãozinho aquele?" Fiquei pasma. Eu nunca, nesses anos, gozei com um cliente[305].

O cliente estava ali para satisfazer a si próprio, e não à mulher. Já a prostituta sentir prazer no trabalho seria inverter toda a norma estabelecida. Seria uma sensação insuportável a de imaginar o cliente, tido como "trouxa", tirar a mulher do controle da situação, embaralhando a fronteira radical entre vida pública e vida privada. Seria deplorável que uma esposa/trabalhadora sentisse prazer com alguém longe do lar. Ela carregava a certeza de que seu corpo não deveria ser sexuado quando estava em campo.

> Não gozei, nunca, mas uma vez, muito raras vezes, assim, bateu uma tesãozinha... mas aí depois me deu nojo. Ai! Que é que está acontecendo comigo... Me deu nojo. Algumas vezes aconteceu isso, mas daí eu pensava "o que é isso???". Não entendia o que estava acontecendo. Eu já estava acostumada a não sentir nada, tá entendendo? E, como já estava acostumada, aquilo pra mim era o fim do mundo[306].

Eny Cezarino (1916-1997), dona de um bordel em Bauru, interior de São Paulo, entre os anos 1963 e 1983, conta que via esse tipo de prazer com restrição, pois, segundo ela, prostituta que goza no trabalho não presta: fica cansada e se envolve afetivamente com o cliente.

É muito interessante observar como, hoje, atenuou-se a fronteira entre prática da prostituição e prazer, de maneira que as garotas da nova geração não se proíbem de senti-lo.

Outra visão peculiar à época era a da concepção. Ainda em Porto Alegre, uma prostituta de nome Janete fez, ao longo de sua trajetória de rua, dez abortos e levou adiante quatro gravidezes com seu marido chamado de Alemão. Com ele, era casamento de verdade, duradouro. O motivo que a levou a fazer os abortos era simples e um só: não eram filhos de Alemão. Mas como ter certeza, se naquela época quase não se usava preservativo e a pílula era pouco acessível? Ao ser indagada como sabia que tal criança era ou não filho de alguém, respondeu alegando conhecimento de causa:

> Ahhh, pois é! Aí é que tá, né? Sabe aquela coisa? É que a mulher sabe... A mulher sabe. E eu não sei se tu sabe de um detalhe. Quando a mulher está transando, e num momento atinge o óvulo, coisa assim, no mesmo momento te dá... na garganta, aquela ânsia... entendeu? Cada vez que me engravidava sentia, na hora... O organismo sente. A mulher sente tudo. Daí já para a menstruação... é esperar um mês, parou a menstruação? Tá grávida... Aí eu corria lá pra sonda... Lá em Alvorada era que eu fazia...[307]

Durante quase vinte anos de profissão, a prostituta Soila, já citada, disse ter tomado pílulas contraceptivas de maneira clandestina, não só porque não desejava ter filhos, mas porque naquelas ruas de Porto Alegre pensava-se que "só ficava grávida quem tinha gozado". Eis uma curiosa relação que se criou entre a ocorrência do orgasmo e a gravidez.

O OLHAR MASCULINO

Os homens daquela época também tinham uma visão peculiar acerca de algumas práticas sexuais. Em *A esquina do pecado*, Dilamar Machado, frequentador da noite em Porto Alegre na década de 1950, ao se referir a uma prostituta conhecida por ele, deixa escapar que "a Maria de Lurdes, [...] pasmem, era a única que fazia sexo oral" e era, portanto, bastante valorizada por isso.

A felação foi objeto de desejo e de reprovação durante muito tempo. Já na Roma Antiga era altamente reprimida, o que também indicia que a constância de sua prática era tida como tabu. No entanto, segundo o historiador francês Paul Veyne, o ato mais desprezível ainda era o homem praticar o *cunnilingus*: "O auge da infâmia, eram as carícias bucais feitas às mulheres". Por um longo período na história, a reprovação a essa prática permaneceu. No entanto, note-se que, em pesquisa realizada sobre a pornografia no cinema nos Estados Unidos, o sexo oral na mulher, em 1920, aparecia em 11% dos filmes, aumentando gradativamente para 64% na década de 1960.

Mas para se ter ideia da repulsa do homem em praticar sexo oral na mulher, veja-se o relato do memorialista Roberto Coiro. Conta-nos que Cachorrão era uma pessoa bem mais instruída do que todos os frequentadores da praça da Alfândega, em Porto Alegre. Viera do Rio de Janeiro e logo se estabelecera na praça. O grupo começou a estranhar o comportamento do rapaz, pois, todas as noites, ele se despedia dizendo que estava na hora do seu trabalho. Caminhava sempre em direção ao Moulin Rouge. Numa ocasião, Coiro e os amigos resolveram ir na boate para conferir o trabalho do Cachorrão. Quando entraram, o "artista" já estava "encenando seu número para a plateia":

> Mesmo na penumbra, foi possível ver uma mulher deitada em um divã colocado no pequeno palco e o Cachorrão "paleteando" a mulher. Paletear, na gíria da nossa época, era praticar o sexo oral, um verdadeiro tabu na década de 1950. Ficamos indignados e por pouco não estourou uma briga devido às vaias que iniciamos. Na noite seguinte, Cachorrão apareceu no Café Rex e sentou-se à nossa mesa. O silêncio era de sepulcro, todos olhando com desprezo para ele. Então, Ricardinho, previamente preparado, puxou do bolso do paletó uma tira de esparadrapo e colou no copo do Cachorrão. – Copo de paleteador tem que ser marcado. Sentindo nossa indignação crescente, e querendo se livrar de uma surra iminente, levantou-se e saiu de mansinho. Nunca mais frequentou nosso grupo[308].

Com relação ao homem praticar sexo oral na mulher, além de tabu, o ato era dificultado, devido às condições de higiene nos prostíbulos baratos. Os produtos de asseio ainda eram caros e muitos homens, por exemplo, só se lavavam com sabão ou sabão de coco e, por um bom tempo, recusavam-se a usar xampu, considerado fricote de afeminado. Pasta de dente e desodorante eram mercadorias de luxo. Além disso, havia muito pudor. Não se imaginava praticar sexo oral com namoradas e esposas. Era, como se dizia, "depravar" o lar, e não passava pela cabeça de ninguém que isso poderia ser uma fonte de prazer para as mulheres. Nesse sentido, um informante de nome Antônio assim relatou:

> Em 1974, Antônio dividia uma quitinete, na avenida São João, em São Paulo, com um colega de trabalho de nome Cláudio. Na sua ausência esse colega convenceu uma prostituta de rua a subir ao apartamento para manter relação sexual. Por curiosidade, Cláudio pediu para fazer sexo oral na moça. Ela permitiu, mas falou em tom de brincadeira que, para fazer aquilo, ele só podia ser uma pessoa "nojenta". Antônio também tinha a mesma opinião[309].

Um exemplo ocorrido na Rússia comunista é bastante esclarecedor a respeito do imaginário sobre sexo oral. Em 1967-1968, um médico da área sexual teve que tratar de um carteiro, morador de uma província. O rapaz tinha uma libido perfeitamente normal e tudo corria bem até o dia em que chegou às suas mãos um folheto pornográfico clandestino, no qual leu que um casal podia estimular mutuamente os seus órgãos sexuais com a boca. Já ouvira falar de felação, embora jamais a tivesse praticado com a sua mulher, "para não a humilhar". Porém, fazer o sexo oral na mulher era para ele uma grande novidade. Decidiu então experimentá-lo. Mas o resultado foi desastroso:

> O odor corporal da sua companheira impressionou-o tão desagradavelmente que foi atingido por uma autêntica impotência. O que é notável, aqui, é que a inovação de meu paciente não surgira no próprio curso da sua vida amorosa, mas como sendo a descoberta de uma receita exótica, saindo totalmente do costume e destinada a romper a monotonia cotidiana. [...] A falta de higiene é ainda muito comum nas aldeias. Uma camponesa que me visitou só se lavava duas vezes por ano; a *isbá* onde vivia com o marido abrigava igualmente os suínos, separados por um pequeno tabique. Mas se os odores corporais, como no caso do carteiro, provocam repugnância, podem também servir de estimulante. Um dos meus pacientes obrigava a mulher a não se lavar, porque só o cheiro do suor e da roupa interior suja é que o excitava[310].

A repulsa à prática do sexo oral na mulher ocorria também nos Estados Unidos, pelo menos até o início da década de 1960. Em alguns estados, era considerado um ato obsceno. Quando havia flagrante, os praticantes de sexo oral podiam ser punidos com prisão. O jornalista americano Gay Talese destaca o espanto de um jovem quando sua recente namorada solicitou a prática de cunilíngua:

> Nas raras ocasiões em que ouvira falar a respeito, no Exército ou no distrito de Brooklyn em que vivera, as descrições eram sempre sórdidas e repulsivas, como se fosse algo indigno. Nenhum macho das ruas do Brooklyn que conhecia jamais admitira já ter-se entregado a um ato assim. Era considerado pouco viril, se não mesmo anti-higiênico. Colocava o homem no papel de submissão à mulher. Era basicamente para pervertidos[311].

Mesmo no mundo da baixa prostituição brasileira, essa prática era bastante estigmatizada, como conta um cliente de Recife dos anos 1960. Ele disse ao escritor Liêdo de Souza ter sido "esculhambado" por uma prostituta: "como eu não tinha dinheiro para pagar a ela, ela aí espalhou pela praça que eu chupei a buceta dela. E quando eu cheguei na praça, aquele pessoal todo começou a bolir comigo". Outra meretriz, diante do atraso de seu cliente, assim se expressou à colega: "Estou aqui esperando o meu chupão de buceta".

Ao homem pouco importava se tal modalidade satisfazia algumas mulheres. Indivíduos pródigos em contar façanhas sexuais, no entanto, eram bastante discretos nesse quesito. Tal prática só era revelada publicamente, quando muito, se se tratasse de garota púbere: "Agora, só serve uma menina limpa e que seja *sexy*. Não estas raparigas daqui da praça", diz um depoente. O ato podia ocorrer, também, com mulher mais esclarecida, destituída de preconceitos, conforme depoimento dado por um frequentador da praça do Mercado:

> A mulher que estuda sexo, você pode chupar ela porque ela compreende. Eu não tenho escrúpulo com vagina, porque eu passei por uma vagina e não vou ter escrúpulo por onde eu passei. Mas se eu disser isso a minha mulher, ela não compreende, diz que é imundície, porque ela é uma mulher ignorante[312].

No Brasil, o sexo oral, sobretudo quando praticado pelo homem, envolve questões culturais que ainda parecem não ter resolução. O crítico literário Sérgio Rodrigues conta que o escritor angolano José Eduardo Agualusa, em tom de brincadeira, apontou uma lacuna no vocabulário brasileiro: a ausência da palavra minete (do francês *minet*, gatinho e, por associação, o ato de lamber). Termo tão presente em Portugal quanto na África lusófona, por aqui, empregamos o erudito cunilíngua ou apenas chupar. Já segundo o escritor Pedro Bandeira, diferentemente do que alega Agualusa, a palavra minete já fez parte do nosso vocabulário, pelo menos em Santos, sua terra natal. Em carta a jornal, assim relata:

> Debruçada numa janela da rua da Constituição, lá por volta de 1958/60, uma profissional oferecia seus serviços repetindo, monotonamente: "Chicharim, minete, buchê...". Nós, meninos santistas, sabíamos que, num francês arrevesado, a moça se propunha a fazer chicharim, o sexo anal; minete, o cunilingus; e buchê, a felação, hoje "boquete"[313].

OUTRAS PRÁTICAS

Pode-se garantir, no entanto, que entre quatro paredes, seja do Eldorado ou de um pequeno casebre à margem do riacho das Piabas, onde se comercializava o sexo durante o dia, não se praticavam formas de prazer consideradas pecaminosas, imorais e anti-higiênicas? Para Uelba do Nascimento, o pudor e a vergonha daquela época fecharam as portas e lacraram as janelas da memória daquelas mulheres e homens que hoje jazem esquecidos nos cemitérios, mas que deixaram uma fração de suas vidas marcadas nos processos criminais ou nas lembranças de memorialistas.

Os relatos revelam que havia muitas barreiras e preconceitos no ambiente da prostituição, o que demonstra que, nesse ponto, ele não era tão diferente do restante da sociedade. Não era um local "tão livre" como muitos pensavam. Em livro publicado já em 1976, em que diversos especialistas em sexualidade dão seu depoimento, a prática do sexo anal, por exemplo, continuava repudiada:

> O coito anal é considerado perversão até para prostitutas em nossa cultura sexual. A maioria das mulheres assim o encara e se envergonha de confessá-lo ou admiti-lo. Se o praticam é mais para a satisfação dos parceiros do que por prazer[314].

Conta uma jovem de origem rural que, aos 16 anos, ao se mudar para Campinas, em meados da década de 1960, foi trabalhar como doméstica numa mansão. Lá foi seduzida pelo filho da patroa, que tirou sua virgindade com a promessa de casamento. Ao ficar grávida, foi rejeitada pelo rapaz, e a patroa, ao saber do caso, expulsou-a de casa com xingamentos de mentirosa, vagabunda e sem-vergonha.

> E eu não voltei para a casa de meus pais; peguei minhas poucas coisas e fui acolhida em uma casa de prostituição, que tinha fregueses interessados em grávidas. Ali aprendi técnicas de sedução. Mas tinha teto e boa alimentação. Até quase nascer minha filha, tinha que me deitar com os homens e submeter-me às suas exigências. Eram homens que gostavam de fazer sexo anal com mulher grávida. Às vezes, quase nem aguentava, pois estava muito barriguda, inchada e tinha que atender os desejos excêntricos de todo tipo de homem[315].

Como se vê, a geração que viveu principalmente antes da revolução sexual era totalmente desinformada e reprimida em matéria de sexo. Ignorava-se quase tudo a esse respeito. Aula de educação sexual, quando havia, era para alertar sobre os perigos de masturbação, gravidez, doenças venéreas e perda da virgindade. Ninguém tocava no assunto prazer. O ator Othon Bastos conta que chegou a procurar médicos amigos de seu pai para maiores esclarecimentos, e nada. A religião tinha primazia na questão sexual e contribuía para a desinformação. A atriz baiana de nome artístico Aimée conta como foi sua primeira noção sobre sexo, dada por uma freira no final dos anos 1940:

> Eu estava na fila do banheiro do colégio, esperando a minha vez de ir para o chuveiro. Não tinha mais do que oito anos e comecei a cheirar o sabonete. Era um desses sabonetes bons, com perfume ácido, de pinho. Eu estava ali, distraída, narizinho enfiado no perfume, quando de repente levei um tapa na mão. A freira que me batera disse: "Isso é sensualidade. Você cometeu um pecado. Vá se confessar". E no dia seguinte, lá estava eu, constrita, diante do confessionário. Ia confessar o meu pecado. Contei tudo ao padre (estava apavorada). E ele: "E você sentiu o quê?" Eu, boquiaberta: "Cheiro de sabonete". Não compreendia a conversa. Nem pude mais esquecê-la[316].

DANTESCAS DOENÇAS VENÉREAS

Ao longo dos séculos, foi comum na história do Brasil o exagero de se diagnosticar indiscriminadamente as doenças venéreas. Assim, qualquer moléstia logo era vista como sífilis. Somente em 1837 um médico norte-americano diferenciou essa doença da gonorreia. A sífilis era chamada também de "mal gálico", porque se atribuía sua origem à França. Um estudioso da história da medicina no Brasil assim se expressou:

A sífilis grassou intensamente na Colônia a partir do século XVI, trazida que foi pelos primeiros povoadores. Houve, entretanto, excessivo exagero no diagnosticar-se o "mal gálico". Toda ulceração era encarada pelos antigos como "ferida gálica" e como tal medicada. Contribuiu sobremaneira para a confusão que reinou no assunto a precariedade dos conhecimentos médicos. Quase tudo era "mal gálico". Falava-se em "gota gálica", "sarnas gálicas", "feridas gálicas", "humor gálico"[317].

Ao abrir uma farmácia na cidade de Cruz Alta, em 1926, o escritor gaúcho Erico Verissimo (1905-1975) tinha como freguesas as mais conhecidas prostitutas da cidade. Elas vinham comprar produtos de beleza e higiene e também tratar da saúde. O sócio, de nome Lotário, exercia o papel de médico charlatão, conhecedor de doenças venéreas. Certa vez, nos fundos da farmácia, com a porta aberta, Verissimo pôde observar as habilidades do suposto farmacêutico:

> Em cima da mesa de operações uma menina de cor parda, que não teria mais de quinze anos, estava deitada de costas, na posição ginecológica, esperando que meu sócio começasse a fazer-lhe curativos. Sua vagina pareceu-me uma escura caverna toda cheia de estalactites e estalagmites purulentas.
>
> Senhores casados também tratavam no maior segredo em nossa farmácia suas blenorragias e seus cancros, confiantes na discrição do Lotário. Estávamos na Era AP, isto é, Antes da Penicilina, de sorte que se usava ainda a solução de permanganato, o mercúrio cromo e, não raro, a tortura do nitrato de prata[318].

Como citou Verissimo, se os homens casados continuavam frequentando o meretrício, como ficava a situação de suas esposas? Na grande maioria dos casos elas sofriam caladas e, muitas vezes, não podiam reclamar, pois o marido "não deixava faltar nada no lar". No relato de uma dona de casa da cidade de Campinas, no interior de São Paulo, por volta dos anos 1940, fica claro o quanto a vida sexual no lar deixava a desejar:

> Minha vida sexual no casamento era sem sal e sem açúcar. Só papai-mamãe, de vez em quando, tudo com muito recato, sem romantismo, uma monotonia, e eu sonhava ganhar um beijo como os que eu via nos filmes do Clark Gable, mas eu nem ousava falar nada. Também, meu casamento foi arranjado e o amor com que eu sonhava ficava só nas minhas fantasias e tristezas. Eu bem que desconfiava que meu marido se divertia com as prostitutas, pois saía quase todas as noites. Tive a certeza quando me contaminei com o piolho chato, logicamente,

porque ele trouxe o piolho para casa, embora ele afirmasse que era por causa do colchão de palha da fazenda de minha família. Fingi que acreditei, mas fiquei com muita raiva. Naquele tempo era assim, a gente sempre calada aceitava tudo. Ele me mandou usar Neocid, raspar meus pelos pubianos e lavar-me com água muito quente[319].

Outra depoente da mesma cidade conta que, ao sentir desconforto por um "corrimento malcheiroso" na região vaginal e suas consequências, procurou tratamento: "Quando falei que o médico queria conversar com ele, ele não quis ir, dizendo que o que eu estava sentindo eram coisas de gravidez. Depois de muito tempo, fiquei sabendo que ele frequentava um prostíbulo pelos lados do mercadão". Uma amiga aconselhou-a a ficar calada e conformar-se, pois, segundo ela, quase todo marido fazia isso.

Mas nas melhores casas de prostituição, as meninas eram obrigadas a ser examinadas pelo médico com certa regularidade; nem sempre, porém, se conseguia debelar certas moléstias, como conta um frequentador ao observar os cabelos curtos da moça escolhida:

> Ela me contou, com muita tristeza, que foi obrigada a cortar os seus lindos cachos que iam até abaixo do ombro porque não havia remédios que dessem conta das lêndeas grudadas em seu cabelo. Nem mesmo o Neocid conseguia acabar com os piolhos que a infestavam [...][320].

Segundo Luis Fernando Verissimo, filho de Erico Verissimo, nas ruas Cabo Rocha e Pantaleão Telles, na Porto Alegre dos anos 1940 e 1950, ficavam as zonas do chamado baixo meretrício, "onde íamos com o entendimento tácito de que poderíamos, um dia, deixar o pênis gangrenado em algum ralo".

De acordo com a historiadora Regina Medeiros, as pessoas que frequentaram a prostituição no bairro Bonfim, em Belo Horizonte, e que atualmente se encontram entre os 60 e 80 anos de idade, afirmam que certas mulheres já haviam contraído algumas doenças venéreas conhecidas, como o cancro e a gonorreia. Essas enfermidades, no entanto, não tinham a dimensão perigosa a elas atribuída pelos jornais no mesmo período. As prostitutas já conheciam a melhor forma de tratar o mal venéreo: as lavagens vaginais, antes e depois do coito, e o uso de espermicidas para a prevenção não só da gravidez, mas também das enfermidades sexualmente transmissíveis.

Quando contraíam alguma doença venérea, as prostitutas buscavam ajuda de alguém da família – mãe, irmã, tia –, ou de uma colega ou vizinha. Não resolvido o problema, recorria-se à farmácia do bairro ou a alguma pessoa conhecida como curandeira. Em último caso, procuravam o médico ou uma clínica. A justificativa era a de sempre: "o saber popular prevalecia em relação ao saber técnico-científico", segundo Regina Medeiros.

Apesar de ser recomendado o uso do preservativo, raramente ele era utilizado. Primeiro porque as mulheres não viam necessidade disso, e, segundo, porque os homens o rejeitavam ostensivamente, conforme relata uma informante de 68 anos:

> Isso não era assunto para se tratar com cliente, o homem não aceitava nem escutar. E nós sabíamos que não era perigoso. A gente se cuidava. Falar isso para o homem era o mesmo que falar que a gente estava com a doença[321].

Um antigo frequentador da prostituição do Bonfim relatou, em entrevista dada quando já tinha 79 anos, que o preservativo era uma precaução recomendada como anticonceptivo e como prevenção às doenças venéreas. Contou por que, entre os homens, esse cuidado não era eficaz:

> Nós pensávamos que essa medida não tinha nenhum fundamento, pois, se uma prostituta aparecesse grávida, ninguém podia afirmar quem era o pai. Naquele tempo não tinha esse negócio de exame. Também a prostituta é quem deveria cuidar disso, e ela também tinha seus meios para se livrar de uma criança. E para esse negócio de doença venérea, os homens tinham seus meios e, é claro, chupar bala com papel? (risos). Ah! Para a nossa felicidade naquele tempo não existia essa coisa de AIDS[322].

Após o coito, muitas prostitutas injetavam água na vagina para evitar a gravidez. Eny Cezarino, famosa cafetina de Bauru, chegou a estabelecer um acordo com um conhecido médico da cidade para que este "esterilizasse" algumas de suas meninas, aquelas que, segundo ela, engravidavam com muita facilidade.

Já a lavagem masculina consistia na introdução de um medicamento feito à base de sulfa na uretra do homem, de onde, dizia-se, se "tirava a sujeira da zona". As prostitutas também faziam esse tipo de limpeza nelas mesmas, com a intenção de eliminar do seu corpo "a sujeira deixada pelos homens". Recorria-se também a uma medicação denominada 914, considerada "milagrosa". Explica um cliente: "Era um remédio ministrado através de injeção, que ninguém sabia de que era feito, mas todos sabiam que dava um bom resultado". Essa modalidade de lavagem era à base de permanganato, tido como eficiente no tratamento das doenças sexualmente transmissíveis.

A sífilis era a enfermidade que mais ameaçava, tanto os clientes como as prostitutas. Por temê-la, as mulheres tratavam de conhecer os seus sintomas e, a partir daí, realizavam minucioso exame físico em seus clientes. Explica uma ex-prostituta mineira, de 68 anos:

> Aqui no Bonfim não tinha tanta gente com essa doença. Tinha mais era a gonorreia, essa sim que era todo dia. Eu mesma fiquei sabendo de pouca gente com sífilis. Mulher da vida tem medo de doença que atrapalha ela batalhar. Nós não somos otárias: uma pergunta ao dono da farmácia ou a um médico amigo e conta para as outras. Aprendemos que devíamos olhar as virilhas do homem para ver se ele tinha íngua, se ele tinha manchas nas costas ou no peito. Se tivesse alguma coisa dessas a gente chamava a dona e falava que não queria, aí ela explicava e mandava ele procurar um médico. Mesmo assim, a gente fazia as lavagens, que era para não deixar a doença chegar. Mas tinha aquela pobre infeliz que precisava de dinheiro para dar pra o seu homem (gigolô), essa é que pegava doença[323].

O cantor Erasmo Carlos conta que, em meados dos anos 1960, dividia uma casa em São Paulo com o cantor Jorge Ben. Certo dia, ao sentir uma ardência indesejável na uretra, percebeu que contraíra gonorreia, fato que não era incomum na época. "Como todo mundo já conhecia o tratamento, as pessoas relaxavam na prevenção", diz. Nem se recorria ao médico. "Bastava ir à farmácia e se automedicar, tomando Tetrex [nome comercial do antibiótico tetraciclina] de seis em seis horas durante três dias, e pronto", completa ele.

Como Erasmo não se sentia à vontade para mandar alguém comprar o remédio, lá foi ele mesmo, apesar de seu constrangimento. Na hora do pedido, teve receio de que o farmacêutico alardeasse o ocorrido, podendo até chegar aos ouvidos de algum jornalista mais atento que "o Erasmo Carlos da Jovem Guarda está com blenorragia". Meio sem jeito e disfarçando, Erasmo confidenciou ao farmacêutico que um amigo seu estava sofrendo do mal e lhe pedira para comprar o medicamento. Saiu de lá tranquilo. Dois dias depois, quando passou na farmácia para comprar algo, ouviu do farmacêutico que assim gritou:

– E aí Erasmo, o Jorge Ben melhorou?
– De quê?
Ele se aproximou de mim e falou baixinho no meu ouvido:
– Da gonorreia.
Foi aí que caí em mim[324].

Segundo Dilamar Machado, como naquele tempo as namoradas não mantinham relações sexuais com os rapazes, "o jeito era quebrar o galho com as prostitutas, sempre correndo o risco de uma gonorreia (curada com penicilina) ou chatos (liquidados em poucas horas com uma boa pulverização de Neocid)". Nelson Rodrigues e Paulo Francis (1930-1997) contam que tachar alguém de "chato", naquela época, era considerado uma grande ofensa.

Sérgio Jockymann comenta que, naqueles tempos de despreocupação juvenil, "os pecados eram pagos com Penicilina G Sódica, de três em três horas"; quando o dia raiava, os boêmios terminavam a farra na porta do pronto-socorro.

O ator carioca Agildo Ribeiro, que contraiu doença venérea mais de uma vez, relata o tratamento que teve numa ocasião em que outros remédios já não surtiam efeito. Foi a um médico que usava um "instrumento medieval" chamado "biliquê" para curar doenças venéreas. O médico introduzia um líquido que chegava até a bexiga e provocava a sensação de estar urinando. Aquele instrumento empregado no final da década de 1950 era um filete de ferro com uma espécie de borboletinha aberta na ponta:

> Aquilo entrava pelo canal da uretra e o médico ficava esfregando; mas, na verdade, ele estava raspando e destruindo os bichos todos que estavam protegidos lá dentro do corpo cavernoso. Era um horror! Aquele negócio raspando tudo era uma dor à beira do insuportável. Quando ele tirava, a gente quase desmaiava. E saía dali prometendo que iria pro convento. Fico suado só de lembrar![325]

Ainda segundo Agildo Ribeiro, na sala de espera todos os pacientes ficavam cabisbaixos e quase se escondendo, aguardando a aplicação do instrumento inquisitorial.

Em *Galo das trevas*, o médico e escritor Pedro Nava relata que ele e seus colegas veteranos do Serviço Externo da Assistência Pública eram grandes conhecedores do ambiente de prostituição, bem como das donas de bordel, cafetões, malandros, homossexuais e das próprias putas: "Lavagens de estômago de envenenadas com fenol, permanganato, oxicianureto, sublimado, creolina – praticamo-las nos randevus de luxo e valhacoutos mais canalhas". Médicos como Nava eram bem tratados e respeitados nesses ambientes orgiásticos em que, de outra maneira, eles "nunca teriam a ousadia de entrar sem as imunidades do avental branco e da malinha de madeira do socorro urgente", como diz Nava.

Segundo o escritor paulistano Marcos Rey, a descoberta e a difusão da penicilina representaram grande avanço a partir do final dos anos 1940. O antibiótico deixou desempregados os especialistas em doenças venéreas que infligiam em seus pacientes dolorosos e humilhantes tratamentos:

> A maior liberdade sexual do pós-guerra tinha causa científica advinda dos laboratórios. Era que a penicilina acabara de desmoralizar completamente o pavor que incutia em todos a venerável madame Gonot. Fleming era o culpado de tanto pecado. Os gonococos morriam logo à primeira ampola. Velhas doenças voltaram a estado de dicionário. Os preservativos permaneceram nas farmácias, tão anacrônicos como a máquina de lavar manual, o rádio em formato de igrejinha, o prendedor de gravata e o bonde caradura[326].

Mesmo assim, porém, muitos continuavam acometidos pelo mesmo mal. Diz um guarda civil de Porto Alegre que a antiga e conhecida rua Cabo Rocha, no bairro Azenha, era outro "paraíso" do sexo barato, da prostituta de dentes cariados, do forte odor de perfume "Maderas do Oriente" misturado com cachaça, da gigolagem ordinária, dos malandros e, é claro, da certeza de uma gonorreia. Lembra esse antigo rondante da rua Cabo Rocha:

> Aquilo sim era lugarzinho brabo. O cara pra comer uma mina lá tinha que ser macho – ou doido. O que tinha de vagabundo, ladrão "pé de chinelo" e punguista descarado não era moleza. As "vagabunda" era tudo horrível. Umas "baixinha" bunduda, de cabelo lambido e *rouge* na cara que parecia um terror! Tudo tinha doença venérea. O cara que comia elas perdia a grana e o pau! Se reclamava, apanhava dos "vagabundo". Levava navalhada, giletada[327].

Armando Pereira relata que, em 1966, a Secretaria de Serviços Sociais do Rio de Janeiro realizou entrevistas no Mangue com 684 prostitutas, das 1.400 que ali trabalhavam. Empenharam-se na tarefa quinze assistentes sociais previamente treinadas. No entanto, ao contrário do que se apregoava, o número de prostitutas portadoras de doenças venéreas foi pequeno – apenas oito casos de sífilis. Era outro tabu que caía – o Mangue não era "o seminário das moléstias venéreas", como certa vez escreveu o jurista Nelson Hungria.

Mas o descuido com a prevenção de doenças era grande. Havia certos pais que, na crença de evitar que o filho se tornasse homossexual, ensinavam-lhe toda uma pedagogia machista para despertar seu lado varão. Certo operário de nome José conta que no início dos anos 1960, com aproximadamente seis anos de idade, seu pai descrevia-lhe como despir uma mulher, chupar seus peitos e levar a mão dela até seu pênis; disse ainda que o pai "costumava comprar revista de sacanagem e me dava para ler". O desvirginamento de José aconteceu com uma prostituta bem conhecida por seu pai, quando ele tinha "onze anos e três meses", em meados dos anos 1960:

> Papai que escolheu ela porque eles diziam que Brigite era a mais quente do bordel. Ela tinha a buceta com fogo. Então eu fui. E quando cheguei em casa, eu, estupidamente, fui falar que estive em Três Rios. E minha mãe foi me inquirir, para saber [...]. Então meu pai chegou em casa e disse: "Eu levei ele ao puteiro, sim, e não sei o quê... Ele tem que aprender a ser homem!" E minha mãe disse: "Você é louco... Você podia fazer ele pegar uma doença". Ela nunca dizia os nomes das doenças... só falava "doença ruim" ou "doença de mulher". Então meu pai piscou para mim e disse que eu tinha usado camisinha... Eu não tinha usado porra nenhuma porque ele não me deu. A única coisa que ele me mandou fazer foi: "Quando você foder com puta, depois mija e lava o pau com sabão de coco"[328].

Segundo o escritor Moacyr Scliar, nos bordéis baratos de Porto Alegre "nunca faltava uma bacia que, cheia de álcool, proporcionava uma das poucas formas de profilaxia contra o espectro da época: as doenças venéreas".

A geração de Scliar relutava em usar preservativos, mesmo porque eles eram caros, de textura grossa e secos; só no final dos anos 1970 é que passaram a vir lubrificados. O pesquisador norte-americano Alfred Kinsey conta que, para seu reúso, preservava-os embebidos em álcool. Em publicação de 1967, uma sexóloga sueca dá conselhos aos casais com vida sexual intensa, sobre a manutenção desse produto, os quais atualmente soam risíveis:

> As melhores marcas, porém, podem ser usadas quatro ou cinco vezes. Depois do uso, a camisa de vênus deve ser lavada com água e sabão por dentro e por fora, seca e inspecionada, o que se faz enchendo-a de ar. Por fim deve ser polvilhada com talco e enrolada da maneira que se encontrava ao ser comprada[329].

GAROTAS DE PROGRAMA

O empresário Ricardo Amaral, outro dos reis da noite, afirmou em entrevista à *Playboy*, em junho de 1983, que já decrescera muito a prática de o homem manter uma amante e montar casa para ela. Perguntado se notara mais relações extraconjugais do que na época em que começara a frequentar a noite, Amaral respondeu: "A sensação que eu tenho é que o número de relações extraconjugais diminuiu. Com a liberação, não total, mas bastante grande, as relações extraconjugais perderam a sensação do superproibido". E arrematou: "A amante como no passado está fora de moda".

Por que os homens vão em busca de uma garota de programa em vez de procurar um romance ou sustentar uma amante? Vanessa de Oliveira, uma ex-garota de programa, responde:

> Eles imaginam que ao contratarem uma garota de programa estarão evitando problemas. Isso porque garotas de programa não têm crises de ciúmes por causa das esposas, mas amantes têm. Garotas de programa não ligam para o telefone do cliente, mas amantes o fazem, e quase sempre em horários inconvenientes. Garotas de programa não contam a "conquista" do novo cliente para a cidade inteira, mas amantes adoram espalhar seu "sucesso" de conquista. Amantes podem ser um problema, garotas de programa são vistas quase sempre como uma solução[330].

Contratando uma profissional, os homens terão a praticidade e a comodidade do sexo rápido, sem perda de tempo. "Além de que, muitas vezes, uma profissional do sexo sai mais em conta, visto que não há custo extra com jantares, e o motel não necessariamente precisa ser de alto padrão", diz Vanessa. Mais ainda: os homens não precisam dar satisfação de sua vida amorosa a essas garotas e muito menos ficar conversando e perdendo tempo passando cantadas, tentando levá-las ao sexo.

> Existem homens que não têm vontade nem paciência para jogos de conquista e nem todos eles têm disponibilidade para ficar saindo em boates ou para ficar sentados em bares com o intuito de conquistar uma mulher, até mesmo porque 90% dos clientes são casados. Logo, a praticidade e a comodidade estão em primeiro lugar. Não se criam vínculos afetivos entre garota de programa e cliente, e quando isso acontece, o que é uma raridade, é porque ela saiu da condição de profissional e passou a ser amante dele[331].

Se a traição do marido com uma profissional do sexo for descoberta, provavelmente haverá discussão, mas isso é socialmente menos condenável do que uma amante. Amante significa, na visão da mulher, que ela foi preterida, o que mexe perigosamente com o ego feminino. Quando uma mulher descobre que seu marido saiu com uma garota de programa, a primeira coisa que ela pensa é: "Não vou desmanchar meu relacionamento por causa de uma 'biscate'; se fosse uma amante, tudo bem, mas por uma garota de programa?". Por seu lado, os homens geralmente não consideram traição a prática de sexo com uma garota de programa, mas, se o fizerem com uma amante, com vínculo afetivo portanto, sentem que estarão traindo a esposa ou a namorada.

Outra das indagações presentes em todos os tempos é saber por que certas mulheres partem para a prostituição. Nelson Rodrigues, como vimos, passou a procurar em prostitutas a candura de Sônia, a heroína de *Crime e castigo*: "Descobri nelas, mulheres sempre realizadas, todas sem neuroses, todas dizendo que outro trabalho é chato, que bom é aquilo mesmo". Como a maioria dos homens daquele tempo, ele também se perguntava: "Mas como é que ela está na vida?". E chegou ao exagero de dizer que ser prostituta "é uma vocação. Nasce-se prostituta como se nasce poeta, violinista, chofer de táxi".

O memorialista Dilamar Machado conta que, certa noite, quando tinha 19 ou 20 anos, seu grupo de amigos foi se distrair no cabaré. Pagava-se uma bebida para as mulheres da casa, sendo algumas delas amigas com quem trocavam confidências. Para Dilamar, conversa de puta sempre foi uma de suas distrações de jovem:

> Elas contavam sempre a mesma história, cujos ingredientes eram um pai bêbado, namorados que após a sedução as abandonavam ou maridos que as obrigavam a cair na vida. E todas tinham o mesmo sonho: encontrar um homem bom, trabalhador, que as tirasse daquele ambiente. E a conversa ia por aí, à base de cuba-libre com rum Merino Ouro e Coca-Cola[332].

Já na atualidade, parece haver outra versão para a escolha da profissão. Durante os quase cinco anos em que Vanessa foi garota de programa, conviveu com muitas dessas moças, tanto nas boates quanto nos anúncios de jornais, quando vendia seus préstimos junto com outras. No início da profissão, morava com cerca de quarenta garotas, dividindo quartos e, portanto, suas vidas também. Entre uma conversa e outra, sempre surgiam histórias comoventes do passado difícil e dos motivos pelos quais haviam chegado àquela atividade. Com base nos relatos de várias dessas garotas suas conhecidas, a autora pôde dizer, com certeza: é por necessidade que a grande maioria delas começa a se prostituir.

> Cerca de 90% delas viram a profissão do sexo em algum momento de suas vidas como uma tábua de salvação para um problema financeiro ou porque queriam sair de casa. Outra parcela, bem menor, torna-se garota de programa por um motivo simples, atingir pai, mãe e a sociedade. Elas têm problemas emocionais, necessidade de agredir as pessoas à sua volta, e no fundo acreditam que a profissão do sexo melhorará sua baixa autoestima, devido aos constantes elogios

masculinos que geralmente recebem no início, por serem em sua grande maioria jovens. Essas apenas precisariam de tratamento. Há uma menor parcela ainda, que é a formada pelas garotas de programa que gostam da profissão e que optaram por ela como um meio de vida, uma ocupação, assim como outra pessoa qualquer opta por medicina, advocacia, engenharia etc.[333]

Além disso, há ainda outro fator mencionado por Vanessa. Trata-se de curiosidade; e algumas acabam tendo a ousadia de experimentar a profissão do sexo como realização de uma fantasia, quase sempre por pouco tempo.

Quando se entra nessa profissão por necessidade, permanecer nela acaba sendo uma opção, depois de um tempo. A quase totalidade dessas garotas vem de um lar desestruturado. "Logo, não basta apenas precisar de dinheiro, não basta ter vivido um trauma na infância, há também por trás disso um desequilíbrio na família: pai alcoólatra, mãe viciada, violência doméstica, abuso sexual – e muitos desses desequilíbrios se manifestam desde a infância", afirma Vanessa de Oliveira.

Com a revolução sexual nos anos 1960, desapareceu a figura da prostituta como delinquente, o que facilitou a oferta de candidatas para a organização da prostituição. Atualmente, há redução bastante significativa do baixo meretrício, a ponto de quase estar desaparecendo nas grandes cidades. Os que existem são bastante profissionalizados e se localizam mais no centro e em alguns bairros, em casas e edifícios aparentemente utilizados só para moradia. Ao contrário das antigas casas, cujo endereço era um segredo que corria de boca em boca entre os homens, hoje elas anunciam na internet. Na verdade, está quase extinta, também, a era romântica, das conquistas, dos boleros e tangos das casas noturnas.

Na atualidade, ainda há boates destinadas às chamadas "prostitutas de luxo", em cujos estabelecimentos se oferecem música eletrônica e bebidas; neles, as "garotas", todas muito jovens, fazem *shows* e circulam pelas mesas dos clientes. Elas não mantêm nenhum vínculo contratual com a casa, o que livra o gerente da acusação de explorar o lenocínio, e os encontros são acertados nas boates para acontecerem em outros locais, geralmente em motéis. Ao sair, o cliente paga uma taxa chamada de "*couvert* artístico".

Apesar do alto preço dos programas, a vida da maioria dessas "garotas" não é nada fácil. Uma garota com menos sorte ou atrativos pode passar uma semana inteira ou mais sem fazer um único programa. Além disso, gastam muito com roupas e o cuidado com o corpo. Uma pesquisa realizada com as prostitutas de uma dessas boates da região da Savassi revelou o lado menos glamuroso da vida dessas meninas. A maioria se veste e se apresenta como se fosse de classe média, mas pertence a famílias pobres, que residem em bairros periféricos da cidade. Algumas iniciaram curso superior, mas poucas o concluíram, devido às dificuldades em conciliar a faculdade com o ritmo de vida da prostituição. Muitas têm filhos e nenhuma conta com a ajuda do pai da criança, aliás a figura mais ausente de suas vidas. E, ao contrário do que se imagina, poucas conseguem auferir um salário que mude sua condição de origem, dados os gastos que são obrigadas a fazer para conquistar seus clientes[334].

UMA NOVA ERA

O mercado do sexo vem passando por uma profunda transformação. Velhos prostíbulos e prostitutas de rua vão desaparecendo, dando lugar a novas formas tecnológicas de marcação de encontros íntimos, com reflexos até no emprego das palavras. Há *sites* na internet com fotos e notas atribuídas pelos clientes ao desempenho das garotas que atendem em hotel ou *flat*. Diante disso, o escritor Luis Fernando Verissimo comentou:

> Eu ainda sou do tempo do "randevu". Era como se chamavam os que seriam, tecnicamente, lugares para encontros – do francês *rendez-vous* – mas eram mesmo lupanares, casas de tolerância, prostíbulos. E só aí já são mais três termos que também envelheceram, se bem que nenhum tanto quanto "randevu".
>
> Todo o vocabulário do comércio do sexo envelheceu. Ele já tinha um tom meio antigo mesmo quando era corrente: meretrício, proxenetismo, rufianismo... Com o tempo e com a revolução sexual, as palavras ficaram obsoletas. As atividades a que se referem continuam, claro, mas seus nomes hoje soam como relíquias de outra época[335].

O local do aluguel do corpo teve que passar por uma linguagem mais aceitável, de modo a ter um ar de "família", de novidade, pureza e altivez. Sobre a história de um desses ninhos do amor gaúcho, frequentado por pessoas de bem, assim o definiu o escritor Josué Guimarães: "Ninguém mais chamava a sua casa de prostíbulo, nem de conventinho, lupanar, pensão, alcouce, nem bordel e nem serralho, mas simplesmente de *A Casa*. Se quiserem, *A Casa de Dona Anja*".

Agora, porém, estamos vivendo a era daquelas "garotas" que não necessariamente fazem "programa", como as chamadas *"escorts"*, isto é, as que aparentemente atuam apenas como "acompanhantes" de homens para ocasiões especiais, figurando em momentos como casamentos, ida a restaurantes ou a bares para comemorar fechamento de negócios etc.

Os antigos dicionários destacavam um grande número de sinônimos para a palavra prostituta; já os atuais, por falta de espaço e interesse, apenas definem o termo em poucas linhas. Enumeremos algumas palavras empregadas como sinônimo de prostituta: alcouceira, à-toa, bagaxa, biscate, cadela, catraia, china, cocote, dama da noite, decaída, fadista, janeleira, hetaira, horizontal, marafaia, marafona, mariposa, messalina, michê, mundana, mulher da vida, mulher pública, quenga, perdida, perva, piranha, pistoleira, prima, rameira, rapariga, vadia, vagabunda, vulgívaga, zabaneira.

Podemos captar a força do preconceito nas próprias palavras. Em pesquisa na Biblioteca Nacional do Rio de Janeiro, no final da década de 1970, a historiadora Margareth Rago encontrou a seguinte indicação no fichário: "amor livre – vide prostituição".

Ao contrário do ocorrido no passado, com as prostitutas estigmatizadas por religiosos, juristas e médicos ao longo de vários séculos, hoje elas surgem como "garotas de programa" que, em entrevistas, livros e em séries de TV, mostram como ganhar dinheiro com sexo nos moldes empresariais.

Na vida social, a respeitabilidade feminina estava ligada ao seu convívio recluso como dona de casa. A prostituta, chamada de "mulher pública", era aquela profissional "decaída", que "trabalhava fora". Habitava um universo que os moralistas consideravam "devasso" e "libertino", desfrutado pelos homens.

Trataremos, a seguir, da temática feminina no decorrer do século XX. Apesar de não estar em inferioridade numérica, ao longo da história a mulher sempre esteve em situação de subordinação (sexual) em relação ao segmento masculino dominante. Se os homens sempre foram pródigos em revelar suas vidas íntimas, o contrário ocorria com as mulheres. Daremos voz a algumas (poucas) delas que, com ou sem temor, se dispuseram a registrar suas venturas e desventuras sexuais.

MULHERES REVELAM SUAS INTIMIDADES

Na virada do século XIX para o XX, a ciência médica tinha prerrogativa para lutar contra os "desvios sexuais" – histerismo e ninfomania ganhavam atenção de um grupo de profissionais: médicos, pedagogos, higienistas e especialistas em sanitarismo. Com a finalidade de definir o que era normal e o que era patológico em termos de comportamento sexual, a sexologia tornou-se a nova ciência ligada à medicina e à psiquiatria.

Mulheres que se rebelavam contra valores morais estabelecidos, mesmo que escapassem de diagnósticos psiquiátricos, poderiam cair nas malhas dos juristas. Moldadas pelos preconceitos como seres naturalmente frágeis, passavam a ter como atributos sociais a sensibilidade e a passividade. A "missão" do homem seria protegê-las e restringi-las aos cuidados com o lar e os filhos. O jurista José Viveiros de Castro, em *A nova escola penal*, assim afirma:

> Encerrada na sua casa, no plácido sossego de seu lar, tratando da educação dos filhos, não tem ela como o homem tantas ocasiões que impelem para a prática do crime, as tentações de dinheiro, a sede desenfreada de luxo, as explosões do ódio e da vingança, enfim, o esforço desesperado da luta pela existência, porque na quase universalidade dos casos a mulher é sustentada pelo homem. É por isso que todas as vezes que a mulher é desviada de sua missão, tirada do santuário do lar para as agitações da vida pública, aumenta-se a criminalidade na estatística feminina[336].

Para o jurista, o aconchego do lar funcionava como uma espécie de "freio moral", possibilitando às mães disciplinarem os filhos para futuras gerações. No entanto, o autor desconsidera as mulheres pobres e trabalhadoras, boa parte delas chefes de famílias, que não se enquadram na imagem idealizada da honrada "rainha do lar".

O controle da sexualidade aparece para as mulheres, então, como questão que pode determinar seu destino social. Nas primeiras décadas do século XX não faltam exemplos a esse respeito. É o caso de Irma, branca, com 22 anos, oriunda de uma família estruturada de classe média, e que destoa do meio manicomial do Hospício do Juquery, em São Paulo, ocupado sobretudo por operárias. Segundo um psiquiatra daquela instituição, o quadro clínico da moça poderia ser classificado como "loucura moral", por ser "vaidosa, independente, voluntariosa, atrevida por vezes em suas expressões". Acrescenta, ainda, que ela "procura exibir as pernas o mais que pode quando sentada, realçar o contorno dos quadris quando anda" e que isso são "mostras cabais desta *coquetterie* doentia que motivou sua reclusão". Segundo o registro do médico, Irma defendeu-se argumentando não ser louca: "meu pai me pôs aqui porque eu gosto de dançar, de ir ao cinema com os 'pequenos'. Que mal há nisso?". Com rigor, o psiquiatra decidiu pela internação definitiva, mesmo reconhecendo que, para além do que ele chamou de "daltonismo moral", "não se tem constatado nada que afete a integridade de suas faculdades".

O controle da sexualidade incluía tanto as "loucas morais", como Irma, quanto as histéricas solteiras, levadas à loucura pela ausência de qualquer exercício "normal" relativo à missão de procriar, escreveu a historiadora Maria Clementina Pereira Cunha.

O significativo discurso revela concepções de medicina e de direito com ótica predominantemente masculina, que vê perigo iminente na mulher fora do lar. Na verdade, narrativas e práticas psiquiátricas e jurídicas em torno da mulher apontavam para o reforço de certos papéis e estereótipos sociais que garantiam a dominação de gênero e de classe.

Diante de tais interditos, é muito raro encontrar depoimentos de mulheres sobre sua intimidade sexual. Entre os homens, revelar a vida íntima, seja em biografias e livros de memórias, seja em entrevistas a publicações especializadas em sexo, torna-se quase uma obrigação, pois fazem questão de contar sua primeira vez e as suas conquistas amorosas ao longo da vida. À mulher, outrora mantida numa redoma, foi interditado o direito à palavra.

Quando a filósofa e escritora francesa Simone de Beauvoir (1908-1986) publicou *O segundo sexo*, em 1949, o conteúdo causou escândalo e recebeu críticas indignadas. Homens e também mulheres a acusaram de ser insatisfeita, frígida, priápica, ninfomaníaca, lésbica etc. O Vaticano incluiu o livro no Índex de obras proibidas. O escritor católico conservador François Mauriac (1885-1970) afirmou que, depois de ter lido o livro, "sua vagina [de Beauvoir] não tem segredos para mim", como destaca a biógrafa Hazel Rowley.

Veremos em seguida como foi a trajetória sexual de algumas mulheres que viveram nesse período em que a vida feminina era dominada pelas trevas.

A ATRIBULADA PAGU

Patrícia Galvão, conhecida como Pagu (1910-1962), é uma das principais personalidades femininas do século XX no Brasil. Participante do movimento antropofágico modernista, teve militância política e intelectual. Sua produção jornalística abrange quatro décadas.

Pagu confessa que era um pouco narcisista e até egocêntrica. Segundo a escritora Maria José Silveira, em *A jovem Pagu*, ela era também um tanto exibida, convencida, insatisfeita e complicada. Mas professava uma intransigente coerência consigo mesma e a vontade de se doar a alguma coisa maior, para não continuar "vivendo aquela vidinha de sempre".

Seu companheiro mais conhecido foi o modernista Oswald de Andrade (1890-1954). As escolhas amorosas do escritor também eram um indicativo de que ele valorizou mulheres combatentes que ousaram desafiar de diferentes maneiras a sociedade atrasada de seu tempo, exercendo a função de bailarina, pintora, militante ou estudante normalista. Entre essas mulheres, destaca-se a pintora Tarsila do Amaral (1886-1973), que encantava a todos.

Quando Oswald de Andrade se apaixonou por Pagu, começaram de imediato a trocar correspondência afetiva.

Em 1940, Pagu escreveu uma longa carta em que conta sua vida, sua militância política, suas prisões, seus amores, acertos e erros. O texto mostra Pagu nua, sem subterfúgios. Ela revela sua vida sexual, inclusive os altos e baixos do seu casamento com Oswald de Andrade, que deixou Tarsila do Amaral por ela. Narra sua militância política no Partido Comunista, iniciada pelas mãos de Luís Carlos Prestes, até seu desencantamento com o regime soviético. Tudo que fez na vida foi com paixão.

O livro *Paixão Pagu* é um depoimento-entrega a Geraldo Ferraz (1905-1979), escritor, jornalista e crítico que ela amou desde 1940 até a morte dela. Ali, Pagu revela a sua vida sexual precocemente iniciada. Vivia num constante estado de insatisfação e, por isso, em permanente procura de um ideal não definido. "O primeiro fato distintamente consciente da minha vida foi a entrega do meu corpo. Eu tinha doze anos incompletos." Sabia que realizava algo importante, mas, ao mesmo tempo, contra todos os princípios estabelecidos. Num determinado dia, deixou as aulas e foi se encontrar com o ator Olympio Guilherme, que a levaria a um campo de aviação. Quando chegaram, aconteceu o inesperado: "Fui possuída". Afirma não ter havido nenhuma violência por parte de Olympio, "nessa posse provocada por mim".

> Não tive precocidade sexual. Praticamente, só fui sexualmente desperta depois do nascimento de Rudá. E não foi por precocidade mental que entreguei meu corpo aos doze anos incompletos. Se existia revolta contra as coisas estabelecidas, eu nem pensava nisso. E, no entanto, sabia que agia contra todas as normas e duplamente, pois não era livre o homem que me possuiu. Tinha plena consciência de todas as consequências que eu poderia ser obrigada a enfrentar. E não havia amor na entrega. Tudo se passou sem o menor preparo[337].

É difícil dizer e saber o porquê de os fatos terem ocorrido dessa maneira. O amor, para Pagu, surgiu depois, numa crescente entrega; ela se lembra da sua submissão absoluta, "não ao homem", diz, mas ao amor clandestino. No entanto, sabia que Olympio não a amava. Tinha uma situação complicada, por ser casado, e não queria desfazer o casamento por razões morais. "Eu era uma criança. E só queria amar." Mais tarde vai dizer: "Eu sempre fui, sim, uma mulher-criança. Mas mulher".

Algum tempo depois, Pagu desconfiou estar grávida. Foi se encontrar com Olympio para lhe contar essa suspeita. Antes que ela dissesse alguma coisa, porém, ele lhe anunciou que estava partindo para os Estados Unidos. Ela se sentiu humilhada. Engoliu seu orgulho e não falou nada a Olympio, deixando-o partir. Em linguagem cifrada, em seu depoimento deixa entrever que abortou.

> Minha primeira paixão. Minhas primeiras lágrimas. As primeiras humilhações. Porque com o amor veio o gosto amargo da repulsa pelo sexual. A aversão pela cópula. Mas havia a satisfação da dádiva. Aos 14 anos, estava grávida. E quis agir. Quis sair de casa[338].

Posteriormente namorou um certo Euclides, com a aprovação dos pais, mas ele morreu precocemente de pneumonia. Depois, relacionou-se com Reis Júnior, que a conheceu quando foi visitar Guilherme de Almeida (1890-1969) na escola onde ela estudava. Com esse namoro, ficou mais amiga do escritor. E a partir daí, em 1929, conheceu o poeta Raul Bopp (1898-1984), o que mudaria sua vida.

Seu encontro com Raul Bopp impressionou-a e às demais pessoas. Bopp, encantado, dedicou alguns versos à jovem de 18 anos, cabelos castanhos, olhos verdes.

> Um dia, Bopp quis beijar-me. Percebi então que havia o sexo e repeli. Lembrei-me de uma frase que Cirilo me dissera num dia longínquo: "Quando você passa na rua, todos os homens te desejam. Você nunca despertará um sentimento puro". Bopp não insistiu[339].

Ao entrar em contato com a turma dos modernistas, já relativamente conhecidos, a normalista Patrícia Galvão tornou-se presença cotidiana na casa de Tarsila do Amaral e de Oswald de Andrade. Foi cercada de mimos nesses primeiros tempos de agitação em torno do movimento antropofágico, movimento literário e artístico ligado à revalorização da cultura brasileira primitiva.

Flávio de Carvalho (1899-1973) descreverá Pagu como "uma colegial que Tarsila e Oswald resolveram transformar em boneca. Vestiam-na, calçavam-na, penteavam-na, até que se tornasse uma santa flutuando nas nuvens".

CASAMENTO ABERTO

As relações entre Tarsila do Amaral e Oswald de Andrade não caminhavam bem e a vida conjugal deles começou a desabar. Brotava um romance, iniciado em 1929, entre a jovem Pagu, de 18 anos, que recém-completara a Escola Normal, e Oswald de Andrade, com 39 anos. A situação foi ficando cada vez mais delicada até que, no final daquele ano, Pagu comunicou a Oswald que estava grávida dele. Conversando um dia com Oswald e Tarsila, falou-lhes sobre a necessidade de sair de casa e eles prometeram auxiliá-la. A situação era complicada por ela não ter maioridade civil, obtida apenas aos 21 anos. Para encobrir as aparências e por saber que era o pai da criança, Oswald lançou mão de uma estratégia inusitada: arranjou o falso casamento de Pagu com seu amigo Waldemar Belisário do Amaral, primo de Tarsila. Escolhido para se fingir de noivo de Pagu, Waldemar foi à casa dela e agiu como um cavalheiro, convencendo seus pais a aceitarem o matrimônio.

Conforme acordo estabelecido com Belisário do Amaral, os recém-casados iriam para Santos a pretexto de uma viagem de lua de mel a Paris. Tarsila e Oswald eram os padrinhos. Mas Patrícia fugiu com Oswald de Andrade. O término do casamento de Oswald e Tarsila também pôs fim para ambos a uma década de vida mundana. Os novos acontecimentos provocaram escândalo. A família de Pagu ficou desnorteada. Os amigos se dividiram. Na outra ponta do drama, um duro golpe para Tarsila, traída pelo marido e pela quase filha. Oswald fez um de seus poemas-piada:

> Se o lar de Tarsila
> vacila
> é pelo angu
> de Pagu
> Oswald errou,
> Tarsila castigou[340].

Anulado o casamento com Belisário, Patrícia encontrou-se com Oswald no Rio de Janeiro. Pagu, então com 19 anos, conta que, depois de possuí-la, o escritor a trouxe para São Paulo.

> Não era a primeira vez que Oswald tinha meu corpo. Essa entrega tinha sido feita muito antes, num dia imbecil, muito sem importância, sem o menor prazer ou emoção. Eu não amava Oswald. Só afinidades destrutivas nos ligavam. Havia, sim, um preconceito oposto aos estabelecidos. E, para não dar importância ao ato sexual, entreguei-me com indiferença, talvez um pouco amarga[341].

Pouco tempo depois, em janeiro de 1930, Oswald tornou pública sua união. O casal realizou uma cerimônia íntima numa igrejinha da Penha e outra no cemitério da Consolação, junto ao túmulo da família Andrade, selando, nas palavras de Oswald, "o romance da época anarquista". O escritor queria que a união deles fosse livre, sem hipocrisias, sem compromisso.

Na véspera do casamento, Pagu foi à Penha encontrar Oswald. Deslumbrada e emocionada por seus sentimentos novos, quase amor, Pagu foi pega de surpresa. O escritor a aguardava num hotel mas

> Oswald estava com uma mulher. Mandou-me entrar. Apresentou-me a ela como sua noiva. Falou de nosso casamento no dia imediato. Uma noiva moderna e liberal capaz de compreender e aceitar a liberdade sexual. Eu aceitei, mas não compreendi[342].

No começo, Pagu levou um choque, mas decidiu fingir que compreendia. Estava grávida. Não era fácil, porém, aceitar os casos extraconjugais de Oswald. Mesmo sofrendo, agradeceu-lhe pela "brutalidade da franqueza". Ela sabia que o escritor não a amava. Ele admirava sua inquietude e coragem. "Procurava em mim o que outras mulheres não possuíam." Mais tarde, conta que, numa ocasião em que estava terminando de datilografar um artigo de Oswald, ele lhe falou que tinha marcado um encontro com uma tal de Lélia. "É uma aventura que me interessa. Quero ver se a garota é virgem. Apenas curiosidade sexual." Oswald contou-lhe isso como se ela fosse um seu companheiro, no início de uma aventura. Pagu ocultou o tremendo choque que essas palavras produziram, pois tinham decidido que a vida deles seria pautada pela liberdade absoluta.

Oswald continuava vivendo e relatando novas conquistas. "Muitas vezes fui obrigada a auxiliá-lo, para evitar complicações até com a polícia de costumes." Dizia sofrer com isso, mas fazia parte do pacto estabelecido. O que movia o escritor não era apenas desejo sexual, e sim esnobismo e um espírito "casanovista", que valorizava a quantidade de conquistas.

Como Pagu menciona, só sentiu o amadurecimento sexual depois do nascimento de seu filho. Sentiu "que se podia conseguir mais do ato sexual". Mas a grande plenitude, apenas suscitada nessa época, logo foi dissolvida na dor de mais uma, senão a maior, decepção que Oswald a fez sofrer. Num hotel em Campinas, ao procurar Oswald, ocorreu um episódio um tanto nebuloso em que ela o repeliu com repulsa.

> Mas, quando todos os meus nervos, que só conheciam a oferta, começaram a procurar, quando toda a extensão começou a se fazer pequena para minha sensibilidade, surgiu a chicotada brutal, ferindo mortalmente os meus sentimentos afetivos. Todo o respeito por esses sentimentos desapareceu diante do que me pareceu imundície, jogada por Oswald naquele momento definitivo. Ele nada compreendeu do que significava para mim o descobrimento sexual que meu filho trouxera, nem das reações. [...] Oswald mostrou-se demais. E tive-lhe nojo. Nojo e ódio pela decepção que me feria. Senti o ato sexual repousado numa repugnância eterna. Nunca mais poderia suportar Oswald e julguei nunca mais poder suportar contato masculino[343].

Ante seu desejo, Oswald propusera a "chicotada brutal", isto é, insinuou um erótico *ménage à trois* com o empregadinho do hotel. Com lágrimas de dor, Pagu sentiu ódio, revolta e humilhação.

A vida continuou e ela passou a se devotar ao lar e ao filho, ainda bebê, que não lhe dava nenhum trabalho. Já Oswald tinha uma militância de escândalo e libertinagem, inclusive esforçando-se na "conquista de Maria, uma empregadinha bonita que ajudava a governanta".

O escritor nunca mentiu para Pagu. Essa honestidade, essa lealdade na vida a dois, explicava a aliança que a prendeu tanto tempo a ele e até a fez admirar a franqueza dele. Fizeram juras para que houvesse uma aproximação maior entre o casal. Mas foi tudo em vão:

> Oswald variava tanto as suas aventuras sexuais que me repugnava qualquer ligação física com ele. Pensava em doenças venéreas, que ele poderia encontrar em qualquer canto. Sentia repulsa por qualquer carinho que dele me viesse. Oswald percebia a minha aversão por qualquer demonstração sexual e não insistia muito. Não precisava de mim para isso e sabia que nenhum homem me interessava[344].

O casal ainda tinha momentos agradáveis de união intelectual, e ela conservava um afetuoso reconhecimento pelo homem que considerava seu melhor amigo. Além disso, era ele o pai de seu filho, que ambos adoravam. Pagu dirá que "Oswald não era pior do que os outros", apenas exibia uma vaidade defensiva. Atirava-se às fêmeas como forma de manter acesa uma virilidade em que ele não acreditava. "Oswald não se interessava por mulher, mas por deslumbrar mulheres." Essa atitude de Don Juan indicava, aos olhos de Pagu, uma faceta infantil que chegava a provocar nela complacência e até mesmo ternura.

MILITÂNCIA EM TEMPO INTEGRAL

Em dezembro de 1930, Pagu embarcou para Buenos Aires, levando uma carta para Luís Carlos Prestes. Em contato com intelectuais, detestou aqueles encontros literários com enfadonhas polêmicas vazias, com fartas demonstrações exibicionistas de inteligência. "As mesmas comédias sexuais" também eram percebidas por ela. Na volta da Argentina, Pagu filiou-se ao Partido Comunista Brasileiro.

O ano de 1931 trouxe novos problemas para o casal. Houve uma turbulenta operação contra o jornal de Oswald, *O homem do povo*, que quase foi empastelado. Pagu foi presa na cidade de Santos quando participava de uma manifestação política realizada pelos estivadores. Tornou-se a primeira mulher a ser presa no país por motivos políticos. (Durante a vida, totalizará 23 prisões, algumas com bárbaras torturas.) O Partido Comunista, que passava por uma fase de grande sectarismo e não via com bons olhos os intelectuais, não a apoiou. Um documento do Partido a considerou uma "agitadora individual, sensacionalista e inexperiente", questionando sua dedicação à causa operária.

Em 1933, publicou seu romance proletário *Parque industrial*, com o pseudônimo de Mara Lobo. O Partido exigiu que o nome da autora não aparecesse, por não querer que, identificada como militante, fossem atribuídas à organização política ideias das quais o Comitê Central discordava, tanto por seu estilo moderno demais quanto pelas narrativas de sexo.

Atarefada pela militância política, Pagu amargurava-se por ser obrigada a viver longe do filho, ainda que lhe restasse o êxtase da total entrega à causa proletária. Resolveu espontânea e violentamente vincular-se sectariamente ao marxismo e à luta de classes, à libertação dos trabalhadores. Mas foi colecionando decepções até com os companheiros de luta. Certa vez, o militante Ramon a procurou com a finalidade de uma "cantada":

> Entrou no meu quartinho à procura de carne. Como era revoltante e ridículo ao despir a capa comunista. Que nojo ao vê-lo atirar-se à minha procura com a vulgaridade brutal e desastrada que já conhecia nos homens de outras classes sociais![345]

Em 1932, afastando-se de Oswald e do filho, a serviço do Partido, foi morar no Rio de Janeiro, levando uma vida proletária. Morando numa pensão na rua da Lapa, sentia-se feliz por estar reunida a um grupo de rapazes e moças, uma união solidária que ela sonhava poder expandir no dia "em que a questão sexual não entravasse a comunicação e o sentimento afetivo".

Depois de Oswald, com quem foi casada de 1930 a 1934, deixou de pensar seriamente em outro homem. No entanto, surgiu o amigo pessoal e companheiro de Partido, Emydio Miranda, que ela inicialmente considerava adorável, embora a rudeza militante também se fizesse presente nele:

> Os meus lábios já estavam tomados. Sim, Emydio me beijara e me deliciava com isto. Depois, teve uma frase brutal. Se não fosse essa frase talvez tudo se passasse de forma diferente. Mas aquelas palavras demasiado vulgares, íntimas e estranhas me repugnaram. Muita bestialidade para um início. Consegui me desvencilhar[346].

Mesmo satisfeita por não ter cedido completamente, sentiu-se envergonhada por se render ao prazer do beijo, embora não tenha se arrependido da oportunidade. Mas as palavras brutais de Emydio se igualaram ao que ela ouvira de Oswald e despertaram nela a mesma repugnância que sentira pelo ex-marido. Ela concluía: "Nunca amarei outro homem. Nunca desejarei outro homem".

Quanto ao Partido, Pagu foi convocada para se integrar ao "serviço secreto", e sua missão era conseguir informações usando métodos pouco ortodoxos. Diante da dificuldade de espionar um membro do Partido Comunista, o agente mencionou que "na cama, ele dirá tudo". Ficou indignada pela situação ridícula, se não cômica, e pela exigência excessiva de que ela própria, seu corpo, fosse doado à causa revolucionária. "Eu não sou prostituta." Que dessem a ela até mesmo a missão de matar alguém para salvar a vida de um revolucionário, mas não aquela. Depois de se escandalizar, porém, acabou capitulando, amargurada:

> E me entreguei. Sim, me entreguei não como uma prostituta que comercializa pela primeira vez. Com muito maior consciência da sujeira, da podridão, e sem nenhuma vergonha mais. Deixou-me também daí a pouco, como se deixa uma meretriz, com certeza, com o mesmo nojo dos fregueses de bordel[347].

Diante de tantas decepções, Pagu resolveu deixar o país, o que representou também o fim definitivo da ligação entre ela e Oswald, que continuava militando. Antes, ela passara por Belém, onde, num cinema, um padre que a acompanhava tentou agarrá-la. Por ser mulher militante, liberada para a época, ela representava um fetiche para os homens. Após os episódios decepcionantes, embarcou, amargurada, para conhecer a tão desejada Rússia, em dezembro de 1933.

Vivia de decepção em decepção, sem saber o que procurar ou o que encontrar. A tudo repelia. Desiludia-se com os intelectuais revolucionários. "Houve momentos em que maldisse minha situação de fêmea para os farejadores. Se fosse homem, talvez pudesse andar mais tranquila pelas ruas." E, mesmo abstinente, não tentou "aventuras sexuais para o meu sexo adormecido". Considerava insuportáveis os assédios de que fora vítima em todos os países por onde passara.

> Como dão importância em toda parte à vida sexual! Parece que no mundo há mais sexo que homens... Aliás, há tanta puerilidade, tanta mediocridade dentro do assunto, quero dizer, o modo como é encarado o assunto pela humanidade, que quase é eliminada a indignação. Eu sempre fui vista como um sexo. E me habituei a ser vista assim[348].

Apesar de enviar a Oswald notícias da China, da União Soviética e de Paris, cada qual seguia seu destino. Pagu permaneceria fora do país até o final de 1935. Em Paris, conheceu os surrealistas, participou de manifestações políticas e foi presa três vezes.

Por fim, em 1935, retornou ao Brasil. Geraldo Ferraz, jornalista, crítico de artes plásticas e escritor, seu amigo e apaixonado de vários anos, "fica cuidando dela", como ele disse. Vão morar em Santos, onde têm um filho. Em 12 de dezembro de 1962, Pagu morreu de câncer, aos 52 anos.

ROMPENDO COM A MESMICE

Outra jovem, nascida no ano de 1930, também viveu muitos infortúnios determinados por seu não conformismo com o estatuto feminino. Ignez Baptistella, originária de um ambiente rural e retrógrado, casou-se em 1950 com um homem de espírito conservador. De início, ela reprimiu a vocação libertária, mas encontrou saída na decisão extrema de abandonar o casamento para fugir de um universo de mentalidades estreitas. Aos 49 anos, com seis filhos criados, rompeu com a mesmice da vida de uma dona de casa morando numa fazenda. Sua atitude surpreendeu a cidade paulista de Araras: como uma mulher bem casada podia se desfazer de uma vida bem-sucedida, afastando-se das normas vigentes?

A vida de Ignez tem algo da inquietação das personagens Anna Karenina, do livro homônimo de Tolstói; ou Emma, de *Madame Bovary*, de Flaubert; e Thérèse Desqueyroux, do romance homônimo de Mauriac. Segundo o psicanalista Contardo Calligaris,

> trata-se de três mulheres infelizes com o marido, que é provedor, fiel, gentil e insosso. [...] três histórias de insatisfação feminina. Ou seja, com a descoberta de que as mulheres têm sonhos e devaneios que vão além de um marido

devoto, de uma família e de uma vida ao abrigo da necessidade – em outras palavras, com a descoberta de que existe um desejo feminino[349].

Ignez Baptistella afirma ter tido um excelente namorado, um ótimo pai de família, mas um péssimo marido. Cedo constatou que apenas a maternidade não a fazia feliz.

Na fase juvenil, a mãe soube, através de uma empregada que bisbilhotava seu diário, que a jovem havia sido beijada na boca por seu noivo, por quem estava apaixonada. Ignez relata a reação de sua mãe: "ficou uma fera, queria que eu confessasse o crime, mas eu não entendia o motivo de todo aquele alvoroço". Tal beijo, conta Ignez, "ocorreu debaixo de um florido pé de ipê". Para ela, isso não poderia ser algo tão imoral e jamais lhe passara pela cabeça que havia pecado.

Sua mãe quis levá-la ao médico para saber se ela "tinha sido abusada". Acabou não indo, mas teve que se submeter aos ditames de um padre na igreja de Cascalho, "famoso em tirar espírito mau do corpo das pessoas".

Passadas essas escaramuças, com 19 anos casou-se com esse seu primeiro e único namorado. A noite de núpcias não foi agradável; já de início, achou o corpo de um homem nu, com pelos, muito feio.

> Fizemos amor, não, fizemos sexo pela primeira vez. Eu era virgem. Doeu muito, sangrou, chorei, não gostei, estava decepcionada. Sem nenhum carinho, minutos depois Francisco dormia. Então a relação era isso? Só isso? Acabou assim? Quando o homem atinge o prazer ele imediatamente vai até o banheiro e pronto. Fiquei décadas com o som da descarga na lembrança. Não teve abraço, nem beijo de boa noite, nem uma carícia. Tomei outro banho, o terceiro no mesmo dia. Acredito que essa foi a mais longa noite da minha vida. Queria tanto ser abraçada, beijada e protegida. Olhava meu marido dormindo e não entendia como poderia ser feliz assim. Tinha de me conformar. Vai ver era assim mesmo. Que raio de experiência eu tinha: Só tinha os meus sonhos[350].

Depois de casada, Ignez foi morar numa fazenda. Logo constatou que sua vida estava circunscrita aos limites da porteira. Seu mundo acabava ali. No interior do quarto, sua limitação era ainda maior. "Quando íamos para a cama não permitia que tocasse nele, dizia que fazer sexo não era como o arroz e feijão que comíamos todos os dias. Raios! Eu não queria sexo. Eu chorava por um aconchego, mas virava para a beira da cama quase caindo e rezava sem saber o que pedir, apenas rezava."

Depois do crescimento dos filhos, seis ao todo, o casal mudou de residência. Mas houve outra mudança significativa: passaram a dormir em quartos separados por um corredor. "Talvez por essa razão nunca me senti uma mulher casada. Nunca acordamos juntos, ele me levava para o quarto dele quando precisava de mim, depois eu voltava para o meu quarto sabendo que seria sempre assim, e eu aceitava. Sem saber como, aceitava."

Quando tomou a decisão de se separar, foi aquela confusão. Todos passaram a vê-la como louca, e ela começou a acreditar nisso, adotando essa palavra para definir sua conduta. O padre foi novamente consultado, e seu veredicto sobre o comportamento arredio foi: "idade da menopausa".

Diante da pressão de todos, pediu para se internar numa clínica psiquiátrica como forma de passar tudo a limpo. "No mínimo, pensava, vou me conhecer melhor", podendo falar com um profissional que a ouvisse sem medo e sem constrangimento. Para sua sorte, dados os preconceitos da época, em duas semanas o psiquiatra a convenceu que não havia nada de anormal em seu comportamento.

Ignez, então, levou adiante seu sonho de conhecer o mundo viajando. Quanto ao prazer sexual, constatou: "Só vim a saber que fazer amor não é só isso muitos e muitos anos depois", quando conviveu com outro namorado, que conhecera fora do Brasil.

Por fim, Ignez viajou, ora acompanhada, ora sozinha, indo para diversos países e realizando um de seus sonhos, além do prazer da descoberta sexual.

> Sentir orgasmo era coisa de prostituta, só o homem podia. Não sabia que era tão vital para a vida como comer, beber e dormir. Daniel havia me despertado para o amor físico. Foi um erro ter casado virgem; é preciso saber como será o sexo com o homem que se ama antes do casamento[351].

VOU USÁ-LA

Espelho de Vênus, do Grupo Ceres (composto por Branca Moreira Alves, Jacqueline Pitanguy, Leila Linhares Barsted, Mariska Ribeiro e Sandra Boschi), formado em 1974, relata o trabalho com mulheres. Nele se constata que poucas tinham consciência de sua força. Muitas se deixavam levar pelas expectativas sociais que as definiam a partir de sua fragilidade. Na fala da mulher, encontra-se a fala do oprimido. Na relação de poder entre os sexos, ela adota o discurso masculino; por meio dele descreve a si mesma, atribui suas características e se avalia.

Nos relatos, colhidos em 1978 e 1979, constata-se a extrema importância que assume a virgindade, espécie de selo de garantia, controle de qualidade, ou precioso lacre que autentica e referenda o valor da mulher como mercadoria.

A identidade feminina, assim, acaba sendo moldada pelo fato de ela não conhecer seu próprio corpo, sua sexualidade, embora isso constitua parte do conjunto de características que a define. A falta de acesso à informação e o desconhecimento presentes nos diferentes ciclos da vida da mulher, como a menstruação e o defloramento, terão incidência mais acentuada em seu prazer sexual.

Um exemplo eloquente desse desconhecimento se refere à manutenção das crenças femininas sobre a menstruação e também aos ensinamentos sobre o tema, dados pela mãe e por parentes próximas: quem estava menstruada não podia tomar gelado, banho frio, lavar a cabeça, não podia comer ovo ou repolho, nem andar com os pés descalços. Ao ficar menstruada, a entrevistada Cleonice relata: "a minha mãe disse que, se passasse embaixo do pé de limão, morria, né? E eu tinha vontade de morrer. Aí fui pra debaixo do pé de limão e também não morri".

Outra depoente, de nome Anita, conta que, quando abraçava e beijava seu namorado, sentia algo volumoso na região do membro masculino, o que a fazia acreditar "que ele tinha alguma doença":

> Naquela época se usavam aquelas calças largas e cuecas largas também, então o negócio ficava realmente assim estranho. Eu levei tanto susto, mas tanto susto, sabe? Porque eu realmente não sabia que a coisa era assim. Eu tinha uns 15 anos naquela época. Até que eu falei pra uma amiga minha, então ela morreu de rir, né? Todo mundo ria de mim, debochava de mim, né?[352].

Até algumas décadas atrás, os adolescentes em geral eram educados numa ignorância completa com relação à natureza sexual do próprio corpo. Apesar de já ter tido algumas relações sexuais com rapazes, Sônia continuava a se mostrar tímida, devido à falta de informações básicas:

> A gente ia pra cama, mesmo, mas eu ia de calcinha, eu não conseguia tirar a calcinha de jeito nenhum (risada) porque eu morria de vergonha (risada). [...] Ele tirava a roupa, mas eu não conseguia olhar pra baixo, me dava vergonha (risada), entendeu? Era uma loucura. Então era só uma coisa de sensação. Eu não tinha coragem, até que um dia eu tomei coragem e falei: "Eu quero olhar como é que é!". Mas isso inclusive só resolvi, de olhar, de como é mesmo, na minha última relação, é que eu consegui fazer um exame, exatamente assim tipo exame realmente[353].

Percebe-se nas entrevistas que o homem era descrito frequentemente como autor, responsável e executor, desde os primeiros sinais de sexualidade da mulher até o defloramento e a obtenção do prazer. A mulher, na maioria das vezes, evitava tomar iniciativa de assumir o próprio desejo.

Nesse sentido é eloquente o relato de Chiquinha, originária do interior do Rio, 55 anos. Ela teve sete filhos, mas perdeu cinco. Casou-se três vezes com maridos operários. Na época da entrevista, 1979-1980, trabalhava como doméstica. Casou-se aos 25 anos, no início da década de 1950. Ficou alegre porque na noite de núpcias não aconteceu nada e concluiu "que o casamento não era ruim". Ficou toda contente ao pensar que viver a dois era aquilo mesmo. "E você acredita que eu não sabia que o negócio era assim, sabe?"

No dia seguinte, a sogra, prevendo que o casamento teria de ser consumado, foi dormir fora, na casa de parentes. O marido chamou-a para o quarto: "Foi mesmo de uma vez só. Aquilo parece que me estourou tudo. Eu dei um grito muito grande mesmo. Gritei mesmo. Gritando e ele tampando a minha boca", pois as paredes eram finas. Ele ficou o resto da tarde em cima dela. Descansava e voltava. Jantou, voltou novamente a procurá-la, e ela morria de medo dele. "E eu gritava, eu chorava, eu pensava... eu vi uma porção de estrela... mas ele falou comigo que era aquilo mesmo." Naquele momento passou a acreditar que o defloramento ocorria sempre daquela maneira. "Quando eu me limpava assim, tava aquela porção de sangue, né?" No dia seguinte, "fiquei toda inchada, aquelas partes inchadas" e, ao não conseguir se levantar, sua sogra deu-lhe um banho na cama. Teve febre, ardor, vômito e nojo. Quando foi ao médico, ele mandou seu marido procurá-lo sem falta. "E eu andando devagarzinho. Andava e parava. Ficava com vergonha de andar com a perna aberta" e acreditava que "todo mundo tava sabendo". No consultório, ao lado do marido, conta que compreendeu:

> Aí é que eu comecei a entender o que ele estava falando. "Não, você não quer mulher, porque você quer mulher pra um dia só. Você casou com uma menina." "Mas, doutor, ela não é muito nova não, doutor, ela já tá com 25 anos" e ele disse: "Não, senhor, não importa a idade." É ignorância, a senhora não acha ignorância?". "Ah, doutor, mas ela não é tão novinha assim não. Ela tá com 25 anos." Aí o médico explicou tudinho, fez medida, mediu ele. "Sabe, você não era nem pra se casar com uma moça do tamanho dela, da altura dela. Você estragou ela." Passou-lhe um sabão. E eu agora é que fui entender[354].

Seu marido media 1,93 metro de altura. "Aí é que ele foi fazer como é que o médico mandou. É devagarzinho." Em seguida, recebeu lavagem e levou pontos. Com esse homem teve um filho atrás do outro, e perdeu vários. Mais ainda, "eu apanhava gravidez, ele ia embora". Só voltava depois que o filho nascia. Ela disse ter sentido prazer com o segundo marido, um velho bonzinho, carinhoso, que morreu. Com o terceiro, a rudeza foi igual à do primeiro.

Maria Antônia, doméstica, migrante nordestina, 53 anos, sem filhos, também deu seu depoimento ao grupo Ceres. Casara por volta de 1960, com 33 anos. O marido nunca a procurou para ter relações sexuais com carinho. Só o fez no dia em que casaram. Depois, não; apenas brutalidade e ignorância. "Eu casei, eu é que mando", dizia.

> Mas que eu não ficasse pensando que ele estava me procurando porque não tinha outras. Outra hora ele chegava da rua e dizia que: "O melhor deixei lá embaixo, agora você fica com o resto". Ai que raiva! Então a gente vai ter prazer? Então, muitas das vezes eu aceitava, eu tinha que aceitar pra não fazer escândalo dentro de casa, mas então, eu se tivesse de gozar, eu não podia. Não podia. Não, de jeito nenhum. E muitas vezes ele fazia, a gente estava tendo relação, se ele percebesse que eu ia, ele dizia: "Aqui não. Nesse aqui não"[355].

Sem qualquer possibilidade de se sustentar financeiramente por conta própria, Maria Antônia acabou ficando com esse homem. Não teve filhos devido às pancadas nos rins que o marido lhe dava. Adotou um filho e continuou morando com o marido brutal.

IMPOSSÍVEL NÃO AMAR

Ao contrário das narrativas anteriores de mulheres infelizes no tocante à sexualidade, houve um ínfimo número delas que rompeu as barreiras morais então vigentes. Por isso, é importante lembrar algumas dessas mulheres excepcionais.

Segundo Luis Fernando Verissimo, a excentricidade e o charme da jornalista Gilda Marinho (1900-1984) estavam em continuar a ser, sem concessões, uma representante exemplar da antiga Porto Alegre que já não existe. Ela era, "ao mesmo tempo, a grã-fina levada quase à paródia nos seus parâmetros e nos seus gostos, e a personificação, com a sua inteligência e bom humor, da irreverência diante da pretensão social e da besteira". Por pura vaidade, recusou-se a envelhecer para não trair a imagem que se esperava dela, para não ser infiel a seu tipo.

Numa época de costumes provincianos, é possível imaginar o que enfrentou Gilda Marinho com sua liberdade sexual, além de suas roupas extravagantes, sapatos coloridos e exóticos óculos de cores berrantes, causando espanto na rua da Praia, em Porto Alegre. Isso sem falar das longas piteiras de formatos e cores variadas que ela carregava aonde quer que fosse. Gilda foi uma mulher de vanguarda, com pensamentos, atitudes e filosofia de vida muitos anos à frente de seu tempo.

Segundo seu biógrafo Juarez Porto, há que lembrar as histórias sobre essa mulher que, já nos anos 1940, foi responsável por uma série de episódios que rompiam com o estereótipo do modelo de feminino frequentemente divulgado na época.

Tornou-se a musa da boêmia porto-alegrense. Cativante, irreverente, bem-humorada, polêmica, lançou modas e, segundo diziam, desafiou os costumes conservadores. A lista das profissões dela era enorme, num tempo em que as mulheres tinham como único destino ser donas de casa. Foi professora de piano, vendedora de seguros, cronista, tradutora, bibliotecária, funcionária pública e editora de uma enciclopédia culinária. Salvo alguns períodos de bonança, Gilda estava sempre com problemas financeiros.

Há inúmeras histórias sobre ela, todas tidas como verdadeiras, como é comum com quem se tornou lenda. Por volta de 1937, falou-se que saíra nua das águas do rio Guaíba para atender a um pedido do apaixonado militar Flores da Cunha.

Na livraria e editora Globo, Gilda conheceu o então jovem poeta Mário Quintana (1906-1994), com quem manteve grande amizade. Quintana encantava-se com essa mulher declamando seus poemas, muitas vezes escritos às pressas em sua mesa de revisor. E divagava ouvindo-a declamar os franceses malditos ou Fernando Pessoa. Quando indagado se tivera um caso amoroso com ela, respondeu: "A intimidade a gente guarda para si, não conta para os outros nem para os ventos". Mas o poeta admitia sem rodeios: "Foi uma mulher extraordinária, era impossível não amar Gilda; ela era a alegria, o coração pulsante da Globo".

Dela se disse tudo, até que lutara para que a Gestapo não matasse Olga Benário (1908-1942), a mulher de Luís Carlos Prestes.

O biógrafo Juarez Porto conta que "no final da década de 1940, Gilda era uma mulher amatronada, já sem as formas delicadas que encantaram tantos homens. Nem por isso diminuía o rol de suas paixões e dos que disputavam o privilégio de compartilharem de sua cama". Muitos, naturalmente, escandalizavam-se com seu comportamento libertário, porém compreendiam que ali estava uma mulher diferente, não uma vulgar caçadora de maridos alheios ou sedutora de incautos estudantes. Seu vigoroso caráter, sua energia e a convicção de suas ideias dissipavam os comentários depreciativos.

> Tornaram-se legendárias na cidade, verídicos ou não, as aptidões e o fôlego sexual de Gilda mesmo em idade mais avançada. Consta que participava de bacanais nos navios que atracavam no porto, ou em orgias em vivendas para os lados da Zona Sul. Em muitas delas era a única mulher para três ou quatro homens. E até pederastas. E dizia aos mais chegados como grande conhecedora:

– Não há nada mais excitante do que conseguir que um pederasta penetre uma mulher.

Possuía vários deles no rol das suas amizades mais fiéis.

É inegável que foi libidinosa, voraz em relação aos homens ao longo de quase toda a vida, não conhecendo limites para suas *performances* sexuais. Há quem diga que entre 1930 e 1960 nenhum ricaço ou remediado da cidade com mais de dezoito anos foi capaz de passar por ela e escapar das suas pernas[356].

Naturalmente há certo exagero nisso, afirma Juarez Porto, porém não é possível refutar, segundo ele, que a lista de seus amantes incluía algumas dezenas de nomes bastante conhecidos nas colunas sociais de outrora. Como uma de suas últimas peripécias, "ela sacolejava seu corpo nas pistas de boates enquanto tinha forças ou era vencida pela vodca". Ao amanhecer, a boate fechando, lá estava Gilda, tranquila, dormindo no chão atrás de um sofá.

FORA DA NORMA
A atriz carioca Norma Bengell (1935-2013) conta em sua autobiografia que também se identificava com Pagu. Afirmou serem ambas "de gerações diferentes, mas, num país conservador, as histórias se cruzam".

Sobre sua vida, Norma relata sem pudores casos com famosos, abortos e perseguição pela ditadura. Foi presa por ter abrigado em casa e ajudado financeiramente militantes perseguidos pelos militares. Atuou em 64 filmes. Teve amores intensos, sofreu violência, viveu momentos de fama e de dinheiro seguidos por outros de desemprego e ruína financeira.

Em 1962, dois filmes abriram as portas para ela: *Os cafajestes*, de Ruy Guerra, no qual fez a primeira cena de nu frontal do cinema brasileiro, e *O pagador de promessas*, de Anselmo Duarte, que venceu o festival de Cannes e em que atuou como uma prostituta. Em todos os lugares por onde passou, colecionou amantes famosos. Amou, usou e abusou dos homens, assim como eles fizeram com ela. Várias de suas peças foram censuradas. Sem trabalho e sem dinheiro, passou alguns anos na França. Com naturalidade e sem culpa, conta seus abortos e casos homossexuais.

Para alguns, era a "criadora de problema" e, para a repressão, era o bode expiatório ideal. Como ela mesma diz: "Já fui chamada de louca, puta, lésbica, amoral, guerrilheira, comunista, e sobrevivi". A seu ver, os repressores não davam atenção a "uma vedete de teatro rebolado, a gostosa liberta, que trepava com quem bem entendesse".

Bengell, identificando-se com Pagu, não obstante as duas décadas e meia de diferença cronológica entre elas, produziu e dirigiu um filme sobre sua vida. Assim como Pagu, Bengell conheceu precocemente o sexo. Era curiosa nesse assunto. Chegou a ouvir gemidos dos pais transando no quarto e surpreendeu a tia, no corredor, com um "homem com a boca em seus seios, como um bebê mamando".

Aos dez anos, conta que, numa brincadeira com o pai, "sentiu desejo". Ele percebeu e logo encerrou a diversão. Ainda menina, flagrou a empregada "transando com o garrafeiro". Quase foi molestada pelo padrinho ao lhe mostrar o ombro queimado de sol. Ele a deitou na cama para averiguar se tinha queimado as pernas. Em seguida, "vi seu membro teso dentro das calças e meu coração disparou pela boca". Deu-lhe um empurrão e saiu correndo. A tia não acreditou no relato, mas seu pai, quando soube, queria matar o compadre. Ao longo da vida, teve muitos pretendentes. Ricos e pobres, bonitos e feios: "Mas eu sentia atração mesmo era pelos rapazes infelizes, desequilibrados, com problemas familiares e emocionais. Aí era identificação plena e imediata".

Perdeu a virgindade aos 17 anos, com seu segundo namorado. Conheceu-o por uma foto de jornal em que se noticiava que a mãe do rapaz fora presa por assassinato. Quando foi traída por ele, quis tirar satisfações e apanhou do namorado; e, para culminar o episódio, naquele mesmo momento foi estuprada pelo amante da mãe.

Vivendo o dilema de se casar com um homem rico ou trabalhar, optou pelo trabalho. Concluiu que não era mulher como as outras: "Eu viria a ter muitos homens, mas nenhum me oferecia um amor sem prisão".

Ela diz ter escapado de um destino insosso quando, em 1954, aos 19 anos, resolveu atuar como vedete no teatro rebolado de Carlos Machado. A moça de coxas grossas e lábios carnudos recebeu a visita de Carmen Miranda no retorno ao Brasil. Ao procurá-la no camarim, sentenciou: "Menina, vem cá. Dessa turma toda, você é quem vai ser uma grande estrela. Sabe por quê? Você tem boceta". De uma garota de aparência puritana, foi se transformando numa mulher *sexy*.

A cada dia, um homem diferente se apaixonava por ela. Mas só gozou de verdade em 1968, com um amante vinte anos mais velho que ela, casado, pai de três filhas. Esse amor intenso, mas repleto de desentendimentos e traições, durou cinco anos. Antes, descobrira algo maravilhoso para contracepção: o diafragma. Mas o amante a inspecionava para ver se ela estava usando o contraceptivo. "Seus brios machistas não permitiam que ele tivesse relações sexuais comigo de diafragma. Ingênua, eu cedia e tirava." Resultado: gravidez, aborto.

Teve uma frustrante relação amorosa com o diretor Anselmo Duarte. "Anselmo era egocêntrico, grosseiro e machão, aquilo que na cama também não funciona."

O galã francês Alain Delon oficialmente ainda namorava a atriz Romy Schneider, quando, certa noite, ao deixar o bar de um hotel, Norma foi seguida por ele. Atrás, no entanto, veio o namorado dela, Alberto Sordi, que começou a esmurrar a porta do quarto de Norma. Quando entrou, Alain já se vestira às pressas e fugira pela janela. "Alain Delon e eu éramos muito parecidos: lindos, livres, leves, soltos e jovens. Alberto Sordi era um gênio, mas era pão-duro, feio e moralista." Sordi deu-lhe um tapa no rosto. Mas, logo depois, Norma subiu impaciente para o quarto de Alain. "Foi aí que tudo começou: paixão, sexo, amor, rejeição, fuga, partidas", e traições de ambas as partes. Seu relacionamento com Alberto Sordi ficou delicado, mas continuou. Ele a deixava fazer suas estripulias.

Após meses, o relacionamento com Alain não vingou. Norma já terminara com ele justamente por causa das humilhações. Ele a fazia dormir no quarto ao lado enquanto recebia outras mulheres. Mesmo assim, uma noite, teve que socorrer Delon, já muito bêbado, trazendo-o para casa. Na madrugada, a porta do seu quarto foi arrombada aos pontapés. Era Alain que, como uma fera, pulou sobre ela: "Deitou-me de bruços, segurou meus pulsos e me possuiu". Ele era mais forte e estava violento. "A besta gozou, urrou, caiu para o lado e dormiu." Norma chorou de dor, humilhação e repulsa. De todos os amantes, só guardou mágoas de Alain Delon, devido a esse ato brutal.

Conheceu seu marido Gabriele Tinti ao voltar para casa, certa manhã, depois de uma festa realizada por ela. "Eu deixava a festa rolando e saía para procurar diversão em outro lugar." Ao chegar naquela manhã, bêbada como de costume, Norma viu que todos já tinham ido embora, exceto um desconhecido, completamente de porre. Ela se viu sozinha ao lado de um belíssimo homem. "Fizemos amor, muito e intensamente. Foi uma paixão fulminante."

Quando ficavam longe por muito tempo, Norma e seu marido Gabriele tinham relacionamentos paralelos, mas ambos não tocavam no assunto. Entretanto, a reação de Gabriele ao saber de um de seus inúmeros casos foi gritar que não era corno e queria o divórcio.

A atriz se encantou também por uma mulher. Pelo grande amor, a Gilda, diz ter deixado uma vida para trás. Foi um escândalo, embora ela nem tenha se dado conta disso: Norma Bengell, caída por uma mulher? "Sim, quando me dei conta, já estava perdidamente apaixonada." Ambas tinham casinhos fora do relacionamento que causavam ciúmes, mas Norma diz ter realmente amado Gilda. Em sua opinião,

> Gilda Grilo era linda, inteligente e emancipada. Eu fiquei absolutamente apaixonada. Pela primeira vez, vivi meu lado feminino numa relação altamente sensual. Ela foi meu idílio, a continuação da paixão por Gabriele[357].

Apesar dos ciúmes, viveram juntas por sete anos "e fazíamos amor durante horas, todas as noites". Gilda, no entanto, se envolveu totalmente com outra pessoa e, numa crise de ciúme, Norma saiu de casa. Depois de tanto tempo juntas, Gilda a abandonou. O motivo, as duas já sabiam: paixão por outra mulher. Norma diz que sua vida se tornou um misto de abandono e turbulência. Quando a ex-militante Sandra a visitou em Paris depois de ser anistiada, as duas passaram a viver juntas. Por fim, em 2007, sofreu outro enorme revés: Sandra, sua grande amiga há trinta e nove anos, faleceu. Apesar de abalada, Norma se disse resignada.

O QUE DIZ LEILA DINIZ

A carioca Leila Diniz (1945-1972) ainda era exceção na época de sua juventude, na década de 1960. Optou livremente por ter um filho fora do casamento, rompendo com o estereótipo da mulher ingênua seduzida e da mãe solteira, num momento em que a virgindade ainda era tabu. Sofreu as consequências:

> Perseguida pela ditadura militar, idolatrada pelos amigos, chamada de porra-louca pela maioria, debochada pela direita e desprezada pela esquerda, que não via com bons olhos suas travessuras comportamentais, ela seguiu escandalizando Deus e o mundo, levando sua barriga de seis meses para tomar sol, quando ninguém fazia isso; sim, seu nome estava em todas as bocas e serviu até para batizar uma epidemia: a "gripe Leila Diniz", que levava todo mundo pra cama[358].

Muito se falou sobre Leila Diniz, principalmente depois de sua morte, em 1972. Alguns meios de comunicação, que tanto reprovavam seu comportamento, após a tragédia aérea de que foi vítima, teciam rasgados elogios à sua irreverência. Sua carreira começou como professora de escola primária. Aos 17 anos, foi trabalhar como vedete de teatro rebolado no espetáculo dirigido por Carlos Machado na boate Fred's, em 1962. Tornou-se atriz de teatro, TV e cinema. Seus pensamentos e condutas se diferenciavam completamente dos da época. Em entrevista à revista *Fatos & Fotos*, em 1968, assim se expressou, com desfaçatez:

> É claro que sou a favor do amor livre. Eu não me casei com Domingos de Oliveira, eu me amiguei, me juntei, vivi com Domingos. Evidente que moro sozinha, mas não vivo apenas com os meus passarinhos – eu não sou boba. Acho absurdo esse negócio de moça casar virgem. Pense bem: a mulher ter data marcada para perder a virgindade. Quando a mulher ama de verdade, ela tem de amar sem compromissos de datas ou falso moralismo. Acho que os homens que não fazem parte do meu círculo de amizades me acham muito avançada[359].

Depois do ator e cineasta Domingos de Oliveira, outros amores vieram. Segundo ela, só traiu um namorado (casado) uma única vez, com o cantor e compositor Toquinho. Mas o comportamento de não dar satisfações a ninguém lhe rendia algumas incompreensões. Quando atuou como vedete no espetáculo *Tem banana na banda*, com piadas picantes e pouca roupa, típico desse tipo de apresentação, provocou interpretação equivocada de alguns homens:

> Certo dia, um político do interior foi até seu camarim e, encantado com sua *performance*, fez uma proposta indecente – queria ter sexo com ela. Leila recusou e o convidado retrucou grosseiramente. Ela deu o troco à altura: "Sim, eu dou para todo mundo. Mas não para qualquer um"[360].

Com a barriga de seis meses, comprou um biquíni e foi à praia de Ipanema. Como isso era uma novidade, provocou escândalo. Ela não se importou e não se deu conta de que tal atitude soava absurda. Queria que o bebê se acostumasse com tudo que o sol, o mar e a areia proporcionavam de bom. A imagem virou capa de revista, matéria de jornal e até mesmo carta de leitor indignado contra a "exibição vulgar de um estado de graça que é a maternidade". Mas a maternidade foi dessacralizada por Leila, justamente numa época em que algumas pessoas nem usavam a expressão "grávida", e sim "em estado interessante". A quase nudez da gestante chocava. Na seção "Carta dos leitores" do *Jornal do Brasil*, assim se expressou uma mulher:

> Sentada num banco na praia de Ipanema, fui despertada por um casal jovem que passava pela calçada. A moça aparentava estar no último mês de gravidez – com uma enorme barriga de fora e, pasmem, usando um minúsculo biquíni. Estava tão pesada que se apoiava no braço do homem, ou talvez constrangida do papel ridículo que oferecia aos olhos das pessoas.
>
> Santo Deus, onde iremos parar com tanta falta de pudor: é o fim do mundo! Não sou puritana, ao contrário, mas, convenhamos, o estado de gravidez merece mais respeito. E o que mais me admirou foi a conivência do marido em consentir que sua mulher nesse estado se exponha aos olhares de centenas de homens que passam pela praia[361].

AMOR VORAZ

A catarinense Vera Fischer começou profissionalmente como modelo e obteve fama e projeção nacional depois de ser coroada *miss* Brasil em 1969. Em seguida, como atriz, atuou em vários filmes, novelas e peças. Já na adolescência, revelou-se uma garota inquieta, embora tímida. Gostava de poesia e dos autores existencialistas franceses. Sobre a sua primeira vez, assim se expressou em biografia:

> Perdi minha virgindade aos quinze anos. Eu namorava (mais ou menos) um rapaz que fazia o clássico comigo. Era baixinho, moreninho, míope e dirigia a Kombi do pai dele. Eu gostava do rapaz. Achava ele atraente e sedutor.
>
> Uma noite, matamos aula. Aliás, várias vezes matávamos aula para namorar. Fomos na Kombi até a praia de Camboriú. Estacionamos na beira da praia. A noite estava deserta e a escuridão nos cercava. Tiramos a roupa e fizemos amor. É, foi amor, eu acho[362].

Sobre outro namoro, então mais sério, afirmou que o rapaz era um bom partido. O casal tinha planos, ainda vagos, de se casar; gostavam um do outro. Ele morava numa cidade muito longe da sua. Certa vez, ela foi passar um final de semana na casa dos pais do namorado. Mas achou estranho que, depois do jantar ou ao acordar no dia seguinte, os homens se reuniam para conversar ou caçar, enquanto as mulheres ficavam em outro compartimento, ora tomando licor e conversando, ora tricotando. "Foi demais para mim! Homens de um lado e mulheres de outro?! Quer dizer que essa seria minha vida, depois de casada? Não. Rompi o namoro." Sua vida não poderia ter aquela trama certinha de cidade do interior. Ela queria ser livre e morar na cidade grande.

Depois da projeção como *miss*, iniciou a carreira como atriz em *Superfêmea*, uma pornochanchada de 1973. Mais tarde, atuou em dois filmes do diretor Walter Hugo Khouri (1929-2003): *Amor estranho amor* (1982) e *Amor voraz* (1984).

Apesar de equivocadamente não se achar bonita e se mostrar descontente com seu corpo, posar nua deixou de ser problema para ela, depois de algum tempo. "Tirava de letra", como ela diz. Quando chegou a São Paulo e o diretor lhe perguntou se tirava a roupa, respondeu: "Tiro". E tudo transcorreu em plena normalidade.

Por muito tempo foi considerada símbolo sexual no Brasil. Posou nua duas vezes para a *Status* e duas para a *Playboy*: em 1982, com 31 anos, e em 2000, com 50 anos. Também foi entrevistada pela mesma revista, contando então seus vários namoros. Segundo ela, na maioria das vezes relacionou-se com vários homens por se sentir só ou por buscar sentido profissional. Perguntada se preenchia o sentimento de vazio com casos e transas amorosas, respondeu:

Quando houve uma virada da minha vida, sim; das maneiras mais loucas. Um dia um namorado meu era um cantor, outro dia um jogador de futebol, não havia discriminação. Estou citando só dois tipos de pessoas, havia muito mais, não conhecidos. [...] Tinha uma amiga minha que trabalhava num jornal em Santa Catarina, e que veio para o Rio comigo, que dizia: "Meu Deus do céu, você sai hoje com um, amanhã com outro. Você está raciocinando sobre o que você está fazendo?" Eu dizia que sim, mas na verdade não parava pra pensar. Não parava mesmo, porque, se parasse, acho que seria uma fossa tão profunda que não teria jeito[363].

Parte dessa mudança de comportamento aconteceu quando ela namorou o cineasta e ator Perry Salles (1939-2009), com quem se casou. Ele a alertou: "já que você é tão bonita, por que não é gente também? Por que não se mostra como gente, por que não diz alguma coisa a mais?".

Ao longo de sua carreira, Vera Fisher teve muitos problemas pessoais, mas acabou dando a volta por cima e chegou a viver um grande momento em sua carreira. Em 1º de setembro de 1993, aos 41 anos, foi capa da revista *Veja*, com a chamada: "O furacão loiro aos 40". Passou a ser considerada uma atriz séria. Como a maioria das mulheres bonitas, Vera queria também ser reconhecida por seu talento.

Enfim, muitas outras mulheres poderiam ser mencionadas aqui, embora a maioria delas não tenha deixado registros de suas intimidades amorosas. Fernanda Lima, apresentadora do programa *Amor & Sexo*, numa entrevista, comentou sobre a contida sexualidade da maioria das nossas mulheres, finalizando com uma afirmação emblemática: "A descoberta do prazer da mulher é muito recente. Ela está à vontade e até avaliando os homens, mas pode descobrir muito mais coisas".

Nos dois próximos capítulos, daremos voz aos homossexuais (masculino e feminino), destacando a documentação menos recente, e cujos registros (poucos) foram relegados ao silêncio devido à discriminação e à marginalização impostas às minorias pela parte hegemônica da sociedade.

A (IN)VISÍVEL HOMOSSEXUALIDADE MASCULINA

Segundo Gabriel Soares de Sousa (1540-1591), que chegou ao Brasil em 1569 e se tornou senhor de engenho, entre os tupinambás, os pederastas ativos se orgulhavam de suas relações, considerando-as uma manifestação de valor e valentia, associadas ao desempenho das atividades da caça e da guerra. Já o calvinista francês Jean de Léry avaliava a sodomia como uma mancha degradante entre os membros daquela tribo. Quando se insultavam, os nativos utilizavam a palavra *tivira*, que designava o homossexual passivo. O sociólogo Florestan Fernandes, no entanto, considera essas informações lacunosas. Para ele, as práticas sodomíticas dos tupinambás observadas no início da descoberta do Brasil devem ser pensadas levando-se em conta as dificuldades na obtenção de parceiras sexuais.

A relativa falta de mulheres entre os tupinambás levava os homens da tribo a relações homossexuais com os *tiviras*. Alguns dos chamados pederastas passivos possuíam cabanas próprias, onde mantinham suas relações amorosas. O fato de erguerem tendas de caráter público para serem visitados, segundo Fernandes, indicaria que os tupinambás davam um aspecto formal à homossexualidade.

Esse tipo de manifestação sexual foi encontrado por viajantes e antropólogos em diversas tribos ao longo da história do país. Com relação aos guaicurus, estabelecidos nas proximidades de Cuiabá, um parecer de 1803 registra que eles mantinham "travestis ou substitutos de mulheres", conhecidos como cudinhos, ou seja, "castrados".

> Esses cudinhos ou nefandos demônios vestem-se e se enfeitam como as mulheres, falam como elas, exercem o mesmo trabalho que elas, usam jalatas [tangas de mulheres], urinam agachados, têm por marido que zelam muito, e os têm constantemente nos braços, prezam muito que os homens os namorem, e uma vez a cada mês afetam o ridículo fingimento de se suporem menstruados[364].

Essa inversão de papéis de gênero foi mencionada também pelo cientista Carl von Martius. Alguns índios se vestiam como mulheres e se entregavam exclusivamente a ocupações femininas, como fiar, tecer, fabricar potes etc. Segundo a opinião de Martius, eles gozavam de pouca estima na tribo.

O antropólogo norte-americano Charles Wagley estudou os tapirapés, em Mato Grosso. Acompanhou-os por 35 anos e permaneceu entre eles por 15 meses. A pederastia consta da mitologia tapirapé e o pesquisador conta:

> Falaram-me de homens que no passado consentiram em ser usados por outros homens em coito anal. Eles eram tratados como favoritos pelos homens, que os levavam nas caçadas. Em 1939/40, não havia homens vivos com tal reputação. Kamairahó deu-me o nome de cinco deles que tinha conhecido durante sua vida ou os quais seu pai lhe havia contado "ter comido". Contou-me que alguns eram casados, mas à noite na *takana* procuravam outros homens para "comê-los" (ter coito anal). Seu pai contou-lhe o caso de um homem que adotou um nome feminino e fazia trabalho de mulher[365].

Em 1939-1940, época dos estudos de Wagley, a homossexualidade continuava a fazer parte das brincadeiras sexuais masculinas. Como, na época, o antropólogo não tinha uma esposa e seu ajudante Valentim era quem executava tarefas femininas, tais como carregar água e cozinhar, eles eram algumas vezes alvos de brincadeiras jocosas dos índios.

Nenhum dos informantes de Wagley, porém, ouvira falar de alguma mulher que tivesse desempenhado papel masculino ou que preferisse fazer sexo com outra mulher.

RIO DE JANEIRO DE OUTRORA

O estudo de Jorge Jaime, apresentado à Faculdade Nacional de Direito da Universidade do Brasil, no Rio de Janeiro, em 1947, e posteriormente publicado com o título de *Homossexualismo masculino*, em 1951, é uma obra carregada de preconceito e afirmações sem rigor científico. A homossexualidade era tida pelo autor como "anormalidade". Suas pesquisas servem, no entanto, para se ter alguma noção sobre a vida de parte dos homossexuais do Rio nos anos 1940.

Jorge Jaime aponta a miséria como um dos motivos pelos quais rapazes recebiam dinheiro e usufruíam de luxo por prestar favores sexuais a homens ricos. O estudo ainda vai além e chega a incluir explicações no mínimo pitorescas:

> Outra causa importante no aparecimento das aberrações sexuais são as condições de vida dos centros muito populosos. Os meios de locomoção, os bondes, ônibus, sempre superlotados obrigando aos passageiros um atrito constante de seus órgãos genitais com nádegas de homens e mulheres, podem transformá-los em pederastas ou "roçadores". Denomino assim uma categoria de pervertidos que se constituem em uma grande classe, fechada, organizada, e que preferem as libidinagens no meio das multidões ao coito completo[366].

Nessa classificação também se encontravam os pederastas nas salas escuras dos cinemas, nos banheiros públicos, na classe artística, nas festas da alta sociedade e até na taberna imunda.

No Rio de Janeiro, o autor aponta a famosa praça Tiradentes como ponto de reunião dos "invertidos". O túnel da Lapa, que os abrigou na época da Segunda Guerra Mundial (1939-1945), foi substituído pelo Amarelinho, na Cinelândia. Os homossexuais infiltraram-se também na boate Bolero, em Copacabana, e, por último, no Bonfim. Formavam um agrupamento numeroso e unido.

O ator Renato Borghi conta como era uma aventura atravessar toda semana certas ruas do *bas-fond* carioca para chegar à praça Mauá a fim de assistir aos programas de auditório onde Dalva de Oliveira cantava. Para um garoto, em finais dos anos 1950, o espectro humano daquelas ruas era diversificado:

> Caras que eu nunca tinha visto: bandidos, prostitutas e muitas bichas; pretas, brancas, mulatas, loiras oxigenadas. Eu passava quase correndo... Um corredor de veados maquiados, encostados nos postes, fumando cigarros, com as calças bem puxadas para a cintura e os cintos bem apertados, valorizando as nádegas. Algumas eram gordas, outras idosas, eu tinha medo de olhar pros lados, mas não conseguia resistir, aquilo tinha a força de um ímã inevitável[367].

Violência e abusos eram praticados por policiais e investigadores, que amedrontavam os homossexuais com ameaças de prisão para lhes extorquir dinheiro. Quando não conseguiam seus propósitos, levavam-nos para os distritos policiais e mandavam que esfregassem o chão ou lhes impunham qualquer outro castigo de natureza vexatória e humilhante. Muitas vezes espancavam os detidos e chegavam a lhes queimar o ânus com isqueiro. Décadas após, o então militante político Fernando Gabeira conta em *O que é isso, companheiro?* que, em 1970, estando numa delegacia do Rio, presenciou a detenção das chamadas "bichas" efetuada apenas para preencher a cota de prisões ou para que elas executassem serviços gerais: "presos, apenas, porque eram homossexuais pobres e forçados a um trabalho não remunerado dentro da cadeia". Também detiveram uma travesti de 15 anos, forçando-a a exibir os seios para os demais.

Sobre o cotidiano desse grupo, Jorge Jaime teve acesso a um relato escrito por um homossexual, que se intitulava Lady Hamilton. Ele agia mais como passivo. Seu texto, explicou o rapaz, foi construído com base na vida dos principais homossexuais do Rio de Janeiro no período da Segunda Guerra Mundial.

Hamilton notou que no Rio a homossexualidade estava mais arraigada, tornara-se mais natural, menos repulsiva, sem aqueles artifícios e mistérios presentes na capital paulista. Conheceu filhos de ministros, artistas famosos, militares e profissionais liberais, todos, diz ele, homossexuais. Em seus manuscritos, assim contou Hamilton:

> Reuníamo-nos no apartamento de um deles, apartamentos grandes e luxuosíssimos; chegávamos de automóvel. Aos poucos apareciam os rapazes, cada qual mais forte, cada qual mais elegante que o outro, rapazes másculos e ricos, atletas, cuja única preocupação eram os jogos desportivos e o cultivo do físico nas praias ensolaradas. Logo, escolhíamos nossos pares. Serviam-nos vinhos franceses, misturas americanas. As luzes indiretas emprestavam ao ambiente uma suave intimidade. Quando o álcool aquecia os ânimos tinha início o original espetáculo. Uns dançavam como bailarinas clássicas, davam gritinhos assustados, enquanto outros os beijavam, sôfregos de paixão, tontos de desejos. As luzes, pouco a pouco, desapareciam. Os convidados ficavam completamente nus. Seus corpos suados brilhavam na penumbra cinzenta que os envolvia. Os suspiros de prazer, como gemidos de moribundos, ecoavam por todos os aposentos[368].

No entanto, Lady Hamilton lamentava com tristeza que, quando passeava com amigos na Cinelândia, diversos deles e antigos colegas da escola militar os evitavam: "Rapazes que me possuíram, que antes conversavam comigo mas que agora me viram o rosto". Quando o cumprimentavam, faziam-no disfarçadamente, com medo, como se ele fosse um criminoso. Muitos fingiam que não o viam.

A Segunda Guerra Mundial, irrompida na Europa, trouxe também para o Brasil marinheiros e oficiais norte-americanos que encheram o Rio com suas figuras altivas e festivas. Na casa noturna de nome Bolero, em Copacabana, Hamilton diz ter conhecido o sargento John V., do exército norte-americano. Esse oficial tomava cerveja com amigos, já embriagados, dançando com prostitutas. Naquele ambiente carnavalesco, os dois permaneceram a noite toda trocando juras de amor. Em relação à ambiguidade de gênero, assim escreveu Hamilton:

> Não tenho coragem de confessar que John foi o passivo, não devia mesmo falar sobre esse assunto. Porque nos Estados Unidos não fazem essa torpe distinção entre "bichas" e "machos"; para eles são todos a mesma coisa, *gay boys*, simplesmente, "alegres", rapazes alegres. Aqui não, uns são "veados"; outros, os ativos, são considerados normais. Ignorantes! Povo atrasado![369]

Nessa época, no Brasil, não eram considerados homossexuais os homens que penetravam os outros. Homem era o que tinha papel ativo. O passivo é que era pura e simplesmente homossexual. Havia rigidez nos papéis desempenhados entre os ativos, chamados de "bofes", que na linguagem geral eram considerados "homens de verdade", e os passivos, chamados de "bonecas" ou a popular "bicha".

Numa época em que a virgindade da moça era preservada até o casamento, muitos rapazes que namoravam garotas no portão de casa ficavam excitados, mas não podiam dar vazão a seus desejos. Homossexuais que viveram em meados do século XX contam que muitos desses rapazes os procuravam para ter relações sexuais quando deixavam em casa a namorada ou a noiva.

A crença na dualidade de papéis era tamanha que, quando esse comportamento era quebrado, surpreendia não apenas os médicos que estudavam o assunto como também quem era homossexual. Isso mostra que a orientação sexual é mais complexa do que muitos pensavam.

> Dentro desse mundo de bofes e bonecas, a ideia de dois bichas praticando sexo era tão repugnante para as bonecas quanto era intensa a aversão da maioria da população ao comportamento homossexual em geral. Quando dois homens reconheciam que ambos eram homossexuais e queriam ter relações sexuais um com o outro, isso era incompreensível para muitas bonecas. Agildo Guimarães lembra a reação no seu grupo de amigos quando eles descobriram que dois novatos no círculo, que todos julgavam tratar-se de bofes, estavam se relacionando sexualmente: "A divisão entre os ativos, os bofes, os homens, e as passivas, as bichas, era uma questão de nossa formação. Bicha era bicha, bofe era bofe. Bicha não podia ser bofe, e bofe não podia ser bicha. Mas conhecemos um casal, em que os dois eram bofes. Era um escândalo, um absurdo. A bicha sempre tinha que ficar passiva. Que horror fazer isso"[370].

Ainda nos anos 1960, o "bofe" tinha muito medo de ser identificado com um homossexual. Isso, no fundo, era "o medo de identificação com a mulher", o sexo frágil, passivo. Muitos homens, depois da relação com outro homem, sentiam uma espécie de repulsa, chegando ao ponto de, após o coito, dar uma surra no homossexual ou lhe pedir dinheiro, como maneira inconsciente de provar a si mesmo que era macho. Mas apenas os homens dos setores mais pobres é que pediam dinheiro pela relação sexual. Segundo Lady Hamilton,

> Os homens que me entusiasmavam vendiam-se por qualquer quantia e eu os comprava com desprezo. Bombeiros, soldados, marinheiros belíssimos acompanhavam-me a qualquer hora, contanto que eu lhes pagasse alguns cruzeiros. Ingênuos! Contentavam-se com tão pouco! No começo achei degradante comprar

"machos", mas depois, refletindo bem, notei que todos os rapazes gastavam uma fortuna com "fêmeas" insignificantes. Ao menos o meu comércio era mais barato. Muitas vezes pediam-me alguns níqueis para, com isso, justificar seus atos; e pensavam: "Estou explorando este infeliz. Não faço isso porque goste, não; apenas para ganhar uns cobres". Mentira! Eles são loucos por um garotinho adolescente. E além disso minha renda era tão grande que não me abalava com as misérias que eles me exigiam[371].

EM PORTO ALEGRE

Em Porto Alegre, os bailes da Cabana do Turquinho eram verdadeiras sagrações do mundo da prostituição, do lesbianismo e da viadagem, diz um guarda civil. Naquele território livre, tudo podia ocorrer e tudo acontecia. No imaginário da comportada classe média porto-alegrense, a Cabana materializava a pura devassidão, a sordidez e o que mais poderia haver de ruim. Ela era tida como uma "bagaceirada". Mas também ali acontecia a festa dos excluídos, do pobrerio, dos suburbanos, dos operários brutalizados, das gentes feias. Conforme descreve o boêmio Rosito Coiro, nas décadas de 1950 e 1960 o local era um terreno baldio. Mas

> Turquinho cercou o terreno com tábuas e pintou de branco, com cal. A Cabana era a céu aberto e o piso, de terra. No centro do terreno existia um tablado de madeira encerado que funcionava como pista de dança. Ao lado, um quiosque decorado com papel crepom vermelho, para a venda de bebidas[372].

Conta-se que não foram poucos os respeitáveis senhores que, na Cabana, tinham sido vistos enroscados numa "bicha" fantasiada de baiana, dançando freneticamente. Ali, durante o Carnaval, todos os inconfessáveis instintos reprimidos podiam ser liberados. Além das "bichas", o baile reunia cerca de 100 a 150 prostitutas conhecidas dos cabarés do centro e algumas da periferia; todas as lésbicas assumidas e notórias da cidade também compareciam. Os bailes do Turquinho eram uma concorrida festa de travestis e, certamente, o único lugar público da época que admitia homossexuais travestidos de mulher. Deve-se ressaltar que travestir-se de mulher só era permitido nos dias de Carnaval.

Nessas ocasiões, não faltava confusão, briga e muita pancadaria. Como conta um guarda civil, em meados da década de 1950, "ir à Cabana do Turquinho era uma temeridade. A frequência era a pior possível. Havia de tudo: malandros, ladrões, gigolôs, prostitutas e, principalmente, bichas". Havia noites em que a tropa de choque intervinha duas, três vezes. Após farta distribuição de borrachadas e a expulsão dos baderneiros, a festa continuava. O guarda prossegue:

> Os "veado" vinha tudo fantasiado. Só fantasia de mulher. Que nem aquelas roupas das "vedeta" de rebolado que vinha de fora! Tinha até umas marrecas bem bonitas. Mas a maioria era uns "negão" feio pra burro. As mulheres da vida vinham com vestido comprido, todas na "estica". Os outros não se fantasiavam. Só "veado" vinha fantasiado. Tinha concurso de fantasia e ganhava o travesti mais bonito. Era um orgulho que durava todo o ano. Não era mesmo concurso de fantasia. Era concurso de travesti. Só que não se dizia que era. Gozado, né? Das "mulher da vida", também tinha umas "bacana". Mulher bonita mesmo. Mas tinha de tudo até a "Nega Diaba", um horror, que foi a primeira maconheira da cidade. Agora coisa bonita era a Jandira "Perna Grossa"! Uma gostosura e mulher muito legal. No salão era um agarramento que só vendo... Tinha "nego" com os "negócio" de fora e os "veado" grudado! Se o cara tava muito bêbado e ficava taradão, ia lá prum canto e mandava ver... Isso não podia. Mas ninguém se metia e a festa continuava. Era pau pau! Uma pouca-vergonha, era tudo uns "podre". Se cheirava muito lança-perfume, que naquele tempo não era proibido[373].

A cada ano, ao se aproximar o Carnaval, os moralistas se manifestavam e até saía alguma matéria no jornal sobre a necessidade de fechar a Cabana do Turquinho, "aquele ajuntamento marginal e de imoralidades". Parece até que se conseguiu isso algumas vezes. Mesmo assim, até gente da sociedade de Porto Alegre ia às noites de Carnaval só para assistir ao exótico espetáculo dos desfiles e fantasias das travestis, com a escolha da "bicha" mais bonita e da fantasia mais luxuosa e original. Segundo observadores da noite, porém, a Cabana foi se descaracterizando. Apareceram similares em outros lugares da cidade, até na rua Voluntários da Pátria, funcionando naqueles recintos mambembes que ainda existiam.

Nos demais dias do ano, os homossexuais elegeram o Parque da Redenção como seu espaço noturno, e isso se tornou tradicional. O local era policiado pela guarda dia e noite. E como guarda não gostava de "bichice", de "pederastia", como eles preferiam chamar, a repressão era forte. Sobre esses tempos, conta-nos um antigo policial da região:

> Pederastia tinha muito na Redenção. De dia e de noite. De dia, era mais os que ofereciam dinheiro para os guris de colégio, um passeio de barco, de bicicleta... A gente ficava muito atento com essas sem-vergonhices, esse negócio de fresco levar guri pra trás das árvores... A gente flagrava, terminava com a festa e levava

o pederasta e o guri lá para o postinho. O guri, depois do susto, a gente soltava. O pederasta levava uns "cutucos", às vezes entregávamos para a delegacia[374].

Havia homossexuais em todos os lugares do parque. À noite, a "pegação" ficava maior, com muitos cantinhos escuros ocupados por eles. Naquele tempo, dizia-se que pederasta que frequentava a Redenção era o indivíduo da mais baixa categoria, que "dava cu a mirréis", ou, como corrige o guarda, "o pederasta que pagava mirréis". À noite, os guardas jogavam esses "putos" numa piscina que havia antigamente, no meio da Redenção. "Era para eles aprenderem a fazer suas sem-vergonhices em casa", diz um guarda civil.

Outro quartel-general dos homossexuais porto-alegrenses ficava na rua da Praia: a Torre Eiffel, uma espelunca malcheirosa, que, segundo Coiro, servia para os encontros deles.

Na década de 1950, o homossexual era muito mais discriminado e desprezado do que agora. Era tratado pior que um marginal. De modo geral, bater neles era até motivo de disputa entre alguns grupos de jovens bem-nascidos da cidade. Raramente um dos machões da praça se dava mal.

Coiro enumera um grupo de amigos que gostava de aterrorizar "as bichas" da praça da Alfândega. O mais temido deles, o Pica-Pau, também ficou conhecido como o nazista "Eichmann das bichas", devido ao seu sadismo. Ele sequestrava os homossexuais e quase os afogava, mesmo no inverno, num lago próximo.

De vez em quando aparecia um tipo diferente na praça, não necessariamente homossexual. Houve um que recebeu o apelido de Itaqui, por causa da sua cidade de origem. Era bem jovem e se vestia de maneira espalhafatosa. Aos poucos, foi se aproximando do grupo de Coiro, querendo saber onde é que se arrumava uma mulher; dizia que estava disposto a pagar, muito embora isso não fosse do seu gosto. O grupo, ao lhe prometer uma mulher, foi a um local onde as prostitutas e as travestis faziam ponto, ao lado de um posto de gasolina chamado Sagol. Ficaram conhecidas como "as aeromoças da Sagol". Então, um integrante do grupo de amigos foi até o posto na rua Sete de Setembro e trouxe uma travesti. Rapidamente fez-se uma coleta e pagou-se adiantado à "mulher" com quem o Itaqui faria seu programa. Então, o casal partiu para uma pensão próxima. Perguntado como tinha sido, como era a mulher, Itaqui, na sua ingenuidade, foi logo falando:

– Vivente! Essas mulheres aqui da capital são muito loucas. Gostam de beijar, não tiram as calcinhas, só arredam; e só querem levar na bunda. Na frente, de maneira nenhuma. Quando eu falar isso lá em Itaqui, ninguém vai me acreditar, tchê[375].

Nas décadas de 1950 e 1960, com vimos, os homossexuais masculinos eram chamados de pederastas passivos ou simplesmente "bichas". Por outro lado, o homem que fazia sexo com eles era conhecido no Sul como "boca de fogo" ou "fanchão".

VIDA CONTURBADA

A batalha pela igualdade, livro organizado por Alexandre Böer sobre a prostituição de travestis em Porto Alegre, contém várias histórias, mitos, verdades e inverdades sobre as décadas de 1950 a 1970, que ainda hoje circulam. Uma delas refere-se à famosa Cabana do Turquinho, já mencionada. Seus concursos de fantasias atraíam travestis da Argentina e do Rio de Janeiro. "Chegou a ter uma orquestra, com vários espetáculos, que animava os bailes pela madrugada afora e não somente no período do Carnaval", conta Böer.

Segundo a travesti Rubina, nas décadas de 1950 e 1960 usava-se o termo "bicha" para designá-las, pois não era comum o uso da palavra travesti. Cláudia, outra entrevistada, conta que, já na década de 1970, as pessoas falavam assim: "Ah, uns homens vestidos de mulher" e emendavam com "é uma pouca da vergonha".

> Travestis como conhecemos hoje surgiu depois que chegou a Porto Alegre uma companhia de balé chamada *Les Girls*, onde trabalhava o Agildo Ribeiro e a Rogéria. Aí a gente ficou impressionado porque elas tinham peito, então, enchia assim o teatro para verem o *show*, e aí então as bichas começaram, pegaram amizade com elas e descobriram o hormônio, e começaram a tomar. Quando elas tomaram hormônio e começou a saltar os peitos, o pessoal na rua andava tudo atrás, impressionado. Como é que podia um homem ter peito? Daí então quando eu saí de casa eu fui para a Independência, fui para a Caixa d'Água, mas elas já estavam na Caixa d'Água e naquela época, travesti, quando surgiu, era um luxo. Travesti era luxo! Foi luxo! O homem para sair com um travesti tinha que ter dinheiro. Tinha que pagar[376].

Pelos relatos e documentos existentes, podemos afirmar que três grandes ícones pautavam a caracterização da personagem travesti. Eram elas: Eros Volúsia (1914-2004), Luz Del Fuego (1917-1967) e Elvira Pagã (1920-2003). "Interessante é observar a conotação dos nomes artísticos dessas mulheres emblemáticas: voluptuosidade, fogo e paganismo. O oposto daquilo que a boa moral tentava incutir na população", escreve Alexandre Böer.

Em 1967, em Porto Alegre, Rubina foi a primeira travesti a alugar quartos para programas. A atividade em sua casa começava cedo. Os cômodos eram ocupados a partir das oito da manhã. De sexta a domingo, ela recebia algumas centenas de visitas. O quarto era pago independentemente do programa. Mas Rubina teve que fechar sua casa em 1973, porque não aguentou a crescente extorsão policial.

Antes da década de 1970, as boates frequentadas por *gays* eram muito discretas, e a prostituição acontecia mais nos bares, porque na rua a repressão policial era constante. Havia casas onde a prostituição ocorria e ainda se ganhava comissão por dose de bebida consumida. "Eu chegava a tomar 20, 25 doses de uísque por noite", diz Rubina, uma verdadeira esponja.

Rubina teve um amante por 15 anos. Ela o conheceu por volta de 1956 e posteriormente ele se tornou major de brigada. O oficial era casado, tinha duas filhas na época e conviveu com ela até 1973. No fim, brigaram e se separaram. Sobre a década de 1970, conta Rubina:

> A travesti era valorizada na época – tanto é que as famílias, no fim de semana, percorriam a Hidráulica, na 24 de Outubro com a Dr. Valle, faziam a volta, o círculo em volta da Hidráulica, os carros com a família para conversar com a gente. Eles pagavam pra gente dar um minuto de atenção para eles porque eles achavam interessante que a gente estava montado de mulher, arrumado assim. Porque naquela época a gente usava peruca, usava aplique, cílios postiços, maquiagem exuberante, essas coisas assim[377].

Até um passado recente, era tradição a chamada "bicha" ter que oferecer algo em troca para manter relações sexuais com parceiro ativo. Em suas pesquisas em Salvador, o antropólogo Don Kulick encontrou dois rapazes que, na década de 1980, ficaram surpresos quando souberam que podiam receber, e não pagar, para ser "comidos". Um deles, de uma cidade do interior da Bahia, ao chegar a Salvador recebeu uma nota de 500 cruzeiros para fazer sexo com um desconhecido. Outro ficou surpreso ao saber que numa praça do Recife as travestis recebiam para fazer sexo com clientes.

> De todo modo, a julgar pelos relatos de diferentes travestis, o que parece ter acontecido entre o final dos anos 1970 e os anos 1980 é que as travestis começaram a "inverter os papéis" e passaram a cobrar – ao invés de pagar – para fazer sexo com os homens. E isso foi possível, em parte, graças aos hormônios que tornaram as travestis mais atraentes e cobiçadas, e, de outra parte, porque elas passaram a se inspirar no modelo da prostituição feminina[378].

A transexual Cláudia lembra-se da época em que a polícia as prendia por atentado ao pudor, em função do uso da vestimenta feminina, por vadiagem ou, ainda, por não terem emprego fixo. Não se trata apenas de passar algumas horas na delegacia: sob a alegação de vadiagem, ela foi para o presídio doze vezes.

Cansadas das prisões arbitrárias, as travestis, não apenas de Porto Alegre, mas também em diversas capitais do país, passaram a empregar uma tática que, embora cruel, parecia funcionar: escondiam uma lâmina de gilete no fundo da boca e, se necessário, quando presas, cortavam os braços ou os pulsos.

Entre vários exemplos de uma vida conturbada, a história de Taty é significativa. Com apenas 12 anos, ainda garoto, começou a se prostituir na rua. A violência fazia parte da vida cotidiana da maioria das travestis. "Quebrei o meu nariz numa briga com policiais, e não tenho um dente de baixo também por causa deles." Taty enviava dinheiro para sua mãe e também para sua filha de 22 anos – revela. Ela conta que, mesmo já sendo travesti, teve relações sexuais com uma mulher durante um "programa coletivo", o que resultou no nascimento de uma menina, sem que isso mudasse sua rotina na prostituição.

No caso de Baby, seu primeiro emprego, com 14 anos, foi como vendedor numa livraria. As pessoas não sabiam se estavam sendo atendidas por um homem ou uma mulher. No início, isso não era um problema, até que houve um incidente:

> "Um dia, o proprietário foi atender um cliente e o cliente disse que já estava sendo atendido por uma mocinha... e aí eu apareci, cheia de livros na mão" – Por isso os colegas de trabalho ficaram furiosos com ela, pois a partir de então todos foram obrigados a usar crachá – "Até que um dia ele chegou e disse que não tinha mais condições de eu trabalhar lá, que eu tava com um comportamento muito afeminado e isso era uma coisa que prejudicava a imagem da livraria. Me botou pra rua!"[379]

Depois dessa malfadada experiência profissional, Baby trabalhou, aos 16 anos, como auxiliar de cabeleireiro. Em 1988, aos 18 anos, foi batalhar na rua pela primeira vez, mas tudo aconteceu abruptamente, assim que chegou ao local:

> "Eu me lembro de que a primeira vez que eu cheguei na esquina parou um carro e o cara perguntou pra mim: quanto é que é? E eu fiquei chocada porque nunca ninguém tinha dito isso pra mim e eu olhei pra menina do lado e perguntei: como é que a gente cobra? Ela disse, tu cobras tanto pra isso e tanto pra aquilo. E eu disse, tanto pra isso e tanto pra aquilo. E entrei no carro dele e fui fazer o programa sem nunca ter mantido uma relação sexual. Nunca tinha transado." Baby

perdeu a virgindade com um cliente. Baby conta que foi para um motel com ele e ela lhe disse para que tivesse cuidado com ela porque era virgem: "Ele me olhou e riu e disse que ele também era virgem. Jamais ele ia acreditar que alguém que tá parado numa esquina fosse virgem"[380].

Antes, Baby tivera alguns namoradinhos, mas agia como uma mocinha recatada, só beijava; quando chegava a "hora do vamos ver", ela não queria, não deixava e não transava. "Eu tinha aquela coisa de mulher na minha cabeça e nunca tinha me tocado, nunca tinha me masturbado e tinha repulsa à minha genitália. E tinha vergonha de ir pra cama com um homem tendo aquilo no meio das pernas."

BELO HORIZONTE SOB SUSPEITA

Segundo os historiadores Luciana Teixeira de Andrade e Alexandre Eustáquio Teixeira, em Belo Horizonte, nas primeiras décadas do século XX, havia vagas notícias sobre homossexualidade e menos notícias ainda sobre a existência de prostituição masculina. Em 1928, as estatísticas policiais registraram a prisão de catorze pederastas, como eram chamados na época, sem fornecer maiores detalhes.

Numa série de reportagens sobre a vida boêmia de Belo Horizonte na década de 1920, José Nava relata um episódio que teria ocorrido entre a cafetina Olímpia e o *cabaretier* argentino Fornari, "o pioneiro indócil e aflito dos *gays* em nossa capital", que assustara os mineiros, uma vez que, nessa época, "era ser muito cara de pau, digno de pancada, um rapaz soltar plumas e desmunhecar-se pelaí".

Não se tem notícia da existência de casas ou mesmo pontos de prostituição masculina em Belo Horizonte entre 1930 e 1960. No entanto, uma travesti se destacou nesse período: José Arimateia Carvalho da Silva, o Cintura Fina. Chegou à capital mineira em 1953, vindo do Ceará, e frequentou as zonas boêmias da cidade, principalmente a Lagoinha. Era famoso pela valentia, decorrente em grande parte da habilidade no uso da navalha. Foi preso diversas vezes por brigas, lesões corporais, furtos, roubos e tráfico de drogas. Cumpriu pena em Belo Horizonte e no Rio de Janeiro. De acordo com seu próprio relato, vestia-se como travesti:

> Toda loura oxigenada, com meus brincos nas orelhas, meus balangandãs, minhas pulseiras, um sapatinho balé baixinho, uma calça bem apertada, preta, uma camisa bem decotada, com mamix [enchimento] nos peitos [...] a criatura chegava, me olhava e ficava em dúvida, não sabia se era homem ou mulher[381].

A dupla de historiadores viu muita semelhança entre Cintura Fina e o homossexual carioca Madame Satã. Ambos eram negros, defendiam-se com uma navalha, cometiam vários crimes e sofriam constantes perseguições da polícia.

Travestis eram muito raras até a década de 1960, pelo menos nas ruas de Belo Horizonte. Discretas, na medida do possível, limitavam-se aos teatros e boates. Segundo o pesquisador Luiz Morando, a repercussão da chegada à capital mineira do espetáculo *Les Girls*, em 1965, incentivou a criação de *shows* semelhantes. Em 1966 houve a eleição de Miss Travesti Minas Gerais, e ainda naquele ano anunciaram-se três *shows* na boate Cavalo Branco à semelhança do espetáculo carioca.

Em 1967, repercutiu na mídia mineira a pretensão de se criar uma associação em defesa dos *gays* e travestis, que, porém, não vingou. Em 1968, foi anunciado o concurso *Glamour Girl*, logo proibido pelo Serviço de Censura da Polícia Federal. Diante da proibição, aventou-se a hipótese de realização de uma passeata na avenida Afonso Pena para protestar, entre outras restrições, contra a "brutalidade da polícia". A reação do Secretário de Segurança Pública, publicada no *Diário de Minas*, foi a de que "qualquer passeata, seja ela qual for, será reprimida com energia pela polícia. Quem sair às ruas com esse objetivo deve sair disposto a enfrentar bombas e cassetete-família". Logo após, é instituído o AI-5, e os *shows* de travestis foram retirados de cartaz.

A história da prostituição de travestis no bairro Bonfim, em Belo Horizonte, é contraditória. Os moradores mais antigos do bairro garantem que a prostituição masculina naquele local começou entre meados dos anos 1970 e início de 1980. Ainda que houvesse os "afeminados" de outrora, como foi o caso do famoso Cintura Fina, eles não exerciam a prostituição, devido à repressão e à pouca demanda de clientes.

Roberto Drummond, em *Hilda Furacão*, insinua que Cintura Fina tinha alguns clientes. De forma discreta, porém. As mulheres prostitutas mais antigas do bairro também comentam que as travestis das décadas de 1950 e 1960, embora em pequeno número, viviam no bairro e não "faziam ponto" ostensivamente; atendiam poucos clientes, em comparação aos atendidos atualmente.

Conforme pesquisa realizada pela antropóloga social Regina Medeiros, o preconceito em relação às travestis não era maior do que em relação aos homossexuais. Segundo o entrevistado de nome Barreto:

> As bichas naquele tempo eram evitadas pelos colegas, os pais proibiam aos filhos qualquer contato com elas, as famílias que tinham filhos assim eram penalizadas, era uma tristeza, uma vergonha. Quando essas pessoas não eram discretas, tinham repressão muito séria, e com razão[382].

Uma antiga prostituta de nome Zilá, dona de bordel para travestis, relata que, no final da década de 1960, ela foi a primeira pessoa do bairro a abrir uma casa para travestis prostitutas. No início, sofreu rejeição tanto dos moradores da região como das prostitutas, devido à concorrência a que elas estavam sujeitas. Ao que parece, havia uma demanda crescente de clientes para travestis e dificuldade de encontrar lugares onde podiam recebê-los, já que, devido ao preconceito existente, os hotéis não autorizavam a entrada delas, e nas casas em que moravam também não era permitida a prostituição. Assim comenta Zilá:

> Já era necessária uma casa para elas (travestis) viverem, trabalhar e receber seus clientes sossegadas. Gostei de trabalhar com elas e dava muito dinheiro, os clientes faziam filas. Era muito homem naquela época[383].

Anos mais tarde, alguns hotéis e casas passaram a aceitá-las para atuarem como prostitutas; não para ali morarem, porém. A vinculação da travesti com a cafetina era garantida pela dívida financeira geralmente muito alta; para deixar a casa, era necessário saldá-la. Mas a cafetina também exerce um importante papel na vida delas: o de retirá-las da prisão. Nos anos 1960 e 1970, havia repressão muito forte por parte da polícia e era rotina a prisão das travestis. Explica um policial aposentado:

> A gente prendia travesti para eles criarem vergonha na cara. A gente deixava eles presos até a barba crescer. Aí a gente soltava eles e morria de rir, só para humilhar. Era aqueles barbados de peito, ficava até engraçado. Eles eram homens e queriam ser mulheres, é um absurdo[384].

Na grande maioria das vezes, a polícia não tinha motivos explícitos para efetuar a prisão. Mas ela ocorria, e elas só eram soltas mediante o pagamento de multa, muito embora não soubessem por que estavam sendo multadas. Diz uma travesti de nome Vanusa: "Só sei que a gente devia e pagava e pagava e devia", aponta Regina Medeiros.

Em geral, a cafetina ficava encarregada de pagar a multa que, posteriormente, cobrava da travesti. Assim, "além da dívida financeira, havia a dívida da obrigação, do agradecimento, aumentando o vínculo de dependência".

As travestis mais antigas do bairro Bonfim, em Belo Horizonte, relatam que a polícia invadia suas casas, quartos de hotéis, fazia "batidas" nas ruas onde elas trabalhavam e as levava presas. Eram agredidas até mesmo dentro das próprias casas. Bombas de efeito moral eram atiradas pela janela, obrigando-as a sair para a rua, onde eram presas. Algumas vezes a polícia entrava de surpresa no quarto onde ela estava atendendo seu cliente. Quando isso ocorria, tanto ela como o cliente eram repreendidos. Diz Vanusa:

> A polícia pegava o cliente e falava para ele: "Você não tem vergonha? Você é um homem casado dentro do quarto com outro homem". Aí juntava uma roda de soldado e fazia a gente brincar com o homem, dar nome de mulher para ele, falar que ele era bicha. Depois falava para o homem: "Se você quiser eu posso limpar a sua barra, é só molhar a minha mão" (propina)[385].

Travestis, informantes e gerentes de hotéis e de prostíbulos contam que, dos anos 1960 até os anos 1980, era harmoniosa a relação entre as mulheres prostitutas, travestis e gerentes de hotéis e de casas de prostituição. Contam que o "negócio" com travestis era bastante rendoso por se tratar de uma categoria sexual exótica para a época, atraindo clientes de todas as classes sociais.

OUTRAS OCORRÊNCIAS

Como vimos, há uma carência de informação sobre a atuação desses personagens nas cidades e nas instituições públicas do Brasil. Sabe-se apenas de ocorrências dispersas, em alguns livros e periódicos da época. Podemos encontrar na literatura naturalista um ousado livro do oficial da Marinha Adolfo Caminha, de 1895. Em *Bom-crioulo*, baseado em fato real, o autor conta o relacionamento amoroso entre o negro Amaro e o grumete Aleixo.

Outra publicação é a do memorialista baiano João Palma Netto, que conta como foi sua passagem pela Marinha entre os anos 1941 a 1948. Segundo ele, era certo que os homossexuais se faziam presentes em qualquer meio social; ressalta, no entanto, que "com a desenvoltura que ia na Marinha é difícil ser imaginado".

O quase sucateado navio Belmonte, ancorado em Recife, no qual o memorialista servia, foi transformado provisoriamente em penitenciária. Dezenas de jovens marujos se misturavam nos fétidos porões, onde a homossexualidade se exacerbava. Acusados de diversos delitos, esses indivíduos viviam numa situação-limite:

> Por vezes vinham cumprir pena ali alguns invertidos. Então formavam "famílias", havia namoros, ciúmes, paixões e brigas. Dramas e mais dramas eram vividos loucamente. Pederastas apaixonados, tomados de desejos, cegos, perdiam tudo para possuir um outro. Nasciam ciúmes. Todos tinham dono. A fidelidade era exigida contra ameaças tremendas[386].

Intrigas, separações e adultérios faziam com que indivíduos de olhos atentos mantivessem seus protegidos sob vigilância, durante noites inteiras. Em disputas, contavam-se casos de ingênuos recrutas sendo submetidos a estupros coletivos. A notícia subia os porões, chegava aos oficiais. Uns condenavam, mas, temerosos de represálias, calavam; outros fingiam não ver; havia aqueles que eram até certo ponto coniventes por serem "pederastas incubados". Essa era a velha Marinha, só modernizada com o desenrolar da Segunda Guerra.

Em geral, os homossexuais só ousavam se expor em público nos grandes centros urbanos. É de estranhar que, nos anos 1940-1950, na cidade de Campinas, no interior de São Paulo, houvesse uma casa de rapazes que atendiam homens solteiros e casados. Eles se vestiam de mulher e se maquiavam. O local ficava na rua Senador Saraiva, próximo a várias residências populares de prostituição. Era a chamada "Casa do Miltinho", conhecido homossexual bastante educado que mantinha amizade com pessoas influentes da cidade. Um entrevistado assim falou:

> A casa do Miltinho ficava rente à calçada e eu, por entregar pedidos de mantimentos nas casas, arriscava dar umas olhadas lá dentro, por curiosidade. Tinha uma sala grande, rapazes travestidos que não se expunham na rua. Tinham aparência feminina com seus vestidos, cabelos longos e maquiagem. Tudo era bem reservado. Corria um comentário que ele veio para Campinas por imposição familiar que não o queria em sua cidade por ser homossexual[387].

A instalação da ditadura militar a partir de 1964 apenas deu continuidade à repressão aos homossexuais, embora, em alguns casos, rompantes de moralidade tenham levado à perseguição na carreira diplomática no Itamaraty. Mas, mesmo contra a vontade, a ditadura fazia vista grossa para certos guetos de licenciosidade na área artística, por exemplo.

Mesmo nos novos tempos da revolução sexual dos anos 1960-1970, os preconceitos continuavam arraigados até nos grupos de esquerda, que rechaçavam a homossexualidade em suas fileiras e fora delas. Ao militar na política de esquerda a partir de 1967, Herbert Daniel (1946-1992) conta que se absteve da relação homossexual por sete anos, limitando-se a viver sua sexualidade apenas com a masturbação. Só mais tarde é que se deu conta do ato irracional, pois, como ele próprio afirma, "um militante sem sexo é um totalitário perigoso".

Naquela época, eram poucas as pessoas não homofóbicas. Toda uma geração carregava um ranço de horror ao que se diferenciava da heteronormatividade reinante. No meio literário, encontramos uma polêmica opinião do poeta Carlos

Drummond de Andrade, em meados dos anos 1980: "Devo dizer que o homossexualismo sempre me causou certa repugnância, que se traduz pelo mal-estar. Nunca me senti à vontade diante de um homossexual". Ele via a homossexualidade como uma doença, um desvio, conforme informação publicada na *Folha de S.Paulo* de 26 de julho de 2015, anos depois de sua morte.

Hoje, os partidários da causa dizem que, mesmo assim, havia uma guerrilha na arte e no amor, mas com outro tipo de armas: para Ney Matogrosso, "a minha era a libido! Eu jogava minha libido na cara deles e esfregava".

Símbolo dessa filosofia de transformação e "desbunde" foi o grupo de dançarinos do Dzi Croquettes, que atuaram com sucesso no Brasil em 1973 e, posteriormente, no exterior. Empregava-se muito a palavra "desbundar", ou seja, causar impacto, perder o autodomínio, a compostura, o comedimento. Rompiam-se as aparências moralizadoras, na onda do já repetido bordão "sexo, drogas e *rock'n'roll*". O processo criativo era pessoal e artístico. É o que afirmam os atores Ciro Barcelos e Bayard Tonelli na *Revista da Folha*:

> "Surubas eram praxe; quartos de portas abertas, cada um com dez pessoas. A gente saía da própria suruba para visitar a suruba vizinha", conta Ciro. "Toda essa zona não era apenas uma viagem, era uma forma de se expressar, de afirmar uma identidade, como resposta ao regime militar e à falta de liberdade que vivíamos na época", completa Bayard[388].

Segundo o jornalista Celso Cury, a tentativa de se libertar praticando sexo com grande número de pessoas, ou a chamada "suruba", traduzia muito mais a necessidade de envolvimentos emocionais coletivos do que sexo propriamente dito. Não havia estupro, não se permitia que alguém fosse violentado. Ele conta que "aquela coisa de paz e amor também se estendia para a homossexualidade".

Como vimos, ontem como hoje, esses personagens muitas vezes têm que viver na clandestinidade. Se antes o cotidiano dessas pessoas era atroz, mesmo na atualidade, segundo a antropóloga Larissa Pelúcio,

> Travestis e transexuais são reiteradamente assassinadas no Brasil, mortes brutais; são expulsas das escolas, agredidas nas ruas, não têm direito a um documento com suas identidades de gênero, não encontram oportunidades de emprego no mercado formal[389].

Cabe ressaltar que uma travesti sabe que não é mulher, nem deseja sê-lo. É "outra coisa", algo difícil de explicar, porque, tendo nascido "homem", deseja se parecer com mulher, sem de fato ser uma, isto é, ter um útero e poder gerar filhos. Ela deseja "passar-se" por mulher, diz ainda Larissa Pelúcio.

A partir dos anos 1980, com a epidemia de aids, a trajetória das travestis em todo o Brasil tomou um rumo diferente. Elas foram incluídas entre as principais responsáveis pela epidemia e, sendo mais visíveis publicamente, sofreram rigorosas perseguições. Foram evitadas, rejeitadas e condenadas pela sociedade. Nesse período, houve vários episódios de violência, como, em Belo Horizonte, por exemplo, o de um grupo de jovens arruaceiros que atiraram jatos de ácido em travestis, queimando-lhes rosto, pescoço, braços e mãos, incapacitando-as para o trabalho. Em São Paulo e em outros estados do Brasil, passageiros de carros atiravam para matar naquelas que faziam ponto nas calçadas durante a madrugada.

Em junho de 1985, 24 homossexuais foram expulsos do garimpo de Serra Pelada, acusados de desfilar travestidos pela área. Eles foram despidos; alguns tiveram cabelos, sobrancelhas e cílios arrancados. Transportados em dois caminhões com a faixa "Transporte *gay*", foram abandonados na Transamazônica. "O incidente aconteceu nove dias depois de uma conferência médica sobre a aids", afirma o antropólogo Nestor Perlongher[390].

NOMEANDO COMPLEXIDADES

Esse capítulo teve por objetivo traçar a trajetória de determinado segmento homossexual, o mais visível publicamente como, num dos casos, as "bichas" e travestis. Uma vez que, até os anos 1950 e 1960, a maioria dos homossexuais não assumia abertamente sua orientação sexual (estava "no armário", como se costuma dizer), foi difícil encontrar registros históricos de como eles viviam, paqueravam, agiam e se conheciam. Tratamos, portanto, de uma parcela ínfima de homossexuais que se manifestaram publicamente. Sem eles, teríamos bem menos informação sobre o viver homoerótico no país.

> A maioria dos homossexuais parece nutrir profundo desprezo e antipatia pelos travestis, por considerarem que esses simplesmente alimentariam os preconceitos dos heterossexuais que acreditam que todo homem homossexual deseja, no fundo, virar mulher. Mesmo a chamada "bicha pintosa" já começa a sofrer essa discriminação. Os travestis respondem a esse tipo de crítica dizendo serem eles os verdadeiros homossexuais assumidos; eles é que sempre formaram a vanguarda abrindo novos espaços e enfrentando as repressões mais violentas[391].

O espectro do mundo homossexual tornou-se mais visível e se diversificou bastante, muito embora as pessoas não estudiosas do assunto se confundam muito com essa variedade comportamental. A grande maioria dos homossexuais passa despercebida na vida social e está presente discretamente em todas as profissões.

O pesquisador da área cinematográfica Antônio Moreno explicita a forma humilhante e inibidora com que o cinema nacional tratou e, em menor escala, ainda retrata a figura do homossexual: um ser marginal, diminuído como pessoa humana, debochado, um tipo execrável do submundo. Ou, então, como personagem cômico, carnavalizado. Ao dotar o personagem de características caricaturais e afeminadas, tornando-o ridículo, reforça-se o preconceito. Além disso, a caricatura não corresponde à realidade, posto que apenas uma porcentagem mínima de homossexuais adota esse tipo de comportamento.

Decerto o cinema e muitos programas humorísticos da TV reforçaram ainda mais os preconceitos, exagerando o gestual dos homossexuais, carnavalizando-os, numa busca do riso fácil. A entrada em cena da "bicha" já denota todas as implicações risíveis, e o público é levado a se comportar e agir de determinado modo. A caricatura é apenas um vestígio daquilo que, em maior número, fica submerso numa sexualidade clandestina que o sujeito muitas vezes "não quer, não pode ou não deve" explicitar.

Dos 67 filmes analisados por Antônio Moreno, abrangendo os anos de 1923 a 1996, 63% apresentam um enfoque pejorativo da homossexualidade:

> Esses filmes contribuíram para a formação de uma personagem-tipo do homossexual. E ainda, quando não condenam o comportamento da personagem, a utilizam como um *gay clown*, um homossexual palhaço, ou a colocam como algo depravado, doente, criminoso, frequentador dos piores *bas-fonds*. A dimensão intensa do uso pejorativo da personagem chama a atenção para diversos aspectos, que formam um quadro sobre a visão do cinema brasileiro a respeito da homossexualidade[392].

Os roteiristas desses filmes caracterizaram o comportamento do homossexual pelo caminho mais fácil: o do estereótipo. Assim sendo, padronizou-se a percepção do público como se houvesse apenas um personagem-tipo: a "bicha", a alienada da realidade político-social, com pouca instrução, linguajar chulo e preocupada unicamente com sexo.

Por muito tempo as pessoas não se davam conta da multiplicidade de comportamentos do homossexual. O cantor Ney Matogrosso, que perdeu a virgindade aos 14 anos com uma menina, teve sua primeira relação homossexual aos 19 anos, quando já havia deixado o quartel do Exército. Perguntado em entrevista se era um jovem inocente, respondeu que partilhava dos mesmos preconceitos das pessoas da época:

É. Eu achava que bicha era aquele que tirava sobrancelha, que se pintava, deixava a unha crescer. Era isso o que eu pensava, sabe? De repente eu vi homens fortes se abraçando e se beijando. E eu não compreendia. Depois, a partir do momento em que comecei a prestar mais atenção, consegui ver que não era aquilo que eu conhecia, que não precisava ter unhas compridas, sobrancelha tirada e pintura. Que era uma coisa além disso. Foi num quartel que eu vi tudo isso pela primeira vez. Mas lá eu não me envolvi em nada[393].

Uma interessante pesquisa, realizada pelo Ibope e publicada pela revista *Veja* (Especial 45 anos) em setembro de 2013, compara duas décadas (1993 e 2013) sobre o modo como os brasileiros convivem com a presença homossexual no seu cotidiano público e privado. A matéria aponta mudanças, conquistas e perdas no universo homossexual. Segundo a revista, ao comparar os dados pode-se pensar que se trata de dois países separados por apenas vinte anos entre uma pesquisa e outra. A constatação positiva é a de que o Brasil atual se mostra mais tolerante do que o de 1993.

Com o título "Uma sociedade mais aberta", a pesquisa mostra que os preconceitos expressos há vinte anos aparecem atenuados na enquete de 2013. Os números que se seguem são, respectivamente, de 1993 e de 2013:

No Brasil de 1993, 79% dos entrevistados afirmaram que ficariam tristes se tivessem um filho *gay*. Essa porcentagem caiu para 37% em 2013. Em 1993, 50% declararam que conviviam com homossexuais no dia a dia; em 2013, eram 78%. Em 1993, 56% responderam que mudariam sua conduta com o colega se soubessem que ele era *gay*; esse índice caiu para 19% em duas décadas. Em 1993, 36% deixariam de contratar um homossexual, mesmo que ele fosse o mais qualificado; esse índice reduziu-se para 7% em 2013. Por fim, caiu de 58% para 40% os que se disseram contrários à adoção de uma criança por um casal homossexual.

Como se vê, houve inegável amadurecimento dos brasileiros: o preconceito sofreu visível redução, principalmente na esfera pública. No âmbito privado, entretanto, o progresso foi mais modesto. E tanto na esfera pública como na privada certos redutos evangélicos ainda resistem à aceitação da convivência homossexual.

Uma maior exposição dos homossexuais em diversos setores da sociedade e sua presença cotidiana na mídia ampliaram o acesso do público a informações e aumentaram a tolerância quanto à orientação sexual, havendo cada vez menos estigmatização. No entanto, a grande visibilidade alcançada pela comunidade homossexual fez com que aumentassem os níveis de violência contra seus membros.

DESVELANDO A HOMOSSEXUALIDADE FEMININA

Pouco se sabe a respeito do universo amoroso das mulheres homossexuais no Brasil antigo. Mesmo com informações precárias sobre o tema, há registros de que, ao desembarcarem na Terra de Santa Cruz, os colonizadores portugueses notaram a presença, principalmente nas aldeias Tupinambá, de algumas mulheres masculinizadas que em tudo imitavam a maneira de ser dos homens, o que evidencia que a homossexualidade feminina esteve presente no país desde os primórdios de nossa história. Embora as ocorrências fossem pouco frequentes, havia índias que rejeitavam cônjuges masculinos; a aldeia resolvia esse comportamento matando as mulheres tríbades da sua comunidade.

VISITAS INQUISITORIAIS

Nossa história colonial deixou poucos registros de relações sexuais femininas. Nesse período, as informações que temos sobre o homoerotismo feminino estão registradas nos livros das *Denúncias e confissões do Santo Ofício*, que vigoraram a partir de 1591 até meados do século seguinte, quando a Inquisição, por diversas vezes, devassou as principais capitanias do Nordeste, interrogando e punindo os acusados de pecados contra a fé e a moral sexual. Foi sobretudo na Bahia e, em menor escala, em Pernambuco que o inquisidor encontrou quase três dezenas de lésbicas, consideradas muito ousadas.

A primeira visitação do Santo Ofício da Inquisição ocorreu entre 1591 e 1595, na Bahia e em Pernambuco; a segunda, em 1618, somente na Bahia; e a terceira, bem mais tarde, no Grão-Pará, em 1763, prolongando-se até 1769. Numa delas, Paula de Sequeira foi a primeira a confessar ter mantido relações sexuais com Felipa de Souza, que, por sua vez, confirmou sob interrogatório ter mantido intimidades com outras mulheres. O documento segue nomeando algumas mulheres que se envolveram em casos homoeróticos.

A não utilização do membro fálico impedia que se caracterizasse o ato chamado de nefando (abominável pecado) como sodomítico; configurava-se como molícia, ou seja, afagos amorosos, o que reduzia em muito a gravidade do pecado.

> No tocante aos atos sexuais – a grande obsessão do inquisidor ao examinar tais casos –, os documentos indicam que todos ocorriam, sem exceção, de maneira uniforme. As mulheres "agentes" colocavam-se por cima e as "pacientes" por baixo, sem prelúdios nem variações, e ambas uniam seus "vasos naturais" até

obter deleitação. Impossível crer na informação desses documentos, ao menos de modo absoluto, pois são documentos que mais espelham um modelo oficial de cópula, e ainda por cima heterossexual, do que exprimem o enlace de corpos femininos – corpo feminino que o inquisidor ignorava muitíssimo[394].

O inquisidor era quem orientava a confissão, arguindo conforme os seus critérios de julgamento: posição das mulheres nos atos; número de parceiras e cópulas; ocorrência ou não do gozo; uso ou não de "instrumentos". O padrão do ato sexual parecia ser o do que se considerava "coito natural", visto como relação hierárquica na qual o homem sempre deveria ficar sobre a mulher.

Muitos inquisidores abstiveram-se de aprofundar o entendimento da sexualidade feminina, retirando-lhe toda e qualquer importância. Descartaram a sodomia entre mulheres pela ausência do pênis capaz de transmitir o sêmen de uma fêmea ao ânus da outra. Classificavam a relação como sodomia imperfeita.

Diante de tal interpretação sobre a homossexualidade feminina, o Tribunal do Santo Ofício em Goa, em 1560, simplesmente não sabia o que fazer nos casos relativos a mulheres, o que acabou gerando uma interessante polêmica. Em 22 de março de 1646, o Conselho Geral da Inquisição de Lisboa decidiu que o Santo Ofício "não devia tomar conhecimento dos atos sodomíticos entre mulheres". A partir dessa data, apenas esporadicamente surgiram informações sobre o amor homossexual feminino.

De todas as mulheres acusadas pelo delito de sodomia, apenas Felipa de Souza foi levada às barras do Tribunal do Santo Ofício. Segundo o antropólogo Luiz Mott, entre três dezenas de lésbicas do Brasil denunciadas à Inquisição, nenhuma citou ter praticado sexo oral. Algumas sequer tiravam saias ou vestidos, contentando-se em esfregar seus corpos. Quase todas responderam não utilizar instrumento de penetração, exceto Isabel Antônia, conhecida como "a do veludo". Tratava-se de um instrumento fálico envolto com esse tecido.

SÉCULOS SEGUINTES

Nos estudos sobre os poucos recolhimentos e conventos no Brasil, também são raros os casos encontrados envolvendo amores entre mulheres. Na visita episcopal de 1733-1734, no Recolhimento das Macaúbas, em Minas Gerais, denunciava-se que foram encontradas até quatro jovens freiras alojadas na mesma cela, "algumas dormindo juntas com outras na mesma cama". Os documentos não chegam, contudo, a revelar detalhes sobre o assunto.

No Rio de Janeiro, D. Maria Úrsula de Abreu Lancastre protagonizaria uma interessante experiência transgênero na história do país. Essa jovem carioca, nascida em 1682, decidiu aos 18 anos de idade assumir uma personalidade masculina. Vestiu-se como homem e fugiu para Lisboa, em 1700, onde "assentou praça de soldado" com o nome de Balthasar do Couto Cardozo. Tal atitude mereceu distintas interpretações dos cronistas. Sustentava-se que o comportamento resultara de desespero ante um amor não correspondido; outra interpretação destacava que a jovem tinha um "coração varonil" e excessivo gosto pela vida militar.

No Rio de Janeiro, no Recolhimento de Nossa Senhora do Parto, encontrou-se uma referência a sexo a três, no ano de 1758. Conforme pesquisa de Luiz Mott, a irmã Rosa Maria Egipcíaca da Vera Cruz, negra, ex-prostituta em Minas Gerais, foi denunciada por ter ido para a cama do confessor do recolhimento, já altas horas, levando consigo uma menina de 8 anos.

Um caso de prática homossexual feminina na capital baiana noticiada pelo jornal O Alabama não empregava o termo lésbica, e sim "camarada", "amiga". Assim noticiou o jornal em 8 de março de 1870 sobre o relacionamento íntimo entre duas mulheres:

> No domingo beberam muito; à noite, Bella, embriagada dos sentidos pelo vinho e da alma pelo vício, querendo entregar-se a excessos de seu incontinente gênio, convidou para isso sua companheira que escusou-se dizendo que não estava disposta.
>
> Primeiro usou de palavras brandas e afetuosas, carícias e afagos para conseguir o que desejava; não o alcançando, Bella, no auge da alucinação, igual besta-fera que se vê contrariada em seus brutais apetites, dá de mão a uma navalha para coagir sua companheira e compartilhar de seu sensual deboche[395].

Na narrativa da imprensa é possível perceber que os leitores se surpreenderam pelo fato de o episódio ter transcorrido em local público. Afinal de contas, tratava-se de algo que comumente deveria ocorrer a portas fechadas. O jornal denunciava num tom pitoresco a narrativa, como forma de explicar um amor à flor da pele. A forma e o modo como o casal foi qualificado apontam para uma reprovação menos exaltada do que aquela referente ao universo masculino. Havia maior tolerância com o erotismo feminino que, muitas vezes, mesmo condenado, tinha certa aura exótica.

Ainda no Rio de Janeiro, no final do século XIX, o já citado jurista José Viveiros de Castro comentou a situação moral da cidade. Havia casos isolados de amor lésbico, mas não tão evidentes como ocorria em Paris que, segundo ele, gostávamos tanto de imitar. Já o doutor José Ricardo Pires de Almeida diz que as uranistas, nome dado às lésbicas, entre as quais se destacavam algumas estrangeiras, comportavam-se com tal discrição que seu estudo ficava prejudicado.

Mulheres que se rebelaram contra os padrões esperados pela sociedade podiam pagar um alto preço pelo ato. Entrando no século XX, em 28 de outubro de 1915, o jornal *O Estado de S. Paulo* noticiou a prisão de uma bonita mulata de nome Antônia, de cerca de 20 anos, quando viajava de trem vestida com roupa de homem. Três anos depois, estava no Hospício do Juquery.

O psiquiatra do manicômio surpreendeu-se com a vida da moça: ela foi uma pessoa "normal", até que, ainda jovem, recebeu uma pequena herança pela morte de seu pai e único parente. Ficou, então, totalmente entregue a si mesma. "Incapaz de gerir seus bens", registra o médico, "sua conduta começou a manifestar singularidades": comprou roupas masculinas e, com elas, passou a viajar pelo Estado. Ela alegava, muito razoavelmente, que era a melhor forma de uma mulher andar sozinha sem ser importunada, comenta a historiadora Maria Clementina.

Embora o psiquiatra não tenha encontrado nenhum comportamento ou sintoma indicativo de loucura em Antônia, seu diagnóstico evidencia que os valores morais se sobrepuseram aos científicos: "Achamos, pelo exposto, que se trata de uma degenerada fraca de espírito em que vai se instalando pouco a pouco a demência". Os deslizes de Antônia, porém, incomodaram comportamentos caros à sociedade: o casamento e a gestão de bens.

A conduta sexual da mulher lésbica vinha associada ora ao pecado, ora à doença, ora ao crime. A solidão do lar das casadas ou daquelas "histéricas" solteiras que renunciavam à nobre missão de procriar eram motivos para justificar os deslizes. Nesse amplo leque de desvios, incluíam-se também as mulheres "de família" cujo comportamento sexual, mesmo velado, fugia dos padrões da sacrificada e feliz figura de mãe e esposa. Sobre elas, assim se expressou o psiquiatra Franco da Rocha (1864-1933) no início do século XX:

> Nesses entes degenerados, cuja fantasia voa constantemente superexcitada, também constantemente se verifica o desenvolvimento não só da masturbação, como da inversão sexual etc. Perturbada por exagero, a função sexual converte às vezes em messalinas mulheres casadas e de boas famílias. Quem não terá visto um desses fatos? As desculpas fúteis com que muitas delas tentam justificar o mau comportamento que tiveram são como as escusas de bêbados: "Tenho sofrido muito; sinto-me aborrecida com a vida, e por isso busco este meio de amenizá-la", desculpas essas que revelam o embotamento dos sentimentos morais. [...] Felizmente, a porcentagem de tais fenômenos não é grande entre

nós porque, dada a elevação do nosso meio moral e a educação das nossas famílias, as histéricas se mantêm corretas na maioria dos casos[396].

INVERSÃO: ELA OU ELE?

Ao longo do século XIX e mesmo no século seguinte, o amor entre duas mulheres era pouco visível. Muitos dos que viviam longe dos centros urbanos desconheciam a possibilidade da existência de tais relações. Assim, quando vinha a público, essa forma de orientação sexual era motivo de espanto para muita gente.

No ano de 1925, um fato considerado inusitado, e que hoje seria visto com certa naturalidade, ocorreu em Ribeirão Preto, interior de São Paulo. A população ficou sabendo do registro de um "casamento entre mulheres" no cartório local. O fato passou despercebido na época, porque as "nubentes", após o matrimônio, partiram de mudança para Belo Horizonte, ali permanecendo por algum tempo. Tudo transcorria bem, até que, certa noite, um atento observador, ao ver o "casal" comprar ingressos para o cinema, falou para os amigos que estavam presentes, inclusive para uma autoridade, que aquele "casal", na verdade, era constituído de duas mulheres.

> A autoridade mineira levando em consideração o que afirmara o moço, ao terminar a sessão cinematográfica, detém o par. O "marido" no momento deu um grande estrilo apresentando documentos que de nada valeram, porque os mesmos tiveram que acompanhá-lo à delegacia. Para esclarecimento do caso, foi chamado o médico legista naquela hora tardia da noite, o qual após os devidos exames constatara que o tal "marido", para todos os efeitos, era uma verdadeira moça![397]

Na capital mineira, onde o inusitado casal residia recluso, outras pessoas também já haviam desconfiado de suas identidades, devido às maneiras delicadas do sr. "Lourival", nome que uma das moças adotara no cartório civil. O falso homem viera da cidade de Bauru para Ribeirão Preto, sempre usando roupas masculinas, e trabalhara numa alfaiataria local. Morara numa pensão para rapazes, onde dormia num recinto ao lado de diversos moços. Naquele meio, "Lourival" se esforçava para jamais cair em contradição:

> Assim, para comprovar a sua masculinidade, contava aos seus colegas diariamente as suas constantes aventuras amorosas, empolgando os seus companheiros com essas narrativas para melhor impressionar os colegas. Possuía um

vastíssimo repertório das mais apimentadas piadas bocageanas, que "o mesmo" sabia contá-las primorosamente, para os seus ouvintes[398].

Posteriormente à sua chegada a Ribeirão Preto, seus colegas de quarto lembraram-se de um detalhe: "Lourival" era um dos primeiros a entrar no quarto à noite para dormir, e também a primeira pessoa a sair todas as manhãs. Desse modo, ludibriava seus companheiros, porque jamais se despia na presença deles. Por muito tempo, o assunto de todas as conversações na cidade foi aquele inusitado matrimônio, completamente ignorado por todos. Os jornais locais, assim como os de fora, "fizeram os mais jocosos noticiários sobre o inédito acontecimento".

Em algumas semanas, tornou-se sucesso um romance sobre o assunto: *Ela ou ele?* Porém, o fato mais interessante e desconhecido em Ribeirão Preto foi que, em Bauru, "Lourival" também se casara com uma linda moça, cujo enlace teve o mesmo desfecho e causou a mesma celeuma ocorrida em Ribeirão Preto.

Casos como esses, quando descobertos, repercutiam imensamente na imprensa, como se se tratasse de um ser alienígena chegado à Terra. Isso ocorreu, em 1931, em Salvador com a frágil Vivi, apelido de M.A.G., uma jovem de 17 anos que inicialmente foi presa porque usava calça e camisa masculinas. A abordagem policial se deveu à roupa incompatível com seu gênero, o que, de acordo com os princípios legais da época, era um atentado à moral e aos bons costumes.

O catedrático em medicina legal Estácio de Lima foi chamado pela polícia para fazer a identificação de Vivi. O médico afirmou ter ficado curioso ao tomar conhecimento da reportagem sobre a garota no jornal, identificada como "mulher-homem". Essa era uma das expressões usadas para designar as mulheres lésbicas. Em função de seu posto na Universidade, o doutor obteve ajuda de um delegado que o levou a Vivi, submetendo-a a uma "perícia mental", a fim de diagnosticar as causas de tal comportamento tão "ofensivo à sociedade". O doutor se assustou com a fragilidade de Vivi:

> Sentadinha no seu canto, vestindo um *peignoir* bem feminino, Vivi parecia uma garota de mais ou menos 16 anos, quando a vimos pela primeira vez. [...] Decepção: Ao em vez da virago temível, barbada, musculosa, voz de marmanjo, como à boca pequena se dizia, tropeço com aquilo: uma garota – franzina, muito esguia, olhos grandes, chamejantes, fisionomia delicada [...][399].

Na época, Vivi trabalhava como telefonista e tinha como namorada uma pacata prostituta de nome Amelinha, que aparentava 22 a 24 anos. Quanto à sua companheira, disse o médico: "Do que pude apreender, Amelinha era mais uma cínica e devassa, do ponto de vista sexual, do que uma invertida". O doutor contou que a rua em que o exótico casal morava encheu-se de curiosos e houve quem arremessasse pedras na janela da residência. Após três anos de seguidas entrevistas, o médico constatou que, do ponto de vista comportamental, Vivi era um caso típico de invertida, não no aspecto físico, mas sim espiritual.

Segundo Uelba do Nascimento, em meados do século XX, em Campina Grande, a vida de uma prostituta lésbica não era fácil. Isso porque, além de enfrentar os preconceitos na própria zona, tinha que lidar com dilemas pessoais em sua orientação sexual.

A relação homossexual entre prostitutas não fica evidenciada em processos criminais e muito menos na literatura sobre o tema. As poucas obras sobre o assunto dificultam bastante a compreensão desse universo.

> As memórias de algumas prostitutas bastante conhecidas no mundo boêmio de Campina Grande, entre 1940 e 1950, nos revelam que essas práticas não existiam, como citamos no exemplo de Nina e Maria Garrafada, ao afirmarem que naquele tempo só era papai-mamãe.
>
> Mas diferentemente do que elas falaram, a relação entre mulheres existia, sim, e era até uma prática relativamente comum no meretrício, embora fosse marcada por preconceito entre as próprias prostitutas. Muitas mulheres faziam programas com homens, mas muitas vezes preferiam se relacionar amorosamente com outra mulher[400].

Em sua investigação, Uelba do Nascimento analisa um acontecimento aparentemente banal: uma briga pelo uso de um cachimbo, envolvendo três mulheres; o episódio, porém, deixa transparecer para a pesquisadora o motivo real da discórdia: o ciúme entre duas mulheres. A relação entre elas era considerada com certo preconceito mesmo na zona de meretrício e, por isso, deveria ser mantida em segredo.

Já o caso de certa Felícia teve consequências mais graves. Conhecida como "negra arruaceira e dada ao vício da cachaça", matou sua companheira por ela ter dito em plena luz do dia de um sábado de feira que Felícia tinha "um ovo", ou seja, que era "mulher-homem". Não suportando a revelação de uma prática sexual cuja intimidade só a ela dizia respeito, e sabendo que as brincadeiras e insultos devido à sua orientação sexual continuariam, Felícia golpeou Maria de Lurdes com uma tesoura enferrujada e saiu em disparada pelas ruas. Foi presa pouco depois.

Uelba conta também sobre o casal Lídia, de 25 anos, e Maria das Dores, de 21 anos, que já se relacionavam havia algum tempo. Viviam a "fazer a vida" como prostitutas num bordel e, o mais curioso: como uma espécie de gigolô, era Lídia quem arranjava homens para Maria das Dores. "Por questões de ciúmes, Maria das Dores briga com a dona da pensão, provavelmente por causa do seu relacionamento com Lídia ou por ciúmes desta com a dona da casa, e sai de lá para outra pensão na mesma rua." Lídia decide, então, que se Das Dores não a quisesse mais, iria marcá-la para sempre com a peixeira que trazia consigo.

Já a historiadora Nadia Nogueira relata um inusitado casamento ocorrido em 1960. Maria Madalena de Souza, natural de Barbacena, Minas Gerais, aos 15 anos conseguira uma certidão de nascimento falsa, tornando-se Jackson Marino Paula. Ao se mudar para Duque de Caxias, Rio de Janeiro, já como prático de farmácia, conheceu Carmem Lúcia da Silva. Tomadas por uma paixão fulminante, casaram-se após 15 dias de noivado. Dois anos depois, o casal teve o segredo devassado pelo jornal sensacionalista *Última Hora*, de 25 de julho de 1960. Diante da notícia do inusitado casamento, uma "centena de populares" curiosos dirigiu-se à delegacia.

Aos 22 anos, Jackson fora preso por não ter pagado a dívida da compra de uma casa onde morava com a companheira Carminha, de 20 anos. A prisão trouxe à luz o envolvimento amoroso entre ambas. Nos depoimentos, Jackson alegou ter "certeza de ser homem" e desejava ser reconhecido como tal pela ciência. Carminha não se conformava com a prisão do "marido" e, não querendo deixá-lo, gritava: "Eu o amo, eu o quero assim mesmo". A junta médica que atendeu Jackson diagnosticou "tratar-se de uma mulher normal, com todos os requisitos necessários à maternidade, embora seja um caso de psiquiatria digno de estudo profundo". O caso saiu da esfera da polícia para o âmbito da medicina.

SAINDO DO ANONIMATO

No tocante à ficção, as relações entre mulheres são um dos assuntos de *O cortiço*, de Aluísio Azevedo, publicado em 1890. No romance, Pombinha, uma jovem moradora do cortiço, envolve-se com Leocádia, uma prostituta de luxo que se vale de sua riqueza para conquistar a bela adolescente. Em 1924, foi publicado no Rio de Janeiro *Mademoiselle Cinema*, de Benjamim Costallat. A protagonista do romance, a jovem Rosalinda, de 17 anos, proveniente da aristocracia política da República, era uma assídua frequentadora do *bas-fond* carioca dos anos 1920, viciada em sexo e em cocaína e também adepta do amor lésbico. Ainda que na obra exista um fundo moralizante, o livro foi alvo de uma campanha contrária movida pela Liga Pró-Moralidade, que conseguiu sua proibição, o que fez aumentar a curiosidade do público. O livro, então, chegou a ser reeditado inúmeras vezes, tornando-se um clássico da literatura erótica brasileira, diz Carlos Figari, em *As outras cariocas*.

Outra publicação do mesmo gênero foi a de Laura Villares, *Vertigem*, de 1926, que descreve uma relação em que atua a velha e esperta cortesã francesa. Nesse caso, Liliane Carrère inicia sua amiga Luz Alvarenga nos segredos sáficos, uma vez que ela "nada sabe do amor".

Editado em 1930, *O terceiro sexo*, de Odilon Azevedo, foi a primeira obra onde se reivindica de forma clara e coerente o amor lésbico. Nele, Odilon conta a história de duas operárias pobres de uma fábrica de cigarros.

Na década de 1960, a escritora Cassandra Rios (1932-2002) foi uma das pioneiras na literatura sobre o amor sáfico. Seus livros foram apreendidos; a autora foi presa várias vezes e chegou até a receber um soco de um delegado. Certa vez, um juiz do Fórum Criminal lhe perguntou se não tinha medo e ela respondeu: "Tenho sim, da minha própria coragem".

A preocupação com a questão moral não se restringia a autores nacionais. Livros estrangeiros com essa temática sexual também foram vetados pela censura. Alegavam que certos comportamentos liberais diziam respeito à realidade americana ou europeia, não condizentes com nossos padrões morais. Nesse sentido, em 1978, o *Relatório Hite*, livro da autora norte-americana Shere Hite, teve sua venda proibida a mando do então ministro da Justiça Armando Falcão, atendendo à sugestão do relatório enviado pela direção do Departamento de Censura:

> O livro constitui-se em uma verdadeira aula de masturbação feminina, reveladora dos múltiplos recursos de que podem as mulheres lançarem mão para atingir o orgasmo; exalta as práticas lésbicas, indicadas como bandeira de libertação da mulher; e dá ênfase especial às relações anormais entre pares, estimulando a obtenção do prazer através da cunilíngua, da felação etc.[401]

SEGREDOS DESVENDADOS

A aparição de mulheres homossexuais na vida pública ficava restrita às regiões centrais das grandes cidades e principalmente à zona boêmia. Mesmo quem era frequentador da noite se surpreendia com o comportamento feminino diante das conquistas. O memorialista Rosito Coiro presenciou uma cena com uma assumida "machorra", como se dizia em Porto Alegre na época. Maria Helena era uma professora que trabalhava na Secretaria da Educação e vestia-se de forma a se assemelhar a um homem. Em Porto Alegre, numa sexta-feira 13, entrou na boate o cantor Lupicínio Rodrigues (1914-1974), acompanhado de três mulheres. Coiro relata o que ouviu da mulher e o que se passou em seguida:

> Então, falou para mim, quase como um segredo:
> – Vou tirar a mulher dele!
>
> Não demorou muito, a mulher resolveu ir até o toalete. Maria Helena levantou-se e foi atrás. Notei que estavam demorando muito. Quando retornaram, todos assistimos à cena mais insólita possível: a mulher estava de mãos dadas com Maria Helena. Lupicínio ficou embasbacado, boquiaberto, e eu também. Maria Helena e a mulher saíram abraçadas, como se fossem dois namorados. Lupicínio naquela sua calma, ainda refazendo-se do impacto da perda, largou uma frase antológica:
> – Quem pode afirmar que agosto, sexta-feira 13, não dá azar? O lobisomem está solto![402]

Em *Ilhota: testemunho de uma vida*, a autora, Zeli de Oliveira Barbosa, dona de casa de uma antiga favela de Porto Alegre, espantou-se com um fato ocorrido nos anos 1960: "Outra coisa que nunca tinha visto na vida era uma mulher amar outra mulher". Sua irmã, ao lhe fazer uma visita, contou ter sido "cantada" por um homem na praça. Mas tal "homem" era a colega de moradia de sua vizinha. Aquele episódio abalou suas certezas: "nunca tinha visto aquilo na minha vida e jamais, repito, ouvi dizer que existisse essa espécie de relações". Daquele dia em diante, Zeli passou a perceber que o casal vivia maritalmente, como qualquer outro, e até ciúme uma tinha da outra.

O relacionamento amoroso entre duas mulheres, quando descoberto, transformava-se em notícia de jornal ou revista e assunto de livro. Somente nos círculos restritos da alta intelectualidade é que era aceito com certa naturalidade, como foi o caso da arquiteta carioca nascida em Paris Lota Macedo Soares (1910-1967) e da poetisa norte-americana Elizabeth Bishop (1911-1979), no Rio de Janeiro, nos anos 1950 e 1960.

No passado, a homossexualidade feminina chamava mais a atenção por ser a mulher mais reclusa que o homem, circulando menos no espaço público. A atriz Norma Bengell contou que, quando cantava numa boate em Copacabana, em meados dos anos 1960, ao ver passar uma linda mulher vestida de preto, comentou com o amigo Guilherme de Araújo, empresário e produtor carioca. Este lhe respondeu: "Seu nome é Gilda Grillo. Ela é homossexual e vive com aquela moça que está ali ao seu lado". Norma disse que não entendeu nada, pois "nunca tinha ouvido essa palavra sem estar associada aos homens". Em seguida, foram apresentadas, entabularam uma conversa e, semanas depois, envolveram-se numa paixão que durou sete anos.

Outrora, somente mulheres de classe média dos grandes centros urbanos é que tinham possibilidade de organizar encontros e festas em suas casas, local em que podiam gozar de maior liberdade de expressão e da sensação de pertencimento a um grupo.

> As mulheres mais pobres eram obrigadas a adotar um gênero masculino como única opção para conquistar um espaço, pois a sua condição econômica não permitia construir uma vida privada, clandestina, fora do olhar familiar e do bairro. As mulheres masculinizadas, agressivas e bravas lograram impor um certo respeito na esfera pública, o que lhes permitia sobreviver dentro de sua comunidade[403].

Mesmo na década de 1970, em que parte do Ocidente já vivia a revolução sexual, o Brasil ainda era um país muito limitado com respeito à manifestação pública de afeto entre duas mulheres. Em 1976, Norma Bengell, ao retornar de Paris depois de alguns anos afastada do Brasil, resolveu ir à praia de Ipanema de mãos dadas com sua nova namorada, de nome Sandra. Felizes e radiantes com o verão carioca, não pressentiram o que sucederia. Ficaram abismadas:

> Percebemos, no entanto, que as pessoas olhavam, gritavam e buzinavam para nós de um modo agressivo. Um grupo de cinco rapazes começou a rir de nós e nos disse qualquer grosseria. Fingi não ouvir e continuei a andar. Eu estava cansada de brigas. Mas Sandra revidou e os rapazes atiraram uma pedra, gritando:
> – O Brasil está decadente!

> De repente, a praia toda se pôs a jogar copos de areia sobre nós e a xingar, gritando em coro: "Puta! Lésbica! Macumbeira! Comunista! Fora do meu país!".

> A minha bata ficou toda vermelha. Parecia sangue, mas era molho de tomate das carrocinhas de cachorro-quente que nos alvejavam, entre outras porcarias. Olhei para cima e várias cabeças assistiram a esse teatro absurdo da varanda de suas coberturas na avenida Vieira Souto[404].

Tentaram sair do local, mas a turba enfurecida queria impedir a partida do carro, dando a entender que queria linchar o casal. A ira só foi contida quando

Norma, ao saltar do veículo e retirar os óculos, encarou "toda aquela gente nos olhos. Eles largaram o carro e pudemos partir".

A rejeição ao envolvimento lésbico pode ser muito forte. Daí o sentimento de culpa de alguém por ter experimentado o ato afetivo e sentido prazer. Isso pode levar ao medo de se tornar homossexual e, com isso, não ser aceita por parte da sociedade. Uma revista de nome *Rose*, de 1980, publicou uma carta cuja leitora pedia conselhos sobre o que ocorrera alguns meses antes num acampamento com amigos. Ali, a garota se dera conta de que o pecado morava ao lado:

> Perto de nossa barraca acampou uma turma de vagabundos e maconheiros. Com eles estava uma lésbica odiada por minha turma de Igarapava, São Paulo. Começou a chover e nossa barraca desabou, e tivemos de mudar para a delas e não sei se por azar ou sorte minha tive que dormir ao lado da lésbica, ambas só de calcinhas. Ela se encostava em mim e eu fugia. Ela me abraçava e eu evitava, até que acabei aceitando seu abraço, seus beijos pelo meu corpo inteiro. Quando ela me beijou na boca, estava tão excitada que cheguei ao orgasmo, a coisa mais gostosa que senti na vida. Durante o resto da temporada fizemos amor sem parar e quando voltamos já éramos amigas e amantes. Estamos apaixonadas e morremos de ciúmes uma da outra. É pecado mulher amar outra mulher? Você acha que devíamos parar por aqui, enquanto ninguém desconfia de nada? Mas não conseguiríamos viver separadas[405].

Em meados dos anos 1980, já nos primeiros passos da abertura política, a homossexualidade feminina ainda era um tema tabu nos meios de comunicação. Para aumentar a audiência, a TV, em busca de temas polêmicos, avançava um pouco mais na tentativa de contornar a censura. Em 25 de maio de 1985, o programa da apresentadora Hebe Camargo, na TV Bandeirantes, convidou para um debate a ativista Rosely Roth, do Grupo de Ação Lésbico-Feminista (Galf, 1981-1990). O tema teve grande repercussão e logo vieram suas consequências. A apresentadora do programa recebeu do sr. Dráusio Dornellas Coelho, chefe do Serviço de Censura Federal de São Paulo, a seguinte reprimenda:

> Demonstrando não ter pulso e nem saber conduzir o tema enfocado, a apresentadora Hebe Camargo permitiu que seu programa se transformasse numa tribuna de aliciamento, indução e apologia do homossexualismo feminino. Assim colocado, solicito ao digníssimo diretor da conceituada rede enérgicas providências junto à apresentadora e sua produção e que seja elevada a faixa etária do programa em referência, com gravação prévia[406].

NOS DIAS ATUAIS

É relativamente constante a recusa das lésbicas masculinizadas de se aceitarem como mulheres, o que nos fornece algumas pistas para compreender melhor a psicologia das personagens. Certa ocasião, enquanto a antropóloga Nádia Meinerz explicava seu tema de pesquisa, a jornalista Aline, de 32 anos, mencionou um grupo de moças vestidas de calça social, camisa e gravata, cabelos curtos ou amarrados, sem maquiagem, conversando entre si. "Essas, sim, que tu devias pesquisar", disse ela, afirmando sua normalidade diante do que caracterizava como imitação do comportamento masculino. Segundo Aline, era essa imagem da mulher masculinizada que o senso comum costumava associar à homossexualidade feminina. A eletrotécnica Sílvia, de 34 anos, teve a mesma reação ao descrever o tipo de mulher com quem em hipótese alguma se relacionaria:

> Eu jamais ficaria com uma mulher que, se eu olho, não vejo se é mulher ou se é homem. Não precisa ser magérrima, mas também não pode ser um balão. E de jeito nenhum ficaria com a mulher caminhão, que usa pochete, corta o cabelo assim e separa para o lado, usa camisa social. Olha, tem muito homem bonito com o qual eu pensaria em sair antes de sair com uma mulher dessas[407].

As "caminhoneiras" queriam se "fazer passar por homens", o que provocava reações negativas; trata-se, antes, de reivindicar a aceitação do sexo biológico na produção do gênero. Mas há quem se sinta excitado com o uso de determinado tipo de vestimenta. Seria uma agressão, ou mesmo castração simbólica, tentar transformar uma pessoa em outra, a contragosto. Segundo estudiosos da moda, a roupa exerce um poder sobre o indivíduo. Um exemplo masculino, que pode ser aplicado aqui, foi o que aconteceu com um adolescente que se travestiu pela primeira vez experimentando a roupa íntima da irmã: sutiã, calcinha e minissaia. De imediato e involuntariamente teve uma incontrolável ereção. "Assustou-se tremendamente com aquilo e, em pânico, pensava apenas em livrar-se logo daquelas roupas", conta Marcelo Pedreira em *A inevitável história de Letícia Diniz*, uma travesti. Outro exemplo é o da cartunista Laerte, que assumiu de vez a vestimenta feminina. Portanto, é bastante compreensível que uma mulher se sinta bem trajando um macacão de mecânico, por exemplo.

Uma certa Muniz, que dá depoimento à pesquisadora, considera que, diferentemente dos homens, o namoro entre mulheres rapidamente assume o caráter de "relacionamento sério", não sendo incomum irem morar juntas imediatamente após o primeiro encontro.

A valorização da esfera afetiva não implica que as mulheres não considerem o encontro sexual casual, ou seja, aquele desprovido de investimento afetivo, como possibilidade de parceria. Nesse sentido, é exemplar o depoimento da professora universitária Rosana, 39 anos, que defendeu como legítima "a possibilidade de ter relações sexuais sem compromissos afetivos", embora reconheça que essa não é a regra. Ela falou à pesquisadora da dificuldade de conseguir parceiras dispostas a estabelecer relações casuais:

> Se tu quiser sair só para transar com uma mulher, é um saco. Aliás, tem uma amiga minha que diz assim: para tu conseguir [transar], tu tem que rezar o terço antes, tem que prometer casamento, sabe como é que é, casa, comida e roupa lavada, amor eterno, o que é bem diferente das bichas, né? Não dá para chegar direto na coisa sexual, quero trepar contigo – não, não dá. Então é isso, tu tem que jurar amor eterno, nem que seja por uma semana[408].

Algumas entrevistadas por Nádia Meinerz consideram a imposição da vida conjugal uma espécie de "atraso" das mulheres em relação à "liberação sexual" que atribuem aos homens *gays*. As que são tidas como muito *liberais* representam ameaças aos casais, pelo ciúme e pela insegurança que despertam. A referência à mulher perigosa estende-se ainda àquelas classificadas pelas informantes como "bissexuais". Como pensam que elas "topam tudo", são consideradas ameaçadoras, visto que sua sexualidade perturba a expectativa de segurança conjugal.

Sete das dez mulheres entrevistadas relataram a prática do sexo em grupo, descrevendo os mais variados contextos e parceiras. Vale ressaltar ainda outra, cuja parceira citou a prática que envolveu o casal e um rapaz contratado. As mulheres comentaram, de maneira geral, que tiveram esses relacionamentos por "curiosidade, pois queriam ver como eram".

Em outro estudo, ao se perguntar a homens se concordavam ou não com a frase "Mulher que vira lésbica é porque não conheceu homem de verdade", 31% dos entrevistados, no universo da população pesquisada, responderam afirmativamente.

Não se pense que a vivência homossexual evita a violência contra mulheres. Lésbicas sobreviventes de estupros relatam que, antes e durante o ato, seus agressores alegavam fazer aquilo para "ensinar-lhes uma lição", para que elas se portassem "como mulheres de verdade" e pudessem "saber o gosto que tem um homem de verdade". Mas esse pensamento já começa a arrefecer, diante da maior compreensão da complexidade da sexualidade humana. O chamado "empoderamento" dos grupos minoritários, bem como a mudança cultural dos últimos anos, têm impedido a impunidade dos agressores e também têm modificado o pensamento da sociedade, que parece compreender melhor o diversificado funcionamento da sexualidade humana.

Em *Prisioneiras*, o médico Drauzio Varella encontrou uma complexa sexualidade em seu estudo sobre as detentas da Penitenciária Feminina da Capital paulista. Segundo ele, relacionamentos sexuais em prisões masculinas podem ser descritos com mais simplicidade. Já o sexo entre mulheres presas é um tema de maior complexidade. A maioria das mulheres abandonadas na cadeia recorre à homossexualidade por necessidades biológicas e carência de afeto. Embora esse modo de relacionamento ajude a manter a paz, as crises de ciúme doentio fazem correr sangue no confinamento. A porcentagem das que namoram chega a 85%.

O autor aponta diferentes tipos comportamentais lésbicos entre as detentas. Salienta que a denominação "sapatão" é exclusiva das que assumem o padrão masculino. São chamados de "ele" e tratados como rapazes. São respeitados e "têm em comum apenas o estereótipo masculino que encanta as mulheres". Entre os "sapatões" a única proibição é a de namorar entre si, pois isso é considerado pederastia.

A categoria mais valorizada no referido presídio é a do "sapatão original", de ocorrência bastante rara. Para ser enquadrado nessa modalidade, é preciso ser virgem de homens. Não pode ter tido filhos, namorado ou marido. Além disso, não se masturba nem admite que a namorada acaricie seu corpo. Encontra prazer no beijo na boca, nos seus lábios na vagina da parceira e na excitação daí resultante. O orgasmo "dele" ocorre sem necessidade de toque nos genitais. São exímios no conhecimento do ponto erótico feminino.

Outro tipo é o de mulheres que são heterossexuais na rua, mas que assumem a masculinidade na cadeia como estratégia de sobrevivência. Mulher nenhuma é forçada a manter relações amorosas sem consentimento. Nem sempre foi assim, pois no passado havia estupros. As batizadas por uma determinada facção são punidas com a expulsão caso sejam flagradas com outra mulher.

Outra categoria é a das "mulheríssimas": recebem da parceira as mesmas carícias que um homem faz numa mulher, sem dar nada em troca. Quando saem da prisão, voltam a relacionar-se com homem.

Ficam por conta das mulheres passivas a limpeza da cela, a lavagem de roupas, a arrumação das camas e os demais afazeres domésticos. "Nem todas, no entanto, comportam-se com tal rigor", finaliza Varella.

Há muito a dizer sobre a temática homossexual feminina, seus avanços, entidades de defesa de direitos humanos, o preconceito nos dias atuais, mas não pretendemos nos estender sobre tais assuntos. Neste estudo, limitamo-nos a destacar algumas manifestações lésbicas, ainda que discretas, cuja trajetória foi marcante para futuras conquistas da causa homoafetiva. Atualmente, a temática da identidade de gênero já conta com uma vasta bibliografia, que se encontra à disposição do leitor. Antes disso, a revolução sexual levada a termo a partir dos anos 1960 pôs em xeque arraigados tabus sobre a afetividade humana, como veremos no próximo capítulo.

REVOLUÇÃO SEXUAL: MAIS PRAZERES, MENOS PECADOS

Com o fim da Segunda Guerra Mundial, uma série de mudanças históricas deu origem à revolução sexual no Ocidente. Durante a guerra, com pais e maridos indo lutar no *front*, as linhas de produção industrial foram ocupadas pelas mulheres. Diante da necessidade de sobreviver, elas conquistaram a liberdade de sair de suas casas e de se dedicar a algo mais do que às tarefas domésticas. Até em países periféricos como o Brasil, a mulher começou a invadir as fábricas e os escritórios. O passo seguinte foi a emergência do movimento feminista, em defesa dos seus direitos.

Entre os anos 1940 e 1960, duas linhas de pesquisa contribuíram para tal revolução. A primeira foi a do pesquisador norte-americano Alfred Kinsey (1894-1956) e seu Instituto de Pesquisa do Sexo, da Universidade de Indiana. Realizaram milhares de pesquisas e entrevistas sobre a vida sexual dos estadunidenses. Os relatórios sobre a sexualidade masculina, publicados em 1948, e feminina, em 1953, causaram enorme polêmica nos Estados Unidos. Os norte-americanos descobriram que, diferentemente do que se pensava, era bem maior o número de práticas mais ousadas como masturbação, adultério e homossexualidade, preconizando que, em matéria de sexo, quase tudo é válido, não havendo desvio ou aberração. A reação adversa que daí resultou foi inevitável, pois certos dados chocaram a mentalidade clássica da família norte-americana. Foi uma verdadeira bomba. Era como se homens e mulheres daquele país dissessem uma coisa na vida pública e na intimidade agissem de outra forma.

Outra inovadora linha de pesquisa ocorreu com o médico William Masters (1915-2001) e sua assistente Virginia Johnson (1925-2013). Eles fizeram uma minuciosa investigação científica das respostas fisiológicas e anatômicas da sexualidade humana, observando e analisando *in loco* cerca de dez mil orgasmos. O resultado da pesquisa veio a público em livro de 1966, *A resposta sexual humana*. Ambos constataram que as mulheres eram superiores aos homens por sua capacidade de obter orgasmos múltiplos, o que sacudiu os tabus de uma cultura dominada pelo homem. Antes de Masters e Johnson, a literatura médica retratava o chamado sexo frágil como relativamente "frígido", como se as mulheres fossem incapazes de estar à altura dos homens.

Observaram, ainda, que masturbar-se não era algo antinatural nem causava danos físicos ou mentais. Confirmou-se também que homens e mulheres mais idosos podiam desfrutar de relações sexuais saudáveis. Mulheres grávidas podiam fazer sexo sem receio de prejudicar o feto e, em alguns casos, tinham um potencial orgástico aumentado; os prazeres femininos podiam ser mais intensos quando elas se masturbavam sozinhas. Por fim, a frigidez feminina ocorria mais por inibições religiosas e culturais do que por alguma falha anatômica. Todas essas descobertas contribuíram para a irrupção da revolução sexual que se avizinhava.

REVOLUÇÃO NOS COSTUMES

A diluição dos rígidos papéis sexuais estereotipados pode ser constatada com clareza na evolução das roupas. Em meados da década de 1960, pela primeira vez a produção de calças femininas supera a de saias. Foi o triunfo do *jeans* (preferencialmente unissex), cuja produção não parou mais de crescer. Já não bastava a aparência para distinguir os sexos. Os códigos de vestimenta se atenuaram, e o próprio sistema de moda sofreu abalos.

Passou a existir uma cultura jovem global. Tudo graças à prosperidade e ao pleno emprego da chamada Era de Ouro da economia no pós-guerra, com a melhora do padrão de vida das famílias. Na França, por exemplo, num curto período de tempo o número de universitários triplicou. Todos esses jovens, adiando a entrada no mundo do trabalho, conviviam em ambientes com outros da mesma faixa etária, o que favorecia o debate de ideias. Isso desembocaria em manifestações contrárias aos burocratas da política, à Guerra do Vietnã, à sociedade de consumo, pondo em questão disciplina, hierarquias, patriotismo e heróis respeitáveis. A proposta era "viver sem entraves".

Devido ao pleno emprego a partir da década de 1960, a juventude europeia e norte-americana passou a ter poder de compra. Desse modo, por exemplo, cresceu a venda de discos, produto antes adquirido quase sempre pelos pais.

Na música, o *rock* se tornou marca da juventude moderna. Suas letras, muitas vezes de apelo sexual, eram traduzidas para o mundo todo.

A juventude passou a ser vista não como um estágio preparatório para a vida adulta, mas, em certo sentido, como etapa final do pleno desenvolvimento humano. Com a expansão dos cursos universitários, os jovens passaram a se concentrar num espaço favorável à discussão e ao questionamento, o que, por si só, proporcionava o florescimento de uma identidade grupal e adiava o contato mais íntimo da juventude com o "mundo adulto", ou o mundo do trabalho. Segundo Eric Hobsbawm, o emprego passou a ser algo que poderia ser obtido a qualquer hora e abandonado a qualquer momento, caso, por exemplo, a pessoa resolvesse passar alguns meses viajando.

Os novos valores afetaram até a clássica indústria cinematográfica norte-americana, pautada apenas nos "sólidos valores da família", cujo código moral "limitava o tempo permissível dos beijos na tela (de boca fechada) a no máximo trinta segundos". Nos filmes e seriados, até os casados tinham que aparecer dormindo em camas separadas, e os lençóis não podiam aparentar estar amarrotados. Era proibido exibir o umbigo do Tarzan dos anos 1930 ou o da personagem de *Jeannie é um gênio*, seriado dos anos 1960.

De Nanterre, na França, a Harvard, nos Estados Unidos, os universitários queriam que as garotas, e também rapazes, tivessem acesso irrestrito aos seus dormitórios. Em Paris, na inauguração de uma piscina, em 1968, o líder estudantil Daniel Cohn-Bendit contestou o ministro da Juventude da França a respeito do *Livro branco da juventude*, que acabava de ser editado. A crítica do jovem que irritou o ministro era a de que sua obra não dizia uma única palavra sobre sexo. Além disso, para a nova geração, rejeitar o casamento era também rejeitar um dos pilares da sociedade, recusando o aval do Estado, da Igreja e da família para a construção da identidade social.

No Brasil, uma parte da juventude mais politizada e urbana imprimiu à época a marca do radicalismo político. Houve também uma guerrilha diferente, cuja arma era o prazer da libido. Outra parte, majoritária, voltou-se para música, roupa, moda colorida, corte de cabelos, calça *jeans*, minissaia etc., subvertendo antigos valores.

A Jovem Guarda e o Tropicalismo abriram caminho para as transgressões sonoras, "arrombando a festa". Seus integrantes captaram os desejos mais banais da juventude brasileira, tornando-se rapidamente seus porta-vozes. A cantora Wanderléa, por exemplo, mesmo sendo o que então se denominava "uma moça de família", exibia seu corpo insinuante em minissaias ou em calças apertadas, e sua sensualidade era acompanhada pelo olhar atento do público.

Assim, se havia rebeldia, ela estava mais nas roupas, e sutilmente na sexualidade, apenas insinuada nas letras das músicas. A Jovem Guarda apresentava aqui, com menos apuro, o que os Beatles faziam na Inglaterra. Ainda assim, o movimento juvenil fazia barulho e era possível notar a entrada em cena do "poder jovem", evidenciando o conflito de gerações.

NA ONDA DO AMOR LIVRE

Foi a partir de 1967 que os *hippies* apareceram timidamente na imprensa brasileira como objeto de análise do novo comportamento da juventude norte-americana. Uma dessas novidades era a prática do amor livre.

Segundo o sociólogo italiano Francesco Alberoni, o tema do amor livre já era amplamente difundido nos círculos anarquistas europeus do século XIX. É principalmente em *Harmonia*, do socialista utópico francês Charles Fourier (1772-1837), que se dá grande importância ao amor livre, sem impedimentos. Como vimos, esse pensamento influenciou o anarquista italiano Giovanni Rossi a fundar a Colônia Cecília, no Paraná. No caso de *Harmonia*, encorajava-se a prática do amor coletivo:

> Para Fourier a relação entre um casal parece egoísta. O casamento, embora não seja proibido, se tornará, por isso, uma instituição secundária. Os filhos serão educados pela comunidade. Os casais poderão reunir-se de dois em dois, formando um quadrângulo erótico. Ou então de três em três, quatro em quatro, formando sextetos, octetos, aquilo que ele chama de orquestras passionais. [...] Fourier preocupa-se com que todos possam beneficiar-se da riqueza amorosa. As pessoas mais bonitas deverão dar seu amor às mais feias; as jovens, às mais velhas. Todos deveriam ser educados de modo a desenvolver seu erotismo desde a infância[409].

Foram muitos os movimentos que pretendiam realizar o comunitarismo erótico, principalmente nos Estados Unidos. Com esse propósito, em 1826, uma líder comunitária, Frances Wright, fundou uma comunidade agrícola chamada Nashoba nas proximidades de Memphis. Por volta de 1840, chegaram aos Estados Unidos imigrantes que deram origem a uma dezena de comunidades de amor livre. A experiência mais duradoura foi iniciada por John Humphrey Noyes, em Oneida, perto de Nova York, em 1849, e durou cerca de trinta anos:

> No sistema de amor livre da comunidade, qualquer homem que desejasse ir para a cama com uma determinada mulher tinha primeiro de submeter um pedido a

uma intermediária designada por Noyes, uma mulher mais velha, que transmitia o "convite" à mulher desejada e verificava se ela estava ou não disposta. Qualquer mulher podia rejeitar as propostas de qualquer um e de todos os homens, mas tais rejeições não constituíam a regra geral da sociedade, voltada para o sexo, de Oneida. Os registros sexuais mantidos pelas intermediárias indicavam que a maioria das mulheres da comunidade tinha uma média de dois a quatro amantes por semana; algumas das mulheres mais jovens chegavam a ter sete amantes diferentes por semana. O propósito do registro da intermediária não era desencorajar a frequência do sexo, pois em Oneida uma vida sexual abundante era considerada saudável e apropriada, mas sim verificar a possibilidade de determinados casais estarem exagerando em afeições mútuas "especiais", não partilhando seus corpos com outros[410].

Em Oneida, durante vinte anos nasceram apenas 35 crianças, numa população de aproximadamente cem adultos sexualmente ativos, o que demonstra que havia controle da natalidade.

Uma segunda onda de movimentos utópicos aconteceu nos anos 1960, inserido no processo mais geral de liberação sexual. Associado ao combate à Guerra do Vietnã, em que jovens norte-americanos estavam morrendo em nome de uma causa rejeitada por eles, o lema *hippie* era "Faça amor, não faça guerra". Tanto nos Estados Unidos quanto na Europa, no mesmo período, frutificaram numerosos agrupamentos utópicos que praticavam o comunitarismo erótico.

Em Sandstone, um retiro montanhoso nos Estados Unidos, ocorreu uma experiência de classe média de amor livre, com troca de casais e sexo em grupo. O local era frequentado por casais de meia-idade desejosos de escapar do tédio da vida conjugal, mulheres divorciadas ainda não preparadas para um novo compromisso, moças cheias de energia erótica que não tinham coragem de praticar o sexo casual com desconhecidos, além de feministas como Sally Binford e sexólogos como Alex Comfort.

Nos anos 1960, dezenas de milhares de jovens já tinham vivido em comunidades nos Estados Unidos. No Brasil não chegamos a tanto, mas também houve tentativas experimentais em muitas famílias *hippies* brasileiras. "Fui morar numa comunidade em Gaivotas, Itanhaém, com um pessoal ligado a teatro, literatura e artes plásticas. Era uma belga *muito louca* que tinha comprado uma pousada [...]", informa Letícia à jornalista Lucy Dias, como podemos ler em *Anos 70: Enquanto corria a barca*.

Deve-se ressaltar que as transformações pelas quais o Ocidente passou nos anos 1960, consideradas uma revolução nos costumes, não ocorreram abruptamente e da maneira como muitos imaginam, como lembra a jornalista Mirian Scavone:

> A palavra "revolução" estava na moda nos anos 1960. Não é à toa que ela foi empregada até na hora de descrever as mudanças ocorridas na área do sexo. Neste caso, no entanto, ela é particularmente inadequada. Dá a impressão de que tudo virou de ponta-cabeça de uma hora para outra, que homens, mulheres, *gays* e lésbicas deixaram de lado séculos de repressão e, em 1969, todos marcharam alegremente para Woodstock, nos Estados Unidos, para uma festiva celebração do amor livre. Não é exato. Poucas áreas registraram uma mudança tão silenciosa e gradativa quanto a que diz respeito ao relacionamento amoroso.
>
> Outra impressão errada é a de que a humanidade fez mais sexo, e de maneira mais intensa, dos anos 1960 para cá do que em toda a história pregressa. É só ir aos livros, onde nos escritores libertinos franceses do século XVIII há passagens que escandalizariam os *hippies* de Woodstock. Nos anos 1930, época em que a maior parte dos namoros ocorria no portão, o autor americano Henry Miller retratou, em *Trópico de câncer*, a exuberante orgia em que viviam os intelectuais em Paris.
>
> Duas foram, na verdade, as mudanças ocorridas. A primeira é que o que antes era velado tornou-se, por assim dizer, oficial. O sexo deixou de ser conversa de banheiro ou de livro proibido para virar assunto de publicações sérias e programas de televisão. Deixou de ser feito às escondidas nas *garçonnières* e no banco de trás dos carros para ganhar os espaços "institucionais" dos motéis e até da casa dos pais. Estes últimos perderam a função de guardiães da virgindade das filhas[411].

BRASIL EM CRESCENTE SINTONIA

Na década de 1960, na era da chamada revolução sexual, o Brasil ainda caminhava a passos lentos no campo da abertura para uma intimidade mais radical. Aos poucos saíam algumas matérias nas revistas *Manchete*, *O Cruzeiro*, *Realidade* e, mais tarde, na década de 1970, no *Pasquim*, mencionando grupos de jovens nos Estados Unidos que estavam empreendendo uma reviravolta nos costumes, pondo em xeque os arraigados valores morais, incluindo aí a sexualidade. O assunto sensibilizou setores mais esclarecidos da sociedade brasileira.

Naquela década, revistas femininas também começaram a incomodar o conservadorismo presente, por explorarem com certa ousadia o novo filão da mudança na conduta social.

Direitos da mulher eram assuntos espinhosos. Ao estrear, em 1963, na revista *Claudia*, a coluna *Arte de ser mulher*, em que defendeu a pílula, o divórcio e a inserção no mercado de trabalho, a jornalista e psicóloga Carmen da Silva foi ameaçada por maridos furiosos.

Quase dez anos depois da edição de *Realidade* ter sido recolhida das bancas, em 1967, por estampar a fotografia de um parto e a informação de que uma em cada quatro brasileiras já provocara um aborto, um número do jornal *Movimento* que não trazia uma palavra sobre sexo (nem sobre política) foi proibido na íntegra – seu tema, mulher e trabalho, foi provocador[412].

Sobre o final daquela década, em *1968, o ano que não terminou*, o jornalista Zuenir Ventura ressalta a disposição de certas jovens mulheres de levar uma vida mais livre, desrespeitando os rigores da moral, desejando ao menos não cometer os mesmos erros de suas mães. Recusavam-se a ter uma vida tão infeliz quanto julgavam ter sido a da geração de seus pais. O que havia de comum nessa nova geração era a vontade de experimentar: uns na política, outros na redefinição dos padrões de comportamento.

Esses jovens não sabiam bem o que queriam do futuro e como implementá-lo; seu projeto existencial ficou mais na imaginação do que na realização. "A gente estava ensaiando para o que de fato aconteceu depois", reconhece uma das entrevistadas por Zuenir Ventura. "Foi um ensaio cheio de erros e correções, mas sem o qual não teria havido o grande avanço posterior", diz o autor. Do ponto de vista do comportamento, pelo menos no Brasil, os efeitos dessas mudanças também se fizeram sentir na atualidade, "ou pelo menos até o momento em que a aids passou a liderar a contrarrevolução".

Para Zuenir Ventura, a revolução sexual que ocorreu no Brasil não começou na cama, mas nas prateleiras das estantes das livrarias, "pela teoria, antes da prática". Como apontava uma pesquisa, de cada três livros publicados, pelo menos um tratava de questões sexuais. Em março de 1968, a jornalista Carmen da Silva constatava na revista *Claudia*: "O sexo se converteu em tema de palestra, em diálogo social, em bate-papo em mesa de bar".

A questão da pílula também era debatida com frequência em jornais e revistas. As mulheres foram as beneficiárias diretas do avanço proporcionado pela pílula, pois lhes permitia o prazer sem o risco da procriação. Mas isso era motivo de inquietação.

> Contra a pílula havia resistências que iam do temor natural dos seus efeitos, não de todo conhecidos, até o preconceito que via nela um instrumento de promoção da promiscuidade. Em outubro, ao desmantelar o congresso da UNE em Ibiúna, as forças policiais exibiram como troféu de guerra uma razoável quantidade de caixas de pílulas apreendidas[413].

Falava-se de sexo a toda hora. "Como em geral só se fala de liberdade na sua ausência, a liberação era mais aparente do que real", afirma Zuenir. O processo de transformação, porém, não atingiu todas as classes sociais nem todos os segmentos políticos.

No coração das esquerdas, o conservadorismo ainda predominava. Duas bases do Partido Comunista de Recife chegaram a vetar que uma delegada eleita participasse de um Congresso da organização em 1963, porque ela "não era virgem". Quando soube do veto, Gregório Bezerra (1900-1983), membro do Partido, irritado, solidarizou-se com a moça: "Pode deixar, minha filha, que eu vou lá botar os podres deles também pra fora".

PALAVRA DE MULHER

O movimento feminista contribuiu muito para a mudança de valores. Segundo a historiadora Joana M. Pedro, em 1972 foi criado no Rio de Janeiro um grupo de reflexão feminista com ideais trazidos de Berkeley, Estados Unidos, assim como sua prática de organização. O segmento carioca adotou o nome de Grupo de Reflexão e durou até 1973. Chegou a reunir um número expressivo de mulheres. O grupo das mais jovens preocupava-se também com questões de sexualidade, dando abertura para depoimentos intimistas, como o narrado por Branca Moreira Alves:

> Nos dias do grupo de reflexão em que eu falava: "Eu nunca gozei", a outra também dizia que nunca tinha gozado e como era isso. E num grupo de reflexão, aqui no Rio, uma amiga minha me ensinou a tirar a cúpula do chuveiro e deixar a água cair no clitóris e aí foi o meu primeiro orgasmo. Isso aos 35 anos. Essa amiga disse: "Se você não sabe o que é orgasmo então vai saber". Me botou lá deitada com a água no clitóris e fechou a porta e disse: "Vou ficar aqui te esperando, fica aí". Aí, quando deu o orgasmo que eu tremi toda e saí de perna bamba, ela falou rindo: "É, conseguiu". Foi uma revelação[414].

A pequena narrativa é um exemplo da ousadia dos assuntos discutidos naquelas reuniões, que ainda hoje poderiam causar espanto: "Como uma mulher adulta ainda não sabia o que era um orgasmo?". Embora tal ocorrência ainda perdure até hoje, em menor escala, a atual facilidade de se obter informações sobre o prazer sexual e o corpo não existia no início dos anos 1970. E, mais: durante muito tempo, acreditou-se que a "mulher distinta", "respeitável", não sentia desejo nem prazer, pois todo seu ser deveria devotar-se à maternidade.

Muitas mulheres consideravam que praticar o ato de se tocar significava submeter-se a uma "situação ridícula". Enquanto o pênis é reconhecido por se fazer visível, os órgãos sexuais femininos parecem inexistir. Para os homens, a masturbação é muito mais simples, pois seu pênis é presença constante, uma vez que ele o toca a todo momento para urinar.

Contribuiu para a frigidez de muitas mulheres o descaso que a ciência relegou a elas. O médico britânico William Acton (1813-1875) chegou a afirmar que, diferentemente dos homens, "a maioria das mulheres (felizmente para elas mesmas) não se incomoda muito com sentimentos sexuais de qualquer espécie".

Nos anos de amor livre, no início da década de 1970, Rogério, entrevistado por Lucy Dias, disse ter embarcado na onda de comunidade rural em Piraí, no estado do Rio de Janeiro, no alto da montanha. Foi cultivar a terra, produzir seu próprio alimento, dividir tarefas e experimentar o amor livre no sítio que herdou depois que a mãe morreu. A vivência do amor livre era escancarada. "Para nós a mentira era pecado", diz ele.

Na área urbana também se formavam comunidades, onde muitos seguiam o exemplo de Leila Diniz no tocante à maternidade. Assim, a psicanalista Maria Rita Kehl saiu da casa dos pais em 1974, com 21 anos, para morar com amigos de forma mais liberal. Nem por isso as contradições desapareciam: "A gente queria trepar com todo mundo, mas queria também um namorado que nos adorasse e também sofria quando ele era infiel". Mesmo assim, o importante era experimentar, afirma Kehl: "Eu tive filho em comunidade. Eu não morava com o pai do meu filho"; ele morava em outra comunidade em que as mulheres também "tinham filhos e todos os homens ajudavam de alguma forma".

A relação era aberta até certo ponto, porém. Existia ambiguidade: se aparecesse alguém interessante, a pessoa tinha quase a obrigação de transar, e o parceiro estava obrigado a suportar a situação delicada e a contar o ocorrido. Aí começavam as vingancinhas, como as "neuras" de um casal *free* que, representadas pelo cartunista Glauco (1957-2010), provam que isso persiste até hoje.

Como disse Kehl, diferentemente da tradição, essas moças não deixaram a família "para casar", contando com "a bênção dos pais e a casa montada com os presentes tradicionais". Para muitas, a nova experiência foi proveitosa, conforme balanço feito anos mais tarde:

> Foi muito bom para as moças da minha geração perder a virgindade sem culpa, fora do casamento. Foi bom poder diversificar a experiência sexual, ter parceiros diferentes, aprender, perder preconceitos, perder o medo e, para as mulheres, saber que o primeiro homem não tem de ser necessariamente o definitivo. Mas tentamos abolir a posse e o ciúme das relações amorosas e com certeza não conseguimos; não reprimíamos a atração que sentíamos pelo amigo que dormia no quarto ao lado, mas tínhamos de esconder o ciúme e a dor que sentíamos quando era nosso parceiro que fazia a mesma coisa. Além disso, nem todo mundo conseguia ter muito prazer nas experiências de sexo rápido e fortuito que se tornavam, mais que uma possibilidade, quase uma obrigação[415].

Outra depoente, Anaís, conta que era muito tímida nessa época. Depois, desandou a transar e nunca mais parou. Naquele período inicial, tudo era uma novidade atrás da outra e ela ficava extasiada: "Era o mundo! O universo! Pessoas, experiência". Para alguns, os mais letrados, era pela leitura que um novo mundo se descortinava: *O segundo sexo*, de Simone de Beauvoir; *A revolução sexual* e *A função do orgasmo*, de Wilhelm Reich; *Eros e civilização*, de Herbert Marcuse – esses eram os guias do novo tempo. Havia um ardor transgressivo na crença de que, ao dizer *sim* ao sexo, se dizia *não* ao poder (militar), observaria mais tarde Foucault.

Muitos tinham consciência de que, de alguma forma, estavam transformando o mundo. A experiência pessoal era muito forte: "Não vamos mudar a política, vamos começar mudando a nós mesmos", disse Alice, participante da onda *hippie*.

> O engraçado é que eu não tinha a menor sensação de ser promíscua. Lembro que resolvia isso na minha cabeça pensando: "Os homens não fazem assim? Eles não acham que é assim que se faz com as mulheres? Eu também vou aproveitar dos homens". E *mandava ver*. [...] Eu tomava pílula – e que maravilha foi pra vida da gente![416]

A sexualidade foi importante instrumento de transformação do mundo. Os anos 1960 continuam sendo a década da experimentação, da invenção de possibilidades de vida em meio a música, drogas, viagens e sexo. Foi o sonho de redenção do mundo pela busca da solidariedade humana. O casamento seguia aberto até onde era possível suportar. Na maioria das vezes, porém, não ocorria como o desejado:

Em uma comuna da Califórnia, por volta dos anos 1960, cerca de quarenta rapazes e moças se reuniram segundo os princípios do comunismo sexual mais estrito: proibição de formar um casal instituído, rotação de parceiros, recusa da preferência baseada em critérios estéticos ou culturais. Ao cabo de um ano, alguns dos participantes, obesos ou desgraciosos, ao ver seu acesso aos quartos dos outros recusado, começaram a vagar à noite pela varanda mendigando uma cama e repetindo: quem quer ficar comigo[417]?

No Brasil, tivemos pálidas experiências de comunidades onde o sexo grupal ou a troca de casais eram objeto de um "contrato" entre os pares.

HOMENS EM FOCO

Diante dessas mudanças, no final dos anos 1960, o jornalista e guerrilheiro Fernando Gabeira colocou a questão sexual como básica para o convívio humano. Conta que, quando ele e os companheiros exilados da ditadura militar começaram a frequentar as festas na Suécia, no início da década de 1970, incomodavam-se com o fato de as mulheres tomarem a iniciativa de tirar os homens para dançar. Os brasileiros achavam essa atitude um pouco estranha. Evidentemente, sabiam que tirar para dançar era tomar iniciativa; e elas não faziam apenas isso, também convidavam para ir para a cama. As mulheres agiam em conformidade com o que era mais ou menos clássico do papel masculino: "escolher a parceira, tirar para dançar, seduzir e convidar para a cama".

Diante dessa situação perturbadora, alguns companheiros chegavam a ficar impotentes; não conseguiam se relacionar com uma mulher com tais atitudes. O machismo exacerbado, de longa tradição, criava inquietação. Gabeira questionava o fato de os homens latinos ficarem impotentes, perturbados com o ímpeto das mulheres que tomavam a iniciativa.

Numa época em que o homem brasileiro não estava acostumado com o assédio feminino, a atriz Norma Bengell conta que deixou paralisado um dos principais integrantes do Clube dos cafajestes. Em 1961, após a gravação de um filme, a equipe utilizava uma piscina na casa em que estavam hospedados. Quando Norma viu Jece Valadão nadando, foi ao encontro dele:

> Mergulhei até ele e, quando emergi, disse que queria fazer amor, ali mesmo. Ele entrou em pânico, ficou sem reação. Saí nadando e rindo dessa que foi a única brochada assumida por ele. No dia seguinte, Valadão se recuperou da surpresa e estava pronto para se redimir. Mas ficou chupando o dedo. Eu já tinha mudado de ideia[418].

Pelo depoimento de algumas mulheres brasileiras, percebe-se que assumir o próprio desejo representava uma ruptura com o padrão de comportamento esperado do sexo feminino. Algumas tinham consciência de ser desviantes e se diziam "atiradas"; outras corriam o risco da rejeição por ser agressivas e competitivas; outras, ainda, sentiam-se culpadas por assumir um papel que não consideravam seu. Foi o que aconteceu com a advogada Cristina, 30 anos, que, em depoimento de 1981, relata como foi sua relação sexual quando viajou para o exterior:

> Aí cheguei e falei: "Bom, quando eu chegar em Paris, vou dar. Vou dar (riso). Afinal é a cidade do pecado". Aí eu arrumei um brasileiro lá que eu conheci, não tinha nada a ver comigo; aí falei: "Bem, vai ser com esse, né?" [...] Aí fui e tal e ele meio nervoso; aí, as preliminares todas; aí de repente eu me revelei pra ele assim em gestos, quando eu percebi que o negócio tava indo, aí eu fui e tirei a minha roupa toda e começamos... já estava num determinado ponto, aí eu percebi que ele gelou. Gelou no sentido, assim, não que eu não deixasse de ser atraente pra ele como mulher, mas foi uma surpresa em relação ao machismo dele. Eu me revelei uma mulher experiente. Ele talvez não estivesse esperando. Mas eu percebi isto nitidamente. Então, quando eu percebi isso, eu me senti muito superior, sabe? É um negócio assim muito gozado. Que eu percebi toda a fragilidade daquela aparência dele.
>
> A partir do momento que você se revela uma mulher exigente, experiente, balança o coreto. Eles já ficam com medo de não desempenhar bem, sabe? De brochar no meio do caminho, de não satisfazer. Então, [...] eu percebi que era importante pra ele, ele se sentir que ele é que estava dirigindo o negócio. Aí, eu automaticamente pensei: "Eu vou me fazer de uma menininha de novo, ingênua pra ele", né?, no sentido de deixar ele tomar as iniciativas, sabe? Porque eu saquei o negócio. Eu saquei a falsidade daquela superioridade dele, né? Aí trepou, foi uma merda, né?[419]

Não são poucas as entrevistas, mesmo na atualidade, em que as mulheres mostram claramente a intenção de romper com o comportamento passivo, tradicionalmente atribuído a elas na relação sexual; elas tentam soltar as amarras, libertar-se de uma série de imposições sociais de que o sexo está investido.

REAÇÃO CONTRÁRIA
Toda essa inquietação da juventude incomodou alguns segmentos sociais. No campo dos costumes comportamentais, as primeiras a usar minissaia revoltaram

setores conservadores, ainda não preparados para uma mudança tão brusca. Isso aconteceu, por exemplo, em Porto Alegre, como registra Rosito Coiro:

> Quando apareceu a primeira mulher de minissaia na rua da Praia, o escândalo foi de tal magnitude que a pobre infeliz teve que pedir guarida em uma farmácia que existia entre o Cinema Imperial e o Grande Hotel, onde hoje é o *Shopping* Rua da Praia. Veio a polícia, e a mulher teve que ser escoltada desde a Farmácia Carvalho até um táxi, sob intensa vaia. Formou-se uma turba a ofendê-la, chamando-a de vagabunda, ordinária[420].

A cantora Wanderléa conta que, estando na outrora badalada rua Augusta, em São Paulo, uma mãe conteve as três filhas para que não a cumprimentassem e ainda cuspiu no chão como sinal de repulsa.

A matéria "A juventude diante do sexo", resultante de uma minuciosa pesquisa da revista *Realidade* de agosto de 1966, foi objeto de reprimenda judicial. O Juizado de Menores da Guanabara ameaçou apreender a edição do mês seguinte caso a revista insistisse em dar continuidade ao assunto, embora os dados revelassem a face conservadora de nossa juventude. Apesar de elogiar a seriedade da matéria (com participação do psiquiatra José Ângelo Gaiarsa), a Justiça considerou o conteúdo "obsceno e chocante" caso caísse em mãos de menores de 18 anos.

Houve uma época em que os militares se incomodavam com as ousadas matérias publicadas pela *Realidade,* em seu período áureo, de 1966 a 1968: aborto, homossexualidade, prostituição, divórcio, amor livre, adultério, educação sexual e escola progressista. Os militares acreditavam haver uma campanha de dissolução dos costumes orquestrada pelos comunistas, que eram acusados de aliciar e insuflar a juventude brasileira em supostas células subversivas no meio universitário.

Como exemplo, citava-se a matéria "Aqui está o adultério", em *Realidade* de março de 1968, cujo conteúdo se referia a uma jovem universitária, solteira, de 25 anos, que havia sido seduzida sexual e politicamente ao entrar em contato com ambiente estudantil. Ela afirmava que, "até os 17 anos, a ideia que fazia do casamento trazia uma mulher cuidando da casa e dos filhos, e um marido autoritário e distante". A moça revelava ter sofrido completa transformação comportamental ao fazer novos amigos na república estudantil. Adotara outra forma de considerar as obrigações femininas e entendera que os homens não representavam perigo, como lhe ensinaram. A partir daí, passou a questionar valores como virgindade, fidelidade conjugal e outros arraigados atributos familiares. Disse ter perdido a virgindade não por amor, mas "para ser autêntica"; além disso, relacionou-se com um homem casado.

Na época, condenava-se a educação sexual na escola, pois ela era considerada uma forma sutil de aguçar a curiosidade sobre um tema delicado do qual o adolescente deveria manter distância. Religiosos e militares no poder acreditavam que esse tipo de assunto despertava, principalmente nas moças, o aguçamento da libido e a curiosidade, levando à consequente desagregação familiar. Segundo Zuenir Ventura, as resistências retrógradas exigiam curiosos álibis pedagógicos como estratégia de avanço: para que a Comissão de Justiça deixasse passar o projeto de educação sexual, a autora, deputada Júlia Steinbruch, recorreu ao inusitado argumento de que "os *hippies* e os homossexuais existem porque não tiveram educação sexual".

Com a intenção de dotar a juventude de sólidos valores morais, em 1969 um decreto-lei obrigou que fossem ministradas aulas de Educação Moral e Cívica em todas as escolas e em todos os graus. Autorizou-se a adoção de livros didáticos previamente supervisionados para leitura em sala de aula. Num deles, afirmava-se a importância do sexo, mas não como *um fim* em si mesmo, e sim como *um meio* para a espécie humana atingir seus objetivos físicos, morais e espirituais. Em publicação de 1971, o autor lamenta os rumos tomados pelos valores de outrora.

> Mas, infelizmente, na atualidade, o que existe é uma verdadeira *sexomania*. As publicações imorais e pornográficas, espantosamente, invadem as bancas de jornais, as escolas e os lares. [...] Em boa hora, portanto, o governo brasileiro resolveu estabelecer a censura prévia, para combater as publicações imorais[421].

Outra publicação constata que estava morrendo o sólido tabu da virgindade, e as mulheres estavam abandonando os postos domésticos e, consequentemente, a educação dos filhos. A confirmação do perigo pode ser observada no livro didático *Curso de Educação Moral e Cívica*, de 1972, do sociólogo e jurista Prof. Luiz Pinto Ferreira:

> Vê-se assim a formulação de uma nova moral sexual, coadjuvada pela onda de erotismo, pelos festivais de pornografia, pelos *hippies*, pelos vestidos transparentes, pelas revistas de nudismo, pelo cinema, pelo desnudamento progressivo da mulher, pelo maiô *topless*, em ondas desagregadoras da estabilidade da família e do casamento. [...] Essa nova moral sexual, contudo, deve ser combatida. É preciso contestá-la e superá-la[422].

Segundo essa lógica, claramente conservadora, a liberação dos costumes proclamada pela contracultura e a pornografia, capitaneadas pelo "comunismo internacional", visavam à dissolução das saudáveis normas da juventude. A mesma linha de pensamento era seguida pelo ex-diretor do manicômio do Juquery, o eminente psiquiatra Antônio Carlos Pacheco e Silva. Ocupante por trinta anos da cátedra de Psiquiatria da Universidade de São Paulo, além de ter cursado a Escola Superior de Guerra, o médico alertava, em 1974, sobre os perigos provenientes do exterior, capazes de pôr em risco até mesmo a saúde mental de nossa juventude. Sobre a devassidão dos *hippies* já presentes no Brasil, afirmou:

> As mulheres não são mais limpas ou menos desavergonhadas que os homens. Indiferentes à faceirice feminina, desleixadas, descuidadas, impudicas, pintam-se por vezes de forma exagerada.
>
> Vivem todos, destarte, na mais sórdida promiscuidade, dormindo ao relento no verão, e em mansardas no inverno, metidos em sacos de campanha ou deitados em colchões e almofadas asquerosas, cobertos de mantas esburacadas.
>
> A sexualidade sem entraves é uma questão fundamental para os que aceitam ingressar no grupo, que não admite a fidelidade conjugal ou sexual[423].

No entanto, durante a ditadura militar (1964-1985), as medidas restritivas da censura continuavam sendo um mistério para a maioria dos brasileiros. Uma circular de 31 de julho de 1975, dirigida à revista *Homem*, antecessora da *Playboy*, incluía recomendações do chefe da Censura em São Paulo; ele divulgava uma tabela do que poderia ser mostrado do corpo feminino:

> Seios? Dois não podiam. Um podia – sendo que o outro devia estar oculto "por tecido, espuma de sabão, flanco, corte, escurecimento ou qualquer outro recurso técnico". Bumbum? Somente diluído através de métodos equivalentes[424].

No caso do Brasil, no final da década de 1970 ainda havia um longo caminho a percorrer. O país avançava timidamente na abertura democrática. O desconhecimento sobre sexo estava presente em grande parte da população e isso era preocupante. Uma pesquisa realizada pela revista *Realidade* de março de 1971 chegava à conclusão de que a grande maioria das moças acreditava que deveria permanecer virgem até o casamento; considerava natural que o homem tivesse experiências sexuais pré-conjugais e avaliava a prostituição como um "mal necessário" para a manutenção da moral e dos bons costumes. Segundo a pesquisa, havia em São Paulo 47 processos de anulação de casamento, iniciados em 1970, tendo como pretexto o defloramento da mulher ignorado pelo marido.

O programa de Maria Helena Matarazzo, na rádio Globo, foi pioneiro no gênero "educação sexual", em 1979. No princípio, confundiu muitos ouvintes, que chegavam a fazer perguntas sobre compatibilidades de casais em função de signos do zodíaco. Os dois assuntos mais solicitados eram: masturbação (se era pecado e se fazia mal) e virgindade (como justificar a perda e como explicar ao marido o fato de não ter havido sangramento na primeira relação).

> Ela levou seis meses para pronunciar a palavra *vagina*; onze para dizer *pênis*; e, no mês passado, quando a sexóloga Maria Helena Matarazzo completou um ano de programa na rádio Globo de São Paulo, achou que era chegado o momento de referir-se pela primeira vez ao *clitóris*, para uma audiência calculada em 150.000 ouvintes. Em se tratando de sexo, é preciso ir devagar com os esclarecimentos, sabem os especialistas em educação sexual[425].

A necessidade de "ir devagar" devia-se ao cuidado para não melindrar setores conservadores da sociedade que, como vimos, chegavam a acreditar que um programa sobre sexo, mesmo educativo, poderia despertar o interesse dos jovens por aquilo que estaria adormecido.

Corroborando o enunciado anteriormente, dois anos depois, em São Paulo, em 1981, 25 donas de casa de classe média passaram a intercalar assuntos de natureza sexual em seus encontros semanais sobre discussões da Bíblia. Descontentes com o fato de a sexualidade aparecer nos meios de comunicação, as chamadas "Senhoras de Santana", nome a elas atribuído devido ao fato de morarem nesse bairro de classe média, resolveram passar um abaixo-assinado entre as amigas. Seis meses depois, elas ficaram surpresas ao saber que as listas ganharam vida própria através de cópias que percorreram locais distantes, do Pará ao Rio Grande do Sul, e acabaram se transformando num dos maiores protestos do gênero desde a liberação da censura. Houve mais de 100 mil assinaturas.

Animadas com a repercussão da "cruzada contra a imoralidade", as mulheres chegaram a se manifestar em frente aos estúdios da TV Globo em São Paulo para protestar contra o programa matinal sobre sexualidade apresentado pela psicóloga Marta Suplicy. O documento pedia às autoridades "medidas urgentes contra a onda de pornografia" em todos os meios de comunicação. Uma das líderes do movimento apresentou uma lista do que, se pudesse, gostaria de suprimir:

– Cenas de masturbação e estupro que aparecem na novela *Coração alado*, da TV Globo.

- Músicas como *Lança-perfume*, de Rita Lee, que insinua situações íntimas na vida de um casal.
- Campanhas de publicidade como a dos *jeans* Ellus, cujo último filme mostra uma mão masculina pousada nas nádegas de uma jovem.
- Explanações da sexóloga Marta Suplicy sobre a sexualidade feminina, no programa *TV Mulher*, também da Globo[426].

TENTANDO SOLTAR AS AMARRAS

A mudança nos valores sexuais fez com que a atitude em relação à virgindade passasse por profunda transformação. Por muito tempo, ser virgem era condição necessária para conseguir um bom casamento, ser respeitada na sociedade e na família. Há algumas décadas, com algumas exceções, as coisas mudaram radicalmente. Segundo a médica ginecologista Albertina Duarte Takiuti, coordenadora do Programa Estadual do Adolescente da Secretaria Estadual da Saúde desde 1986, a experiência de atender jovens desde 1971 possibilitou-lhe acompanhar toda essa mudança:

> Na época em que começou a atender, chegavam ao ambulatório do Hospital das Clínicas meninas desesperadas, que lhe confessavam aos sussurros: tenho uma coisa grave para falar para a senhora: "perdi minha virgindade, e minha vida acabou!". Outras chegavam chorando, logo após a lua de mel, dizendo que não haviam sangrado e, portanto, os maridos achariam que já não eram virgens antes. Quando a médica explicava que, dependendo do tipo de hímen, não há sangramento na primeira relação, a paciente ficava tão grata que a beijava. Outras pediam para que a médica falasse isso diretamente para os parceiros. Agora a história é outra. Durante o atendimento, adolescentes virgens chegam envergonhados por não terem tido ainda uma relação sexual[427].

Mas a atitude de a mulher tomar iniciativa e se exibir como quiser ainda é conquista recente. O fato de o homem não saber lidar com isso é também um dado acentuado nos dias atuais. Várias publicações e estudiosos já vinham captando essas mudanças que, para algumas pessoas, principalmente os homens, estão caminhando rapidamente. Conforme o jornalista Ariel Kostman:

> Nas relações amorosas, sabe-se desde sempre, mulher é louca por um compromisso. Mas, enquanto o parceiro ideal não chega, cada vez mais moças estão aderindo a uma prática que já foi exclusiva dos homens: o sexo casual, do tipo

uma vez só e adeus. No universo feminino, sexo sem compromisso (definição: você não só não espera um telefonema no dia seguinte como foge dele) virou algo mais generalizado do que em qualquer época anterior, ocorre em qualquer faixa de idade e é praticado de maneira muito mais aberta. [...]

Ao contrário dos anos 1970, quando, no auge do movimento *hippie* e antes do fulminante advento da aids, o celebrado amor livre era comportamento restrito a grupos alternativos, hoje é atitude que permeia todas as tribos, de *punks* a esportistas, de *clubbers* a patricinhas. E artistas, naturalmente: entre um namoro firme e outro, beldades de coração libertário como Vera Fischer e Luana Piovani se divertem com quem podem e querem. [...]

Para gerações mais veteranas, é difícil acreditar que isso aconteça mesmo com tanta naturalidade, sem corações partidos nem autoestimas estilhaçadas. Para especialistas, a adesão feminina ao sexo casual provavelmente foi impulsionada pela prática do "ficar", tipo de relacionamento que cresceu vertiginosamente nos anos 1990 [...]. Quando a garota fica mais velha, eventualmente ela continua ficando, só que em estágios mais adiantados[428].

Uma frequentadora de um bar no bairro da Vila Olímpia, em São Paulo, de 21 anos, aspirante a cantora, não teme dar seu nome completo à reportagem e comenta abertamente o assunto – até em tom de desafio: "Uma vez transei com um cara no banheiro de uma danceteria". Essas adeptas das relações casuais têm até um hino, "Já sei namorar", *hit* dos *Tribalistas*: "Eu sou de ninguém, eu sou de todo mundo e todo mundo me quer bem".

Muitos ainda desaprovam a liberdade da prática do sexo casual. Nesse sentido, assim se expressa o psicanalista Contardo Calligaris:

Devo ter repetido mecanicamente, não sei quantas vezes, que os anos 1960 foram a época da liberação sexual, mas não é nada disso: o que houve foi uma liberação amorosa. Ficou permitido transar caso haja amor. A transa pelo prazer não foi liberada; ela ainda é culpada e precisa ser resgatada pelo "nobre" sentimento amoroso. É por isso que a prostituição continua maldita, porque se funda, em tese, no escândalo que é o prazer do sexo sem amor[429].

A abertura comportamental, porém, não pode ser objeto de reprodução acrítica, pois pode-se cair na ditadura do amor livre. Além de muitas pessoas alardearem suas conquistas, muitos mentem para ficar bem com os amigos. Como reação a isso, vêm crescendo os grupos religiosos que pregam a abstinência sexual até o dia do casamento. Assim, nem todos usufruem da renovação comportamental propiciada pela revolução sexual.

A REVOLUÇÃO SEXUAL NÃO FOI PARA TODOS

Os comportamentos vanguardistas no tocante à liberação sexual de determinados jovens de alguns segmentos sociais mais esclarecidos não podem ser estendidos para a ampla maioria da população. A revolução sexual processou-se de maneira diferente entre jovens de classe média e jovens pobres da periferia das grandes cidades e de certas religiões.

Essa foi a conclusão a que também chegou, em 1983, Rose Muraro, em *Sexualidade da mulher brasileira*: a "cama" onde se faz sexo, quem diria, depende da classe social. Basta comparar os representantes das camadas mais pobres e com baixa formação educacional – como o trabalhador rural, por exemplo, que carrega muito mais culpas, preconceitos e pecados – com os integrantes das camadas urbanas de classe média alta.

Num debate na TV, uma cantora de *rap* de um bairro de periferia condenava as meninas do seu meio social por não se "valorizarem", "dando" com facilidade para os "caras" que as usavam e depois as descartavam. Essa argumentação foi prontamente contestada pelos demais integrantes do programa, oriundos da classe média, ao dizerem que as referidas meninas tinham o direito de dispor do seu corpo e de satisfazer seus desejos como bem quisessem. Houve até quem invertesse a questão: não seriam elas que estavam "usando os caras"?

O que se pode inferir é que muitas moças dos setores mais carentes da sociedade fazem sexo a contragosto, apenas para agradar ou prender os rapazes. E outras, igualmente numerosas, mesmo fazendo-o por iniciativa própria, sentem ter praticado algo condenável pelos padrões de moralidade de seu meio social.

Há mais liberdade de manifestação homoafetiva numa festa *rave* de jovens de classe média alta do que num baile *funk* de jovens pobres dos subúrbios.

Como podemos ver, os comportamentos assumem diferentes óticas dependendo da classe social e cultural a que pertencem as pessoas. Nos setores menos esclarecidos, predomina a visão dos rapazes de que certas mulheres estão ficando fáceis, que perderam a honra e que, por serem "rodadas", devem ser procuradas apenas para "farras", ao contrário das "moças sérias" ou "de família", aptas para casar.

DE TODOS E DE NINGUÉM

Em bares, casas noturnas de elite e festas universitárias, algumas moças transam em certos locais privativos, como banheiros e "cafofos" improvisados; muitos sabem do ocorrido e nem por isso elas ficam "faladas". Já as moças de comunidades mais pobres, se o fizerem, sofrem o estigma social; o fato corre de boca em boca e logo a moça é marcada. Exemplo divulgado na imprensa foi o de um baile *funk* onde a polícia constatou que, na parte dos fundos, debaixo do palco, jovens praticavam sexo em pé. Embora a ocorrência não seja específica de uma ou outra classe, fica claro que, quando algo é praticado por setores da classe média, é considerado "revolução nos costumes", ao passo que a mesma conduta, quando ocorre nos estratos menos favorecidos, é vista como "degradação nos costumes".

Na reprodução das classes sociais e de seus privilégios, os filhos das camadas mais esclarecidas, que monopolizam o poder econômico, herdam também o "estilo de vida" e a "naturalidade" dos pais para se comportarem em eventos sociais cotidianos. Desde tenra idade, na própria casa com amigos e visitas dos pais, acabam internalizando o que é "de bom gosto", bem como saberes e comportamentos. Tanto quanto o poder econômico, portanto, pesa também a herança cultural, imaterial, intangível, que vai permitir amizades duradouras e acesso a relações sociais em ambientes refinados.

O privilégio de classe se manifesta através de certos recursos que determinados jovens carregam consigo e lhes asseguram vantagens materiais (carros, casas) e não materiais (prestígio, charme na conquista erótica etc.). Esses recursos e vantagens passam despercebidos a ponto de serem vistos apenas como mérito pessoal. Reiterando o que foi dito anteriormente, assim se expressa o sociólogo Jessé de Souza:

> A regra básica da cegueira na qual todos vivemos é que percebemos o "capital econômico", mas nunca percebemos o "capital cultural". E que o capital cultural não são apenas os títulos escolares de prestígio que garantem à classe média seus empregos bem pagos e reconhecidos. Capital cultural é também e principalmente toda a herança imaterial e invisível, tanto emocional quanto cognitiva

e moral, que recebemos desde tenra idade, sem esforço, no convívio familiar, como a habilidade para o pensamento abstrato, o estímulo à concentração – que falta às classes populares e a condenam ao fracasso escolar –, a capacidade de perceber o futuro como mais importante que o presente etc. Isso tudo somado constrói o indivíduo das classes alta e média como "vencedor" na escola e depois no mercado de trabalho, não por seu "mérito individual", como os indivíduos dessas classes gostam de pensar, mas por uma "vantagem de sangue", familiar e de classe, como em qualquer outra sociedade tradicional do passado[430].

O processo de identificação do refinamento cultural nas classes média e alta se dá de modo "natural" e "pré-reflexivo", sem a mediação da consciência, com a naturalidade de quem respira ou anda, e é isso que o torna tanto invisível quanto extremamente eficaz como legitimação dos privilégios de classe. "O filho ou filha da classe média se acostuma, desde tenra idade, a ver o pai lendo jornal, a mãe lendo um romance, o tio falando inglês fluente, o irmão mais velho que ensina os segredos do computador brincando com jogos", exemplifica o sociólogo Jessé de Souza em seu livro *A ralé brasileira: Quem é e como vive*.

Apesar de "invisível", esse processo de identificação emocional e afetiva já implica uma extraordinária vantagem das classes médias e altas na competição social, seja na escola, seja no mercado de trabalho, em relação às classes desfavorecidas. Assim, não se pode estender para os setores menos favorecidos os pressupostos da classe média, como se suas condições de vida fossem as mesmas. As diferentes classes sociais lidam com comportamentos sociais de forma diferente. E, com a transformação dos costumes, novas questões se colocam como problemas.

BAILES *FUNK*

> Essa dança, a mais cínica que se possa imaginar, não é nada mais nada menos do que a representação a mais crua do ato de amor carnal. A dançarina excita o seu cavalheiro com movimentos os menos equívocos; esse responde-lhe da mesma maneira; a bela se entrega à paixão lúbrica; o demônio da volúpia dela se apodera; os tremores precipitados das suas cadeiras indicam o ardor do fogo que a abrasa; o seu delírio torna-se convulsivo, a crise do amor parece operar-se, e ela cai desfalecida nos braços do seu par, fingindo ocultar com o lenço o rubor da vergonha e do prazer[431].

Engana-se quem achar que a escrita acima diz respeito a uma apresentação num baile *funk* atual. O autor, comerciante francês que esteve na Bahia em 1817, descrevia o lundu, manifestação teatralizada da dança dos escravos africanos. Assim como a capoeira e o samba, o *funk* vem merecendo uma saraivada de manifestações de reprovação, tanto ao conteúdo de suas letras quanto à sexualização de sua dança.

Se o leitor pesquisar na *web*, constatará um número enorme de *sites* prometendo os mais excitantes e ousados contorcionismos sexuais exibidos nos bailes *funk*. As coreografias são praticadas nos palcos e imitadas no salão. Esse tipo de espetáculo faz lembrar o teatro de revista ou de rebolado que, num passado de grande repressão sexual, apresentava sessões de *striptease* que arrebatavam a plateia, majoritariamente masculina.

Nas apresentações *funk* nos palcos, os trajes femininos são mínimos, e os casais encenam atos sexuais nas mais diversas posições. A *performance*, porém, é apresentada de maneira claramente estilizada, mais parecendo movimentos mecanizados de uma relação sexual que tende à pornografia. Por um processo de emulação, jovens casais vão reproduzindo essa coreografia nas pistas de dança, e quase sempre é a menina que se oferece ao parceiro. É como se essa juventude mandasse às favas os escrúpulos morais, num exibicionismo sensual, rendendo-se à sociedade do espetáculo, da luxúria ostentatória, insinuando, sem esmero filosófico, não ter nenhum futuro, à semelhança da juventude *punk* britânica dos anos 1980, cujo lema era *no future*. Se o Carnaval é a ritualização da transgressão, o baile *funk* é a continuidade dessa erotização o ano todo. Entra-se em catarse coletiva, numa descarga orgiástica sem nenhuma reflexão mais profunda; vale apenas o prazer imediato do aqui e agora.

A propósito de um vídeo mostrando meninas adolescentes dançando na rua com muitas contorções e pouca sensualidade, embora a tentativa fosse a de chamar atenção dos rapazes presentes, quase indiferentes ao convite, porém, assim se expressou o jornalista Marcelo Coelho:

> A beleza e a juventude do corpo são entendidas, imagino, quase como armas – como instrumentos de poder. É disso que elas dispõem para obter a proteção, o amor, a fama, o dinheiro de um traficante ou de alguém respeitável no lugar. Não são "inocentes", nesse sentido: fazem o melhor uso possível de seu "capital" corporal[432].

Tal como se depreende nas apresentações *funk*, para esses jovens a revolução sexual redundou, na verdade, na exibição crua de sua sensualidade. Para alguns, isso indica ainda uma sexualidade reprimida, culpada, juvenilizada; para outros, trata-se apenas de vulgaridade. Isto é: esse comportamento pode ser menos transgressor do que parece, pois apenas reproduz a tirania do corpo imposta pela indústria cultural. Os estratos mais pobres da sociedade, além de não ter acesso aos sofisticados bens de consumo, também não têm acesso aos bens culturais diversificados.

Mesmo na ausência de perspectivas materiais e de futuro, uma jovem pobre da periferia pode apostar toda sua vida no sonho do amor romântico; essa crença ingênua, no entanto, se esvai na esfera da vida cotidiana.

Há mulheres cuja identidade é hipersexualizada, mas que não atraem o afeto dos homens; assim, ficam escravizadas a um jogo de sedução e conquista no qual nunca deixam de ser objeto. Essas garotas pobres são excluídas de quase todas as esferas de reconhecimento social. Isso torna a esfera erótica um fator decisivo, em que o sexo é radicalizado como um valor de troca, levado a sério para o desejo sexual, e totalmente desvalorizado para a construção afetiva. Diferentemente das jovens de classe média mais esclarecidas, elas nunca vivenciam a sexualidade como uma brincadeira sem maiores consequências, e sim como algo capaz de destruir a dignidade mínima que poderiam ter se fizessem um uso "mais inteligente" do seu único bem.

Os cientistas sociais Emanuelle Silva, Roberto Torres e Tábata Berg entrevistaram duas jovens para analisar como se dava, para elas, a relação entre sexualidade e afeto. Alguns desses relatos são muito contundentes. É o caso de Jane, órfã de pai, 16 anos. Sua mãe tem pulso firme; o pai era alcoólatra. Não sendo "gostosa", fator preponderante para obter reconhecimento entre os rapazes, Jane percebeu que não adiantava rebolar para se insinuar, e não sabia como agir para despertar interesse. Destituída da beleza natural das meninas "gostosas", que exibem seus corpos para sedução ininterrupta, Jane também estava distante daquela fatia do mercado sexual em que a candura das meninas "finas", acrescida dos seus dotes espirituais, detém certo poder de atrair os homens. Nas meninas de classe média, o investimento da vida se dirige para outras áreas de interesse, como a inteligência, o saber, a espiritualidade, e elas se saem melhor.

> Jane não é "gostosa". Baixa e magra, não consegue ser a personificação do desejo masculino. Sem aquela "beleza vulgar" que meninas pobres podem exibir do início da adolescência até os efeitos de uma gravidez mal cuidada, ela nunca pôde atrair os homens com a demonstração insinuante de seus dotes físicos, e nem ter as recompensas imediatas dessa atração. Quando vai se arrumar, Jane se vê no espelho sem poder imaginar como e onde alguém poderia ver nela algo além da "gostosura ausente". Não sabe bem o que fazer e o que usar para compensar essa "beleza rude", que lhe falta, com uma beleza mais "sublime", quase privilégio das meninas "bem-nascidas" de classe média, lapidadas para a contemplação e não somente para o uso sexual[433].

Diferentemente de Jane, Dina não teve o aprendizado dos conselhos da mãe e, por isso, não pôde ter nenhuma clareza quanto à utilização de seu único bem – o corpo. Para ela, o emprego do corpo como modo de atrair o reconhecimento masculino é de extrema importância para despertar a atenção do namorado. Isso acaba sendo a única fonte possível de autoestima, que, porém, quase nunca se realiza de fato, pois a sensualização emite de forma inconsciente ao rapaz um sinal de disponibilidade sexual.

Dina, apesar de ser "gostosa", nunca teve alguém que a ensinasse, desde cedo, a valorizar os traços de uma beleza distribuída nos sorrisos, nos gestos delicados, com a naturalidade dotada de uma etiqueta atraente, sem se reduzir ao mero interesse de seduzir. Desse modo, torna-se difícil manter relacionamentos que vão além da objetificação de seu corpo. O drama de Dina é que, sendo apenas "gostosa", a oferta liberada de sexo nunca pôde suprir sua carência afetiva com os rapazes. Com ela, os homens fazem sexo sem afeto. A "gostosura" é o corpo desejado e, no entanto, desvalorizado porque é desejado como mero corpo. É a sedução, geralmente sem elegância.

Diferentemente das garotas de classe média, que têm amplas formas de lazer, as duas veem no baile *funk* um momento de êxtase, de extravasamento, capaz de tirá-las da monotonia de suas pobres existências diárias e de fazê-las sentir "um frio na barriga" e o pulsar da "adrenalina no coração", como se lê em seus depoimentos. Aguardam ansiosamente o final de semana, e a rotina dos demais dias gira em torno dos preparativos para esse grande momento.

O baile representa a fuga da vida cotidiana e a preocupação tanto em exibir quanto em conter com seriedade os dotes da "gostosura". Nos bailes, o sexo se insinua em cada ritualização corporal. Isso produz relaxamento e um prazer muito intenso, que substitui, ainda que minimamente, o prazer obtido nas relações sexuais.

Buscam ser desejadas sem exercer, porém, o direito de desejar. Assim, após o baile, aflora a fragilidade afetiva que as duas sentem devido à ausência do amor, pois, para ambas, o sexo é considerado degradante. Essa fragilidade, agravada pela estigmatização do corpo e transferida para o momento de êxtase do baile, não alcança – ao final – um "perder-se sem se perder". A profunda tristeza que as invade quando a diversão acaba se deve à intuição delas de que, ao final do "espetáculo", ao voltar para casa, suas vidas permanecem vazias, sem nenhum reconhecimento, a não ser o daquela vaga recompensa pela exposição do corpo instrumentalizado. A única esperança é a de que, na semana seguinte, elas possam, mais uma vez, por apenas algumas horas, perder-se no baile.

Ambas tinham 13 anos quando perderam a virgindade. Dina, dentro de um carro velho; Jane, na casa de um menino cuja mãe saíra para fazer compras. Não aconteceu romanticamente, como elas sonhavam. Sequer queriam praticar sexo. Cederam apenas para dar uma "prova de amor", para não perder o namorado. Dina sabia que o rapaz tinha namorada. Ela sentia um "aperto no peito", misto de culpa e medo de que o rapaz achasse que ela fora "fácil demais". Como agravante, uma amiga espalhou que Dina não era mais virgem e que estava "dando" para um "cara" comprometido. Depois desse seu "amor de verdade", vieram outros, todos em busca da felicidade. Dina descobriu que esse namorado era viciado em *crack*. O sexo "gostoso" era a recompensa que ela proporcionava ao namorado pelas horas em que ele abandonava a droga. Mas ela continuava sem gostar de sexo. Aos 16 anos, ficou grávida e viu, com clareza, cumprir-se dolorosa profecia: "Dieguinho no baile olhando para as meninas de *short* curtinho e miniblusa que rebolam até o chão, e ela, barriguda, andando lentamente", dizem os autores. Será que aos 16 anos a juventude lhe foi roubada?

Jane se apaixonou por um menino da escola e, como "prova de amor", cedeu. Como não queria, sentiu a mesma culpa e medo de Dina. Quando cedeu, pôs a perder, então, a oportunidade de "se valorizar para o rapaz". Sua mãe, atenta e observadora, a ensinou a não confiar ingenuamente nos homens. Jogando com as "preliminares", Jane testou a paciência do namorado por três meses. Em cada "amasso mais quente", estava em jogo defender seu corpo de ser reduzido a instrumento sexual.

> No contexto em que vive Jane, quase ninguém consegue evitar a antecipação da ameaça de aniquilamento do corpo (o que todos, uma época da vida, haverão de enfrentar), principalmente as meninas reduzidas a um corpo hipersexualizado e de curta duração, marcado para morrer na primeira gravidez, com seus efeitos deformadores sobre a "gostosura". Em qualquer momento arbitrário, o sexo pode se transformar numa gestação que quase sempre transforma meninas "gostosas" e cobiçadas em jovens mães descartadas por seus maridos e candidatas ao abuso de todos os homens[434].

Muitas vezes, meninas de classe média não escondem que levam uma vida sexual intensa, considerando-a algo natural. Jane e Dina, diferentemente, têm em comum a necessidade de enfrentar a vida sexual como algo a ser levado em conta nos rumos de suas vidas. Nenhuma delas pode conceber fazer sexo com naturalidade e leveza, tanto pelo risco constante de uma gravidez indesejada e não planejada quanto, antes de tudo, pelo risco do estigma de serem vistas como meninas "fáceis", "vagabundas", "cachorras". Em conclusão,

> [...] o "sexo livre" significa para elas não uma conquista, e sim uma degradação maior. Quando elas cedem aos apelos da moda para liberar o sexo, como se fossem de fato livres para isso, desmonta-se todo o "regime de escassez" capaz de lhes dar uma segurança mínima nas relações com os homens[435].

Na disputa dos homens, elas acabam se rendendo à profecia: "Se você não fizer, vem outra e faz" e, assim, desvalorizam o único bem que dominam para jogar com os assédios deles.

A manifestação tardia da revolução sexual entre as meninas pobres só pode trazer um falso relaxamento. No contexto social em que vivem, em vez do diálogo sobre o corpo e a sexualidade, desde cedo as mães são obrigadas a ensinar o jogo da dissimulação com palavras e gestos, já que elas próprias nunca puderam compreender o sexo como saudável fonte de prazer. Elas não podem relaxar, ao contrário do que se canta em "Garota de Ipanema", de Tom Jobim e Vinícius de Moraes, que trata de uma garota cultivada, meiga, mas decidida, cheia de graça, cujo paradigma é não só a beleza, mas a inteligência, a malícia em que "o seu doce balanço é mais que um poema a caminho do mar".

> É certamente nas frações de maior "capital cultural" da classe média, muito diminuta no Brasil, que o sexo pode ser uma "brincadeira", e o desejo sexual ser assumido de forma mais relaxada e sem comprometer o valor social das meninas. São essas meninas "bem-nascidas", ao experimentarem desde cedo um afeto seguro com os homens, que podem, com a incorporação de "qualidades espirituais" na escola e nos diversos ambientes de treinamento estético, ter o sexo como brincadeira, ainda que eventualmente se machuquem, como também ocorre em outras brincadeiras. São elas que podem viver a liberação sexual como conquista, sabendo que não precisam apostar e nem defender a vida no sexo, porque possuem outras fontes de afeto, como as amizades, e de reconhecimento social através dos estudos e da carreira profissional[436].

Para essas meninas dos setores de menor poder aquisitivo, a perspectiva de futuro se esgota na preservação desesperada desse corpo sexualizado. E, assim, a ameaça de decadência da beleza é vivida desde cedo, quando muitas delas se tornam mães precocemente e a manutenção espontânea da "gostosura" fica comprometida.

Essa questão só será equacionada de maneira justa quando os rapazes superarem a arraigada virilidade da honra e buscarem outra fonte de valor, interessando-se por mulheres como parceiras e amigas, sem precisar abrir mão do prazer.

Nas relações eróticas entre garotas e rapazes, as mulheres saem perdendo com essa hipersexualização. Ainda que alguns rapazes, muitas vezes com a melhor das intenções, tentem se comportar romanticamente com elas, eles correm o risco de perder o prestígio entre os outros colegas. São chamados de "otários" pela recusa de enganar e "levar na lábia" mulheres que são apenas corpo, e que se acostumaram tanto a sê-lo que não podem desperdiçar o seu poder de conquista, numa típica profecia que se autorrealiza, a ponto de trair o investimento romântico do namorado e confirmar o preconceito funesto de que em "mulher não se pode confiar".

O sexo que o senso comum sugere como fonte de prazer para aqueles que não encontram realização em outras dimensões da vida pode constituir, para as meninas pobres, "o mais amargo dos desprazeres"; é nele que elas experimentam o sofrimento máximo de não poderem se realizar em outras dimensões do ser, concluem Emanuelle Silva, Roberto Torres e Tábata Berg em seu estudo.

GRAVIDEZ PRECOCE E INFÂNCIA

Diferentemente de muitas garotas de classe média, que têm seu quarto, onde podem fazer sexo com o namorado e guardar preservativos ou pílulas, uma menina de comunidade periférica quase nunca goza desses privilégios. Ao contrário daquelas que dispõem de locais em que se podem manter relações sexuais, como casa na praia, automóvel, sítio etc., as garotas mais pobres moram em apertados cômodos em que o sexo só ocorre às pressas quando todos saem de casa, ou em pé em becos escuros, encostadas em muros cujo desconforto obriga à brevidade da relação, muito embora isso possa ser prazeroso.

Com a gravidez precoce, na periferia dos principais centros urbanos, a família nuclear tradicional não é regra, e sim exceção. A porcentagem de mães que têm marido para ajudar a cuidar dos filhos é praticamente de 50%. Para muitas mulheres, o sonho de ser mãe ultrapassa renda e classe social, mas nas zonas periféricas a maternidade se torna realidade precocemente e acaba produzindo enorme quantidade de mães solteiras. As meninas mais velhas começam a cuidar dos irmãos pequenos desde cedo, para que a mãe possa trabalhar fora. Da mesma forma, cuidam dos filhos das amigas que não têm com quem deixá-los. Desde cedo convivem com crianças, além de cuidar delas.

A gravidez precoce não se deve unicamente à falta de informação. As escolas dão orientação sexual e esclarecimento sobre pílulas, preservativos etc. Mas as jovens que usam métodos contraceptivos nem sempre o fazem da forma correta. Muitas, ao se dizerem arrependidas por não terem tomado os devidos cuidados, poucos meses após a primeira gestação ficam grávidas pela segunda vez.

Muitas veem a gravidez como forma de ascensão social e de maior reconhecimento na família. Diante da falta de horizontes para realizações a longo prazo, o tempo presente acaba por ser ultravalorizado. Há jovens que encontram na gravidez uma possibilidade para sair de casa, motivadas pelo histórico de violência familiar. No final, porém, tal crença não se concretiza, pois os maridos as abandonam e elas ficam sozinhas cuidando dos filhos.

Outro motivo para explicar o elevado número de mães solteiras na periferia é que certos garotos querem apenas relações sexuais sem compromisso. Como a figura da mãe é muito valorizada nesses locais, as meninas se sentem incentivadas a seguir esse caminho. O modelo materno acaba influenciando, e logo mães solteiras se tornam avós de suas filhas solteiras.

ADOLESCÊNCIA PRECOCE

Desde a chamada revolução dos costumes, nos anos 1960, e sobretudo com o crescimento da indústria cultural, é cada vez mais frequente o desenvolvimento de uma sexualidade precoce entre pré-adolescentes e uma mudança de valores culturais que afeta todos os estratos sociais no que diz respeito à educação infantil.

Para discutir a questão, é importante ressaltar que o que concebemos como infância não era objeto de considerações até séculos atrás. Um dos fatores para a delimitação mais clara de faixas etárias é a difusão da escrita e da leitura, que hierarquizou o conhecimento, estabelecendo barreiras de acesso aos segredos culturais armazenados e impondo limites bem demarcados entre as gerações.

Com o advento da Revolução Industrial, ao se desenvolver o conceito de infância, a sociedade começou a colecionar um considerável acervo de segredos a serem ocultados de crianças e adolescentes, como o das questões sexuais, por exemplo. Surgiu até certa linguagem cifrada, ou seja, um repertório de palavras que não poderiam ser pronunciadas na presença de crianças. Os mistérios eram revelados por etapas, culminando no esclarecimento sexual.

> De modo análogo, a cultura livresca do século XVI ao século XX criou outro monopólio do conhecimento – desta vez separando crianças e adultos. Um adulto completamente alfabetizado tinha acesso a todas as informações profanas e sagradas contidas nos livros, a várias formas de literatura, a todos os segredos registrados da experiência humana. As crianças, na maioria dos casos, não tinham. Por isso é que eram crianças. E, por isso, eram obrigadas a ir para a escola[437].

Mas se por um lado a divulgação da prensa tipográfica criou a escola (e, com ela, a infância), a mídia digital faz "desaparecer" a puerilidade infantil. Agora, com a informação eletrônica, antes com a TV e, mais recentemente, com milhões de *sites* pornográficos na internet, as fronteiras começam a desmoronar. A erotização precoce já é um conjunto de sinais de que a linha divisória entre infância e idade adulta está se apagando rapidamente.

Quando se reduz a distância entre crianças e adultos, o esclarecimento sexual se torna um sério problema. Por caminhos diferentes, nossas crianças, tão zelosamente mantidas numa redoma dessexualizada, estão se aproximando do comportamento de certas crianças indígenas, como os meinacos e os matis, que imitam em brincadeiras a vida sexual dos adultos, embora sem muitas consequências danosas. Um fato mais próximo de nós ocorre na tribo dos matis, cujas crianças chegam a imitar em suas brincadeiras o que veem em filmes pornográficos. Nesse quesito tão díspar, as duas culturas estão se aproximando.

A pornografia é onipresente na vastidão da internet, tornando impossível conter o acesso a ela. O número de páginas chega a centenas de milhões. Estudos apontam que a pornografia não aumentou a violência sexual, mas está mudando o comportamento entre quatro paredes. Para amenizar esse problema, alguns especialistas em educação, principalmente nos países nórdicos, propõem a incorporação da pornografia nos estudos em sala de aula, na tentativa de "desconstruir" as ideias fantasiosas por ela divulgadas. Seriam ministradas aulas de educação sexual, nas quais a pornografia serviria de pretexto para discussões mais críticas sobre igualdade de gênero, violência, como funciona a internet, métodos contraceptivos etc.

Na nova geração, com muito mais liberdade, especialmente no início do século XXI, a sexualidade está se manifestando fortemente cada vez mais cedo, sem que os adolescentes tenham noção de limites. Desde a década de 1980, a infância começou a ser sexualizada, e as meninas se vestiam de maneira provocante, passando a ter como sonho de consumo sapatos de salto, unhas pintadas, boca vermelha de batom e até sutiã com enchimento, com poses de uma verdadeira mulher em miniatura, muito influenciadas por certos programas infantis. A ebulição inicia-se a partir dos 13 anos, quando a efervescência hormonal se junta a uma enorme estimulação sexual, acessível por todos os meios de comunicação eletrônicos.

Notícias dão conta de que meninas estão "ficando" com vários garotos nas festas, e ambos se gabam de ter beijado cinco, dez ou mais parceiros numa só noite. Pais ficam encantados e contam com orgulho o fato de suas crianças serem tão sabidas precocemente e já nem se interessarem por brincadeiras infantis. Alguns indagam insistentemente se elas têm namoradinhos/namoradinhas na escola.

Por fim, com a progressiva facilidade de acesso aos meios eletrônicos, jovens, sem se dar conta da gravidade da situação, estão gravando às escondidas relações sexuais mantidas com colegas de classe ou da vizinhança. Exibem essas imagens de intimidade entre seus pares ou até mesmo as postam nas redes sociais.

Além disso, os jovens estão queimando etapas, indo direto às relações sexuais, sem passar pelas preliminares ações eróticas que marcaram a geração anterior. Aliás, as restrições eram tantas que todos queriam ficar adultos logo e tinham os pais e professores como modelos na forma de se comportar ou de se vestir. Houve uma ruptura nas convenções. Agora, trata-se de permanecer eternamente jovem, e a essa palavra se atribui o sentido de não assumir compromissos e viver sob a tirania do gozo permanente.

Toda essa geração, seduzida pelas novas tecnologias, pode ter seus sonhos transportados pela luminescência dos aparelhos eletrônicos e julga poder realizá-los sem sair do lugar. Ao contrário disso, a antiga geração "pé na estrada" encantava-se com a possibilidade de, seguindo o horizonte da luz solar, atingir as praias paradisíacas, como veremos a seguir.

DESFRUTANDO A SENSUALIDADE NA PRAIA

Os estudantes revoltosos de Maio de 1968, em Paris, deixaram inscrito nos muros o lema "Sob os paralelepípedos, a praia" (*Sous les pavés, la plage*). Em seu imaginário, sob os blocos de pedra lançados pela juventude contra os policiais repressores, eles encontrariam a areia submersa e, nela, os vestígios da fuga e da sonhada felicidade. Antes da juventude parisiense, os movimentos de contracultura *hippie* norte-americanos já tinham escolhido a praia como símbolo de um paraíso ou de uma espécie de comunismo primitivo, num mundo natural e selvagem. Muitos ainda se lembram do desejado *sea, sex and sun* (mar, sexo e sol).

A ligação do brasileiro com a praia como espaço social é uma de suas marcas. E isso se explica se lembrarmos das palavras do escritor argentino Alan Pauls, para quem "a praia é o único espaço público onde a nudez quase completa não é uma exceção nem uma infração provocadora, e sim um princípio da existência, uma forma de vida" e de convivência humana. O autor menciona um texto escrito em 1938 pelo filósofo francês Albert Camus (1913-1960), acerca do hábito de ir à praia:

> Jamais conseguiremos dar a esse costume a importância que tem para nossa época. Pela primeira vez em dois mil anos desnudou-se o corpo na praia. Há vinte séculos, os homens se obstinam em tornar decentes a insolência e a ingenuidade gregas, tentando minimizar a carne e complicar a roupa[438].

Um mar de corpos seminus, "lustrosos de cremes, suor ou água, desmesuradamente escaldados pelo sol", está ligado a "uma proximidade quase promíscua, intolerável em qualquer outro contexto", mas convive harmoniosamente nas areias da praia, afirma Pauls. Mas, muito antes de isso ser um costume usual, o índio do Brasil primitivo submergia nu, tranquilo, nas águas cristalinas, sob o sol escaldante, diante do olhar perplexo dos descobridores e jesuítas, que portavam pesadas roupas.

MARES DO SUL

Filhos do sol e da água, os brasileiros convivem com a praia de norte a sul. No interior do país, a ausência do mar é preenchida pelas águas plácidas de lagos, rios, açudes e cachoeiras. Basta ter água para se construir um quiosque, servirem-se bebidas, ouvir-se música à vontade e contemplar corpos seminus. O prazer de imergir na água está presente desde os primeiros habitantes que, segundo os jesuítas, chegavam a tomar banho até dez vezes num dia.

A praia foi cantada e decantada muito mais nos anos 1950 a 1980, quando ninguém se preocupava com os estragos que os raios de sol poderiam provocar na pele. Ignoravam-se os efeitos negativos produzidos pelos buracos na camada de ozônio. E, diferentemente de países nórdicos, onde as pessoas mergulham em águas gélidas, nos trópicos a temperatura erotiza os corpos, cujos poros são penetrados pelo sal e pelo cheiro do iodo.

Vestígios das águas do mar estão presentes nas memórias de diversos brasileiros: "Era sábado, e o sol convidava para uma praia. Pensei na turma e nas garotas com quem poderia sair", diz, animado, o compositor Carlos Imperial, que conviveu no Rio de Janeiro com os integrantes da Jovem Guarda. Eis sua descrição de um passeio em meados da década de 1960:

> Escolhemos um lugar totalmente deserto, lá no fim do Recreio dos Bandeirantes. A uns 200 metros, havia uma barraca. Só. E, debaixo dela, um casal que se

engolia. Armamos a barraca, estendemos esteiras. Eu, fingindo despreocupação, ansiava por Sônia de biquíni. Não demorou muito, e apareceram suas coxas queimadas, douradas, enchendo-me os olhos. Depois, ela jogou a blusa no chão. Vi-a quase nua, com um minúsculo biquíni. Sensacional. Tinha um corpo perfeito, bem torneado. Sônia era o que se pode chamar de falsa magra. Quando ela se virou de costas e foi até a água molhar os pés, era como se estivesse desfilando só para mim. Helena e Erasmo caminharam de mãos dadas pela praia, afastando-se de nós. Eu não conseguia tirar os olhos, um segundo, do corpo de Sônia, que vinha em minha direção, com umas conchinhas nas mãos[439].

Quando se pergunta por que a mulher brasileira é vaidosa, parte da resposta está na "cultura da praia". Para expor o corpo, às vezes são necessários alguns cuidados estéticos, embora eventualmente contenham certos exageros. Com simplicidade, Leila Diniz, apegada ao mar, sempre aparecia como ícone em sondagens realizadas pelo *Jornal do Brasil*, pois, na época, era lembrada como um dos símbolos do ensolarado Rio de Janeiro. Assim afirma sua irmã Eli Diniz:

> Toda a vida da Leila se desenvolveu nos bairros de Copacabana, Ipanema, Leblon. Ela passou a simbolizar a cultura desses bairros, primeiro porque ela estava muito identificada com a praia e o mar. O mar era uma extensão da personalidade dela. Ela não trocava nada por um dia na praia. Às vezes levantava cedo e era invadida por uma euforia: "praia, praia, praia". Acho difícil imaginar uma figura como a Leila numa outra cidade do Brasil[440].

Em dezembro de 1968, parcela significativa da juventude brasileira ainda vivia o findar de um ano que marcou a história contemporânea, com o regime ditatorial e com inquietações impacientes quanto à mudança nos hábitos e costumes do país e do mundo. Através do jornal *O Pasquim* e de outras publicações, acompanhava-se o que se passava nas badaladas praias do Rio de Janeiro. Ficar em casa vendo TV não era o melhor negócio; cinema, bares ou restaurantes eram a melhor pedida para as noites. Durante o dia o assunto era outro:

> Festa maior ainda era a praia – um paraíso que não cobrava entrada. Era lá, principalmente, que se discutia Marx ao som do samba, como notou o poeta e cineasta Glauber Rocha, num texto da época, onde explicava: "o que não impede que os estudantes sejam presos, universidades fechadas, e que os intelectuais façam periódicos manifestos de protesto, sindicatos sejam invadidos" etc.

Era um grupo bem grande esse da esquerda festiva, nos anos derradeiros da alegria. Ninguém marcava encontro na praia, não era preciso. Nos fins de semana, por volta do meio-dia, todos iam chegando[441].

Era um vai e vem de pessoas conhecidas, de forma que iam se encontrando pelo trajeto ou fazendo amigos, a ponto de essas longas paradas para conversas terem criado uma nova modalidade, que se chamou com humor de "praia em pé".

Num ensaio autobiográfico em torno da praia, Alan Pauls relembra sua infância ao lado do pai, que despertava os filhos logo cedo para tomar sol e nadar sem limite de tempo. O encanto de seu pai com as areias de Copacabana era intraduzível. De acordo com Pauls:

As pessoas vão à praia buscando coisas distintas, desde aparecer muito até total anonimato. É lugar da sexualidade e dos corpos belos; também permite uma reflexão sobre as aparências. É impressionante como no Brasil as mulheres que não têm o corpo perfeito não se importam em usar roupa de banho, diferentemente da Argentina e de outros países[442].

Ruy Castro, em *Ela é carioca*, quase uma enciclopédia de Ipanema, dedica um verbete àquela praia alegremente frequentada nos anos 1970:

Pense em alguém e ele (ou ela) estava lá: todos os grandes nomes do cinema, do teatro, da dança, da música popular e das artes plásticas, poetas, escritores, jornalistas, sociólogos, arquitetos, políticos, empresários, as grandes mulheres, o elenco inteiro da Globo, exilados, jogadores de futebol, surfistas e até um psicanalista: Eduardo Mascarenhas[443].

O psicanalista citado, Mascarenhas, era acusado de fazer análise com seus clientes em sessões iniciadas no consultório e concluídas nas areias da praia.

Mas os prazeres não eliminam os dissabores, como recorda Alan Pauls: desconforto, aspereza, sol escaldante, ardor de pele e a dificuldade de "aceitar a advertência mil vezes formulada e mil vezes desprezada de deixar-nos untar com protetor solar no momento adequado". Os dissabores apontados logo se dissipavam, porém:

Esse mesmo ardor, em compensação, deixa de ser uma condenação e torna-se aquilo que nenhum prazer puro, por mais intenso que seja, jamais poderá ser, uma *dor deliciosa*, um êxtase, o tipo sublime de prazer que a praia só oferece quando dois corpos abrasados pelo sol se metem numa cama recém-arrumada e se abraçam nesse paraíso limpo, fresco, simples, feito de lençóis de algodão brancos[444].

Hoje, nossa vida está mais restrita ao convívio entre quatro paredes, às voltas com novas tecnologias eletrônicas que podem nos propiciar a clausura de um paraíso artificial. O ambiente antinatural da luz fluorescente e a tela eletrônica das inovações tecnológicas nos fazem esquecer os encantos de um trecho de areia.

A NUDEZ CASTIGADA

Como já vimos, a sexualidade humana é extremamente complexa. Nossa conduta social, por sua vez, também apresenta diversos níveis de diferenciação. Por exemplo: ao entrar numa igreja católica, os fiéis tiram o chapéu e permanecem de sapatos; já numa mesquita, os muçulmanos tiram os sapatos e permanecem com o chapéu. A diversidade torna-se ainda mais aguda no tocante ao corpo e à sexualidade.

Entre os brasileiros, apesar de alguns rompantes de liberalidade, o pudor e o tabu diante do corpo desnudo são observados há bastante tempo. Na década de 1920, algumas matérias de jornais condenavam o uso de *short* masculino acima do joelho e a introdução dos maiôs femininos em praias do Rio de Janeiro. A escritora Carolina Nabuco, em suas memórias, lamenta o que considerava ser a nudez que tomara conta das praias cariocas em sua juventude. Relembra que, nos anos 1930-1940, guardas percorriam a orla de Copacabana, para fiscalizar "a decência das roupas de banho":

> Assisti, certa vez, a um grupo de moços de famílias tradicionais expulsarem da praia um jovem turista que se apresentara usando apenas calção, sem camiseta. Teve que se retirar, protestando, para o hotel onde se hospedava[445].

Mesmo na atualidade, o incômodo com a visão do corpo despido pode se manifestar em situações inusitadas. Em 3 de fevereiro de 2009, o jornal baiano *A Tarde* relatou que três turistas alemães, todos com mais de 60 anos, foram detidos no aeroporto por trocarem de roupa num canto do saguão. Eles alegaram não ter encontrado o banheiro e acreditavam que era comum despir-se publicamente no país, tendo em vista os trajes usados nas praias. Prestaram depoimento e passaram a noite na delegacia e, por causa do ocorrido, a viagem foi adiada. Os três foram indiciados por prática de ato obsceno.

Houve um mal-entendido nessa punição descabida, já que a atitude seria tratada com relativa naturalidade na Alemanha, onde a nudez em público é mais comum que no Brasil. Na Alemanha e na Suécia, para ficarmos apenas nesses dois países, é natural trocar de roupa diante de outras pessoas, seja nas academias, piscinas, lagos e, com discrição, em praças públicas, sem incomodar os presentes no local. A nudez é encarada com naturalidade, e não com malícia.

Por diversas vezes, nas praias brasileiras, mulheres tentaram tirar a parte de cima do biquíni, sem sucesso, o que não deixa de ser estranho num país que ostenta a imagem de tolerância e liberdade. Por muito tempo correu mundo afora a imagem de brasileiras abusando do famoso modelo fio dental; no entanto, há fortes restrições ao *topless*. Parece existir um processo de compensação, de forma que se proíbe a exibição dos seios e, em contrapartida, tolera-se mais a exibição da parte de baixo dos quadris. Segundo o jornalista Ruy Castro, essa restrição é partilhada tanto por homens quanto por mulheres.

> Afinal, este é o país cujas praias são um festival de glúteos sem paralelo no mundo – em todos os sentidos. Em nenhum outro os biquínis são fabricados para expor tanto as nádegas. Meninas, adolescentes, jovens adultas, mães de família e até avós usam, sem provocar qualquer comoção.

> Não se veem calcinhas tão micro nas praias de outros países – a mulher europeia mostra os seios com naturalidade, mas é recatada do cóccix para baixo. As próprias sungas masculinas brasileiras, de tão mínimas, são consideradas "inadequadas" na Califórnia e na Flórida. Então ficamos assim: alguns países não querem ver seios na praia; outros, não querem ver bundas[446].

Segundo Luis Fernando Verissimo, os biquínis, depois de um breve período em que ficaram mínimos nos anos 1980, voltaram a ser maiores nos dias atuais. Se houvesse qualquer tipo de coerência na moda, depois da tanga e do fio dental, daqui em diante as mulheres deveriam andar nuas na praia. Mas parece ter havido um recuo. Para o escritor gaúcho, deveria ser proibida a revogação de direitos conquistados tanto pelas mulheres de se mostrarem quanto pelos homens de se deliciarem em vê-las seminuas. Voltar a esconder o que já foi mostrado deveria ser inconstitucional, lamenta Verissimo:

> Sou de uma geração que conheceu o *maillot* com saiote e nenhum dos nossos esqueceu a emoção de ver um umbigo de mulher em público pela primeira vez. Acompanhamos a sumarização progressiva do traje de banho feminino como prova da marcha da humanidade para a Luz, e da existência de Deus. E de repente a moda tira nacos inteiros de carne da frente dos nossos olhos e ainda diz "Esqueçam o que viram, rapazes"[447].

É típico da moda, por exemplo, lançar a minissaia e a blusa transparente, criando expectativas a respeito do que virá depois, mas logo em seguida decretar que as saias cheguem ao calcanhar e as mulheres usem coletes masculinos. No ano seguinte, lançam-se os shortinhos mostrando a polpa das nádegas e as mulheres vão a todos os lugares com as pernas de fora. Então, como que por encanto, nádegas e pernas desaparecem. Os biquínis maiores podem ser apenas a moda nos pregando mais uma peça ou podem indicar o começo de um retrocesso mais profundo, algo a ver com a volta provisória do recato do novo milênio, pensa Verissimo.

PRAIA E CARNAVAL VISTOS DE FORA

A visão das terras tropicais como paraíso sexual vem desde a Descoberta. Mas, para ficarmos apenas no século XX, é exemplar o depoimento de um imigrante egípcio que chegou ao Brasil no final da Segunda Guerra. Disse que, num cinema no Cairo, ele e seu irmão acharam incrível ao ver, no "Jornal da Tela", que durante as dificuldades da Segunda Guerra Mundial havia um país no sul da América onde o povo dançava alegremente pelas ruas. Quando resolveu emigrar por motivos econômicos, desceu em Santos, coincidentemente no dia do Carnaval, confirmando suas expectativas.

Em 1956, o primeiro contato dos cinquenta soldados norte-coreanos com o Brasil "foi um estereótipo digno de uma propaganda do Ministério do Turismo". Em fevereiro daquele ano, aportando no Rio de Janeiro em pleno ritmo de carnaval, um grupo de coreanos saiu de uma guerra terrível e chegou "a uma festa", lembra um dos soldados. "Esperávamos encontrar índios, mas estava todo mundo dançando Carnaval nas ruas. As mulheres com pouca roupa. Parecia que tínhamos chegado a um bom país", disse mais tarde um deles à *Folha de S.Paulo*, em 8 de fevereiro de 2013.

Além das imagens de Carnaval, contribuíram para a visão de que o Brasil era o paraíso as campanhas da Embratur nos anos 1970 e 1980. O material promocional exibido no exterior trazia imagens de Carnaval, futebol, praias e belas mulheres. Num dos cartazes, de 1983, estampava-se uma moça de cabelos pretos, em pé, de biquíni, tomando um suco de cor vermelha no canudo, com os dizeres ao lado *See you there* (Vejo você lá). No convite, vinha o país: "Brasil". Em 1988, outro anúncio exaltava "um país de cores, sabores e paisagens" e, também, "repleto de mulheres sensuais".

Já no ano de 1994, na Feira Nacional do Livro, em Frankfurt, nosso país, na condição de convidado oficial, considerou que as letras impressas conviviam melhor com Carnaval, caipirinha e mulata:

O estande brasileiro foi aberto pelo embaixador, com sete mulatas desnudas em pleno outono, portanto estava frio, dançando e exibindo-se. Durante toda a exposição, o que se viu foi o Carnaval do Rio de Janeiro, nádegas e peitos de mulher negra, e dizendo sempre: "Teremos muito mais"[448].

No âmbito interno, um jovem indiano, em entrevista na TV, ao ser perguntado sobre o que mais lhe chamara atenção quando chegara ao Brasil, respondeu: ver, já no aeroporto, um casal de namorados beijando-se em público. Sobre ocorrência semelhante escreveu o jornalista norte-americano Seth Kugel, cujo amigo fora acusado pela moça de tê-la "esnobado" por não beijá-la durante a paquera:

> Como jornalista, já estive em muitos países. O Brasil é de longe o país do mundo onde as pessoas mais se beijam em público. Para um estrangeiro, chega a ser difícil entender essa característica da cultura local. Beijar alguém com amigos ao lado vendo tudo? Nossa, nem pensar. Sério, meu amigo não esnobou ninguém.
>
> Ele estava acostumado com o padrão americano: conversar, pegar o telefone, ligar, jantar, evitar pratos com alho porque talvez vá beijar – mas talvez não. Se for, que seja em um cantinho escuro ou após um "vamos para outro lugar". O padrão brasileiro é outro: gostou, beijou[449].

Kugel deixa claro que seu comentário é apenas uma constatação cultural, e não uma reprovação. O beijo em público e outros comportamentos levam a crer que somos um povo altamente liberado sexualmente. Num estudo comparativo em que foram entrevistadas 12 mil pessoas de diversos países da América Latina, o resultado confirmou o estereótipo sobre nossa liberdade sexual:

> O Brasil das praias, do Carnaval, das roupas sumárias, das mulheres liberadas, dos homens galanteadores e destino preferido dos homossexuais cumpre à risca o estereótipo. Pesquisa sobre a sexualidade dos latino-americanos, realizada em 11 países da região, confirma algumas das mais propaladas características dos latinos em geral e dos brasileiros em particular no que diz respeito ao sexo e aos relacionamentos amorosos[450].

APROXIMAÇÕES AFETIVAS

Seremos mesmo o povo mais avançado em matéria de sexo, ou os demais países latinos são demasiado conservadores, fazendo com que nos destaquemos?

Excetuando os exageros, podemos constatar, como diz o especialista em sexualidade Alexandre Sadeeh, do Hospital das Clínicas de São Paulo, em reportagem citada de *O Globo*: "O brasileiro se permite assumir que tem mais parceiros e faz isso com mais naturalidade do que em outros países. A sexualidade está presente no nosso dia a dia, nas mulheres de biquíni, nos olhares dos homens. As danças, as roupas, as propagandas sempre têm um teor erótico embutido". O jornal alerta, no entanto, que sua pesquisa foi feita pela internet, de forma que, para a época, o nível socioeconômico dos entrevistados tenderia a ser mais elevado.

Mesmo cultuando o machismo, em comparação com os demais países latino-americanos, o Brasil é também "um dos mais liberais para as mulheres":

> Os brasileiros são mais livres para se aproximar, conquistar. O latino, em geral, é machista, a mulher é mais submissa, a questão do pecado é muito forte – diz a sexóloga Carla Cecarello, presidente da Associação Brasileira de Sexualidade. Por aqui, o corpo é muito cultuado, há muita sensualidade, e tudo isso é um agente facilitador a estimular a troca de parceiras, há uma procura por experimentar mais nesse sentido. E as mulheres estão se permitindo mais a busca do prazer não necessariamente ligado ao amor[451].

No entanto, diante de estereótipos que produzem uma imagem distorcida da realidade, os órgãos governamentais têm multiplicado os esforços para evitar a divulgação do turismo sexual. Tentativas nesse sentido proibiram, por exemplo, a circulação de um guia turístico, outrora vendido pela internet, dirigido a estrangeiros interessados em visitar o país. No guia, intitulado *Rio for parties* (Rio para festeiros), as brasileiras eram definidas como "máquinas de sexo". As mulheres cariocas, por sua vez, eram classificadas em quatro grupos:

- *Britney Spears*: seriam as "filhinhas de papai que se vestem como a cantora. São maravilhosas, mas não deixam ninguém cantá-las. Pode esquecê-las a menos que seja apresentado a uma".
- *Popozuda*: é definida como "máquina de sexo bunduda. Bom para você investir seu tempo porque o motel é sempre uma possibilidade com essas maravilhas".
- *Hippie/raver:* são classificadas como "garotas divertidas, fáceis de se aproximar, fáceis de conversar, difíceis de beijar, fáceis de ir para a balada".
- *Balzac*: seria a mulher que "quer se divertir, dançar, beber e beijar"[452].

Por fim, o guia definia os festejos de Carnaval no Rio de Janeiro como "festas ao ar livre com atividades de semiorgia", ressalvando que, embora não haja sexo em público, ele é garantido quando se leva a pessoa de volta para casa.

A onda de estereotipia sobre o país pode ser encontrada também na ficção romanceada, como *Sete dias no Rio*, do norte-americano Francis Levy. O personagem é um típico turista sexual que vai passar uns dias na cidade classificada como "a capital mundial do sexo" e a define, de maneira não muito elogiosa, como um lugar onde "o número de prostitutas equivale ao de ratos no metrô de Nova York". Entrevistado pelo jornal, o autor marotamente desconversou:

> Minha sátira não se limita a uma nacionalidade ou a um sexo. No meu imaginário sobre o Rio, construído, quem sabe, a partir de diversos cartazes turísticos que vi ao longo da vida e que mostravam mulheres em praias lindas, o Rio me parece um lugar paradisíaco onde eu, um homem careta, casado e pai de dois filhos adultos, poderia me perder[453].

Outro estereótipo sobre a sensualidade brasileira, já em tom mais suave, vem do cinema. O despretensioso filme francês *Copacabana* opõe ideias de rigidez e felicidade, e o Brasil imaginário é o exemplo do prazer de viver. O filme tem como pano de fundo o Brasil, "mas aquele eleito pelo imaginário mundial", enfatiza o crítico Zanin Oricchio:

> *Copacabana* nos revela como continua viva, no imaginário mundial (francês em particular), essa ideia do Brasil como paraíso perdido. Mesmo com todas as notícias de violência urbana, corrupção e outras mazelas, o sentimento idílico parece intocado. Algo no sol, no sal, no sul, na música, na dança parece se contrapor de maneira positiva à sisudez europeia, ao seu sentido estrito de classe e hierarquia. Pode não ser assim de fato, mas algo do Brasil, e do Rio de Janeiro em particular, ressoa no inconsciente coletivo mundial com um sentido de liberdade. E de alegria. [...] O pano de fundo de tudo isso é o Brasil. Não o país real, é bom insistir, mas aquele eleito pelo imaginário mundial como promessa de prazer. Nem tanto pela publicidade turística (que dela se aproveita), mas pela tradição de exotismo construída ao longo dos séculos por viajantes europeus[454].

COMETENDO PECADO

Em longa entrevista à revista *Veja*, em 9 de outubro de 1991, o antropólogo norte-americano Richard Parker, ao lançar seu livro *Corpos, prazeres e paixões*, afirmou que o Brasil não é exatamente como as agências de viagens outrora proclamavam, embora a sensualidade e o erotismo sejam parte importante de nossa cultura. Parker concluiu que o brasileiro cultiva e acredita nessa autoimagem sensual, tão divulgada para os estrangeiros. As imagens de um país exuberante, misto de exotismo e sensualidade, não são sinônimo, porém, de uma sociedade sexualmente liberada. "Ao contrário, existe pecado do lado debaixo do Equador, mas o prazer está em cometê-lo." A cultura sexual brasileira, formada dentro dos padrões tradicionais católicos e patriarcais, contrapõe a moralidade à transgressão dessas regras. "Só se pode entender o erotismo na sociedade brasileira pela ótica da transgressão e, principalmente, pelo prazer obtido com a transgressão", afirmou Parker.

Ele analisou o que chamou de "ideologia do erótico", um leque de noções de sexualidade que permeiam o volátil espaço situado entre a moralidade dominante e as quatro paredes da intimidade de cada brasileiro. Em comparação com outras sociedades, pode-se dizer que a ideologia do erótico, portanto, é exercida a portas fechadas.

Além da influência do olhar do estrangeiro, o próprio estrangeiro, ao longo da história, também teve participação ativa na formação cultural e moral do país. A moralidade brasileira é fruto do encontro de diversas moralidades, de diversas tradições culturais, muitas vezes contraditórias.

No Brasil, houve certa tolerância histórica em relação às diversidades, "talvez porque a Igreja portuguesa fosse menos rígida do que a espanhola". Coexistiam uma sexualidade aceitável e outra não. Mas, para o autor, a cultura brasileira se erotiza justamente quando o ato de proibir define a possibilidade de transgredir certos padrões.

> Na visão tradicional, católica, o sexo serve para a reprodução e é uma questão da casa. A ideologia do erótico quebra essas distinções. No espaço privado, pode existir uma liberdade sexual oposta à moralidade vigente no espaço público. Mas também pode invadir a rua. Transgredir significa romper as restrições que a moralidade tradicional tenta impor para colocar a sexualidade em espaços definidos[455].

Além disso, o antropólogo fez diferenciação entre culpa e vergonha: "Culpa é um sentimento interno de erro; vergonha é quando os olhos dos outros apontam o que você fez de errado. O Brasil coloca muita ênfase na vergonha, e não na culpa".

O que existe, afinal, de peculiar entre quatro paredes, no comportamento sexual do brasileiro, é a extrema valorização da variedade da prática erótica. Os prazeres são encontrados fora do lugar comum, do papai e mamãe. Na ideologia do erótico, são ricas as variáveis do prazer. Para defini-la, há uma palavra no Brasil que não encontra equivalente em inglês. É intraduzível: "Sacanagem".

> Se alguém faz alguma coisa errada comigo, então, me sacaneou. Existe um sentido mais leve, que é quando a gente faz uma brincadeira com um amigo. No sentido sexual, a palavra delimita todo um campo de práticas sexuais diferentes. O que une esses três sentidos é a ideia da transgressão. A vida social tem regras e a sacanagem acontece quando as pessoas quebram essas regras. Em antropologuês, sacanagem seria uma categoria cultural, através da qual se pode entender a cabeça de uma cultura[456].

Como se depreende, apesar de calcada em padrões tradicionais e machistas, a cultura brasileira é erotizada, se comparada à da Suécia, por exemplo. Embora seja considerado o paraíso da liberdade sexual, naquele país, segundo as pesquisas, as pessoas vivem entediadas. Para nós, a sensualidade é valorizada como uma parte da nossa identidade cultural. A mulher brasileira, por exemplo, tem uma maneira de andar e de se vestir que a diferencia de algumas outras nacionalidades.

> A praia de Copacabana, na qual não há nudismo e mal acontece o *topless*, pode ser mais erótica do que uma praia de nudismo na Califórnia. Sem restrições não há prazer; se não há o que ser transgredido, o prazer se evapora[457].

O Carnaval, como um espaço importante de transgressão sexual na cultura brasileira, é a ritualização da transgressão, e sua lógica cultural segue a lógica da ideologia do erótico. O Carnaval institucionaliza a transgressão e dramatiza a sensualidade. Podemos acrescentar aqui a dança nos bailes *funk* realizados semanalmente.

Não se pode falar da sexualidade brasileira como uma coisa única: "Há a perspectiva da transgressão em cima do exacerbado prazer corporal, obtido não só através do sexo, mas do ritmo do samba, da exposição de corpos seminus".

Enfim, o erotismo é bastante elaborado na cultura brasileira, e o imaginário erótico tem um peso muito maior no Brasil do que, por exemplo, nos Estados Unidos. Nesse sentido, o povo brasileiro seria "mais quente", ainda segundo Richard Parker.

NEM UMA COISA NEM OUTRA

Não passa de mito a ideia de um país permissivo que povoa a mente dos estrangeiros e de alguns brasileiros. De fato, os brasileiros transmitem sensualidade, mas não se vai além disso. É claro que olhamos nos olhos das pessoas, sorrimos, tocamos calorosamente, abraçamos; no entanto, mais insinuamos do que realizamos.

Muitas mulheres dançam sensualmente rebolando até o chão, abusam dos *shorts* curtinhos, camisetas *tops*, o que pode significar apenas exibicionismo e desejo de serem contempladas. Algumas transam para satisfazer o homem, para prendê-lo ou mesmo para se mostrar avançadas.

Mas a difusão da falsa permissividade domina. Um exemplo disso é o *Big Brother Brasil*, nosso *reality show*. Vários brasileiros ficam escandalizados quando as mulheres e os homens, sob o efeito do álcool, soltam-se nos dias de festas. Quase sempre não se ultrapassa nenhum limite: ao contrário de outros países, nossos integrantes não trocam de roupa diante das câmeras nem tomam banho nus. Aquele que ensaiou os primeiros passos no tocante à nudez foi duramente reprovado pelos demais. Em relação aos países muçulmanos, os latinos são mais liberais; no entanto, em comparação com os integrantes dos *Big Brother* europeu e norte-americano, somos muito mais contidos:

> Sexo diante das câmeras, troca de casais e até orgias já foram realizadas nas versões alemãs, inglesas e norte-americanas do programa. Na Dinamarca um casal de ex-participantes declarou ter concebido o filho dentro do *reality*, em 2003[458].

Salvo algumas ilhas de licenciosidade em alguns dos grandes centros urbanos, a liberalidade sexual e alguns avanços concretos dos brasileiros "são restritos a um pequeno universo de pessoas, aquelas mais escolarizadas e que residem nas regiões de maior poder aquisitivo e cultural", apontam as pesquisas. Esse pequeno grupo formador de opinião, que tem acesso aos principais meios de comunicação, faz bastante barulho, mas o Brasil ainda "é o país do papai e mamãe" quanto aos costumes sexuais, constatam as pesquisas.

Diante de um enorme contingente de pessoas de baixa escolaridade, percebe-se ainda expressivo grau de conservadorismo com relação ao sexo. Conforme levantamento, homossexualidade, masturbação, sexo oral e anal são desaprovados pela maioria da população. O conservadorismo perde força, porém, entre os jovens, os escolarizados e os moradores dos grandes centros urbanos.

O que mais tem chamado atenção é que, apesar de uma suposta liberdade sexual, hoje a insatisfação na cama continua preocupando muitos. "Embora as pessoas mostrem-se liberadas, ainda há muito bloqueio para o prazer", ressalta a sexóloga Ana Cláudia Simão. "Mais ativas sexualmente, as mulheres ainda sentem dificuldades para ter orgasmo e, em vez de ejaculação precoce, os homens agora reclamam da queda da libido."

A sexóloga diz ter acompanhado, contudo, uma mudança positiva no seu consultório. Os homens começaram a conversar com os amigos sobre seus problemas sexuais, como, por exemplo, a perda da libido. Acrescenta ainda "a insegurança masculina com relação à mulher atual, que está mais autônoma e independente financeiramente". Houve enorme redução daquelas donas de casa submissas como as de outrora, que dependiam do marido. Perguntada se os homens atuais estão mais preocupados em dar prazer às mulheres, respondeu:

> Sim mas, por outro lado, a preocupação masculina em dar prazer à mulher vai respingar na vaidade do homem, que está associada à sua performance sexual. Afinal, ao conseguir dar prazer à mulher, ele se sente "o cara". No passado, porém, ter ereção e procriar eram suficientes para se acharem "o cara". Só que hoje não basta mais ele se ver assim. [...] Homem sem dinheiro e posição sente que não é nada na nossa cultura, pois esses são os símbolos de masculinidade e potência sexual[459].

Como vimos, ainda somos um país bastante conservador em termos de permissividade sexual. Em episódio muito divulgado pela mídia no ano de 2009, a estudante Geisy Arruda se vestiu sensualmente ao ir à faculdade e irritou muitos alunos, ultrajados com o que consideravam uma provocação. Nesse raciocínio enviesado, a multidão teria sido vítima da impertinência do sensual vestido cor-de-rosa. A liberdade sexual foi tão ameaçadora para os jovens que não se sentiam protegidos pela proibição social ou familiar que eles, de forma velada, se castraram, escreve a psicanalista Anna Veronica Mautner. Nem mesmo a aluna Geisy se dera conta de seu poder, nem os jovens conheciam a força do desejo reprimido.

Não foi a inadequação da vestimenta, mas o desejo, o medo e a raiva que a roupa despertou – igualmente, mas por motivos diferentes – em rapazes e moças. A inveja e o reprimido provocaram a mesma reação. Reação inusitada num país "famoso por seus pequenos biquínis e sua atitude livre", mas também "de maioria católica romana", conforme publicou um *site* internacional sobre o acontecido.

Mesmo com episódios como esses, é indubitável que houve um avanço feminino e, concordando com Eric Hobsbawm, podemos dizer que e a maior revolução social ocorrida no século XX foi a das mulheres.

Já o "manual" da nova revolução do século XXI põe a nu tudo que queríamos saber sobre sexo e agora não deveremos ter vergonha de perguntar: e a diversidade de gênero?

A DESCONSTRUÇÃO DA NORMA E COISAS DO GÊNERO

Se pensarmos nos questionamentos da norma heterossexual, cuja história pretérita abordamos, veremos que, com as transformações ocorridas no mundo atual, o vocabulário relativo ao sexo passou a ser insuficiente para dar conta da complexidade contemporânea. Como este livro procurou revelar, a sexualidade não é apenas uma questão pessoal, mas também social e política.

Durante muito tempo, os termos "sexo" e "gênero" foram empregados quase como sinônimos. No entanto, sexo se refere a uma característica biológica: nasce-se homem ou mulher. Em raros casos, a pessoa nasce com órgãos de ambos os sexos (os outrora chamados de hermafroditas, atualmente incluídos na categoria intersexo). Já a categoria gênero tem sido utilizada para se referir a uma tomada de decisão a respeito das escolhas identitárias, a de ser masculino, feminino ou ainda outras denominações: lésbica, *gay*, bissexual, transgênero, transexual, *queer* etc. O termo *gênero* indica, portanto, um papel socialmente construído e reiterado ao longo da vida, que não está dado biologicamente. Cada um – em resposta às determinações socialmente impostas – seria responsável por constituir sua "identidade". De acordo com a filósofa norte-americana Judith Butler,

> A cada um de nós é atribuído um gênero no nascimento, o que significa que somos nomeados por nossos pais ou pelas instituições sociais de certa maneira. [...] No entanto, muitas pessoas sofrem dificuldades com sua atribuição e a percepção que têm de si próprias difere da atribuição social que lhes foi dada[460].

A identificação pelo sexo é uma categoria biológica insuficiente para explicar os papéis sociais atribuídos ao homem e à mulher; daí a importância de se pensarem os gêneros como categorias identitárias. Assim, além de masculino e feminino, existem outras identidades de gênero. Há pessoas cujo sexo biológico discorda do gênero psíquico: são, por exemplo, travestis, transexuais, ou transgênero. E, ainda assim, as identidades de gênero são bem complexas. De acordo com Judith Butler, "ninguém nasce com um gênero"; ele "é sempre adquirido". Enfim, para a autora:

> Se o sexo e o gênero são radicalmente distintos, não decorre daí que ser de um dado sexo seja tornar-se de um dado gênero. [...] Essa formulação radical da

distinção sexo/gênero sugere que os corpos sexuados podem dar ensejo a uma variedade de gêneros diferentes, e que, além disso, o gênero em si não está necessariamente restrito aos dois usuais[461].

VESTINDO O CORPO SOCIAL

A propósito do tema da diversidade de gêneros, veremos o que ocorreu primeiramente no vestuário ou na moda.

A ligação entre a vestimenta e o sexo é um construto histórico. Para o senso comum, porém, e até recentemente, considerava-se que ela fosse algo inerente a ambos os gêneros, de forma normativa. Havia, por exemplo, uma imposição maior no uso da calça para os homens e de vestido para as mulheres. Cores sóbrias para homens e vistosas para as mulheres. Quem não seguisse esses rígidos padrões de vestuário (exceto durante o Carnaval) chegava a ser ridicularizado e, em épocas passadas, preso ou internado em manicômio. A padronização de cores e de tipos tornava a roupa numa espécie de uniforme que se prestava a identificar culturalmente a sexualidade.

Com os movimentos de contracultura, especialmente a partir dos anos 1960, emergiram novas concepções e práticas da sexualidade, que vão desde as reivindicações feministas contra hábitos culturais arraigados (como o uso do sutiã, por exemplo) até as novas práticas sexuais, liberadas graças a uma importante inovação da indústria farmacêutica, a pílula anticoncepcional.

Num processo lento, os códigos de vestuário foram se tornando mais maleáveis e novas convenções sociais foram estabelecidas, neutralizando escândalos iniciais (como foi o caso de Leila Diniz, ao ir à praia de biquíni com gravidez avançada). Não é fácil assimilar mudanças histórico-culturais imprevistas: os atores sociais inicialmente ficam chocados. Assim, por exemplo, a moda unissex, trazida pelo movimento de contracultura *hippie* a partir de meados da década de 1960, embaralhou os conceitos tradicionais de vestuário, ao instituir o uso de peças válidas tanto para homens como para mulheres.

Ainda no quesito vestuário, não se trata apenas de romper com delimitações rígidas entre trajes femininos e masculinos. Cada vez mais, inúmeros tipos de vestimenta estão disponíveis, também confundindo as distinções convencionais: da roupa clássica ao traje esportivo; do estilo *hippie* e rastafári ao descuidado, desfiado, esgarçado. Na indústria da moda, predomina hoje o apelo ao personalismo, mesmo que isso implique (ou até porque implica) o exotismo, a indefinição dos gêneros: do antes repulsivo *punk* ao rasgado, descosturado. Isso culmina no *crossdressing* (vestir roupa do sexo oposto). No caso das *drag queens*, por outro lado, o homem se traveste de mulher com exagero e excesso, o que evidencia o caráter artificial das normas de gênero.

A moda, no entanto, estimula a ilusão de que é possível afastar-se da média, adotando atitudes provocativas, excessivas, desagradáveis, surpreendentes ou mesmo chocantes. É assim que se reforça a crença ideológica de que cada um "escolhe" livremente seu "estilo".

Para o teórico da comunicação Marshall McLuhan (1911-1980), a roupa é o prolongamento da pele. Com a moda unissex ou, como se diz hoje, de gênero neutro, fluido ou andrógino, cada vez mais nos afastamos da codificação rígida do vestuário, deixando de nos identificar com o sexo biológico do usuário ou de nos prender a ele. Sempre se pôde mentir na linguagem das roupas, transmitindo uma falsa informação, ou uma informação convencional, mas agora isso se acentuou. Há quem goste de se travestir de forma "esquisita" para os padrões tradicionais, por se sentir bem assim ou apenas por provocação. Uma pessoa pode se vestir de uma forma não identificável como masculina ou feminina, ou expressar o desejo de perder os traços físicos que a fazem ser vista e tratada socialmente como homem ou mulher.

MULHERES POR CIMA

Quando se fala em revolução sexual, geralmente se apontam as mudanças pelas quais a prática sexual passou em poucas décadas. Ressalta-se, sobretudo, o que aconteceu com as mulheres, as principais autoras dessas transformações, uma vez que os homens têm sido espectadores desse processo de mudança.

Ao afirmar "Não se nasce mulher, torna-se mulher", em seu livro *O segundo sexo*, Simone de Beauvoir contestou o pensamento determinista do final do século XIX que recorria à biologia para explicar a inferiorização do sexo feminino e as desigualdades sociais entre os gêneros. Para a filósofa, "ser mulher" é uma construção social e cultural e não um destino biológico que a aprisiona no papel de esposa e mãe.

Questões como essas, que invadiram os países europeus e os Estados Unidos a partir da década de 1960, parecem ter finalmente chegado ao Brasil desde a passagem para o novo milênio. Isso não significa que parcelas de nossa intelectualidade não tenham se dedicado ao tema anteriormente. Entretanto, apenas nos últimos anos a discussão alcançou a sociedade como um todo – ou quase.

As enormes transformações ocorridas no universo feminino levaram a mulher a conquistar rapidamente quase tudo que a ela estava interditado: do casamento à vida profissional, da virgindade à liberdade sexual, e até mesmo a possibilidade de desfazer o matrimônio, pois, nos anos 1960, a mulher brasileira desquitada era tida como "cantável", seduzível e até mesmo "fácil".

Hoje as mulheres estão mais abertas para fazer confidências e para expor a vida íntima sem nada esconder, salvo alguns detalhes. Há algumas décadas, porém, o máximo que uma mulher podia contar era o quanto sua vida na cama tinha sido frustrante desde a noite de núpcias (muitas tiveram crises de choro) ou como era extenuante limitar-se ao papel de parir filhos um atrás do outro. As histórias de insatisfação feminina eram uma constante, bem como a incapacidade de tocar no assunto, até mesmo entre as mulheres. Tal passividade vem sendo deixada de lado e, com isso, a mulher está se descobrindo senhora de si e detentora de uma identidade sexual que a distingue do outro. Essa atitude libertária devolve a ela a posição de *sujeito* também na relação sexual.

Para a maioria dos homens, a sexualidade feminina ainda é uma incógnita. Antes, a iniciação sexual da mulher, o próprio defloramento dela, partia somente da decisão do namorado. Na maioria das vezes, a mulher evitava assumir seu próprio desejo. No máximo, podia insinuá-lo, sem passar a imagem de uma profissional do sexo. A posse da virgindade era tão valiosa que um jurista desconsolado afirmou sobre o defloramento: "O réu roubou da moça sua única riqueza".

O descaso com que a ciência tratou da sexualidade feminina contribuiu para difundir o mito da frigidez de muitas mulheres: o normal era não sentir prazer. Os médicos associavam perturbação psíquica com distúrbios da sexualidade em muitos tipos de doença mental, sendo a histeria um dos exemplos mais expressivos nesse sentido.

Parte dos homens ainda reluta em aceitar a "novidade", ou seja, a ideia de que o desejo sexual feminino não é exceção, mas regra, como mostrou o casal de pesquisadores norte-americanos William Masters e Virginia Johnson. Muitas mulheres passaram a tomar a iniciativa, antecipando as investidas masculinas. A atual autonomia e independência femininas têm desconcertado alguns homens, que perdem a pose principalmente ao se verem "cantados" por mulheres. Diante de uma mulher experiente, muitos temem não desempenhar bem seu papel.

Em certos casos, o aumento de liberdade das mulheres tem levado à intensificação dos conflitos entre os sexos. Muitos homens têm visto as mudanças nessas relações com insegurança, frustração e temores crescentes de que sua virilidade está em xeque. Eles se dão conta de que sua capacidade de controlar o comportamento feminino através dos velhos canais conhecidos diminuiu.

A maioria das mulheres almeja vivenciar livremente sua sexualidade para gozar seu corpo, aparentemente sem culpa. Querem exercer o direito de decidir sobre seu próprio destino e gozar da liberdade de ir e vir sem sofrer assédio. A vida devassa chega a ser invejada por algumas garotas que confessam, em pesquisa de revistas, o fetiche de por apenas um dia poderem ser "vadias". Querem mostrar aos homens machistas que desejam se expressar como quiserem, desde o modo de se vestir até as atitudes.

As fronteiras entre os gêneros vêm sendo cada vez mais reduzidas e os padrões de moralidade vão se tornando mais flexíveis. Houve uma ruptura do modelo de comportamento esperado do sexo feminino. Na busca por ações livres, é preciso ir contra as regras impostas pela sociedade. As mulheres foram agentes e beneficiárias diretas da abertura nos costumes e estão cada vez mais radicais na defesa de seus direitos.

O feminismo problematizou o lugar da mulher na sociedade, questionando hierarquias nas esferas pública e privada. Esse foi um grande avanço, mas, ao incorrer na reprodução daquilo mesmo que queria criticar – isto é, a dominação de um sobre o outro –, possibilitou o surgimento de uma ala mais radical, o pós-feminismo, que vem atuando em questões relativas à identidade de gênero.

FALANDO DE SEXO: KINSEY E FOUCAULT

Em 1948, o já citado pesquisador norte-americano Alfred Kinsey publicou uma escala numérica de sexualidade humana, com os seguintes valores: zero, para a pessoa exclusivamente heterossexual; três, para os bissexuais; e seis, para quem se considerasse exclusivamente homossexual. A seu ver, a sexualidade humana transita nessa escala. Se estabelecermos como critério as cores branca e negra, consideradas as extremidades da tabela, veremos, no entanto, não haver nitidez no intervalo entre elas; a realidade está mais próxima dos diferentes tons de cinza. Para Kinsey, a orientação sexual é um *continuum*:

> Os machos [e as fêmeas] não se dividem em dois grupos distintos: os heterossexuais e os homossexuais. O mundo não está dividido em ovelhas e carneiros. Nem todas as coisas são negras nem todas as coisas são brancas. É um princípio fundamental da taxonomia que raramente na natureza se encontram categorias nitidamente separadas. Só a mente humana inventa as categorias e tenta abrigar os fatos em compartimentos separados. O mundo vivente representa uma continuidade em todos os seus aspectos. Quanto mais depressa aprendermos esta noção, tanto mais depressa compreenderemos claramente o que é a realidade do sexo[462].

Ao mencionar a taxonomia, ciência responsável por descrever, classificar e nomear os organismos vivos ou extintos, Kinsey, mesmo criticando as distribuições binárias, revela sua tendência de estudar o sexo pelo viés biológico (macho/fêmea), levando menos em consideração as questões culturais de gênero (masculino/feminino). Talvez sua trajetória possa ser explicada pelo fato de ele ter sido pesquisador e professor de zoologia, antes de se dedicar à sexualidade. No entanto, não podemos perder de vista que, na década de 1940, seus estudos contrariavam as tendências moralistas de compreender a sexualidade em padrões da normatividade e desvio.

Posteriormente, Michel Foucault deu novas e decisivas contribuições para o estudo da sexualidade. Ele estudou a genealogia sexual, baseando-se na formação das ciências humanas e na filosofia.

Em toda parte, principalmente desde os anos 1990, estudos sobre *gays*, lésbicas e feministas, particularmente, foram influenciados pelas obras desses dois autores. Ambos desconstruíram a histórica pressão social pela heterossexualidade até então tida como norma e, portanto, como algo que poderia ser imposto compulsoriamente.

Segundo a análise de Foucault, foi a partir do século XVIII que se intensificaram os discursos sobre o sexo. As pessoas eram encorajadas a se confessar, a se manifestar, mas havia normas que estabeleciam quem deveria falar e onde se poderia falar. Para o filósofo, a sociedade não obrigou o sexo a se calar ou a se esconder; ao contrário, o processo de exposição das preferências sexuais se intensificou com o desenvolvimento das ciências humanas. Nos estudos de Foucault, a noção de "sexo" permitiu agrupar, "de acordo com uma unidade artificial, elementos anatômicos, funções biológicas, condutas, sensações e prazeres".

A proliferação dos discursos de poder convidava à enunciação de nossa sexualidade, por meio de instituições como a Igreja, a escola, a mídia, a lei, o consultório médico e um conjunto de saberes (como biologia, medicina, psicologia, psiquiatria, moral, pedagogia etc.). Tais dispositivos tornaram-se peças essenciais de uma estratégia de controle do indivíduo e da sociedade.

Ao analisar esses discursos, Foucault põe em xeque as afirmações de que sexo e escolhas sexuais sejam verdades incontestáveis. Trata-se, de fato, de construções históricas que definem normas e atitudes consideradas aceitáveis em determinado momento cultural.

> Portanto, não referir uma história da sexualidade à instância do sexo; mostrar, porém, como "o sexo" se encontra na dependência histórica da sexualidade. Não situar o sexo do lado do real e a sexualidade do lado das ideias confusas e ilusões; a sexualidade é uma figura histórica muito real, e foi ela que suscitou, como elemento especulativo necessário ao seu funcionamento, a noção de sexo[463].

A elaboração teórico-social tem um papel central na formação da sexualidade humana. Os estudos sobre gênero constatam que ser homem ou ser mulher é também uma construção histórica e cultural, e não uma questão meramente biológica. A sexualidade é "aprendida", ou melhor, é construída ao longo de toda a vida. A sociedade estabelece padrões entre o que é normal, desejável e saudável, e aquilo que é desviante, indesejável e, de alguma forma, patológico.

Contrariamente aos discursos do poder biopolítico, os adeptos dessa linha de pensamento afirmam que o indivíduo nunca está pronto ou acabado. Até mesmo em termos biológicos, são constantes as alterações da própria cultura sobre o corpo, que assim passa a ser também resultado do meio, do ambiente cultural e da política. Na atualidade, corpos são moldados e torneados nas academias de musculação, são transformados com tratamentos hormonais, próteses, operações plásticas, implantes etc. Além disso, podem passar também por cirurgias de transgenitalidade.

Há quem discorde quando se levam ao extremo essas transformações:

> Os sociólogos e as feministas retomaram o termo "gênero", que conhece desde então uma extensão considerável. Mas ocorreu um desvio, a ênfase foi posta no social, a tal ponto que o biológico foi esquecido e, depois, até mesmo recusado. O gênero é apresentado como uma distinção puramente social, sem fundamento biológico. Depois de uma amadurecida reflexão, acabei por compreender, ao que me parece, como se pôde chegar a uma proposição tão irracional. Só percebemos as realidades biológicas por meio das representações sociais que variam de acordo com o tempo e a cultura, proposição verdadeira. Mas as variações nas representações não impedem a existência do corpo desde sempre e a de uma diferença entre os machos e as fêmeas que pode ser designada como a "diferença sexual"[464].

DESPERTANDO GÊNEROS

Com o advento da aids, a partir dos anos 1980, a homossexualidade, que vinha se desfazendo do estigma de doença, foi novamente objeto de preconceitos, agora também relacionados à doença física e letal. Diante disso, surgiram novos estudos e outros olhares sobre o que vinha acontecendo; foi assim que emergiram os estudos da chamada teoria *queer* (pronuncia-se *cuir*).

Tendo a filósofa Judith Butler como principal expoente, *queer* é uma teoria sobre gênero segundo a qual a orientação e a identidade sexual ou de gênero dos indivíduos são o resultado de um construto social e, portanto, não devem existir papéis sexuais predefinidos.

O termo *queer*, em português, pode equivaler a esquisito, bizarro, estranho; como também a viado, bicha. Mas sua conotação em inglês é mais ofensiva, tratando-se de uma injúria que identifica o injuriado como "desviante", guardando ainda o sentido de anormal, defeituoso, impuro. O *queer* tem sido usado como insulto que procura denunciar no insultado sua "esquisitice", estreitamente ligada à sexualidade, assim como a sua detestável "inadequação" de gênero. O *queer* foi assim, por anos, um termo denunciador por excelência[465].

Parte do movimento *queer* pauta-se por um radicalismo político, já desde o nome: fazer da ofensa uma bandeira afirmativa de luta. O lema dos ativistas consiste em não fazer concessões a uma sociedade que consideram preconceituosa e segregadora. Desejam seu direito ao espaço como diferentes, estranhos, com suas próprias referências culturais. Não anseiam pela "normalidade". Não acreditam em sua existência, a não ser como arma de controle psíquico, cultural e social.

Com a ampliação das discussões sobre sexo, gênero e identidade sexual, o termo *queer* passou a incluir muitas modalidades de escolhas: pessoas que se movem entre dois ou mais gêneros (fluido), pessoas que se identificam com um terceiro gênero, ou, ainda, aquelas que afirmam suas múltiplas orientações sexuais.

Muitos decidem se identificar como gênero *queer*, no entanto, alguns transexuais argumentam que seus sentimentos de gênero estão profundamente consolidados e, por isso, chegam a considerá-los "inatos". Argumentam que a teoria *queer* é orientada (fluida) demais para uma escolha livre oriunda de uma construção social. Muitos não se identificam com esse discurso da diferença, embora criticamente se sintam membros integrantes da sociedade, e não veem a necessidade de adotar a identidade *queer*.

FAZENDO ESCOLA

Por sua alta complexidade, a identidade de gênero e a educação sexual têm suscitado discussões acaloradas na sociedade brasileira atual. Setores conservadores tentam excluir dos programas educacionais as propostas de ação educativa envolvendo tais questões. Certas alas dos movimentos feministas e LGBT apregoam que as diferenças comportamentais entre meninos e meninas são construções culturais que a sociedade machista lhes impõe. Esses movimentos defendem a quase irrelevância dos dados biológicos na construção da identidade da pessoa humana.

A educação de gênero neutro propõe, em última instância, não levar em consideração o sexo da criança. Cabe aos educadores e às famílias derrubar tradições comportamentais típicas de seu sexo. Nesse sentido, abandonando as antigas concepções ligadas ao sexo e ao gênero das crianças, meninos e meninas deveriam ser criados de forma igual, com liberdade para escolher roupas, brinquedos e cores diferentes.

Segundo Judith Butler, a constatação "é uma menina" ou "é um menino" antes mesmo de o bebê nascer dá início a uma sequência de atos que constituirão o sexo e o gênero de uma pessoa. Ao longo do tempo, isso será reiterado por várias autoridades. O reducionismo biológico e naturalista da sexualidade humana a um rígido binarismo (homem/mulher) desconsidera o papel da repetição constante de gestos, posturas e expressões na configuração da sexualidade. Da menina se espera prudência, meiguice, intuição, para que, no futuro, se torne uma zelosa dona de casa. Do menino se espera agressividade, voluntarismo e espírito de iniciativa, para ocupar postos de comando. Quem não se encaixa nesse padrão, heterossexual e binário, é tido como esquisito, portador de uma anomalia.

A norma hétero se faz presente na elaboração dos currículos escolares, cartilhas e livros didáticos, instaurando um regime de controle e vigilância da conduta sexual e de gênero. A escola, condicionada por outros preconceitos e discriminações, tem atuado timidamente no tocante à orientação sexual e à homofobia. Dessa forma, oferece poucas oportunidades para que adolescentes assumam, sem culpa ou vergonha, uma orientação sexual considerada fora da norma estabelecida.

Os ativistas declaram que é preciso ter uma designação clara de gênero, especialmente para crianças e jovens que não se encaixam no modelo binário e que querem ter a possibilidade de se identificar e ser reconhecidos entre seus pares.

A necessária formação de profissionais em Educação Sexual requer a constituição de objetivos e parâmetros claros, com ênfase na promoção da cultura do reconhecimento da diversidade sexual e da igualdade de gênero. Dentro e fora dos bancos escolares são frequentes episódios de intolerância com agressões físicas e morais àqueles que não seguem as normas impostas. A introdução de legislação específica sobre a identidade de gênero, também na legislação educacional, poderia defender as minorias, além de representar um avanço em relação à proteção dos direitos humanos – elementos fundamentais para o processo de construção de uma cidadania participativa.

Entretanto, dois segmentos contrários a essa luta vêm se posicionando na sociedade. Trata-se de grupos conservadores e de setores religiosos, que alertam para o risco de se confundir as crianças sobre sua sexualidade. Para esses segmentos, isso traria consequências imprevisíveis tanto para a vida pessoal quanto para a vida social, uma vez que as crianças não teriam condição crítica para analisar uma questão complexa. Outra acusação contra as lutas identitárias consiste em afirmar que os militantes desses grupos de pressão não pretendem incluir a discussão da identidade de gênero nas escolas, mas, sim, impô-la.

Mesmo com esses desafios para educar nos dias de hoje, houve, no entanto, significativos avanços no combate à homofobia e a outras manifestações de repulsa ao que não se enquadra nos padrões ainda considerados "normais", bem como no combate à naturalização da desigualdade de gênero.

VIVER SEM ENTRAVES

Embora tímida, nossa revolução sexual, ocorrida décadas atrás, provocou impactos. A discussão mais aberta sobre o corpo e a difusão dos ideais de liberdade amenizaram a repressão às práticas sexuais. O bíblico "Crescei e multiplicai-vos" – lema da sexualidade para a reprodução – deu lugar aos métodos contraceptivos, que favorecem a busca do "prazer pelo prazer". As relações sexuais realizadas em locais escondidos passaram para os motéis; o recato convive com a pornografia; o adultério passa a ser visto apenas como infidelidade; meninas *youtubers* relatam com naturalidade e humor sua primeira vez e têm milhões de seguidoras. Todos esses temas geram acalorados debates na atualidade.

Se a luxúria, na verdade, supõe a ideia de excesso, ela implica a transgressão de barreiras socialmente estabelecidas ao sexo. Quando essa barreira era a religião, até o sexo mais livre entre marido e mulher poderia ser uma transgressão. Hoje, obviamente, não é mais. A luxúria atual está em transpor os limites estabelecidos: quando a barreira é a privacidade, a luxúria está na prática sexual em lugares públicos; quando o limite é a monogamia, a luxúria está na troca de parceiros em recintos privados ou em clubes de *swing*.

Nos dias de hoje, estamos vivendo a flexibilidade das relações amorosas, com a constituição de compromissos transitórios. Tais comportamentos e relações constituem parte do que caracteriza a sociedade atual, em que, segundo o sociólogo Zygmunt Bauman, tudo é temporário, e, como os líquidos, nada é capaz de manter uma forma estável. Tudo muda antes que haja tempo para sua solidificação, para a fixação de raízes. Os acontecimentos tendem a se manifestar em fluxo rápido, volátil, flexível. Antes, sexo casual era conduta exclusiva dos homens; agora, é praticado de maneira muito mais aberta pelas mulheres. Anteriormente, esse comportamento estava restrito a grupos alternativos; hoje, atravessa outros segmentos sociais.

A experimentação sexual pode ter outros significados ou aplicações em contextos culturais distintos, como vem acontecendo com uma nova geração de jovens. Cresce o número de pessoas que não dá importância à orientação sexual das demais, e muitos concordam que se deve explorar mais a própria sexualidade. Tornou-se relativamente comum que adolescentes tornem públicas suas escolhas e declarem ter tidos relações com pessoas de ambos os sexos.

Como vimos, as lutas feministas, a revolução sexual, as transformações econômicas e tecnológicas foram questionando certas convenções historicamente construídas. Embora mais visíveis nos meios intelectuais do que nos setores populares, os jovens ativistas, em número cada vez maior, discutem e problematizam os padrões de família, de monogamia, de escolhas sexuais, e propõem a legitimidade de todas as formas de experimentação sexual possíveis, recusando a heteronormatividade.

Cabe lembrar, no entanto, que nos setores privilegiados da sociedade há mais possibilidade de se desfrutar da sexualidade. A plenitude do prazer exige vários pré-requisitos: ter boa saúde, dispor de um lugar confortável e de tempo livre – ou melhor, de ócio – e, especialmente, conviver num ambiente capaz de produzir e legitimar fantasias, de modo a se desfazer de valores morais e religiosos arraigados que tolhem o prazer.

Esses são "luxos" praticamente restritos à elite erótica do país, embora outros segmentos sociais venham se dando conta do direito ao prazer.

Estamos nos desfazendo dos antigos pecados sexuais. Eles estão ficando para trás. Vivenciamos uma nova revolução sexual. Ainda mais profunda que a anterior.

NOTAS

1. Angélica Madeira, *Livro dos naufrágios*, Brasília: UnB, 2005, p. 89.
2. Fábio Pestana Ramos, *Por mares nunca dantes navegados*, São Paulo: Contexto, 2008, p. 105.
3. *Ibidem*, p. 106.
4. Américo Vespúcio, *Novo Mundo*. Apresentação e notas de Eduardo Bueno. São Paulo: Planeta, 2003, p. 41.
5. *Ibidem*, p. 138.
6. *Ibidem*, p. 186.
7. *Apud* Claude d'Abbeville, *História da missão dos padres capuchinhos na Ilha do Maranhão e suas circunvizinhanças*, São Paulo: Siciliano, 2002, p. 156.
8. Antonio Pigafetta, *A primeira viagem ao redor do mundo*, Porto Alegre: L&PM, 2011, p. 56.
9. Francisco de Assis C. Franco, *Dicionário de bandeirantes e sertanistas do Brasil*, Belo Horizonte: Itatiaia, 1989, p. 325.
10. Afonso Arinos de Melo Franco, *O índio brasileiro e a Revolução Francesa. As origens brasileiras da teoria da bondade nacional*, Rio de Janeiro: José Olympio, 1976, p. 31.
11. *Ibidem*, p. 80.
12. Florestan Fernandes, *A organização social dos Tupinambá*, São Paulo: Hucitec, 1989, p. 134.
13. *Ibidem*, p. 139.
14. Gabriel Soares de Sousa, *Tratado descritivo do Brasil em 1587*, São Paulo: Companhia Editora Nacional; Edusp, 1971, p. 304.
15. Florestan Fernandes, *A organização social dos Tupinambá*, op. cit., p. 142.
16. André Thevet, *A cosmografia universal de André Thevet, cosmógrafo do rei*, Rio de Janeiro: Batel; Fundação Darcy Ribeiro, 2009, p. 117.
17. Charles Ralph Boxer, *A idade de ouro do Brasil*, São Paulo: Companhia Editora Nacional, 1963.
18. Alcântara Machado, *Vida e morte do bandeirante*, Belo Horizonte: Itatiaia; São Paulo: Edusp, 1980, p. 21.
19. *Ibidem*, p. 159.
20. *Apud* John Manuel Monteiro, *Negros da terra*, São Paulo: Companhia das Letras, 1994, p. 138.
21. *Apud* por J. Monteiro, *Negros da Terra*, p. 34
22. *Apud* Maria B. Nizza da Silva (org.), *História de São Paulo colonial*, Unesp, 2009, p. 64.
23. Nelson Omegna, *A cidade colonial*, Distrito Federal: Ed. de Brasília, 1971, p. 210.
24. Roberto Pompeu de Toledo, *A capital da solidão. Uma história de São Paulo das origens a 1900*, São Paulo: Objetiva, 2003, p. 161.
25. Cassiano Ricardo, *Marcha para o oeste*, Rio de Janeiro: José Olympio, 1970, v. 1, p. 133.
26. Alfredo Ellis Júnior. *Os primeiros troncos paulistas*. São Paulo: Companhia Editora Nacional, 1976, p. 76.
27. *Idem*, *Raça de gigantes: a civilização no planalto paulista*, São Paulo: Helios, 1926, p. 117.
28. Paulo Prado, *Paulística etc.*, São Paulo: Companhia das Letras, 2004, p. 78.
29. Antônio Ruiz de Montoya, *Conquista espiritual feita pelos religiosos da Companhia de Jesus*, Porto Alegre: Martins Livreiro, 1997, p. 278.
30. Cassiano Ricardo, *Marcha para o oeste, op. cit.*, v. 1, p. 261.
31. *Ibidem*, p. 240.
32. Charles Ralph Boxer, *A idade de ouro do Brasil, op. cit.*, 1963, p. 235.
33. *Apud* Afonso de Taunay, *Relatos monçoeiros*, Belo Horizonte: Itatiaia; São Paulo: Edusp, 1981, p. 256.
34. *Apud* Mary Del Priore. "Deus dá licença ao diabo". Em: Ronaldo Vainfas (org.). *História e sexualidade no Brasil*. Rio de Janeiro: Graal, 1986, p. 99.
35. *Apud* Jean Marcel Carvalho França, *Visões do Rio de Janeiro colonial. Antologia de textos (1531-1800)*, Rio de Janeiro: José Olympio, 1999, p. 105.
36. *Apud ibidem*, p. 542.
37. Maria Beatriz Nizza da Silva, *Vida privada e quotidiano no Brasil*, Lisboa: Estampa, 1993, p. 114.

38 *Apud* Maria Beatriz Nizza da Silva (org.), *Sexualidade, família e religião na colonização do Brasil*, Lisboa: Livros Horizonte, 2001, p.111.

39 Júlio Bello, *Memórias de um senhor de engenho*, Recife: Fundarpe, 1985, p.12.

40 *Apud* Lana Lage da Gama Lima, "O padre e a moça: o crime de solicitação no Brasil no século XVIII", *Anais do Museu Paulista*, São Paulo: 1986-1987, v.35, n.XXXV, p.23.

41 Ronaldo Vainfas, "Moralidades brasílicas: deleites sexuais e linguagem erótica na sociedade escravista", em: Fernando A. Novais; Laura de Mello e Souza, *História da vida privada no Brasil*, São Paulo: Companhia das Letras, 1997, v.1, p.267.

42 *Apud* Marilda Santana da Silva, *Dignidade e transgressão,* São Paulo: Editora da Unicamp, 2001, p.149.

43 *Apud* Jeffrey Richards, *Sexo, desvio e danação*, Rio de Janeiro: Jorge Zahar, 1993, p.34.

44 Sandra Boccia, "As bruxas paulistas", *Veja*, 13 out. 1999.

45 José Vieira Fazenda, *Antiqualhas e memórias do Rio de Janeiro*, Rio de Janeiro: Documenta Histórica/IHGB, 2011, v.1, p.410.

46 Ronaldo Vainfas, "Sodomia, mulheres e Inquisição: notas sobre sexualidade e homossexualismo feminino no Brasil colonial", *Anais do Museu Paulista*, São Paulo: 1986/1987, v.XXXV, n.35, p.246.

47 Sheila de Castro Faria, *A colônia em movimento*, Rio de Janeiro: Nova Fronteira, 1998, p.291.

48 Wilhelm Ludwig Eschwege, *Brasil, novo mundo*, Belo Horizonte: Fundação João Pinheiro, 2001, v.2, p.149.

49 *Apud* Mário José Maestri, *O escravo no Rio Grande do Sul*, Porto Alegre: Educs, 1984, p.82.

50 *Apud* Edmundo Zenha, *Mamelucos*, São Paulo: Revista dos Tribunais, 1971, p.273.

51 Maria Beatriz Nizza da Silva, *Vida privada e quotidiano no Brasil, op. cit.*, p.47.

52 Renato Franco, *A piedade dos outros*, Rio de Janeiro: FGV, 2014, p.23.

53 *Ibidem*, p.23.

54 José Ferreira Carrato, *Igreja, iluminismo e escolas mineiras coloniais*, São Paulo: Companhia Editora Nacional/Edusp, 1968, p.12.

55 Auguste de Saint-Hilaire, *Viagens pelas províncias do Rio de Janeiro e Minas Gerais*. Belo Horizonte: Itatiaia, São Paulo: Edusp, 1975, p.203.

56 Lycurgo Santos Filho, *Uma comunidade rural do Brasil antigo*, São Paulo: Companhia Editora Nacional, 1956, p.52.

57 Hermann Burmeister, *Viagem ao Brasil através das províncias do Rio de Janeiro e Minas Gerais*, Belo Horizonte: Itatiaia; São Paulo: Edusp, 1980, p.71.

58 Sandra Lauderdale Graham, "O impasse da escravatura: prostitutas escravas, suas senhoras e a lei brasileira de 1871", *Acervo: Revista do Arquivo Nacional*, Rio de Janeiro: jan./dez. 1996, v.9, n.1-2, p.31.

59 Solimar Oliveira Lima, *Triste Pampa*, Passo Fundo: Universidade de Passo Fundo, 2006, p.65.

60 *Ibidem*, p.69.

61 Luiz Bernardo Pericás, *Os cangaceiros*, São Paulo: Boitempo, 2010, p.106.

62 *Apud* Marcia Amantino; Jonis Freire, "Ser homem... Ser escravo", em: Marcia Amantino; Mary del Priore, *História dos homens no Brasil*, São Paulo: Unesp, 2013, p.36.

63 João José Reis, "Escravos e coiteiros no quilombo do Oitizeiro, Bahia, 1806", em: João José Reis; Flávio dos Santos Gomes, *Liberdade por um fio*, São Paulo: Companhia das Letras, 1996, p.332.

64 Décio Freitas, *Palmares*, Rio de Janeiro: Graal, 1982, p.38.

65 *Apud* Dirceu Lindoso, *A razão quilombola*, Maceió: Edufal, 2011, p.74.

66 Richard Price, "Palmares como poderia ter sido", em: João José Reis; Flávio dos Santos Gomes, *Liberdade por um fio, op. cit.*, p.55.

67 Julita Scarano, *Devoção e escravidão*, São Paulo: Companhia Editora Nacional, 1976, p.118.

68 Carlos Magno Guimarães, "Mineração,

quilombos e Palmares – Minas Gerais no século XVII", em: João José Reis; Flávio dos Santos Gomes, *Liberdade por um fio, op. cit.*, p. 142.

69 *Apud* Laura de Mello e Souza, *Norma e conflito*, Belo Horizonte: UFMG, 2006, p. 96.

70 Ronaldo Vainfas, "História da vida privada: dilemas, paradigmas, escalas", *Anais do Museu Paulista*, São Paulo: jan./dez. 1996, v. 4, p. 25.

71 *Apud* Fernando de Barros e Silva, "A história de uma miragem", *Folha de S.Paulo*, 25 maio 1997.

72 José Ferreira Carrato, *Igreja, iluminismo e escolas mineiras coloniais, op. cit.*, p. 10.

73 *Ibidem*, p. 12.

74 Maria Graham, *Diário de uma viagem ao Brasil*, São Paulo: Companhia Editora Nacional, 1956, p. 253.

75 Laura Oliveira Rodrigo Octávio, *Elos de uma corrente*, Rio de Janeiro: Civilização Brasileira, 1994, p. 172.

76 Helena Morley, *Minha vida de menina*, Rio de Janeiro: José Olympio, 1966, p. 236.

77 Marcelo Bortoloti, "A voz do poeta", *Folha de S.Paulo*, 8 jul. 2012.

78 Rachel Jardim, *Os anos 40*, Rio de Janeiro: José Olympio, 2003, p. 22.

79 Thomas Ewbank, *Vida no Brasil*, Belo Horizonte: Itatiaia; São Paulo: Edusp, 1976, p. 128.

80 José Ferreira Carrato, *Igreja, iluminismo e escolas mineiras coloniais, op. cit.*, p. 11.

81 *Apud* Marcos Paulo S. Miranda, *Aspectos históricos da Terra de André*, Andrelândia: Copygraph, 1996, p. 17.

82 Gilberto Freyre, *Casa-grande & senzala*. Rio de Janeiro: José Olympio, 1982, p. 347.

83 *Ibidem*, p. 347.

84 Hermann Burmeister, *Viagem ao Brasil através das províncias do Rio de Janeiro e Minas Gerais, op. cit.*, p. 199.

85 *Ibidem*, p. 272.

86 Lycurgo Santos Filho, *Uma comunidade rural do Brasil antigo, op. cit.*, p. 61.

87 Luís Agassiz; Elizabeth Cary Agassiz, *Viagem ao Brasil*, São Paulo: Companhia Editora Nacional, 1938, p. 336.

88 *Ibidem*, p. 569.

89 *Apud* Jean Marcel Carvalho França, *A construção do Brasil na literatura de viagem dos séculos XVI, XVII e XVIII, op. cit.*, p. 587.

90 Anna Ribeiro de Goes Bittencourt, *Longos serões do campo*, Rio de Janeiro: Nova Fronteira, 1992, v. 1, p. 82.

91 Mathilde de Carvalho Dias, *Amor e trabalho*, Rio de Janeiro: José Olympio, 1973, p. 34.

92 Maria Beatriz Nizza da Silva, *Bahia, a corte da América*, São Paulo: Companhia Editora Nacional, 2010, p. 80.

93 Oswald de Andrade, "Erro de português", em: *Obras completas*, Rio de Janeiro: Civilização Brasileira, 1972.

94 John Hemming, *Ouro vermelho*, São Paulo: Edusp, 2007, p. 582.

95 *Apud* Oiliam José, *Indígenas de Minas Gerais*, Belo Horizonte: Movimento e Perspectiva, 1965, p. 83.

96 *Apud* Henri Coudreau, *Viagem ao Tapajós*, Belo Horizonte: Itatiaia; São Paulo: Edusp, 1977, p. 64.

97 *Apud ibidem*, p. 112.

98 Karl von Steinen, *Entre os aborígenes do Brasil Central*, São Paulo: Departamento Municipal de Cultura, 1946, p. 89.

99 *Apud* John Hemming, *Ouro vermelho, op. cit.*, p. 389.

100 Oiliam José, *Indígenas de Minas Gerais, op. cit.*, p. 97.

101 Teófilo Otoni, *Notícia sobre os selvagens do Mucuri*, Belo Horizonte: Editora da UFMG, 2002, p. 67.

102 Oiliam José, *Indígenas de Minas Gerais, op. cit.*, p. 97.

103 Carl F. von Martius, *O direito entre os indígenas do Brasil*, São Paulo: Edições e Publicações Brasil, 1938, p. 115.

104 Claude Lévi-Strauss, *Tristes trópicos*, São Paulo: Companhia das Letras, 1996, p. 269.

105 Oiliam José, *Indígenas de Minas Gerais, op. cit.*, p. 99.

106 *Apud* John Hemming, *Ouro vermelho, op. cit.*, p. 561.

107 Alexandre Rodrigues Ferreira, *Viagem filosófica pelas capitanias do Grão Pará, Rio Negro, Mato Grosso e Cuiabá*, Rio de Janeiro: Conselho Federal de Cultura, 1974, p. 79.

108 *Apud* Afonso de Taunay, *Relatos monçoeiros, op. cit.*, p. 239.

109 Gilberto Freyre, *Casa-grande & senzala, op. cit*, p. 133.

110 Joaquim de Almeida Leite Moraes, *Apontamentos de viagem*, São Paulo: Companhia das Letras, 2011, p. 131.

111 John Hemming, *Fronteira amazônica*, São Paulo: Edusp, 2009, p. 199.

112 *Apud* John Hemming, *Árvore de rios*, São Paulo: Editora do Senac, 2011, p. 135.

113 *Ibidem*, p. 225.

114 *Apud* José Alves de Souza Junior, *Tramas do cotidiano*, Belém: Editora da UFPA, 2012, p. 185.

115 John Hemming, *Fronteira Amazônica, op. cit.*, p. 397.

116 Charles Ralph Boxer, *A idade de ouro do Brasil, op. cit.*, p. 248.

117 José Murilo de Carvalho, *Forças Armadas e política no Brasil*, Rio de Janeiro: Jorge Zahar, 2005, p. 190.

118 Alai Garcia Diniz, "O corpo feminino no imaginário da Guerra do Paraguai", *Travessia*, Florianópolis: jan./jul. 1996, n. 32.

119 Cf. Leandro Fortes, *Fragmentos da Grande Guerra*, Rio de Janeiro: Record, 2004.

120 Jafé Borges, *Amor e Guerra do Paraguai*, Recife: Edições Bagaço, 2001, p. 81.

121 *Apud* Francisco Doratioto, *Maldita guerra*, São Paulo: Companhia das Letras, 2002, p. 189.

122 Conde D'Eu, *Viagem militar ao Rio Grande do Sul*, Belo Horizonte: Itatiaia; São Paulo: Edusp, 1981, p. 32.

123 Dionísio Cerqueira, *Reminiscências da campanha do Paraguai – 1865-1870*, Rio de Janeiro: Biblioteca do Exército, 1980, p. 99.

124 Joseph Eskenazi Pernidji; Maurício Eskenazi Pernidji, *Homens e mulheres na Guerra do Paraguai*, Rio de Janeiro: Imago, 2003, p. 59.

125 José Luís Rodrigues da Silva, *Recordações da campanha do Paraguai*, Brasília: Gráfica do Senado Federal, 2007, p. 46.

126 *Apud* Renato Lemos (org.), *Cartas da guerra*, Rio de Janeiro: Iphan/6ª SR/Museu Casa de Benjamin Constant, 1999, p. 102.

127 Joseph Eskenazi Pernidji; Maurício Eskenazi Pernidji, *Homens e mulheres na Guerra do Paraguai, op. cit.*, p. 42.

128 Moacir Assunção, *Nem heróis, nem vilões*, Rio de Janeiro: Record, 2012, p. 47.

129 Sérgio Carrara, *Tributo a Vênus*, Rio de Janeiro: Fiocruz, 1996, p. 78.

130 Anatólio Alves de Assis, *Genocídio na Guerra do Paraguai*, Belo Horizonte: Imprensa Oficial, 1986, p. 80.

131 *Apud* Maria Teresa Garritano Dourado, *A história esquecida da Guerra do Paraguai*, dissertação (História Social) – Universidade de São Paulo. São Paulo: 2010, p. 51.

132 Carlos de Oliveira Gomes, *A solidão segundo Solano López*, Rio de Janeiro: Civilização Brasileira, 1980, p. 159.

133 *Ibidem*, p. 230.

134 *Apud ibidem*, p. 234.

135 *Apud ibidem*, p. 235.

136 Joana Maria Pedro, *Mulheres honestas e mulheres faladas: uma questão de classe*, Florianópolis: Ed. da UFSC, 1994, p. 132.

137 Mario Schmidt, *Nova história crítica do Brasil*, São Paulo: Nova Geração, 1997, p. 179.

138 *Apud* John Hemming, *Fronteira amazônica, op. cit.*, p. 363.

139 *Ibidem*, p. 371.

140 *Idem, Árvore de rios, op. cit.*, p. 258.

141 Álvaro Maia, *Gente dos seringais*, Brasília: Gráfica do Senado Federal, 1987, p. 267.

142 Curt Nimuendajú, *Textos indigenistas*, São Paulo: Loyola, 1982, p. 184.

143 Alfredo Lustosa Cabral, *Dez anos no Amazonas (1897-1907)*, João Pessoa: Escola de Tipografia e Encadernação, 1949, p. 74.

144 Cf. Cristina Scheibe Wolff, *Mulheres da floresta: uma história: Alto Juruá, Acre (1890-1945)*, São Paulo: Hucitec, 1999.

145 Márcio Souza, *A expressão amazonense: do colonialismo ao neocolonialismo*, Manaus: Valer, 2010, p.107.

146 Apud John Hemming, *Fronteira amazônica, op. cit.*, p.417.

147 Alfredo Lustosa Cabral, *Dez anos no Amazonas (1897-1907), op. cit.*, p.108.

148 John Hemming, *Árvore de rios: a história da Amazônia*. São Paulo: Senac, 2011, p.235.

149 Idem, *Árvore de rios, op. cit.*, p.236.

150 Greg Grandin, *Fordlândia*, Rio de Janeiro: Rocco, 2010, p.41.

151 *Ibidem*, p.168.

152 Apud *ibidem*, p.169.

153 Joseph Hörmeyer, *O que Jorge conta sobre o Brasil*, Rio de Janeiro: Presença, 1966, p.125.

154 Henry Koster, *Viagens ao Nordeste do Brasil*, Fortaleza: ABC Editora, 2003, v.2, p.480.

155 Apud Emilio Willems, *A aculturação dos alemães e seus descendentes no Brasil*, São Paulo: Companhia Editora Nacional, 1980, p.326.

156 Apud *ibidem*, p.326.

157 Apud *ibidem*, p.309.

158 *Ibidem*, p.310.

159 *Ibidem*, p.321.

160 Carl Seidler, *Dez anos no Brasil*, Belo Horizonte: Itatiaia; São Paulo: Edusp, 1980, p.130.

161 Zélia Gattai, *Anarquistas, graças a Deus*, Rio de Janeiro: Record, 1988, p.261.

162 Apud Isabelle Felici. "A verdadeira história da Colônia Cecília", *Cadernos AEL*, Campinas: 1998, v.8/9, p.8.

163 Ismael Antônio Vannini, *O sexo, o vinho e o diabo*, Passo Fundo: Universidade Federal de Passo Fundo, 2004, p.175.

164 Apud idem, *História, sexualidade e crime: imigrantes e descendentes na Região Colonial Italiana do Rio Grande do Sul (1938-1958)*, tese (Doutorado em História Íbero-Americana) – Pontifícia Universidade Católica do Rio Grande do Sul. Porto Alegre: 2008, p.110.

165 Apud *ibidem*, p.211

166 Apud *ibidem*, p.220.

167 Carlos Machado, *Carlos Machado apresenta: memórias sem maquiagem*, São Paulo: Cultura, 1978, p.14.

168 Núncia Santos Constantino, "(In)desejadas adolescentes na cidade gaúcha: sexualidade e cotidiano nos anos vinte", *in*: Reunião anual da SBPC, XIX, 1999, Curitiba. *Anais da XIX reunião da SBPC*. Curitiba: 1999, p.289.

169 Martha de Abreu Esteves, *Meninas perdidas*, Rio de Janeiro: Paz e Terra, 1989, p.59.

170 Cf. Daniel Aarão Reis, *Luís Carlos Prestes: um revolucionário entre dois mundos*, São Paulo: Companhia das Letras, 2014.

171 Apud Maria Meire de Carvalho, *Vivendo a verdadeira vida: vivandeiras, mulheres em outras frentes de combates*, tese (Doutorado em História) – Universidade de Brasília. Brasília: 2008, p.139.

172 Apud *ibidem*, p.161.

173 Cf. Hernâni Donato, "A grande marcha: mulheres na Coluna Prestes", *Jornal Leitura*, São Paulo: Imesp, 1994, 13(145), jun. 1994.

174 Apud Maria Meire de Carvalho, *Vivendo a verdadeira vida, op. cit.*, p.174.

175 Apud *ibidem*, p.175.

176 Eliane Brum, *Coluna Prestes: o avesso da lenda*, Porto Alegre: Artes e Ofícios, 1994, p.59.

177 *Ibidem*, p.60.

178 *Ibidem*, p.82.

179 Apud *ibidem*, p.159.

180 José M. Audrin, *Entre sertanejos e índios do Norte*, Rio de Janeiro: Agir, 1947, p.254.

181 Anita Leocádia Prestes, "Uma epopeia brasileira", *Revista de História da Biblioteca Nacional*, Rio de Janeiro: 2007, n.24, p.3.

182 Consuelo Dieguez, "Marcha de horrores", *Veja*, 9 jul. 1999.

183 Apud *ibidem*.

184 Billy Jaynes Chandler, *Lampião, o rei dos cangaceiros*, Rio de Janeiro: Paz e Terra, 1980, p.208.

185 Antônio Amaury Corrêa de Araújo, *Lampião: as mulheres e o cangaço*, São Paulo: Traço, 2012, p.320.

186 Billy Jaynes Chandler, *Lampião, o rei dos cangaceiros, op. cit.*, p. 210.
187 Ibidem, p. 248.
188 Ibidem, p. 209.
189 Daniel Lins, *Lampião, o homem que amava as mulheres*, São Paulo: Annablume, 1997, p. 97.
190 Apud ibidem, p. 103.
191 Antônio Amaury Corrêa de Araújo, *Lampião: as mulheres e o cangaço, op. cit.*, p. 328.
192 Apud Daniel Lins, *Lampião, o homem que amava as mulheres, op. cit.*, p. 26.
193 Ibidem, p. 67.
194 Ibidem, p. 77.
195 Apud ibidem, p. 128.
196 Apud ibidem, p. 149.
197 Cf. Luitgarde Oliveira Cavalcanti Barros, *A derradeira gesta: Lampião e Nazarenos guerreando no sertão*, Rio de Janeiro: Mauad, 2000.
198 Felipe Sáles, "Lampião: cabra-macho ou flor do sertão?", *Revista de História da Biblioteca Nacional*, Rio de Janeiro: dez. 2011, n. 75, p. 5.
199 Ibidem.
200 Regina Navarro Lins, *A cama na varanda: arejando nossas ideias a respeito de amor e sexo*, Rio de Janeiro: Best Seller, 2012, p. 286.
201 Charles Wagley, *Lágrimas de boas--vindas*, Belo Horizonte: Itatiaia; São Paulo: Edusp, 1988, p. 158.
202 Herbert Baldus, *Ensaios de etnologia brasileira*, São Paulo: Companhia Editora Nacional, 1979, p. 16.
203 Ibidem, p. 81.
204 João Américo Peret, "A vida sexual do índio", *O Cruzeiro*, Rio de Janeiro: 2 maio 1973.
205 Ibidem. Cabe esclarecer a sinonímia de palavras empregadas no texto – onanismo: masturbação; tribadismo: lesbianismo; sodomia: sexo anal; irrumação: sexo oral em que a mulher fica com a cabeça estática e o homem movimenta o pênis; andromania: o mesmo que ninfomania.
206 Ibidem.
207 Carmen Junqueira, *Sexo e desigualdade entre os Kamaiurá e os Cinta Larga*, São Paulo: Olho d'Água, 2002, p. 48.
208 Thomas Gregor, *Mehináku: o drama da vida diária em uma aldeia do Alto Xingu*, São Paulo: Companhia Editora Nacional, 1982, p. 128.
209 Ibidem, p. 139.
210 Ibidem, p. 243.
211 Eduardo Viveiros de Castro, *Araweté: os deuses canibais*, Rio de Janeiro: Jorge Zahar, 1986, p. 428.
212 Barbara Arisi, "Vida sexual dos selvagens (nós): relato de experiência de uma antropologia reversa. Indígenas Matis pesquisam a sexualidade dos brancos e da antropóloga", *in*: Seminário Internacional Fazendo Gênero, n. 9, ago. 2010, Florianópolis, *Anais eletrônicos do Seminário Internacional Fazendo Gênero*. Disponível em: <http://www.fazendogenero.ufsc.br/9/resources/anais/1279643075_ARQUIVO_Barbara_Arisi_FazendoGenero_2010_artigo.pdf>. Acesso em: dez. 2017, p. 5.
213 Cf. Mario Vargas Llosa, *Folha de S. Paulo*, 28 jan. 2013.
214 Barbara Ariri, *idem*, p. 6.
215 José Leopoldo F. Antunes, *Medicina, leis e moral*, São Paulo: Editora da Unesp, 1999, p. 50.
216 Apud ibidem, p. 209.
217 Nelson Rodrigues, *A menina sem estrela*, Rio de Janeiro: Agir, 2009, p. 191.
218 Marcelo Bortoloti, "A voz do poeta", *Folha de S. Paulo*, 8 jul. 2012.
219 Ibidem.
220 Mathilde de Carvalho Dias, *Amor e trabalho, op. cit.*, p. 34.
221 Gregório Bezerra, *Memórias: primeira parte*, Rio de Janeiro: Civilização Brasileira, 1979, p. 312.
222 Luis Fernando Verissimo, *Traçando Porto Alegre*, Rio Grande do Sul: Artes de Ofícios, 1996, p. 26.
223 José Rafael Rosito Coiro, *Os anos dourados na Praça da Alfândega*, Porto Alegre: Artes e Ofícios, 1994, v. 1, p. 64.

224 Ignácio de Loyola Brandão, *Acordei em Woodstock*, São Paulo: Global, 2011, p. 257.

225 Dilamar Machado, *A esquina do pecado*, Porto Alegre: Mercado Aberto, 1993, p. 25.

226 *Apud* Heloneida Studart; Wilson Cunha, *A primeira vez... à brasileira*, Rio de Janeiro: Edições Nosso Tempo, 1977, p. 157.

227 Odete Lara, *Eu nua*, Rio de Janeiro: Rosa dos Tempos, 2002, p. 74.

228 Ruy Castro, *A noite do meu bem*, São Paulo: Companhia das Letras, 2015, p. 344.

229 Jorge Guinle, Entrevista, *Playboy*, jun. 1993.

230 Flávio Gikovate, Entrevista, *Playboy*, out. 1979.

231 Nelson Pizzotti Mendes, *Criminologia*, São Paulo: Universitária de Direito, 1973, p. 156.

232 Odete Lara, *Vazios e plenitudes*, São Paulo: Prumo, 2009, p. 47.

233 Alexandre José de Mello Moraes Filho, *Factos e memórias*, Rio de Janeiro: H. Garnier, 1904, p. 313.

234 Luis Fernando Verissimo, *Traçando Porto Alegre*, op. cit., p. 26.

235 Ricardo Alexandre, *Nem vem que não tem*, São Paulo: Globo, 2009, p. 47.

236 Jorge Guinle, Entrevista, *Playboy*, jun. 1997.

237 Carlos Heitor Cony, "Cenas de outro tempo", *Folha de S.Paulo*, 2 dez. 2011.

238 Tom Jobim, Entrevista, *Playboy*, set. 1988.

239 *Ibidem*.

240 Sergius Gonzaga, "Confissões de um adolescente interiorano", em: Carlos Augusto Bissón, *Sobre Porto Alegre*, Porto Alegre: Editora da Universidade/ Secretaria de Cultura, 1993, p. 134.

241 Herbert de Souza, Entrevista, *Playboy*, maio 1979.

242 Rachel Jardim, *Os anos 40*, op. cit., p. 24.

243 *Apud* Cláudio Pereira Elmir, "Os anos dourados de Porto Alegre: a construção do mito da idade de ouro na memória da cidade", em: Acácia Hagen; Paulo Moreira (org.), *Sobre a rua e outros lugares: reinventando Porto Alegre*, Porto Alegre: AHRS e CEF, 1995, p. 153.

244 Cláudio Pereira Elmir, "A transgressão do limite: sedução, adultério, prostituição e estupro no Rio Grande do Sul de meados do século XX", *Revista Justiça & História*, Porto Alegre: 2003 v. 3, n. 6, p. 8.

245 Nelson Rodrigues, *A menina sem estrela*, op. cit., p. 68.

246 *Apud* Cláudio Pereira Elmir, "Imagem da prostituição na Porto Alegre dos anos dez: o discurso do Independente", em: Acácia M. M. Hagen; Paulo R. S. Moreira (org.), *Porto Alegre na virada do século 19: cultura e sociedade*, Porto Alegre: EURGS, 1994, p. 92.

247 Cyro dos Anjos, *A menina do sobrado*, Belo Horizonte: Garnier, 1994, p. 287.

248 *Apud* Regina Medeiros, "O Bonfim da prostituição: a presença ambivalente do outro", em: Regina Medeiros et al., *Permanência e mudanças em Belo Horizonte*, Belo Horizonte: Autêntica, 2001, p. 69.

249 *Apud ibidem*, p. 70.

250 *Apud ibidem*, p. 98.

251 *Ibidem*.

252 *Ibidem*, p. 101.

253 *Apud* Heloneida Studart; Wilson Cunha, *A primeira vez... à brasileira*, op. cit., p. 198.

254 Cf. Juçara Luzia Leite, *República do Mangue*, São Caetano do Sul: Yendis, 2005.

255 Armando Pereira, *Sexo e prostituição*, Rio de Janeiro: Record, 1967, p. 162.

256 *Apud* Aparecida Fonseca Moraes, *Mulheres da vila*, Petrópolis: Vozes, 1995, p. 157.

257 Jorge Guinle, Entrevista, *Playboy*, jun. 1993.

258 Carlos Machado, *Carlos Machado apresenta: memórias sem maquiagem*, op. cit., p. 51.

259 Arnaldo Jabor, "A volta ao passado", *O Estado de S. Paulo*, 27 nov. 2012.

260 *Ibidem*.

261 Laura Oliveira Rodrigo Octávio, *Elos de uma corrente*, op. cit., p. 53.

262 Paula Karine Rizzo, *O quadrilátero do pecado*, p. 48

263 *Apud Ibidem*, p. 57-9

264 Lima Duarte, Entrevista, *Roda Viva*, TV Cultura, 15 mar. 1993.

265 Ramão Gomes Portão, *Estórias da Boca do Lixo*, São Paulo: Exposição do Livro, 1969, p. 14.

266 Florestan Fernandes, *A integração do negro na sociedade de classes*, São Paulo: Dominus, 1965, v. 1, p. 139.

267 *Apud* Margareth Rago. "Prostitutas e mundo boêmio em São Paulo (1890-1940)". Em: Richard Parker, Regina M. Barbosa (orgs.). *Sexualidades brasileiras*. Rio de Janeiro: Relume Dumará, 1996, p. 58.

268 Carlos Maranhão, *Maldição e glória*, São Paulo: Companhia das Letras, 2004, p. 126.

269 Rejane Penna; Luiz Carlos da Cunha Carneiro, *Os vigilantes da ordem*, Porto Alegre: Oficina da História, 1994, p. 113.

270 *Ibidem*, p. 186.

271 José Rafael Rosito Coiro, *Os anos dourados na Praça da Alfândega*, op. cit., v. 1, p. 60.

272 Josué Guimarães, *Dona Anja*, São Paulo: Círculo do Livro, 1978, p. 25.

273 Roy Nash, *A conquista do Brasil*, São Paulo: Companhia Editora Nacional, 1939, p. 401.

274 Fernando Sabino, *Encontro marcado*, Rio de Janeiro: Record, 1991, p. 51.

275 Jorge Guinle, Entrevista, *Playboy*, jun. 1993.

276 Carlos Machado, *Carlos Machado apresenta: memórias sem maquiagem*, op. cit., p. 116.

277 *Ibidem*, p. 183.

278 Norma Bengell, *Norma Bengell*, São Paulo: nVersos, 2014, p. 49.

279 Antônio Paulo Benatti, *O centro e as margens*, Curitiba: Aos Quatro Ventos, 1999, p. 139.

280 José Rafael Rosito Coiro, *Os anos dourados na Praça da Alfândega*, op. cit., v. 2, p. 54.

281 Luis Fernando Verissimo, *Traçando Porto Alegre*, op. cit., p. 25.

282 *Apud* Ricardo dos Santos Batista, *Mulheres livres*, Salvador: EDUFBA, 2014, p. 109.

283 Jamil A. Haddad, "Prefácio e notas", em: Joaquim M. Macedo, *Memórias da rua do Ouvidor*, São Paulo: Companhia Editora Nacional, 1952, p. 14.

284 Flávia Ribeiro Veras, "As condições de trabalho nos teatros do Rio de Janeiro na década de 1940", in: I Seminário Fluminense de Pós-Graduandos em História, 2012, Rio de Janeiro, *Anais do I Seminário Fluminense de Pós-Graduandos em História*, Rio de Janeiro: 2013, p. 2.

285 Moacyr Scliar, "Noites porto-alegrenses", em: Sergius Gonzaga; Luís Augusto Fisher (org.), *Nós, os gaúchos 1*, Porto Alegre: EUFRGS, 1992, p. 249.

286 "As amadoras", *Veja*, 4 nov. 1970.

287 Nelson Pizzotti Mendes, *Criminologia*, op. cit., p. 163.

288 Ana Maria Melo Negrão, *Pernas cruzadas, meias rendadas*, Campinas: Editora da Unicamp/CNU, 2013, p. 120.

289 *Apud* Liêdo Maranhão de Souza, *O povo, o sexo e a miséria ou o homem é sacana*, Recife: Guararapes, 1980, p. 36.

290 José Miguel Nieto Olivar, *Devir puta*, Rio de Janeiro: Eduerj, 2013, p. 107.

291 Anaclan Pereira Lopes da Silva (org.), *Prostituição e adolescência*, Belém: Cejup, 1997, p. 135.

292 *Apud* Benedita C. de Moraes Pinto, "Meninas sem bonecas e sem sonhos, apenas objetos de prazer: a prostituição em Cametá – 1980 a 1993", em: Eunice F. dos Santos, *Mulher e modernidade na Amazônia*, Belém: Gepem/CFCH/UFPA, 1997, p. 289.

293 *Apud ibidem*, p. 289.

294 Luciana Temer, "Vamos falar de exploração sexual infantil?", *Folha de S.Paulo*, 21 dez. 2017.

295 *Apud* Uelba Alexandre do Nascimento, *O doce veneno da noite*, Campina Grande: EDUFCG, 2008, p. 136.

296 *Apud* Cláudio Pereira Elmir, "A transgressão do limite: sedução, adultério, prostituição e estupro no Rio Grande do Sul de meados do século XX", cit., p. 18.

297 *Apud ibidem*, p. 21.

298 Ramão Gomes Portão, *Estórias da Boca do Lixo*, op. cit., p. 45.

299 José Miguel Nieto Olivar, *Devir puta*, op. cit., p. 185.

300 Gabriela Leite, "Uma puta liderança". *O Pasquim*, 19 nov. 2002.

301 Marinósio Trigueiros Filho, *Dos porões da delegacia de polícia*, Londrina: GTI, 1979, p.11.

302 Apud José Miguel Nieto Olivar, *Devir puta, op. cit.*, p.97.

303 *Ibidem*, p.109.

304 Júlio César de Oliveira, *Ontem ao luar*, Uberlândia: Edufu, 2012, p.95.

305 Apud José Miguel Nieto Olivar, *Devir puta, op. cit.*, p.139.

306 Apud ibidem.

307 Apud ibidem, p.105.

308 José Rafael Rosito Coiro, *Os anos dourados na Praça da Alfândega, op. cit.*, v.1, p.35.

309 Depoimento ao autor.

310 Mikhail Stern, *A vida sexual na União Soviética*, Lisboa: Edição Livros do Brasil, 1979, p.112.

311 Gay Talese, *A mulher do próximo*, Rio de Janeiro: Record, 1980, p.211.

312 Apud Liêdo Maranhão de Souza, *O povo, o sexo e a miséria ou o homem é sacana, op. cit.*, p.6.

313 Painel do Leitor, *Folha de S.Paulo*, 1 abr. 2018.

314 Délcio Monteiro de Lima, *Comportamento sexual do brasileiro*, Rio de Janeiro: Francisco Alves, 1976, p.158.

315 Apud Ana Maria Melo Negrão, *Pernas cruzadas, meias rendadas, op. cit.*, p.124.

316 Apud Heloneida Studart; Wilson Cunha, *A primeira vez... à brasileira, op. cit.*, p.28.

317 Lycurgo Santos Filho, *Uma comunidade rural do Brasil antigo, op. cit.*, p.192.

318 Erico Verissimo, *Solo de clarineta*, São Paulo: Companhia das Letras, 2005, v.1, p.202.

319 Apud Ana Maria Melo Negrão, *Pernas cruzadas, meias rendadas, op. cit.*, p.16.

320 Apud ibidem, p.112.

321 Regina Medeiros, "O Bonfim da prostituição: a presença ambivalente do outro", *cit.*, p.83.

322 Apud ibidem, p.84.

323 Apud ibidem, p.85.

324 Erasmo Carlos, *Minha fama de mau*, Rio de Janeiro: Objetiva, 2009, p.164.

325 Apud Wagner de Assis, *Agildo Ribeiro*, São Paulo: Imprensa Oficial do Estado de São Paulo, 2007, p.133.

326 Marcos Rey, "A pequena noite dos cabarés", em: Miguel Icassatti (org.), *Um sábado no paraíso do swing e outras reportagens sobre sexo*, São Paulo: Panda Books, 2006, p.46.

327 Apud Rejane Penna; Luiz Carlos da Cunha Carneiro, *Os vigilantes da ordem, op. cit.*, p.106.

328 Apud Richard Parker, *Corpos, prazeres e paixões*, Rio de Janeiro: Best Seller, 1993, p.101.

329 Birgitta Linnér, *Sexo e vida social na Suécia*, São Paulo: Laudes, 1967, p.218.

330 Vanessa de Oliveira, *100 segredos de uma garota de programa*, São Paulo: Matrix, 2007, p.17.

331 *Ibidem*, p.18.

332 Dilamar Machado, *A esquina do pecado, op. cit.*, p.38.

333 Vanessa de Oliveira, *100 segredos de uma garota de programa, op. cit.*, p.108.

334 Luciana Teixeira de Andrade; Alexandre Eustáquio Teixeira, "A territorialidade da prostituição em Belo Horizonte", *Cadernos Metrópole*, São Paulo: 2004, n.11, p.151.

335 Luis Fernando Verissimo, "Alcouceiras, vulgívagas e zabaneiras", *O Estado de S. Paulo*, São Paulo, 30 mar. 2008.

336 Apud Carlos Martins Júnior, "Normas sexuais e exclusão social", em: Maria A. Peraro; T. Miranda Borges (org.), *Mulheres e famílias no Brasil*, Cuiabá: Carlini e Carinato, 2005, p.52.

337 Patrícia Galvão, *Paixão Pagu*, Rio de Janeiro: Agir, 2005, p.53.

338 *Ibidem*, p.54.

339 *Ibidem*, p.59.

340 Aracy Amaral (org.) *Correspondência Mário de Andrade & Tarsila do Amaral*. São Paulo: Edusp, 2001, p.111

341 Patrícia Galvão, *Paixão Pagu, op. cit.*, p.60.

342 Ibidem, p. 62.
343 Ibidem, p. 68.
344 Ibidem, p. 112.
345 Ibidem, p. 87.
346 Ibidem, p. 121.
347 Ibidem, p. 133.
348 Ibidem, p. 139.
349 Contardo Calligaris, "Mulheres infelizes", *Folha de S.Paulo*, São Paulo: 11 abr. 2013.
350 Ignez Baptistella, *Voo livre*, São Paulo: Via Letras, 2010, p. 34.
351 Ibidem, p. 59.
352 Apud Grupo Ceres, *Espelho de Vênus*, São Paulo: Brasiliense, 1981, p. 144.
353 Apud ibidem, p. 61.
354 Apud ibidem, p. 290.
355 Apud ibidem, p. 301.
356 Juarez Porto, *Gilda Marinho*. Porto Alegre: Tchê!, 1985, p. 54
357 Norma Bengell, *Norma Bengell*. São Paulo: nVersos, p. 127.
358 Lucy Dias, *Anos 70*, São Paulo: Editora do Senac, 2003, p. 68.
359 Apud Ana Tereza Clemente, *Leila Diniz*, São Paulo: Globo/Biblioteca Época, 2007, p. 63.
360 Ibidem, p. 60.
361 Luiz Carlos Lacerda, *Leila para sempre Diniz*, Rio de Janeiro: Record, 1987, p. 37.
362 Vera Fischer, *Um leão por dia*, São Paulo: Globo, 2008, p. 37.
363 Vera Fischer, Entrevista, *Playboy*, jun. 1981.
364 Apud John Hemming, *Ouro vermelho*, op. cit., p. 562.
365 Charles Wagley, *Lágrimas de boas-vindas*, op. cit., p. 159.
366 Jorge Jaime, *Homossexualismo masculino*, Rio de Janeiro: Edição do Autor, 1953, p. 13.
367 Renato Borghi, "Dalva, peixe-mulher canoro", *Folha de S.Paulo*, São Paulo: 11 set. 2016.
368 Apud Jorge Jaime, *Homossexualismo masculino*, op. cit, p. 62.
369 Apud ibidem, p. 140.
370 Apud James n. Green, *Além do carnaval*, São Paulo: Editora da Unesp, 2000, p. 302.
371 Apud Jorge Jaime, *Homossexualismo masculino*, p. 156.
372 José Rafael Rosito Coiro, *Os anos dourados na Praça da Alfândega*, op. cit., p. 35.
373 Apud Rejane Penna; Luiz Carlos da Cunha Carneiro, *Os vigilantes da ordem*, op. cit., p. 117.
374 Apud ibidem, p. 173.
375 Apud José Rafael Rosito Coiro, *Os anos dourados na Praça da Alfândega*, op. cit., p. 59.
376 Apud Alexandre Böer (org.), *A batalha pela igualdade*, Porto Alegre: Igualdade, 2003, p. 43.
377 Apud ibidem, p. 44.
378 Don Kulick, *Travesti*, Rio de Janeiro: Fiocruz, 2008, p. 159.
379 Apud Alexandre Böer (org.), *A batalha pela igualdade*, op. cit., p. 112.
380 Apud ibidem, p. 114.
381 Apud Luciana Teixeira de Andrade; Alexandre Eustáquio Teixeira, "A territorialidade da prostituição em Belo Horizonte", cit., p. 147.
382 Apud Regina Medeiros, "O Bonfim da prostituição: a presença ambivalente do outro", cit., p. 76.
383 Apud ibidem, p. 76.
384 Apud ibidem.
385 Apud ibidem, p. 78.
386 João Palma Netto, *Gurupá: memórias de um marinheiro*, Salvador: Jubiabá, 1984, p. 177.
387 Ana Maria Melo Negrão, *Pernas cruzadas, meias rendadas*, op. cit., p. 69.
388 *Revista da Folha*, "Profissão desbunde", 11 nov. 2007.
389 Larissa Pelúcio, *Abjeção e desejo*. São Paulo: Annablume, 2009, p. 21.
390 Cf. Nestor Perlongher, *O que é aids*, São Paulo: Brasiliense, 1987.
391 Edward MacRae, "Em defesa do gueto", em: José Fábio Barbosa da Silva, *Homossexualismo*

em São Paulo e outros escritos, São Paulo: Editora da Unesp, 2005, p. 306.

392 Antônio Moreno, *A personagem homossexual no cinema brasileiro*, Rio de Janeiro: Eduff, 2001, p. 280.

393 Ney Matogrosso, Entrevista, *Playboy*, maio 1981.

394 Ronaldo Vainfas, "Moralidades brasílicas: deleites sexuais e linguagem erótica na sociedade escravista". *cit.*, p. 244.

395 *Apud* Jocélio Teles dos Santos, *Ensaios sobre raça, gênero e sexualidade no Brasil (séculos XVIII e XIX)*, Salvador: Edufba, 2013, p. 75.

396 *Apud* Maria Clementina Pereira Cunha, "Loucura, gênero feminino: as mulheres do Juquery na São Paulo do início do século XX", *Revista Brasileira de História*, São Paulo: ago. 1989, v. 9, n. 18, p. 140.

397 Prisco da Cruz Prates, *Ribeirão Preto de outrora*, São Paulo: Guia Fiscal, 1956, p. 34.

398 *Ibidem*, p. 35.

399 Estácio de Lima, *Inversão sexual feminina*, Salvador: Livraria Scientifica, 1934, p. 42.

400 Uelba Alexandre do Nascimento, *O doce veneno da noite, op. cit.*, p. 226.

401 *Apud* Douglas Attila Marcelino, *Subversivos e pornográficos*, Rio de Janeiro: Arquivo Nacional, 2011, p. 143.

402 José Rafael Rosito Coiro, *Os anos dourados na Praça da Alfândega, op. cit.*, p. 125.

403 James Green, "Mais amor e mais tesão", *Revista de Estudos Feministas*, Florianópolis: 2000, v. 8, n. 2, p. 153.

404 Norma Bengell, *Norma Bengell, op. cit.*, p. 205.

405 *Apud* Luiz Mott, *O lesbianismo no Brasil*, Porto Alegre: Marco Zero, 1987, p. 143.

406 *Apud* Maria Fernandes, "Lésbicas e a ditadura militar: uma luta contra a opressão e por liberdade", em: James Green; Renan Quinalha (org.), *Ditadura e homossexualidades*, São Carlos: Edufscar, 2014, p. 144.

407 *Apud* Nádia Elisa Meinerz, *Entre mulheres*, Rio de Janeiro: Eduerj, 2011, p. 123.

408 *Apud ibidem*, p. 125.

409 Francesco Alberoni, *O erotismo*, São Paulo: Círculo do Livro, 1986, p. 89.

410 Gay Talese, *A mulher do próximo, op. cit.*, p. 277.

411 Mirian Scavone, "À luz do dia: o que era feito às escondidas virou assunto público", *Veja*, 22 dez. 1999.

412 "Especial Mulher", *Veja*, jun. 2010.

413 Zuenir Ventura, *1968: o ano que não terminou*, Rio de Janeiro: Nova Fronteira, 1988, p. 35.

414 *Apud* Joana Maria Pedro, "Corpo, prazer e trabalho". Em: Carla Brassanezi Pinsky e Joana Maria Pedro, *Nova história das mulheres no Brasil*. São Paulo: Contexto, 2002, p. 242.

415 Maria Rita Kehl, "As duas décadas dos anos 70", em: Antônio Risério, *Anos 70: trajetórias*. São Paulo: Iluminuras, 2005, p. 36.

416 *Apud* Lucy Dias, *Anos 70, op. cit.*, 2003, p. 267.

417 Pascal Bruckner, *O paradoxo amoroso*, São Paulo: Difel, 2011, p. 117.

418 Norma Bengell, *Norma Bengell, op. cit.*, p. 72.

419 *Apud* Grupo Ceres, *Espelho de Vênus, op. cit.*, p. 231.

420 José Rafael Rosito Coiro, *Os anos dourados na Praça da Alfândega, op. cit.*, v. 1, p. 66.

421 Amaral Fontoura, *Princípios de Educação Moral e Cívica*, Rio de Janeiro: Aurora, 1971, p. 89.

422 *Apud* Benjamin A. Cowan, *Securing Sex: Morality and Repression in the Making of Cold War Brazil*, Chapel Hill: University of North Carolina Press, 2016, p. 199.

423 Antônio Carlos Pacheco e Silva, *Hippies, drogas, sexo, poluição*, São Paulo: Martins, 1974, p. 7.

424 "A razão no escuro", *Veja*, 6 jun. 1990.

425 "Sexo no ar", *Veja*, 2 maio 1979.

426 "Assim é demais: mulheres em campanha por um sexo mais discreto", *Veja*, 6 maio 1981.

427 Albertina Duarte Takiuti, "Sexo sob controle", *O Estado de S. Paulo*, São Paulo: 16 set. 2007.

428 Ariel Kostman, "Beijinho, beijinho; tchau, tchau", *Veja*, 12 mar. 2003.

429 Contardo Calligaris, "O prazer (ainda) é um escândalo", *Folha de S.Paulo*, 5 set. 2013.

430 Jessé de Souza, "Pensamento mediano", *O Estado de S. Paulo*, 19 maio 2013.

431 Louis François de Tollenare, *Notas dominicais*, Recife: Secretaria de Educação e Cultura, 1978, p.290.

432 Marcelo Coelho, "Corpos expostos", *Folha de S.Paulo*, 8 jun. 2016.

433 Emanuelle Silva; Roberto Torres; Tábata Berg, "A miséria do amor dos pobres", em: Jessé de Souza, *A ralé brasileira*, Belo Horizonte: Editora UFMG, 2009, p.146.

434 *Ibidem*, p.157.

435 *Ibidem*, p.164.

436 *Ibidem*, p.165.

437 Neil Postman, *O desaparecimento da infância*, Rio de Janeiro: Graphia, 1999, p.90.

438 *Apud* Alan Pauls, *A vida descalço*, São Paulo: Cosac Naify, 2013, p.35.

439 Carlos Imperial, *Memórias de um cafajeste*, Rio de Janeiro: Companhia Editora Americana, 1973, p.118.

440 Mirian Goldenberg, *Toda mulher é meio Leila Diniz*, Rio de Janeiro: Record, 1996, p.190.

441 Norma Pereira Rego, *Ipanema dom divino*, Rio de Janeiro: Nova Fronteira, 1983, p.14.

442 Alan Pauls, Entrevista, *Folha de S.Paulo*, 9 mar. 2013.

443 Ruy Castro, *Ela é carioca*, São Paulo: Companhia das Letras, 1999, p.353.

444 Alan Pauls, *A vida descalço*, op. cit., p.52.

445 Carolina Nabuco, *Oito décadas: memórias*, Rio de Janeiro: José Olympio, 1973, p.109.

446 Ruy Castro, "Com todo o respeito", *Folha de S.Paulo*, 12 jan. 2014.

447 Luis Fernando Verissimo, *Histórias brasileiras de verão*, Rio de Janeiro: Objetiva, 1999, p.15.

448 Márcia Dangremon, "Coletivo mulher, vida – PE", em: Denise Bontempo *et al.* (org.), *Exploração sexual de meninas e adolescentes no Brasil*, Brasília: Unesco, 1996, p.69.

449 Seth Kugel, "Paquerar como um brasileiro", *Folha de S.Paulo*, 12 nov. 2012.

450 Roberta Jansen, "Estudo revela que o Brasil é o país em que homens e mulheres têm o maior número de parceiros", *O Globo*, 10 out. 2010.

451 *Ibidem*.

452 Felipe Seligman, "União quer proibir revista que chama brasileira de 'máquina de sexo'", *Folha de S.Paulo*, 9 jan. 2009.

453 Francis Levy, Entrevista, *O Globo*, 27 ago. 2011.

454 Zanin Oricchio, "Copacabana, uma ode à alegria", *O Estado de S. Paulo*, 9 out. 2011.

455 Richard Parker, entrevista à *Veja*, 9 out. 1991.

456 *Ibidem*.

457 *Ibidem*.

458 Alberto Pereira Junior, "Fora do Brasil, versões do 'Big Brother' são mais liberais", *Folha de S.Paulo*, 17 fev. 2014.

459 Ciça Vallerio, "Homens no divã", *O Estado de S. Paulo*, 10 maio 2009.

460 Judith Butler, "O fantasma do gênero", *Folha de S. Paulo*, 19 nov. 2017

461 Judith Butler, *Problemas de gênero*, Rio de Janeiro: Civilização Brasileira, 2015, p.194.

462 *Apud* Júlio Assis Simões; Regina Facchini, *Na trilha do arco-íris*, São Paulo: Perseu Abramo, 2009, p.32.

463 Michel Foucault, *História da sexualidade I: a vontade de saber*, Rio de Janeiro: Paz e Terra, 2014, p.171.

464 Colette Chiland, *O transexualismo*, São Paulo: Loyola, 2008, p.20.

465 Larissa Pelúcio, *Abjeção e desejo*, op. cit., p.205.

BIBLIOGRAFIA

ABBEVILLE, Claude d'. *História da missão dos padres capuchinhos na Ilha do Maranhão e suas circunvizinhanças*. São Paulo: Siciliano, 2002.

ABREU, Waldir de. *O submundo do jogo de azar, prostituição e vadiagem*. São Paulo: Freitas Bastos, 1968.

AGASSIZ, Luís; AGASSIZ, Elizabeth Cary. *Viagem ao Brasil: 1865-1866*. São Paulo: Companhia Editora Nacional, 1938.

AGUIAR, Anésio Frota. *O lenocínio como problema social no Brasil*. Rio de Janeiro: I. Amorim & Cia. Ltda., 1940.

ALBERONI, Francesco. *O erotismo: fantasias e realidades do amor e da sedução*. São Paulo: Círculo do Livro, 1986.

ALDÉ, Lorenzo. "Fascinantes facínoras: impiedosos e controversos, alguns bandidos ganham fama e chegam a ser confundidos como heróis". *Revista de História da Biblioteca Nacional*. Rio de Janeiro: maio 2011, n. 68.

ALGRANTI, Leila Mezan. *Honradas e devotas: mulheres da Colônia*. Rio de Janeiro: José Olympio/Edunb, 1993.

ALEXANDRE, Ricardo. *Nem vem que não tem: a vida e o veneno de Wilson Simonal*. São Paulo: Globo, 2009.

AMANTINO, Marcia; FREIRE, Jonis. "Ser homem... Ser escravo". Em: AMANTINO, Marcia; PRIORE, Mary del. *História dos homens no Brasil*. São Paulo: Editora da Unesp, 2013.

AMARAL, Edmundo. *Rótulas e mantilhas*. Rio de Janeiro: Civilização Brasileira, 1932.

ANDRADE, Francisco E. de. *A invenção de Minas Gerais*. Belo Horizonte: Autêntica, 2008.

ANDRADE, Luciana Teixeira de; TEIXEIRA, Alexandre Eustáquio. "A territorialidade da prostituição em Belo Horizonte". *Cadernos Metrópole*. São Paulo: 2004, n. 11.

ANDRADE, Oswald de. "Erro de português". Em: ___. *Obras completas*. Rio de Janeiro: Civilização Brasileira, 1972.

ANJOS, Cyro dos. *A menina do sobrado*. Belo Horizonte: Garnier, 1994.

ANTUNES, José Leopoldo F. *Medicina, leis e moral: pensamento médico e comportamento no Brasil (1870-1930)*. São Paulo: Editora da Unesp, 1999.

AMARAL, Aracy. *Correspondência Mário de Andrade & Tarsila do Amaral*. São Paulo: Edusp, 2001.

ARAÚJO, Antônio Amaury Corrêa de. *Lampião: as mulheres e o cangaço*. São Paulo: Traço, 2012.

ARIÈS, Phillipe. *Historia social da criança e da família*. Rio de Janeiro: Guanabara, 1981.

ARISI, Barbara. "Vida sexual dos selvagens (nós): relato de experiência de uma antropologia reversa. Indígenas Matis pesquisam a sexualidade dos brancos e da antropóloga". *In*: Seminário Internacional Fazendo Gênero, n.9, ago. 2010, Florianópolis. *Anais eletrônicos do Seminário Internacional Fazendo Gênero*. Disponível em: <http://www.fazendogenero.ufsc.br/9/resources/anais/1279643075_ARQUIVO_Barbara_Arisi_FazendoGenero_2010_artigo.pdf>. Acesso em: dez. 2017.

ASSIS, Anatólio Alves de. *Genocídio na Guerra do Paraguai*. Belo Horizonte: Imprensa Oficial, 1986.

ASSIS, Wagner de. *Agildo Ribeiro: o capitão do riso*. São Paulo: Imprensa Oficial do Estado de São Paulo, 2007.

ASSUNÇÃO, Moacir. *Nem heróis, nem vilões: curepas, caboclos, cambas, macaquitos e outras revelações da sangrenta Guerra do Paraguai*. Rio de Janeiro: Record, 2012.

AUDRIN, José M. *Entre sertanejos e índios do Norte*. Rio de Janeiro: Agir, 1947.

BALDUS, Herbert. *Ensaios de etnologia brasileira*. São Paulo: Companhia Editora Nacional, 1979.

BAPTISTELLA, Ignez. *Voo livre*. São Paulo: Via Letras, 2010.

BARBOSA, Zeli de Oliveira. *Ilhota: testemunho de uma vida*. Porto Alegre: UE Porto Alegre, 1993.

BARROS, Luitgarde Oliveira Cavalcanti. *A derradeira gesta: Lampião e Nazarenos guerreando no sertão*. Rio de Janeiro: Mauad, 2007.

BATISTA, Ricardo dos Santos. *Mulheres livres: uma história sobre prostituição, sífilis, convenções de gênero e sexualidade*. Salvador: Edufba, 2014.

BAUMAN, Zygmunt. *Amor líquido: sobre a fragilidade dos laços humanos*. Rio de Janeiro: Zahar, 2004.

BELLO, Júlio. *Memórias de um senhor de engenho*. Recife: Fundarpe, 1985.

BENATTI, Antonio Paulo. *O centro e as margens: prostituição e vida boêmia em Londrina (1930-1960)*. Curitiba: Aos Quatro Ventos, 1999.

BENGELL, Norma. *Norma Bengell*. São Paulo: nVersos, 2014.

BESSE, Susan K. "Crimes passionais: a campanha contra os assassinatos de mulheres no Brasil

(1910-1940)". *Revista Brasileira de História*. São Paulo: ago. 1989, v. 9, n. 18.

BEZERRA, Gregório. *Memórias: primeira parte: 1900-1945*. Rio de Janeiro: Civilização Brasileira, 1979.

BITTENCOURT, Anna Ribeiro de Goes. *Longos serões do campo*. Rio de Janeiro: Nova Fronteira, 1992, v. 1.

BOCCIA, Sandra. "As bruxas paulistas", *Veja*, 13 out. 1999.

BÖER, Alexandre (org.). *A batalha pela igualdade: a prostituição de travestis em Porto Alegre*. Porto Alegre: Igualdade, 2003.

BORGES, Jafé. *Amor e Guerra do Paraguai*. Recife: Edições Bagaço, 2001.

BORTOLOTI, Marcelo. "A voz do poeta", *Folha de S.Paulo*, 8 jul. 2012.

BOXER, Charles Ralph. *A idade de ouro do Brasil*. São Paulo: Companhia Editora Nacional, 1963.

BRANDÃO, Ignácio de Loyola. *Acordei em Woodstock: viagens, memórias, perplexidades*. São Paulo: Global, 2011.

BRUCKNER, Pascal. *O paradoxo amoroso*. São Paulo: Difel, 2011.

BRUM, Eliane. *Coluna Prestes: o avesso da lenda*. Porto Alegre: Artes e Ofícios, 1994.

BURMEISTER, Hermann. *Viagem ao Brasil através das províncias do Rio de Janeiro e Minas Gerais*. Belo Horizonte: Itatiaia; São Paulo: Edusp, 1980.

BUTLER, Judith. *Problemas de gênero: feminismo e subversão da identidade*. Rio de Janeiro: Civilização Brasileira, 2015.

CABRAL, Alfredo Lustosa. *Dez anos no Amazonas (1897-1907)*. João Pessoa: Escola de Tipografia e Encadernação, 1949.

CANDIDO, Antonio. *Os parceiros do Rio Bonito*. São Paulo: Duas Cidades, 1979.

CARLOS, Erasmo. *Minha fama de mau*. Rio de Janeiro: Objetiva, 2009.

CARMO, Paulo Sérgio do. *Entre a luxúria e o pudor: a história do sexo no Brasil*. São Paulo: Octavo, 2011.

CARRARA, Sérgio. *Tributo a Vênus: A luta contra a sífilis no Brasil, da passagem do século aos anos 40*. Rio de Janeiro: Fiocruz, 1996.

CARRATO, José Ferreira. *Igreja, iluminismo e escolas mineiras coloniais*. São Paulo: Companhia Editora Nacional/Edusp, 1968.

CARVALHO, José Murilo de. *Forças Armadas e política no Brasil*. Rio de Janeiro: Jorge Zahar, 2005.

CARVALHO, Maria Meire de. *Vivendo a verdadeira vida: vivandeiras, mulheres em outras frentes de combates*. Tese (Doutorado em História) - Universidade de Brasília - UnB. Brasília: 2008.

CARVALHO, Tânia; BERND, Zila. "Nós outras, nos anos 60". Em: GONZAGA, Sergius; FISCHER, Luiz Augusto (org.). *Nós, os gaúchos 2*. Porto Alegre: EUFRGS, 1994.

CASTRO, Eduardo Viveiros de. *Araweté: os deuses canibais*. Rio de Janeiro: Jorge Zahar, 1986.

CASTRO, Ruy. *Ela é carioca: uma enciclopédia de Ipanema*. São Paulo: Companhia das Letras, 1999.

___. *A noite do meu bem: a história e as histórias do samba-canção*. São Paulo: Companhia das Letras, 2015.

CATUNDA, Paulo. *1950. No tempo da garoa*. Guarulhos, SP: Prisma, 2011.

CERCEAU NETTO, Rangel. *Um em casa de outro: concubinato, família e mestiçagem na Comarca do Rio das Velhas (1720-1780)*. São Paulo: Annablume, 2008.

CERQUEIRA, Dionísio. *Reminiscências da campanha do Paraguai - 1865-1870*. Rio de Janeiro: Biblioteca do Exército, 1980.

CHANDLER, Billy Jaynes. *Lampião, o rei dos cangaceiros*. Rio de Janeiro: Paz e Terra, 1980.

CHILAND, Colette. *O transexualismo*. São Paulo: Loyola, 2008.

CLEMENTE, Ana Tereza. *Leila Diniz. Personagens que marcaram época*. São Paulo: Globo/Biblioteca Época, 2007.

COIRO, José Rafael Rosito. *Os anos dourados na Praça da Alfândega*. Porto Alegre: Artes e Ofícios, 1994, v. 1 e 2.

CONSTANTINO, Núncia Santos. "(In)desejadas adolescentes na cidade gaúcha: sexualidade e cotidiano nos anos vinte". *In*: Reunião anual da SBPC, XIX, 1999, Curitiba. *Anais da XIX reunião SBPC*. Curitiba: 1999.

CORREA, Silvio Marcus de Souza. *Sexualidade e poder na Belle Époque de Porto Alegre*. Santa Cruz do Sul: Unisc, 1994.

COSTA, Emilia Viotti da. *A dialética invertida e outros ensaios*. São Paulo: Unesp, 2014.

COUDREAU, Henri. *Viagem ao Tapajós*. Belo Horizonte: Itatiaia; São Paulo: Edusp, 1977.

COWAN, Benjamin A. *Securing Sex: Morality and Repression in the Making of Cold War Brazil*. Chapel Hill: University of North Carolina Press, 2016.

CUNHA, Maria Clementina Pereira. "Loucura, gênero feminino: as mulheres do Juquery na São

Paulo do início do século XX". *Revista Brasileira de História*. São Paulo: ago. 1989, v.9, n.18.

DANGREMON, Márcia. "Coletivo mulher, vida – PE". Em: Bontempo, Denise et al. (org.). *Exploração sexual de meninas e adolescentes no Brasil*. Brasília: Unesco, 1996.

DEATING, Vallandro; MARANHÃO, Ricardo. *Caminhos da conquista*. São Paulo: Terceiro Nome, 2008.

D'EU, Conde. *Viagem militar ao Rio Grande do Sul*. Belo Horizonte: Itatiaia; São Paulo: Edusp, 1981.

D'EVREUX, Yves. *Viagem ao norte do Brasil feita nos anos 1613 a 1614*. São Paulo: Siciliano, 2002.

DIAS, Lucy. *Anos 70: enquanto corria a barca. Anos de chumbo, piração e amor*. São Paulo: Editora do Senac, 2003.

DIAS, Mathilde de Carvalho. *Amor e trabalho: recordações de uma fazenda do Sul de Minas*. Rio de Janeiro: José Olympio, 1973.

DINIZ, Alai Garcia. "O corpo feminino no imaginário da Guerra do Paraguai". *Travessia*. Florianópolis: jan./jul. 1996, n.32.

DONATO, Hernâni. "A grande marcha: mulheres na Coluna Prestes", *Jornal Leitura*, São Paulo: Imesp, 1994, 13(145), jun. 1994.

DORATIOTO, Francisco. *Maldita guerra: nova história da Guerra do Paraguai*. São Paulo: Companhia das Letras, 2002.

DORIA, Pedro. *1565 – Enquanto o Brasil nascia*. Rio de Janeiro: Nova Fronteira, 2012.

DOURADO, Maria T. Garritano. *A história esquecida da Guerra do Paraguai*. Dissertação (História Social) – USP – Universidade de São Paulo. São Paulo: 2010.

ELLIS JÚNIOR, Alfredo. *Raça de gigantes: a civilização no planalto paulista*. São Paulo: Helios, 1926.

___. *Os primeiros troncos paulistas*. São Paulo: Companhia Editora Nacional, 1976.

ELMIR, Cláudio Pereira. "Imagem da prostituição na Porto Alegre dos anos dez: o discurso do Independente". Em: HAGEN, Acácia M. M.; MOREIRA, Paulo R. S. (org.). *Porto Alegre na virada do século 19: cultura e sociedade*. Porto Alegre: EURGS, 1994.

___. "A transgressão do limite: sedução, adultério, prostituição e estupro no Rio Grande do Sul de meados do século XX". *Revista Justiça & História*. Porto Alegre: 2003, v.3, n.6.

___. "Os anos dourados de Porto Alegre: a construção do mito da idade de ouro na memória da cidade". Em: HAGEN, Acácia; MOREIRA, Paulo (org.). *Sobre a rua e outros lugares: reinventando Porto Alegre*. Porto Alegre: AHRS e CEF, 1995.

ESCHWEGE, Wilhelm Ludwig. *Brasil, novo mundo*. Belo Horizonte: Fundação João Pinheiro, 2001, v.2.

ESTEVES, Martha de Abreu. *Meninas perdidas: os populares e o cotidiano do amor no Rio de Janeiro da Belle Époque*. Rio de Janeiro: Paz e Terra, 1989.

EWBANK, Thomas. *Vida no Brasil*. Belo Horizonte: Itatiaia; São Paulo: Edusp, 1976.

FARIA, Sheila de Castro. *A colônia em movimento: fortuna e família no cotidiano colonial*. Rio de Janeiro: Nova Fronteira, 1998.

FAUSTO, Boris. *Crime e cotidiano: a criminalidade em São Paulo (1880-1924)*. São Paulo: Brasiliense, 1984.

FAZENDA, José Vieira. *Antiqualhas e memórias do Rio de Janeiro*. Rio de Janeiro: Documenta Histórica/IHGB, 2011, v.1.

FELDMAN, Sarah. *Segregações espaciais urbanas: a territorialização da prostituição feminina em São Paulo*. Dissertação (Arquitetura e Urbanismo) – Universidade de São Paulo. São Paulo: 1988.

FELICI, Isabelle. "A verdadeira história da Colônia Cecília". *Cadernos AEL*. Campinas: 1998, v.8/9.

FERNANDES, Florestan. *A integração do negro na sociedade de classes*. São Paulo: Dominus, 1965, v.1.

___. *A organização social dos Tupinambá*. São Paulo: Hucitec, 1989.

FERNANDES, Maria. "Lésbicas e a ditadura militar: uma luta contra a opressão e por liberdade". Em: GREEN, James; QUINALHA, Renan (org.). *Ditadura e homossexualidades*. São Carlos: Edufscar, 2014.

FERREIRA, Alexandre Rodrigues. *Viagem filosófica pelas capitanias do Grão Pará, Rio Negro, Mato Grosso e Cuiabá*. Rio de Janeiro: Conselho Federal de Cultura, 1974.

FERREIRA, Luiz Pinto. *Curso de Educação Moral e Cívica*. Rio de Janeiro: José Konfino, 1972.

FIGARI, Carlos. *As outras cariocas: interpelações, experiências e identidades homoeróticas no Rio de Janeiro, séculos XVII ao XX*. Belo Horizonte: Editora UFMG; Rio de Janeiro: Iuperj, 2007.

FIGUEIREDO, Lucas. *Boa ventura! A corrida do ouro no Brasil (1697-1810)*. Rio de Janeiro: Record, 2011.

FISCHER, Vera. *Um leão por dia*. São Paulo: Globo, 2008.

FLEXOR, Maria Helena Ochi. "Religiosidade e sensualidade: a Bahia no século XVIII". Em: SILVA, Maria Beatriz Nizza da (org.). *Sexualidade, família e religião na colonização do Brasil*. Lisboa: Livros Horizonte, 2001.

FONSECA, Maria Augusta. *Oswald de Andrade: biografia*. São Paulo: Globo, 2007.

FONTOURA, Amaral. *Princípios de Educação Moral e Cívica*. Rio de Janeiro: Aurora, 1971.

FORTES, Leandro. *Fragmentos da Grande Guerra*. Rio de Janeiro: Record, 2004.

FOUCAULT, Michel. *História da sexualidade: a vontade de saber*. Trad. de Maria Thereza da Costa Albuquerque. Rio de Janeiro: Paz e Terra, 2014.

FRANÇA, Jean Marcel Carvalho. *Visões do Rio de Janeiro colonial. Antologia de textos (1531-1800)*. Rio de Janeiro: José Olympio, 1999.

___. *A construção do Brasil na literatura de viagem dos séculos XVI, XVII e XVIII. Antologia de textos – 1591-1808*. Rio de Janeiro: José Olympio, 2012.

FRANCO, Afonso Arinos de Melo. *O índio brasileiro e a Revolução Francesa. As origens brasileiras da teoria da bondade nacional*. Rio de Janeiro: José Olympio, 1976.

FRANCO, Francisco de Assis C. *Dicionário de bandeirantes e sertanistas do Brasil*. Belo Horizonte: Itatiaia, 1989.

FRANCO, Renato. *A piedade dos outros: o abandono de recém-nascidos em uma vila colonial, século XVIII*. Rio de Janeiro: FGV, 2014.

FREITAS, Décio. *Palmares: a guerra dos escravos*. Rio de Janeiro: Graal, 1982.

FREUD, Sigmund. *Três ensaios sobre a teoria da sexualidade*. Trad. de Jayme Salomão. Rio de Janeiro: Imago, 2002.

FREYRE, Gilberto. *Casa-grande & senzala*. Rio de Janeiro: José Olympio, 1982.

_____. *Ordem e progresso*. São Paulo: Global, 2004.

FURTADO, Junia Ferreira. "Chica da Silva: o mito pelo avesso". Em: SILVA, Maria Beatriz Nizza da (org.). *Sexualidade, família e religião na colonização do Brasil*. Lisboa: Livros Horizonte, 2001.

GABEIRA, Fernando. *O que é isso, companheiro*. Rio de Janeiro: Codecri, 1979.

_____. "A sexualidade, o machismo e a crise da identidade do homem brasileiro". Em: COSTA, Ronaldo Pamplona da *et al*. *Macho, masculino, homem*. Porto Alegre: L&PM, 1986.

GALVÃO, Patrícia. *Paixão Pagu: uma autobiografia precoce de Patrícia Galvão*. Rio de Janeiro: Agir, 2005.

GARDNER, George. *Viagem ao interior do Brasil*. Belo Horizonte: Itatiaia; São Paulo: Edusp, 1975.

GATTAI, Zélia. *Anarquistas, graças a Deus*. Rio de Janeiro: Record, 1988.

GOLDENBERG, Mirian. *Toda mulher é meio Leila Diniz*. Rio de Janeiro: Record, 1996.

GOMES, Carlos de Oliveira. *A solidão segundo Solano López*. Rio de Janeiro: Civilização Brasileira, 1980.

GOMES FILHO, Synesio Sampaio. *Navegantes, bandeirantes, diplomatas*. São Paulo: Martins Fontes, 1999.

GONZAGA, Sergius. "Confissões de um adolescente interiorano". Em: BISSÓN, Carlos Augusto. *Sobre Porto Alegre*. Porto Alegre: Editora da Universidade/Secretaria de Cultura, 1993.

GRAÇA FILHO, Afonso de Alencastro. *A princesa do oeste e o mito da decadência de Minas Gerais: São João Del Rei (1831-1888)*. São Paulo: Annablume, 2002.

GRAHAM, Sandra Lauderdale. "O impasse da escravidão: prostitutas escravas, suas senhoras e a lei brasileira de 1871". *Acervo: Revista do Arquivo Nacional*. Rio de Janeiro: jan./dez. 1996, v. 9, n. 1-2.

GRAHAM, Maria. *Diário de uma viagem ao Brasil*. São Paulo: Companhia Editora Nacional, 1956.

GRANDIN, Greg. *Fordlândia: ascensão e queda da cidade esquecida de Henry Ford na selva*. Trad. de Nivaldo Montingelli Júnior. Rio de Janeiro: Rocco, 2010.

GREEN, James N. *Além do carnaval. A homossexualidade masculina no Brasil do século XX*. Trad. de Cristina Fino e Cássio Arantes Leite. São Paulo: Editora da Unesp, 2000.

___. "Mais amor e mais tesão". *Revista de Estudos Feministas*. Florianópolis: 2000, v. 8, n. 2.

GREEN, James N.; QUINALHA, Renan (org.). *Ditadura e homossexualidades: repressão, resistência e a busca da verdade*. São Carlos: Edufscar, 2014.

GREGOR, Thomas. *Mehináku: o drama da vida diária em uma aldeia do Alto Xingu*. Trad. de Vera Penteado Coelho Brasiliana. São Paulo: Companhia Editora Nacional, 1982.

___. *Anxious Pleasures: the Sexual Lives of an Amazonian People*. Chicago: The University of Chicago Press, 1985.

Grupo Ceres. *Espelho de Vênus*. São Paulo: Brasiliense, 1981.

GUIMARÃES, Carlos Magno. "Os quilombos do século do ouro". *Revista do Departamento de História/UFMG*. Belo Horizonte: jun. 1988, n. 6.

___. "Mineração, quilombos e Palmares – Minas Gerais no século XVII". Em: REIS, João José; GOMES, Flávio dos Santos. *Liberdade por um fio*. São Paulo: Companhia das Letras, 1996.

GUIMARÃES, Josué. *Dona Anja*. São Paulo: Círculo do Livro, 1978.

HADDAD, Jamil A. "Prefácio e notas". Em: MACEDO, Joaquim M. *Memórias da rua do Ouvidor*. São Paulo: Companhia Editora Nacional, 1952.

HAGEN, Acácia Maria Maduro; MOREIRA, Paulo Roberto Staudt. *Sobre a rua e outros lugares: reinventando Porto Alegre*. Porto Alegre: AHRS e CEF, 1995.

HAZEU, Marcel. *Prostituição & adolescência. Prostituição juvenil no interior do Pará*. Belém: Centro de Defesa do Menor/Cejup, 1997.

HEMMING, John. *Ouro vermelho: A conquista dos índios brasileiros*. Trad. de Carlos Eugênio Marcondes de Moura. São Paulo: Edusp, 2007.

___. *Fronteira amazônica: a derrota do índio brasileiro*. Trad. de Antonio de Pádua Danesi. São Paulo: Edusp, 2009.

___. *Árvore de rios: a história da Amazônia*. Trad. de André Luiz Alvarenga. São Paulo: Editora do Senac, 2011.

HERBERT, Daniel. *Meu diário daria um romance*. Rio de Janeiro: Rocco, 1984.

HOBSBAWM, Eric. *Era dos extremos: o breve século XX*. Trad. de Marcos Santarrita. São Paulo: Companhia das Letras, 1996.

HOLANDA, Sérgio Buarque de. *Caminhos e fronteiras*. São Paulo: Companhia das Letras, 1994.

___. *Visão do paraíso*. São Paulo: Companhia das Letras, 2010.

HÖRMEYER, Joseph. *O que Jorge conta sobre o Brasil*. Rio de Janeiro: Presença, 1966.

___. *O Rio Grande do Sul de 1850*. Porto Alegre: Eduni-Sul, 1986.

HORTA, Maurício. *Luxúria: como ela mudou a história do mundo*. São Paulo: Leya, 2015.

IMPERIAL, Carlos. *Memórias de um cafajeste*. Rio de Janeiro: Companhia Editora Americana, 1973.

JAIME, Jorge. *Homossexualismo masculino*. Rio de Janeiro: Edição do Autor, 1953.

JARDIM, Rachel. *Os anos 40: a ficção e o real de uma época*. Rio de Janeiro: José Olympio, 2003.

JOCKYMANN, Sérgio. "Centro, antes que apaguem a luz". Em: BISSÓN, Carlos Augusto (org.). *Sobre Porto Alegre*. Porto Alegre: Editora da Universidade/Secretaria de Cultura, 1993.

JOSÉ, Oiliam. *Indígenas de Minas Gerais*. Belo Horizonte: Movimento e Perspectiva, 1965.

JUNQUEIRA, Carmen. *Sexo e desigualdade entre os Kamaiurá e os Cinta Larga*. São Paulo: Olho d'Água, 2002.

KARASH, Mary C. "Concubinato e casamento na capitania de Goiás". Em: SILVA, Maria Beatriz Nizza da (org.) *Sexualidade, família e religião na colonização do Brasil*. Lisboa: Livros Horizonte, 2001.

KEHL, Maria Rita. "As duas décadas dos anos 70". Em: RISÉRIO, Antônio. *Anos 70: trajetórias*. São Paulo: Iluminuras, 2005.

KOK, Glória. *O sertão itinerante: expedições da capitania de São Paulo no século XVIII*. São Paulo: Hucitec, 2004.

KOSTER, Henry. *Viagens ao Nordeste do Brasil*. Fortaleza: ABC Editora, 2003, v. 2.

KULICK, Don. *Travesti: prostituição, sexo, gênero e cultura no Brasil*. Rio de Janeiro: Fiocruz, 2008.

LACERDA, Luiz Carlos. *Leila para sempre Diniz*. Rio de Janeiro: Record, 1987.

LANGSDORFF, Georg. *Os diários de Langsdorff: Mato Grosso e Amazônia*. Em SILVA, Danuzio Gil B. da (org.). *Os diários de Langsdorff*. Rio de Janeiro: Fiocruz, 1997, vol. 3.

LARA, Odete. *Eu nua*. Rio de Janeiro: Rosa dos Tempos, 2002.

___. *Vazios e plenitudes: reflexões e memórias*. São Paulo: Prumo, 2009.

LEITE, Juçara Luzia. *República do Mangue: controle policial e prostituição no Rio de Janeiro (1954-1974)*. São Caetano do Sul: Yendis, 2005.

LEITE, JÚNIOR, Jorge. *Das maravilhas e prodígios sexuais: a pornografia "bizarra" como entretenimento*. São Paulo: Annablume, 2006.

LEMOS, Renato (org.). *Cartas da guerra: Benjamin Constant na campanha do Paraguai*. Rio de Janeiro: Iphan/6ª SR/Museu Casa de Benjamin Constant, 1999.

LÉRY, Jean de. *Viagem à terra do Brasil*. São Paulo: Martins, 1972.

LÉVI-STRAUSS, Claude. *Tristes trópicos*. Trad. de Rosa Freire d'Aguiar. São Paulo: Companhia das Letras, 1996.

LIMA, Delcio Monteiro de. *Comportamento sexual do brasileiro*. Rio de Janeiro: Francisco Alves, 1976.

LIMA, Estácio de. *Inversão sexual feminina*. Salvador: Livraria Scientifica, 1934.

LIMA, Lana Lage da Gama. *Mulheres, adúlteros e padres. História e moral na sociedade brasileira*. Rio de Janeiro: Dois Pontos, 1987.

___. "O padre e a moça: o crime de solicitação no Brasil no século XVIII". *Anais do Museu Paulista*. São Paulo: 1986-1987, v. 35, n. XXXV.

LIMA, Solimar Oliveira. *Triste Pampa: Resistência e punição em fontes judiciárias do Rio Grande do Sul (1818-1833)*. Passo Fundo: Universidade de Passo Fundo, 2006.

LINDOSO, Dirceu. *A razão quilombola: estudos em torno do conceito quilombola de nação etnográfica*. Maceió: Edufal, 2011.

LINNÉR, Birgitta. *Sexo e vida social na Suécia*. São Paulo: Laudes, 1967.

LINS, Daniel. *Lampião: o homem que amava as mulheres*. São Paulo: Annablume, 1997.

LINS, Regina Navarro. *A cama na varanda: arejando nossas ideias a respeito de amor e sexo*. Rio de Janeiro: BestSeller, 2012.

MACHADO, Alcântara. *Vida e morte do bandeirante*. Belo Horizonte: Itatiaia; São Paulo: Edusp, 1980.

MACHADO, Carlos. *Carlos Machado apresenta: memórias sem maquiagem*. São Paulo: Cultura, 1978.

MACHADO, Dilamar. *A esquina do pecado*. Porto Alegre: Mercado Aberto, 1993.

MACRAE, Edward. "Em defesa do gueto". Em: SILVA, José Fábio Barbosa da. *Homossexualismo em São Paulo e outros escritos*. São Paulo: Editora da Unesp, 2005.

MADEIRA, Angélica. *Livro dos naufrágios. Ensaio sobre a história trágico-marítima*. Brasília: UnB, 2005.

MAESTRI, Mário José. *O escravo no Rio Grande do Sul*. Porto Alegre: Educs, 1984.

___. "Pampa negro: Quilombos no Rio Grande do Sul". Em: REIS, João José; SANTOS, Flávio dos. *Liberdade por um fio*. São Paulo: Companhia das Letras, 1996.

MAIA, Álvaro. *Gente dos seringais*. Brasília: Gráfica do Senado Federal, 1987.

MAIA, Jorge. *A invasão de Mato Grosso. 1º centenário da Guerra do Paraguai*. Rio de Janeiro: Biblioteca do Exército, 1964.

MALINOWSKI, Bronislaw. *A vida sexual dos selvagens*. Rio de Janeiro: Francisco Alves, 1983.

MARANHÃO, Carlos. *Maldição e glória: a vida e o mundo do escritor Marcos Rey*. São Paulo: Companhia das Letras, 2004.

MARCELINO, Douglas Attila. *Subversivos e pornográficos: censura de livros e diversão pública nos anos 1970*. Rio de Janeiro: Arquivo Nacional, 2011.

MARTINS Júnior, Carlos. "Normas sexuais e exclusão social". Em: PERARO, Maria A.; BORGES, Fernando T. de Miranda (org.). *Mulheres e famílias no Brasil*. Cuiabá: Carlini e Carinato, 2005.

MARTIUS, Carl F. von. *O direito entre os indígenas do Brasil*. São Paulo: Edições e Publicações Brasil, 1938.

MASTERS, William; JOHNSON, Virginia. *A resposta sexual humana*. São Paulo: Roca, 1984.

MEDEIROS, Regina. "O Bonfim da prostituição: a presença ambivalente do outro". Em: MEDEIROS, Regina et al. *Permanência e mudanças em Belo Horizonte*. Belo Horizonte: Autêntica, 2001.

MEIHY, José Carlos. *Prostituição à brasileira: cinco histórias*. São Paulo: Contexto, 2015.

MEINERZ, Nádia Elisa. *Entre mulheres*. Rio de Janeiro: Eduerj, 2011.

MENDES, Nelson Pizzotti. *Criminologia*. São Paulo: Universitária de Direito, 1973.

MENEZES, Lena Medeiros de. "Dancings e cabarés: trabalho e disciplina na noite carioca, 1937-1950". Em: BRUSCHINI, Cristina (org.). *Horizontes plurais: novos estudos de gênero no Brasil*. São Paulo: Editora 34, 1998.

MIRANDA, Marcos Paulo S. *Aspectos históricos da Terra de André*. Andrelândia: Copygraph, 1996.

MONTEIRO, Denilson. *Dez, nota dez! Eu sou Carlos Imperial*. São Paulo: Planeta, 2015.

MONTEIRO, John Manuel. *Negros da terra: índios e bandeirantes nas origens de São Paulo*. São Paulo: Companhia das Letras, 1994.

MONTOYA, Antônio Ruiz de. *Conquista espiritual feita pelos religiosos da Companhia de Jesus*. Porto Alegre: Martins Livreiro, 1997.

MORAES, Aparecida Fonseca. *Mulheres da vila: prostituição, identidade social e movimento associativo*. Petrópolis: Vozes, 1995.

MORAES, Joaquim de Almeida Leite. *Apontamentos de viagem*. São Paulo: Companhia das Letras, 2011.

MORAES FILHO, Alexandre José de Mello. *Factos e memórias*. Rio de Janeiro: H. Garnier, 1904.

MORANDO, Luiz. "Por baixo dos panos. Repressão a gays e travestis em Belo Horizonte (1963-1969)". Em: GREEN, James; QUINALHA, Renan (org.). *Ditadura e homossexualidades*. São Carlos: Edufscar, 2014.

MORENO, Antônio. *A personagem homossexual no cinema brasileiro*. Rio de Janeiro: Eduff, 2001.

MORLEY, Helena. *Minha vida de menina*. Rio de Janeiro: José Olympio, 1966.

MOTT, Luiz. *O lesbianismo no Brasil*. Porto Alegre: Marco Zero, 1987.

MURARO, Rose Marie. *Sexualidade da mulher brasileira: corpo e classe social no Brasil*. Petrópolis: Vozes, 1983.

NABUCO, Carolina. *Oito décadas: memórias*. Rio de Janeiro: José Olympio, 1973.

NASCIMENTO, Uelba Alexandre do. *O doce veneno da noite. Prostituição e cotidiano em Campina Grande (1930-1950)*. Campina Grande: EDUFCG, 2008.

NASH, Roy. *A conquista do Brasil*. São Paulo: Companhia Editora Nacional, 1939.

NAVA, Pedro. *Galo das trevas: memórias*. Rio de Janeiro: José Olympio, 1981, v. 5.

NEGRÃO, Ana Maria Melo. *Pernas cruzadas, meias rendadas: desvelando histórias de Campinas (1930-1970)*. Campinas: Editora da Unicamp/CNU, 2013.

NEGREIROS, Adriana. *Maria Bonita: sexo, violência e mulheres no cangaço*. Rio de Janeiro: Objetiva, 2018.

NETTO, João Palma. *Gurupá: memórias de um marinheiro*. Salvador: Jubiabá, 1984.

NIMUENDAJÚ, Curt. *Textos indigenistas*. São Paulo: Loyola, 1982.

NOGUEIRA, Nadia. *Invenções de si em histórias de amor: Lota Macedo Soares e Elizabeth Bishop*. Rio de Janeiro: Apicuri, 2008.

NOVAIS, Fernando A.; SOUZA, Laura de Mello e. *História da vida privada no Brasil*. São Paulo: Companhia das Letras, 1997, v. 1.

OCTÁVIO, Laura Oliveira Rodrigo. *Elos de uma corrente*. Rio de Janeiro: Civilização Brasileira, 1994.

OLIVAR, José Miguel Nieto. *Devir puta. Políticas da prostituição de rua na experiência de quatro mulheres militantes*. Rio de Janeiro: Eduerj, 2013.

OLIVEIRA, J. J. Machado de. *Quadro histórico da Província de São Paulo*. São Paulo: Imprensa Oficial do Estado, 1978.

OLIVEIRA, Júlio César de. *Ontem ao luar: o cotidiano boêmio da cidade de Uberlândia (MG) nas décadas de 1940 a 1960*. Uberlândia: Edufu, 2012.

OLIVEIRA, Maurício. *Amores proibidos na história do Brasil*. São Paulo: Contexto, 2012.

OLIVEIRA, Vanessa de. *100 segredos de uma garota de programa*. São Paulo: Matrix, 2007.

OMEGNA, Nelson. *A cidade colonial*. Distrito Federal: Ed. de Brasília, 1971.

ORTOLAN, Fernando Lóris. "Imagens do feminino na Guerra do Paraguai". *História e Cultura*. Franca: 2006, v. 5, n. 9.

ORUM, Thomas T. "As mulheres das portas abertas: judias no submundo da *Belle Époque* amazônica, 1890-1920". *Revista de Estudos Amazônicos*. Belém: 2012, v. VII, n. 1.

OTONI, Teófilo. *Notícia sobre os selvagens do Mucuri*. Belo Horizonte: Editora da UFMG, 2002.

PARKER, Richard. *Corpos, prazeres e paixões. A cultura sexual no Brasil contemporâneo*. Trad. de Maria Therezinha Cavallari. Rio de Janeiro: Best Seller, 1993.

PAULS, Alan. *A vida descalço*. Trad. de Josely Vianna Baptista. São Paulo: Cosac Naify, 2013.

PEDREIRA, Marcelo. *A inevitável história de Letícia Diniz*. Rio de Janeiro: Nova Fronteira, 2006.

PEDRO, Joana Maria. "Corpo, prazer e trabalho". Em: PINSKY, Carla Bassanezi; PEDRO, Joana Maria. *Nova história das mulheres no Brasil*. São Paulo: Contexto, 2012.

___. *Mulheres honestas e mulheres faladas: uma questão de classe*. Florianópolis: Editora da UFSC, 1994.

PELÚCIO, Larissa. *Abjeção e desejo: uma etnografia travesti sobre o modelo preventivo de aids*. São Paulo: Annablume, 2009.

PENNA, Rejane; CARNEIRO, Luiz Carlos da Cunha. *Os vigilantes da ordem: guarda, cachaça e meretrizes*. Porto Alegre: Oficina da História, 1994.

PEREIRA, Armando. *Sexo e prostituição*. Rio de Janeiro: Record, 1967.

PERET, João Américo. "A vida sexual do índio". *O Cruzeiro*. Rio de Janeiro: 2 maio 1973.

PERICÁS, Luiz Bernardo. *Os cangaceiros: ensaio de interpretação histórica*. São Paulo: Boitempo, 2010.

PERLONGHER, Nestor. *O que é aids*. São Paulo: Brasiliense, 1987.

PERNIDJI, Joseph Eskenazi; PERNIDJI, Maurício Eskenazi. *Homens e mulheres na Guerra do Paraguai*. Rio de Janeiro: Imago, 2003.

PIGAFETTA, Antonio. *A primeira viagem ao redor do mundo*. Porto Alegre: L&PM, 2011.

PIMENTEL, Joaquim Silvério de Azevedo. *Episódios militares*. Rio de Janeiro: Biblioteca do Exército, 1978.

PINSKY, Carla Bassanezi; PEDRO, Joana Maria. *Nova história das mulheres*. São Paulo: Contexto, 2012.

PINTO, Benedita C. de Moraes. "Meninas sem bonecas e sem sonhos, apenas objetos de prazer: a prostituição em Cametá – 1980 a 1993". Em: SANTOS, Eunice F. dos. *Mulher e modernidade na Amazônia*. Belém: GEPEM/CFCH/UFPA, 1997.

PORTÃO, Ramão Gomes. *Estórias da Boca do Lixo*. São Paulo: Exposição do Livro, 1969.

PORTO, Juarez. *Gilda Marinho*. Porto Alegre: Tchê!, 1985.

POSTMAN, Neil. *O desaparecimento da infância*. Rio de Janeiro: Graphia, 1999.

PRADO, Paulo. *Paulísticas etc*. São Paulo: Companhia das Letras, 2004.

PRATES, Prisco da Cruz. *Ribeirão Preto de outrora*. São Paulo: Guia Fiscal, 1956.

PRESTES, Anita Leocádia. "Uma epopeia brasileira". *Revista de História da Biblioteca Nacional*. Rio de Janeiro: 2007, n. 24.

PRICE, Richard. "Palmares como poderia ter sido". Em: REIS, João José; GOMES, Flávio dos Santos. *Liberdade por um fio: história dos quilombos no Brasil*. São Paulo: Companhia das Letras, 1996.

PRIORE, Mary Del. "Deus dá licença ao diabo". Em: VAINFAS, Ronaldo (org.). *História e sexualidade no Brasil*. Rio de Janeiro: Graal, 1986.

PRIORE, Mary Del; BRAZANEZI, Carla. *História das mulheres no Brasil*. São Paulo: Contexto, 2000.

RAGO, Margareth. "Prostituição e mundo boêmio em São Paulo – 1890-1940". Em: PARQUER, Richard; BARBOSA, Regina M. (org.). *Sexualidades brasileiras*. Rio de Janeiro: Relume Dumará, 1996.

RAMOS, Fábio Pestana. *Por mares nunca dantes navegados*. São Paulo: Contexto, 2008.

RAMOS, Fábio Pestana; MORAIS, Marcus V. de. *Eles formaram o Brasil*. São Paulo: Contexto, 2012.

REGO, Norma Pereira. *Ipanema dom divino*. Rio de Janeiro: Nova Fronteira, 1983.

REIS, Adriana Dantas. *Cora: lições de comportamento feminino na Bahia do século XIX*. Salvador: FCJA; Centro de Estudos Baianos da UFBA, 2000.

___. "Mulheres 'afro-ascendentes' na Bahia: gênero, cor e mobilidade social (1780-1830)". Em: XAVIER, Giovana; FARIAS, Juliana; GOMES, Flávio (org.). *Mulheres negras no Brasil escravista e do pós-emancipação*. São Paulo: Selo Negro, 2012.

REIS, Daniel Aarão. *Luís Carlos Prestes: um revolucionário entre dois mundos*. São Paulo: Companhia das Letras, 2014.

REIS, João José. "Escravos e coiteiros no quilombo do Oitizeiro, Bahia, 1806". Em: REIS, João José; GOMES, Flávio dos Santos. *Liberdade por um fio: história dos quilombos no Brasil*. São Paulo: Companhia das Letras, 1996.

REIS, João José; GOMES, Flávio dos Santos. *Liberdade por um fio: história dos quilombos no Brasil*. São Paulo: Companhia das Letras, 1996.

REY, Marcos. "A pequena noite dos cabarés". Em: ICASSATTI, Miguel (org.). *Um sábado no paraíso do swing e outras reportagens sobre sexo*. São Paulo: Panda Books, 2006.

RICARDO, Cassiano. *Marcha para o oeste*. Rio de Janeiro: José Olympio, 1970, v. 1.

RICHARDS, Jeffrey. *Sexo, desvio e danação: as minorias na Idade Média*. Trad. de Marco Antonio Esteves da Rocha e Renato Aguiar. Rio de Janeiro: Jorge Zahar, 1993.

RIZZO, Paula Karine. *O quadrilátero do pecado. A formação da boca do lixo em S. Paulo na década de 50*. Dissertação (mestrado em História Social) - PUC. São Paulo: 2017.

ROCHA, Solange Pereira da. *Gente negra na Paraíba oitocentista: população, família e parentesco espiritual*. São Paulo: Editora da Unesp, 2009.

RODRIGUES, Nelson. *A menina sem estrela*. Rio de Janeiro: Agir, 2009.

RODRIGUES, Sonia (org.). *Nelson Rodrigues por ele mesmo*. Rio de Janeiro: Nova Fronteira, 2012.

RODRÍGUEZ ALCALÁ, Guido (org.). *Residentas, destinadas y traidoras. Testimonio de mujeres de la Triple Alianza*. Assunção: Servilibro, 2010.

ROWLEY, Hazel. *Tetê-à-tête: Simone de Beauvoir e Jean-Paul Sartre*. Trad. de Adalgisa Campos da Silva. Rio de Janeiro: Objetiva, 2006.

SABINO, Fernando. *Encontro marcado*. Rio de Janeiro: Record, 1991.

SAINT-HILAIRE, Auguste de. *Viagens pelas províncias do Rio de Janeiro e Minas Gerais*. Trad. de Vivaldi Moreira. Belo Horizonte: Itatiaia; São Paulo: Edusp, 1975.

___. *Viagens ao Rio Grande do Sul*. Trad. de Adroaldo Mesquita da Costa. Belo Horizonte: Itatiaia, 1974.

SÁLES, Felipe. "Lampião: cabra-macho ou flor do sertão?". *Revista de História da Biblioteca Nacional*. Rio de Janeiro: dez. 2011, n. 75.

SALIH, Sara. *Judith Butler e a teoria queer*. Belo Horizonte: Autêntica, 2015.

SALLES, Ricardo. *Guerra do Paraguai: escravidão e cidadania na formação do exército*. Rio de Janeiro: Paz e Terra, 1990.

SAMARA, Eni de Mesquita. *As mulheres, o poder e a família. São Paulo, século XIX*. São Paulo: Marco Zero, 1989.

SANTOS, Jocélio Teles dos. *Ensaios sobre raça, gênero e sexualidade no Brasil (séculos XVIII e XIX)*. Salvador: Edufba, 2013.

SANTOS, Márcio. *Bandeirantes paulistas no sertão do São Francisco: povoamento e expansão pecuária de 1688 a 1734*. São Paulo: Edusp, 2009.

SANTOS FILHO, Lycurgo. *Uma comunidade rural do Brasil antigo: aspectos da vida patriarcal no sertão da Bahia nos séculos XVIII e XIX*. São Paulo: Companhia Editora Nacional, 1956.

SCARANO, Julita. *Devoção e escravidão: a irmandade de Nossa Senhora do Rosário dos Pretos no Distrito Diamantino no século XVIII*. São Paulo: Companhia Editora Nacional, 1976.

SCHMIDT, Mario. *Nova história crítica do Brasil: 500 anos de história malcontada*. São Paulo: Nova Geração, 1997.

SCLIAR, Moacyr. "Noites porto-alegrenses". Em: GONZAGA, Sergius; FISHER, Luís Augusto (org.). *Nós, os gaúchos 1*. Porto Alegre: EUFRGS, 1992.

SEIDLER, Carl. *Dez anos no Brasil*. Trad. e notas de Bertoldo Klinger. Belo Horizonte: Itatiaia; São Paulo: Edusp, 1980.

SETÚBAL, Paulo. *Os irmãos Leme*. São Paulo: Saraiva, 1964.

___. *O ouro de Cuiabá*. São Paulo: Companhia Editora Nacional, 1983.

SILVA, Anaclan Pereira Lopes da (org.). *Prostituição e adolescência: prostituição juvenil no interior do Pará: "Trombetas e os garimpos do Vale do Tapajós"*. Belém: Cejup, 1997.

SILVA, Antônio Carlos Pacheco e. *Hippies, drogas, sexo, poluição*. São Paulo: Martins, 1974.

SILVA, Emanuelle; TORRES, Roberto; BERG, Tábata. "A miséria do amor dos pobres". Em: SOUZA, Jessé de. *A ralé brasileira: quem é e como vive*. Belo Horizonte: Editora UFMG, 2009.

SILVA, Fernando de Barros e. "A história de uma miragem", *Folha de S.Paulo*, 25 maio 1997.

SILVA, Gian Carlo de Melo. *Um só corpo, uma só carne: casamento, cotidiano e mestiçagem no Recife colonial (1790-1800)*. Recife: Editora Universitária da UFPE, 2010.

SILVA, José Luís Rodrigues da. *Recordações da campanha do Paraguai*. Brasília: Gráfica do Senado Federal, 2007.

SILVA, Maria Beatriz Nizza da. *Vida privada e quotidiano no Brasil na época de D. Maria I e D. João VI*. Lisboa: Estampa, 1993.

___. *Bahia, a corte da América*. São Paulo: Companhia Editora Nacional, 2010.

___. "Mulheres na Inquisição no fim do período colonial: rés e vítimas". Em: SILVA, Maria Beatriz Nizza da (org.). *Sexualidade, família e religião na colonização do Brasil*. Lisboa: Livros Horizonte, 2001.

___ (org.). *Sexualidade, família e religião na colonização do Brasil*. Lisboa: Livros Horizonte, 2001.

___ (org.). *História de São Paulo colonial*. São Paulo: Editora da Unesp, 2009.

SILVA, Marilda Santana da. *Dignidade e transgressão: mulheres no Tribunal Eclesiástico em Minas Gerais (1784-1830)*. São Paulo: Editora da Unicamp, 2001.

SILVEIRA, Maria José. *A jovem Pagu*. São Paulo: Nova Alexandria, 2007.

SIMÕES, Júlio Assis; FACCHINI, Regina. *Na trilha do arco-íris: do movimento homossexual ao LGBT*. São Paulo: Perseu Abramo, 2009.

SIQUEIRA, Sônia A. *A inquisição portuguesa e a sociedade colonial*. São Paulo: Ática, 1978.

SOUSA, Gabriel Soares de. *Tratado descritivo do Brasil em 1587*. São Paulo: Companhia Editora Nacional, Edusp, 1971.

SOUZA, Jessé de. *A ralé brasileira: quem é e como vive*. Belo Horizonte: Editora da UFMG, 2009.

SOUZA, Laura de Mello e. *Norma e conflito: aspectos da história de Minas no século XVIII*. Belo Horizonte: Editora da UFMG, 2006.

SOUZA, Liêdo Maranhão de. *O povo, o sexo e a miséria ou o homem é sacana*. Recife: Guararapes, 1980.

SOUZA, Márcio. *A expressão amazonense: do colonialismo ao neocolonialismo*. Manaus: Valer, 2010.

SOUZA JUNIOR, José Alves de. *Tramas do cotidiano: religião, política, guerra e negócios no Grão-Pará do setecentos*. Belém: Editora da UFPA, 2012.

STEINEN, Karl von. *Entre os aborígenes do Brasil Central*. São Paulo: Departamento Municipal de Cultura, 1946.

STERN, Mikhail. *A vida sexual na União Soviética*. Lisboa: Edição Livros do Brasil, 1979.

STUDART, Heloneida; CUNHA, Wilson. A

primeira vez... à brasileira. Rio de Janeiro: Edições Nosso Tempo, 1977.

TALESE, Gay. *A mulher do próximo.* Rio de Janeiro: Record, 1980.

TAUNAY, Afonso de. *Relatos monçoeiros.* Belo Horizonte: Itatiaia; São Paulo: Edusp, 1981.

___. *Relatos sertanistas.* Belo Horizonte: Itatiaia; São Paulo: Edusp, 1981.

TAUNAY, Alfredo de. *A retirada da Laguna.* Rio de Janeiro: Bibliex, 2006.

THEVET, André. *A cosmografia universal de André Thevet, cosmógrafo do rei.* Rio de Janeiro: Batel; Fundação Darcy Ribeiro, 2009.

TOLEDO, Roberto Pompeu de. *A capital da solidão. Uma história de São Paulo das origens a 1900.* São Paulo: Objetiva, 2003.

TOLLENARE, Louis François de. *Notas dominicais.* Recife: Secretaria de Educação e Cultura, 1978.

TREVISAN, João Silvério. *Devassos no paraíso: a homossexualidade no Brasil, da colônia à atualidade.* Rio de janeiro, Record, 2000.

TRIGUEIROS FILHO, Marinósio. *Dos porões da delegacia de polícia.* Londrina: GTI, 1979.

USSEL, Jos Van. *Repressão sexual.* Trad. de Sonia Alberti. Rio de Janeiro: Campus, 1980.

VAINFAS, Ronaldo. "Sodomia, mulheres e Inquisição: notas sobre sexualidade e homossexualismo feminino no Brasil colonial". *Anais do Museu Paulista.* São Paulo: 1986/1987, v. XXXV, n. 35.

___ (org.). *História e sexualidade no Brasil.* Rio de Janeiro: Graal, 1986.

___. "História da vida privada: dilemas, paradigmas, escalas", *Anais do Museu Paulista,* São Paulo: jan./dez. 1996, v. 4, p. 9-27.

___. "Moralidades brasílicas: deleites sexuais e linguagem erótica na sociedade escravista". Em: NOVAIS, Fernando A.; SOUZA, Laura de Mello e. *História da vida privada no Brasil.* São Paulo: Companhia das Letras, 1997, v. 1.

___ (org.). *Confissões da Bahia. Santo Ofício da Inquisição de Lisboa.* São Paulo: Companhia das Letras, 1997.

VANNINI, Ismael Antônio. *O sexo, o vinho e o diabo. Demografia e sexualidade na colonização italiana no Rio Grande do Sul - 1906-1970.* Passo Fundo: Universidade Federal de Passo Fundo, 2004.

___. *História, sexualidade e crime: imigrantes e descendentes na Região Colonial Italiana do Rio Grande do Sul (1938-1958).* Tese (Doutorado em História Ibero-Americana) - Pontifícia Universidade Católica do Rio Grande do Sul - PUCRS. Porto Alegre: 2008.

VARELLA, Drauzio. *Prisioneiras.* São Paulo: Companhia das Letras, 2017.

VENTURA, Zuenir. *1968: o ano que não terminou.* Rio de Janeiro: Nova Fronteira, 1988.

VERAS, Flávia Ribeiro. "As condições de trabalho nos teatros do Rio de Janeiro na década de 1940". *In:* I Seminário Fluminense de Pós-Graduandos em História, 2012, Rio de Janeiro. *Anais do I Seminário Fluminense de Pós-Graduandos em História.* Rio de Janeiro: 2013.

VERISSIMO, Erico. *Solo de clarineta: memórias.* São Paulo: Companhia das Letras, 2005, v. 1.

VERISSIMO, Luis Fernando. *Traçando Porto Alegre.* Rio Grande do Sul: Artes de Ofícios, 1996.

___. *Histórias brasileiras de verão.* Rio de Janeiro: Objetiva, 1999.

VESPÚCIO, Américo. *Novo Mundo: as cartas que batizaram a América.* Introdução e notas de Eduardo Bueno. São Paulo: Planeta, 2003.

WAGLEY, Charles. *Lágrimas de boas-vindas.* Belo Horizonte: Itatiaia; São Paulo: Edusp, 1988.

WILLEMS, Emilio. *A aculturação dos alemães e seus descendentes no Brasil.* São Paulo: Companhia Editora Nacional, 1980.

WOLFF, Cristina Scheibe. *Mulheres da floresta: uma história: Alto Juruá, Acre (1890-1945).* São Paulo: Hucitec, 1999.

ZENHA, Edmundo. *Mamelucos.* São Paulo: Revista dos Tribunais, 1970.

ÍNDICE REMISSIVO

A Manhã (jornal) p. 189
A Tarde (jornal) pp. 153, 367
ABBEVILLE, Claude d' pp. 24, 26
Aberração p. 334
Aberrações sexuais pp. 186, 300
Abuso sexual pp. 37, 103-106, 128-129, 148-149, 159, 226, 248-249, 273, 301, 358
Acompanhantes pp. 204, 274
ACTON, William p. 342
Adultério pp. 32, 35, 56, 98, 127, 169, 176, 201-202, 209-211, 314, 334, 346, 386
Afeminado pp. 86, 260, 309, 311, 317
Afrodisíaco pp. 49, 177
AGASSIZ, Elizabeth Cary p. 88
AGASSIZ, Luís p. 109
AGOSTINHO, Santos p. 234
AGUALUSA, José Eduardo pp. 261-262
Aids pp. 266, 316, 340, 351, 383
ALBERONI, Francesco p. 337
Alcouce pp. 121, 274-275
ALDÉ, Lorenzo p. 170
ALENCAR, José de p. 242
ALEXANDRE, Ricardo p. 202
ALGRANTI, Leila Mezan p. 85
ALMEIDA, Guilherme de p. 279
ALMEIDA, Pires de pp. 186, 321
ÁLVARES, Diogo pp. 21, 32
ALVES, Ataulfo p. 237
ALVES, Branca Moreira pp. 287, 341
AMADO, Jorge pp. 141, 153
AMANTINO, Márcia p. 72
AMARAL, Edmundo p. 75
AMARAL, Ricardo pp. 199, 270
AMARAL, Tarsila do pp. 278-280
AMARAL, Zózimo p. 203
Amásio(a) pp. 64-66, 80, 113-115, 126, 155
Amazônia pp. 10, 88, 91, 93, 98, 107, 109, 123, 172

Amor livre pp. 142, 275, 295, 337-339, 342, 346, 351
ANDRADE, Carlos Drummond de pp. 83, 191, 315
ANDRADE, Luciana Teixeira de p. 310
ANDRADE, Oswald pp. 93, 278-280
Andromania p. 177
ANJOS, Cyro dos pp. 214, 237
Anticoncepcional pp. 84, 266, 378
ANTÔNIA, Isabel p. 320
Antropofagia pp. 19, 92
ANTUNES, José Leopoldo F. p. 187
ARAÚJO, Antônio Amaury Corrêa de pp. 170-171
ARAÚJO, Guilherme de p. 328
ARIÈS, Phillipe p. 9
ARISI, Barbara p. 183
ARRUDA, Geisy p. 376
Assédio pp. 15-16, 28, 50-53, 67, 69, 80, 98, 148, 207, 285, 344, 380
ASSIS, Anatólio Alves de p. 117
ASSIS, Wagner de p. 268
ASSUNÇÃO, Moacir pp. 115-116
Ato sexual pp. 16, 57-59, 99, 143-148, 170-173, 176, 179, 180, 183-184, 187, 190, 196, 228, 241, 280-282, 319-320, 354
Atos carnais pp. 52, 145
AUDRIN, Frei José p. 157
AZEVEDO, Aluísio p. 326
AZEVEDO, Odilon p. 327
Bacanais pp. 129, 291
Bahia (BA) pp. 20-27, 32, 42-43, 50, 66, 71-72, 81-92, 116, 152-154, 161-164, 187-188, 242, 308, 319, 354
BAIANO, José p. 163
funk pp. 352-357, 374
Bakaris p. 95
BALDUS, Herbert pp. 174-175
BANDEIRA, Pedro p. 262
Bandeirantes pp. 10, 30, 32, 35-42

BAPTISTELLA, Ignez pp. 285-287
BARBINAIS, Gentil de la p. 48
BARBOSA, Zeli de Oliveira p. 328
BARCELOS, Ciro p. 315
BARLEUS, Gaspar p. 26
BARRIOS, Vicente p. 108
BARROS, Luitgarde Oliveira Cavalcanti p. 170
BARROSO, Ary p. 237
Bas-fond pp. 301, 317, 326
Bastardo pp. 31, 34-35, 39, 41-42, 51, 64
BASTOS, Othon p. 263
BATISTA, Ricardo dos Santos p. 242
BAUMAN, Zygmunt p. 386
Belle de Jour p. 222
Bello, Júlio pp. 51, 82
Belo Horizonte (MG) pp. 191, 214-215, 218, 236-237, 265, 310-312, 316, 323
BEN, Jorge p. 267
BENÁRIO, Olga p. 291
BENATTI, Antônio Paulo p. 239
BENGELL, Norma pp. 238, 292-294, 328-329, 344
BERG, Tábata pp. 356, 360
Bestialidade pp. 77, 129, 162, 209, 284
Bestialismo p. 143
BEZERRA, Gregório pp. 192, 341
Bicha pp. 301-308, 311-313, 316-318, 332, 384
Bigamia p. 56
BIJOU, Brigitte pp. 195, 205
BINFORD, Sally p. 338
Biquíni pp. 181, 192, 296, 365, 368-371, 376, 378
BISHOP, Elizabeth p. 328
Bissexual p. 377
BITTENCOURT, Anna Ribeiro de Goes pp. 89-91
Blenorragia pp. 116, 264, 267
Boate pp. 197-199, 205, 218, 229-230, 238-241, 259, 271-273, 292, 301, 308, 311, 328

Boca do lixo pp. 228-230
Boceta pp. 261, 270, 293
Boêmia pp. 133, 155, 215, 237, 291, 310, 327
BÖER, Alexandre, pp. 307, 309
Bofe(s) p. 303
BONFIM, Manuel p. 67
BOPP, Raul p. 279
BORGES, Jafé p. 111
BORGHI, Renato p. 301
Botocudos pp. 94, 97-100, 103, 134, 242
BOXER, Charles Ralph pp. 31, 43-44, 106
BRAGA, Gilberto p. 199
Brochada pp. 235, 344-345
BRUCKNER, Pascal p. 344
BRUM, Eliane pp. 155-157
BUENO, Eduardo pp. 18-19
Bunda pp. 198, 231, 306, 368
BURMEISTER, Hermann pp. 67, 86-87
BURTON, Richard pp. 82, 86
BUTLER, Judith pp. 377, 383, 385
Cabaço pp. 53, 199, 203, 249
Cabaré pp. 121, 128, 130-131, 208-218, 221, 230-246, 256, 272, 304
CABRAL, Alfredo Lustosa pp. 126-130
CABRAL, Pedro Álvares pp. 15, 18
Cafetão pp. 113, 212-218, 240, 248, 251-255, 268
Cafetinagem p. 213
Call girls pp. 229-230
CALLIGARIS, Contardo pp. 285, 351
CAMARGO, Hebe p. 330
Camisa de vênus p. 270
Camisinha pp. 198, 221, 255, 270
Campina Grande (PB) pp. 236, 241, 325
CAMPOS, Siqueira p. 152
CAMUS, Albert p. 364
Cancro(s) pp. 116, 213, 264-265
CANDIDO, Antonio pp. 143, 242

Cangaceiro(s) pp. 159-171
Cangaço pp. 150, 159-171
Carícias pp. 53, 174-175, 192-198, 259, 286, 321, 333
CARLOS, Erasmo pp. 195, 202-205, 267, 365
Carnaval pp. 189, 199, 302-307, 355, 369-378
CARNEIRO, Luiz Carlos da Cunha pp. 194, 231
CAROL, Martinne p. 193
CARONE, Edgar p. 159
CARRARA, Sérgio p. 116
CARRATO, José Ferreira pp. 66, 79-80
CARVALHO, Flávio de p. 279
CARVALHO, Maria Meire de pp. 151-155
CARVALHO, Tânia p. 209
Casa de tolerância pp. 86, 144, 229, 236, 243, 251, 274
Casa de massagem p. 231
CASEMENT, Roger pp. 124, 131
Cassino da Urca pp. 222, 238
Castidade pp. 51-52, 55, 101, 126, 191, 206
Castração pp. 163, 172, 331
CASTRO, Eduardo Viveiros de p. 182
CASTRO, José Viveiros de pp. 186, 276, 321
CASTRO, Ruy pp. 233, 366, 368
CATUNDA, Paulo p. 227
CAVALCANTI, Di pp. 189, 218
CECARELLO, Carla p. 371
Censura pp. 209, 244, 292, 311, 327-330, 347-349
CERQUEIRA, Dionísio pp. 112, 119
CEZARINO, Eny pp. 258, 266
CHANDLER, Billy Jaynes pp. 162-163
CHAVES, Juca p. 205
CHILAND, Colette p. 383
Padre Cícero pp. 159-160, 166-168
Cinema pp. 131-133, 191-194, 222-223, 230-233, 237, 250, 259, 277, 292, 295, 301, 317, 323, 336, 347, 366, 369, 372

CLÁUDIA, Maria p. 196
Claudia (revista) p. 340
CLEMENTE, Ana Tereza p. 295
Clitóris pp. 181, 341, 349
Clube dos cafajestes p. 344
Código Civil pp. 79, 208
Código Penal pp. 79, 208, 210
COELHO, Dráusio Dornellas p. 330
COELHO, Marcelo p. 355
COIRO, Rosito pp. 193, 199, 233-234, 240, 259, 304-306, 327-328, 346
Coito pp. 27, 99, 103, 143, 148, 174-175, 184, 262-266, 300, 303, 320
Colônia Cecília pp. 141, 337
Coluna Prestes pp. 11, 150-159
COMFORT, Alex p. 338
Concubina pp. 15, 36, 41, 97, 110, 161
Concubinato pp. 10, 33, 44, 54-56, 63, 66, 78-80
Conde d'Eu pp. 111-112
CONSTANT, Benjamin p. 114
CONSTANTINO, Núncia S. p. 149
Contracultura pp. 347, 363, 378
Convento pp. 26, 49, 58, 83, 87-88, 268, 320
CONY, Carlos Heitor pp. 203, 206
Cópula pp. 36, 57, 119-120, 145-147, 173-175, 180, 224, 279, 320
Corno pp. 231, 294
CORREA, Diogo Álvares (o Caramuru) pp. 21, 32
Cortesã pp. 214, 236, 242-243, 327
CORTESÃO, Jaime pp. 31, 37, 42
COSTA, Miguel p. 153
COSTALLAT, Benjamin p. 326
COUDREAU, Henry pp. 94-95, 129
Coxa(s) pp. 94, 116, 120, 147, 163, 191-198, 293, 365
CRETINO, Giovanni p. 18

Crioulo pp. 62, 64, 71
Cross-dressing p. 378
Cu pp. 67, 306
CUNHA, Lassance p. 186
CUNHA, Maria Clementina Pereira pp. 277, 322
Cunnilingus pp. 174, 259
Currada pp. 157, 162
CURY, Celso p. 315
Dancing(s) pp. 230, 237, 243
DANGREMON, Márcia p. 370
Decaída(s) pp. 103, 206, 242, 275
DEEKE, José p. 137
Defloramento pp. 28, 44, 54, 81, 144-150, 187-188, 199-200, 208, 219-220, 226, 235, 247, 288-298, 348, 380
Degredado pp. 15, 20-22
Luz Del Fuego pp. 239, 307
Delegacia de Costumes pp. 204, 219, 221, 243, 251
DELON, Alain p. 294
Democracia racial p. 228
DENIS, Ferdinand p. 25
Desquitada pp. 245, 379
Destinadas p. 119
Devassa(s) pp. 54-55, 65, 78-80
Devassidão pp. 12, 29, 61, 79, 87, 124, 131, 163, 185, 256, 275, 304, 348, 380
Diário da Bahia (jornal) p. 154
Diário da Noite (jornal) p. 211
Diário de Minas (jornal) p. 311
Diário de Notícias (jornal) p. 153
DIAS, Lucy pp. 338, 342
DIAS, Mathilde de Carvalho p. 192
DIEGUES, Cacá p. 198
DINIZ, Alai Garcia pp. 110, 121
DINIZ, Eli p. 365
DINIZ, Leila pp. 295, 342, 365, 378
Divórcio pp. 80-81, 84, 100-101, 174, 294, 338, 340, 346
Doenças venéreas pp. 86, 113-116, 127, 133, 186, 193, 214, 227, 229, 233, 250, 263-270, 282
Don Juan pp. 174, 176, 184, 282
DONATO, Hernâni p. 153

DORATIOTO, Francisco pp. 111, 113
Drag queen p. 378
Drive-in p. 231
DRUMMOND, Roberto p. 311
DUARTE, Anselmo pp. 292-293
DUARTE, Lima p. 227
Dzi Croquettes p. 315
Educação Moral e Cívica p. 347
Educação sexual pp. 144, 263, 346-349, 362, 384-385
Ejaculação pp. 57-59, 375
ELIAS, Norbert p. 207
ELLIS JÚNIOR, Alfredo pp. 36-37
ELMIR, Cláudio Pereira pp. 212, 250
ENGEL, Magali p. 256
Enrabar p. 229
Erótico pp. 99, 143, 173, 184, 189, 195, 206, 223, 239, 245, 282, 333, 337, 338, 371-374
Erotização pp. 175, 184, 355, 362, 364, 373-374
Escândalo sexual pp. 29, 51, 104, 145-146, 187, 215, 277, 280, 282, 290, 294, 296, 303, 346, 351, 378
ESCHWEGE, Wilhelm Ludwig p. 61
Escort(s) p. 274
Escravidão pp. 10-11, 15, 30-40, 46-53, 59-81, 87, 90, 93, 97, 106, 107-109, 113, 123-125, 128-130, 135-140, 148, 150, 167, 175, 186, 211, 219, 228, 355-356
ESKENAZI, Joseph p. 111
Estado de S. Paulo, O (jornal) p. 322
ESTEVES, Martha p. 146
Estuprador pp. 43, 126, 163
Estupro pp. 11, 16-17, 41, 44, 107, 117, 119, 124, 126, 150, 159-165, 168, 220, 247, 252, 293, 314-315, 332-333, 349
EWBANK, Thomas pp. 54, 83
Exploração de menor pp. 247-249
Exploração sexual pp. 80, 123, 150
FALCÃO, Armando p 327
Fálico pp. 319-320

Fantasia(s) pp. 22, 50, 73, 119, 143, 161, 171-172, 179, 189-190, 238, 241, 246, 264, 273, 304-307, 322, 387
FARIA, Sheila de Castro p. 60
FARIAS, Cordeiro de p. 152
Fatos & Fotos (revista) p. 295
FAUSTO, Boris pp. 146, 199
FAZENDA, José Vieira p. 58
FEITOSA, Jovita Alves p. 108
Felação pp. 259-260, 327
Fellatio p. 174
Feminismo pp. 207, 330, 334, 338, 341, 378, 381-384, 387
FERNANDES, Florestan pp. 27-29, 228-229, 299
FERRAZ, Esther de Figueiredo p. 225
FERRAZ, Geraldo pp. 278, 285
FERREIRA, Alexandre Rodrigues p. 101-102
FERREIRA, Bibi p. 245
FERREIRA, Luiz Pinto p. 347
FERREIRA, Procópio p. 245
FERREIRA, Virgulino (o Lampião) pp. 11, 159-171
FIGARI, Carlo p. 327
Filmes pornográficos pp. 183-184, 259, 347, 362
Fio dental (biquíni) pp. 181, 368
FISCHER, Vera pp. 296, 351
FLOTTE, M. de La p. 47
Folha de S.Paulo (jornal) pp. 78, 199, 315, 369
FONTOURA, Amaral p. 347
FORD, Henry pp. 132-134
Fordlândia pp. 132-134
Fornicação p. 114
FORTES, Leandro pp. 110, 114, 117
FOUCAULT, Michel pp. 7, 185, 343, 381-382
FOURIER, Charles p. 337
FRANÇA, Jean Marcel Carvalho pp. 48, 89
FRANCIS, Paulo p. 268
FRANCO, Afonso Arinos de Melo pp. 23-24
FRANCO, Renato p. 64
FREIRE, Jonis p. 72

FREITAS, Décio pp. 73-74
FREUD, Sigmund pp. 7, 172
FREYRE, Gilberto pp. 46-48, 67-68, 84-86, 102, 241
FRÉZIER, François p. 68
Frigidez pp. 335, 342, 380
FURTADO, Júnia Ferreira p. 63
GABEIRA, Fernando pp. 301, 344
GAIARSA, José Ângelo p. 346
GALVÃO, Patrícia pp. 277, 279
GANDAVO, Pero Magalhães p. 19
Garanhão p. 169
Garçonnière pp. 202-204, 339
GARMENDIA, José Ignácio p. 118
Garota(s) de programa pp. 215-217, 232, 254, 255, 270-275
GATTAI, Zélia pp. 141-142
Gay pp. 302, 308-318, 332, 339, 377, 382
General Osório pp. 111, 114
Gênero pp. 12, 175, 181, 210, 277, 299, 302, 315, 320, 324, 327, 329, 331, 334, 349, 362, 376, 377-387
GIKOVATE, Flávio p. 199
Glauco, cartunista p. 342
Globo, O (jornal) p. 371
GOLDENBERG, Mirian p. 365
GOMES, Carlos (compositor) p. 141
GOMES, Carlos de Oliveira pp. 116, 119
GOMES, Flávio dos Santos pp. 73, 75, 76
GONÇALVES, Dercy p. 244
GONÇALVES, Renato p. 218
Gonorreia pp. 116, 222, 263-269
GONZAGA, Sergius pp. 205-206
GOULART, João pp. 233, 238
Governo Vargas pp. 219, 222, 243
Gozo pp. 197, 246, 258-259, 290, 293-294, 320, 341, 363
GRAHAM, Maria pp. 81-82
GRAHAM, Sandra Lauderdale p. 68

GRANDIN, Greg pp. 131-132
Gravidez pp. 29, 45, 49, 54, 64-66, 71, 99-112, 125, 138, 143-146, 156-158, 197-198, 203, 226-228, 247, 258-266, 279-281, 289, 293, 296, 335, 356-363, 378
GREEN, James N. pp. 303, 329, 330
GREGOR, Thomas pp. 172, 179, 181
GRILO, Gilda pp. 294-295, 328
GRUBB, Kenneth p. 131
Grupo Ceres pp. 287, 290
Guaíra pp. 38, 41
Guerra do Paraguai pp. 11, 107-121
GUERRA, Ruy p. 292
GUIMARÃES, Carlos Magno p. 76
GUIMARÃES, Josué pp. 235, 274
GUINLE, Jorge pp. 198, 203, 222, 237
HADDAD, Jamil A. pp. 242-243
HAGEN, Acácia Maria M. pp. 209, 213
HAMILTON, Lady pp. 301-303
Harém pp. 70, 202
HEMMING, John pp. 92-93, 100, 106
Henfil (cartunista) pp. 206-207
Hetaira(s) pp. 114, 213, 275
Heteronormatividade pp. 314, 387
Hímen pp. 146-147, 186
Hippies pp. 337-339, 343-351, 363, 371, 378
Histeria pp. 186, 276, 322-323, 380
HITE, Shere p. 327
HOBSBAWM, Eric pp. 170, 336, 376
Homoerotismo pp. 171, 316, 319
Homossexualidade pp. 12, 15-17, 30, 56, 59, 69, 77, 129, 131, 170-171, 175, 177, 181-182, 186, 203-204, 268-269, 292, 298-334, 346, 370, 375, 381-383

HÖRMEYER, Joseph pp. 135-140
HUNGRIA, Nelson p. 269
Identidade(s) de gênero pp. 12, 288, 315, 334, 377
Igreja pp. 10, 46-47, 49, 51, 54-55, 60, 65, 68, 78-79, 82, 85, 108, 113, 140, 142-144, 166, 185, 199, 244, 250, 255, 286, 336, 367, 373, 382
Imigrante pp. 11, 21, 134-149, 224, 228, 337, 369, 377
Imoralidade pp. 209, 212, 305, 349
IMPERIAL, Carlos pp. 201-203, 364
Incesto pp. 29, 80-83, 142, 149, 182
Indígena(s) pp. 10-12, 18-45, 57, 64-66, 69, 74-79, 86-88, 91-110, 118-134, 171-179, 181-185, 299-300, 319, 362-364, 369.
Infanticídio p. 100
Inferninho pp. 12, 221, 229-230, 239
Infidelidade pp. 20, 29, 50, 80, 97-98, 139-140, 178-181, 210-211, 239, 290, 301, 316, 342, 386
Inquisição pp. 10, 17, 31, 46-59, 78-79, 201, 268, 319-320
Intercurso sexual pp. 10, 21, 27-29, 37, 98, 102, 120, 138, 146, 173-174, 181, 228
Inversão sexual pp. 181, 299, 301, 308, 313, 322-325
Irrumação p. 177
JABOR, Arnaldo p. 223
JAIME, Jorge pp. 300-301
JARDIM, Rachel p. 83
Jesuíta pp. 15, 32-33, 38-42, 92, 96, 102, 364
JOBIM, Tom pp. 204-205, 359
JOCKYMANN, Sérgio pp. 251, 268
JOHNSON, Virginia pp. 335, 380
JORGE VELHO, Domingos pp. 33, 41
Jornal do Brasil (jornal) pp. 296, 365
JOSÉ, Oiliam pp. 93, 96-99, 103
Jovem Guarda pp. 336, 364
JÚLIA, Ana p. 110

JUNQUEIRA, Carmen p. 178
JUNQUEIRA, João J. de Oliveira p. 108
JUNQUEIRA, Luiz A. Franco p. 84
Juquery pp. 276, 322, 348
JUZARTE, Teotônio José pp. 45, 101
KALIL, Glória p. 196
KARASH, Mary C. p. 77
KEHL, Maria Rita p. 342
KELLY, João Roberto p. 202
KHOURI, Walter Hugo p. 297
KINSEY, Alfred pp. 270, 334, 381
KOSTER, Henry p. 68
KUGEL, Seth p. 370
KULICK, Don p. 308
Laerte (cartunista) p. 331
Lampião pp. 11, 159-171
LANCASTRE, Maria Úrsula de A. p. 320
LANGSDORFF, Georg pp. 66, 102
LARA, Odete pp. 197, 200
LEITE, Gabriela p. 253
LEITE, Juçara Luzia p. 219
LEITHOLD, Theodor von p. 49
LÉRY, Jean de pp. 23-29, 399
Lésbica pp. 59, 181, 240, 277, 292, 304, 319-339, 377, 382
Liberação sexual pp. 332, 338, 351-352, 359
Libertinagem pp. 16, 89, 130, 186, 201, 204-205, 282
Libido pp. 17, 260, 315, 336, 347, 375-376
LIMA, Estácio de p. 324
LIMA, Fernanda p. 298
LIMA, Lourenço Moreira pp. 152-153
Lingerie p. 196
LINS, Regina Navarro p. 171
Lolita(s) pp. 214, 230, 245
Londrina (PR) pp. 227, 239, 253
LÓPEZ, Francisco Solano pp. 108, 117-118
Lupanar pp. 124, 139, 274

Luxúria pp. 9-10, 22, 52, 55, 83, 118-119, 132, 185, 196, 209, 355, 386
MACEDO, Ferraz de p. 186
MACEDO, Joaquim Manuel de pp. 242-243
MACHADO, Carlos pp. 222, 237-238, 293-295
MACHADO, Dilamar pp. 234, 259, 268, 272
Machismo pp. 84-86, 151, 168, 208, 269, 293, 344-345, 371, 374, 381, 384
Macho pp. 30, 84, 115, 120, 165, 169, 234, 261, 269, 302-306, 381-383
MACIEL, Frederico p. 168
MACRAE, Edward p. 316
Madame Satã p. 311
MADI, Tito p. 198
MAESTRI, Mário p. 77
MAGALHÃES, Fernão de p. 22
Mal gálico pp. 263-264
MALINOWSKI, Bronislaw p. 172
MALLE, Louis p. 209
Mameluco(s) pp. 10, 21, 31, 35-37, 41-44
Mancebia pp. 33, 58, 86
Manchete (revista) p. 339
MANGANO, Silvana p. 193
Mangue pp. 189-191, 218-223, 269
MANSFIELD, Jayne p. 195
Maranhão (MA) pp. 24-26, 68, 104
MARCUSE, Herbert p. 343
Maria Bonita (Maria Déa) pp. 167-169
MARINHO, Gilda pp. 290-295
MARLIÈRE, Guido pp. 96, 104-106
Marquês de Pombal pp. 41, 104
MARTIUS, Carl von pp. 98, 106, 299
MASCHIO, Edison pp. 239-253
Masoquista p. 223
MASTERS, William pp. 335, 380

Masturbação pp. 52, 172-175, 182-186, 196, 206-207, 254, 263, 310, 314, 322, 327, 333-335, 342, 349, 375
MATARAZZO, Maria Helena p. 349
MATOGROSSO, Ney pp. 315-317
MAUTNER, Anna Veronica p. 376
MEDEIROS, Regina pp. 217, 237, 265-266, 311-312
Medicina legal pp. 147, 187, 324
MEINERZ, Nádia pp. 331-332
Membro viril p. 148
Ménage à trois p. 282
MENDONÇA, Heitor Furtado de p. 55
MENEZES, Lená Medeiros de p. 245
Menopausa pp. 100, 287
Menstruação pp. 49, 182, 240, 258, 288, 299
Meretrício pp. 12, 17, 68, 98, 122, 124, 149, 200, 206, 212, 215, 218, 219, 220-243, 250-256, 261-265, 273-274, 284, 325
Messalina(s) pp. 212, 275, 322
Mestiço pp. 31, 41, 44, 55, 59, 63, 76, 110, 124, 132
MIRANDA, Carmen pp. 237, 293
Miscigenação pp. 21, 30, 44, 140
Misoginia p. 59
MONGELOS, Andrés pp. 120-121
Monogamia pp. 92, 96, 174, 386-387
MONTAIGNE, Michel de pp. 24-26
MONTENEGRO, Fernanda p. 244
MORAES, Aparecida p. 221
MORAES, Dulcina de p. 244
MORAES, Joaquim de Almeida Leite p. 103
Moral sexual pp. 22, 139, 319, 347
MORANDO, Luiz p. 311
MORENO, Antônio p. 317
MORLEY, Helena p. 83
Mortalidade infantil pp. 84, 102, 169

MORUS, Thomas p. 25
Motel pp. 203, 271, 310, 371
MOTT, Luiz pp. 171, 320-321
Movimento feminista pp. 334, 341
Mucama pp. 67, 80
Mulata pp. 53-54, 63-79, 86, 90, 102, 111, 115, 131, 189, 218, 221, 226-301, 322, 369-370
Mulher honesta pp. 135, 208
Mulher da vida pp. 156-157, 267, 275, 305
Mulher-homem pp. 324-325
MURARO, Rose Marie p. 352
NABUCO, Carolina p. 367
Nádegas pp. 97-98, 163, 173, 300-301, 350, 368-370
NASCIMENTO, Uelba Alexandre de pp. 236, 241, 249, 255-256, 262, 325-326
NASH, Roy p. 235
NASSAU, Maurício p. 26
NAVA, Pedro pp. 196, 268
NEGREIROS, Adriana pp. 161, 167
Negro pp. 23, 57, 61, 65, 71-77, 126, 136, 201-202, 228, 313
NÉRI, Ana pp. 110, 114
NETTO, João Palma p. 313
New York Times, The (jornal) p. 169
NIMUENDAJÚ, Curt p. 126
Ninfomania p. 276
NOGUEIRA, Nadia p. 326
Noite de núpcias pp. 177, 286, 289, 380
Normalista pp. 245-247, 256, 278-279
Fernando de Noronha p. 25
NOYES, John Humphrey pp. 337-338
Nudez pp. 16, 19, 24, 93-95, 181, 189, 202, 296
O Cruzeiro (revista) pp. 194, 339
O Jornal (jornal) p. 154
OLIVAR, José Miguel N. p. 252
OLIVEIRA, Dalva de (cantora) p. 301

OLIVEIRA, Domingos pp. 295-206, 301
OLIVEIRA, Vanessa de pp. 271-273
Onanismo pp. 129, 177
Órfão pp. 15-17, 149, 356
Órgãos genitais pp. 94, 145, 227, 300
Orgasmo pp. 174, 259, 287, 327, 330, 333-335, 341-343
Orgia pp. 115, 153, 213, 246, 268, 291, 339, 355
ORICCHIO, Zanin p. 372
OTONI, Teófilo pp. 98, 134
Padre(s) pp. 24, 31-32, 38, 42, 46-54, 70-71, 79, 82, 90-96, 104, 114, 144, 158-160, 166-175, 206, 250, 263, 284-287, 293
PAES, Fernão Dias pp. 36, 41-43
Elvira Pagã pp. 239, 307
Pagu pp. 277-285, 292-293
Palmares pp. 33, 40, 73-75, 170
Papai e mamãe pp. 222, 254-256, 292
PARKER, Richard pp. 372-374
Parto pp. 29, 45, 99-102, 149, 152, 169, 321, 340
O Pasquim (jornal) pp. 339, 365
Pastor p. 250
PAULS, Alan pp. 363-366
Pecado pp. 8, 15, 46, 52, 57-58, 64, 79, 97, 134, 144, 185, 196, 207, 212-234, 259, 263, 269, 286, 319, 322, 330, 342, 345, 349, 371-373, 395
Pederastia pp. 177, 206, 291-292, 299-314, 333
Pedofilia pp. 56, 69, 129
PEDREIRA, Marcelo p. 331
PEDRO, Joana Maria pp. 122, 341
PEIXOTO, Afrânio pp. 187, 200
PELÚCIO, Larissa pp. 315-316
Penicilina pp. 229, 264, 268-269
PENNA, Rejane pp. 194, 231
Pênis pp. 53, 58, 164, 173-177, 183-185, 196, 265, 269, 320, 342, 349
PEREIRA, Armando pp. 237, 251, 269

PEREIRA, José Clemente p. 62
Sinhô Pereira p. 166
PERET, João Américo pp. 176-177
PERICÁS, Luiz Bernardo p. 72
PERLONGHER, Nestor p. 316
PERNIDJI, Joseph Eskenazi pp. 111, 121
PERNIDJI, Maurício Eskenazi p. 111
PIGAFETTA, Antonio p. 22
Pílula pp. 198, 258, 340-343, 360, 378
PIMENTEL, Joaquim S. de Azevedo p. 114
PINSKY, Carla Bassanezi p. 341
PINTO, Benedita C. de Moraes p. 249
Playboy (revista) pp. 270, 297, 348
Polaca(s) pp. 212, 218-221, 224, 229, 241, 256
Poliandria pp. 74, 142
Poligamia pp. 22, 29, 32, 95-97, 101, 121
Polonesa(s) pp. 130-131
PONTE PRETA, Stanislaw p. 237
PORTÃO, Ramão Gomes pp. 227, 252
Porto Alegre (RS) pp. 114, 121, 192-195, 204-213, 231-259, 265, 269-270, 290-291, 304-309, 327-328, 346
PORTO, Juarez pp. 291-292
Posição missionário pp. 173, 256
PRADO, Antônio de Almeida p. 224
PRADO, Maria Lúcia do p. 191
PRADO, Paulo p. 37
Praia pp. 19, 21, 103, 176, 204-205, 290, 296-297, 302, 306, 329, 346, 360, 363-375, 378
PRATES, Prisco da Cruz p. 323
Preservativo pp. 217, 258, 266, 269-270
PRESTES, Anita Leocádia p. 158
PRESTES, Luís Carlos pp. 151-153, 155, 157-158, 278, 283, 291
Preta pp. 54, 64-67, 75-80, 115, 156, 221, 229, 301

PRETO, Manuel p. 39
PRICE, Richard pp. 74-75
PRIORE, Mary del p. 72
Profissional do sexo pp. 186, 198, 246, 271, 380
Promiscuidade pp. 16, 61-62, 66, 120, 173, 225, 228, 341-343, 348, 364
Prostíbulo pp. 139, 189, 191, 218, 220, 224, 227, 235, 244-248, 256-260, 265, 274, 313
Prostituição pp. 10-11, 43, 68, 75-79, 103, 112, 122-124, 129, 132-134, 139-140, 165, 179, 186, 199-237, 241-275, 304, 307-314, 346-351
Prostituta pp. 11, 15-17, 20, 47, 109-114, 121-124, 131-133, 140-141, 157, 189-191, 207-208, 212-275, 284, 287, 292, 301-306, 311-313, 321, 324-326, 372
Proxeneta pp. 68, 252
Pudor pp. 68, 94-97, 104-105, 108, 172, 181, 186, 192, 201, 204, 212, 229, 256, 260-262, 292, 296, 309, 367
Puta pp. 144, 205, 232, 257, 270-272, 292, 329
Puteiro pp. 206, 232, 270
QUADROS, Jânio p. 227
Queer pp. 377, 383-384
Quilombo pp. 10, 33, 72-77, 80
QUINTANA, Mário p. 291
Quitinete pp. 202, 260
RAGO, Margareth pp. 229, 275
RAMALHO, João pp. 21, 31-32
Rameira(s) pp. 114, 128, 164, 275
RAMOS, Fábio Pestana p. 16
Rapto pp. 10, 22, 54, 71-77, 125-127, 165-167
Realidade (revista) pp. 230, 339-340, 346-348
Recolhimento pp. 49-50, 63, 84, 226, 320-321
REGO, Norma Pereira p. 366
REICH, Wilhelm p. 334
REIS, Adriana Dantas p. 81
REIS, Daniel Aarão p. 157
REIS, João José p. 73
Relações sexuais pp. 138, 142-148, 168, 175-180, 201-203, 207, 268, 288, 290, 293,
303, 308-309, 319, 332, 335, 357, 360-363, 386
Rendez-vous pp. 191, 203, 215, 229, 231-233, 274
Repressão sexual pp. 7, 142
Residentas pp. 111, 119
Revolução Francesa p. 10
Revolução sexual pp. 12, 194, 198, 263, 273-274, 314, 329, 334-361, 379, 386-387
REY, Marcos pp. 229-230, 268
RIBEIRO, Agildo pp. 268, 307
RIBEIRO, Júlio p. 195
RICARDO, Cassiano pp. 35, 39
RICHARDS, Jeffrey p. 55
Rio de Janeiro (RJ) pp. 47-62, 68-72, 83, 88-89, 113-115, 122-123, 131, 140, 146, 150, 186-188, 197, 201, 205, 209-211, 221-222, 237-238, 242-245, 253, 259, 269, 275, 280, 283, 300-301, 307, 310, 320, 321, 326-342, 364-372
RIOS, Cassandra p. 327
ROCHA, Franco da p. 322
ROCHA, Glauber p. 365
RODRIGUES, Lupicínio p. 328
RODRIGUES, Nelson pp. 189, 205
Rogéria (transformista) p. 307
ROQUETTE-PINTO, Edgard p. 77
ROSSI, Giovanni pp. 141-142, 337
ROTH, Rosely p. 330
ROUSSEAU, Jean Jacques p. 24
ROWLEY, Hazel p. 277
Rufião pp. 227, 252
SABINO, Fernando p. 236
Sacanagem pp. 192-196, 204, 207, 270, 374
SADEEH, Alexandre p. 371
Sadismo pp. 80, 162-163, 223, 306
SAINT-HILAIRE, Auguste de pp. 36, 66, 97
SÁLES, Felipe p. 170
SALLES, Perry p. 298
SAMARA, Eni de Mesquita p. 81
SANTOS FILHO,
Lycurgo pp. 66, 88
SANTOS, Agostinho dos p. 234
SANTOS, Jocélio Teles dos p. 321
SCARANO, Julita p. 75
SCHMIDK, Elza pp. 154-155
SCHMIDT, Mario p. 122
SCLIAR, Moacyr pp. 240, 246, 270
Sedução pp. 82, 97, 146-164, 173-175, 181, 197-201, 219-225, 248, 262-263, 272, 291, 295-297, 344-346, 356-357, 363, 379
SEEBER, Francisco pp. 111, 114
SEIDLER, Carl p. 140
Seio pp. 18, 52, 118, 120, 129, 184, 187, 193, 195-196, 223, 227, 293, 301, 348, 368
Sêmen pp. 49, 121, 178, 183, 320
Senhoras de Santana p. 349
Sensualidade pp. 32, 48, 83, 172, 243, 263, 336, 355, 363, 371-375
Senzala p. 48
SEQUEIRA, Paula p. 319
SETÚBAL, Paulo pp. 43-44
Sexo anal pp. 57, 198, 234, 256, 262-263, 300, 375
Sexo casual pp. 338, 350-351, 386
Sexo em grupo pp. 183, 257, 332, 338
Sexo explícito p. 233
Sexo oral pp. 216, 256, 259-261, 320, 375
Sexo viril p. 168
Show-girls p. 237
Sífilis pp. 86, 106, 116, 133, 157, 186, 213, 226, 263-269
SILVA, Antônio Carlos Pacheco e p. 348
SILVA, Cármen p. 340
SILVA, Chica da p. 63
SILVA, Emanuelle pp. 356, 360
SILVA, Gian C. de Melo p. 49
SILVA, José L. Rodrigues p. 114
SILVA, Maria Beatriz Nizza da pp. 34, 53, 92
SILVEIRA, Maria José p. 278
SILVINO, Paulo p. 195

SIMÃO, Ana Cláudia p. 375
SIMONAL, Wilson p. 202
SOARES, Lota Macedo p. 328
Sodoma p. 113
Sodomia pp. 15-16, 56-58, 177, 299, 320
SORDI, Alberto p. 294
SOUSA, Gabriel Soares de pp. 21, 299
SOUSA, Martim Afonso de p. 21
SOUSA, Pero Lopes p. 23
SOUZA, Felipa de pp. 319-320
SOUZA, Jessé de pp. 353-354
SOUZA, Laura de Mello e p. 78
SOUZA, Liêdo Maranhão de p. 261
SPRUCE, Richard p. 106
STEINEN, Karl von pp. 95, 105
STERN, Mikhail p. 260
Striptease pp. 233, 239-240
STUDART, Heloneida pp. 197, 219, 263
Suadouro p. 232
SUPLICY, Marta pp. 349-350
Sutiã pp. 195, 198, 223, 331, 362, 378
Swing pp. 233, 386
Tabu pp. 9, 54, 182, 186, 255, 259-260, 269, 295, 330, 334-335, 347, 367
TAKIUTI, Albertina Duarte p. 350
TALESE, Gay pp. 261, 338
Tamoio(s) pp. 24, 33
TAQUES, Pedro pp. 42, 45, 64
TAUNAY, Afonso de pp. 37, 45, 110, 113
TAVARES, Antônio Raposo pp. 36-38, 41-42
TÁVORA, Juarez pp. 157-158
Teatro pp. 82, 113, 130, 180, 239, 243-245, 292-295, 307, 329, 338, 355, 366
TEIXEIRA, Alexandre Eustáquio p. 310
TELL, Ary pp. 202-203
Tesão pp. 203, 234

THEVET, André pp. 19, 22, 28-29
TINTI, Gabriele p. 294
Tivira(s) p. 299
TOLEDO, Roberto Pompeu de p. 34
TOLLENARE, Louis François de p. 354
TONELLI, Bayard p. 315
Topless pp. 368, 374
TORRES, Roberto pp. 356, 360
Transexualidade pp. 309, 315, 377, 384
Transgênero pp. 320, 377
Transgenitalidade p. 383
Travesti pp. 12, 56, 216, 240, 299, 301, 304-316, 331, 377-379
Tribadismo pp. 56, 177, 319
TRIGUEIROS FILHO, Marinósio p. 253
Trottoir pp. 220-221, 228, 231-232, 243, 251
Tupinambá(s) pp. 21, 26-30, 37, 299, 319
Turismo sexual pp. 121, 371
Turquinho pp. 240, 304-307
Última Hora (jornal) pp. 210-211, 251, 326
Unissex pp. 335, 378-379
Uranista p. 322
USSEL, Jos Van pp. 142-143
Utopia p. 25
Vagabunda(s) pp. 114, 144, 262, 269, 275, 346, 358
VAINFAS, Ronaldo pp. 56-59, 78
VALADÃO, Jece p. 344
VANNINI, Ismael Antônio pp. 142-144, 148
VARGAS LLOSA, Mário p. 184
VASCONCELLOS, Carlos R. p. 186
Vaso natural pp. 59, 319
Veja (revista) pp. 158-159, 246, 298, 318, 372
VENTURA, Zuenir pp. 340-341, 347

VERA CRUZ, Maria Egipcíaca da p. 321
VERAS, Flávia Ribeiro p. 244
VERÍSSIMO, Luis Fernando pp. 290, 368-369
VESPÚCIO, Américo pp. 10, 18-20, 25
VEYNE, Paul p. 259
Viado pp. 305, 384
VILLARES, Laura p. 327
Violar pp. 17, 38, 81, 105, 119, 156, 162
Violência sexual pp. 11, 16-17, 72, 108, 117, 119-120, 161-162, 167, 174, 185, 220, 247, 249, 278, 301, 332, 362
Virago p. 324
Virgindade pp. 28, 53, 76, 81, 84, 101, 106, 122, 146, 150, 184-187, 194, 197-199, 203, 207, 248-249, 262-263, 287, 293-297, 303, 310, 317, 339, 343, 346-350, 358, 379-380
Virgulino pp. 11, 159-171
Virilidade pp. 84-86, 100, 165, 169, 261, 282, 359, 380
Visitações pp. 55-58, 79, 319
Vivandeira(s) pp. 109-110, 115, 152
VIVEZ, François p. 89
Volúpia pp. 196, 246, 252, 354
VOLÚSIA, Eros p. 307
Vulva pp. 172, 187
WAGEMANN, Ernst p. 138
WAGLEY, Charles pp. 172-173, 299-300
WALLACE, Alfred Russel p. 106
WILLEMS, Emilio pp. 137-140
WOLFF, Cristina p. 128
WRIGHT, Frances p. 337
Xoxota pp. 194, 227
ZÉFIRO, Carlos p. 195
ZENHA, Edmundo p. 64
Zero Hora (jornal) p. 253
Zoofilia p. 129

PAULO SÉRGIO DO CARMO é professor universitário, formado em Sociologia pela Fundação Escola de Sociologia e Política de São Paulo e mestre em Filosofia pela Pontifícia Universidade Católica de São Paulo. Publicou as seguintes obras: *Entre a luxúria e o pudor: a história do sexo no Brasil* (Octavo), indicado ao Prêmio Jabuti, em 2012, na categoria Ciências Humanas; *Merleau-Ponty: uma introdução* (Educ); *Culturas da rebeldia: a juventude em questão* (Senac); *Sociologia e sociedade pós-industrial: uma introdução* (Paulus); *A ideologia do trabalho* (Moderna); *O trabalho na economia global* (Moderna) e *História e ética do trabalho no Brasil* (Moderna).

Este livro foi composto com as fontes
Lyon Text e **Ringside Narrow** e impresso
em papel **Pólen Soft 80 g/m²** no miolo
e **Supremo Duo Design 300 g/m²**
na capa, na **Hawaii gráfica e editora ltda.**
em Junho de 2021.